Career
Research
and Practice
Theories

职业生涯研究与实践必备的41个理论

周文霞 谢宝国 ◎ 主 编
潘静洲 孟 慧 ◎ 副主编

北京大学出版社
PEKING UNIVERSITY PRESS

图书在版编目(CIP)数据

职业生涯研究与实践必备的 41 个理论/周文霞,谢宝国主编;潘静洲,孟慧副主编.—北京:北京大学出版社,2022.6
ISBN 978-7-301-33082-1

Ⅰ.①职… Ⅱ.①周…②谢…③潘…④孟… Ⅲ.①职业选择-研究 Ⅳ.①C913.2

中国版本图书馆 CIP 数据核字(2022)第 100215 号

书　　　名	职业生涯研究与实践必备的 41 个理论 ZHIYE SHENGYA YANJIU YU SHIJIAN BIBEI DE 41 GE LILUN
著作责任者	周文霞　谢宝国　主编　潘静洲　孟　慧　副主编
责 任 编 辑	刘冬寒　徐　冰
标 准 书 号	ISBN 978-7-301-33082-1
出 版 发 行	北京大学出版社
地　　　址	北京市海淀区成府路 205 号　100871
网　　　址	http://www.pup.cn
微信公众号	北京大学经管书苑(pupembook)
电 子 邮 箱	编辑部 em@pup.cn　总编室 zpup@pup.cn
电　　　话	邮购部 010-62752015　发行部 010-62750672　编辑部 010-62752926
印 刷 者	涿州市星河印刷有限公司
经 销 者	新华书店
	730 毫米×980 毫米　16 开本　33 印张　628 千字 2022 年 6 月第 1 版　2025 年 5 月第 4 次印刷
印　　　数	7001—9000 册
定　　　价	96.00 元

未经许可,不得以任何方式复制或抄袭本书之部分或全部内容。
版权所有,侵权必究
举报电话:010-62752024　电子邮箱:fd@pup.cn
图书如有印装质量问题,请与出版部联系,电话:010-62756370

前言

将职业生涯研究领域必备的经典理论介绍给大家,是我由来已久的愿望。这个愿望起因于十多年前。2009年,中国人民大学响应教育部在高校开设职业指导课程的要求,劳动人事学院与招生就业处联合成立了职业开发与管理系(教研室),我出任第一任系主任。我们的主要任务就是为全校近三千名学生上职业指导课。这使我压力倍增,除了"招兵买马",还要准备授课内容。我查阅了不少当时市面上的相关教材,教材里都会提到职业生涯领域的一些经典理论,如帕森斯(Parsons)的人—职匹配理论、舒伯(Super)的职业发展理论、霍兰德(Holland)的职业类型理论等,大概由于体例和容量的限制,大部分教材对这些理论的介绍都是如蜻蜓点水般一带而过。大家谈论起这些相关理论大多也是"虽耳熟却不能详"。我开始阅读能找得到的理论书籍,深深被这一领域吸引,也深感理论对生涯指导的支撑作用。于是一个念头在我脑海中油然而生,那就是组织学界力量把职业生涯领域的经典理论著作翻译出来,出版一套职业生涯经典理论丛书,以供同行们参考使用。大概是在2010—2012年,我请当时还在中国人民大学读博士的潘静洲同学协助我筛选书目,他写邮件给 Journal of Vocational Behavior 的编委,请他们推荐书目,得到了大多数编委的积极回应。看着整理出来的书单,想着要去联系出版社,还有版权问题、译者队伍问题等,几经尝试,在这个浩大的工程面前,我望而却步了。这一犹豫就是十年的时间,直到有一天,我看到了我的同事徐世勇、李超平主编的《管理与组织必备的理论书》出版,再次把我的愿望点燃,借鉴他们的方式,编一本职业生涯领域必备的理论书,是一个可行且有价值的"替代方案"。我向徐世勇教授征询意见,希望采用大致相同的方式,在同一个出版社出版,以形成"姊妹篇"。徐教授立即将北京大学出版社的赵学秀老师介绍给我,后来我与赵老师一拍即合,撰写了选题论证后,2019年7月北京大学出版社通过了选题计划,双方签订了出版协议,这件事才算确定下来。剩下的任务就是整理理论列表,组织编写队伍。我向职业生涯领域的学者们发出了倡议,得到大家的大力支持,有六十多位学者成为了本书的作者。我邀请谢宝国、孟慧、潘静洲三位教授和我一起负责前期理论清单的准备、协调联络、统稿等各项工作。经过大家一年多的努力，2020年7月终于成稿交付。但由于疫情和其他种种原因，本书迟至今日才得以出版。感谢大家的耐心等待，感谢每位作者的通力配合，感谢谢宝国、孟慧、潘静洲、王桢、于坤、金秋萍、王忠军等老师的建议与贡献；感谢出版社赵学秀和刘冬寒两位编辑老师的辛勤劳动与反复沟通；特别感谢谢宝国教授的无私奉献，他在本书的组织协调、审阅修订等工作中付出了大量的时间与精力。总之，没有全体作者的共同努力，就不可能有这本书的面世。感谢有你，参与本书编写的全体同人。

本书是大家共同努力的产物。全书收录四十一个职业生涯领域必备的理论，每个理论自成一章，每章大体由作者生平与时代背景、理论的核心内容与发展演进、相关的测评技术与工具、理论的应用价值以及参考文献几部分构成。为了便于读者阅读和学习，我们对这四十一个理论进行了归类，分别放入生涯匹配理论、生涯发展理论、生涯决策理论、生涯学习与认知加工理论、生涯动机理论、生涯系统理论和无边界与生涯建构理论七大类别，在每一大类中再按照理论提出的先后顺序排列章节。本书特别适合以下人群阅读：

第一，讲授职业指导课程的老师和从事学业指导、就业工作、职业指导、职业咨询的人员。"要给学生一碗水，自己要有一桶水。"虽然在职业指导课上并不需要系统教授职业生涯理论，但是作为职业生涯领域的工作者，应该对这一领域前人的思想成果有系统的了解，以作为自己在该领域从事教学研究的理论储备。与一般介绍理论的书籍不同，我们特意在书中增加了作者生平和理论提出的时代背景，其目的在于帮助读者加深对理论的理解，也为老师们讲解生涯理论课程提供生动的素材。我们还将理论的实证研究成果、开发量表、相关测评工具写进了书中，可供老师们在课堂或咨询中使用。

第二，从事职业生涯领域研究的学者。我们知道对职业生涯管理的系统研究起源于美国，本书介绍的大部分理论成型于20世纪中期。当时的职业环境比较稳定，组织的基本形态是金字塔结构，一个人会在同一个组织中度过自己的职业生涯，这是这些理论形成的大的时代背景。而现代人所处的职业环境与这些理论提出时的职业环境相比有了巨大的变化，从一而终、线性发展的生涯状态早已被无边界、易变性、多元化的职业状态所取代。社会科学领域的理论是高度情境化的，在新的职业环境中，以往的理论都应该被重新审视，不断推敲、完善，甚至推翻。但任何新理论的产生都不可能完全切断和先前理论的联系，成为无源之水。我认为任何理论的产生都需要三个前提条件，一是有现实需求，二是有知识积累，三是有相关工具。历史上职业生涯（职业指导）理论产生的初期，正好满足这三个条件。现在，时代又到了一个新职业生涯理论产生的前夜，工作场所、劳动力市场、个体的职业生涯都经历着前所未有的变革，新理论的现实需求异常强烈，一百多年职业生涯理论的积累是理论创新的重要学术基础，而大数据以及新的统计分析方法也为新理论的产生提供了工具。推动理论的发展与创新是学者的使命，我们只有在深度把握先前理论的基础上，才能站在巨人的肩头开创新的理论。

第三，重视职业人生规划、为自己的职业发展高度负责的人。我们每个人都要在职场上度过生命中最美好、最重要的时光，管理自己的职业生涯，是每个人无法推卸的责任。诚然，不了解职业生涯的理论，可能也并不妨碍人们获得职业成功。但如果认真观察和分析那些成功人士的职业生涯发展过程，你会发现他们一定是善于思考、能够透过现象把握生涯发展真谛、形成自己独特理论的人。借用霍兰德的话，"人们往往在无意识中有洞见，但这不是常态。没有理论，我们就会像无头苍蝇一样，对未知领域做大量无效的尝试；拥有理论，我们就能从纷繁复杂的现象中抓住本质。理论是路标是向导，拥有它，我们才能明白事务的本质和因应方法。"学习职业生涯的经典理论，可以为我们有效管理自己的职业生涯提供有益的借鉴与指导。

编写一本介绍职业领域必备的理论书是一项艰巨的任务，既要查找、甄选这些理论的原始资料，还要关注最新相关研究成果；既要翻译原文，还要分析、评论。尽管我们在本书写作过程中付出了极大的努力，但也不可避免地会有不当之处，或是理论的选取有重要遗漏，或是相关的翻译不够精准，或是理论评析还不到位。读者朋友们，感谢您打开这本书。如果您发现书中的任何问题，或者有任何批评和建议，请联系我们，我们一定会认真听取您的意见。让我们共同为推进职业生涯领域的研究贡献力量。

中国人民大学劳动人事学院教授
中国劳动经济学会职业开发与管理分会会长
周文霞
2022 年 7 月

目录

第一篇 生涯匹配理论

第一章 人—职匹配理论
（田国梅 谢晋宇）//003

第二章 罗伊的职业选择人格理论
（范为桥）//013

第三章 霍兰德的职业类型理论
（李梦宜）//025

第四章 心理动力理论
（张小诗）//038

第五章 工作调适理论
（赵慧娟 柴亚丽）//047

第二篇 生涯发展理论

第六章 金兹伯格的职业生涯阶段理论
（傅安国 王博虓）//067

第七章 舒伯的生涯发展理论
（倪 竞）//076

第八章 生涯发展自我概念理论
（张玉青 孟慧）//086

第九章 施恩的生涯发展理论
（刘雪梅 杨夏梦）//098

第十章　　职业限制与妥协理论

（金秋萍）//108

第十一章　　选择补偿最优化理论

（蔡子君　施星雨）//118

第十二章　　社会情绪选择理论

（王忠军　吴筱笛）//131

第三篇　生涯决策理论

第十三章　　工作搜寻序列模型

（何俣铤　杨双绮　周文霞）//143

第十四章　　职业决策的社会学习理论

（高雪原）//159

第十五章　　职业未决理论

（沈雪萍）//168

第十六章　　职业生涯决策的 PIC 模型

（谢宝国　康椰紫）//185

第十七章　　求职质量的自我调节理论

（付　华）//199

第四篇　生涯学习与认知加工理论

第十八章　　新员工组织社会化理论

（潘静洲　纪合琦　李　妍　赵而杰）//215

第十九章　　职业自我效能感理论

（王志梅）//226

第二十章　　认知信息加工理论

（谢　员　桂先锋）//240

第二十一章　　社会认知职业理论

（于　坤　赵泽珺）//253

第二十二章　偶然学习理论
（吕　翠）//267

第五篇　生涯动机理论

第二十三章　职业锚理论
（谭建伟　黄雅坤）//279

第二十四章　职业动机理论
（关晓宇　周莎莎）//294

第二十五章　男性和女性的职业与成就动机模型
（徐　嘉）//305

第二十六章　职业生涯呼唤理论
（田喜洲　彭息强）//318

第二十七章　目标追寻与调整：双过程框架
（胡　湜）//328

第二十八章　主动性动机模型
（张春雨）//340

第六篇　生涯系统理论

第二十九章　工作—家庭边界理论
（王海江　宋学静）//355

第三十章　工作嵌入理论
（杨春江）//366

第三十一章　职业发展的生态学理论
（刘　晨）//377

第三十二章　职业生涯发展系统理论
（曲如杰）//389

第三十三章　工作的关系理论
（余　璇　罗　楠）//399

第三十四章　　工作—家庭资源模型
（赵富强　刘云云）//409

第七篇　无边界与生涯建构理论

第三十五章　　无边界与易变性职业生涯理论
（王忠军　张　琦）//427

第三十六章　　智能职业生涯理论
（辛　迅）//440

第三十七章　　工作重塑理论
（王　桢）//453

第三十八章　　生涯建构理论
（董振华　晏常丽　于海波）//469

第三十九章　　生涯混沌理论
（刘婷婷）//485

第四十章　　生涯万花筒理论
（辛　璐）//498

第四十一章　　工作心理学理论
（建璇静　谢义忠）//507

第一篇
生涯匹配理论

第一章

人—职匹配理论

田国梅　谢晋宇[*]

一、代表人物与时代背景

（一）代表人物

弗兰克·帕森斯（Frank Parsons，1854—1908）是美国波士顿大学教授，他对生涯理论最大的贡献就是出版了第一本生涯指导理论著作——《选择一个职业》（*Choosing a Vocation*）。这本书是帕森斯的遗著，由其同事整理并于1909年5月正式出版。

出生于美国的帕森斯，工作经历特别丰富，不断失业与找工作的痛苦经历直接催生了他对职业生涯指导工作的兴趣。帕森斯15岁进入美国康奈尔大学土木工程专业学习，3年后以优异的成绩获得学士学位并成为一名铁路工程师。1年后，由于经济大萧条，他所在

弗兰克·帕森斯

的公司破产，帕森斯也就丢掉了自己的第一份工作。之后，他又在一个工厂谋得了一份工人的工作。后来，帕森斯还担任了马萨诸塞州南部索斯布里奇（Southbridge）一所公立学校的教师。1881年，帕森斯通过了马萨诸塞州律师资格考试，正式成为一名律师。之后，他被波士顿基督教青年会（Young Men's Christian Association）聘为教师，专门讲授英国文学。1892—1905年，他在波士顿大学法学院担任讲师。1897—1899年，帕森斯担任过堪萨斯州立农学院的教师，以及密苏里州特伦顿（Trenton）的鲁斯金学院（Ruskin College）推广部主任一职。1905年，帕森斯被聘为布拉德温纳协会（Breadwinner's Institute）的主任，并和他人一起讲授"工业历史""经济与生活的法则""实用心理学方法"等课程，在授课

---

[*] 田国梅，四川大学商学院博士研究生，主要研究领域为职业生涯管理；谢晋宇，四川大学商学院教授、博士生导师，主要研究领域为人力资源管理与生涯开发。

的过程中,他对青年人的就业问题产生了浓厚的兴趣。1908年1月23日,帕森斯创立了美国第一个专门的学生指导机构——波士顿职业局(Boston Vocational Bureau),并出任首任局长,开始正式从事青少年的职业指导工作。遗憾的是,在职业局成立8个月后,即1908年9月26日,帕森斯因病逝世。

(二) 时代背景

人—职匹配理论的产生与发展主要是为了缓解劳动力供给与需求之间的矛盾。从学校教育的角度来看,19世纪中后期,美国大力发展基础教育,但取得的成效有限。当时的中学入学率仅为11.4%,绝大部分学生在初中甚至小学毕业后就进入就业市场。由于学校职业教育的不足,大批离开学校的学生缺乏一定的职业技能,无法找到适合自己的工作;同时,企业却苦于招不到高素质的员工,大量的人力资源被浪费,由此带来的失业、贫困和劳动力流动造成了社会的不安定局面。

从企业发展的角度来看,现代社会职业分工的专业化和人的个体差异性直接推动了人—职匹配理论的发展。随着企业机械化、自动化水平的提高,越来越多的基础性工作被机械取代,出现大量工人失业的现象。资本家为了缓解阶级矛盾,一方面给工人增加薪水,另一方面加强职业指导,为失业者的再就业提供指导。

二、理论的核心内容

(一) 帕森斯的人—职匹配理论

人—职匹配理论也称特质因素理论,是最早的生涯辅导理论。1908年,帕森斯在职业指导过程中,提出了职业设计的三要素模式:① 清楚地了解自己,包括性向、能力、兴趣、自身局限和其他特性;② 了解各种职业必备的胜任条件及所需的知识,以及不同工作岗位的优势、不足、机会、前途等;③ 实现上述两者的平衡。人—职匹配理论的前提是:① 每个人都有一系列的特性,并且可以客观而有效地进行测量;② 为了取得成功,不同职业需要配备具备不同特性的人员;③ 选择一种职业是一个比较容易的过程,且人—职匹配是可能的;④ 个人特性与工作要求的匹配程度越高,职业成功的可能性越大。

选择职业的三大步骤:第一步是评价求职者的生理和心理特性。利用心理测量及其他测评手段,获得有关求职者的身体状况、能力倾向、兴趣爱好、气质与性格等方面的个人资料,并采取会谈、调查等方法获得有关求职者的家庭背景、学业成绩、工作经历等情况,并对这些情况进行评价。第二步是分析各种职业对人的要求,并向求职者提供有关的职业信息。职业信息包括:职业的性质、工资待遇、工作条件以及晋升的可能性;求职的最低条件,诸如学历要求、所需的专业训练、身体要求、年龄、各种能力以及其他心理特点的要求;为准备就业而设置的教育课程计划,以及提供这种训练的教育机构、学习年限、入学资格和费用等;就业机会。第三步是人—职匹配。指导人员在了解求职者的特性和职业的各项要求的基础上,帮助求职者进行比较分析,以便选择一种适合其个人特性又有可能得到并取得成功的职业。

人—职匹配分为两种类型:① 因素匹配("活找人")。例如,需要有专门技能和专业知识的职业与掌握该种技能和专业知识的择业者相匹配;脏、累、苦等劳动条件很差的职业,需要有吃苦耐劳、体格健壮的劳动者相匹配。② 特性匹配("人找活")。例如,具有敏感、易动感情、不守常规、个性强、理想主义等人格特性的人,适宜从事自我情感表达需求高的艺术创作相关的职业。

(二) 人—职匹配的类型与不匹配的应对措施

帕森斯的人—职匹配理论是现代生涯发展理论的基础,经过一个多世纪的发展,研究者对人—职匹配的内容与类型进行了拓展。如 Murray(1938)在需求—压力模型(needs-press model)中对需求和压力进行了分类,并指出特定压力与相应需求的结合对个体及其行为起着至关重要的作用。同时,Lewin(1951)则通过公式 $B = F(P \cdot E)$ 指出,行为是个体(P)与环境(E)共同作用的结果,而非由个体或环境单独决定。这是最早提出个体行为是由个体与环境的相互作用共同决定的观点,对个人—环境匹配的研究具有重大理论意义,也得到了理论界与实践界的普遍认可。Schneider(1987)提出著名的吸引—选择—摩擦(attraction-selection-attrition, A-S-A)模型,为人与环境匹配的作用机制提供了解释,成为个人—环境匹配研究的标志性进展。目前人—职匹配理论的发展主要包括匹配的类型,不匹配的应对措施两个方面。

1. 匹配的类型

目前匹配的类型主要有三种理论:

(1) 维度论。维度论认为个人—环境的匹配是指个体和工作环境的一个或多个特征维度很好地吻合时两者之间的一致性(Kristof-Brown et al., 2005)。例如,Jansen & Kristof-Brown(2006)提出个体与环境的匹配主要包括个体—职务匹配(person-job fit)、个体—职业匹配(person-vocation fit)、个体—群体匹配(person-group fit)、个体—组织匹配(person-organization fit)、个体—个体匹配(person-

person fit)等。类似地,Wheeler et al.(2005)认为个体与环境的匹配至少包括个体—组织匹配(person-organization fit)、个体—职业匹配(person-vocation fit)、个体—职务匹配(person-job fit)、个体—文化匹配(person-culture fit)、个体—群体匹配(person-group fit)五种类型。目前受关注程度较高的是个体—组织匹配和个体—职务匹配。

(2)内涵论。内涵论认为个人—环境匹配是在重要选择结果产生时人与环境变化相一致或相匹配的程度。如 Kristof-Brown(1996)在前人基础上将个人—环境匹配区分为一致性匹配与互补性匹配。其中,一致性匹配是指个体的基本特征(如人格、价值观、目标和态度)与组织的基本特征(如文化/气候、价值观、目标和规范)相一致的程度;而互补性匹配是指组织(个体)的需求为个体(组织)的供给相匹配的程度。Cable & DeRue(2002)将互补性匹配进一步细分为要求—能力匹配(demands-abilities fit, D-A Fit)、需求—供给匹配(needs-supplies fit, N-S Fit)。张翼和樊耘(2011)基于三种类型匹配的实现程度将其区分为八种类型,如表1.1所示。

表1.1 人与环境匹配的八种类型

人与环境匹配的维度(因素)	人与组织匹配结果类型
三因素均匹配	人与组织环境完全匹配
仅相似性、要求—能力因素匹配	高组织、低个人匹配
仅相似性、需求—供给因素匹配	高个人、低组织匹配
仅要求—能力、需求—供给因素匹配	互补性匹配
仅相似性因素匹配	低个体、低组织匹配
仅需求—供给因素匹配	个体需要组织
仅要求—能力因素匹配	组织需要个体
三因素均不匹配	人与组织环境完全不匹配

(3)综合论。综合论基于维度论和内涵论两种取向的关系探讨个人—环境匹配的内涵。如 Kristof-Brown et al.(2005)对以往包括内涵匹配和维度匹配在内的各种个人—环境匹配研究进行了定量综合分析,发现存在较为复杂的联系。Vianen & Annelies(2018)将两者进行整合,认为互补性匹配包括个体—职业匹配、个体—职务匹配,一致性匹配包括个体—组织匹配、个体—团队匹配、个体—主管匹配。

此外,Shipp & Jansen(2011)将时间维度引入匹配理论,将匹配区分为过去的匹配经历、当下的匹配状态和未来的匹配预期三种类型。当下的匹配状态并不足以预测员工的行为,过去的匹配经历以及未来的匹配预期都将对员工的行为决策产生影响。

2. 不匹配的应对措施

一百多年来的研究证明了人—职匹配的积极效应,但由于匹配本身是一个多维度的概念,匹配的评估也是一个动态评价的过程,受到个体与组织等多因素影响。实际上,完全匹配在组织中是少数情况,个人—环境不匹配在组织中更常见(Vleugels et al.,2019)。个人—环境不匹配是指个体与组织、职务、团队等环境因素不匹配(Wheeler et al.,2005;Yu,2013;Follmer et al.,2018)。近年来,国际上关于个人—环境不匹配的研究已经取得不少的成果。

个人—环境不匹配主要有线性不匹配、基于职务要求—个体能力的不匹配、多维不匹配(Cooper-Thomas & Wright,2013;Hollyoak,2016)三种类型。早期研究者从线性视角对个人—环境不匹配进行界定,认为个人—环境不匹配是指个体与组织中的其他人相比具有更多或更少的某种组织需要的特质、风格或价值观,从这个角度来说,不匹配和匹配是一个连续变量的两端(Wheeler et al.,2005;Wheeler et al.,2007)。但 Vleugels et al.(2009)并不认可低匹配等价于不匹配,以自主性为例,低匹配意味着个体和组织都重视自主性,只是重视的程度存在一定的差异;而不匹配意味着个体和组织的价值观存在冲突,如个体重视自主性而组织强调微观管理。Vianen & Annelies(2018)从组织视角出发,基于个体能力—职务要求的关系将不匹配区分为两种类型:超越型不匹配,即职务要求的特质水平高于个体具备的特质水平;不足型不匹配,即职务要求的特质水平低于个体具备的特质水平,也有研究者将其定义为资质过剩。类似地,Jansen & Kristof-Brown(2006)在研究工作节奏时,认为员工的工作节奏比标准工作节奏慢或快都意味着人—职不匹配。Bermiss & McDonald(2016)基于个体和组织政治意愿(自由或保守)的差异,将不匹配区分为保守型不匹配(即个体比组织更保守)和自由型不匹配(即个体比组织更有自由)。也有研究者认为个体组织不匹配是一个多维的概念,无法用单一因素衡量。Vleugels et al.(2019)基于员工感知个体和组织价值观匹配水平及其波动状态,识别了四种匹配类型:① 匹配,即匹配程度高且波动较小;② 低匹配,匹配程度中等且有中等程度的波动;③ 特立独行,即匹配程度低、波动幅度高但波动频率不高;④ 不匹配,即匹配程度低。其中后三种都属于广义不匹配的类型。也有研究者基于不匹配的产生原因将不匹配区分为:社会人口学不匹配,如民族、性别、年龄、工作年限、社会经济地位等的不匹配;个体差异性不匹配,如认知风格、个体价值观等的不匹配;结构性不匹配,如职务要求、工作技能、雇佣协议等的不匹配;社会型不匹配,如工作结构、工作价值观、文化等的不匹配(Cooper-Thomas & Wright, 2013)。

不匹配应对措施的多样性对人力资源管理理论具有重要意义。研究者在文献综述或质性研究的基础上对员工应对个人—环境不匹配的措施进行了梳理(Wheeler et al., 2005, 2007; Yu, 2013; Hollyoak, 2016)。2005 年, Wheeler et al. (2005)首次在文献综述的基础上识别了不匹配的五种应对策略,包括适应、退出、建言、行动和印象管理,并描述了不匹配应对的过程。个体感知到不匹配后首先会对其是否愿意适应不匹配作出评估,若个体愿意适应不匹配则进入适应过程;若个体不愿意适应,则进一步对外部机会进行感知,有外部工作机会时,个体将退出组织;若个体未能感知到外部机会,则可能通过建言、行动、印象管理等方法应对不匹配。建言是下属通过直接或间接的方式向管理者表达不满,个体可以通过建言向管理者表达他们对环境的不匹配,并通过职务重塑以提升个体与环境的匹配程度或改变组织对不匹配的态度。行动指员工不迎合组织价值观或不表现出组织要求的程序或行为,主要表现为忽视不匹配,员工被动地接受不匹配状态且不加以改变。印象管理指员工在保持自己身份的前提下表现出与组织一致的态度或行为。Hollyoak(2016)通过质性研究也发现适应和退出是个体应对不匹配的策略之一,并提出了新的应对策略,即改变对不匹配的认知,将消极的不匹配理解为积极表现个性的手段,以提升个体对不匹配的接受程度。

此外,Follmer et al. (2018)在质性研究的基础上识别出应对个人—环境不匹配的三类策略,即解决策略(resolution strategy)、缓解策略(relief-seeking strategy)和顺应策略(resignation strategy)。解决策略旨在解决个人—环境不匹配的问题,包括离开策略和调整策略。其中,离开策略包括:① 退出(exit),即辞职以重获匹配;② 内部流动(internal transfer),即在组织内部进行岗位调整以获得匹配,如被访者所述"我会优先寻找内部机会,如果没有,我将考虑外部可能的机会"。调整策略包括改变环境和改变自我两种子类型。缓解策略旨在降低不匹配的负面影响以提升个体对不匹配的容忍度,包括:① 表面行为改变(surface-level changes),对行为进行细微的改变以向他人传递匹配的印象;② 覆盖(buffering),关注匹配的方面以弥补不匹配带来的负面影响;③ 时间框架(temporal framing),将不匹配视为临时的、会结束的状况。当解决策略和缓解策略无法改善不匹配现状时,个体往往会选择顺应策略,包括:① 疏远(distancing),将自己与工作和工作身份相分离;② 以不匹配为傲(take pride in misfit),将不匹配归因于组织因素并将其作为展现自己独特性的手段。

Wheeler et al. (2005)和 Follmer et al. (2018)从过程的角度对不匹配的应对

策略进行了梳理,丰富了个体对不匹配的应对策略的认知,但对个体提升匹配的动机缺乏关注,也对匹配动机与应对策略之间的关系关注不足。Yu(2013)在文献回顾的基础上梳理了个体提升匹配的五种动机,包括寻求一致性、享乐主义、降低不确定性、提升控制感和提升归属感,并从主观和客观、个体和环境两个层面梳理了不匹配的应对策略,包括改变对自我的认知、改变自我、改变对环境的认知和改变环境等,基于不同匹配动机的不匹配应对策略如表1.2所示。

表1.2　基于不同匹配动机的不匹配应对策略

动机	偏见与启发			职务满意的应对	应对、压力和调整		主动行为	
	社会保护	情感一致性	社会信息过程	职务满意度理论	应对	控制	职务重塑、角色调整、个体协议	信息搜寻
一致性	SE	SP/SE	SP/SE					
享乐主义				OP/OE	SP/OP/SE/OE	SP/OP/SE/OE	OP/SE/OE	SP/SE
降低不确定性	SE	SP/SE	SP/SE					SP/SE
提升控制感				OP/OE			OP/SE/OE	SP/SE
提升归属感	SE		SP/SE				OP/SE/OE	

注:SP指改变对个体的认知;OP指改变自我;SE指改变对环境的认知;OE指改变环境。

三、相关评估技术与测量工具

在实证研究中,不同的研究者对匹配的分类存在一定的差异,主要包括维度论、内涵论和综合论三种理论。本章基于这三种理论介绍测量工具。

基于维度论的测量,不同研究者关注的匹配维度存在一定的差异。Edwards & Billsberry(2010)关注的是个体—组织匹配(包括价值观、就业条件、成长与发展机会、实际工作环境等的匹配)、个体—个体匹配(包括关系匹配和行为匹配)、个体—职务匹配(包括技能、知识、工作性质等的匹配)、个体—群体匹配等,并编制了包含这些维度的量表,每一个维度均采用单一题项进行测量。Vogel & Feldman(2009)开发的匹配量表包括个体—组织匹配、个体—职业匹配、个体—工作匹配和个体—群体匹配四个维度。Chuang et al.(2016)在现有研究的基础上开发了较为全面的个人—环境匹配量表,包括个体—职务匹配、个体—组织(价值观、目标)匹配、个体—团队(价值观、目标、特质)匹配和个体—主管匹配四个维度,量表的信度、效度较好。

基于内涵论的测量,Cable & Judge(1996)开发了包含个体—组织价值观匹配和个体能力—职务要求这两个维度的个人—环境匹配量表。后来,Cable & DeRue(2002)进一步拓展了个人—环境匹配的内涵,包括价值观匹配、需求—供给匹配、要求—能力匹配三个维度,信度系数在0.8以上,该量表在实证研究中得到了较为广泛的应用。Choi(2004)在研究个人—环境匹配与创新行为的关系时,关注的是供给—需求匹配、要求—能力匹配两个维度,由于研究关注的是个体与组织创新氛围和创新能力的匹配,在实证研究中用得较少。

基于综合论的测量,Jansen et al.(2006)认为个人—环境匹配至少包括个体—职务匹配、个体—工作匹配、个体—群体匹配、个体—组织匹配、个体—个体匹配五个方面,并提出个人—环境匹配的多维度模型和个人—环境动态匹配职业发展模型。他们不仅关注特定维度的匹配,而且关注整体的匹配,并提出了多维度测量的两个命题:一是整体的个人—环境匹配由各子维度的代数和来衡量(PE Fit = PV + PJ + PO + PG + PP,个人—环境匹配 = 个体—职业匹配 + 个体—工作匹配 + 个体—组织匹配 + 个体—团队匹配 + 个体—个体匹配);二是每个匹配维度对整体个人—环境匹配的影响程度存在一定的差异,由该维度的权重决定(PE Fit = s_1PV + s_2PJ + s_3PO + s_4PG + s_5PP,$s_1 - s_5$代表各维度的权重)。

四、理论的应用价值

Parsons(1909)提出基于"特质"和"因素"之间的匹配进行职业选择,是现代生涯发展理论的基础。经过一个多世纪的发展,匹配理论在企业人力资源管理领域得到广泛的应用。现有实证研究结果表明,个人—环境匹配对个体与组织的发展均有积极作用,员工个体与环境的匹配程度越高,员工健康水平越高、其绩效与幸福感越高、越愿意留在原组织,任务和情境绩效也越高(Vleugels et al.,2019;Yu,2013;Kristof-Brown et al.,2005),组织希望找到与组织价值观匹配的员工以减少因心理契约不协调而产生的内耗。

基于吸引—选择—摩擦模型,个人—环境不匹配的员工最终会离开组织以维持组织的和谐,研究者对个人—环境不匹配的关注并不多。但个体的离职决策本身是一个较为复杂的过程,感知到的外部机会、职务嵌入、个体过往的匹配经历以及对未来匹配水平的预期等都会对个体离职决策产生影响,当下的不匹配并不足以促使个体离职(Follmer et al.,2018;Shipp & Jansen,2011)。Kristof-Brown et al.(2005)的实证研究结果也证实了离职倾向与离职行为之间的相关系数并不高,这意味着至少有部分与组织不匹配的员工并没有选择离职而是继续留在组织(Follmer et al.,2018;Vleugels et al.,2019)。越来越多的研究者开始关注个人—环境不匹配。有研究表明个人—环境不匹配增加了组织员工的多样性,能够提升组织的创造力,因而对组织是有利的(Hoever et al.,2012);类似地,Harrison(2007)、Schneider(1987)也发现一定程度的不匹配可以帮助组织避免僵化和停滞,从而提升组织效率。也有研究者从个体的视角,研究个体对个人—环境不匹配的应对措施(Follmer et al.,2018;Wheeler et al.,2007;Yu,2013),对提升个人—环境的匹配程度具有较强的理论与现实意义。

五、经典文献推荐

Cable, D. M., & DeRue, S. D. (2002). The convergent and discriminant validity of subjective fit perceptions. Journal of Applied Psychology, 87(5), 875-884.

Chuang, A., Shen, C. T., & Judge, T. A. (2016). Development of a multidimensional instrument of person-environment fit: the perceived person-environment fit scale(PPEFS). Applied Psychology, 65(1), 66-98.

Edwards, J. A., & Billsberry, J. (2010). Testing a multidimensional theory of person-environment fit. Journal of Managerial Issues, 12(4), 476-493.

Parsons, F. (1909). Choosing a vocation. Boston: Houghton Mifflin.

Follmer, E. H., Talbot, D. L., Kristof-Brown. A. L., Astrove, A. L., & Billsberry, J. (2018). Resolution, relief, and resignation: a qualitative study of responses to misfit at work. Academy of Management Journal, 61(2), 440-465.

Kristof, A. L., Zimmerman, R. D., & Johnson, E. C. (2005). Consequences of individual's fit at work: a meta-analysis of person-job, person-organization, person-group, and person-supervisor fit. Personnel Psychology, 58(2), 281-342.

Vogel, R. M., & Feldman, D. C. (2009). Integrating the levels of person-environment fit: the roles of vocational fit and group fit. Journal of Vocational Behavior, 75(1), 68-81.

Shipp, A. J., & Jansen, K. J. (2011). Reinterpreting time in fit theory: crafting and recrafting narratives of fit in medias res. The Academy of Management Review, 36(1), 76-101.

Yu, K. Y. T. (2013). Organizational fit: key issues and new directions. Hoboken: Wiley-Blackwell.

第一章参考文献

第二章

罗伊的职业选择人格理论

范为桥[*]

一、代表人物与时代背景

(一) 代表人物

安妮·罗伊(Anne Roe,1904—1991)是美国临床心理学家,她一生研究成果颇丰,其中最具代表性的著作是《科学家的成长》(The Making of a Scientist)和《职业心理学》(The Psychology of Occupations)。

罗伊出生于科罗拉多州的丹佛市,1916 年从克林顿小学(Clayton Elementary School)毕业后,进入东部高级中学(East High School)学习。1920 年,罗伊进入丹佛大学(University of Denver),开始大学学习生活。受女性应该选择教师作为未来职业的观念影响,酷爱阅读的罗伊将成为一名高中英语教师作为自己早期的职业目标,于是她在大学期间主修教育学和英语专业。

安妮·罗伊

大学三年级时,罗伊选修了刚入职丹佛大学的托马斯·加思(Thomas Garth)教授的教育史课程,受其影响,罗伊的职业目标发生了变化,并逐渐对心理学产生了兴趣。1925 年,在获得丹佛大学硕士学位后,罗伊被托马斯·加思推荐到桑代克(Thorndike)的课题组工作。1933 年,罗伊在哥伦比亚大学获得实验心理学博士学位(Mowafy & Martin,1988)。

五年后,罗伊与古生物学家辛普森(Simpson)组建了家庭,此后经常与丈夫一起到野外进行科学探索和考察。野外艰苦的生活经历使罗伊对生物学家这一

---

[*] 范为桥,上海师范大学心理学系教授、博士生导师,主要研究领域为生涯发展、跨文化/中国人人格,电子邮箱:fanweiqiao@shnu.edu.cn。

群体充满好奇。1946年,受酒精影响艺术家创作的研究的启发,罗伊开始收集杰出科学家(如生物学家、物理学家、社会科学家等)的信息,尤其是那些能够影响他们选择科学家这一职业的相关信息,并最终将其发现汇编整理成《科学家的成长》一书。随后,受戈登·乐拉迪(Gordon Ierardi)邀请,罗伊开始撰写一本关于职业选择的书籍,并于1955年完成了《职业心理学》。罗伊于1959年进入哈佛大学任职,并于1963年成为哈佛大学教育学院首位获得终身教职的女性,同时也是哈佛大学历史上第九位获得终身教职的女性。由于严重的健康问题,1967年罗伊从哈佛大学退休,到亚利桑那州的图森安度晚年。闲暇之余,罗伊还在亚利桑那大学兼职讲学。1991年5月29日,罗伊在亚利桑那州图森的家中与世长辞,享年87岁。

罗伊获得的荣誉主要有美国职业指导协会终身职业奖(1967年)、美国心理学会临床心理分会颁发的利昂娜·泰勒奖(Leona Tyler Award,1984年)等。罗伊担任的职务主要有美国专业心理学委员会主席(1953—1959年)、新英格兰心理协会的主席(1965—1966年)等。

(二) 时代背景

基于人格因素与艺术创作间关系的研究,罗伊开始关注科学家的人格特征与其职业选择之间的关系。罗伊收集不同领域科学家的生活史资料、研究成果及临床资料(如罗夏墨迹测验、主题统觉测验和语言—空间—数学测验)等,发现科学家的职业选择与其人格特征存在一定的关系,且不同领域的科学家有着不同的思维模式,如心理学家和人类学家倾向于语言思维(verbal thinking)、物理学家倾向于无相思维(imageless thinking)、神经病学家倾向于视觉思维(visual thinking)(Roe,1951,1985)。

根据上述研究成果,罗伊得出两个重要的结论:一是物理学家、生物学家与社会科学家在人格特征上存在较大的差异,主要表现在对人和事的反应类型不同;二是这种差异在某种程度上源自不同的童年经历,尤其是对父母教养行为的感知差异。罗伊根据职业活动的特点及职业所要求的职责、能力和技术,将职业世界划分为8×6的职业分类系统(Roe & Klos,1969)。哪些因素影响人们的职业选择和职业行为呢?罗伊十分重视遗传特性、童年经历、心理需要类型对个体生活的影响,根据墨菲心理能量论和马斯洛需要层次论的观点,她认为个体的心理能量释放不是由主观意志决定的,而是由遗传特性决定的;先天性的释放方式与各种童年经历相关;心理需要的强度与结构对个体的职业选择有着特定且重要的影响(Roe,1957)。除此之外,罗伊认为职业选择也会受到童年早期经历(尤其是父母教养行为)的影响。

二、理论的核心内容

本部分将从三个方面介绍职业选择人格理论。首先介绍罗伊的职业分类系统;其次介绍需要层次理论与职业选择;最后介绍亲子关系与职业选择。

(一) 职业分类系统

Roe & Klos(1969)从人格和职业关系的视角出发,根据职业间的心理相似度或心理距离,提出一个包括八个职业领域和六个层面的职业分类系统(classification of occupation)。起初,罗伊将职业世界比作圆柱体,其底面代表不同的职业领域,其高代表不同层面的职业(田秀兰,2015);但鉴于层面间的职业领域心理距离的差异,Roe & Klos(1969)以截顶的圆锥体代替之前圆柱体的比喻。该模型得到了 Meir(1973)、Knapp & Knapp(1974)、Gati(1991)、Tracey(1994)等研究的支持。

该理论假设,不同职业之间的心理相似度不同,即邻近的职业领域之间的心理相似度较高,而相邻较远的职业领域之间的心理相似度较低。例如,服务类职业和商业往来类职业相邻,心理差异较小;而服务类职业和户外类职业相距较远,心理差异较大。该假设得到了实证研究的支持(Hutchinson & Roe, 1968; Leonard et al., 1973; Osipow & Gold, 1967; Roe et al., 1966)。不同层面的职业领域之间的心理距离也不同,层面较高的职业领域的心理距离较大,层面较低的职业领域的心理距离较小,比如社区的门岗与法院的门岗在心理距离上的差异不显著。但 Meir(1978)比较六个层面的职业后发现,同一层面的职业心理差异显著,这与罗伊低层面职业领域间心理差异不显著的假设相反。

基于各种职业活动的主要焦点(primary focus of activity),罗伊将职业世界细分为八个职业领域(Roe, 1954; Roe, et al., 1966),依次为大众文化(general cultural)、科学(science)、户外(outdoor)、技术(technology)、组织(organization)、商业往来(business contact)、服务(service)以及艺术和娱乐(art & entertainment);依据人际—事物(person-thing)和目的沟通—资源利用(purposeful communication-resourceful utilization)两个维度,罗伊将八个职业领域按照一定心

理距离依此排列在一个圆形上(见图2.1)。

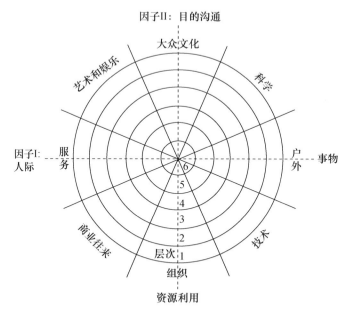

图2.1 罗伊的职业分类系统平面图

首先,服务类、商业往来类和组织类比较重视人际特性,不太关注事物特性;这三类职业领域的差别主要体现在人际特性上。具体而言,服务类的基本要求是照顾他人,如家政服务、社会工作等岗位;商业往来类强调面对面的说服过程,如销售等岗位;组织类注重制度化的活动,强调系统性和管理性,如商业、工业和政府部门等的管理岗位。其次,技术类、户外类和科学类都强调事物特性,不太重视人际特性;这三类职业领域的差别主要体现在应用环境方面。具体而言,技术类注重日常用品的生产、维修及运输,包括工程、工艺和机械行业中的岗位;户外类重视科学原理在户外环境中的应用,如农作物的种植以及水资源、矿产资源、森林资源等的储存和采集等;科学类主要涉及科学理论(而非技术)及其在特定情境下的应用,包括物理、生物、化学等领域的职业,如物理学家、生物化学家等。最后,大众文化类是指继承和传播传统文化,包括教育学、新闻学、法学、语言学等人文学科领域的工作;而艺术和娱乐类则注重特殊技能的运用,在很大程度上关注的是个体(或小团体)与公众的关系,涉及戏剧、相声、音乐、运动等相关领域的工作。对于某种具体的职业而言,所隶属的职业领域并不是单一的。就比如教师这一职业,其职业领域的划分比较复杂,如按学科划分,科学教师属于科学类,艺术教师属于艺术和娱乐类,人文社科教师属于大众文化类。

与此同时，罗伊依据不同职业所要求的职责、能力和技术水平，将同一职业领域内的不同职业细分为六个层次，如图2.2所示。这六个层次依次为独自负责（independent responsibility）、专业性和管理（professional & managerial）、半专业和小型商业（semi-professional and small business）、技术熟练性（skilled）、半技术熟练性（semi-skilled）和非技术性（unskilled）（Roe & Klos,1969）。罗伊的8×6职业世界分类系统如表2.1所示。

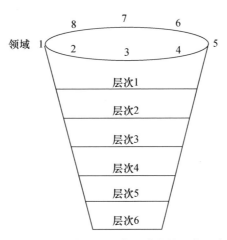

图2.2　罗伊的职业分类系统中的六个层次

（二）需要层次理论与职业选择

个体的兴趣与态度的发展受到早期生活中的需要是否得到满足的影响（Roe,1957）。例如，篮球课上体育老师要求同学们完成"三步上篮"动作，如果小明顺利完成这一动作，他就会继续发展这一方面的兴趣；相反，如果小明没有完成这一动作或在完成过程中受到挫折，他就不大可能继续发展这方面的兴趣，甚至会主动避免参与篮球活动。基于此，Roe（1957）根据马斯洛的需要层次理论及自己的临床经验，提出了需要与职业选择关系的三个假设。

一是个体的低层次需要（如生理需要和安全需要等）每天都会得到满足，而高层次需要（如自尊和自我实现需要）不会经常得到满足，因此低层次需要不会转变成潜意识层面的行为动机，而高层次需要会转变成影响个体职业选择的动机。例如，王强清楚地知道，寻找一份工作不仅意味着能够养家糊口，还意味着能够在日常的工作中获得安全感和归属感。

二是尽管高层次需要是影响职业选择的动机，但平时不易得到满足，如自我实现需要只会偶尔得到满足。也就是说，高层次需要得不到满足，而低层次需要

表 2.1 罗伊的 8×6 职业世界分类系统

领域\层面	服务类	商业往来类	组织类	技术类	户外类	科学类	大众文化类	艺术和娱乐类
独自负责	社会科学家、心理治疗师、社会工作督导员	公司业务主管	董事长、商会主席、企业家	发明家、工程研究员	矿产研究员	牙医、医师、自然科学家	法官、教授	指挥家、艺术教授
专业性和管理	社会行政人员、典狱长、社工人员	人事经理、业务部门经理	银行家、证券家、会计师	飞行员、工程师、厂长	动植物专家、地理学家、石油工程师	药剂师、狱医	书记、新闻编辑、教师	建筑师、艺术评论家
半专业和小型商业	社会福利人员、护士、巡官	推销员、批发商、经销商	会计员、业务人员、秘书	制造商、机械师	农场主、森林巡视员	医生、气象员、理疗师	图书馆员、记者、广播员	广告艺术工作人员、室内装潢家、摄影师
技术熟练性	士官长、厨师、领班、警察	拍卖员、巡回推销员	资料员、电报员、速记员	锁匠、木匠、水电工	矿工、油井钻探工	技术助理	职员	演艺人员、橱窗装潢员
半技术熟练性	司机、厨师、消防员	小贩、售票员	出纳、邮差员、打字员	木匠学徒、起重机驾驶员、卡车司机	园丁、佃农、矿工助手	初级助理	图书馆管理员	模特、广告行业从业者
非技术性	清洁工、守卫、侍者	送报员	小弟、工友	助手、杂工	伐木工人、农场工人	非技术性助手	送稿件工友	舞台管理员

则常常被满足,长此以往,低层次需要可能会通过替代或妨碍高层次需要得到满足而变成支配性需要,进而影响职业选择。假如一个孩子天生的好奇心总是得不到满足,这就有可能使其对事物保持好奇的动力不足。

三是延迟一段时间得到满足的需要,在一定条件下会转变成重要的潜意识动机。这里的需要指的是高层次的心理需要。例如,李刚完成一项重要的企划书后,过了一段时间获得主管的认可;李刚得知消息后,他欣喜若狂的同时也暗自鼓励自己努力工作,争取下次取得更高的成就。对李刚而言,获取下次的认可就成为了他继续努力工作的重要内驱力。

(三) 亲子关系与职业选择

除了需要层次理论,罗伊还重视亲子关系对职业选择的影响,见图2.3。她认为父母对子女的态度可分为冷漠与温暖两类,这两类态度折射到对待子女的行为上有关心子女、接纳子女和疏远子女三种;不同的亲子关系意味着不同的成长经历,这些经历会影响态度、能力、兴趣及人格的形成和发展(Roe, 1957)。

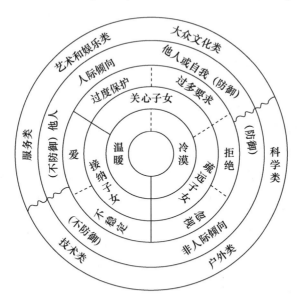

图2.3 亲子关系与职业选择的关系

具体而言,过分关心子女的父母,常常表现出溺爱或严格要求的行为;这类父母倾向于满足子女的生理性需要,忽视孩子对爱和自尊需要的满足,这可能不利于子女自主性的发展,易使他们养成顺从和依赖他人的习惯;成长于这种家庭环境的个体,可能会选择人际倾向的职业领域,如服务业、娱乐业等。选择疏远子女的父母,常常沉浸在自身问题之中,对子女的需求不予理睬或无动于衷;这种拒绝或忽视的行为可能会剥夺子女表达情感需要的机会,使其经常感到"情感饥渴",甚至会影响子女的身心健康;成长于这种家庭环境的子女,由于缺乏亲密的社会关系,长大后可能会选择非人际倾向的职业领域,如技术类、户外类等。对子女持接纳态度的父母,不会经常表现出过分关心或疏远子女的情况,更多的是对子女表现出耐心和爱;这样的父母在日常生活中能营造没有压力的情境,这有利于子女学会独立和自主;即使将来子女出现依赖现象,也不会发展成严重的问题;成长于这种家庭环境的子女,长大后可能会选择技术类、服务类等职业。

三、相关评估技术与测量工具

(一) 职业分类系统方面的测量工具及应用

二十世纪五六十年代以后,随着社会公众对职业兴趣认识需求的增加,美国的职业兴趣测评工具的编制与开发进入了一个繁荣发展时期(Harrington & Long, 2013);基于职业选择人格理论的相关职业兴趣测评工具也应运而生,如职业兴趣问卷(vocational interest inventory,VII)、加利福尼亚职业偏好系统(California occupational preference system,COPS)等。

1. 职业兴趣问卷

基于罗伊的职业分类系统,Mitchell et al.(1971)编制了职业兴趣问卷。VII是由112个必选项目构成,其中56个项目反映"职业领域",其余的56个项目反映"职业层面"。因素分析结果显示,职业兴趣可以划分为四个维度,分别是服务—技术型(service-technical)、商业往来—科学型(business contact-science)、组织—户外型(organization-outdoor)和艺术型(artistic)。Lunneborg(1979)认为职业兴趣量表具有四大特点:第一,除去在以色列人群中应用过的Ramak问卷(Ramak在希伯来语中是职业清单的缩写),VII是首份严格按照罗伊的职业分类系统编制的问卷;第二,必选式的项目使职业兴趣的划分十分丰富,能够反映职业领域的不同层面,这将有利于该问卷应用于那些尚未作出职业决策的人群;第三,该问卷可以提供不同专业大学生的职业兴趣剖面,具有很高的预测效度;第四,这是首份尝试在每个项目层面控制性别差异的职业兴趣问卷。

Lunneborg & Lunneborg(1975)发现VII中的八个职业领域与霍兰德(Holland)提出的六种职业兴趣间在显著的相关性,例如技术和户外等领域与实践型职业兴趣显著相关、科学领域与研究型职业兴趣显著相关。1970—1977 年,华盛顿每年约有 2.5 万名高中生参加预科测验项目(pre-college testing program)的相关调查,这其中就包括 VII 的测量。Lunneborg(1979)分析 VII 调查数据发现,VII 特别适合那些没有明确兴趣或尚未作出职业决策的学生;问卷具有良好的信度和效度,重测信度系数为 0.75—0.88,分半信度系数为 0.54—0.80。

2. 加利福尼亚职业偏好系统

1974 年,Knapp(1989)编制了加利福尼亚职业偏好系统(California Occupational Preference System, COPS),量表有 168 个项目,采用"非常喜欢、一般喜欢、不很喜欢和非常不喜欢"四级评分法,可测评科学、技术、户外、商业、计算、交流、艺术和服务等这个职业领域的兴趣。相关研究表明该问卷的效度良好,重测信度系数为 0.87—0.99。COPS 经不断修订,已拓展为科学专业、科学技能、技术专业、技术技能、消费经济、户外、商业专业、商务技能、文秘、通信、艺术专业、艺术技能、服务专业和服务技能等多个职业领域。COPS 还在 2009 年被美国职业生涯发展协会(National Career Development Association, NCDA)列入"咨询者指南"(Counselor's Guide)之中(Harrington & Long, 2013)。

(二) 早期父母教养态度的测量工具

父母的教养行为会影响个体今后的职业选择倾向,即人际型职业倾向和非人际型职业倾向。为客观评估成年个体对父母早期教养行为的感知,Roe & Siegelman(1963)编制了一套亲子关系问卷(parent-child relations questionnaire, PCR)。起初该问卷将父母的行为分为 10 个维度,分别是保护(protecting)、拒绝(rejecting)、随意(casual)、要求(demanding)、爱(loving)、忽略(neglecting)、象征性爱的惩罚(symbolic-love punishment)、象征性爱的奖励(symbolic-love reward)、直接的惩罚(direct-object punishment)和直接的奖励(direct-object reward),共计 130 个项目。测验采用四级评分("1"表示"非常不真实",……,"4"表示"非常真实")。为了提高结果的客观性,PCR 始终关注的是父母的特定行为(而不是态度),要求被试在填写问卷时回忆父母在他们 12 岁之前的教养行为。

Roe & Siegelman(1963)对 142 名哈佛大学四年级学生、44 名成年男性和 44 名成年女性的数据进行因素分析,结果表明,上述 10 个维度可以被精简为 3 个维度,即爱—拒绝(loving-rejecting, L-R)、随意—要求(casual-demanding, C-D)和过度关注(overt concern, O)(Roe & Siegelman, 1963);在 142 名大学四年级

学生的样本人群中,PCR父亲版问卷的克朗巴哈系数(Cronbach's α)为0.79—0.90,PCR母亲版问卷的克朗巴哈系数为0.71—0.87。Siegelman(1965)根据每个项目与问卷总分的相关程度,从原始的130个项目中筛选出62个项目,形成了亲子关系简化版问卷(parent-child relations questionnaire- short form, PCR-SF)。

目前关于PCR问卷的应用,主要集中于两大方面。一方面是探讨亲子关系的人口学特征。例如,家庭的宗教背景不会影响个体在"爱—拒绝"和"有条件给予—无条件要求"方面的得分,但基督家庭的孩子在父母亲过度关注方面的得分较高;与年长的同胞相比,年幼者更能感受到父亲对自己的较多的爱和较少的控制;家庭社会经济地位不会影响父母与孩子间的关系(Roe & Siegelman, 1963)。Siegelman(1965)通过对147名大学生的调查,进一步证实了家庭经济地位不会影响总体亲子关系,但是较好经济背景下的男性大学生在"母亲拒绝"这一维度的得分往往较高。另一方面是探讨亲子关系对个体人格特质、性取向的影响。例如,早期的父母教养行为会影响个体的内向/外向和焦虑程度;性格外向和低焦虑的男性大学生认为父母多是富有爱心的,性格内向和高焦虑的男性大学生则认为父母经常表现出拒绝的行为;性格外向的女性认为父亲更有爱心,性格内向的女性则认为父亲经常表现出拒绝的行为;父母的早期教养行为能够影响个体的创造性,即具有高创造力特质的大学生倾向于认为父母经常表现出拒绝的行为,具有低创造力特质的学生通常认为父母是富有爱心的(Siegelman, 1973)。Milic & Crowne(1986)在探索父母早期教养行为对个体性取向的影响时发现,相较于异性恋者,同性恋者通常认为母亲经常表现出拒绝的行为,而父亲缺乏爱心,且经常表现出拒绝的行为。

四、理论的应用价值

罗伊强调,遗传、心理需要、人格及早期经历等因素对个体所追求的职业领域及职业发展高度具有重要作用(龙立荣等,2002)。因此,罗伊的职业选择人格理论在职业咨询、人才招聘与人才选拔等方面具有一定的应用价值。

关于早期家庭教育影响个体职业选择的观点在职业咨询领域具有很高的指导意义和应用价值。首先,在咨询过程中,咨询师可以根据来访者早期的家庭环境(如父母的教养行为、亲子关系的质量等)预测其未来可能的职业选择(Peplińska et al., 2014)。例如,在拒绝型家庭中长大的个体可能会具备强烈的防御意识,也可能具有好斗的倾向,这种倾向很容易反映到职业选择及人际关系中;而来自接受型家庭的个体则不会对他人产生防御心理,在生活、工作中也会表现出更加稳定的情绪(Roe,1957)。其次,咨询师还可以根据来访者在家庭中扮演的角色,探讨这些角色可能对其未来职业发展的影响。例如,经常得到父母爱护的来访者,不知不觉地也学会了向他人表达爱的行为,其未来可能会倾向于选择照顾他人的职业;经常协调家庭成员之间争吵的来访者,其在潜意识中可能已经将人际倾向的职业作为自己职业的首选(田秀兰,2015)。最后,职业家谱也可以成为咨询师关注的焦点,通过职业家谱可以发现来访者早期的职业楷模、家庭成员间的关系以及这些关系对职业选择的影响。

职业选择人格理论在人才招聘与人才选拔领域也有一定的实践价值。个体的人格、心理需要等都能影响其未来的职业发展,如果个体在童年时期仅对具体物品而非人际交往感兴趣,那么其未来可能会选择非人际倾向的职业领域(如科学类、户外类)(Roe,1959)。因此,个体早期陈述的职业兴趣是一个非常有价值的信息来源,它是个体早期经验、人格特性及心理需要在职业发展上的综合反映,能够有效预测其今后的职业资格(occupational membership)(Cairo,1982)。在实际工作中,如果工作环境能够满足个体的心理需要,且人与环境一致性程度较高,便能够满足个体的自尊需要,提升其工作满意度和幸福感(Lachterman & Meir,2016)。因此,企业在进行人才招聘与人才选拔时,有必要去了解员工的人格、心理需要等信息,对员工可能的职业倾向进行一定的预判,以充分激发员工的潜能,为企业储备优秀人才。

五、 经典文献推荐

Roe, A. (1951). A psychological study of eminent biologists. Psychological and Monographs: General and Applied, 65, 1–68.

Roe, A. (1954). A new classification of occupations. Journal of Counseling Psychology, 1, 215–220.

Roe, A. (1957). Early determinants of vocational choice. Journal of Counseling Psychology, 4, 212–217.

Roe, A. (1959). Childhood experience with parental attitudes: a test of Roe's hypothesis comment. Journal of Counseling Psychology, 6, 155–156.

Roe, A. & Klos, D. (1969). Occupational classification. The Counseling Psychologist, 1, 84–89.

Roe, A. & Siegelman, M. (1963). A parent-child relations questionnaire. Child Development, 34, 355–369.

第二章参考文献

第三章

霍兰德的职业类型理论

李梦宜*

一、代表人物与时代背景

(一) 代表人物

约翰·路易斯·霍兰德(John Lewis Holland, 1919—2008)是美国心理学家、约翰斯·霍普金斯大学社会学名誉退休教授。他的著作包括《作出职业选择:职业生涯理论》(Making Vocational Choices: A Theory of Careers)、《自我指导》(The Self Directed Search)、《霍兰德职业兴趣代码词典》(The Dictionary of Holland Occupational Codes)等。霍兰德的父亲20岁时从英国移民到美国,他起初是一名工人,在参加基督教青年会的夜校后,他成为一名广告代理。霍兰德的母亲是一名小学教师。

约翰·路易斯·霍兰德

霍兰德在内布拉斯加州的奥马哈市出生、长大。1938年,他从奥马哈中央高中毕业;1942年,他在内布拉斯加大学奥马哈分校获得了心理学、数学和法语的学士学位。大学毕业后,他成为一名军人并参加了第二次世界大战。此后,他一直作为二等兵在军队任职。在军队任职期间,他担任过面试官、监考官、律师助理、工人、心理医生助理等。尽管他认同"人是极其复杂的"这样的观念,但他也坚信人可以被分为常见的几种类型。此外,他还曾与社工、心理学家和医生一起工作并从中增长了才干,这些经历也激发了他成为心理学家的愿望。离开军队后,霍兰德进入明尼苏达大学学习,并分别于1947年和1952年获得硕士和博士学位。

在大学期间,霍兰德是一名普通的学生,一直苦于找寻自己感兴趣的研究主

---

* 李梦宜,中国人民大学劳动人事学院博士研究生,主要研究领域为职业生涯管理、积极心理学,电子邮箱:ellenli@ruc.edu.cn。

题。最终,他的博士论文探究了艺术和人格的关系,这个主题与他的同学或老师的研究主题相去甚远。博士毕业后,他曾供职于凯斯西储大学(Case Western Reserve University)及退伍军人管理局精神病院(1953—1956年)。其后,他先后从事国家优秀奖学金组织(1957—1963年)和美国大学生考试项目(1963—1969年)相关工作。1969年,霍兰德加入约翰斯·霍普金斯大学社会学部,其间他发表了许多与人格和职业生涯选择相关的重要研究成果。1980年,他从约翰斯·霍普金斯大学退休,但仍然做研究。1997年,他还修订了著作《作出职业选择:职业人格和工作环境理论》(Making Vacational Choices: A Theory of Vocational Personalities and Work Environments)第三版。直到2008年11月27日,霍兰德于马里兰州巴尔的摩市与世长辞,终年89岁。在去世前,霍兰德被美国心理学会授予心理学应用杰出贡献奖(Distinguished Scientific Award for the Applications of Psychology)。

霍兰德的研究焦点为工作和职业生涯,他创立了职业类型理论,认为如果人们明确自己的个性类型,或者明白自己的个性是各种人格类型(现实型、研究型、艺术型、社会型、企业型或传统型)的组合,他们就会成为更快乐的工作者。霍兰德的研究对职业生涯咨询领域的影响是空前的,他深刻地影响了职业发展理论、职业兴趣测量设计和技术、职业生涯干预、职业分类和整个职业咨询领域(Rayman & Attanasoff, 1999)。

(二) 时代背景

霍兰德于1959年提出职业类型理论,该理论也被称为人格类型理论或者职业兴趣理论。该理论一方面源于前人在职业指导和心理学领域的研究成果;另一方面则源于霍兰德本人的职业咨询经验,他经过长时间的研究和多次大规模试验,最终形成了一套职业指导理论(Holland, 1959;俞文钊等,2007)。

职业类型理论是霍兰德在帕森斯的特质因素匹配理论的基础上发展起来的。特质因素匹配理论提出了"人—职匹配"的概念,这也是职业类型理论的核心概念。20世纪40年代后,特质因素匹配理论由于理论假设与方法论存在一些困惑而受到质疑:① 人是一个整体,人格特性之间是互相联系的,很难说哪种人格特性与某种职业相关,更不能进一步论证人—职匹配的合理性;② 人的个性、品质是很难进行客观测量的,因而很难根据人的个性、品质进行精确分析并形成"刚性"的匹配模式(李爱梅,2001)。霍兰德的职业类型理论在很大程度上弥补了特质因素匹配理论的不足。

20世纪初,心理学家们对兴趣测验的研究也激发了霍兰德职业类型理论的产生(王来顺,2009)。1915年,桑代克(Thorndike)对兴趣和能力的关系进行了初步探讨;1927 年,斯特朗(Strong)编制了职业兴趣调查表,这是最早的职业兴趣测验;1953 年,库德(Kuder)编制了职业偏好量表。1959 年,霍兰德在上述研究成果的基础上引入人格心理学理论,提出了具有广泛社会影响的职业类型理论(赵富强,2015)。

此外,霍兰德的职业类型理论还来自他从生涯决策者那里得到的经验(Osipow,1968)。霍兰德发现大多数人看待职业时都存在刻板印象,他认为刻板印象是以个体的工作和现实经验为基础,有着较高的准确性和有效性,不会混淆人们对职业的看法,也不会给咨询师带来麻烦。因此,霍兰德打算开发一套职业名称清单,将其作为投射个体偏好的生活方式的工具,职业类型理论也因此而产生。

二、理论的核心内容与实证检验

(一) 核心内容

霍兰德的职业类型理论从 1959 年产生到现在,经过长期的发展,已经形成较完善而稳定的结构。该理论基于五个假设(Holland,1985):

(1) 在我们的文化中,人格类型可以划分为现实型、研究型、艺术型、社会型、企业型和传统型六种。

(2) 当今社会有六种典型职业环境,即现实型、研究型、艺术型、社会型、企业型、传统型。

(3) 人们在理想的职业环境中可以获得技能、培养智力、发展能力、感受愉快。

(4) 一个人的行为取决于个体的人格特征和所处环境之间的相互作用。

(5) 每种人格类型都有与其协调的职业环境类型,每种人格类型还有两种与其"次协调"的职业环境类型。个人如果在"次协调"的职业环境中工作,也是能够适应的。

霍兰德将职业性向划分为六种基本类型,分别为现实型(R)、研究型(I)、艺术型(A)、社会型(S)、企业型(E)和传统型(C)。

1. 现实型(R)

共同特点:不善言辞,难以表达感情,社交能力弱,不喜欢从事与想法和人有关的工作;行为积极,动手能力强,喜欢使用工具从事机械操作的工作;身体协调性好,喜欢从事户外的、耗费体力的工作;为人谦虚,做事保守,遵守规则,创造力较弱;喜欢解决具体的问题,不喜欢处理抽象、理论和哲学的问题。

典型职业:与人打交道较少但需要技巧、力量和协调性的职业,比如工匠、厨师、维修工、摄影师、运动员等。

2. 研究型(I)

共同特点:具有好奇心,喜欢钻研,求知欲强;善于思考,喜欢逻辑分析和推理,抽象思维能力强;考虑问题理性,做事喜欢精确;具有创造性和批判性思维,很难接受传统的态度和观点;知识渊博,有学识和自信心;独立性强,喜欢独自工作而不爱社交;缺乏说服力,不善于领导他人。

典型职业:需要运用智力进行分析的职业,比如科研人员、数学家、教师、工程师、计算机编程人员、医生、系统分析员等。

3. 艺术型(A)

共同特点:想象力丰富,具有创造力,喜欢创造新颖的、与众不同的成果,同时注重美和感官享受;在穿着、语言和行为方面都追求无拘无束和标新立异,努力使自己在人群中凸显出来;渴望表现自己的个性,实现自身的价值;理想主义,追求完美,希望得到表扬、获得认可;不喜欢被指挥和监督,不看重权威;对批评很敏感,比较冲动,容易感情用事。

典型职业:与音乐、艺术、文学等相关的职业,比如音乐家、舞蹈家、演员、导演、设计师、雕刻家、建筑师、摄影家、画家、诗人、作家、广告制作人等。

4. 社会型(S)

共同特点:热情、友好,喜欢与人交往,能娴熟地处理人际关系,善于结交新朋友;亲切、慷慨,具有同情心,能深入理解他人的感受和问题,愿意指导和帮助他人;自我表达能力好,善于沟通,说服力强;喜欢成为群体中的焦点;看重社会义务和社会道德,关心社会问题,渴望发挥自己的价值;喜欢处理哲学问题,不喜欢从事与机器、数字、智力、身体技能有关的工作。

典型职业:与提供信息、启迪、帮助、培训或治疗等相关的职业,比如教师、顾问、咨询师、社会工作者、护理人员、导游、学校领导等。

5. 企业型(E)

共同特点:支配欲强,具有领导才能,喜欢组织、指挥、控制和管理群体活动且精力旺盛;看重权力、地位、金钱和物质财富,并以此衡量事物价值;喜欢竞争,具有冒险精神,有野心和抱负;乐观、自信,善于表达自己的观点,具有说服力;热情、友好,爱交际,喜欢聚会;为人务实,做事有较强的目的性。

典型职业:与经营、管理、劝服、监督和领导相关的职业,比如企业经理、销售人员、政府官员、企业领导、法官、律师、媒体传播人员等。

6. 传统型(C)

共同特点:顺从,尊重权威,强烈认同权力和地位,习惯接受他人的指挥和领导,对领导地位不感兴趣;喜欢集体或组织带来的安全感;较为谨慎和保守,遵守规章制度,不喜欢改变规则;自我控制极强,喜欢按计划办事,实践能力强,独立高效;细致、耐心、有条理,踏实、稳重、有责任心;缺乏创造力、竞争力和冒险精神,喜欢在舒适的环境下工作;不愿意表达情感,不喜欢过于亲近的关系,在熟悉的人面前感觉更舒服。

典型职业:与记录、归档和计算等程序性工作相关的职业,比如秘书、办公室人员、会计、出纳员、行政助理、图书管理员、编辑、银行职员等。

尽管最初六种职业类型的预测效力比较令人满意,但是霍兰德发现,在越来越精确的测量中,各种职业类型之间的相关程度不同,而且这种差别越来越明显。一项关于六种职业类型间关系的调查结果显示,职业类型可以用一个粗略的六边形来表现(Holland et al.,1969)。六边形的边长揭示了环境间的心理关系。高相关的环境彼此相似,比低相关的环境心理距离近。现实型与研究型和传统型的距离较近(相关系数分别为0.46、0.36),但是与社会型的距离就相当远(相关系数为0.21);艺术型与研究型和社会型的距离较近(相关系数分别为0.34和0.42),但与传统型距离很远(相关系数为0.1)。

霍兰德设计了一个平面六边形(RIASEC)来阐述其研究结果(见图3.1)。虽然从精确的数据来看,这还不能完全算是一个正六边形,但是其近似程度也足以将霍兰德职业类型理论中不同环境的相关程度表现出来。六个角分别代表了六种人格和职业类型,相关程度较高的类型是相邻关系,其次是相隔关系,那些极不相关的类型则位于六边形对角线的位置,为相对关系(刘长江和郝芳,2003)。

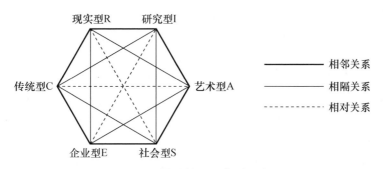

图3.1 霍兰德职业类型理论

根据六边形模型的解释,最为理想的职业选择就是个人能找到与其人格类型重合的职业（胡平，2015）。如果个人不能找到与其人格类型完全重合的职业，那么可以寻找与其人格类型相邻近的职业。由于两种职业类型之间有较高的相关度，个人经过努力和自我调整也能适应职业环境。最差的职业选择是个人在与其人格类型相斥的职业环境中工作，此时个人很难适应工作。

霍兰德用每个人得分较高的三位代码表示每一种具体的人格类型和每一种职业，如代码 CIR 意味着人格特征最可能是传统型，其次是现实型，再次是研究型，那么此人最应该选择的职业环境也应该是传统型，其次是现实型，再次是研究型（吴志功和乔志宏，2004）。

为了进一步说明人格类型与职业环境之间的相关性和差异性，霍兰德还提出了不同的概念来描述人格与职业之间的匹配程度：

（1）一致性，是指人格类型和环境模式之间的相关程度；

（2）区分性，是指清晰界定人和环境之间的差异程度；

（3）同一性，是指人和环境保持同一的清晰性与稳定性；

（4）对等性，是指不同类型的人要求不同的环境；

（5）并存性，是指人格类型和环境之内或者之间的关系，也就是职业类型之间的距离之差与其理论关系成反比。

霍兰德基于职业类型理论的研究是相当广泛的，除了设计方法来验证特定假设，他还通过对理论验证的补充研究进一步提供了许多职业行为方面的信息。

在后来的研究中，霍兰德还对职业类型理论提出了不少修改意见。比如，最初 Holland（1959）将六种人格类型定义为运动型、智力型、美学型、支持型、说服型、顺从型，经多次修订（Holland，1962，1966，1973，1985）后才变成现在的现实型、研究型、艺术型、社会型、企业型和传统型。

后续研究提供的大量证据表明，霍兰德在研究早期提出的人格类型特征也相当稳定。大多数类型特征在后来的研究中都被证明是确实存在的，还可以基于更多的特征和特质进一步区分各种类型。在一项持续四年的追踪研究中（Holland，1963），霍兰德不断发现与其早年研究结论相同的特征。在另一项对 8 所大学三千五百多名男性大学生的长期纵向研究中（Holland，1968），霍兰德发现了各类型更多的特征，比如现实型男性的技术能力和机械能力较强，研究型男性的科学能力和数学能力较强，社会型男性的社会教育能力、同理心较强，传统型男性的商业能力和保守性较强，企业型男性的领导能力较强，艺术型男性的艺术能力和创造力较强。

霍兰德陆陆续续发表了许多研究论文，证明了人格类型与行为、教育、职业的相互关系，这些研究成果被整合在其 1985 年出版的著作中。此后，他又和其他学者发表了一些论文，总结其理论概念与重要职业行为之间的关系（Holland et al.，1975；Holland & Gottfredson，1976）。此外，他还关注了其他的变量，如爱好和课外活动（Holland，1962）、职业幻想（Holland，1962，1963）、职业意象（Holland，1963）和专业成就模式（Holland，1962，1963）。总体而言，霍兰德在这些探索中再次得出了六大职业类型存在内部一致性的结论。

除了霍兰德自己不断进行后续研究，很多学者也对霍兰德的理论感兴趣，并在其理论和研究的基础上进行了拓展。Wakefield & Doughtie（1973）以 300 名本科学生为样本，发现霍兰德的六种人格类型呈现出六边形关系。Gati（1991）针对霍兰德的六边形模型中有关相邻职业群距离相等这一假设的局限性，提出了三层次模型。Prediger et al.（1993）在霍兰德六边形模型的基础上加入人和物、数据和观念维度，使职业的类型和性质有机地结合起来。

（二）实证检验

1. 国外相关研究

国外职业兴趣的研究在帕森斯提出生涯指导理论后就开始萌芽，在霍兰德提出职业类型理论后，相关领域研究更是蓬勃发展。国外研究者对霍兰德职业类型理论的研究主要有以下几个方面：

（1）基于霍兰德职业类型理论对职业类型内在结构的研究。Campbell & Holland（1972）将职业类型理论应用于斯特朗职业兴趣量表，开发了代表六种类型的六个量表给斯特朗职业兴趣量表中的 202 个职业打分，研究结果表明这些职业与霍兰德类型理论十分吻合。Hansen & Johansson（1972）参照斯特朗职业兴趣量表针对男性的研究，基于霍兰德类型理论开发了适合女性的职业兴趣量表，量化结果的相关性与基于霍兰德类型理论的职业兴趣量表是一致的。Rounds et al.（1979）探讨了霍兰德的 RIASEC 六边形模型与斯特朗—坎贝尔兴趣量表（Strong-Campbell Interest Inventory，SCII）一般职业主题量表之间的内在关系，他们发现女性群体中 SCII 与六边形模型契合度不是很好，但男性群体很契合。Prediger（1982）就霍兰德提出的六边形模型各个维度的性质提供了经验证据。Ahadi（1991）研究了成人人格量表（Adult Personality Inventory，API）在多大程度上可以作为霍兰德职业类型的测量方式，结果表明霍兰德职业类型与 API 存在较高的一致性。

（2）对霍兰德类型理论的进一步研究。部分学者在不同特征（如性别、年龄和教育）的人群中进行测验，研究霍兰德类型理论的普适性，并评价其内在结构。Prediger & Hansen（1976）对从事同样 104 个职业的 39 000 名男女进行了调查，结果发现相同职业的男性和女性，特别是从事非传统职业的男性和女性之间存在实质性、系统性的差异,他们根据这一发现对霍兰德理论进行了修正。Conneran & Hartman(1993)基于霍兰德类型理论,用职业决策量表对十二年级的学生进行了调查,数据显示未作出职业决策的学生的一致性和职业认同水平较低,他们可能需要更多的心理治疗方法进行职业咨询。Trusty et al. (2000)对美国的亚裔、西班牙裔、黑人和白人进行了研究,结果表明数学成绩和性别对基于霍兰德职业类型理论中专业选择的影响在民族及种族间是一致的,而阅读成绩、社会地位和经济地位的影响是不同的,白人的结果与霍兰德类型理论的描述是最为一致的。

(3)对霍兰德职业类型理论与其他人格理论关系的研究。Strack(1994)考察了Millon(1983)的基本人格风格与霍兰德的职业类型之间的关系,结果显示两个理论在社会支配性、顺从性、情绪性和约束性维度上最相似。De-Fruyt & Mervielde(1997)探讨了大五人格与霍兰德类型理论之间的关系,结果表明大五人格因子均与至少一种或多种RIASEC类型显著相关,但并非所有的RIASEC类型都与大五人格因子相关。Blake & Sackett(1999)探讨霍兰德类型理论与人格五因素模型的关系,评分者根据五因素模型的维度(外向性、神经质、尽责性、亲和性和经验开放性)对霍兰德六种人格类型的形容词描述进行编码,再对五个维度的排名、占比进行统计和比较,结果支持职业兴趣和人格类型之间的经验关系模式,这与霍兰德类型理论的描述是一致的。

(4)研究霍兰德类型理论的跨文化适用性。Arbona(1989)利用1980年的人口普查数据,调查了不同教育水平的西班牙裔在霍兰德各个工作类型中所占的比例,数据显示儿童和青年在职业类型和职业水平方面受到有限的职业榜样的影响,低教育水平抑制了父母帮助孩子获得职业机会的能力。

2. 国内相关研究

我国国内关于霍兰德类型理论的研究及应用相对落后。在职业类型理论传入国内不久后,有学者对该理论的历史沿革、发展趋势和应用价值进行了分析和展望(刘视湘和洪炜,2003;刘海玲和王利山,2005)。相关实证研究主要是对职业兴趣量表的引进、修订、编制、应用和对学生、领导者等群体的职业类型及相关影响因素的探讨。关于国内职业兴趣量表的相关研究将在下一节进行详细阐述,本节主要论述国内职业兴趣的实证研究。

国内相关实证研究的对象主要是大学生群体,主要关注大学生职业兴趣的结构特点及职业兴趣对其创业、学业、职业的影响。在起步阶段,研究者较为关注学生职业兴趣的特点和现状。例如,吴俊华和张进辅(2008)对884名大学生的调查结果显示,大学生的职业兴趣类型多为企业型和权力型,较少倾向于研究型和现实型。在职业兴趣对创业的影响方面,蒋昀洁等(2018)以计划行为理论为基础,对南京某高校的 302 名大学生进行调研,结果表明企业型和研究型大学生的创业潜能较高。在职业兴趣对学业的影响方面,赵新亮和刘贤伟(2017)对 5 所"985"高校的 979 名大学生的调查表明,职业兴趣对大学生的读研期望有直接影响,研究型大学生的读研期望更加强烈;传统型和社会型职业兴趣则通过深层学习影响大学生的读研期望。在职业兴趣对职业发展的影响方面,梁润华(2013)以霍兰德的职业类型理论为基础,分析了大专生职业决策困难的现状,并从职业兴趣测试、专业人才培养方案设计、企业职业岗位信息库构建、校企联动和职业价值观引导等方面提出了解决大专生职业决策困难的对策,旨在提高大专生职业决策能力和就业质量。

在职业兴趣的结构维度方面,赵守盈等(2011)对北京市 5 831 名大学生进行调研,并验证了职业兴趣分为职业类型和职业声望的二维结构。另有学者从认知风格的角度进行了研究(张敏和张仁美,2010;张臻峰,2011),他们将认知风格分为场独立型和场依存型,但研究结果略有不同。张敏和张仁美(2010)认为不同认知风格的个体在现实型上不存在显著差异,但在研究型、艺术型、社会型、企业型和传统型上存在显著差异,场依存型个体更适合从事研究型和传统型的工作,场独立型个体更适合从事艺术型、社会型和企业型的工作。张臻峰(2011)则认为场独立型个体倾向于从事企业型的工作,场依存型个体倾向于从事艺术型、社会型的工作。此外,还有研究关注了高中生(才果和瑜措珍嘎,2012;蔡永红等,2002;吴大同和孙丽华,2007)、中专生(方翰青和谭明,2011)、贫困生(王丹,2017)、体育专业学生(毕雪梅和蔡文菊,2008)、师范院校非师范专业女大学生(王庆祥,2015)的职业兴趣现状。

还有学者对领导者(毛娜等,2009;薛贤等,2013;杨俊辉和宋合义,2013;杨俊辉,2014)、企业员工(刘业政等,2009)、残疾人(刘艳虹等,2010)等群体进行了研究。多项针对领导者的研究关注了领导者的职业兴趣对领导绩效的影响,并且探讨了任务结构、高层信任和支持、职位权力对这一关系的调节作用(毛娜等,2009;薛贤等,2013;杨俊辉和宋合义,2013;杨俊辉,2014)。毛娜等(2009)发现高层管理者的信任和支持能够调节中层管理者的艺术型、传统型、企业型职业人格与领导绩效之间的关系。在高层管理者的信任和支持水平较高时,艺术型和企业型职业人格能正向预测领导绩效;在高层管理者的信任和支持水平较低时,传统型职业人格能正向预测领导绩效。杨俊辉(2014)认为,在职位较高的情况下,艺术型、社会型与领导绩效显著正相关;在职位较低的情况下,则无显著相关。薛贤等(2013)认为,当任务结构明确时,组织应该优先选拔艺术型或企业型的领导者;当在任务结构不明确时,组织应该优先选拔学术型的领导者。

三、相关评估技术与测量工具

(一) 国外相关量表

在霍兰德提出职业类型理论之前,已经有研究者开展了职业兴趣相关研究。Strong(1927)将不同职业群体与一般参照群体的职业活动进行比较,再将有差异的项目组成对应的职业兴趣量表(Strong Vocational Interest Blank, SVIB)。由 SVIB 发展而来的基本兴趣量表(Basic Interest Scales, BIS)共测量了 23 种基本的活动领域,具有比 SVIB 更高的概括性(刘视湘和洪炜,2003)。1963 年斯特朗去世后,Campbell(1974)、Campbell & Hansen(1981)对 BIS 进行了整合和拓展,形成了斯特朗—坎贝尔兴趣量表,发展出一般职业类型(General Occupational Themes, GOT),并与霍兰德的六种类型相对应(刘长江和郝芳,2003)。

Holland(1958)通过对前人研究的分析,编制了由 300 个职业名称构成的职业偏好量表(Vocation Preference Inventory, VPI)。职业偏好量表发表于霍兰德类型理论之前,但类型理论依然是该量表的理论基础。最初的职业偏好量表存在一些问题,比如问卷的题目是随机的、量表题目数不等以及问卷没有与职业辞典进行匹配等。为了解决这些问题,Holland(1972)又开发了自我指导探索量表(Self-directed Search, SDS)。自我指导探索量表是一种可供受测者自己管理、计分和解释结果的职业咨询工具,整个测验由四部分构成:第一部分是列出自己理想的职业;第二部分包括职业活动、职业能力、职业偏好及能力自评四方面,每一方面都按 RIASEC 的顺序编制项目,每个类型的题目数相等;第三部分按六种类型的四个方面得分高低由大到小取三种类型构成三个字母的职业代码;第四部分为职业寻找表,包括 1 335 种职业,每种职业都标有职业代码和所要求的受教育水平,受测者根据职业代码可在第四部分寻找相应职业。

受到霍兰德职业类型理论的启发和影响,大量学者开发了不同的职业兴趣量表和模型。Roe(1956)开发了圆形模型,将职业分为八个主要领域,在圆周上的排列依次为技术(Te)、户外(Od)、科学(Sc)、一般文化(Gc)、艺术与娱乐(Ae)、服务(Sv)、商业接触(Bu)和组织(Or)。

在霍兰德类型理论的基础上,Rounds & Tracey(1996)开发了球形模型。该模型共有三个潜在维度,即资料—观念维度、人—事维度、职业声望维度。职业声望维度是球形模型区别于其他模型的最大特点。资料—观念维度和人—事维度所构成的平面的圆周上均匀分布着八种基本的职业兴趣,分别是社会促进、管理、商业、数据加工、机械、自然户外、艺术、公益;而在职业声望维度上分布了 10

种职业兴趣,分别是影响、社会科学、商业系统、财务分析、科学、手工劳动、质量控制、人事服务、建筑修理、基础服务,前五种为高职业声望,后五种为低职业声望。Tracey(2002)之后将上述分类修订为 40 个条目的简版。

虽然霍兰德职业兴趣模型影响大、应用广,但是相关研究对该模型的跨文化适用性仍然存在争议(Rounds & Tracey, 1996;刘长江和 Rounds, 2003)。很难有一种职业兴趣模型适用于不同文化背景的群体,针对不同的文化背景会存在不同的职业兴趣模型。因此,我们还需要继续对跨文化的职业兴趣结构进行深入研究。

(二) 国内相关量表

职业兴趣量表的开发是国内职业兴趣研究的重要部分。在国内学者自主开发职业兴趣量表之前,龙立荣等(1996)对霍兰德职业兴趣量表(1985 年版)进行了修订,使其更适合中国情境,并以武汉市中学生为研究对象验证了中文版霍兰德职业兴趣量表的信度和效度(沈洁,2010)。同年,白利刚等(1996a,1996b)先后对霍兰德中国职业兴趣量表的汇聚效度、区分效度和方法偏误的影响进行了检验,结果表明量表特质因素的汇聚效度和区分效度良好,而方法偏误的影响作用不大。

方俐洛等(1996)又以霍兰德的职业兴趣理论为依据,自行开发了适合中国国情的霍兰德式职业兴趣量表。在确定量表的项目和结构之后,他们以北京市的六所大学的学生为研究对象,采用因素分析的方法对原始量表的因素结构进行分析检验,筛选后的量表共保留了 138 个项目。其中,原霍兰德量表项目为 78 个,新增项目为 60 个,各个量表均包含六个因素,与霍兰德职业兴趣理论的六大类型一致。

张厚粲等(2004)关注高中毕业生选报大学专业的问题,编制了一套适合我国高中生兴趣特点的职业兴趣测验——《升学与就业指导测验》(升学版)。该测验将职业兴趣分为艺术型、事务型、经营型、研究型、自然型、社会型和技术型七种,具有良好的信度和效度。初步使用的反馈结果表明,该测验对高中生选报大学专业帮助较大。

近年来,国内对个人球形职业兴趣量表(Personal Globe Inventory, PGI)的研究逐渐增多。张宇等(2015)对个人球形职业兴趣量表简版(Personal Globe Inventory-Short, PGI-S)的中文版进行了信度和效度检验,结果表明该量表的中文版具有良好的信度和效度,适用于我国职业兴趣的测量。此后,个人球形职业兴趣量表简版中国版(Personal Globe Inventory-Short in China, PGI-SC)是在个人球形职业兴趣量表简版的基础上修订而来,该量表把职业兴趣划分为社会促进、艺术、公益、自然户外、机械、数据加工、商业和管理八种类型。为了验证 PGI-SC 在中国的适用性，使其更有效地应用于企业招聘和个人职业生涯规划，王宇中等(2016)对 PGI-SC 的实证效度进行了检验，结果表明该量表具有良好的内容效度、结构效度和效标效度。

总体上，国内外职业兴趣的研究主要以霍兰德的职业类型理论为基础开展，近年来的研究也在很大程度上受到该理论的影响，但关于类型理论和模型仍然有一些问题（如跨文化的适用性）需要解决。由此可见，职业类型理论不仅对学术研究和实践具有长远的意义和价值，还使职业兴趣研究领导始终保持着生机和活力，不断吸引着研究者的目光。

四、理论的应用价值

霍兰德的职业类型理论将个体的人格特质与职业兴趣相结合，探索了个体的职业性向分类，提出了职业兴趣的人格观，升华了人们对职业兴趣的认识（王来顺，2009）。经过多年的发展，霍兰德类型理论在我国职业教育、职业培训等领域的应用越来越多，对个人和社会的影响也日益扩大。

霍兰德的类型理论较多地应用于职业咨询领域，并且以学生群体为主要对象，对他们的专业或职业选择具有引导作用。大学生的专业满意度十分重要，能够正向预测其心理健康（桑志芹和伏干，2015）、学习投入度和学习效果（刘选会等，2017），因此提升大学生专业满意度是社会、学校和家庭的共同期望。通过霍兰德职业兴趣测验，他们可以清晰地了解自己的职业人格类型和职业偏好，从而进行职业选择和定位，并将自身与适合的职业相匹配。Holland(1964)认为，职业咨询师以面谈作为开展职业咨询的主要手段，但这种手段具有局限性。第一，面谈的形式较为刻板；第二，职业咨询师很难通过简单的谈话就确定个人的人格特质、决定个人未来的职业发展方向。因此，类型理论的应用和职业兴趣的测验能够丰富职业咨询的形式与内容，提升职业咨询师对客户信息的掌握程度，从而对客户的背景、人格特质、目标、适合的职业进行有根据的推测。

职业类型理论在企业招聘和人才选拔领域也有一定的应用。根据职业类型理论，个体的职业性向会影响其职业满意度。当个体职业性向与其从事的职业相匹配时，个体就能充分发挥潜力，并提升工作绩效（于涌和陈力，2008）。因此，企业更倾向于选拔个人特质与职位需要的特质相一致的人员，如敏感性、爱的品质、交流沟通的意愿、对教育工作的兴趣等是一名教师的必备特质（吴秋芬，2008）。职业类型理论广泛应用于各个行业不同职业的企业招聘和人员选拔，比如电网企业干部（杨好，2014）、大学生创业型人才（岳鑫，2016）、高校教师

(张丹和香赵政,2009)、海员(王纪妹等,2013)等的招聘和选拔。

五、经典文献推荐

Holland, J. L. (1959). A theory of vocational choice. Journal of Counseling Psychology, 6(1), 35-45.

Holland, J. L. (1978). Manual for the vocational preference inventory. Palo Alto CA: Consulting Psychologist Press

Holland, J. L. (1996). Exploring careers with a typology: what we have learned and some new directions. American Psychologist, 51(4), 397-406.

Holland, J. L. (1997). Making vocational choices: a theory of vocational personalities and work environments. Odessa, FL: Psychological Assessment Resources.

Holland, J. L. (1999). Why interest inventories are also personality inventories. In M. L. Savickas & A. R. Spokane(Eds.), Vocational interests: Meaning, measurement, and counseling use, 87-101. Palo Alto, CA: Davies-Black.

第三章参考文献

第四章

心理动力理论

张小诗*

一、代表人物与时代背景

(一) 代表人物

爱德华·鲍丁

爱德华·鲍丁(Edward Bordin, 1913—1992),1913 年 11 月 7 日出生于美国宾夕法尼亚州的一个俄罗斯犹太移民家庭,是家里三个男孩中最小的一个。鲍丁认为自己的父亲具有反思性和分析性的特性,而母亲具有驱使性的特性。受到父母和兄弟的影响,他将自己形容为一个持有质疑态度的"外来者",具有"分析性""对立性"的特性(Bordin, 1987)。这样的自我认知似乎与人们对鲍丁的评价是相符的,即他是一位具有批判性、创新性和前瞻性的思想家。

鲍丁在天普大学先后取得了学士和硕士学位,1942 年完成了俄亥俄州立大学的博士学业。在武装部队服役三年后,鲍丁先后任教于明尼苏达大学和华盛顿州立大学。1948 年,他被密歇根大学聘为心理学副教授,并担任心理服务局咨询部主任,七年后被提拔为正教授。在密歇根大学任职期间,鲍丁作出了重要的理论和实践贡献,并对他的学生产生了重大影响。在学生的描述中,鲍丁是一名杰出的教师,其广博而丰富的知识涵盖了心理学的许多领域,他始终对新思想饱含热情,希望提升学生分析复杂问题的能力(Galinsky, 1995)。

鲍丁在学术生涯中取得了许多成就,其中最引人注目的是他 1955 年担任美

---

* 张小诗,东北大学学生指导服务中心副教授,主要研究领域为职业生涯教育、大学生就业指导,电子邮箱:xiaoshi315@163.com。

国心理学会心理咨询部主席、1956年担任美国心理学会教育和培训委员会主席、1964年担任美国心理学会专业事务委员会成员。此外，鲍丁在1959—1964年担任《咨询心理学》杂志的编辑。作为美国国立精神卫生研究院项目的重要参与者，鲍丁的贡献巨大、影响深远。

1987年，鲍丁获得美国心理学会授予的利昂娜·泰勒奖，在致辞时，他回顾了自己对个人发展和性格的研究，阐述了两个"持久的关注点"：一是职业选择和个人发展，二是个人转变过程和被誉为咨询和心理治疗基石的工作联盟理论。鲍丁早期的职业生涯研究侧重于职业决策，后期则侧重于工作联盟理论。他不满于当时主流的心理测试并提出批评，而对心理动力很感兴趣，在测试成绩之外，他将个人情境理解为职业选择的决定因素。鲍丁拒绝了狭义的理性主义和以咨询师为中心的咨询方法，提倡一种动态的、基于人际关系的模型。该模型首先应用于职业咨询，后来扩展到一般的咨询过程。

作为一名心理治疗的研究人员，鲍丁主张将心理治疗这门科学置于人类行为的更大范围内，倡导基础知识与应用知识的融合。作为科学家与实践者，鲍丁还指出了临床及研究中动机与议程的内在矛盾（Bordin，1966）。凭借对这种冲突的敏锐理解以及自身的综合素质，鲍丁的职业生涯体现了科学性与实践性的统一。

毫无疑问，鲍丁是咨询和心理治疗领域最重要、最有影响力的人物之一。他利用自己的创造性、综合性和开拓性的性格与精神来定义职业咨询、复兴心理治疗。鲍丁谦虚低调、受人尊敬，但又富有活力和影响力，认识鲍丁的人都为他的博爱、正直和聪明才智所感动，而那些通过他的专业著作了解他的人也受到类似的感动——这显然是一项不易实现的壮举。

（二）时代背景

20世纪早期，西格蒙德·弗洛伊德就开始与他的同事和学生们讨论关于人类动机和本能驱动的问题。很多在孩童时期产生的兴趣和爱好对成年后的行为有影响，他们的讨论延伸出大量用来解释人类的行为的理论和概念，包括本能驱动、进攻型行为以及原生家庭影响等主题。

弗洛伊德认为心理活动的动力源泉是生理上的"力比多"（libido），即"性力"。这里的"性力"并不是指生殖意义上的"性"，而是泛指一切身体器官的快感，弗洛伊德也称之为"欲力""心力"等，并认为它是一种与性本能有联系的潜在能量。后来，弗洛伊德又把"力比多"扩展为机体生存、寻求快乐和逃避痛苦的一种本能欲望。

弗洛伊德精神分析的概念有助于理解职业选择,如认同、防御与升华。20世纪60年代,弗洛伊德的理论被应用到职业生涯开发中。鲍丁等人以个性心理分析为基础,吸取了特质因素理论与心理咨询理论的一些概念和技术,对职业团体展开大量的研究,提出了一种强调个人内在动力和需要等动机因素在个人职业选择过程中的重要性的职业选择与职业指导理论,故称之为"心理动力论"。

二、理论的核心内容

以鲍丁为代表的心理动力理论支持者依据传统精神分析学派的观点,探讨职业发展的过程,把工作视为一种升华,而影响个体职业选择的动力则源于个人早期经历所形成的适应体系、需要等人格结构,在职业团体研究的基础上提出心理动力理论的结构。它们作用于个人的能力、兴趣及态度的发展,从而影响其以后的职业选择与行为的有效性。

在心理动力理论中,鲍丁试图理解为什么某些人很难作出职业选择。起初,他想把特质因素理论中的匹配概念和当时卡尔·罗杰斯(Carl Rogers)提出的自我概念相融合。后来,在密歇根大学任职期间,他又受到精神分析法的很大影响。因此,他的理论是对这三种方法的独特融合,强调心理动力问题。作为鲍丁理论的核心,职业框架是从"个体的内在职业需求会与自己人格的动力和结构相一致"这一角度来定义的。换言之,鲍丁认为个体由发展经历所导致的人格特征,可以用心理动力理论加以解释,也可将其理解为自我意识。个体可以通过职业选择表现出无意识的人格结构和有意识的自我概念。因此,在鲍丁看来,个体的职业选择之所以存在困难,其中一个原因就是他们在自我概念和人格发展上遇到了困难(Dugger, 2015)。

(一) 心理动力与职业选择

Bordin et al. (1963)认为,职业是用来满足个人需要的,如果个人有自由选择的机会,必定会选择按自我喜好进行职业选择,并回避使自己感到焦虑的职业。在选择的过程中,每个人早期经历所形成的适应体系、需要等人格结构,是最重要的心理动力来源。后来,Bordin(1983)更强调好奇、精确、权利、表达、是非价值观及抚育等自我需要方面在职业选择上的功能。

心理动力理论关于个人职业选择及职业分属的看法有以下两点：

第一，职业指导的重点应是"自我功能"的增强。如果心理问题获得解决，那么包括职业选择在内的日常生活问题将可得到顺利解决而不需要再加以指导（俞文钊等，2014）。职业选择的结果是必须把个人综合快乐原则与现实原则相结合。成人的生理和智力活动与个人早期的生理和心理发展过程有关；人一生的最初六年，决定了他未来的职业需求模式，即职业选择取决于人生最初六年所形成的需要；而这种需要模式的发展受制于家庭环境，即家庭压力对个体需要的发展影响极大。成年后的职业选择取决于早期形成的需要，复杂的成人活动与婴儿的简单活动有相似的本能满足需要。如果缺少职业信息，职业期望就可能因此受到挫折。

第二，社会上所有职业都能归入代表心理需要的、养育的、操作的、感觉的、探究的、流动的、抑制的、显示的、有节奏的运动等范围的职业群，除了那些由于文化水平和经济因素而无法自由选择的人，心理动力理论适用于其他所有的人（吕厚超，2014）。

（二）"游戏"的需要

心理动力理论注重从个人职业发展的视角并基于个人内在因素来探索职业选择，强调发展当事人的自我概念，通过当事人个人人格的重建来进行职业选择，重视当事人在职业选择中的自主作用。Bordin（1983）认为人格与工作或生涯的关系如同个人在"游戏"中扮演的角色，"游戏"是一种自我表达、自我实现的表现方式，也是一种需要，会刺激个人在寻求自我满足的职业时把工作与"游戏"糅合成一体。在生涯发展过程中，个人人格发展历程也反映了当事人对双亲的认同，若亲子双方关系良好，则外在要求与"游戏"的需要满足融合在一起，工作会变得愉快、有趣。

（三）心理动力理论的八项基本要素

1963年，鲍丁和纳奇曼（Nachmann）、塞格尔（Segal）共同提出了心理动力理论的八项基本要素，内容隐含了"需要"与"发展"这两个要素：

（1）人类的发展是连续的过程，婴儿阶段最简单和最初始的心理、生理发展历程与成人阶段最复杂的智力和生理发展是息息相关的。

（2）就复杂的成人行为与简单的婴儿行为而言，满足需要的本能是相似的。

（3）每个人的需要类型在人生的前六年就已经决定，只有少部分需要可能在人生的后期得到修正。

（4）个人寻求的职业由其需要决定，而需要在其6岁前就已经发展完成。

（5）心理动力理论适用于不同年龄的人，以及不同类型和教育程度的工作，但有三项例外：受到外界文化或经济困难限制的人；受到外在因素刺激的人；在工作中得不到满足的人。

（6）工作是婴儿期冲动得到升华的一种表征，是将婴儿期的冲动升华为社会能接受的行为。

（7）缺乏对职业的了解可能使个人选择的工作无法达到其心理预期。因情绪（或神经系统）而使就业机会的信息受到干扰阻隔，这种现象属于心理机制范畴，是心理动力理论关注的一个部分。

（8）每一种工作都可列入不同的职业群，而每个职业群都代表着不同心理需要满足类型。

根据上述八个基本要素可以发现，一方面心理动力理论强调人类的职业选择包含潜藏的心理动机，这些动机可以追溯到人类原始需要的满足，职业的各种活动都是为了满足需要与避免焦虑；另一方面心理动力理论强调职业发展的特性，主张职业选择必须追溯到个体的儿童期甚至怀孕阶段对人格成长的影响。鲍丁分析了会计员、作家、心理学家、物理学家、工程师等职业，提出了"需要—满足"模式。这个模式可以清楚地分辨不同职业所能满足的需要、涉及的心理机制及其操作与表现方式。例如，一个人在6岁以前，主要的内在满足来自咬、嚼、吞、咽等口腔活动，如果一个人一直固着于这种口腔满足且未随年龄增长而发生改变，那么这种固着现象会表现于其人格，他所从事的职业可能与切割、磨、钻等活动有关（吕厚超，2014）。

此外，心理动力理论还认为，个人在职业生涯中遇到困难可能有以下三方面原因：① 依赖性强，缺乏对自己未来发展的责任感和自信心，缺乏职业决策能力；② 信息匮乏，即缺少职业决策所依据的现实信息；③ 选择焦虑，在职业选择的过程中，自身的犹豫不决或环境的干扰会引起心理焦虑及冲突。在遇到此类问题时，无论是临近毕业的大学生还是已就业人员，他们的首要任务是查明自身职业问题的范围，然后根据现实信息和自身条件作出新的尝试性决策，或者改变与此职业相关的某些行为。

三、相关评估技术与测量工具

(一) 问题与诊断

心理动力理论强调的是满足需要与避免焦虑,辅导人员首先必须了解个体的人格动力状态。诊断时要从动态的观点出发,对个体的问题进行详尽的分析。鲍丁认为个体的问题可能会出现以下情况:

(1) 依赖性强的个体没有独立判断、解决问题的能力,而将问题的责任交付于他人,根据他人的指示采取行动以获得满足。

(2) 信息匮乏的个体因缺乏适当的资料,表现出困扰、需要依赖他人的态度;自我矛盾个体的自我观念不协调,或者自我概念与环境产生冲突,如女性在事业与家庭生活间的角色冲突。

(3) 选择焦虑的个体在遭遇各种选择上的冲突时,会产生的情绪焦虑或挫折的现象。

Bordin et al. (1973)提出一套诊断系统,可以帮助个体更深入地辨析所面临的问题。这些问题包括:① 认知调整的困难,个体无法了解真实状况;② 自我认同的问题,个体缺乏正确或健全的自我认识;③ 心理需要满足的矛盾,工作带来的需要满足存在矛盾;④ 企图改变的倾向,个体不满意现状,企图以选择职业的方法改变自己;⑤ 明显的精神疾病使得个体无法抉择;⑥ 有动机上的冲突,但又不属于前五项者;⑦ 既不属于前五项原因,也没有动机冲突。

问题诊断是职业辅导的前提,辅导人员只有在仔细观察及诊断的基础上,才能制定出完善的辅导措施。

(二) 辅导过程

心理动力理论重视发展的过程,尽量避免以肤浅的逻辑方式对个人的问题进行表面的诊断,而强调对个人与职业间的动态关系做深入的分析,特别是需要、心理防卫机制或幼年期经历等方面。

人格与职业的整合经过探索阶段后,个体会逐渐觉察理想与现实间的差距,此时辅导人员可适时提供进一步改变的契机,进入改变阶段的任务就是从自我觉察与了解开始,实施适当的改变计划。如果是涉及不合理的概念、需要,那么计划的重点就是如何降低这些方面的压力及减少焦虑,借助适当的咨询技巧,协助个体重组人格结构。

(三) 辅导方法

心理动力理论的咨询技巧融合了精神分析学派、特质因素理论及当事人中心学派的精华,辅导时主要采用澄清、比较及解释等方法。

心理动力理论对于测验的使用持谨慎的态度,认为整个咨询过程中个体需要深入地自我探索,辅导人员可以提供有关测验的资料,让个体决定何种测验有助于自我探索,然后由辅导人员加以实施,解释测验结果时个体应一同参与。辅导人员应鼓励个体将测验结果与个体的自身问题联系起来,以便进一步探索或作出决定。

四、理论的评价和应用价值

心理动力理论提倡从探究"过去"生活经历与动机中发现个体的职业需要点,为只关注"当今"与"未来"的职业生涯观注入了新鲜的血液。该理论对个体的需要给予特别关注,同时还十分注重加强个体自身对职业的自我探索。此外,该理论提倡深入分析职业资料,以期从中窥视个体的心理动力,掌握个体需要获得满足的程度、如何获得满足等,从而为个体的职业决策提供详细且完备的信息。

根据心理动力理论的假设,早期经历影响个体需要的发展。若个体需要获得满足,则这些需要不会变成无意识的动力来源;若个体的高层次需要未获满足,则这些需要将永远被消除,不再发展;若低层次需要未获满足,则这些需要将成为主要的驱动力,促使个体满足这些需要以求生存,从而妨碍高层次需要的发展;若延迟需要获得满足,则这些需要将成为无意识的驱动力。

中国煤炭工人的命价就是一个很好的例子。命价,是由当事人和相关者对生命的支付能力和支付意愿决定的。人们的支付能力差距极大,命价的差距也同样大。命价这个概念,描述了人的生命与稀缺的生存资源,并以生存资源(用货币表示)为计算本位,记载了对生命的评价和实际发生的支付。根据美国经济学家曼昆在《经济学原理》中的论述,"评价人的生命价值的一种较好方法是,观察要给一个人多少钱他才愿意从事有生命危险的工作。例如,不同职业的死亡率是不同的。高楼大厦上的建筑工人所面临的生命危险就大于办公室的工作人员。通过比较职业风险、受教育程度和工资决定因素,经济学家可以初步得到不同人的生命价值"。根据有关数据可知,2002—2003 年中国的煤炭工人年均死亡率约为 3.98‰,煤炭采掘和选洗业人均年工资为 11 703 元。据推算,2003 年中国煤炭工人的平均命价是 66.27 万元,每个生命的年价值 1.67 万元(吴思, 2006)。这就验证了心理动力理论的假设。

鲍丁认为,个体可能没有意识到什么会令他满意,只是被无意识的欲望和本能的需要驱动。他指出:"人格在工作和职业中的参与植根于个体在生活中扮演的角色。"鲍丁解释说,个体对于游戏活动的偏好是基于"它本身是令人满意的"这一前提,并建议人们在生活的各个方面(包括在工作中)都要寻求这样的满足。煤炭工人大多来自贫困家庭,受教育程度和生活水平较低,低层次需要未获满足而成为主要的驱动力,促使个体满足这些需要以求生存,从而妨碍高层次需要的发展;个体的高层次需要未获满足,这些需要将永远被消除,不再发展。

在职业辅导方面,心理动力理论对个体的需要及个体可能由其他的心理因素而造成的困惑进行了深入的研究,而且非常重视强化个体的自我探索功能。心理动力理论强调职业资料的重要性,并深入分析个体的精神动力,如个体需要获得满足的程度、如何获得满足等,以提供完整的职业信息。然而,心理动力理论过于注重个人早期经历对职业发展的影响,把人格的改变作为核心,但事实上,人格的改变是一个漫长的过程,辨认个体的需要更非易事,所以心理动力理论应用于临床领域时困难较大。

因此,虽然心理动力理论对于个人内在的动力因素(如需要、心理机制等)特别重视,可以弥补特质因素论忽略个人深层次心理需要的缺陷,但该理论过于强调内在因素,对于可能影响职业选择的外在因素略而不谈,甚至假定"个人有自由选择职业的机会"。此外,心理动力理论在分析具体职业与需要满足的方式上,多偏向低层次需要的满足,几乎没有涉及高层次需要,这些问题都是该理论的缺点(孙亮,2011)。

五、经典文献推荐

Edward, B. (1970). Review of principles of behavior modification. Professional Psychology, 1(1), 485–487.

Edward, B. (1981). A psychodynamic view of counseling psychology. Counseling Psychologist, 9(1), 62–70.

Edward, B. (1990). Psychodynamic models of career choice and satisfaction. Career choice and development: applying contemporary theories to practice. San

Francisco：Jossey-Bass.

Roe, A. (1956). The psychology of occupations. New York, NY：John Wiley & Sons.

Roe, A. (1972). Perspectives on vocational development. Washington, DC：American Personnel and Guidance, Association.

Edgar, S. & John, Maanen. (2016). Career anchors and job/role planning：tools for career and talent management. Organizational Dynamics, 45(3),165-173.

第四章参考文献

第五章

工作调适理论

赵慧娟　柴亚丽*

一、代表人物与时代背景

（一）代表人物

劳埃德·亨利·洛夫奎斯特(Lloyd Henry Lofquist, 1917—1996)，明尼苏达大学心理学家，他一生的大部分时间都奉献给了明尼苏达大学和咨询心理领域。洛夫奎斯特1917年出生于明尼阿波利斯的一个商人家庭。1942—1946年，他在军队服役，获得上尉军衔和青铜勋章。军队服役的经历给后来洛夫奎斯特从事职业康复的研究带来了一定的影响。从第二次世界大战战场归来后，洛夫奎斯特在明尼阿波利斯退伍军人管理医院担任心理咨询师，并担任该医院院长。1955年，洛夫奎斯特获得了他的博士学位。随后，他的导师唐纳德·帕特森(Donald Paterson)聘请洛夫奎斯特到明尼苏达大学心理学系工作，担任心理咨询项目(专注于职业康复咨询和职业心理学的研究)的负责人。

劳埃德·亨利·洛夫奎斯特

洛夫奎斯特回到母校后不久，从当时的美国职业康复办公室获得了经费支持，这为1959—1972年的工作提供了资金。他与同事乔治·W. 英格兰(George W. England)、勒内·V. 戴维斯(René V. Dawis)和大卫·J. 魏斯(David J. Weiss)合作，创立了工作调适理论，并坚持了三十多年的实证研究。

洛夫奎斯特的研究成果主要集中在职业心理学和工作调适方面，他发表了

---

* 赵慧娟，中南财经政法大学公共管理学院副教授、硕士生导师，主要研究领域为职业行为与人力资源管理，电子邮箱：huijuanzhao@163.com；柴亚丽，中南财经政法大学公共管理学院硕士研究生，主要研究领域为组织与人力资源管理。

15篇期刊文章,出版了5本书,研究文献被引用超过2 000次。在明尼苏达大学任教期间,他一直担任"工作调适项目"的联合首席研究员以及咨询心理学项目的第一任主任,直至1989年从明尼苏达大学退休;同时,洛夫奎斯特也负责管理康复咨询研究生培训部门和职业评估诊所的工作,并给明尼苏达州的居民提供职业咨询服务。

勒内·V.戴维斯

勒内·V.戴维斯是美国心理学学者、明尼苏达大学哲学博士、明尼苏达大学心理学学者。他的主要研究集中在工业关系、劳动关系领域,发表学术论文40余篇,研究成果被引用超过14 000次,代表著作为《工作适应的心理学理论:个体差异模型及其应用》(*A Psychological Theory of Work Adjustment*: *an Individual-Differences and Its Applications*)。

1928年12月29日,戴维斯出生于菲律宾马尼拉。1953年来到美国。1955年获得明尼苏达大学文学硕士学位,1956年获得明尼苏达大学哲学博士学位。随后戴维斯在明尼苏达大学担任助理研究员,并于1957年任明尼苏达大学工业关系副教授,1965—1997年在明尼苏达大学心理学系任教授,1997年成为明尼苏达大学名誉教授。戴维斯的主要研究方向有咨询辅导、个体差异、产业/组织、心理测量方法、工作调适、职业评估、职业辅导、能力、价值和工作个性的测量。他是美国咨询心理学和个体差异心理学的代表人物,获得1999年美国心理学会颁发的利昂娜·泰勒奖,被马奎斯(Marquis)的《世界名人录》列为著名的心理学教育家、研究顾问。

(二) 时代背景

随着当代社会越来越依赖非人性化的工业工作环境,工作对个人的意义已经成为一个重要的问题。许多关于职业和人员心理学的研究致力于能力的识别和测量。人们普遍认为,个人知道自己的需要、长处和工作要求是非常重要的。在这样的背景下,旨在指导职业选择的研究应运而生。

职业生涯管理最早发源于美国,初始形式就是就业指导。Parsons(1909)在《选择一个职业》(*Choosing a Vocation*)中,阐述了职业选择和工作调适的合理方法。他提出只有把对人的分析和对工作的分析结合起来才能实现明智的职业选择。在帕森斯之后,特别是在两次世界大战之间,有关"对人的分析"的研究和理解取得了进一步的发展,这在很大程度上归功于对个体差异的广泛研究工作,特别是对精神特征和兴趣的测量。

随着人们对职业心理学的重视,越来越多的研究者开始关注这个领域,比如

Viteles(1932)致力于研究工作心理,Dvorak(1935)致力于对职业能力模式的开发,Strong(1943)开发了关于职业兴趣的测量工具以及明尼苏达国家兴趣目录等。许多职业心理学家在工作中使用帕森斯的方法,他们用这些量表去测量职业问题、匹配能力和教育—职业要求、评估个人—工作适合程度等,但是在理解职业选择行为和职业调整方面进展甚微。毫无疑问,职业分析的先进工具和技术发展有利于更好地理解心理咨询中的人际关系和沟通因素,也有助于重新认识通过工作满足需要的重要性,对研究职业成熟度等概念的发展同样具有重要作用。而关于职业选择和工作适应研究的缺乏,也给职业咨询带来很大的机遇。相当多的研究者开始关注职业咨询领域,并运用基础心理学的知识给职场人士提供咨询和建议。

综上,职业心理学研究的主要贡献之一是预测工作适应性,研究人与环境适应的问题。工作适应的研究集中在比如职业选择(Parsons,1909)、职业发展(Parsons,1938)和职业规划、绩效满意和工作满足感等方面。但是,这些理论研究没有将个人和工作环境结合起来。从理论和实践的角度而言,都需要一个理论框架将这些概念整合起来,以指导未来研究活动。工作调适理论就是在这样的背景下发展起来的:该理论起源于20世纪60年代明尼苏达大学的职业康复研究,1964年研究者提出工作调适理论研究框架,1968年研究者发表工作调适理论论文,1984年研究者出版《工作调适的心理学理论》(*A Psychological Theory of Work Adjustment*)一书。

二、 理论的核心内容及最新进展

工作调适理论(theory of work adjustment,TWA)是一种人与环境的匹配理论,它是将弗兰克·帕森斯(Frank Parsons)、唐纳德·帕特森(Donald Paterson)和约翰·达利(John Darley)的P-E匹配理论(也称个人—环境匹配理论)拓展为动态的职业调整模型。工作调适理论主要是基于Weiss(1964)在明尼苏达大学进行的一项针对职业康复的研究发展形成的。该理论在充分肯定职业选择和职业发展的重要性的基础上,指出就业后的适应也十分重要。

工作调适理论的发展经历了两个重要的阶段:1964年,洛夫奎斯特和戴维斯提出了工作调适理论的基本框架;1970年以后,工作调适理论得到了进一步发展,洛夫奎斯特和戴维斯不仅弥补了职业需求和工作价值之间的理论鸿沟,还阐明了个体风格和工作环境的关系以及工作调适的动态过程。这标志着工作调适理论从静态的特征和因素模型转变为描述个人与工作环境之间的交互作用。

（一）理论的来源

工作调适理论模型是在个性心理学、职业发展心理学的基础上整合 P-E 匹配理论发展而来的。个性心理学研究的重点是将工作和性格结合起来，其中比较典型的是工作个性理论；职业发展心理学则是将个人能力和需求与个人成长整合起来加以研究。显然，它们都是将个体作为主要的研究对象。

职业心理学和普通心理学将个体视为一个有机体，即个体具有反应潜力，当出现环境刺激时，个体就会作出回应。个体在和环境相互作用的过程中形成了个体的需求和能力，也就是我们所说的工作个性。但工作个性是静态的，它只考虑了某一节点的人与环境的互动，而没有将个人发展和环境变化结合起来。因此，在后来的研究中，研究者将个人成长和环境发展相结合来研究工作个性的形成。

工作个性的形成实质上是以个体年龄变化为测量点，预测个体和环境之间的契合关系。在不同的年龄阶段，个体能力和需求是不同的，环境强化系统也是不同的；随着年龄不断增长，个体能力和需求、环境也在不断发展，在这个不断变化的过程中，个体和环境之间不断地调整匹配，最终在工作年龄阶段形成个体的工作个性结构。换而言之，当一个人坚持一种特定的"生活方式"时，他会有自己相对固定的一套需求强化条件。当能力集和需求集被具体化时，对能力和需求强度的连续测量将不会显示出明显的变化，也就是我们所说的形成了相对稳定的性格和能力。工作调适理论实际上是针对个体的研究，需要收集大量关于个人的数据，比如工作态度、工作绩效、工作历史、教育和培训经历、才能、兴趣和人格特质。这些特征因素都是分析人与环境互动的基础，我们可以看出，所有研究的出发点都是人，都是源于个体差异，因而工作个性是工作调适理论的前提（见图5.1）。

工作个性的视角和职业人格理论产生了很大的共鸣。Gross（1958）曾指出：对于某个职业来说，一种特定类型的人格可能会比另一种人格更适合这个职业。这个职业会进一步塑造他的人格，直到他觉得自己适合这个职业。工作调适理论也是以职业人格理论为基础的。结合工作个性理论，工作调适理论认为在接触工作的最初阶段，仍然会发生能力和需求的变化。随着时间的推移，个人的工作经验会增加，能力和需求变化就会趋于稳定。

然而，工作个性理论和职业人格理论仍有缺陷。不论是工作个性还是职业人格都会随时间推移而发生改变，但与此同时个人的能力和需求也在不断发生变化，那么就会产生不一致的方面。这种不一致可能是由内外的压力造成的，带来的后果就是心理不协调。Vance & Volsky（1962）将心理不协调描述为正常的

第五章 工作调适理论

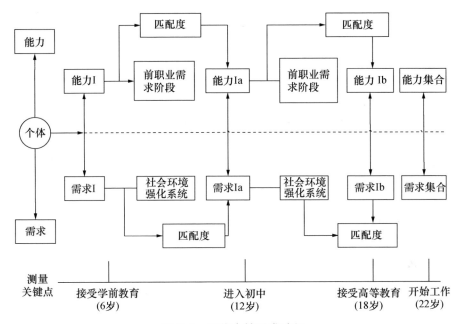

图 5.1 工作个性形成过程

压力,是个体能力、内在因素和兴趣之间的不协调、不适应。工作调适理论就是以能力和工作要求的不一致性、需求和强化系统的不一致性为基础进行的理论研究。工作调适理论认为缺乏一致性就会导致不满意,体现为个体和组织的不满意;同时还说明了这种不一致性存在的原因,并指出可以通过调节强化系统、个体改进能力等方式减少这种不一致性带来的心理压力,或者可以通过其他方式找到更合适的强化系统或工作要求,以促进工作和需求的一致性。

戴维斯认为工作调适就是指个人为了能维持工作和需求一致性所做的努力,以在同职位上的工作持久程度为衡量指标。当工作环境能满足个人需求(即给予个人"内在满意")而个人也能满足工作技能要求(即达到"外在满意")时,个人与环境的一致性就较高,由内外压力带来的心理不协调就会减弱。这里的一致性,是源于 Cattell(1956)和 Halm(1962)提出的适应性概念。这个概念认为个人能力与工作要求之间存在对应关系,适应性的调整就是增强了需求和工作强化条件、个人能力和工作要求之间的对应关系,最终带来员工个人组织的满意。

无论是工作个性结构,还是职业人格都无一例外地提到了人与环境互动的问题,并且工作调适理论另一个重要的来源就是 P-E 匹配。该理论的核心观点是,员工特征和环境特征的符合程度会影响员工态度、员工行为及组织结果。工作调适理论的核心也强调员工能力和工作要求、员工需求和强化系统之间匹配的重要性,员工、组织、环境会动态地进行适应性调整,以实现个人满意和组织满意。从概念上看,工作调适理论实际上就是一个动态的 P-E 拟合的过程。

(二) 核心内容

如前所述,工作调适理论强调人与工作环境互动的动态过程,认为工作调适是实现个人和工作相互匹配的过程,在这个过程中通过强化系统进行调整以实现个体和组织满意,从而实现工作持久。其核心内容主要涉及八个基本概念、九个假设命题和工作调适理论的相关模型。

1. 八个基本概念

(1) 组织满意度。在工作调适理论中,满意度被视为一个动态的变量,定义为人与环境匹配关系的情感反应。这里的满意度包括个人满意度和组织满意度。组织层面的满意度主要是从工作能力、工作任务表现、工作结果(绩效)来评估个体行为是否达到了组织期望的结果。

(2) 员工满意度。就像工作调适理论中提到的,满意度是需求与强化系统对应的函数。个体为组织工作,贡献自己的力量,期望能够从组织中获取回报。组织通过强化系统来满足员工需求。从资源保存理论的角度看,个体能够从组织获得回报,需求得到满足,结果就是个体愿意为组织工作,实现个体层面的满意。

(3) 技能。技能是指针对指定任务的可重复行为序列。技能在不同方面有不同的要求,比如任务内容、任务难度、完成任务所需时间(速度)、完成任务所需精力等。在工作调适理论中,通过量表来测量的技能主要体现为智力、语言表达能力、数字能力、管理能力、动手能力等。

(4) 需要。马斯洛需要层次理论是个体需要的理论基础。在工作调适理论中,个体需要包括成就、权力、创造性、薪酬、价值感、独立性等。例如,价值是个体在组织中得到的被认可、被需要的感觉;成就是个体能力的发挥以及个体满意度的提升;自主性是个体在组织中所具备的对个体工作创造性发挥的权利。

(5) 工作要求。个体具备的工作能力是指能够满足组织对个体的工作要求,比如工作技能、理论知识、心理承受能力等。工作能力要求实际上是和个体技能相对应的。组织对个体的要求是不同的,因为每个工作的具体要求存在差异,例如媒体策划对语言表达能力要求很高,而会计工作可能不需要很强的语言表达能力。只有在个人能力和工作要求相对应的情况下,才能实现个体与环境的匹配,达到组织的满意。

（6）强化系统。强化系统是指通过激励、刺激等方式满足员工的需求。组织中的强化系统主要有物质激励、精神激励两个方面的内容。工作调适理论认为每个人的需求不同，每个人的人格风格也不同，强化系统应当根据个体的特征动态地调整，这样才能实现个体和强化系统相匹配。

（7）匹配度。匹配度是指个人需求与强化系统、个人技能和工作要求之间的一致性程度。工作调适理论是动态的 P-E 匹配理论，核心观点就是人与环境的匹配。上文提到，由于个人、环境不断发展变化，个体和环境必然产生不协调、不一致的情形，而要实现工作持久，就必须在两者之间进行动态的调整。在这个调整过程中会有一个阈值（指对不满意的容忍度），在这个阈值之内，双方都会主动地调整各自的行为以适应对方，调整的结果表现为工作持久或者离职。

（8）工作持久性。工作持久性可以简单定义为工作时间，也就是任期。工作调适理论中的任期包括工作任期、职位任期及组织任期，关于任期的研究是指在组织范围内，个人或组织在阈值内的调整性行为。工作持久是个人满意度和组织满意度相互作用的结果，个人技能和工作要求的对应关系与个人需求和强化系统的对应关系会提高工作持久性。

2. 九个假设命题

工作调适理论试图以工作个性为前提，以基础心理学提出的内外压力产生的不一致性为背景，通过个人的自我实现需求，达到能力和需求之间的一致性。最终，本章作者提出了工作调适理论的九个假设命题：

命题一：一个人的工作在任何时间的调整是由个体满意度和工作满意度决定的。

命题二：组织满意度是指一个人的能力与工作要求的能力之间的对应程度。基于命题二得出两个推论：推论一，个人的整体能力及其衡量满意度的方式有助于他确定工作对能力的要求；推论二，了解工作对能力的要求并测量个人的满意度，可以推断个人的整体能力。

命题三：个人满意度是指工作环境的强化与个人需求之间的对应关系，前提是个人的整体能力与工作环境的能力要求相对应。基于命题三得出两个推论：推论一，个人需要的知识、技能和测量的满意度，允许确定个人有效的工作环境强化系统；推论二，工作环境的有效强化和个人的适度满足受到个人需求的影响。

命题四：个人满意度调节工作环境系统满意度与个人需求之间的功能关系。

命题五：组织满意度调节工作环境系统与个人需求之间的功能关系。

命题六：员工被迫离开工作环境的可能性与员工满意度成反比。

命题七:员工自愿离开工作环境的可能性与员工满意度成反比。

命题八:工作持久是满意度的函数。基于命题八得出推论:终身职位是能力—需求和需要—强化相互对应的函数。

命题九:个人(能力和需求)与环境(能力要求和强化系统)之间的对应关系会强化个人的工作持久。

3. 理论模型

从上述命题可以看出,工作调适理论是指个体和环境之间相互作用、满足彼此需求的过程。该理论假定,当个人能力与工作所需的技能要求相符并且工作能够满足个人需求时,就会产生最佳的匹配度。该理论认为个体和环境是调整适应性匹配的两大主体,主要从内在满意度、外在满意度两个角度来考察调适。首先,个体需要根据工作环境进行评估,了解工作环境的要求以及个体与工作环境之间的匹配程度;其次,根据环境提供给个人的强化系统,评估它能否满足个体的需求。因此,Dawis & Lofquist(1984)将工作调适理论的核心概念整理为:① 工作被概念化为人与环境之间的互动;② 工作环境任务要求执行某些任务,并且个人拥有执行任务的技能;③ 作为交换,个人需要对工作和某些工作条件(比如安全舒适的工作环境)进行补偿,即提供满足组织要求的工作绩效;④ 环境和个人必须持续、动态地满足彼此的需求,以保持双方的一致性;⑤ 工作调适就是实现和保持一致性的过程,而工作适应是指个人对工作环境的满足程度和工作环境对个人的满意程度;⑥ 个人和组织满意的结果就是工作持久,这也是工作调适的主要目的。工作持久可以通过工作个人和环境的一致性来预测。

综上所述,工作调适理论是一种基于人与环境之间匹配关系的职业调整概念的综合模型。该模型假定需求和能力是工作个性的组成部分,而工作要求和强化系统是工作环境的重要方面。个人技能和能力与工作能力要求之间的对应程度可预测组织满意度;个人需求和价值观与强化系统之间的对应程度可预测员工满意度。

工作调适理论将心理学家在诸如职业指导、职业咨询和人员选拔等应用领域使用的匹配模型形式化,确实更加强调需求、强化因素和满意度的结果。然而,上述内容只处理了工作个性结构和工作环境之间的交互关系,并没有考虑匹配的动态调整情况,即个人或组织面对不满意情形的动态反应,也就是工作系统模型里强调的阈值。因此,随着工作调适理论的普及,研究者扩展了工作调适理论在咨询中的应用,并将其作为超越工作行为到心理学人格概念的一般方法。洛夫奎斯特和戴维斯设计了一个工作调适系统模型(见图5.2),侧重于用心理测量方法分别解决职业选择、人员选择、工作动机、员工士气和工作效率等问题。

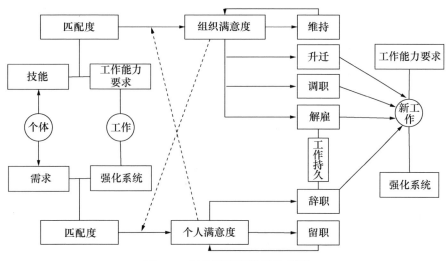

图 5.2 工作调适理论系统模型

工作调适系统模型提供了一个简洁的方式来思考个人和组织的关系。一方或双方的不满表明需要调整不协调的情况。调整可以改变以下四点来完成：① 个人的需要；② 个人的技能；③ 环境的强化因素；④ 环境的任务要求。

工作调适系统模型的核心观点：从个体角度而言，个体是带着需求开展工作并根据强化系统评估这些需求，个体的满意度存在一个阈值，如果强化系统可以满足个体需求（即达到阈值），个体就会感到满足，并按照组织期望方式工作（即工作行为）；反之，如果个体没有得到满足，就会产生不满意。这里提出了一个调整模型，个体可以采用反应行为（被动）或者主动行为进行调整，如果最终都没有达到期望的结果，个体就会选择离开。从组织角度而言，组织会对个体的绩效进行评估，当绩效不能满足工作要求时，个体会被认为不合格，组织可以容忍一些不满意情况，但是如果超过一定的阈值，组织就会进行调整，同样体现为反应性和主动性两个方面。如果环境的这两种调整方式都没有达到预期的效果，唯一的办法就是把个体从具体的工作情态中分离出来，这可以通过调动、降职、晋升或解雇来实现。显然，工作调适理论的系统观点，将个人与工作要求、强化系统之间的匹配视为一个存在阈值的动态系统，个人在这个过程中不断寻求双方满意。从系统观点出发的工作调适理论如图 5.3 所示。

工作调适理论提出之初，强调的是个人与工作环境的互动，其中主要变量有能力和强化系统、技能和工作要求、满意度和任期。我们可以看出，工作调适理论以个人与环境的匹配为主体，但是由于个体存在差异，不同风格的人对于需求和工作环境结构的一致性程度的理解是不同的。从逻辑上说，可以期望随着个

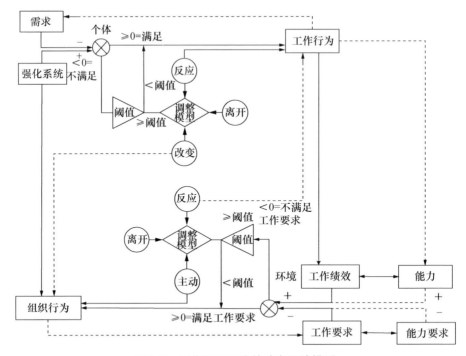

图 5.3 工作调适理论的动态系统模型

体任期的增加,工作环境、工作个性或两者都会产生可观察到的变化——可能是个人寻求改变工作环境或影响个人工作个性变化的工作环境,或者两者兼而有之——从而使得原本与终身雇佣相关性很弱的个体实现终身雇佣的可能性增大。不同个体在调整过程中的个人风格是不同的,工作调适理论的研究者进一步提出了人格的四个维度——灵活性、主动性、反应性和敏捷性,可以帮助我们理解在相当长的一段时间内由于行为经验而产生的稳定的行为倾向。图 5.4 的人格维度结构解释了这一过程。需要注意的是,敏捷性没有直接体现在图 5.4 中,它表示的是个体从无法容忍的区域移动到可以容忍的区域的速度。

综上所述,无论是工作调适理论基本模型,还是在发展中形成的工作调适理论系统模型和人格维度模型,工作调适理论主要关注点仍然是在个体、工作之间实现一致,而实现一致就是指个体需求在个体和工作互动中不断地进行调整。通过个体的个性、自我实现目标、学习能力等不断修正个体和工作间的不协调,个体努力提高自身的能力以达到工作能力要求,组织提供强化系统以实现个体的需求,个体和工作、环境之间越是符合一致性的关系,人的满足感越高,组织对个体的满意度越高,个体在这个工作领域就越持久。换句话说,依据工作调适理论,工作调适是一种配对功能(即一个人的工作个性和工作环境之间的匹

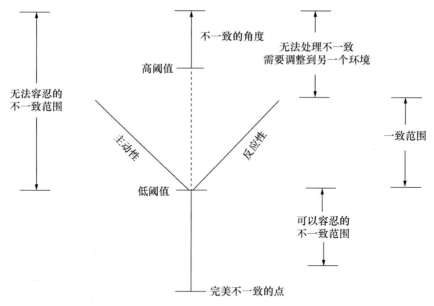

图 5.4　工作调适理论的人格维度结构

配),不匹配会导致员工不满足、组织不满意、员工工作表现不佳和离职。

(三) 最新发展

工作调适理论源于明尼苏达大学职业康复人员有关如何适应工作的研究项目。该研究于二十世纪六七十年代进行,在"明尼苏达州职业康复研究"系列的30个公告以及数种期刊、书籍中都有报道。自20世纪70年代中期以来,"工作调适项目"一直是明尼苏达大学心理学系的研究重点。戴维斯和洛夫奎斯特在工作调适理论的基本模型的基础上,进一步提出了工作调适理论的过程模型(见图5.5)。

工作调适理论的过程模型将调整描述为一个周期,并在这个过程中引入了个人灵活性、个人毅力、组织稳定性、组织灵活性四个变量。工作调适理论的过程模型解释为:当个人不满意时,启动调整行为,循环就开始了。在调整行为之前会有个阈值,也就是个人和组织双方对满意和不满意的容忍度,个人在变得不满意而启动调整行为之前所能容忍的不协调程度决定了个人的灵活性。高灵活性意味着个人不会轻易感到不满意;低灵活性则意味着个人很容易感到不满意。当调整行为开始之后,个人可采用两种方式进行调整:一是主动性行为,即个人更改环境的辅助工具或者环境技能要求;二是反应性行为,即个人尝试改变自己以提高技能等。个人在放弃之前会努力减少不满,而个人在退出之前尝试调整

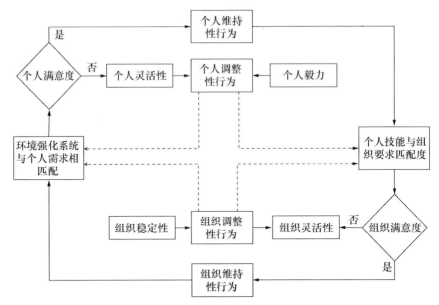

图 5.5 工作调适理论的过程模型

的实践可以体现个人的毅力。实质上,工作调适动态过程模型是将工作调适过程模型和工作调适的人格维度进行了整合,引入了更具体的变量。

工作调适理论是针对职业康复人员适应性的研究,应用领域主要是职业咨询,而赫汉森将研究视角投注到教育环境,进而提出工作调适发展模型(Hershenson,1981)。该理论也有两大主体——个人和环境,而工作调适受到两大主体中各子系统的发展影响。一般来说,工作人格受家庭环境的影响,工作能力受学校环境的影响;而工作目标则是在家庭、学校和社会环境共同影响下形成的。这三者处于一种动态平衡的状态,其中一个系统发生改变,其他系统也会发生变化。赫汉森的工作调适发展模型与工作调适理论的不同之处在于,工作调适理论涉及工作持久的内容,但赫汉森的工作调适发展模型没有提及;赫汉森的工作调适发展模型还加入了生态环境因素,但工作调适理论没有。两种调适理论都是从个人和环境两方面因素考量,即个人在工作情境中的调适问题,为个人工作调适实践提供了理论支撑,需要根据自身及工作的特性量身打造适合个人的工作调适职涯辅导方案。

如前所述,工作调适理论是动态的 P-E 匹配理论,戴维斯和洛夫奎斯特在 1991 年出版的《个人—环境匹配咨询实质》(*Essentials of Person-Environment-Correspondence Counseling*)一书中,将工作调适理论推广至个人—环境一致理论(person-environment correspondence,PEC)。在咨询领域,摆在咨询师面前的大部分职业咨询问题都与个人与环境之间的不匹配有关。本章整合了工作调适理论与职业心理学理论，将工作调适归入更加广泛的理论范畴，并且在工作调适理论的基础上，为职业咨询者提供咨询工具，帮助解决客户的人与环境相互匹配调整的问题。同样，Eggerth(2008)也对将工作调适理论的基本概念拓展到更加广泛的人境一致理论进行了研究。在这里人境一致理论关注的是情感的结果，匹配会导致积极或者消极的情感，研究者使用的是幸福感的概念。

Bretz & Judge(1994)拓展了Dawis & Lofquist(1984)的工作调适理论。将工作调适和个人组织匹配相结合，预测终身职位、满意度以及职业成功的指标值（如薪酬水平、工作能力）。来自两个大型劳资关系项目的873名大学本科毕业生接受了有关职业成功、影响职业成功的因素、组织环境、对不同组织环境的偏好的调查，结果支持个人—组织匹配理论对终身职位和满意度影响的假设。

工作调适理论提到了终身职位的概念。随着对工作和工作退出行为的重要性的认识不断加深，终身职位这一概念得到了更大的拓展。阿伦·齐纳(Aharon Tziner)和埃尔坎南·梅尔(Elchanan Meir)为了剖析这一问题，对工作调适理论进行了拓展，并加入了组织承诺的概念。而彼得·沃(Peter War)则认为还需要考虑心理健康、幸福感及满意度，在他关于工作调适的拓展模型中，强调了衡量与工作相关的幸福感的方法。

工作调适理论作为职业心理学中被广泛接受的理论，在职业咨询领域也受到颇多关注，针对工作调适理论的研究仍然在不断开展。

三、评估技术与测量工具

作为P-E匹配理论的分支，工作调适理论研究的是个人需求、个人能力与工作、强化系统之间的一致性。为了更好地量化个体的能力和需求，洛夫奎斯特、戴维斯和同事们开发了一系列的测试量表，包括明尼苏达重要性问卷、明尼苏达工作描述问卷、明尼苏达满意度问卷、明尼苏达满意度量表、能力倾向测试等。通过对成就、同事、创造力和挑战、独立性、价值等方面进行评估，这些工具可以帮助个人对理想职业进行定位，并评估反应、能力与环境之间的互动，从而实现对人境一致性的测量。

1. 明尼苏达重要性问卷

明尼苏达重要性问卷(Minnesota Importance Questionnaire, MIQ)是对个人职业需求和价值观的测量，而职业需求和价值观是工作个性的重要方面。MIQ旨在衡量以下六种职业价值(以及这些价值所衍生的20种职业需求):① 成就(能力利用、成就);② 利他主义(同事、社会服务、道德价值观);③ 舒适(主动性、独立性、多样性、报酬、安全感、工作条件);④ 安全(公司政策和实务、监督—人际关系、监督—技术关系);⑤ 地位(晋升、认可、权威、社会地位);⑥ 自主(创造性、责任感)。个人需求和职业强化因素的对应关系可以预测工作满意度。

2. 明尼苏达工作描述问卷

明尼苏达工作描述问卷(Minnesota Job Description Questionnaire, MJDQ)用于确定职业提供的报酬,有两个分量表——雇员量表和主管量表。在这两个分量表中,除了主管(或专家)和员工对工作要求的评估方向不同,其他内容是相同的。MJDQ 旨在沿着21个强化因素维度测量工作的强化因素(需要满足因素)。在运用 MJDQ 的标准流程中,一组评分员(如主管、员工或工作分析师)被要求对特定的工作进行评分。所有评分项完成的 MJDQ 的复合标度结果形成一个职业强化因素模式(ORP),用以确定既定工作的额定强化因素或需要满足因素模型。

3. 明尼苏达满意度问卷

明尼苏达满意度问卷(Minnesota Satisfaction Questionnaire, MSQ)由魏斯、戴维斯和洛夫奎斯特编制,分为短式量表(3个分量表)和长式量表(21个分量表)。短式量表包括内在满意度、外在满意度和一般满意度3个分量表;长式量表包括120个题目,可测量员工对20个工作方面的满意度及一般性的满意度。这里以短式量表项目为例:采用5分量表,其中,1 = 对我工作的这一方面非常不满意,2 = 对我工作的这一方面不满意,3 = 不能确定对我工作的这一方面是满意还是不满意,4 = 对我工作的这一方面满意,5 = 对我工作的这一方面非常满意。MSQ 对工作满意度的整体性与各个构面皆进行完整的衡量。使用 MSQ 对员工个人能力进行测试,可以证明总体满意度与角色冲突和角色模糊、离职倾向之间呈负相关关系,总体满意度与生活满意度、非工作满意度、工作投入、绩效期望等之间呈正相关关系;纵向研究分析表明工作和非工作的满意度是生活满意度的预测指标。

4. 明尼苏达满意度量表

明尼苏达满意度量表(Minnesota Satisfactoriness Scales, MSS)是用来衡量员工对工作的满意度的工具。MSS 是一份清单,通常由员工的主管完成,主管对员工的28项工作行为进行评估,针对绩效、一致性、可靠性、个人调整、一般性满意度提供五个等级的分数。MSS 可用于评估工作安排的有效性或特定培训项目的成功与否,或将个人对绩效的自我认知与主管的认知进行比较。

5. 能力倾向测试

针对能力的评估,研究者使用的是美国劳工部开发的通用能力倾向测试(General Aptitude Test Battery,GATB)。GATB 是对个人潜在能力的测量,预测个人在将来的学习或者工作中可能取得的成就。GATB 通常通过对现有能力的测量来预测个人未来的成就,其作用在于发现个人的能力倾向并指导个人作出升学和就业的选择。GATB 是专门针对能力进行的评估,包括学习、语言、计算、空间、感知、文书、协调等方面的能力。毫无疑问,这些能力是形成个人能力的关键指标。根据工作调适理论,这些能力会随着时间而慢慢地积累和变化,最终形成与工作技能要求相匹配的个人工作能力。

四、理论的应用价值

工作调适理论丰富了组织行为学领域的 P-E 匹配理论,组织行为学认为每个人具有不同的特性,但是没有针对结合工作偏好和个人风格进行研究。工作调适理论基于个人需求、能力和工作之间的差异进行分析,在个人需求、能力和工作之间实现了三者的结合。总体而言,工作调适理论充分关注了个体和工作之间相互制约和相互促进的关系,既注重了个体的需求,也注重了组织的要求,全面性较强。工作调适理论在职业咨询领域的应用价值主要集中在以下四个方面:

1. 教育与职业发展

前面我们已经提到,不同阶段的个人需求和能力存在差异。从最早期开始,学校就致力于帮助学生培养能力,发展技能,但是对个人需求并未给予充分的关注。工作调适理论认为,对需求的关注应该和对能力的关注处于同等的地位。工作调适理论建议必须以与获取技能和能力同样的方式获取需求和价值,在这个过程中,我们必须关注个体差异并尊重孩子及其家庭的需求。

2. 作出职业选择

明智地选择职业是调整工作的第一步,工作调适理论认为选择合适的职业是一个人感到满意的前提条件。工作调适理论预测需求和强化系统的对应关系、能力和工作要求的对应关系可以缩小可供选择职业的范围。工作调适理论提供了一系列的方法来提高个人选择职业的准确性,比较典型的有明尼苏达职业分析系统(Minnesota Occupational Classification System,MOCS)(Dawis et al,

1987)。MOCS围绕强化和对应两个轴进行,包括三类强化(自我、社会、环境)和三类对应(感知、认知、运动)。MOCS可以帮助客户确定与其特殊需求和价值模式对应的职业机会,并帮助他们抓住机会。

3. 完成职业选择

完成职业选择需要经历三个阶段:① 职业准备阶段;② 找到一个起始位置;③ 攀登职业阶梯。工作调适理论对这个三个阶段都适用。传统的职业准备普遍关注的是所需的技能和如何获得这种技能,这是职业准备中最重要的部分;但是,工作调适理论也会把关注点放在个人职业生涯可能遇到的强化系统上。在选择最初的工作时,工作调适理论建议个人要列出事项清单,比如金钱、权力、地位等。在职业的上升阶段,工作调适理论建议个人要考虑技能、能力要求及风格要求,并为此做好准备。

4. 实现工作或职业满意

当个体对工作或职业不满时,常常会感觉被侵害而无法理性地看待事物。工作调适理论提供了合理的方法帮助个体处理这种状况,全面了解情况并找到解决问题的办法。工作调适理论指出不满意的个体可以检查"不满意"的前因和后果,并且提出两种调整方法,即主动性行为或者反应性行为。近年来,相关研究聚焦于满意度和适应性方面,例如研究文化对员工行为的影响,以及如何帮助即将退休的人员克服心理障碍从而适应退休前的工作。工作调适理论还可以用于个体的研究,例如弹性工作时间对员工的影响。戴维斯和洛夫奎斯特运用工作调适模型来解释弹性工作时间如何影响员工满意度、绩效、旷工、任期、组织承诺和工作投入:成就感可以帮助员工减轻压力,当工作时间比较灵活时,这种影响更加显著。

五、经典文献推荐

Rounds, J. B., Dawis, R., & Lofquist, L. H. (1987). Measurement of person-environment fit and prediction of satisfaction in the theory of work adjustment. Journal of Vocational Behavior, 31(3), 297–318.

Lawson, L. (1993). Theory of work adjustment personality constructs. Journal of Vocational Behavior, 43(1), 46–57.

Lofquist, L. H., & Dawis, R. (1978). Values as second-order needs in the theory of work adjustment. Journal of Vocational Behavior, 12(1), 12–19.

Lyons, H. Z., Brenner, B. R., & Fassinger, R. E. (2005). A multicultural test of the theory of work adjustment: investigating the role of heterosexism and fit perceptions in the job satisfaction of lesbian, gay, and bisexual employees. Journal of Counseling Psychology, 52(4), 537–548.

Dawis, R. V., England, G. W., & Lofquist, L. H. (1964). A theory of work adjustment. Minneapolis, MN: University of Minnesota Press.

Weiss, D. J., Dawis, R. V., England, G. W., & Lofquist. H. (1964). The measurement of vocational needs. Minnesota Studies of Vocational Rehabilitation, 16, Bulletin 39.

Dawis, R., Lofquist, L., & Weiss, D. (1968). A theory of work adjustment (revision). Minneapolis, MN: University of Minnesota Press.

Dawis, R. V., & Lofquist, L. H. (1976). Personality style and the process of work adjustment. Journal of Counseling Psychology, 23(1), 55–59.

Dawis R. V., & Lofquist, L. H. (1984). A psychological theory of work adjustment. Minneapolis, MN: University of Minnesota Press.

Lofquist, L. H., & Dawis, R. V. (1991). Essentials of person-environment-correspondence counseling. Minneapolis, MN: University of Minnesota Press.

Dawis, R. V., & Lofquist, L. H. (1993). From TWA to PEC. Journal of Vocational Behavior, 43, 113–121.

第五章参考文献

第二篇
生涯发展理论

第六章

金兹伯格的职业生涯阶段理论

傅安国　王博虓*

一、代表人物与时代背景

(一) 代表人物

埃里·金兹伯格(Eli Ginzberg,1911—2002),美国著名经济学家和职业指导专家,哥伦比亚大学经济学教授。他在学术研究和社会服务方面作出了许多独特而杰出的贡献,一生出版了至少179部书籍,发表了数百篇文章,这些著作可以分为六个主要专题,即经济思想史、劳动经济学、产业组织、种族与经济学、自传和传记,以及健康经济学(Ginzberg, 2002)。

金兹伯格出生于纽约,是著名的拉比(Rabbi)①路易斯·金兹伯格(Louis Ginzberg)和阿黛尔·卡岑斯坦②(Adele Katzenstein)的儿子(Ginzberg, 1966,1989)。金兹伯格的家庭成员中有数位著名学者,家庭学术氛围浓厚,他也因此深受激励(Ginzberg, 1966,1989)。1931—1935年,他在哥伦比亚大学获得文学学士、硕士及经济学博士学位,并于1935年入职该学院。1952年,他成为正式教授,在经济学系任教至1979年退休(Rutherford, 2004)。

埃里·金兹伯格

金兹伯格一生经历颇丰,曾为8位美国总统提供咨询建议(Ginzberg, 1993,

---

* 傅安国,海南大学管理学院副教授、硕士生导师,主要研究领域为管理心理与行为、生涯心理,电子邮箱:fuanguo@hainanu.edu.cn;王博虓,海南大学管理学院硕士研究生,主要研究领域为幽默领导与幽默组织。

① 拉比(Rabbi),犹太人的一个特别阶层,象征老师或智者,是指接受过正规犹太教育,系统学习过《塔纳赫》《塔木德》等犹太教(Judaism)经典、担任犹太人社团或犹太教教会精神领袖的人。

② 卡岑斯坦是美国保守主义犹太教的领导人,她和丈夫接替所罗门和玛蒂尔德·罗斯·谢克特(Mathilde Roth Schechter)担任犹太神学院"神学院先生和夫人"的非正式职务。鉴于其卓越成就,她在1980年去世后被追授Mathilde Schechter奖。

2002)。博士毕业后他一直在哥伦比亚大学任教,其间因第二次世界大战的影响而中断教学。大战时金兹伯格从纽约搬到华盛顿居住,并到联邦政府工作,其间担任了多种职务。随后,他围绕减少人力资源浪费的议题进行研究,出版了诸多书籍和文章。战争期间,他担任总统富兰克林·D. 罗斯福(Franklin D. Roosevelt)的军队人事顾问,并开展了一项研究,该研究帮助军队并提高了士兵的部署效率(Ginzberg, 1993, 2002)。战后,哈里·S. 杜鲁门(Harry S. Truman)总统任命他为美国代表,他出席了1946年5月举行的一个重要会议,探讨如何安置无法遣返的受害者。到了1948年,他还继续为当时的哥伦比亚大学校长艾森豪威尔(Eisenhower)担任顾问。1950年,金兹伯格参与哥伦比亚大学商学院的人力资源保护项目,项目由艾森豪威尔将军发起,联邦政府、商业团体、基金会和工会均参与其中。金兹伯格是该项目重要研究成果——《未受教育的人》(The Uneducated)的合著者,该研究主张联邦政府应在教育中发挥更大的作用。20世纪50年代初期,为了打破陆军高级军官对废除种族隔离的抵制,金兹伯格被五角大楼派往欧洲。他首次经历军队种族隔离是在战争期间,当时他发现一群黑人和白人伤员被分隔到南卡罗来纳州(South Carolina)不同医院的病房接受治疗,便立即下令将病房整合到一起,却因此遭到州长的投诉。他与人力资源保护项目的同事在随后的三卷本研究报告——《无效率的士兵:管理及国家的教训》(The Ineffective Soldiers: Lessons for Management and The Nation)中阐述了军队种族隔离问题。此后,金兹伯格继续就健康议题向各州及联邦政府提供建议,并担任吉米·卡特(Jimmy Carter)总统的顾问(Ginzberg, 2002)。

战争结束后,他回到哥伦比亚大学继续任教,并在1952—1961年担任美国国家人力委员会(The National Manpower Council)的员工研究主管,其间,他不断呼吁关注妇女和少数民族人口融入劳动力大军的重要性。1959年,他被任命为美国国家精神健康咨询委员会(The National Mental Health Advisory Board)委员,参与创建了美国精神卫生研究中心(The National Institutes of Mental Health, NIMH)。1965年,他参与设计了美国的医疗保险和医疗救助制度。1968年,美国精神卫生研究中心在布鲁克林(Brooklyn)资助了美国第一家基于社区的倡导性规划研究所(Advocacy Planning Institute),他在其中聘用了哥伦比亚大学与耶鲁大学经济学专业的黑人研究生及一名白宫研究员(Piore, 1990)。1974年,他协助成立了人力示范研究公司(The Manpower Demonstration Research Corporation),这是一家非营利性组织,致力于针对福利和刑满释放人员重返社会等议题进行严格的公共政策理念检验(Rutherford, 2004; Piore, 1990)。

金兹伯格在劳动经济学中最重要的贡献是提出了职业生涯阶段理论(theory of occupational choice)和人力资源开发与利用的一般理论。金兹伯格等人早在

20世纪30年代末就开始从事与人力资源相关的研究,当时社会中失业问题很严重,他们早期的工作围绕"失业"对人们的影响展开,随后将研究重心转向就业。研究人力资源的一个重要且有效的视角在于探究就业在社会中的作用,可是就业是非常复杂的一个问题,以至于难以进行整体评估。他们决定采取一种更为恰当合理的方法探究职业选择问题,进而提出一个基本假设:个体并不是随时就能最终选择,而是要在长达数年的时间里进行一系列的决策,这种累积的影响就构成了最终选择的决定性因素。在此基础上,他们创立了职业生涯阶段理论。

金兹伯格是职业生涯发展理论的先驱和典型代表人物,同时也被认为是学术界和政府中具有经济思想的企业家和政治家。1987年获得诺贝尔经济学奖的罗伯特·索洛(Robert Solow)曾经这样评价他:"金兹伯格基于对大量事实的准确把握,进而对政治和经济上可能发生的事情有着非常务实的实践感。在人力问题和医疗保健领域,他还是常识的守护者。"(Rutherford,2004)

(二) 时代背景

金兹伯格、金斯伯格(Ginsburg)、阿克赛尔拉德(Axelrad)和赫尔马(Herma)于1951年首次提出了职业生涯阶段理论(Ginzberg et al.,1951),他们四人分别是经济学家、精神病学家、社会学家和心理学家。这一理论的提出主要受到他们早期的实证研究结论以及他人研究结论的影响。职业生涯阶段理论属于自我概念理论的内容,是基于特质因素理论以及社会与生涯选择理论发展起来的。

早期的特质因素理论假定个体的能力兴趣可以与大千世界一一匹配,一旦匹配完成,个体的职业选择问题就会迎刃而解。特质因素理论发展至今,也经常被称为个人—环境理论,工作调适理论和霍兰德(Holland)的生涯人格理论是其中两个好的范例。社会与生涯选择理论则强调了社会环境对于生涯选择有着显著影响,而通常个体无法控制所处的社会环境,因此个人的主要任务是发展有效应对环境的技能,影响个人抱负水平的因素也非常重要。

自我概念理论整合了以上两种模式,并提出了三个核心观点:① 随着年龄增长,个体的自我概念会随着现实的变化而变化,但自我概念也会随着个人的发展越来越清晰;② 个体逐步形成职业概念,并将职业概念与自我意象进行比较,进而作出生涯决策;③ 个体最终作出生涯决策的适合性,取决于自我概念与职业生涯概念之间的相似程度。

在生涯发展理论的大背景下,金兹伯格等人基于早期研究,将若干显著变量纳入职业选择过程,提出了一个描述职业选择的理论模型,揭示了影响职业选择的事件特性,填补了职业心理学领域的综合理论模型的空白。

二、理论的核心内容

职业生涯阶段理论认为,职业选择过程中至少存在四个显著变量:一是现实因素,这个因素使得个体在进行职业决策时会对环境压力有所反应;二是教育过程的影响,这主要是由于个体所受教育程度和类型会限制职业选择的灵活性及类型;三是个体应对环境的情感因素,人格和情感因素会与职业相伴相随;四是个体的价值观,不同价值观及其重要性在各种职业生涯中是不同的,它们会影响职业生涯选择的质量。

金兹伯格认为个人的成长是一个持续不断的历程,个人随时要作出不同的抉择。外在的社会环境、个人身心的发展、人格特质、价值观念、教育机会及工作成就,均会影响职业选择过程。是这个过程中,个体会在理想与现实之间作出一系列妥协。金兹伯格将生涯发展的这个过程分为三个阶段(见表6.1)。

表6.1　生涯发展过程的三个阶段

	详细划分	特点
幻想期	—	基于好奇心对职业行为进行模仿
试验期	兴趣阶段	基于喜好和兴趣进行选择
	能力阶段	开始考虑现实元素
	价值阶段	试图在社会中找到自己的位置
	过渡阶段	从高中过渡到大学
实现期	探索阶段	尝试探索职业选择所需的经验
	结晶阶段	决定职业选择的大方向
	专精阶段	决定从事具体的学科分支或领域

1. 幻想期(出生至11岁)

儿童在四五岁时逐渐表现出对职业的兴趣,模仿成人社会中若干职业行为。在幻想期(fantasy period),儿童受好奇心驱使,开始与同伴使用游戏导向方式尝试扮演各类职业角色,模仿成人社会的职业行为。这个时期是儿童将现实生活中接触或体验到的事,通过直觉与想象再次呈现,较少运用理智思考,处于幻想的状态中,因此称之为幻想期。幻想期处于个人的潜伏期(latency period)。金兹伯格及其同事认为幻想期的主要特征是儿童选择的任意性、武断性、缺乏现实导向,这主要反映在这个时期儿童表现出来的职业偏好随意性。

2. 试验期(11—18岁)

试验期(tenative period)又可以进一步分为兴趣、能力、价值和过渡四个阶段。在兴趣阶段,儿童开始思考职业时,通常会问自己:对什么感兴趣?喜欢做什么?他们是基于喜好和兴趣进行选择。到了能力阶段,他们会很快意识到现实元素的重要性,发现自己做某些事情比做另外一些事情更得心应手。因此,他们开始收敛无边无际的幻想而更关注自身能力。随着逐渐长大,他们会发现有些活动比另外一些活动更有内在或外在的价值,并试图在社会中找到自己的位置,于是他们会把这种价值的感觉作为第三种因素放进对职业的思考中,这一阶段属于价值阶段。然后,他们开始进入过渡阶段(一般是从高中毕业开始,由升学制度决定),并进入第三个大的阶段——实现期。试验期的具体四个阶段如下:

(1) 兴趣阶段(interest stage,11—12岁):开始察觉并培养某些职业兴趣,纯粹按特定人物的喜好和厌恶勾勒未来的职业选择。

(2) 能力阶段(capacity stage,13—14岁):慢慢察觉出自己所具备的能力,并以能力为核心,在各种与职业有关的活动中表现并衡量自己的能力,作为未来职业选择的判断依据。

(3) 价值阶段(value stage,15—16岁):开始了解职业的外在价值与内在价值,兼顾个人与社会的需求,将这些融入职业抉择之中进行考虑。

(4) 过渡阶段(transition stage,17—18岁):逐渐认识到必须为职业选择作出决定,整合所有与生涯选择有关的资料,准确了解未来职业方向,并认识到作出选择后的相关责任。

3. 实现期(18岁之后)

实现期(realistic period)也分几个子阶段,第一个为探索阶段。个体在这个阶段需要将兴趣和能力进行整合,随后再将两者与社会的、个人的价值观结合。完成整合后,年轻人开始以各种方式实现试验期的职业选择。探索阶段与试验期中的各个阶段具有明显的区别,个体会在评估职业行为的反馈时将更多的现实因素纳入考虑,例如进入工作单位或接受大学早期教育。这些评估结果会逐渐调和,进而进入结晶阶段。在结晶阶段,个体拥有了更加清晰的职业模式,而且这些职业模式以探索阶段的成功或失败经验作为基础。一旦完成结晶,就进入最后一个阶段,即专精阶段。在专精阶段,个体根据先前的职业模式,选择特定的专业或职业。实现期的具体三个阶段如下:

(1) 探索阶段(exploration stage):个人逐渐通过对职业的探索,删减职业选择的选项,但仍处于犹豫不决当中。

(2) 结晶阶段(crystallization stage):个人准备投入特定的职业领域,但仍有变化的可能性。

(3) 专精阶段(specification stage):个人决定投入某一特定职业,并开始接受专业训练。

金兹伯格等人认为:个体职业选择发展的时间及程度差异很大,但关于职业选择时间的某种通用模式是存在的。幻想期一般在11岁之前,而专精阶段的年龄与孩子情感和智力的发展等级有关。一般来说,到11岁之后,大部分孩子进入试验期的兴趣阶段。在18岁左右,试验期的另外三个阶段会基本完成。相比富裕家庭有望进入大学的孩子,低收入家庭的孩子很可能更早进入实现期。这主要是考虑到贫穷家庭的孩子需要更早地面对家庭或个人的经济问题以及文化价值观的差异。与中上收入阶层的文化价值观相比,低收入阶层的孩子接触的文化价值观更多的是要求他们早些承担责任、适应成人的角色。而富裕家庭的孩子则有望进入大学,会更倾向于延长对父母的依赖期。

在金兹伯格的职业选择理论面世后的一段时间里,部分研究者(Gribbons & Lohnes, 1968; Hollender, 1967; Kelso, 1975; Small, 1953)基于一些数据验证了金兹伯格的理论。这些研究提供了一些有利证据,证明学生需要在不同年龄期的职业发展中积累各种经验;在面对现实世界时,不仅要考虑职业偏好,也要考虑现实,要有所妥协(塞缪尔和路易丝,2000)。但就各个阶段来说,它们何时产生以及按照什么顺序产生,有关这些方面尚且有些难以厘清。

若干年后,Ginzberg(1972)也回应了多年来针对其理论的某些批评,并对其理论进行了回顾和修订。他提出三点主张以说明职业选择是终身的决策过程,而不是简单局限于青少年及成人早期的属于特定时期的事件。一是不再强调选择过程的不可逆转,转向关注时间和资源的消耗;二是认为生涯可能会在某些主要方面发生转向,尽管这需要付出一定的代价,而且这些代价对特定时期的一些人而言将会无法挽回;三是用最优化的概念替代妥协(塞缪尔和路易丝,2000)。金兹伯格指出,在此职业选择过程中,个人寻求在其职业准备、目标和工作世界的现实之间找到最佳契合点(Ginzberg, 1972)。

金兹伯格等人提出的理论,对后来的职业心理学理论家产生了重要影响。其发展及影响一直延续并贯穿了舒伯(Super, 1953)、施恩(Schein, 1978)、戈特弗里德森(Gottfredson, 1981)、冯德拉切克等(Vondracek et al., 1983)的研究,对后面的职业生涯阶段理论起到了奠基和启示的作用(萨维科斯,2015)。其中,与金兹伯格的理论密切相关的是舒伯和施恩的生涯发展理论。

1. 舒伯的生涯发展理论

舒伯汲取了差异、发展、社会及现象学的重要观点,建构了一套完整的生涯发展理论(Super, 1953)。他认为生命发展具有前进、持续不断和不可逆的特性,由此按年龄划分生涯阶段,据此提出一个涵盖个人成长期(growth)、探索期(exploration)、建立期(establishment)、维持期(maintenance)及衰退期(disengagement)的五阶段理论,并认为各时期均有其发展任务及特征,且各个阶段又可细分为数个次阶段。

舒伯以社会角色(social role)的观点拓展了金兹伯格的生涯发展理论,进而提出一个"纵"与"贯"并重的生命广度(life-span)、生命空间(life space)的生涯发展观点(career development view)。据此观点,舒伯绘制出"生涯彩虹图"(life-career rainbow)来说明人类的生涯发展。舒伯认为人一生中必须扮演儿童、学生、休闲者、公民、工作者、夫妻、家长、父母、退休者九种主要的角色,不同角色的交互影响,凝塑出个人独特的生涯组型。而人的一生主要生活于家庭、小区、学校和工作场所四个主要的人生舞台,由"生涯彩虹图"可推知一个人在一生当中工作、家务、学习、休闲、社会服务等活动的意义,及其对个人自我实现的作用。舒伯的生涯发展阶段论融合了"时间"(发展历程)与"空间"(社会角色)的两个维度,为人类的生涯发展提供了一个更完备的理论。

2. 施恩的生涯发展理论

依据施恩(Schein, 1978)的观点,个人在生涯发展的各阶段有其所要面对的冲突及完成的任务,在面对新情境或困境时,他会调适情境和自我并加以重组,因而将进入某一职业后的生涯分为四个阶段:

(1)进入阶段(entry stage):选择适合的职业,想象可实现的梦,并学习工作态度与价值观。

(2)社会化阶段(socialization stage):学习工作环境存在的各种正式或非正式的规章制度及礼仪。

(3)中年阶段(mid-career stage):回顾过去的发展,确定自己的生涯定位(anchor),后期则开始为退休生活作准备。

(4)晚年阶段(late-career stage):放弃扮演工作角色,安排其他角色活动,完成个人生命历程。

综合上述生涯发展理论,可归纳出以下三个重点:

第一,生涯发展是一种动态连贯的生命历程,前一阶段的生涯经验是后一阶段的准备或先决条件,在后一阶段则可以回顾、检讨前一阶段的生涯经验。

第二,个人在生涯发展的各阶段会表现出独特的行为,并有其特定的发展任务及社会角色。个人若能达成该阶段的发展任务,则越能有成就感与满足感,且个人的生涯效能会大大提升。

第三,个人的生涯发展受到个人内在心理特质及种种外在环境的交互影响。

想要了解个人的生涯发展,必须从个人与环境两个层面加以分析,才能探讨其全貌。

三、理论的局限与启示

金兹伯格的理论对发展心理学的一般概念具有很强的依赖性,其研究又受到弗洛伊德人格发展模式的微妙影响(McArthur,1953)。理论家们假定职业选择过程最初发生在青少年时期并且与青少年在这个时期的生理变化紧密关联。该理论提出进一步假定,一般来说,青少年处于动荡、高压的时期,这种动荡与高压会影响职业发展过程的模式。

在研究样本选取方面,金兹伯格的研究小组观察发现,学生被试群体本身具有的特点影响了理论的最终形态。他们遴选了职业选择受现实因素约束相对较少的学生,而这些约束又与个人或环境状况相关。理论作出的预设是:这样的小组只受到职业选择过程特性的影响。具体来说,他们选择具有天主教背景或中上阶层的白人男孩作为被试。在每个被试的家庭中,父母均健在且生活在一起。这些男孩的情绪一般较为稳定,智力基本达到进入大学的水平。对年龄为11—24岁的被试,每两岁一个间隔选出8个被试进行强化学习。在大学生这个层次,选择哥伦比亚大学的男性本科生作为被试,他们已经完成一个半学期的学习,假定他们有足够的大学经验去评估学习经历对其生涯发展的影响。在研究生这个层次,仅选择几个拥有硕士学历和几个即将成为博士的学生作为被试。一些专业学院(如医学院和法学院)的学生并不包括在内。对于所涉及的科学及非科学领域,他们尽量做到比较均匀地分配样本数量。

也就是说,职业生涯阶段理论仅仅研究了小部分年轻人,而没有研究年长的人。然而,大部分职业行为发生在青春期之后,忽视成人生涯发展过程构成了该理论的缺陷。尽管该理论提供了被试所表达的职业偏好方面的重要信息,但未能阐述偏好、选择与成就之间的差异,降低了理论的清晰性。

尽管职业生涯阶段理论受时代束缚,具有一定的局限性,但金兹伯格等人在当时背景下发展这一理论结构的意图是值得肯定的。金兹伯格的职业生涯阶段理论对拓宽心理学的理论结构具有重要价值,并提升了研究者对生涯发展研究中理论基础的关注。尽管他们没有发展出理解职业选择的完整体系,但在尝试广泛地传播其理论的过程中,激起了人们对生涯发展的广泛思考。职业生涯阶段理论具有很大的启发性,毕竟分阶段式的理论从概括性来看是有效的,也考虑到了青少年的不同发展阶段。正如金兹伯格所言,职业生涯理论的构建是一个缓慢而艰巨的工作,我们不可能一蹴而就。在安全地安装上层建筑之前,需要打下良好的基础。这也许正是金兹伯格职业生涯阶段理论的意义之所在。

四、经典文献推荐

Berg, Ivar E., ed. (1972). Human resources and economic welfare: essays in honor of Eli Ginzberg. New York: Columbia University.

Ginzberg, E., Ginsburg, S. W., Axelrad, S., & Herma, J. L. (1951). Occupational choice: an approach to general theory. New York: Colunmbia University Press. Glenview, IL: Scott, Foresman and company.

Ginzberg, E. (1972). Toward a theory of occupational choice: a restatement. Vocational Guidance Quarterly, 20(3), 2-9.

第六章参考文献

第七章

舒伯的生涯发展理论

倪 竞[*]

一、代表人物与时代背景

(一) 代表人物

唐纳德·E. 舒伯

唐纳德·E. 舒伯(Donald E. Super, 1910—1994),哥伦比亚大学师范学院的教授,是一位德高望重的咨询心理学家。

舒伯出生于夏威夷火奴鲁鲁(Honolulu),其父亲是大学教授,以及基督教青年会的资深秘书,母亲也拥有文学硕士学位,担任过报纸的特约记者和专栏作家。舒伯继承了父母的优良基因,聪慧过人,成绩优异,从小跟随父母辗转于火奴鲁鲁、纽约、华沙(Warsaw)、日内瓦(Geneva)等地,之后进入牛津大学学习经济学、历史学,并于1932年取得文学学士。毕业后,舒伯回到美国,担任基督教青年会助理秘书和芬恩学院(现为克利夫兰州立大学)的兼职讲师,对职业指导产生了兴趣。1939年于哥伦比亚大学取得应用心理学博士学位之后,舒伯开始先后在克利夫兰州立大学、克拉克大学、哥伦比亚大学工作,主要从事职业指导与应用心理学领域的教学、研究和实践工作。1975年退休后,舒伯也与美国国内及国际学者有广泛的合作,先后在剑桥大学、乔治亚大学展开研究,直至最终逝世(Savickas, 1994)。

舒伯在职业指导领域的地位非常高,由于他为该领域的理论和实践作出了巨大的贡献,因此,他曾获得美国全国职业指导协会(National Vocational Guidance Association, NVGA)杰出事业奖、美国心理学会(American Psychological As-

---

[*] 倪竞,九江学院护理学院讲师,博士,主要研究领域为生涯发展、生涯教育、心理咨询、亲密关系,电子邮箱:jing.ni@jju.edu.cn。

sociation，APA)杰出科学奖、国际应用心理学协会(International Association of Applied Psychology)特殊贡献奖等诸多荣誉。舒伯的著作包括《生涯心理学》(*The Psychology of Careers*)、《价值观量表：理论、应用与研究》(*The Value Scale: Theory, Application and Research*)，以及两篇划时代的论文——《职业发展理论》(*A theory of vocational development*)和《生涯发展的生命广度与生命空间理论》(*A life-span, life-space approach to career development*)。此外，舒伯还在有关职业生涯的多部综述性书籍中阐述自己的理论(Super, 1984, 1990)

舒伯一生工作的最大贡献是，将职业心理学的关注点从职业转移到了生涯，从时间、空间、内涵等多个方面拓展了职业心理学理论和实践的范畴。虽然舒伯并未建立一个全面、系统的理论，但是他构建的整体框架，为其他生涯理论探索者提供了一份最佳指南。

(二) 时代背景

舒伯的生涯发展理论首次提出是在20世纪50年代。当时，帕森斯的特质因素匹配理论是职业指导的主要理论(Parsons, 1909)，包括舒伯早期的职业指导实践，都是在"人—职匹配"的思路下进行的。但是借助对自我生涯发展过程的反思以及对生涯模式研究(career pattern study，一项有关生涯发展的长期纵向研究)结果的整理，舒伯认为人—职匹配理论固然有优势，但仍然存在以下两点不足：第一，人—职匹配理论更关注静态的、初次的职业选择，而忽略长期的生涯发展问题；第二，人—职匹配理论强调职业与人的配对，基于人的特性去寻找适合的工作，而没有考虑人的主观能动性。

为了解决这两点不足，舒伯在承认个体差异的基础上，结合其对发展心理学、社会学、现象学、测量学等方面的钻研，提出独特的发展性视角，探讨如何让工作贴近人的生活，并经过长期的思考和研究，最终形成我们看到的生涯发展理论。

二、理论的核心内容

(一) 基本假设

舒伯的生涯发展理论，主要包括一些基本的假设论述。最早提出的假设仅有10条，但随着理论和研究的发展，逐渐扩展为12条，最终定为14条，其大致内容如下(金树人, 2007)：

(1) 能力、人格、需求、价值、兴趣和自我概念等维度普遍存在个体差异。

（2）基于个人特点，每一个人都适合从事某些特定的职业。

（3）每一项职业均要求一些特定的能力、兴趣和人格等，因此每个人可以适合不同的职业，而每种职业也可以适合不同的人。

（4）人们的职业偏好、能力、生活与工作的情境以及由此形成的自我概念，都会随着时间的推移而发生改变。不过，自我概念会在青春期之后逐渐稳定和成熟，对生涯选择和适应持续发挥影响。

（5）上述改变历程可以归纳为一系列的生命阶段（称为大循环），包括成长、探索、建立、维持和衰退等五个阶段。每个阶段可以分为几个小时期，而每个阶段之间又会有转换期（称为小循环）。转换期通常受到各种不稳定因素的影响，从而经历一场小型的成长、探索、建立、维持和衰退循环。

（6）生涯类型的性质包括所从事职业的阶层水平，以及经过尝试期和稳定期后进入工作世界的经历、频率和持久性等。这些会受到家庭及个人的社会经济地位、心理能力、教育、人格特质（如需求、价值、兴趣、自我概念等）、生涯成熟与生涯机会的影响。

（7）在任何生涯阶段，能否成功地实现环境需求和个人需求的匹配取决于个人的生涯成熟度是否达标。生涯成熟度指的是由个人生理、心理和社会特质所组成的整体状态，标志着个人成功应对不同生涯发展阶段的程度。

（8）生涯成熟度是一个假设性的概念，像智力一样，很难进行操作化定义，但可以确定的是，它不是单一维度的特质。

（9）生涯阶段中的发展是可以被引导的，一方面可以促进个人能力和兴趣的成熟，另一方面可以协助个体进行现实检验和发展自我概念。

（10）生涯发展历程，基本上是职业自我概念的发展和实践的历程，而自我概念是遗传特性、体能状况、观察和扮演不同角色的机会、评估角色扮演、与他人学习互动等交互作用的产物。

（11）在个人和社会因素之间、自我概念和现实之间的融合或退让妥协是角色扮演和反馈学习的历程，主要的学习场景包括游戏、生涯咨询、兼职及正式工作。

（12）工作满意度和生活满意度取决于个人如何为自身的能力、需求、价值、兴趣、人格特质与自我概念寻找适当的出口。

（13）个人从工作中获得的满意感取决于个人实践自我概念的程度。

（14）对于大多数人来说，工作和职业的经验提供了组成人格核心的焦点。但是对于有些人来说，工作与职业在生命经验中处于边缘位置，甚至是微不足道的；反而是其他角色（比如休闲活动和家庭照顾）居于核心位置。社会传统（比如基于性别角色的刻板印象）、榜样学习、种族偏见、环境机会及个体差异等,决定了个人对工作者、学生、休闲者、家庭照顾者等不同角色的偏好。

需要说明的是,由于舒伯的生涯发展理论一直是碎片化的,由不同的部分组成且未能形成一个整体,因此这14条论述与其说是解释性的理论预测,不如说是对职业心理学的共识性研究结果,彼此之间缺乏固定的、严密的逻辑。为了便于理解,我们将这14条基本假设划分到差异心理学、发展心理学、社会学和人格理论四个不同的研究领域,这也是舒伯的生涯发展理论的核心所在。

差异心理学的部分(14条论述中的前三条)与经典的人—职匹配理论差别不大。但是,舒伯的生涯发展理论并不是对人—职匹配理论的反驳或替代,而是一种补充或拓展,其开拓之处体现在三个方面:一是与发展心理学有关的生命广度(life-span)与生涯成熟度(career maturity),二是与社会学有关的生活空间(life-space)与角色重要性(role salience),三是与人格理论相联系的自我概念(self-concept)与最新进展。

(二) 生命广度与生涯成熟度

不同于传统的人—职匹配理论将主要关注点放在固定时间(主要是青年早期)的职业选择上,舒伯的一大创举就是从时间维度拓展了生涯的概念,提出了生涯发展阶段这一概念,又称大循环(maxicycle),代表个体横跨一生的生涯之路(Leung, 2008; Hartung, 2013)。

舒伯认为,大多数人的生涯发展由五个连续的阶段组成,每个阶段有一个大概的年龄范围(并不绝对,具有一定的弹性,年龄标准仅供参考),并且每个阶段都有属于自己的特定任务(见图7.1):

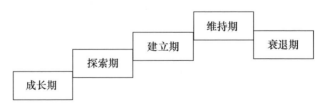

图7.1 生涯发展阶段

(1) 成长期(growth;0—14岁,也称儿童期):在与家庭、学校和重要他人的互动中,逐渐发展自我概念,并初步建立对社会的初步印象和态度,开始了解工作的意义。该时期可进一步细化为好奇期(0—4岁,对外部世界好奇)、幻想期(5—10岁,需求支配一切)、兴趣期(11—12岁,兴趣决定行为)和能力期(13—14岁,考虑能力的重要性)。

(2) 探索期(exploration;15—24岁,也称青春期):在学业学习、休闲活动及初步工作的不断尝试中,进行自我探索和外部探索,发展一个符合现实的自我概念,并初步确定职业选择。该时期可进一步细化为试探期(15—17岁,考虑自身的需要、兴趣、能力与机会,作出暂时的决定)、尝试期/过渡期(18—21岁,就业或接受专业训练,将一般性的职业选择转成特定的选择)和稳定期/尝试期(22—24岁,初步确定职业选择,试探其成为长期职业的可能性,或者必要时重复前面的阶段)。

(3)建立期(establishment;25—44岁,也称成年前期):确定一个适当的职业领域,并在该领域中不断努力(比如发展与业内人士的关系、精进专业知识与技巧、确保一个安全稳定的职位等),逐步晋升并建立起稳固的地位。该时期可进一步细化为巩固期(25—30岁,在已选定的职业中缓步前进,奠定基础)、精进期(31—44岁,处于创造力的巅峰,表现出众)。

(4)维持期(maintenance;45—64岁,也称中年期):接受自身条件的限制,逐步减少创新工作,通过专注于本务、发展新技巧等方式应对新进人员的挑战,全力稳固现有的成就与地位。这一时期没有细分阶段。

(5)衰退期(decline;65岁以后,也称老年期):由于身心逐渐衰退,表现逐渐退化,因此从原有工作岗位上退隐,开始减少工作时数、减轻工作负担,并发展新的角色,以各种不同的方式(比如运动、做以前一直想做的事情)填补工作角色的缺失。该时期可进一步细化为减速期(65—70岁,工作节奏放缓)、退休期(71岁后,停止原有工作,将精力转移至其他角色)。

这五大阶段并不是完全分离的。一方面,在不同的阶段之间,会存在转换期(transition),可以视之为不同阶段之间的过渡和缓冲。舒伯认为,在这些转换期内,个体都会重新经历一次生涯发展五个阶段(成长—探索—建立—维持—衰退),只不过时间较短,可称之为小循环(minicycle)。另一方面,这些阶段相互之间存在影响,前期生涯任务的完成程度会影响到后期阶段,但并不必然是线性关系。比如,个体如果没有充分探索,可能会选择不恰当的职业,从而影响其建立和维持工作成就,甚至后来可能又回到探索阶段。

如前所述,区分不同生涯发展阶段的并不是年龄,而是发展任务。在每一个生涯发展阶段,个体都要面对独属于该阶段的生涯发展任务,而这些任务源自个人和社会的发展程度以及社会对个体的期待,需要个人去一一完成。但是每个人解决、应对这些生涯发展任务的状态不同,为了衡量这种状态的差别,舒伯提出了生涯成熟度的概念。

生涯成熟度指的是个体面对不同阶段生涯发展任务的准备程度,是发展性视角中最重要的概念,在某种程度上代表着个体生涯发展水平。舒伯认为,生涯成熟度是一个多维、混杂的概念,包括态度与认知两个层面(见图7.2)。

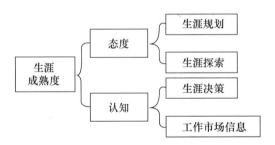

图 7.2　生涯成熟度的概念

态度层面主要是指生涯规划态度和生涯探索态度两种生涯发展态度。前者着重于思考和计划未来,测量个体对生涯规划专注投入的程度;后者着重于资源处理当前,测量个体在探索和收集生涯信息方面的意愿。

认知层面主要是指生涯决策和工作市场信息两种生涯发展认知。生涯决策是运用知识和相应技巧作出合理决定的能力;工作市场信息则是个体收集充分的职业信息(如入职前的准备、入职后的要求等)的能力。

(三) 生活空间与角色重要性

为了表达对社会情境的重视,舒伯的第二大创举就是在空间维度上扩展了生涯的内涵,强调个体在不同场所(theaters)扮演的不同生活角色(life roles),这些角色的组合形成了个体的生活空间。

角色既包括他人和自己对角色的期望,也包括个人对角色的表演和塑造。舒伯认为,尽管工作角色是大多数人生涯发展的焦点,但并不是唯一重要的角色。不管个人是否愿意,除了工作角色,人在一生之中还要扮演子女、学生、休闲者、公民、爱人、父母等角色。这些角色的扮演和塑造,主要活跃于四个不同的场所,即家庭、社区、学校和工作场所。角色常常和场所有所对应(比如父母、子女等角色对应家庭场所,公民对应社区场所等),但这种对应并不是绝对的。

不同的角色并不是依次出现的,而通常是同时存在的,因此它们之间常常会产生相互促进或损害的效应。通常来说,某种角色的成功会带动其他角色的成功。比如一个人如果事业有成,那么他在恋爱婚姻中也可能获得优势。但如果个人为了某一个角色的成功付出太多的时间和精力,也有可能导致其他角色的失败。比如沉迷在休闲者的角色中,导致工作出现问题;或者过分工作角色,导致爱人和父母等角色的失败。

受到过去的生活经验、自我概念、当前生活状态的影响,每个人在各个角色上所投入的时间、精力、情绪等不尽相同。为了比较这种不同,舒伯提出角色重要性(role salience)的概念来衡量个体对不同角色的投入程度,可由承诺度、参与度、价值期待和角色知识四项指标进行衡量。其中,前三项都可以通过"重要性量表"(Salience Inventory)进行测量(Super, 1986)。舒伯认为,对于不同人或者同一个人的不同时期来说,不同角色的重要性会发生变化,重要的角色组合都不尽相同(比如,童年时期重要的角色是子女,青少年时期重要的角色是学生),而这种组合反映了个体当时的价值观。

(四) 生涯模式与生涯彩虹图

舒伯认为,生涯发展阶段(生命广度)和生活角色(生活空间)并不是相互独立的,两者交叉融合,组合形式各不相同,从而形成每个人独特的生涯。根据舒伯主持的长达20年的生涯模式研究,舒伯总结了11种常见的生涯模式。其中,男性有四种模式,分别是稳定生涯型(毕业后直接进入稳定生涯发展阶段)、传统生涯型(经过多次试验后,选择稳定的工作)、不稳定生涯型(在稳定与不稳定之间摇摆)和多重尝试型(不断尝试,不断作出重大改变,从未稳定);女性则有七种模式,分别是稳定家庭主妇型(毕业结婚进入家庭,没有工作)、传统生涯型(毕业后先开始工作,之后进入家庭,以主妇角色为重心)、稳定职业妇女型(毕业后直接进入稳定生涯发展阶段)、双轨生涯型(工作后结婚,事业与家庭并重)、间断生涯型(工作后结婚,然后因家庭暂停工作,等孩子可以独立照顾自己后恢复工作)、不稳定生涯型(不断在家庭和工作之间切换)、多重尝试型(不断尝试,不断作出重大改变,从未稳定)。

尽管已经对生涯模式有所归纳,但是为了表现更复杂的生涯发展过程,舒伯极富创意地使用图形来显示生涯发展阶段和生活角色之间的融合,绘制了一个多重生涯角色共同发展的优美图形,这就是生涯彩虹图(见图7.3)。在图7.3中,最外围的是个人的年龄与对应的生涯发展阶段,而里层的每一道"彩虹",都反映了个体的某个重要角色在生涯发展过程中的出现、消失、转换等变动。比如,某人的学生生涯从5岁开始,延续到25岁左右,并在30—35岁、40岁和65岁各有一个小高峰,表明了他一生中学习、工作经历的变化。

生涯彩虹图有两个优点:第一,直观地展示了生涯发展阶段和生活角色的概念,总结了舒伯的生涯发展理论的精髓;第二,形象而生动地体现了个体的生命广度和生活空间之间的交互影响,将个体复杂的生涯发展精练为简洁而清晰的图形。因此,生涯彩虹图成为舒伯各项理论中流传最广的成果之一,理论是其最常用的评估技术,也就不令人奇怪了。

(五) 自我概念与最新进展

舒伯认为,生涯发展阶段和生活角色只是外在的表象,真正在引导生涯发展

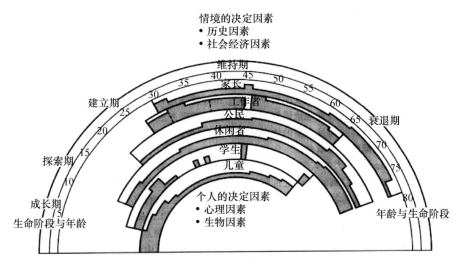

图 7.3 生涯彩虹图

和角色选择的是其理论的核心要素：自我概念。舒伯认为："生涯发展的过程本质上是一个发展和实现自我概念的过程"（Super，1990）。因此，自我概念是贯穿于生涯广度和生活空间的核心变量。

正是看到了"自我概念"在生涯发展理论中的重要性，舒伯的接班人马克·L. 萨维科斯（Mark L. Savickas）延续舒伯后期关于自我概念的建构取向，从适应力的角度提出"生涯建构理论"，成为舒伯生涯发展理论的最新进展。

三、相关评估技术与测量工具

舒伯早年的学习经历中，心理测量学是非常重要的内容，因此他本人对心理测验十分看重，结合相关理论，舒伯本人及其他研究者开发了不少测验量表，其中最具影响力的有两个，分别是工作价值观量表（Work Values Inventory，WVI）和生涯发展量表（Career Development Inventory，CDI）。

工作价值观量表包含三个维度共 15 个因素（Super，1970，1986），用来帮助人们了解自己工作各项特征的重要性评估的排序。这三个维度分别是：

（1）内在价值维度，指的是与职业本身性质（即工作特征）有关的因素，包含 7 个因素，分别是智力激发（不断进行智力的挑战、思考、学习及探索新事物）、利他主义（帮助他人，为大众的幸福和利益尽一分力）、创造发明（发明新事物、设计新产品或创造新思想）、独立自主（按自己的方式、步调或想法去做，不受他人的干扰）、美感（不断地追求美的东西，创造美的东西，享受美感）、成就感

(不断取得成就,不断得到领导与同事的赞扬,或不断做成自己想要做的事)以及管理权力(获得对他人或某事物的管理支配权,能指挥和调动一定范围内的人或事物)。

(2)外在价值维度,指的是与工作无关的外部环境,包含4个因素,即工作环境(温度适宜、不吵闹、不脏乱)、同事关系(工作中的社交生活和谐融洽)、上司关系(和老板、上级相处融洽)、多样变化(在同一份工作中有机会尝试不同种类的职位)。

(3)外在报酬维度,指的是在工作中能获得的东西,包含4个因素,即社会地位(在别人眼里有地位、受尊敬)、安全感(在工作中有一个安稳的位置,不会因各种事由而经常担心自己受到负面影响)、经济报酬(获得优厚的报酬,自己有足够的财力去获得想要的东西)、生活方式(可以按照自己所选择的生活方式生活并成为自己想成为的人)。

生涯发展量表则主要用于评估青少年的生涯成熟度,帮助其作出恰当的教育和职业规划。如前所述,该量表基于生涯成熟度概念,共分为四个维度,即态度层面的生涯规划态度和生涯探索态度,以及认知层面的生涯决策和职业世界信息。此外,生涯发展量表还额外增加了一个问卷部分,用于评估个体对偏好职业(首选职业)的认识。但是该问卷的信度和效度较为一般,尤其在跨文化的效度方面,受到不少本土研究者的质疑。

四、理论的应用价值

舒伯的生涯发展理论是生涯领域的基础理论之一,舒伯对生涯概念的理解突破了原本职业心理学在长度、广度上的限制,为本领域开启了一个崭新的局面,具有举足轻重、不可替代的地位。而在实际的应用中,该理论在生涯研究、生涯教育及与生涯相关的咨询实践中,仍然发挥着重要的作用。

生涯研究方面,仍然有不少研究采用工作价值观量表和生涯发展量表,探讨价值观、职业知识、生涯成熟度等概念在个体生涯发展中所产生的影响。尤其是生涯成熟度概念,在青少年生涯发展的相关研究中,仍然是一个比较常见的指标。

生涯教育方面,大学、高中、初中各年级的生涯教育课程与教材基本上遵循舒伯对探索期和成长期的生涯任务的描述,并针对性地提供兴趣、能力、价值观等内部因素探讨机会和外部职业信息,以帮助学生作出适合自己的决定。

生涯咨询方面,借助生涯彩虹图中的生涯发展阶段和生活角色的分配,该理论可以帮助来访者具体而清晰地分析个人特有的生涯模式,并帮助来访者解决当前及未来生涯发展过程中由于多重角色冲突或角色转换而带来的问题。比如,对于面临毕业求职、工作—家庭平衡、退休安排等问题的来访者,生涯发展理论可以帮助他们规划好角色的分配。

五、经典文献推荐

Super, D. E. (1953). A theory of vocational development. American Psychologist, 8(5), 185–190.

Super, D. E. (1957). The psychology of careers: an introduction to vocational development. New York: Harper & Row.

Super, D. E. (1970). The work values inventory. Boston, MA: Houghton Mifflin.

Super, D. E. (1980). A life-span, life-space approach to career development. Journal of Vocational Behavior, 16(3), 282–298.

Super, D. E. (1984). Career and life development. In D. Brown, L. Brooks, & Associates, Career choice and development: applying contemporary theories to practice, 192–234. San Francisco, CA: Jossey-Bass.

Super, D. E. (1990). A life-span, life-space perspective on convergence. In D. Brown, L. Brooks, and Associates(Eds.), Career choice and development: Applying contemporary theories to practice(2nd ed.). San Francisco, CA: Jossey-Bass Publishers.

Super, D. E., & Nevill, D. D. (1986). The salience inventory. Palo Alto, CA Consulting Psychologists Press.

Super, D. E., & Nevill, D. D. (1986). The values scale. Palo Alto, CA: Consulting Psychologists Press.

第七章参考文献

第八章

生涯发展自我概念理论

张玉青　孟　慧*

一、 代表人物与时代背景

(一) 代表人物

唐纳德·E. 舒伯(Donald E. Super, 1910—1994)是职业规划领域最具权威性的人物之一,他提出了生涯发展自我概念理论。舒伯1910年生于美国夏威夷火奴鲁鲁,1994年在格鲁吉亚萨凡纳去世。学生时代,他曾先后获得经济史文学学士学位、文学硕士学位、心理学博士学位。1945年,舒伯开始在哥伦比亚大学任教。

唐纳德·E. 舒伯

舒伯终身致力于将职业指导事业发展至全盛,并推动了职业咨询的发展。在其职业生涯中,舒伯曾担任美国心理学会主席(1949—1950年),并于1951—1954年创办了美国人事与指导协会(American Personnel and Guidance Association, APGA),后更名为美国咨询协会(American Counseling Association, ACA)。此外,1969—1970年,舒伯担任美国全国职业指导协会,现称美国职业生涯发展协会(National Career Development Association, NCDA)的第50任主席。1959—1994年,舒伯还先后担任了国际教育与职业指导协会(International Association for Educational and Vocational Guidance, IAEVG)的副主席(1959—1975年)、主席(1975—1983年),此后一直担任名誉主席。

舒伯是推动职业生涯发展与规划领域发展的重要人物,鉴于舒伯对职业规划领域、职业心理学领域乃至心理学领域作出的贡献,1983年舒伯获得美国心

---

* 张玉青,华东师范大学心理与认知科学学院应用心理学博士生,主要研究领域为职业兴趣、心理健康等,电子邮箱:zhangyuqing323@163.com;孟慧,华东师范大学心理与认知科学学院教授、博士生导师,主要研究领域为职场中的人际心理与行为、心理弹性和睡眠健康、人事选拔和领导行为,电子邮箱:hmeng@psy.ecnu.edu.cn。

理学会的杰出科学奖,并于1985年被授予哥伦比亚大学杰出校友奖。

除舒伯外,马克·L. 萨维科斯(Mark L. Savickas,1947—)作为生涯发展自我概念理论的发展者,为生涯发展自我概念理论在咨询实践上的进一步发展也作出了贡献。

1971年,萨维科斯在美国约翰卡罗尔大学获得心理学硕士学位。1975年,他在美国肯特州立大学获得指导和咨询博士学位。1977年,萨维科斯任职于美国东北俄亥俄医学大学行为与社区健康科学系,是目前任职时间最长的教师,担任该系的系主任一职将近三十年。此外,他还担任美国肯特州立大学咨询教育专业的兼职教授。因其在生涯咨询、生涯规划及教育领域作出的贡献,美国心理学会咨询心理学分会曾授予他约翰·L. 霍兰德奖(1994),美国国家职业生涯发展协会授予他杰出生涯奖(1996年),而美国

马克·L. 萨维科斯

职业心理学协会(Boards of Vocational Psychology)也授予他杰出成就奖(2006年)。此外,他还是俄亥俄州职业发展协会(Ohio Career Development Association)和中大西洋职业咨询委员会(Mid-Atlantic Career Counselors Association, MACCA)的终身荣誉会员。约翰卡罗尔大学和肯特州立大学也为他颁发了杰出校友奖。

萨维科斯在探索生涯发展的过程中,不断完善自己的理论,已发表文章70余篇,参与出版20余本著作,并发表演讲超过500次。1997年,他在《职业发展季刊》(Career Development Quarterly)上发表"Career Adaptability: An Integrative Construct for Life-span, Life-space Theory"一文,对生涯适应力进行了系统的介绍,并成为萨维科斯被引用率最高的文章之一。此外,在《职业生涯建构的原则和实践》(The Theory and Practice of Career Construction)一书中,萨维科斯详细而系统地介绍了职业生涯建构的理论和实践。2018年,萨维科斯出版了《生涯咨询》(Career Counseling)一书,将自己在生涯咨询领域积累的知识加以整理,为职场人士面临的职业困惑或职业危机提供参考。

(二) 时代背景

最初,舒伯在美国心理学会的一次演讲中表达了生涯发展自我概念理论的思想和观点。之后,舒伯在多部著作和文章中逐渐阐明并完善了生涯发展自我

概念理论的内容(Super, 1957, 1961a, 1961b, 1963a, 1963b)。在生涯发展自我概念理论形成的过程中,舒伯先后受到 Ginzberg et al. (1951) 和 Beilin(1955) 等观点的影响。其中,Ginzberg et al.(1951)的理论将个体的情绪、智力、家庭状况等心理和环境因素纳入个体的职业选择和职业生涯发展中,但未能完整地考虑到个体的教育发展和职业发展对职业选择的影响;而 Beilin(1955)最先将发展心理学的思想扩展到职业生涯发展理论。

总体上,作为舒伯生涯发展理论的一部分,生涯发展自我概念理论主要受到差异心理学、自我概念理论和发展心理学的影响。

首先,差异心理学认为每个个体都有着区别于其他个体的心理过程、心理状态和个性心理特征。在差异心理学的基础上,舒伯认为在职业环境中,个体由于兴趣和能力的差异,会作出不同的职业选择;如果个体的职业选择与其能力、兴趣相匹配,那么将会获得更高的工作满意度和更优的工作绩效。

其次,自我概念理论普遍认为,自我概念是一种自我觉知和自我评估。舒伯从职业生涯的角度出发,认为职业自我概念作为整体自我概念的一部分,反映着个体的职业偏好和职业选择,是影响个体职业生涯发展的重要因素。

最后,发展心理学同样促进了生涯发展自我概念理论的完善。发展心理学认为,生命发展是阶段性的,个体在前一个阶段的发展结果会影响后续阶段的发展。而后续的生涯发展自我概念理论,通过发展心理学理论的进一步融入而不断发展,认为职业自我概念是动态的、不稳定的。个体在生命的不同阶段有不同的职业任务,在每个阶段完成职业任务需要自我和环境之间不断协调,这一过程都需要职业自我概念作支撑。

舒伯对生涯发展自我概念理论在解释范围和应用潜力方面都作出了巨大的贡献,而 Savickas(1989)运用职业风格访谈(the career style interview, CSI)帮助来访者解决其面临的职业难题。职业风格访谈是一种基于阿尔弗雷德·阿德勒(Alfred Adler)个体心理学的咨询技术,旨在帮助来访者认知自我。这一实践性的拓展,提高了生涯发展自我概念理论的应用价值,促进了生涯发展理论的进一步发展。

二、理论的核心内容

生涯发展自我概念理论由舒伯提出,并经由萨维科斯得到进一步发展。经过长期的演进,生涯发展自我概念理论形成了较为完善的理论体系。

舒伯最先对职业自我概念进行了定义。舒伯注意到奥尔波特使用约 4 000 个特质来定义人格,并给人格这一专业术语赋予了 50 个含义。他进一步认为,自我概念的定义不是只有一种,而是一系列自我概念的集合。在自我概念系统中,职业自我概念也占有重要地位。Super(1963)将职业自我概念定义为个体带有的、与职业相关的个人特质的总和。在其后的发展过程中,受到 Kelly(1955)的个人建构理论的影响,生涯发展自我概念理论认为个体应该双重关注自我和环境,不仅应该关注职业自我概念在发展过程中的变化,更应该关注环境对个体的职业自我概念的影响。舒伯的这一观点是将生涯发展中的自我概念视为一种自我与情境交互动态发展的过程。这一发展有分化和综合两个过程,它们不断交替,最终形成完整的职业生涯自我概念。其中,分化是指个体根据已有的知识和经验对外界新/旧信息进行梳理、总结并形成新的职业自我概念的过程;综合是指对新的知识进行重新整合和归纳的过程。

针对舒伯的生涯发展自我概念理论,除了逐渐完善其理论体系,研究者们也结合其他的变量/理论进行了研究,以提高该理论的通用性。在关于生涯发展自我概念理论的研究中,以下概念和理论比较重要:

(一) 自尊

自尊是与职业自我概念联系得最早的变量。基于 Korman(1967)的研究,我们有理由相信缺乏自尊的人不太可能在自我和职业角色之间进行很好的匹配。针对女性职业发展的研究表明,自尊和职业自我概念在女性职业发展中起着关键作用。正如 Walsh & Osipow(1994)在《女性职业咨询》(*Career Counseling for Women*)一书中所述,以职业为导向的女性比以家庭为导向的女性拥有更高的自尊水平和更积极的职业自我心态。Stein et al.(1990)也指出,追求高等教育和全职工作的女性的自尊水平会随着时间推移而提高,而那些选择兼职或不工作的女性的自尊水平会随时间推移而降低。通常来说,女性的自尊水平与职业追求、成就动机和职业承诺显著相关。在舒伯的理论中,自尊是职业自我概念的重要影响因素,对职业生涯发展具有重要作用。

(二) 职业自我效能感

Hackett & Betz(1981)首先将 Bandura(1977)的自我效能感理论应用于职业行为,认为该理论可以解释传统的性别角色社会化对男性/女性在职业选择和职业行为中的自我评价的影响。

自我效能感是指个体能否成功地完成某一特定行为的期望或信念,分为结果效能和期望效能(Bandura,1977)。其中,结果效能指的是个体认为自己的行为会产生某种可能的结果;而期望效能用来决定某一行为是否会发生、会花费多少努力,以及在面对障碍时行为是否可以持续等(Bandura,1977)。

研究者们针对职业中的自我效能感进行了相当多的研究,并在各个领域证明了其重要作用,如在数学领域(Hackett,1985)、科技事业(Lent et al.,1986)、职业生涯决策(Taylor & Popma,1990)以及工作任务(Taylor & Popma,1990)中。一项分析结果表明,在各个领域的职业行为中,自我效能感的增强会对职业选择、职业持续性和工作绩效产生积极影响(Multon et al.,1991)。而根据Bandura(1977)的理论,以往的成就表现、替代学习或模仿、口头说服或得到其他人的鼓励、积极情绪的唤醒这四个方面能够增强或促进自我效能感的发展和改变。这意味着在职业行为和活动中,体验和经历了上述四个方面的个体会产生较高的自我效能感。

自我效能感理论和生涯发展自我概念理论在一定程度上有相似性,具体体现为:

第一,生涯发展自我概念理论与自我效能感理论一样,假设职业自我概念与职业选择、职业偏好及其他行为相关,并受许多其他因素的影响,且可以通过许多途径加以改变。比如,一旦获得更多的成就表现,个体的职业自我概念就会更加清晰。

第二,与传统的特质因素理论不同,自我效能感理论基于个体的主观认知,而不是客观衡量。影响个人职业选择的重要变量不是他们本身具备的能力,而是他们对于自己在各种行为领域的能力的信念。因此,自我效能感理论整合了与生涯发展自我概念理论共有的现象学基础。

第三,由于自我效能感理论和生涯发展自我概念理论均嵌入了适合咨询干预的学习理论(Betz,1992),因此这两个理论兼具理论效用和实际价值。

(三) 戈特弗雷德森的理论

自我概念的另一个有益的应用是戈特弗雷德森(Gottfredson)的理论。戈特弗雷德森认为自我概念的重要性在于它整合了影响职业发展的心理因素和环境因素,并指出发展过程的重要性。在职业自我概念的发展过程中,对自己的看法、对职业特征的看法以及可接受的自我和职业的一致性水平共同促进了职业自我概念的发展。戈特弗雷德森的理论为自我概念在职业发展中的作用提供了一个有力的解释,通常还可与生涯发展自我概念理论结合起来解释职业发展现象。

三、相关评估技术与测量工具

(一)国外相关量表

在舒伯的生涯发展自我概念理论的框架下,Barrett & Tinsley(1977)编制了"职业评定量表"(Vocational Rating Scale,VRS)(见表8.1),用于测量职业自我概念结晶度(vocational self-concept crystallization)。职业自我概念结晶度是指个体对自己与职业相关的自我觉知和自我评估的清晰度。该量表包含40个题项,采用李克特5级评分,1表示"从不",5表示"总是",得分越高,表示职业自我概念结晶度越高。

表8.1 职业评定量表

从不	偶尔	一般	经常	总是
1	2	3	4	5

_____	1.	我认为我和大多数同龄人一样,都在规划未来的职业生涯。
_____	2.	我拿不定主意要做什么样的工作。
_____	3.	过去的工作经历使我更了解自己。
_____	4.	我真的不确定我的职业兴趣。
_____	5.	我很了解自己,知道什么样的工作适合我。
_____	6.	我不知道规划职业生涯需要具备什么能力。
_____	7.	我清楚地知道自己对事业的需求和欲望。
_____	8.	我不确定自己在什么样的工作环境中会真正快乐。
_____	9.	我对自己的价值观了如指掌,很容易作出职业决策。
_____	10.	我非常清楚我在大学期间和职业生涯中追寻的是什么。
_____	11.	如果有人用个性、兴趣等来描述我,我很难判断他们的描述是否准确。
_____	12.	我根本不知道要找什么样的工作。
_____	13.	根据过往经验,我很清楚自己是一个什么样的人。
_____	14.	我不知道我的职业优势在哪里。
_____	15.	我很清楚自己的价值观,也知道它们如何影响我的职业选择。
_____	16.	我确信我的职业规划与我的个性、兴趣等匹配。
_____	17.	如果我能更清楚地了解自己是什么样的人、知道自己想要什么,我就能选择更适合自己的职业。

(续表)

从不	偶尔	一般	经常	总是
1	2	3	4	5

_____ 18. 我只是不知道自己是否具备一些工作所必需的特质。
_____ 19. 我对与工作相关的属性和特点有的了解是清晰的。
_____ 20. 如果让我描述我的职业优势,我不知道从哪里讲起。
_____ 21. 如果有人告诉我,我需要一份安定的工作,而我不知道这个描述是否精确。
_____ 22. 我有过很多不同的工作经历,并且明确自己在职业生涯中需要和想要的东西。
_____ 23. 我十分明确自己的兴趣、能力等。
_____ 24. 我对自己感兴趣的东西只有一个模糊的概念。
_____ 25. 我可以很容易地想到五个形容词,我确信这五个形容词可以描述与工作相关的重要特征。
_____ 26. 我不清楚我的职业价值观及我想做的事情。
_____ 27. 我可以很容易地说出三种我理想中的职业。
_____ 28. 我对自己在职业生涯中追求的回报或奖励这一概念并不清晰。
_____ 29. 我和同龄人一样,十分明确自己想要的以及我必须为工作提供的东西。
_____ 30. 我知道有几种职业不适合我。
_____ 31. 我不知道自己的个性是否适合我正在考虑的工作。
_____ 32. 我在回答"我是什么样的人"这个问题时会感到很困难。
_____ 33. 如果我必须在商业性工作和助人性工作之间进行选择,那么我能很容易地作出决定。
_____ 34. 我觉得在进行未来的职业规划时不需要任何咨询。
_____ 35. 我无法确定我是否有攻读研究生或进入职业学校的"动力"。
_____ 36. 我对自己的兴趣和能力了如指掌,并能够预测未来五年的职业路径。
_____ 37. 当涉及选择大学专业或最终职业时,我真的很犹豫。

此外,Holland et al.(1980)编制了"我的职业状况量表"(My Vocational Situation, MVS)(见表 8.2),是评估个体职业决策的重要测量工具。该量表包括职业认同(vocational identity)、职业信息(occupational information)和职业障碍(career barriers)三个维度,其中职业认同分量表常被用来评估个体的职业自我概念状况。经过不同国家版本的修订,量表题项和计分方式有一定的差异。该量表除了用于心理学研究,还常常用于咨询和干预效果等实践项目的评估,应用范围较广。

表 8.2 我的职业状况量表

列出你现在正在考虑的所有职业。

_____ _____ _____
_____ _____ _____
_____ _____ _____
_____

试着用"T"(正确)、"F"(错误)回答以下每一个陈述,并圈出最能代表你目前观点的答案。在考虑你现在的工作或者职业规划、职业生涯时:

1.	我需要确保已经作出了正确的职业选择。	T F
2.	我担心我现在的兴趣会随着时间的推移而改变。	T F
3.	我不确定我能胜任哪些工作。	T F
4.	我不知道我的主要和劣势是什么。	T F
5.	我能做的工作可能不够支撑我想要的生活。	T F
6.	如果现在必须作出职业选择,恐怕我会作出错误的选择。	T F
7	我需要知道我应该从事什么样的职业。	T F
8.	对于我来说,决定职业选择是一个长期而困难的问题。	T F
9.	我对作出职业生涯决策这个问题感到困惑。	T F
10.	我不确定现在的职业选择或工作是否适合我。	T F
11.	我不太了解不同职业的员工做什么样的工作。	T F
12.	没有一个职业对我有强烈的吸引力。	T F
13.	我不确定自己喜欢什么职业。	T F
14.	我想要增加可供考虑的职业数量。	T F
15.	我对自己能力的估计每年都会发生很大变化。	T F
16.	在生活的许多方面我都不相信自己。	T F
17.	不到一年我就知道想要从事什么职业。	T F
18.	我不明白为什么有些人会如此固执地坚持他们想做的事	T F

对于 19 题和 20 题,圈出"Y"(是)或"N"(不是)

19.	我需要以下信息:	
	如何在我所选择的行业中找到工作。	Y N
	不同类型的人适合什么样的职业。	Y N
	有关就业机会的更多信息。	Y N
	如何获得职业的必要培训。	Y N
	其他:_____	

(续表)

20. 我有以下困难：		
我不确定是否有能力完成必要的教育或培训。	Y	N
我没有钱追求我最想从事的职业。	Y	N
我缺乏内心最希望从事的职业的特殊才能。	Y	N
我身边有的人不支持我的职业选择。	Y	N
其他 _____		

注："我的职业状况量表"包括三个维度，分别是职业认同、职业信息和职业障碍。职业认同维度是将被试在第1—18题上选择"F"的回答加总，得到被试的职业认同维度的总分；职业信息维度是将被试在第19题中选择"N"的回答加总，得到被试的职业信息维度的总分；职业障碍维度的计分方式与职业信息维度的计分方式一致，是将被试在第20题中选择"N"的回答加总，得到被试的职业障碍维度的总分。

（二）国内相关量表

职业自我概念量表的开发也是国内有关职业自我概念研究的重要组成部分。我国较早开始职业自我概念量表开发的是台湾学者刘德生。刘德生(1987)发表了题为《中等学校学生职业观念与职业态度发展之研究》的文章，编制了"高中生职业观念问卷"，包括自我认知、职业认知、职业认定和职业价值这四个维度。此后，台湾学者林幸台等(1997)编制了"职业发展量表"，包括职业计划、职业探索、职业决策和认识工作世界这四个维度。由此，有关中国台湾地区对青少年的职业生涯辅导课程、团体活动等的效果得到了广泛的实证性检验。

除了台湾地区，近年来大陆地区的许多学者也针对不同群体的职业自我概念测量工具进行了探究，并取得了一定的成果。多位研究者在开展各自的研究之前，均针对大学生群体编制了职业自我概念量表。其中，王卫一(2004)在探究大学生职业自我概念与父母教养方式的关系时，编制出"大学生职业自我概念问卷"，其中包含职业能力、职业抱负、职业准备、职业决定、职业现实、职业设计、职业评价、职业适应和职业兴趣这九个维度。尽管这份"大学生职业自我概念问卷"有一定的局限性，例如仅仅在大学生群体中施测、缺乏有效的效标参考等，但这是大陆地区编制职业自我概念问卷的初步探索。同时，李洁(2005)针对大学四年级学生编制了"职业自我概念问卷"，其中包含表现自我、发展自我、动力自我、支持自我、个性自我和职德自我这六个维度。该问卷在施测群体上局限于大学四年级学生，信度和效度还有一定的提升空间，问卷的推广也受到一定的影响。再者，窦温暖(2008)编制的"大学生职业自我概念问卷"也包含九个维度，分别是职业能力、学业自我、人际自我、职业兴趣、社会资源、外表吸引力、个性自我、职业抱负和体制自我。而赵小军等(2009)编制的"大学生职业自我概念问卷"则包含职业表现自我概念、职业内在自我概念和职业能力自我概念这三个维度。此外,王亚琨(2012)编制的"大学生职业自我概念量表"包括职业个性自我、职业信息自我、职业人脉自我、职业目标自我和职业外在自我这五个维度。

除了大学生群体,中学生群体也是研究的重点,其研究现状与针对大学生群体的研究状况非常类似,即相关问卷的编制都处在初步探索的阶段,基本上采用李克特5级评分或7级评分,但在维度界定上存在差异。例如,蔡静(2005)针对高三学生编制了"高三学生职业自我概念问卷",其中包含职业物质自我、职业社会自我和职业精神自我这三个维度。另外,曹丽影(2010)编制了"高中生职业自我概念问卷",分为六个维度,即职业道德、职业能力、职业人际、职业态度、个人素质和职业价值观。

由此可见,国内对于职业自我概念测量工具的应用性和认可度还有待提高,大多停留在问卷编制和测量的尝试阶段,发展较为缓慢。为了使职业自我概念量表更适合中国国情,使用群体更为宽泛,在职业自我概念测量工具的编制上还需要付出更多的努力。

四、理论的应用价值

生涯发展自我概念理论经过多年的发展,在咨询、教育等方面的应用越来越广,对个人和社会的影响也越来越深。

在面对来访者的职业和个人发展问题时,生涯发展自我概念理论得到了广泛的应用。在咨询的过程中,咨询师首先需要了解来访者目前的职业生涯阶段及其职业自我概念的发展状况,确定来访者的生涯成熟度。在对职业和个人发展问题进行外在干预的过程中,舒伯认为职业自我概念反映了个体遗传因素和环境因素相互结合后的职业自我觉知状况,因而对职业自我概念进行干预可能更为有效。由于职业自我概念在青少年晚期和成熟阶段会变得更加稳定,因此这种干预效果在青少年早期自我概念形成的过程中非常明显。对于处于青春期早期的个体,主要任务是推动个体的职业探索和促进个体完成职业自我概念的结晶化;而对于处于青春期晚期或职业自我概念发展成熟阶段的个体,应该指导其充分利用周围资源,促进自身的职业发展。

在生涯发展自我概念理论的具体应用上,Savickas(1989)用于解决个体与职业相关困惑的职业风格访谈技术,已经成为应用最为广泛的咨询技术之一。这种技术经历三十多年的发展(Savickas,1989,1997,2002,2005),已经在实践中被证明是有效的。职业风格访谈技术是一种用来访者自编故事的形式收集其生活结构、适应策略、动机和人格特征等信息的咨询手段。在初次访谈中,咨询师仔细倾听来访者提及的工作相较于其他领域(如学习、家庭、休闲等)对其生活的重要程度的信息,以确定来访者的职业自我概念结晶度。这有助于咨询师确定进一步的职业评估和咨询是否有意义。对于那些职业自我概念结晶度较高的来访者而言,更能从职业评估中获益;而对于那些职业自我概念结晶度较低的来访者而言,根据他们不同的生活状态,可能需要在进一步评估之前对其职业方向进行定位。

职业风格访谈技术首先询问来访者的咨询目的及其生活、职业的主要状况,以便从来访者那里引出故事,以理解和构建来访者本身的生活故事。除了一些开放性的问题,职业风格访谈技术还使用七个核心问题的问答方式构建来访者的职业风格类型。职业风格访谈技术的常见问题如表8.3所示。

表8.3 职业风格访谈常用问题

问题领域	访谈问题
榜样	在你的成长过程中,你崇拜谁?你希望在生活中效仿谁?请列出三个你认为的榜样。 a. 你欣赏这些榜样的哪些方面? b. 你对他们每个人的感觉如何? c. 你和他们有什么不同之处?
杂志或电视节目	你经常看什么杂志?你喜欢它们什么?你最喜欢看什么电视节目?为什么?
书或电影	告诉我你最喜欢的书或电影。
休闲互动	你空闲时间喜欢做什么?你的爱好是什么?这些爱好的什么特点吸引了你?
最喜欢的一句话	你有最喜欢的格言或座右铭吗?告诉我其中的一句。
学习科目	你在初中和高中最喜欢的科目是什么?你最讨厌的科目是什么?为什么?
早期回忆	你最早的回忆是什么?可不可以告诉我你在3—6岁发生的有趣的事情?

当来访者回答上述问题时,咨询师专注地倾听、描述问题,给出反思性的陈述,并记录下这些回答,为后面的解释和总结提供依据。在这些问题中,关于榜样的问题揭示了来访者的自我理想,预示了来访者的核心生活目标,并可以为来访者的核心生活问题提供可行解决方案的线索;杂志和电视节目可以显示出适合来访者风格的工作环境;来访者喜欢的书或电影可能展现了书/电影的主角与来访者所面临的同样问题,并展示了主角是如何成功地解决问题的;来访者休闲时的活动反映了来访者的自我和主要兴趣;最喜欢的一句话就是定义一个人生主题;学习科目可以表明来访者的优势和不足;而早期的回忆揭示了来访者的职

业发展动机。

生涯发展自我概念理论除了在咨询领域得到广泛的应用,还被广泛地用于生涯教育课程。生涯发展自我概念理论强调发展的思想,认为职业自我概念和职业探索具有连续性与同时性,而这也是生涯教育课程的主要内容之一。

五、经典文献推荐

Barrett, T. C., & Tinsley, H. E. (1977). Vocational self-concept crystallization and vocational indecision. Journal of Counseling Psychology, 24(4), 301−307.

Betz, N. E. (1994). Self-concept theory in career development and counseling. The Career Development Quarterly, 43(1), 32−42.

Gottfredson, L. S. (1985). Role of self-concept in vocational theory. Journal of Counseling Psychology, 32(1), 159−162.

O'Hara, R. P., & Tiedeman, D. V. (1959). Vocational self-concept in adolescence. Journal of Counseling Psychology, 6(4), 292−301.

Osipow, S. H., & Littlejohn, E. M. (1995). Toward a multicultural theory of career development: prospects and dilemmas. Career Development and Vocational Behavior of Racial and Ethnic Minorities, 251−261.

Savickas, M. L. (2002). Career construction. Career Choice and Development, 149−205.

Stead, G. B., & Watson, M. B. (1998). The appropriateness of Super's career theory among black South Africans. South African Journal of Psychology, 28(1), 40−43.

Super, D. E. (1951). Vocational adjustment: implementing a self-concept. Occupations, 30, 88−92.

Super, D. E. (1980). A life-span, life-space approach to career development. Journal of Vocational Behavior, 16(3), 282−298.

Usinger, J., & Smith, M. (2010). Career development in the context of self-construction during adolescence. Journal of Vocational Behavior, 76(3), 580−591.

第八章参考文献

第九章

施恩的生涯发展理论

刘雪梅　杨夏梦*

一、代表人物与时代背景

(一) 代表人物

埃德加·H.施恩(Edgar H. Schein,1928—),世界上最具影响力的百位管理大师之一,企业文化与组织心理学领域的开创者和奠基人,同时也是享有国际声誉的咨询专家。他的代表作有《组织心理学》(*Organizational Psychology*)、《组织文化与领导》(*Organizational Culture and Leadership*)等。

埃德加·H.施恩

施恩于1928年5月5日在苏黎世出生,后随父母移居美国,1947年在芝加哥大学获得学士学位,1949年获得斯坦福大学社会心理学硕士学位,1952年获得哈佛大学社会心理学博士学位。毕业后,他被分配到沃尔特·里德陆军研究所(Walter Reed Army Institute of Research)服役,他的工作内容涉及方方面面,这进一步开阔了他的视野。1956年完成了美国军方的研究工作后,施恩在麻省理工学院斯隆管理学院开始了长达五十多年(1956—2008年)的学术生涯。其间,他参与并见证了组织心理学领域中五个概念的形成与演化:强制说服(coercive persuasion)、职业锚理论(career anchor theory)、过程咨询(process consultation)、组织文化(organizational culture)和谦逊探询(humble inquiry)。1965年,施恩出版

---

* 刘雪梅,中南财经政法大学工商管理学院副教授、硕士生导师,主要研究领域为领导力与创造力、职业生涯管理,电子邮箱:lxm_6699@163.com;杨夏梦,中南财经政法大学工商管理学院硕士研究生,主要研究领域为人力资源管理,电子邮箱:yxm2089@163.com。

了他的第一部学术著作《组织心理学》,并提出四种人性假设,这四种假设后来成为了管理学和组织行为学人性假设分类的典范。

施恩对组织文化领域的研究也作出了非常重要的贡献,1992年他出版了《组织文化与领导》(*Organizational Culture and Leadership*),率先提出了关于文化本质的概念,提出了组织文化的三个层次、五个维度,并对文化的形成提出了独创的见解。

与此同时,施恩曾受聘于许多美国大公司、大企业,担任法律顾问,他主要负责人力资源调配、文化合作、管理开发、组织发展、高级管理梯队建设、人际关系、组织关系和职业发展等方面的咨询和顾问工作,这使他有机会接触到大公司的管理实践,掌握了丰富的管理心理学方面的材料和经验,并在实践中检验和发展了自己的理论。

施恩的成就为他带来了许多的荣誉。2000年,他获得美国培训经理协会(the American Society of Training and Development)颁发的职场学习与绩效终身成就奖、美国管理学会职业生涯管理分会埃弗里特·切林顿·休斯职业学术奖(Everett Cherington Hughes Award for Career Scholarship);2002年,他获得波士顿大学管理学院玛丽恩·吉斯拉森高级管理人员领导力开发奖(Marion Gislason Award for Leadership in Executive Development),同年,从麻省理工学院荣誉退休。

施恩对组织心理学和文化领域的研究作出了极大的贡献,被誉为企业文化与组织心理学领域的开创者和奠基人。

(二) 时代背景

施恩于1978年出版了《职业动力论》(*Career Dynamics*),从组织心理学的角度研究了人的生涯发展,首次提出了生涯发展理论(stages of career theory)。

职业生涯辅导思想起源于20世纪初的西方国家,是经济发展、职业分化、技术进步、经济周期波动带来了一系列社会矛盾后,社会为解决就业问题而付出努力的产物,经历了从职业指导到职业生涯辅导再到生涯辅导的转变(张兴瑜,2009)。生涯发展理论最早是以"职业指导"形式出现的,学术界一般把帕森斯在1908年创立职业指导局作为职业指导发展的起点(孔春梅和杜建伟,2011)。在这之后,威廉姆逊(Williamson)、霍兰德承袭了帕森斯的思想,分别提出了匹配理论、个体与环境匹配的类型理论。这一阶段的职业指导是静态的,且过于强调指导者的作用。

20世纪40年代,心理学的发展和心理测量的兴起,为职业生涯发展理论的丰富和成熟奠定了基础。从20世纪50年代起,职业指导由静态的、一次完成的职业指导向发展的、多次完成的职业选择转变,职业指导观念向职业辅导观念转变,在这一时期,大量的职业生涯发展理论开始涌现(马舒宁和李莉,2017;郑美群和李洪英,2017)。在这一背景下,20世纪60年代,施恩为研究组织的同化和社会化过程,成立了研究小组,随机选择了在1961—1963年入学的44名学生,定期追踪调查他们的职业发展状况。但是,由于结果与预期不同,这一研究被暂时搁置了。1971年,施恩重新回到斯隆管理学院后,与两位同事成立了一个研究小组,施恩与同事们经常讨论个人、家庭、组织间的关系,这使得他对职业生涯产生了极大的兴趣,于是决定再次将这44名学生请回麻省理工学院参加访谈和测试(埃德加·H.施恩等,2016)。施恩将访谈和测试的结果辅以理论分析,总结出职业生涯发展理论,并提出"职业锚"概念。

二、理论的核心内容

(一) 职业生涯运动方式

对于组织而言,员工在组织中的运动或发展有三种形式。第一种形式是沿着某一等级(维度)晋升,即按等级向上移动,组织中的员工逐渐地按等级向上晋升从而达到组织中的某一个层面,这是一种垂直的职业成长过程。第二种形式是沿着某一职能或技术维度移动,组织中的员工不断地转换职能部门,如组织中的员工从生产部门转向销售部门,再转向管理部门等。显而易见,这是一种水平的职业成长过程。第三种也就是最后一种形式,涉及进入内圈或职业、组织核心的运动。随着时间的推移,一个人可能对组织的情况有更多的了解,组织中的核心成员对其也有一定的信任,于是他在组织中能够承担更多的责任,即不断向组织的核心层靠拢。这三个维度清晰地描绘了外职业生涯运动,这一外职业生涯运动也为如何经历内职业生涯提供了一些外在的参照(Schein,1978)。

将这三个维度相结合,可以得到一个三维的锥体模型,如图9.1所示,沿着锥体中垂线向上移动就是按等级上升的运动,沿着椎体圆周线的职能区的移动就是沿着某一职能或技术维度的运动,从锥体的外表进入锥体的核心则是进入组织核心层的运动。

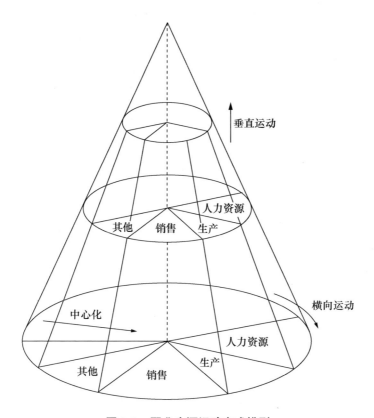

图 9.1 职业生涯运动方式模型

(二) 职业生涯发展阶段

施恩认为,人的一生中存在各种各样需要解决的问题,这些问题大致可以分为三类:生物和社会成熟过程产生的问题、个人在工作中遇到的问题,以及个人的家庭关系问题。生物社会周期、工作/职业周期和家庭/生产周期之间会互相影响。而职业周期的阶段与任务和生物社会周期的阶段与任务紧密相关,为了总结出职业周期的阶段与任务,施恩将人们从不同职业中体验到的共同要素提炼出来,将职业周期分为 10 个阶段,并指出每个阶段面临的广义问题和特定任务(见表 9.1)。

表 9.1 职业周期的阶段和任务

阶段	面临的广义问题	特定任务
1. 成长、幻想、探索（年龄：0—21岁）（角色：学生、候选人、申请人）	1. 为进行实际职业选择奠定基础； 2. 将早年的职业幻想变为可操作的现实； 3. 对基于社会经济水平和其他家庭境况的现实压力进行评估； 4. 接受适当的教育或培训； 5. 培养工作中所需的基本习惯和技能。	1. 发现并发展自己的需要和兴趣； 2. 发现并发展自己的能力和才干； 3. 寻找现实榜样，借此了解职业； 4. 从测试和咨询中最大限度地获取信息； 5. 查找有关职业和工作角色的可靠信息源； 6. 发现并发展自己的价值观、动机和抱负； 7. 作出合理的教育决策； 8. 在校品学兼优，以获得更多的职业选择； 9. 在体育活动、业余爱好和学校的各项活动中寻找机会进行自我检验，建立现实的自我形象； 10. 寻找实习和兼职的机会来检验早期的职业决策。
2. 进入工作世界（年龄：16—25岁）（角色：应聘者，新员工）	1. 进入劳动力市场，寻找一份能够为职业打下基础的工作； 2. 达成一项正式可行的心理契约，以保证个人和雇主的需要都能得到满足； 3. 成为一个组织或一个行业的成员。	1. 学会如何找工作，如何申请工作，如何通过面试； 2. 学会如何评估一项工作和一个组织的信息； 3. 通过招聘筛选流程； 4. 作出现实、合理的第一份工作的选择。
3. 基础培训（年龄：16—25岁）（角色：实习生，初学者）	1. 应对工作和组织成员变化的冲击； 2. 尽快融入组织； 3. 熟悉日常工作的操作程序； 4. 被公司认可，且为公司作出贡献。	1. 克服缺乏经验带来的不安全感，培养自信； 2. 学习理解组织文化，尽快掌握工作的诀窍； 3. 学会与第一个上司或培训者相处； 4. 学会与其他同事相处； 5. 从入会仪式或成为初学者的相关仪式（包括做苦活累活、简单的工作等）中学习； 6. 获得正式进入公司的标志：制服、徽章、身份证、停车证、公司手册。

(续表)

阶段	面临的广义问题	特定任务
4. 早期职业的正式成员资格（年龄：17—30岁）（角色：新的正式成员）	1. 承担责任，成功完成第一个正式任务； 2. 发展并展示自己的特殊技能和专长，为提升或进入其他领域的横向职业成长打基础； 3. 在自己的独立需要与组织约束之间寻求平衡； 4. 决定是否在这个组织或职业中干下去，或者在自己的需要和组织约束之间寻求更好的匹配。	1. 有效地执行任务，学习如何完成任务，提高工作效率； 2. 承担部分责任； 3. 学会如何与上司、下属及其他同事相处； 4. 在工作范围内，积极主动，勇于进取，全身心投入； 5. 寻找自己的良师、引领人； 6. 根据自己的才干和价值观及组织中的机会和约束，重新评估从事这份工作的价值和可行性； 7. 为长期承诺作准备，或者为跳槽到新的工作或组织作准备； 8. 应对第一项工作中的成功感或失败感。
5. 正式成员资格，职业中期（年龄：25岁以上）（角色：正式成员，任职者，终身成员，主管，经理）（个人有可能一直停留在这个阶段）	1. 选定一项专业并决定对它的投入程度，或者是朝着技术或管理方向而努力； 2. 保持技术竞争力，在自己选择的专业（或管理）领域内继续学习； 3. 在组织中获得认同和一定地位； 4. 承担较高水平的责任，包括对他人和对自己工作的责任； 5. 在职场中成为高效的人； 6. 根据抱负、所寻求的进步类型、用以衡量进步的指标等，制订个人的长期职业计划。	1. 实现一定程度的独立； 2. 制定自己的绩效标准，并培养自信心； 3. 慎重评估自己的动机、才干和价值观，依此决定要达到的专业化程度； 4. 慎重评估组织和职业机会，作为对下一步作出有效决定的基础； 5. 处理好自己与良师的关系，准备成为他人的良师； 6. 在家庭、自我和工作问题上取得适当的平衡； 7. 如果实绩平平、工作被否定，或失去挑战力，要应对失败情绪。
6. 职业中期危机（年龄：35—45岁）	1. 对个人进步与抱负的重新评估，会让个人作出停滞不前的决定； 2. 评估中年过渡的梦想与现实； 3. 决定工作和个人职业在自己的一生中的重要性； 4. 适应他人良师的自我身份。	1. 了解个人的职业锚——才干、动机和价值观； 2. 现实地评估个人职业锚对前途的影响； 3. 作出具体的选择，要么接受现在，要么为想象中的未来而努力； 4. 根据具体选择，与家人一起达成新的一致； 5. 建立与他人的良师关系。

(续表)

阶段	面临的广义问题	特定任务
7. 非领导角色的职业后期（年龄：40—退休）（角色：骨干成员、有贡献的个人或管理部门的成员）（许多人停留在这个阶段）	1. 成为一名良师，学会影响、引导、指导他人，对他人承担责任； 2. 根据经验拓宽兴趣和技能； 3. 如果决定追求一种技术职业或职能职业的话，要提高技能； 4. 如果决定成为一名管理者的话，要承担更多的责任； 5. 如果打算求安稳，在职业或工作之外寻求成长的话，接受影响力和挑战的减少。	1. 保持技术上的竞争力，或者学会用以经验为基础的智慧代替技术能力； 2. 培养社交技能； 3. 培养必要的监督和管理技能； 4. 学会在不同的政治环境中作出有效决策； 5. 应对"崭露头角"的年轻人的竞争； 6. 应对中年危机和家庭"空巢"问题； 7. 为高级领导角色作准备。
8. 处于领导角色的职业后期（可能在年轻时获得，但仍会被看作是在职业"后期"）（角色：总经理、官员、高级合伙人、内企业家、资深幕僚）	1. 运用自己的技能和才能为组织的长远利益服务； 2. 学会整合他人的努力并广泛影响他人，而不是事必躬亲； 3. 挑选和发展骨干成员； 4. 开阔视野，从长计议，现实地评估组织在社会中的作用； 5. 无论是个人贡献者，还是内部企业家，学会如何传播自己的想法。	1. 从关注自我需求，转向更多地为组织福利承担责任； 2. 负责地管理组织机密和资源； 3. 学会看懂组织内部和组织环境两方面的高层政治局势； 4. 学会在持续增长的职业承诺与家人（尤其是配偶）的需要之间谋求平衡； 5. 学会承担责任和使用权力，而不会被麻痹或陷入情绪不安。
9. 衰退和离职（年龄：40—退休，不同的人在不同的年龄衰退）	1. 接受权力、责任和地位的下降； 2. 基于竞争力和进取心下降，学会接受并发展新的角色； 3. 适应不是由工作主导的生活。	1. 在业余爱好、家庭、社交和社区活动、兼职工作等方面，寻找新的满足感来源； 2. 学会如何与配偶更亲密地生活； 3. 评估整个职业生涯，准备退休。
10. 退休	1. 适应生活方式、角色和生活水平的急剧变化； 2. 运用自己积累的经验和智慧，以各种资深角色对他人进行传帮带。	1. 在没有全职工作或组织角色后，保持一种认同感和自我价值观； 2. 在某些活动中依然倾心尽力； 3. 运用自己的智慧和经验； 4. 回首过去的一生，感到有所实现和满足。

从表9.1中对职业周期阶段的划分可以看出，施恩关于职业生涯发展阶段的划分比较详细，且不同阶段间存在年龄的交叉，如进入工作世界阶段，是一种寻找和评估工作的行为，因此单独作为一个阶段。一旦进入组织，开始以实习生、初学者的角色出现，就表明进入了培训阶段，虽然阶段2（进入工作世

界)和阶段3(基础培训)对应的年龄段相同,但个人在其中扮演的角色以及面临的问题和任务大不相同。同样地,在职业生涯的中间阶段,施恩将职业中年危机阶段单独划分出来,这是因为职业中年危机这个年龄段是关乎一个人职业命运与前途的关键时期。在职业生涯的后期阶段,衰退和离职意味着职业生涯的结束,且不同个人的衰退和离职年龄不同,因此衰退和离职也可单独列为一个阶段。

施恩依据职业状态、职业行为和职业发展过程的重要性划分职业周期阶段,使职业周期更加清楚明了(马力,2004),更具适用性和实用价值,对人们的职业生涯规划及企业的人力资源管理作出了重要的贡献(宋君卿和王鉴忠,2008)。

三、相关实证研究

施恩的生涯发展理论提出后,国内外学者开始运用这一理论进行实证研究。我们查阅相关文献后发现,国内外学者对施恩的生涯发展理论的应用研究较少且不深入(钟继利,2007),研究主要集中在两个方面:

1. 个人的职业生涯规划问题

马力(2004)运用职业发展的相关理论,从个人和组织两个角度分析职业发展的影响因素,明确个人和组织在职业发展中的角色和任务,从而构建了个人和组织的双赢模式。对于个人职业发展而言,存在三个重要的环节,即职业选择、职业定位和职业发展。钟继利(2007)深入剖析生涯发展理论,运用文献法和调查法得出以下结论:① 除了年龄,工龄和专业发展情况也可以作为划分职业生涯阶段的依据;② 通过对小学教师在不同生涯阶段的需要、价值观的研究,可以帮助学校进行教师职业生涯规划、工作激励、企业文化建设。王妮(2008)研究了我国目前高职院校对毕业生就业指导的现状及存在的问题,结合生涯发展理论和美国、日本、中国台湾地区的生涯辅导实施情况,从理念、组织与制度、实施方法三个方面对我国高职学生就业指导提出了相应的建议。陈鹏(2010)利用职业选择理论、生涯发展理论和生涯过渡理论,考察美国、加拿大和澳大利亚三国大学生生涯辅导的实践举措,并基于生涯辅导理论和美国、加拿大、澳大利亚三国的经验为我国大学生生涯辅导的发展提供成功经验与启示,认为我国大学生生涯辅导观念、实践、保障体系等方面亟待进一步完善。

2. 组织对员工的职业生涯管理问题

马力(2004)利用职业发展的相关理论,从个人和组织两个角度分析职业发展的影响因素,明确个人和组织在职业发展中的角色和任务,从而构建了个人和组织的双赢模式。对于组织而言,组织需要通过完成以下任务来促进员工的职业发展:① 确定不同职业生涯期的职业管理任务;② 定期检查职业生涯规划落地情况;③ 优化信息传递机制;④ 开展继任规划;⑤ 开展职业指导;⑥ 划分职业阶梯。王宁(2012)以职业选择理论、职业生涯发展理论和职业生涯管理理论等为基础,借鉴360度职业生涯规划理论的基础模式和组织职业生涯管理体系模型,构建了现代企业知识型员工职业生涯管理体系,设计了知识型员工职业生涯方案。

此外,Ohtsu(2002)为探讨日本的商业和管理,尝试引入美国管理理论,分析美国的管理理论在多大程度上适用于日本。他分析了36位庆应义塾大学(Keio University)校友的职业生涯发展情况,根据施恩的生涯发展理论,将这36位校友的职业生涯分为早期职业生涯、中期职业生涯和晚期职业生涯三个阶段——这三个生涯发展阶段大致与日本经济发展的四个关键时期相对应,使用采访、收集相关二手信息等方法分别分析这36位校友的职业生涯状况。

四、理论的应用价值

施恩在提出生涯发展阶段的同时,也提出每一个阶段面临的广义问题和特定任务,人们可以通过了解个人在每一个阶段面对的问题和任务,精准地提升自我,从而更顺利地通过各个生涯阶段。生涯发展理论的应用价值主要体现在两个方面:第一,它能够帮助个人进行职业生涯规划。如今,周围环境的快速变化迫使人们在进行职业生涯规划时要具有灵活性,比如大学生在未毕业时会去实习,在实习过程中逐渐明确个人的职业目标,并不断地为了实现个人职业目标而提升相应的技能。与此同时,施恩的生涯发展理论所提出的每一个阶段的问题和任务也能够帮助人们更好地应对每一个职业生涯阶段的问题。第二,对于组织来说,应当清楚地了解员工在每一个阶段将要遇到的问题和任务,并帮助员工有效地应对,同时帮助员工进行职业生涯规划,这样才能提高人力资源管理水平,使得组织目标和员工个人发展有效地结合(宋君卿和王鉴忠,2008;郑美群和李洪英,2017)。员工是组织的重要成员,通过对员工进行培训,同时在外界环境变化时适当地对员工的职业生涯作出相应的调整,让员工看到自己在组织中的发展方向,这将有助于提高员工对组织的忠诚度,降低离职率(李建忠,2008;王宁,2012)。

五、经典文献推荐

Schein, E. H. (1978). Career dynamics: matching individual and organizational needs. Addison Wesley Pub. co.

Schein, E. H. (1971). The individual, the organization, and the career: a conceptual scheme. The Journal of Applied Behavioral Science, 7(4), 401-426.

第九章参考文献

第十章

职业限制与妥协理论

金秋萍*

一、代表人物与时代背景

(一) 代表人物

琳达·戈特弗里森

琳达·戈特弗里森(Linda Gottfredson,1947—)是美国著名学者,特拉华大学(University of Delaware)荣誉退休教授。戈特弗里森研究涉及多个领域,在职业心理学、人事心理学、智力、健康不平等和人类进化研究等方面都作出了开创性的贡献。截至2020年6月,她发表期刊论文两百多篇,谷歌学术被引用16235次,H指数为50。

戈特弗里森1969年在加州大学伯克利分校获得心理学学士学位。大学毕业后,1969—1972年她作为美国和平队志愿者前往马来西亚工作。工作结束后回到美国,在约翰斯·霍普金斯大学攻读博士学位,研究方向为社会学,并于1976年获得博士学位。毕业后,她在约翰斯·霍普金斯大学的社会组织中心(Center for Social Organization)担任研究科学家直到1986年,之后加入特拉华大学教育学院,直至2015年退休。

戈特弗里森的职业生涯是丰富多彩的,同时也充满坎坷的。她有着多学科的教育背景,本科入学时的专业为生物学,后转入心理学专业学习并取得心理学学士学位,博士阶段的研究方向为社会学。在戈特弗里森攻读博士学位期间,霍兰德在约翰斯·霍普金斯大学社会学系工作。受霍兰德影响,戈特弗里森开始对职业生涯产生兴趣。结合社会学的专业背景,她感兴趣的研究问题是个体的

---

* 金秋萍,中国人民大学劳动人事学院讲师、博士,主要研究领域为职业生涯干预、发展、开发和管理,电子邮箱:qpjin@ruc.edu.cn。

社会经济背景如何影响其职业生涯。在这个问题的引导下,她在1981年首次提出职业限制与妥协理论。其后,她的研究兴趣转向了人事心理学,并在此过程中对智力(intelligence)研究产生了兴趣。她关于美国种族智力差异的研究曾使得她陷入种族歧视的丑闻。此后,她职业生涯的大部分时间都投入了智力研究,以回应来自各界的质疑。

尽管如此,戈特弗里森的职业限制与妥协理论还是对职业生涯理论和研究有着较大的影响,而她1981年提出的有关职业限制与妥协理论的论文至今仍是她个人被引用次数最多的论文。但是,她个人得到的重要荣誉主要来自智力研究领域。她于2012年担任智力研究国际学会(International Society for Intelligence Research)会长,2013年获得该学会的终身成就奖。

(二)时代背景

戈特弗里森攻读博士学位期间,与她同系的霍兰德的职业类型理论正引起学界的广泛关注。受此影响,戈特弗里森在博士毕业后也开始了职业生涯的研究。由于拥有社会学背景,她感兴趣的问题是不同社会经济背景的个体的职业生涯发展差异。当下大部分职业生涯理论的出发点是个体如何选出理想的职业,而戈特弗里森将焦点放在个体如何排除和限制职业抱负(career aspiration)上。同时,戈特弗里森将这一过程追溯至儿童期,他也是最早关注儿童期对职业生涯发展影响的学者。1981年,戈特弗里森提出了职业限制与妥协理论。基于实证研究结果和其他领域的理论发展,戈特弗里森于1996年、2002年对理论进行了修改,提出了职业限制、妥协和自我创造理论(theory of circumscription, compromise and self-creation)(Gottfredson, 2002)。

二、理论的核心内容及实证检验

(一)核心内容

戈特弗里森的理论核心是阐释个体如何从儿童期开始发展职业抱负(occupational aspiration)的。职业抱负是个体对于职业与自我的兼容性(compatibility)和该职业对自我的可得性(availability)的评估结果。当职业抱负考虑了可能的障碍和机遇时,就称为期望(expectation)或现实抱负(realistic)。戈特弗里森认为个体职业抱负的发展会先后经历两个过程——限制(circumscription)过程和妥协(compromise)过程。因此,妥协与限制是该理论的两个核心概念。戈特弗里森在2002年对理论的修改中又加入了自我创造(self-creation)这一概念。因此,我们围绕这三个部分对她的理论进行介绍。

1. 职业限制

戈特弗雷德森理论中的限制指的是一个从可能的职业范围中逐渐去除不可接受的工作,从而形成"可接受领域"的过程,也就是从所处文化允许的范围内开辟出一个社会空间(social space)的过程。社会空间是指个体认为职业图谱中对自身来说可以接受的备选职业集合。戈特弗雷德森认为个体职业范围的限制过程从儿童期就开始了,共经历了四个阶段,每个阶段的发展和个体认知能力的发展变化密切相关。

第一阶段(3—5岁),大小和权力取向(orientation to size and power)。这一时期的儿童从奇幻思维(magical thinking)发展到直观思维(intuitive thinking),开始认识到物体的恒定性,例如他们知道人不可能通过改变自己外表来改变自己的性别。他们开始以最简单的方式对人进行分类——大或小、强或弱。此阶段的儿童没有稳定或连贯的性别概念,但他们已经可以认识性别上(包括外观上)具体的、可观察到的差异,喜欢与同性、同龄人一起玩耍。

第二阶段(6—8岁),性别角色取向(orientation to sex roles)。这段时期的儿童开始理解性别角色的概念,他们把遵守性角色作为一种道德要求。这一阶段儿童的职业探索尤为关注性别因素,儿童将在该阶段排除那些他们认为与自身性别不符的职业。

第三阶段(9—13岁),社会评估取向(orientation to social valuation)。儿童开始意识到周围存在的社会价值和地位的差异,开始了解不同的工作具有不同的社会价值和地位,并开始考虑职业符合个人的能力和社会地位的程度。至此,个体的职业选择范围已经非常狭窄,剩下的那些职业还会受到更深入、更仔细的考察。

第四阶段(14岁及以上的青少年时期),内在、独特自我取向(orientation to the internal, unique self)。青春期的青少年已经具备更好的理解、整合复杂信息的能力,他们对于内部确定的目标和内部的自我概念(如人格)的取向使得他们开始形成更多的个人意识。

在第四阶段,他们开始新的经历和职业探索以确定自己的兴趣、能力、性格特征和价值观。然而这时的职业探索只限于前几个阶段筛选后的、可接受的方案。前三个阶段主要是拒绝不可接受的方案,而本阶段主要是确定哪些方案最可取和最容易接受。由此,第四阶段启动了妥协过程。

2. 职业妥协

通过职业限制过程,个体形成了社会空间,也就是对个体来说可以接受的备选职业集合。当个体进入成人期时,可以进一步通过职业妥协缩小职业选择范围。职业妥协是指个体逐步放弃社会空间中自己最喜欢的职业,而接受那些自己虽然不太喜欢但更有可能得到的职业的过程。个体经常发现在获得自己最喜欢的职业时会出现许多困难和障碍,这时他们不得不改变选择并且重新考虑那些自己不太喜欢的职业,甚至是之前被认为不可接受的职业。

戈特弗雷德森认为妥协过程遵循四个原则。第一,发展有条件的优先级(developing conditional priorities)。她认为在妥协的过程中,性别类型、声望和兴趣的相对重要性取决于妥协的需要程度。对性别要求严格的职业选择会率先被排除,因为错误的性别类型、声望和兴趣威胁对自我概念是更大的威胁。在中等程度的妥协中,个体最需要避免的是失去声望而不是兴趣。一旦达到声望的最小可接受阈值,个体就会首先考虑兴趣而不是性别类型。这些连续的阈值可以用来预测职业妥协中的优先顺序。概括来说就是:当妥协程度严重时,保护性别类型不被妥协;当是中等程度的妥协时,性别类别已经得到足够的保障,这时保护声望不被妥协;当妥协程度较低时,意味着性别类型和声望足够好,而不必要

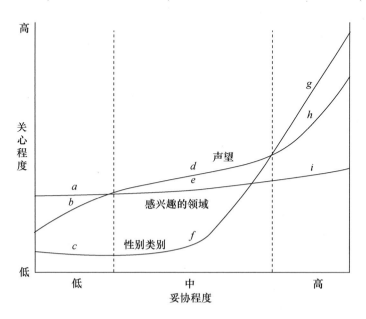

图 10.1 不同妥协程度下个体对各维度的关心程度

在兴趣上作出妥协(见图10.1)。第二,做足够好的选择(opting for the "good enough")。个体一般满足于一个足够好的选择,而不是可能的最好选择。个体一般满足于前者。因为要作出最佳选择往往意味着个体需要去收集与平衡模糊和不确定的信息,而一般人不愿意或者没有能力做到这一点。第三,避开不够好的选择(staving off the "not good enough")。当个体对社会空间中可得到的选择不满意时,他们有可能会避开选择其中的任何一个。这种逃避表现为许多形式,包括寻找更多的选择,重新考虑可容忍的努力程度或者推迟作决定等。第四,适应妥协(accommodating to compromise)。个体心理上能够适应较高程度的兴趣的妥协,其次是威胁自身社会地位的声望的妥协,最后最难适应的是性别类型的妥协,因为性别类型的妥协会从根本上影响个体性别认同的表达。

3. 自我创造

戈特弗雷德森在2002年更新了自己的职业限制与妥协理论,纳入了自我创造这一新的过程,将理论发展为职业限制、妥协与自我创造理论(Gottfredson, 2002)。她认为,职业限制与妥协的过程就是完成自我界定和自我创造的过程。自我与职业世界概念伴随着个体整个生涯发展中的职业限制与妥协过程,并且职业自我概念的变化会导致职业限制与妥协过程的变化。戈特弗雷德森指出自我与职业世界概念是个体特质(trait)发展的结果,而个体特质发展是个体在基因的驱动下,在选择和适应环境中不断创造新的经历(experience)从而塑造特质的动态过程。职业限制与妥协的过程就是个体从出生时的社会位置(birth niche)移动到成人时的社会位置(adult niche)的过程的一部分。总体来说,加入自我创造部分的主要作用是将职业限制与妥协放在个体发展这一更大的框架下,并没有就个体的职业发展引入更多的新概念。

(二) 实证检验

戈特弗雷德森理论的实证研究重点是检验关于职业妥协的理论。具体来说,研究主要致力于检验戈特弗雷德森提出的职业妥协过程中对性别类型、职业声望和职业兴趣的选择的假设。而关于她提出的职业限制的假设和职业妥协其他几个原则的实证研究检验较少。目前,相关的实证研究尚未就她的理论假设得出一致的结论(Armstrong & Crombie, 2000)。

较早的一项研究发现,大学生并没有通过损害声望水平来保持性别类型的一致性(Leung & Plake, 1990);然而另一项研究发现,大学生损害了声望水平以维持性别类型和兴趣(Pryor & Taylor, 1986)。在一项针对成年人和高中生的研究中,与戈特弗雷德森理论假设相似,兴趣被认为比声望水平重要,而声望被认为比性别类型更重要(Hesketh et al., 1990)。考虑到戈特弗雷德森理论的混合结果(Gottfredson, 1981),妥协的发展过程可能比最初的假设更为复杂(Vandiver & Bowman, 1996)。戈特弗雷德森修改了理论(Gottfredson,1996),提出了先前所述的有条件的优先妥协假设,即在不同妥协程度下,各维度妥协的先后顺序有差别。一项针对大学生的研究将学生置于轻微、中度或重大妥协的实验条件中,以评估有条件的优先级假设(Blanchard & Lichtenberg, 2003)。实验中要求学生对一组八个职业的偏好进行排序,然后将最喜欢的职业与各自的兴趣、声望和性别类型进行比较。戈特弗雷德森对重要性顺序的预测在轻微妥协中得到了验证,即兴趣优先等级最高,其次是声望,最后是性别类型;但是,对于中度和重大妥协群体,该预测只有部分正确(Gottfredson, 1996)。在中度妥协条件下,声望被评为高于兴趣,但声望和兴趣都未如预期那样高于性别。在重大妥协条件下,对性别类型和声望的评价是相同的,而非对性别类型的评价较高。

实证研究不一致的结果可能与现有研究中的一些方法存在缺陷有关(Armstrong & Crombie, 2000)。大多数关于职业妥协的研究涉及对妥协过程的模拟,即个人从列表中对职业进行排序或挑选职业(Blanchard & Lichtenberg, 2003; Hesketh et al., 1990; Leung & Plake, 1990; Taylor & Pryor, 1985)。但是这种测量职业妥协的实验设计的效度有限,因为这些实验可能无法反映参与者的职业抱负,而且这些实验主要是横截面研究。戈特弗雷德森对职业妥协的定义就包含了妥协是一个发展变化过程,而横截面研究不能检验这种发展变化。除了方法上的局限性,职业妥协可能比戈特弗雷德森理论假设的更加复杂。首先,性别类型、声望和兴趣的维度并不是独立的。男性职业比女性职业享有更大的声望(Gottfredson, 1981)。当基于霍兰德职业类型理论对职业进行分类时,性别类型和兴趣也相关。研究型兴趣在性别类型中比较中立但偏男性化,社会型、艺术型和传统型兴趣偏女性化,而企业型和现实型兴趣偏男性化。此外,兴趣和声望也不是相互独立的。研究型兴趣大多具有较高的声望水平,而社会型、企业型和艺术型兴趣大多处于中等声望水平。此外,现实型和传统型兴趣的声望大多是中等或较低水平(Gottfredson, 1981)。其次,职业妥协的运作方式可能存在群体差异,这包括在不同发展阶段的人之间、男女之间(Armstrong & Crombie,2000)以及在具有不同霍兰德职业兴趣类型(Joeng et al.,2013)的人之间都有不同的运作方式。因此,未来除了改进研究方法,还有必要进一步修正和丰富关于职业妥协的理论和假设。

国内检验戈特弗雷德森理论的实证研究数量有限,但是研究主题更加丰富。邱鹤飞(2006)以中国大学生为被试,选取了40个职业,对戈特弗雷德森的职业限制与妥协理论进行了验证。但该理论没有得到完全的验证:当个体进行职业选择需要中度妥协时,最先被牺牲的是性别类型。总体来看,个体在不同妥协程度下对社会声望和性别类型的牺牲情况与国外研究相比呈现一定的文化差异。陈胜男(2011)以戈特弗雷德森的职业抱负发展理论(范围限定和职业妥协理论)为核心,研究了大学生的职业评估标准(范围限定)、职业妥协顺序,剖析了不同程度的妥协对大学生情绪的影响及情绪的影响因素。结果显示职业妥协会对个体的情绪产生影响:随着妥协程度的增大,积极情绪显著降低,消极情绪显著提高。人格对妥协情绪也有很大影响,其中开放性维度对积极情绪有显著影响,尽责性维度对消极情绪有显著影响。此外,刘媛(2011)还探讨了大学生职业妥协与内在抱负和外在抱负指数之间的相关关系,以及它们之间的相关性在性别和年级上的差异。

三、 相关评估技术与测量工具

戈特弗雷德森本人并未开发与其理论相关的评估技术或者测量工具。检验其理论的实证研究各自开发了一些实验程序以评估被试的职业限制或者妥协。不同研究者使用的程序略有差别,但基本上保持一致。

按照定义,职业限制是指从可能的职业范围中逐渐去除不可接受的工作,从而形成"可接受领域"的过程。因此,研究者一般给被试提供一系列职业选项,由被试从中选出"可接受""不确定""不可接受"的职业。其中,"可接受"职业构成了被试职业限制之后的个人社会空间(Blanchard & Lichtenberg, 2003)。

职业妥协评估的程序中,首先需要确定备选职业的兴趣、声望和性别类别。这可以通过主观评估的方式也可以通过客观的方式进行。主观的方式一般通过询问被试对职业的兴趣、声望水平和性别类别的认识,一般以李克特5级评分方式计分。客观的方式一般参考当地劳动部门的统计数据,对职业的声望和性别类别进行计分;而兴趣则一般参考霍兰德的职业类型进行划分。最后,强制被试在一系列职业清单中选出有限数量的职业,以评估被试在职业妥协中会首先哪个维度的变量。若要进一步区分妥协程度,则将被试随机分配到不同的妥协程度小组。一般轻微妥协程度让被试在"可接受"的职业选项中挑选出有限数量的职业,中度和重度妥协程度则要求被试分别在"不确定"和"不可接受"的职业选项中选择出有限数量的职业。

四、理论的应用价值

戈特弗雷德森的理论是职业生涯理论中为数不多的针对儿童期的职业生涯发展理论。因此,她的理论对于早期职业生涯发展具有很强的指导作用,可以说她的理论在实践界的影响高于学术界。从她的生涯发展理论的关键要素出发,戈特弗雷德森提出了应对每个发展过程的风险的措施(Gottfredson,2005)。认知发展是职业限制、职业妥协和自我创造的前提,她提出通过有效的学习促进个体认知的成长。如前所述,个体的经历是自我创造的基石,因此有效的自我创造要求个体有充分的经历。职业限制的概念启示我们,职业生涯辅导应该帮助个体进行充分的自我洞察(self-insight),以防止其过早地限制自己的职业选择;职业妥协是基于个体对期望的职业可得性的评估结果,减少不必要的妥协的方式是增加个体的选择,为此戈特弗雷德森提出应当关注个体的明智的自我投资。针对这四种行为(学习、经历、自我洞察和自我投资),戈特弗雷德森又分别为咨询师提供了两种策略以优化行为,她就小学、初中、高中/大学三个阶段提出了每一种策略的应用(见表10.1)。不同的年龄段有不同的干预措施,表中标号为1—9的模块是对每个发展阶段有用的活动和资源的示例。有效的学习(标号为1—3的模块)和充分的经验(标号为4—6的模块)在所有年龄阶段都很重要,因为它们是自我洞察和自我投资的基础。自我洞察力的培养最好从初中/高中开始,这时孩子们已经拥有更多的能力(标号为7—8的模块)。反过来,自我洞察力对于自我投资也是必不可少的,应该从高中开始强调自我洞察力,因为这时的决策和执行决策的需要变得迫切(标号为9的模块)。综合来看,戈特弗雷德森为低龄段的职业生涯干预和辅导提供了系统而全面的方法,值得实践者进一步实践并评估其效果。

表10.1 综合职业指导与咨询体系的目标、策略和工具示例概述

发展过程	需优化的行为	咨询师策略	工具示例 小学	工具示例 初中	工具示例 高中/大学
认知发展	学习	A. 降低任务的复杂性；B. 适应认知的多样性	1. 信息和任务是离散的、具体的、简短的,只需要简单的推理	2. 信息较长；任务需要进行不同理念并概括的能力；能力较低的学生需要复杂性较低的材料	3. 信息可能有些复杂；任务需要对信息进行一定的分析和整合；能力较低的学生需要复杂性较低的材料
自我创造	经历	C. 提供广泛的经历菜单（知识,社会,事物相关）；D. 促进学生在自然塑造中形成自主性	4. 实地考察,与不同职业的人接触,体验包,个人资料包	5. 小说,传记,时事,日常生活中的例子；家庭或部里间的简单交流,课外活动,爱好,学校的服务项目；社区探访	6. 广泛的课程选择,社区服务,就业指导,合作学习,校外实习,技术准备,社团,童子军,学生会,体育活动,建筑维修项目；暑期工作
限制	自我调察	E. 促进对自我信息的盘点和整合；F. 促进对合适的、可行的职业的正确认识		7. 列出暂定的人生目标,主要优点和缺点,练习确定角色潜在的障碍,工作要求,拒绝从事哪种职业及原因；简单练习确定目标和做决定	8. 对兴趣、能力、性格、价值观的正式评估；分析过去的影响,障碍,对他人工作匹配的信息,计算机化的人与工作匹配信息；制定和平衡职业生活目标的练习
妥协	自我投资	G. 促进对首选职业生活可得性的评估；H. 促进个体改善自我,利用机会的自主性			9. 撰写简历、求职面试、技能培养和焦虑管理方面的书籍和培训；提供就业服务,帮助确定职业,选择和备选最佳职业,建立支持系统,招募导师

五、经典文献推荐

Gottfredson, L. S. (1981). Circumscription and compromise: a developmental theory of occupational aspirations [monograph]. Journal of Counseling Psychology, 28, 545-579.

Gottfredson, L. S. (1996). Gottfredson's theory of circumscription and compromise. In D. Brown, L. Brooks, & Associates. (Eds.), Career choice and development, 3rd ed., 179-232. San Francisco: Jossey-Bass.

Gottfredson, L. S. (1999). The nature and nurture of vocational interests. In M. L. Savickas & A. R. Spokane (Eds.), Vocational interests: Their meaning, measurement, and use in counseling, 57-85. Palo Alto, CA: Davies-Black.

Gottfredson, L. S. (2002). Gottfredson's theory of circumscription, compromise, and self creation. In D. Brown & Associates (Eds.), Career choice and development, 4th ed., 85-148. San Francisco: Jossey-Bass.

Gottfredson, L. S. (2005). Using Gottfredson's theory of circumscription and compromise in career guidance and counseling. In S. D. Brown & R. W. Lent (Eds.), Career development and counseling: Putting theory and research to work, 71-100. New York: Wiley.

第十章参考文献

第十一章

选择补偿最优化理论

蔡子君　施星雨[*]

一、代表人物与时代背景

(一) 代表人物

保罗·B. 巴尔特斯

保罗·B. 巴尔特斯(Paul B. Baltes, 1939—2006)是德国著名发展心理学家、马克斯·普朗克学会人类发展研究所毕生发展心理学研究中心(the Center of Life-Span Psychology at the Max Planck Institute for Human Development)前主任、柏林自由大学心理学教授及弗吉尼亚大学荣誉教授。他一生著述颇丰,共编写了18本书籍并发表了两百多篇学术论文,谷歌学术总被引超过5万次。他的代表作包括《老龄化研究前沿:从年轻老人的成功老龄化到年迈老人的困境》(New Frontiers in the Future of Aging: From Successful Aging of the Young Old to the Dilemmas of the Fourth Age)、《毕生发展心理学研究方法导论》(Life-span Developmental Psychology: Introduction to Research Methods)、《柏林老龄化研究:从70岁到100岁》(The Berlin Aging Study: Aging from 70 to 100)。

巴尔特斯出生在德国萨尔州萨路易市,20岁时进入萨尔大学学习,随后攻读心理学博士学位。一开始,他从事的是心理测量、儿童智力发展等方面的研究。在1964年访问美国内布拉斯加州大学期间,巴尔特斯成为著名老年学家、社会心理学家华纳·夏埃(Warner Schaie)的研究助理,并开始接触有关老年人的研究。1967年获得博士学位之后,巴尔特斯进入美国西弗吉尼亚大学心理系任教并积极开展老年人方面的研究。此后,他在宾夕法尼亚大学的个人和家庭

---

[*] 蔡子君,北京师范大学经济与工商管理学院讲师,博士,主要研究领域为职业发展、主动性行为,电子邮箱: zijuncai@bnu.edu.cn;施星雨,北京师范大学经济与工商管理学院本科生。

研究中心(Division of Individual and Family Studies)开展研究工作。1980年,受德国马克斯·普朗克学会人类发展研究中心的邀请,他重新回到德国开始担任毕生发展心理学研究中心主任,并一直工作至退休。

在研究中心工作期间,他开始主持柏林老龄化研究工作,最终完成了《柏林老龄化研究:从70岁到100岁》一书。同时,他设立了柏林智慧研究项目(Berlin Wisdom Project)并逐渐成为有关智慧研究的领军人物。此后,他成立了马克斯·普朗克国际老龄化研究网络(Max Planck International Research Network on Aging),以促进有关老龄化研究的国际合作与交流。此外,巴尔特斯也活跃在各种国内外组织中。比如,他领导编撰了26册的《国际社会与行为科学百科全书》(International Encyclopedia of the Social and Behavioral Sciences),和其他学者一起共同创立了欧洲科学院,并被美国社会学院研究院和瑞典皇家科学院聘为海外院士。

巴尔特斯一生获奖无数,包括美国老年协会行为及社会科学部门的卓越导师奖(1990年)、德国心理学协会与心理学家协会联合颁发的德国心理学奖(1994年)、美国心理学会颁发的国际心理学奖(1995年)、美国心理学会卓越贡献奖(1995年)、欧洲心理学协会联盟的亚里士多德奖(1999年)、国际老年医学协会颁发的老年医学研究的那瓦提斯奖(1999年)等。2000年,他获得了蓝马克斯勋章,以表彰他在社会科学领域作出的卓越贡献。他逝世后,为了纪念他的伟大成就,柏林布兰登堡科学院和人文学院决定自2008年起每年举行一场讲座,邀请一位国际顶尖科学家就有关他的研究和成就进行演讲。

(二) 时代背景

现代以来人类平均寿命的持续增长导致老年人群体的规模逐渐扩大,这给科学家们提出了新的议题。如何理解人类的老龄化及如何帮助人类成功应对老龄化成为了一个热门话题。在巴尔特斯生活的年代,学者们已经开始采用毕生视角(life-span perspective)对这个问题进行探讨,其核心观点是:老龄化并不是一个孤立的阶段,而是人生的一个过程。因此,必须从整个人生历程的视角探讨老龄化问题。基于这个视角,学者们进行了大量的研究,其思想、理念和结论被巴尔特斯总结为几个主要的观点。这些理论观点为选择补偿最优化模型(selective, optimization, compensation model)的提出奠定了基础。

第一,毕生发展的视角,即人类的生命历程是随着时间流动而不断发展的。过去的学者们认为人类发展具有阶段性,即在某个阶段会有特定的变化和特征。在这种观点下,学者们更多地关注特定阶段的特殊性,而不是阶段之间的连续性。由此,老年阶段是个单独的、割裂的阶段,和人生其他阶段并没有必然的联系。但是,毕生发展理论并不认同这一观点。它认为发展是一个连续的过程,即使人们已经步入晚年,各方面仍有可能发生变化,并且这种变化会受到之前经历的影响。因此,如果要理解老龄化,就必须基于长期视角进行研究。个人早期的发展可能会随着时间延续影响老年的发展和选择。人生的每个阶段都具有重要性,虽然在变化和发展的速度上可能有所不同,但没有任何一个阶段占据主导地位。而由于每个人拥有的禀赋和条件不同,个人会面临不同的挑战、机遇和环境,从而每个人的发展路径也不尽相同。因此,毕生发展既有个体内不同年龄阶段的差异,也有不同个体之间的差异。

第二,发展的多维度性和多方向,即发展是在不同维度内的非线性历程。早期社会学家提出,社会其实是由不同舞台组成的,人们在不同的舞台上扮演着不同的角色。类似地,个体的发展也体现在不同的方面,其中不同的因素在这些方面起到不同的作用。发展心理学家认为个人的生命历程是在不同方面同时进行的,而这些不同方面的发展会受种种因素的影响,比如智力的发展就受到个体的基因、教育、机会等因素的影响。这种内外部多因素共存的现象就是多维度性。需要注意的是,虽然在不同的方面中不同的因素可能会起到不同的作用,但这并不代表某个因素就能起到决定性的作用。相反,个人的发展历程是由所有因素相互影响来共同决定的。这些复杂因素之间的相互作用使得个人的发展并不总是线性的。个人的发展可能会在方向(如正、负)、速度(如快、慢)和指向(如朝着目标、偏离目标)有所不同,这种非线性的发展就是多方向性。

第三,发展是一个可塑造的动态得失过程。多维度性和多方向性直接决定了发展的过程。多方向性表明个人在不同的方面可能存在不同的得失,或者说增长或衰退。而多维度性表明这种趋势在不同的方面可能不太一样。一个著名的例子是,随着个人年龄增长,在流体智力(fluid intelligence)方面会呈现衰退的趋势(失),但是在晶体智力(crystal intelligence)方面却会呈现增长的趋势(得)。由于个体的能动性,在不同阶段这种动态的得失会有不同的表现。比如说,老年人的流体智力会衰退,严重情况下可能还会导致认知能力丧失(一个极端的例子就是阿尔茨海默症)。但是,如果个人能够从早年开始积极锻炼认知能力,就能够显著减缓这个过程。也就是说在这方面,变化具有可塑性。由此,个人的发展并不是一成不变的。相反,在一生中,个人可以选择不同的路径以得到不同的结果。基于上述观点,发展可以看成是个体内由不同方面得失所组成的动态过程,其成功的标志是运用可塑性来获得一个正向的得失比。

第四,情境主义,即强调个人和外部环境之间的互动。前三个观点主要从个人角度讲述毕生发展。但是学者们同时也承认,个人的毕生发展与外部环境密切相关,它受到外部环境的影响和制约。因此,发展不仅是一个个体变化过程,也是一个社会化过程。具体来说,毕生发展受到三种不同层次因素的共同影响。首先是与年龄相关的因素,既包括生理因素,也包括由不同年龄而带来的不同的环境因素。比如,个人在18岁和60岁的生理情况和所处环境是不一样的。其次是历史因素,即不以个人意志为转移的大环境。比如,中国的改革开放就是一个重要的历史因素。最后是非规范性因素,也可以理解为随机因素。比如,突如其来的地震就是这方面的一个显著因素。从毕生发展的角度来看,个体所拥有的独特的个人特以及面临的不同环境因素决定了毕生发展的多样性。

基于以上的理论背景,巴尔特斯将它们应用在老龄化方面,并提出选择补偿最优化理论。

二、理论的核心内容

在谈及选择补偿最优化理论的具体内容之前,我们首先需要明确两个核心假设。第一,个体发展是一个有意识的、以具体目标为导向的自我调节过程。自我调节概念是现代心理学重要的理论基础,它认为个人的行为具有目的性而不是随机性。同时,个体并不是环境的奴隶;相反,个体会主动通过环境的反馈来调整自己的行为。选择补偿最优化理论认为,也可以将毕生的发展看作这样一个目标导向的过程。第二,个体能够利用的资源是有限的。在心理学领域,"资源"这个词具有一定的模糊性,因为对它的定义通常是基于目的而非本质的。但是总体来说,我们可以认为资源是个体能够用来推动目标的存在,比如社会支持、个人活力等。选择补偿最优化理论认为,资源并不是取之不尽、用之不竭的;相反,它具有一定的稀缺性。在这两个假设的基础上,巴尔特斯和他的夫人提出,在面对发展中不同的要求和机遇时,个体有四类应对策略(Baltes, 1997; Baltes & Baltes, 1990; Baltes et al., 1999):

第一类策略是选择(selection),即个人对自己的目标进行重新排列,将资源投入优先度最高的目标的过程。具体来说,个人有两种不同的选择策略。一是主动性选择(elective selection),通常发生在个人对于目标和实现路径具有选择能力的时候。在这种情况下,个人会缩小目标的选择范围,识别优先度最高的目标,将有限的资源投入最重要、最紧急或者最偏爱的目标上,以保证最终能够实现该目标。二是止损性选择(loss-based selection),通常发生在个人失去实现优先度最高的目标的方法和手段的时候。在这种情况下,个人需要放弃这些无法实现的目标,对自己剩余的目标进行重新排列,寻找、规划实现这些目标的方法和手段。比如,运动员在遭受重伤后,通常需要进行止损性选择。

这两种选择策略存在明显的差异。主动性选择是为了更好地实现既定目标,聚焦在对于现行策略和现有资源的优化;止损性选择通常是通过制定新的目标或者改变对目标的评价标准来对个体进行调整。然而,两者也具有相似性。第一,两者都是趋近性(approach)策略,即两者都是为了继续前进作出的积极调整,而不是逃避。即使是止损性选择,也是在外部条件所迫的情况下,通过调整来保证自己能继续在较高水平上运行,而不是自暴自弃。第二,两者体现的都是个体对发展的能动性和控制力,即两种策略都是个人积极作出的、试图通过改变自己或环境来达到最终的目标,而不是将控制力拱手让给环境,让自己成为环境的俘虏。

第二类策略涉及个人资源的获取和利用,包括最优化(optimization)和补偿(compensation)两种。其中,最优化指的是个人通过再分配和调整现有资源的使用策略来改进自己的表现,从而让自己更好地实现目标。在这里,巴尔特斯夫妇认可"个体的可塑性"这一观点,即个人可以通过积极调整来让自己发生改变。由于实现目标有很多方法,而不同的方法对个人发展又起到不同的作用,因此个人需要根据自己的目标来调整资源分配,从而实现资源利用效率的最大化。比如,为了在工作中表现得更好,个人可以扩大社交面以获得更多的支持,也可以投入更多的时间以保证工作质量。而使用哪种策略就是一个最优化的问题。

与最优化类似,补偿策略的落脚点也在资源上。只不过最优化策略关心的是怎样最大化地利用现有的资源,而补偿策略关心的是怎样获取额外的资源。补偿策略有两个特点:一是通常发生在失去以往用来实现目标的手段或者资源的时候;二是为了更好地实现目标,而不是逃避。个人既可以从外部渠道获得补偿,也可以通过内部锻炼获得补偿。比如,当老年人面临智力衰退的时候,他既可以通过寻求帮助或者雇佣助手来帮自己完成工作,也可以通过加强锻炼来延缓衰退或者通过参加培训来提升辅助技能。

需要指出的是,尽管巴尔特斯夫妇列出了选择、补偿、最优化这几种不同的策略,但他们并不认为这几种策略是互相排斥的。相反,由于个人发展过程中往往面临不同的要求,这些策略是可以同时运用的。此后,毕生发展控制理论(life-span theory of control)对此观点进行了补充。该理论认为个人在最优化的指导下,能够通过选择和补偿策略来达到自己期望的目标并规避自己不期望的目标。它进一步引入控制策略的概念:初级控制指的是个人创造性地、主动地改变环境,使其适应自身的特征和需求;次级控制指的是个人相对被动地改变自己,从而让自己适应环境。这两种控制策略和选择、补偿策略组合形成四种子策略。而在个人发展过程中,基于初级控制的选择和补偿是主要策略。通过积极地展现自身能动性,个人能够获得更多的控制感和自由感,从而促进个人的成长和目标的实现。但是,这些策略并不总是可取的。当环境中阻力过大或个人资源不足时,个人需要采用基于次级控制的选择和补偿策略来保护自己。重要的是,合理地运用次级控制策略有助于提升初级控制策略的效果。比如说,个人可以通过次级控制策略来提升目标对个人的吸引程度、对自己不选择特定目标作出合理的解释,甚至通过改变认知来提升自己的信心。简而言之,两者并不是互相排斥的,而是共同为最优化服务的,对个人的发展都起到了至关重要的作用。

三、实证研究与量表开发

(一) 实证研究

1. 国外相关研究

针对选择补偿最优化理论,国外已经从不同方面进行了详细的研究(Rudolph, 2016)。在此介绍一些有代表性的文献。

总体来说,学者们发现运用选择、补偿、最优化策略能够帮助个人实现更成功的老龄化(Fruend & Baltes, 1998)。首先,学者们发现这些策略能够帮助个人提升工作绩效。比如,Bajor & Baltes(2003)发现这些策略与领导评价的绩效水平显著正相关。Demerouti et al. (2014)发现合理运用这些策略能够帮助情绪耗竭的员工保持绩效水平,其中补偿策略最有效。Abraham & Hansson(1995)利用自己开发的量表,发现运用这些策略能够提升护士的工作表现。Moghimi et al. (2017)发现这些策略与经工作绩效修正后的相关系数是0.21,它的95%置信区间是[0.16, 0.27],显示出两者具有稳定的正相关关系。

其次,学者们发现这些策略能够提升个人的幸福感。Wiese et al. (2000, 2002)研究发现在短期和长期内,这些策略都和幸福感的各种指标(如积极情绪、主观幸福感、自尊等)存在正相关关系。在2000年的研究中,他们收集的是横截面数据,因此更多反映的是短期关系。而在2002年,他们对数据进行了更新,发现在3年的追踪后正向关系依然存在。Müller et al. (2016)的研究提供了更强有力的因果证据。通过实验,他们对"是否参与这些策略相关的培训"这一变量进行了控制,发现实验组的幸福感得到了显著提升。此外,Schmitt et al. (2012)发现在面对高工作要求的时候,运用这些策略能够帮助个人维持对工作的满意度。最近,Zacher et al. (2015)采用日志法收集数据,发现这些策略不仅对个人每天的工作投入程度有正向效应,而且有叠加效应,即当同时运用三种策略的时候,个人的工作投入程度达到最高。有趣的是,他们发现当补偿策略得分高、最优化策略得分低的时候,选择策略与工作投入反而负相关。这显示三者之间的关系需要进一步的探讨。在Moghimi et al. (2016)的分析中,他们发现三种策略与工作满意度的相关系数是0.25,和工作投入的相关系数是0.38,即具有显著的正向相关关系。

对于幸福感的研究也扩展到职业健康领域。Müller等人开展了一系列研究,探讨工作能力、控制感和选择、补偿、最优化策略之间的关系。其中,在2012年的研究中,Müller et al.(2012)发现这些策略与工作能力显著正相关。其后,他们在2013年更新了结果(Müller et al.,2013),发现这个正向关系对年龄越大的人来说越强。同年,Weigl et al.(2013)探讨了这些策略能够解决年龄所带来的工作能力下降的问题。然而,在2016年的研究中(Müller et al.,2016),实验组的结果并没有反映工作控制感和工作能力感的提升,需要进一步探讨两者的因果关系,即有可能是因为个人的能力高才更多地运用选择、补偿、最优化策略。有意思的是,Schmitt et al.(2012)发现三种策略与工作疲惫没有显著的关系。而Moghimi et al.(2016)也认为三种策略与工作疲惫相关性不显著,相关系数仅为0.008。因此,在职业健康领域,还有很多问题是值得挖掘的。

最后,学者们还关注了选择、补偿、最优化策略对职业成功的影响。Young et al.(2007)首先关注了选择、补偿、最优化策略与"工作—家庭"冲突的关系。他们发现,合理运用这些策略有助于维护工作与家庭的平衡。而Baltes & Heydens-Gahir(2003)提出人们会在工作和家庭领域同时运用这三种策略,结果显示这三种策略的运用都有助于降低工作和家庭之间的冲突。而在职业成功方面,Abele & Wiese(2008)发现最优化策略能够促进个人进行职业规划,从而提升职业成功的可能性。通过追踪研究,Wiese et al.(2002)发现这些策略和主观职业成功正相关。最近,Zacher & Frese(2011)发现运用这些策略后,个人能够更好地关注工作中的机会,说明这些策略可以帮助个人实现职业成功。

除了有关结果的研究,学者们还对选择、补偿、最优化策略的前因变量进行了检验。这些研究比较分散,Moghimi et al.(2016)的分析对其进行了很好的整合。总的来说,以往的研究发现年龄确实和这些策略的运用正相关。大五人格中,除了经验开放性,其他人格都与这些策略表现出正相关关系。此外,拥有积极自我评价的个人也更有可能会积极运用这些策略。此外,拥有更好的情绪能力的个体,比如有积极情绪特质或者情绪稳定性高,也会更积极地利用这些情绪。

2. 国内相关研究

遗憾的是,国内对选择补偿最优化的研究仍然不是很多,但总体上学者们也有一些研究成果。张玉红等(2015)发现,积极运用选择、补偿、最优化策略可以促进个人成功老龄化。冯金平(2006,2008a,2008b)对此进行了一系列的研究。在硕士论文中,她对巴尔特斯的量表进行了翻译,并发现选择、补偿、最优化策略的使用在内控性和机遇对主观幸福感的影响中起到了部分中介作用。在2008年的两篇文章中,她再次重申了三种策略对于主观幸福感的积极影响。陆芳等(2010)也发现三种策略的运用有助于提升主观幸福感。仲蕾蕾等(2013)发现三种策略可以通过降低职业决策困难来提高求职清晰度。吴远等(2013)发现三种策略在大学生社会支持及其自我效能感的关系中起到中介作用。房蕊(2013)先是运用质性研究构建了这些策略与青少年健身行为的关系,然后通过问卷调查发现这些健身行为进一步促进了青少年自尊的形成(房蕊,2016)。考虑到我国老年人逐渐增多,学者们可以进行更多的关于选择补偿最优化理论的研究。

(二) 量表开发

1999年,巴尔特斯亲自开发了测量选择(selection)、最优化策略(optimization)、补偿(compensation)的量表,简称SOC,并在2002年进行了改进(Baltes et al., 1999; Freund & Baltes, 2002)。这个量表由48个条目组成,每12个条目分别测量一种策略,每个条目有2个行为选项。进行测量的人需要选择哪一个选项是最符合他/她现实中的行为。比如,一个主动性选择的条目是"我通常在某个时段只会集中在最重要的目标上"对比"我通常会同时集中在好几个目标上";一个止损性选择的条目是"当事情发展得不顺利时,我会选择一两个最重要的目标"对比"当事情发展得不顺利时,我会坚持实现所有的目标";一个最优化策略的条目是"我会坚持做我计划的事情,直到成功"对比"当我没法马上成功的时候,我不会花很长时间去找其他办法";一个补偿策略的条目是"当生活中有些事情出现问题的时候,我会寻求别人的帮助和建议"对比"当生活中有些事情出现问题的时候,我会自己做决定"。如巴尔特斯所说,在主动性选择上得分高意味着这个人设立了清晰的目标(而不是模糊的目标),选择几个重要的目标(而不是同时拥有很多目标),根据目标重要性进行排列(而不是认为所有目标都是同等重要的)。类似的,在止损性选择上得分高意味着这个人在失去了实现优先度最高的目标的方法和手段时候会对自己的目标进行调整,重新排序从而关注最重要的目标。在最优化策略上得分高意味着这个人努力地采取不同方法来实现自己的目标,并在遇到困难时坚持到底。在补偿策略上得分高意味着这个人在失去以往用来实现目标的手段时会努力寻找其他的方法来推进目标的实现。可见,该量表和理论是完全契合的。

巴尔特斯的量表得到了广泛的应用,同时也在实践过程中出现了一些优化版本。比如,由于在数据收集的过程中量表过长会降低回答的质量,学者们对量表进行了缩减,形成了 12 个条目的短量表。Shang et al.(2015)就运用短量表进行研究。另外,巴尔特斯的量表也被具体运用在生活中的不同方面。比如,Baltes & Heydens-Gahir(2003)在工作和生活两方面对个人的选择、补偿、最优化策略进行了测量。需要注意的是,除了让被试进行二选一的选择,巴尔特斯还让被试额外回答所选择的行为和实际行为的相符程度,从 0(完全不符合)到 4(完全符合)进行打分。这样的话,原来的二选一量表就转换成了李克特 5 级评分量表。此外,原量表针对的是在长期内个体与个体之间不同的策略组合。但是根据理论,个人在不同的时间也可能使用不同的策略组合,因此量表需要进行相应的调整。Zacher et al.(2015)关注的就是个人每天运用这些策略的程度。具体来说,他们让被试每天报告当天的行为在多大程度上符合选择、补偿、最优化策略的描述。

除了这个被广泛接受、运用的量表,Abraham & Hansson(1995)还开发了一个量表,但是后来的研究并没有继续采用。Müller et al.(2013)认为巴尔特斯的量表并不适用于所有的人群,他们开发了一个专门针对护士的量表。

目前,国内对选择、补偿、最优化策略量表也有相关的讨论。冯金平(2006)对巴尔特斯的量表进行了翻译和修订。在介绍青少年意向性自我调节的综述中,王国霞和盖笑松(2011)也对巴尔特斯的量表进行了介绍。但目前来说,对于巴尔特斯量表的应用还是相对较少的。国内学者仍然需要进一步探讨巴尔特斯的量表是否适用于中国情境,而我们又是否需要专门针对中国人开发相应的量表。

(三) 总体 SOC 量表(Baltes et al.,1999)

为了了解你如何决定在生活中哪些事情是重要的,以及你如何实现目标,我们列出了两种不同的行为方式(见表 11.1、表 11.2、表 11.3 及表 11.4),希望你能从中选择和你更接近的那种。

表 11.1　主动性选择

条目	符合项	干扰项
S1	我将所有精力集中在个别事情上	我将精力分散到许多事情上
S2	我通常在某个时段只会集中在最重要的目标上	我通常会同时集中在好几个目标上
S3	当我思考在生活中想要什么时,我会确定一两个重要目标	即使当我真正开始思考我想要什么的时候,我也只能等待并观察会发生什么,而不是确定一两个特定的目标

表 11.2 止损性选择

项目	符合项	干扰项
LBS1	当事情发展得不顺利时,我会选择一两个重要的目标	当事情发展得不顺利时,我会坚持实现所有的目标
LBS2	当不能像以前那样做一些重要的事情时,我会寻找一个新的目标	当我能像以前那样做一些重要事情时,我会把时间和精力分散到许多其他事情上
LBS3	当我做事情不能像以前那样取得好的效果时,我会反思对我来说什么才是最重要的	当我做一些事情不能像以前那样取得好的效果时,我会等待并观察会发生什么

表 11.3 最优化

项目	符合项	干扰项
O1	我会坚持做我计划的事,直到获得成功	当我没法马上成功的时候,我不会花很长时间去找其他办法
O2	我会尽一切努力来实现一个既定的目标	我更喜欢等待一段时间,看看事情是否能够自行解决
O3	如果某件事情对我很重要,我会全身心地投入其中	即使某件事情对我很重要,我也很难全身心投入其中

表 11.4 补偿

项目	符合项	干扰项
C1	当事情的进展受到阻碍时,我会不断尝试其他方法,直到进展顺利	当事情的进展不像以前那样顺利时,我会接受它
C2	当生活中有些事情出现问题的时候,我会寻求别人的帮助和建议	当生活中有些事情出现问题的时候,我会自己做决定
C3	当获得同样的结果比之前更难时,我会更加努力地尝试直到可以做得跟以前一样好	当获得同样的结果比之前更难时,我认为是时候降低期望了

(四) 工作场所日常 SOC 量表(Zacher et al. ,2015)

请回想在过去的一天,你作出以下行为的频率(见表 11.5、表 11.6、表 11.7 及表 11.8)。

表 11.5　日常主动性选择

从不	偶尔	有时	经常	总是
1	2	3	4	5

_____	今天工作的时候,我把所有精力集中在个别事情上
_____	今天工作的时候,我在既定时间内只专注于一个最重要的目标
_____	今天工作的时候,我同时关注一两个重要的目标

表 11.6　日常止损性选择

从不	偶尔	有时	经常	总是
1	2	3	4	5

_____	当今天工作上的事情的进展不像之前那样顺利时,我会选择一两个重要的目标来完成
_____	当今天不能像以前那样在工作中做一些重要的事情时,我会寻找一个新的目标
_____	当今天不能像以前那样很好地完成工作时,我会思考我的优先事项以及对我来说什么才是真正重要的

表 11.7　日常最优化

从不	偶尔	有时	经常	总是
1	2	3	4	5

_____	今天我在工作中一直按照计划工作,直到成功
_____	今天我在工作中竭尽所能去实现一个既定的目标
_____	当今天工作上的某件事情对我来说很重要时,我会全身心地投入其中

表 11.8　日常补偿

从不	偶尔	有时	经常	总是
1	2	3	4	5

_____	当今天事情的进展不像以前那样顺利时,我会不断尝试其他方法,直到我能获得和以前一样的结果
_____	当今天工作中的一些方法不再像之前那样行之有效时,我会向他人寻求建议和帮助
_____	当今天工作中获得同样的结果比之前更难时,我会更加努力地尝试直到可以做得和以前一样好

四、理论的应用价值

选择补偿最优化理论具有三个重大的意义。首先,它打破了"衰老等于无用"的错误思想,强调即使在老龄化阶段个人也能有所发展和进步,关键在于合理设定目标和利用资源。其次,它指导了个人如何应对老龄化这个过程。随着生理机能等方面不可逆转地下降,个人可能会出现焦虑等心态,从而影响工作状态和生活质量。选择补偿最优化理论提供了方法论上的指导,帮助个人去适应这个过程。最后,它提供了组织生活、职业发展上的可靠思路,即合理搭配资源和目标,使得自己实现最好的发展。

基于以上三点,选择补偿最优化理论对于个人、管理者和职业咨询师都有一定的帮助。对于个人来说,无论是在工作生活上还是在长期职业发展中,都需要时刻针对现实的情况对目标进行选择,并合理利用资源以保证长期发展和身心健康。具体来说,当可以作出主动性选择的时候,个人应该优先关注自己最重要的目标,并调配资源努力向目标奋斗。而遇到阻碍或者困难的时候,个人也别气馁,应该适时进行断舍离,同时扩大自身的可获得资源以帮助个人更好地发展。

此外,Baltes & Dickson(2001)指出,选择补偿最优化理论对于领导力和组织绩效也有重要意义。因此,管理者在日常工作中可以运用该理论来提高工作效益。比如说,根据选择、最优化策略,领导者应该专门鼓励和奖赏那些表现良好的员工。这种资源的不平均分配有利于激励员工,从而提升组织绩效。因此,花更多的时间了解员工需求,从而最大化自己手中资源效用的领导者会更容易成功。而根据补偿策略,那些自我监控能力高的领导者,也就是注意印象管理的领导者更有可能成功。因此,领导者在工作中应该时刻注意根据不同的环境、信息等调整自己的行为。

对于职业咨询师来说,理论提供了系统的方法论。在提供咨询的时候,咨询师可以先对客户的目标结构进行询问,然后探究实现目标的方法、手段和资源。当客户存在目标结构不合理以及资源—目标不匹配的时候,咨询师可以鼓励客户根据自己的情况选择相应的应对策略。同样,对于从事职业教育的老师来说,在对学生进行日常管理的过程中也可以运用这些策略来帮助学生更好地成长。

五、经典文献推荐

Baltes, P. B. (1997). On the incomplete architecture of human ontogeny: selection, optimization, and compensation as foundation of developmental theory. American Psychologist. 52, 366-380.

Baltes, P. B., & Baltes, M. M. (1990). Psychological perspectives on successful aging: the model of selective optimization with compensation. In P. B. Baltes & M. M. Baltes(Eds.), Successful aging: Perspectives from the behavioral sciences (pp. 1-34). Cambridge: Oxford University Press

Baltes, B. B., & Dickson, M. W. (2001). Using life-span models in industrial-organizational psychology: the theory of selective optimization with compensation. Applied Developmental Science, 5, 51-62.

Baltes, P. B., Staudinger, U. M., & Lindenberger, U. (1999). Life-span psychology: theory and application to intellectual functioning. Annual Review of Psychology, 50, 471-507.

Moghimi, D., Zacher, H., Scheibe, S., & Van Yperen, N. W. (2017). The selection, optimization, and compensation model in the work context: a systematic review and meta-analysis of two decades of research. Journal of Organizational Behavior, 38, 247-275.

Rudolph, C. W. (2016). Life-span developmental perspectives on working: a literature review of motivational theories. Work, Aging and Retirement, 2, 130-158.

第十一章参考文献

第十二章

社会情绪选择理论

王忠军　吴筱笛*

一、代表人物与时代背景

(一) 代表人物

劳拉·L.卡斯特森(Laura L. Carstensen,1953—)出生于美国宾夕法尼亚州费城,童年大部分时间在纽约罗切斯特度过。她1978年获得罗切斯特大学学士学位,1983年获得西弗吉尼亚大学临床心理学博士学位。1983—1987年在印第安纳大学担任斯坦福大学心理学助理教授,1987年加入斯坦福大学心理学系。除此之外,她还于1997—2001年担任克莱曼性别研究所(Clayman Institute for Gender Research)的所长,于2004—2006年担任斯坦福大学心理学系主任。2007年,卡斯特森与托马斯·兰多(Thomas Rando)共同创立了斯坦福长寿发展中心(Stanford Center on Longevity),目前她担任该中心主任和斯坦福毕生发展实验室(Stanford Life-span Development Laboratory)的首席研究员。

劳拉·L.卡斯特森

卡斯特森被认为是长寿(longevity)思想的领袖。她在《纽约时报》《时代杂志》《波士顿环球报》上多次发表文章和观点。2011年,她出版了《光明的未来:长寿时代的幸福、健康和财务保障》(*A Long Bright Future: Happiness, Health and Financial Security in an Era of Increased Longevity*)一书。

卡斯特森曾在美国的国家老龄化咨询委员会(National Advisory Council on Aging)和麦克阿瑟基金会老龄化社会研究网络(MacArthur Foundation's Research

---

* 王忠军,博士,华中师范大学心理学院副教授,主要研究领域为职业生涯管理、工作压力与职业健康、老龄化与退休、上下级关系,电子邮箱:wangzj@ccnu.edu.cn;吴筱笛,华中师范大学心理学院硕士研究生,主要研究领域为职业心理学与职业健康心理学。

Network on an Aging Society)任职。她获得了众多专业奖项和荣誉,包括美国老年病学学会(Gerontological Society of America)的克莱梅尔奖(Kleemeier Award)、美国老年病学学会的卓越导师奖(Distinguished Mentor Award)及美国心理学会的杰出导师奖(Master Mentorship Award)。作为众多专业奖项和荣誉的获得者,卡斯特森被选为古根海姆(Guggenheim)基金会研究员,并获得美国老年病学学会颁发的理查德·卡利什创新研究奖(Richard Kalish Award for Innovative Research)和杰出职业贡献奖(Distinguished Career Contribution Award),以及斯坦福大学杰出教学院长奖(Dean's Award for Distinguished Teaching)。

卡斯特森在学术界最为著名的是社会情绪选择理论(Socioemotional Selectivity theory, SST),该理论揭示了社会偏好、情感体验和认知加工的发展变化规律。通过研究社会情绪选择理论的假设,卡斯特森和她的同事提出了积极性效应的概念基础。

(二) 时代背景

许多研究表明,随着年龄的增长,特别是进入老年阶段后,个人与他人的社会互动呈减少趋势。Carstensen(1995)认为,与年龄相关的社会接触减少的传统理论解释主要集中在相对宏观的层面上。比如,活动理论(activity theory)认为老年人心理机能并未随年龄的增长而改变,但身体障碍和社会因素等原因(如强制退休等)使得他们参加社会活动的机会被剥夺,从而导致社会活动频率的减少。撤退理论(disengagement theory)认为,随着年龄的增长,人们对死亡的自我意识增强,社会退缩行为增加,该理论将社会不活跃视为一种正常的适应过程和衰老的自然组成部分(Carstensen, 1995)。但这两种理论模型无法解释很多实证结果,比如与活动理论相反的是,当健康状况得到控制时,社会活动水平并不能预测身体或心理健康(Markides & Lee, 1990)。此外,绝大多数老年人即使条件允许,也不会去利用社会机会(如老年中心)。而撤退理论的基本命题也没有经验证据的支持(Carstensen & Laura, 1992)。所以 Carstensen & Edelstein(1987)提出了社会情绪选择理论来解释随着年龄的增长,尤其是到了老年期,人的社会活动频率减少的心理机制。

二、理论的核心内容

20世纪90年代初,卡斯特森及其同事提出了社会情绪选择理论,其核心假设是人们生命全程中的目标会随未来时间范围的变化而变化,而由于个体年龄与生活中的实际剩余时间及感知时间成反比,因此在优先目标上存在年龄差异

(Carstensen，1991)。实际(感知)剩余时间比实际年龄更能够预测个体认知、情绪和动机这一系列变量。SST 认为时间范围的限制改变了动机的优先顺序,使得情绪目标比其他类型的目标更重要,这种动机的转变会随着年龄的增长而发生,但也会出现在患病时或战争中(Carstensen，2006)。

SST 以三个假设为基础:一是社会交往是人类生存的核心,人的社会兴趣、社会依恋处于不断演化之中;二是人类行为是由实现目标的预期驱动的;三是人们具有多种相同或相反的目标,在行动之前对目标刚有所选择。人们对时间的感知差异(感知剩余时间的有限或无限)会影响社会目标选择(Carstensen et al.，1999)。根据 SST,人类具有两类基本的社会目标:一是知识获得目标,二是情绪管理目标。知识获得目标是以获得知识为目的的动机,又称"未来导向的目标";情绪管理目标则更关注现实,以控制情绪状态为动机,包括注重当下的感受、追寻生命的真谛、体验情感上的满足感,又称"现实导向的目标"(Carstensen et al.，1999)。

除了两类基本目标,SST 的核心概念是"未来时间知觉"(future time perspective, FTP),又称未来时间观、时间洞察力。一直以来,关于未来时间知觉的定义众说纷纭,在 SST 中,未来时间知觉是指个体对未来一段时间的有限性或无限性的觉知。Corstensen(2006)认为,对未来生命剩余时间的主观知觉是影响人类动机的重要因素,对于时间的感知比生理年龄更能够预测认知、情绪及动机的变化。个体知觉的未来时间的有限性来自一个"终点",以现在为"起点",个体可以把"终点"理解为生命的结束,或者某一社会事件或心理事件的终止。当个体把未来时间感知为有限时(即"有限的未来时间观"),个体会更重视与情绪控制和情绪管理有关的目标;而当个体把未来时间感知为无限时(即"无限的未来时间观"),则会选择与知识追求相关的目标。个体时间知觉在年龄上的差异会导致在两类目标上的不同发展趋势,从而形成两条截然不同的发展曲线(见图 12.1):情感管理目标从婴儿期至儿童早期处于较高水平,从儿童中期至成年早期逐步下降,直至成年后期开始上升,在老年期达到最高水平;知识获得目标从婴儿期开始,在人生的早期呈上升趋势,并于青少年期到达顶端,随着成年期的到来,整条曲线开始呈下降趋势,并在老年期到达最低点(敖玲敏等,2011)。

Zacher & Frese(2009)将 SST 拓展应用于职业和工作情境,并在"未来时间知觉"概念的基础上提出"职业未来时间观"(occupational FTP, OFTP)。OFTP 指的是个体对自己余下职业生涯的未来展望,Zacher & Frese(2009)区分了 OFTP 的两个维度,即剩余工作时间和剩余工作机会。剩余工作时间是指个体觉得自己在无法工作之前(如退休前)还剩余多少工作时间;剩余工作机会是指个体感知的在未来职业生涯中可以追求多少机会、目标和计划,反映了个体对自己的

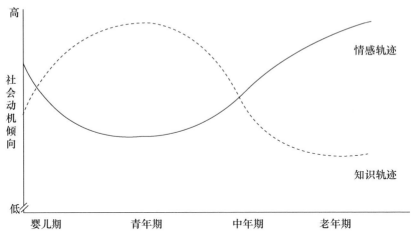

图12.1　社会情绪选择理论中两类社会动机倾向的毕生发展模型

职业或工作生活的乐观程度(Carstensen,2006;Zacher & Frese,2009)。持有限的OFTP的个体会认为自己的工作时间和发展机会所剩无几;持无限的OFTP的个体认为自己在职业生涯的未来中没有太多限制,仍有充足的时间和机会。一般而言,处于生涯晚期的老年员工比年轻员工具有更有限的OFTP,即年龄与OFTP呈负相关关系(Zacher & Frese,2009)。OFTP成为用于解释生涯晚期(如老年员工)的职业发展、工作绩效和工作幸福感的重要概念(Zacher & Frese,2011)。

目前大多数的研究基于二维度的概念结构,但也有研究会有所侧重,只关注OFTP的某一个维度,比如只关注工作中的机会(Zacher et al.,2010;Schmitt et al.,2013),或仅考虑剩余时间(Kooij & Zacher,2016)。Zacher(2013)将OFTP概论进行了更细致的区分,得出了三个不同维度:感知剩余时间、关注机会和关注局限。与以往的界定相同,感知剩余时间是指个体感知的在停止工作之前要留在工作或就业环境中的时间,关注机会是指个体对工作环境中仍然可以利用的目标、机会和可能性的看法,而关注局限则是指个体关注与工作相关的未来中的限制和约束。

三、 实证研究与量表开发

(一) 实证研究

在提出SST以后,卡斯特森教授带领研究团队对SST进行检验,而Zacher

教授研究团队则在职业行为领域对 SST 理论进行检验。

第一,社会交往的选择。卡斯特森的研究表明,随着年龄增长,虽然人们社交行为减少,但在重要关系中的互动并没有减少(Carstensen,1992)。根据对不同年龄段被试的访谈记录分析发现,人们早在年老之前就开始缩小社交伙伴的范围,比如年轻人与熟人之间互动频率的下降在 18—30 岁这个年龄段最为显著。虽然与熟人的互动频率从成年早期开始稳步下降,但重要关系之间的互动却在增加。比如 30 岁以后人们更关注特定群体的社交伙伴,50 岁以后人们与熟人之间互动频率的下降依然明显,但他们之间亲密关系的情感互动没有受到影响。这表明在整个生命周期中,社会接触的减少反映了人们社交的选择性增加。

以往研究证实,年轻人更倾向于选择新的社交伙伴,因为与新的社交伙伴的互动可能获得新的信息。然而,卡斯特森等人的一项关于社交伙伴的心理表征实验表明,如果年轻人感知到时间有限,他们也会追求情感目标,并表现出对熟悉的社交伙伴的偏好(Carstensen & Fredrickson,1998)。他们以年龄相近但健康状况不同(即 HIV 阴性、无症状的 HIV 阳性和有症状的 HIV 阳性)的年轻人为被试进行研究,结果显示和老年人一样,HIV 阳性的年轻男性(持有限的未来时间观)更加重视人际交往的情感维度,而非信息搜寻和未来联系维度。上述研究也表明,情绪对于接近生命终点的人更为重要(Carstensen et al.,1999)。不过也有研究提示,在 SST 框架下探讨未来时间知觉的作用时,也需要考量具体的社会关系类型和文化背景因素(Fung et al.,2008)。

第二,社会情绪管理。卡斯特森运用 SST 对"老化悖论"现象作出了解释(Carstensen et al.,1999)。"老化悖论"是指一种明显的身心分离现象。具体来说,在生命的早期,身体、心理的健康水平是显著相关的,但随着人们接近老年,这种相关关系被削弱了。虽然年龄增长与身体健康水平下降之间存在客观联系,但人们的主观幸福感仍然保持不变或持续提升(Diener & Suh,1997)。SST 从动机的角度解释了上述悖论。随着年龄的增长,感知到的时间有限性导致人们改变目标,于是情感目标优先于指向未来的目标,此时的人们更加关注生活情境中的情感方面,更喜欢能够使他们获得情感满足的社会交往和工作目标,而不倾向于与新的社交伙伴交往。因此,人们有了更高的幸福感,对社会支持网络的满意度也更高。

另外,卡斯特森还用 SST 对老年人情绪控制能力更强的现象作出了解释。在一项让夫妇讨论他们关系中的冲突的实验中,研究者对不同夫妇生理水平进行了测量和分析。在控制婚姻满意度之后,老年夫妇与中年夫妇相比表现出较低的愤怒、厌恶、好斗和抱怨水平,即使在意见不合的时候也比中年夫妇更有可能彼此表达爱意（Carstensen，1995）。有证据表明，在接近生命终点的人群中，情绪在社会认知过程中的作用更为突出。这与 SST 的观点一致，即随着人们接近生命终点，情感目标越来越重要。如果人们赋予情感目标更高的意义和价值，那么伴随着情感体验的增强，很可能会有更好的情感控制能力。

第三，积极性效应。在检验 SST 的过程中，卡斯特森的研究团队还发现老年人更容易记住对情绪有意义的刺激，而不是学习或探索知识性刺激。在后续实验中，他们发现了认知加工中的"积极性效应"（positivity effect）。这种效应被定义为，与年轻人相比，老年人对积极刺激的相对偏好大于消极刺激。目前许多研究表明，老年人对积极信息的关注和记忆要强于消极信息。来自多个实验室的大量研究也通过多种方法揭示了这种"积极性效应"模式（Charles et al.，2003；Isaacowitz et al.，2006；Mikels et al.，2005；Ready et al.，2007；Shamaskin et al.，2010），如 Reed et al.，（2014）表明"积极性效应"是可靠的。关注和记住积极的东西比消极的东西更有利于情感体验，这为人类认知资源对目标导向行为的影响提供了理论支持。

第四，职业生涯晚期发展。目前对于 OFTP 的前因变量可以分为个体特征、工作特征和组织特征。在个体特征方面，目前的研究一致发现年龄与 OFTP 显著负相关，员工年龄越大，越具有有限的 OFTP，即越认为职业生涯剩余时间和机会不多，越关注职业发展中的局限性，对机会的关注会下降，他们的职业发展目标也会相应地发生变化，会更多地关注情绪调节目标而非学习发展目标。然而，也有比较积极的研究发现，比如教育水平和 OFTP 之间显著正相关（Schmitt et al.，2013；Weikamp & Göritz，2016），并且个体主观感知的身体健康与剩余时间、对机会的关注都呈显著正相关关系（Kooij & van de Voorde，2011；Zacher & Frese，2009）。不过，对于性别与 OFTP 的关系，目前的研究结果仍然模棱两可（Zacher & Frese，2009，2011）。另外，职业未来时间观还受到员工的调节定向（Zacher & Lange，2011）、心理健康与乐观主义（Gielnik et al.，2012）、"选择—优化—补偿"主动性职业行为策略（Zacher & Frese，2011）的影响。在工作特征方面，研究表明工作复杂性、工作控制感有助于促进员工对工作机会的关注（Zacher & Frese，2009；Zacher et al.，2010）。在组织特征方面，研究表明，组织中与年龄相关的歧视和刻板印象氛围与 OFTP 相关，当年长员工感知到年轻同事对他们负面的年龄刻板印象越深，对他们的 OFTP 越不利（Bal et al.，2015）；而相反，成功老龄化的组织氛围与年长员工对机会的关注正相关（Zacher & Yang，2016）。

在后果变量方面，OFTP 可能会影响员工的工作态度、工作动机、工作绩效以及职业幸福感（Oettingen & Mayer，2002；Schmitt et al.，2013）。比如，当个体具有无限的 OFTP 时,会表现出更多的工作投入(Schmitt et al.,2013)、对工作更加满意(Weikamp & Göritz,2015)、更好的任务绩效(Weikamp & Göritz,2016;Zacher et al.,2010)、更多的周边绩效和组织公民行为(Weikamp & Göritz,2016)。此外,保持无限 OFTP 的员工较少有心理压力和心理困扰(Ho & Yeung,2016)、会报告更强的成长动机(Kooij & Zacher,2016)、拥有更好的学习效能感和学习价值(Kochoian et al.,2017)。

(二) 量表开发

Carstensen & Lang(1996)在 SST 框架下开发了 FTP 量表,对未来时间心理表征的单因素进行测量。FTP 量表包括十个测量条目,卡斯特森的研究团队陆续开发了十多种 FTP 量表的不同语言版本,具体可参见斯坦福毕生发展实验室的官方网站。FTP 量表一般计算被试得分的均值。大量研究表明,个体的实足年龄与未来时间观之间线性负相关,虽然这种关系的强度可能会随样本中年龄范围的变化而有所差异,但一般是显著的。被试的得分越高,意味着被试具有无限的未来时间观。其中,简体中文版 FTP 量表的测量指导语为"以下一些句子描述的是你对将来的看法,请指出此刻这些句子对你来说有多正确",采用李克特 7 级评分(1 = 完全不正确,7 = 完全正确)(Fung et al.,2001)。

为了使 FTP 量表适应工作情境,Zacher 等人修改了六个题项,并为两维度结构(感知的剩余工作机会、感知的剩余工作时间)的 OFTP 量表的信度和效度提供了经验证据(Zacher & Frese,2009)。感知的剩余工作机会是根据 Carstensen & Lang(1996)的德语版 FTP 量表的前三个条目进行测量(Lang & Carstensen,2002),他们在每个条目上添加了"职业"(occupational)一词,比如修改后的条目为"在我的职业未来中有许多机会在等待着我""我希望我在职业未来中设定许多新的目标"和"我的职业未来充满了可能性"。感知的剩余工作时间也使用了 FTP 量表中的三个条目,并对这些条目进行了修改。为了检验剩余工作时间和剩余工作机会是否为 OFTP 量表的两个不同维度,研究者进行了验证性因素分析,结果表明单维度模型不能很好地拟合数据,而两维度模型的拟合效果较好。后来,Zacher(2013)又在另一项研究中将 FTP 量表中的全部十个测量条目均添加"职业"一词加以修改,以适应工作场所和职业情境,并为 OFTP 的三维度结构(感知剩余工作时间、关注机会、关注局限)提供了经验证据的支持。Rohr et al.(2017)的研究也进一步证实了 FTP 量表的三维度结构。FTP 量表和 OFTP 量表的具体内容如表 12.1 所示(Henry et al.,2017)。

表 12.1　FTP 量表和 OFTP 量表

量表	测量条目
FTP (Carstensen & Lang, 1996)	(1) 你是否认为你的将来充满许多机会 (2) 你是否认为你会在将来设定许多新的目标 (3) 你是否认为你的将来可能有很多变化 (4) 你是否觉得你还有大部分人生未走完 (5) 你是否感到你的人生好像没有尽头 (6) 你是否觉得你可以在将来做任何事 (7) 你是否觉得你还有很多时间去计划人生 (8) 你是否感到人生短暂(R) (9) 你是否认为你的将来已成定局,不会有大改变(R) (10) 当你年纪逐渐增加,你是否感到你的时间有限(R)
OFTP (Zacher & Frese, 2009; Zacher, 2013)	(1) 我未来的职业生涯充满许多机会 (2) 我会在未来的职业生涯中设定许多新的目标 (3) 我的职业未来充满可能性 (4) 我在未来职业生涯中可以做任何我想做的事 (5) 我职业未来的可能性是有限的(R) (6) 我的职业生涯中还有大量时间留给我去制订计划 (7) 我的职业生涯还有大部分未走完 (8) 我的职业未来是无限的 (9) 我感到我的职业生涯时间将要耗尽(R) (10) 随着年纪逐渐增加,我开始感到我的职业未来的时间有限(R)

注:① 在 FTP 量表中,无限的未来时间观维度包括条目(1)—(7),有限未来时间观维度包括条目(8)—(10);② 在 OFTP 二维度结构中,感知剩余工作机会维度包括条目(1)—(3),感知剩余工作时间维度包括条目(7)、(8)、(10);③ 在 OFTP 三维度结构中,关注机会维度包括条目(1)—(3),感知剩余工作时间维度包括条目(6)—(8),关注局限维度包括条目(9)、(10);④ R 代表反向计分题。

四、 理论的应用价值

由于人口结构、经济和社会的变化(如老龄化),许多员工希望或者被迫工作更长的时间,有时甚至远远超过传统的退休年龄,对老龄员工进行有效管理成为重要的现实问题,而这些问题在以往的研究和实践中都没有受到足够的重视。此外,在新型的无边界和易变性职业生涯时代,人们越来越希望自己承担起管理自身职业发展的长期责任。研究表明,积极主动和适应能力对于职业成功至关重要(Rudolph et al., 2017),而主动性和适应性行为要求员工用长远的眼光来审视和规划自己的职业未来。因此,社会情绪选择理论及其核心概念——未来时间观,在解释不同年龄阶段的职业生涯发展具有独特的优势,并有助于组织对老龄人力资源进行开发和管理。

具体而言,由于退休意味着职业生涯的终结,因此,年长员工比年轻同事感知到更有限的职业未来时间,但考虑到当前人口老龄化和就业趋势的变化(例如由于未来退休时间的延迟,可能导致剩余工作时间延长),我们可以通过对员工 OFTP 的测量,了解其对于自己未来职业生涯的看法。以往研究表明,OFTP 对工作态度、工作绩效和职业幸福感均能产生积极影响,有助于减少个人心理困扰、提高就业能力、降低退休意愿(Zacher et al., 2010; Ho & Yeung, 2016)。现有研究还表明,FTP 和 OFTP 也是一个比较容易改变的心理结构,比如 OFTP 的两个维度(对剩余时间的感知和对机会的关注)与积极的工作特征显著相关(Zacher & Frese, 2009)。因此,组织可以致力于改善这些工作特征,比如可以对管理人员进行培训并重新分配工作,赋予员工更高的工作自主性(即增加工作控制感)和更具挑战性的任务(即提高工作复杂性),以及通过培养员工的技能多样性,使年长员工能够充分利用其基于经验的知识。总而言之,通过上述工作再设计方法,可以扩展员工的 OFTP,帮助员工在职业生涯晚期阶段取得更大的成功。

此外,研究表明,FTP 与 OFTP 可能与心理健康相关。比如 Kozik et al. (2015)研究发现,在 OFTP 中,对机会的高度关注会减少抑郁症状,而减少对限制的关注会降低头发皮质醇浓度。同样地,我们预期未来组织可以采取扩展员工 FTP 与 OFTP 的培训策略,以帮助改善员工的身心健康(Rudolph et al., 2018)。

五、经典文献推荐

Carstensen, L. L. (1991). Socioemotional selectivity theory: social activity in life-span context. Annual Review of Gerontology & Geriatrics, 11, 195–217.

Carstensen, L. L. (2006). The influence of a sense of time on human development. Science, 312(5782), 1913–1915.

Carstensen, L. L., Isaacowitz, D. M., & Charles, S. T. (1999). Taking time seriously: a theory of socioemotional selectivity. American Psychologist, 54(3), 165–181.

Zacher, H., & Frese, M. (2009). Remaining time and opportunities at work: relationships between age, work characteristics, and occupational future time perspective. Psychology and Aging, 24(2), 487–493.

Zacher, H., Heusner, S., Schmitz, M., Zwierzanska, M. M., & Frese, M.

(2010). Focus on opportunities as a mediator of the relationships between age, job complexity, and work performance. Journal of Vocational Behavior, 76(3), 374–386.

第十二章参考文献

第三篇
生涯决策理论

第十三章

工作搜寻序列模型

何俣铤　杨双绮　周文霞*

一、代表人物与时代背景

(一) 代表人物

皮尔·索尔伯格(Peer Soelberg)是工作搜寻序列模型(sequential model of job search behavior)的提出者,他曾任教于麻省理工学院。其研究主要聚焦于两个主题:一是个体在工作搜寻当中表现出的思维决策模式,二是对数据分析方法进行更深层次的研究与探索。索尔伯格的主要贡献是提出了工作搜寻序列模型,探讨个体在工作搜寻情境下如何思考和决策。这一研究得到了后续许多相关实证检验的支持,对工作搜寻研究领域产生了广泛的影响。

科学研究的发现有时会存在一些巧合因素,就如伊凡·彼德罗维奇·巴甫洛夫(Ivan Petrovich Pavlov)在研究狗的消化腺分泌时意外发现了经典条件反射现象一样,工作搜寻序列模型也只是索尔伯格在研究非程序化决策过程时的意外产物。起初,索尔伯格只是打算探讨决策者在特定情境中解决问题的思维决策过程,以此验证非程序化决策模型的假设。凑巧的是,他选择以麻省理工学院斯隆管理学院的硕博应届毕业生作为研究对象,考察他们在求职期间如何作出工作决策,由此提出工作搜寻序列模型,也为日后的研究奠定了基础。此后,学者们进一步完善索尔伯格关于工作搜寻的研究成果,最终总结出包含四个有序阶段和六个关键假设的工作搜寻序列模型,为未来研究提供了更多的独特视角和思考启示。

---

* 何俣铤,中国人民大学劳动人事学院硕士研究生,主要研究领域为职业生涯管理、无边界职业生涯,电子邮箱:heyuting_1996@163.com;杨双绮,中国人民大学劳动人事学院硕士研究生,主要研究领域为职业生涯管理、职业使命感;周文霞,中国人民大学劳动人事学院教授、博士生导师,主要研究领域为职业生涯管理、职业成功。

（二）时代背景

根据问题类型，决策可分为程序化决策和非程序化决策。所谓程序化决策，是指决策者遵循明确的决策规则，对任务环境中的刺激或输入作出常规选择或行动。大多数公司的日常运营管理都包含高度程序化的决策，如成本估算、库存、生产计划、机器与人力分配、产品定价等。

索尔伯格关注的是程序化决策之外的另一种决策类型——非程序化决策。非程序化决策通常被归入"管理判断"这一神秘领域，是指决策者在没有可识别的规则或预先编制的决策程序下作出的决策。虽然决策者在采取非程序化决策方式时坚持认为他面临的非结构性问题必须在独特背景下才能解决，但这并不意味着决策者在判断的过程中没有遵循一套通用的准则。在研究非程序化决策中，索尔伯格提出了有关工作搜寻与决策的见解。

索尔伯格认为，在我们更好地理解这种非程序化的人类决策过程的本质之前，先进的计算机技术将无法帮助我们更有效地进行此类决策。换句话说，科学地理解人类对经济、心理、社会和政治所作的非程序化判断，对管理的潜在回报是巨大的。

在很长一段时间里，传统经济学家一直试图用"效用"和"概率"两个概念解释非结构化问题中的非程序化选择。效用函数，不论是基数效用论还是序数效用论，都是有价商品和服务的所有可能组合的线性偏好排序，被认为是对价值结构的充分描述。同样，基于客观的或个人主观所得的概率，也被认为是决策者思考过程本质的体现。即使在今天，以数学为导向的心理学家、管理学家和政治学家在试图描述或规定非程序化的人类选择行为时，大多也围绕这两个概念进行。

赫伯特·A.西蒙（Herbert A. Simon）的研究打破了传统的研究范式，他的有限理性观点、"手段—分析满意度"问题解决模式极大地改变了社会科学决策研究的方向并使其重新焕发了生机。Simon（1960）将非程序化决策描述为三个过程：一是情报（intelligence），找出制定决策的依据；二是设计（design），寻找、创造、开发和分析可供选择的行动方案；三是选择（choice），从选项中选择一个特定的行动方案。在此基础上，索尔伯格进一步扩展非程序化决策过程模型，探究大量决策者在不同任务环境中解决多类型问题的决策过程，以麻省理工学院斯隆管理学院的硕博应届毕业生为研究对象，开启了关于工作搜寻序列模型的研究。

二、理论的核心内容与实证检验

(一) 核心内容

为了观察到实践中纯粹的、"未受污染的"决策过程,Soelberg(1967b)对斯隆管理学院硕博应届毕业生进行采访,整合前人在决策领域的部分研究观点,首次提出一般决策过程模型(generalizable decision processing model);之后,通过纵向问卷调查对模型进行补充,丰富了工作搜寻序列模型的内涵,描述了在工作搜寻和决策的特定情境下发生的一系列行为与过程。虽然索尔伯格认为一般决策过程模型具有可推广性,但仍主要用于工作搜寻与决策,其核心内容可以概括为四个有序阶段和六个关键假设。

1. 四个有序阶段

四个有序阶段指确认理想职业、计划工作搜寻、工作搜寻和决策、决策确认和承诺。实际上,索尔伯格提出的阶段数量因发布来源而有所不同。索尔伯格将搜寻与决策分为两个不同阶段,但也主张在很多情境下这二者同时发生而非割裂进行。因此,我们将搜寻与决策合并为一个阶段。同样,虽然索尔伯格将决策确认和承诺划分为两个阶段,但他也提出承诺是决策确认结束的标志性事件。因此,这里将决策确认和承诺合并为一个阶段。

(1) 阶段一:确定理想职业(见图13.1)。根据索尔伯格的观点,人们在开始找工作之前会先确认理想职业,进而指导自身规划一套行动标准以评估特定的工作备选方案。他们基于可能并不成文的清单——"个人价值观清单"(personal values list)和"工作资格感知清单"(perceived job qualification list)评估熟悉的职业。个人价值观是指所期望的结果及其重要性,也就是首要、次要或附加的目标。工作资格是指个体认为自身所具备的工作技能。当职业选择阶段结束,个体的情况可以分为没有理想方案、单一理想方案、多个理想方案。同一类别的个体在工作搜寻和决策时会表现出相似的行为,不同类别的个体则有不同的行为表现。

(2) 阶段二:计划工作搜寻(见图13.2)。在选择理想职业后,个体会制订计划以达成目标。计划包括三个相关过程:① 建立评价标准,以指导求职者寻找可能最佳的第一份工作;② 分配资源,如注意力、时间、金钱等;③ 确定"备选方案生成器"(alternative generator),以获取可供考虑的第一个工作备选方案。"备选方案生成器"是一种程序,一旦激活,决策者就可以决定是否对生成器提

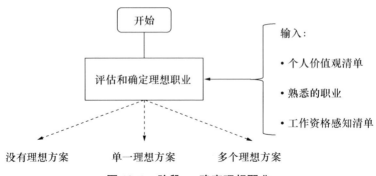

图 13.1　阶段一：确定理想职业

供的一系列备选方案中的特定方案进行后续调查，从而被动地进行搜索。备选方案的产生方式包括询问朋友、使用就业服务和发送信件。

求职者会采用以下四种计划模式之一：① 将理想的工作概念化，并试图找到至少一个可行的入门级职位；② 厘清有志于从事该职业的人所规划的传统职业通道或生涯路径；③ 定义理想职业的具体特征用于选择第一份工作，但未能为之后的职业生涯发展做好规划；④ 决策具有灵活性，识别未来发展方向尽可能多的工作机会，可以作为之后选择任何职业方向的良好起点。

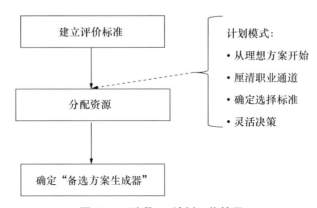

图 13.2　阶段二：计划工作搜寻

（3）阶段三：工作搜寻和决策（见图13.3）。当第一个备选方案生成器被激活，搜寻阶段开始启动并一直持续到求职者表示不再有兴趣考虑其他选择为止。在搜寻阶段，潜在的工作机会将经历若干阶段的考察。在每个阶段，人们都会搜集工作相关信息，并运用越来越严格或详细的标准来决定是拒绝还是接受它。

在搜寻阶段，人们可以更改筛选程序（即改变期望或使用不同标准），影响筛选程序的因素包括通过初始筛选程序的备选工作数量、可用的备选方案生成器数量、拒绝录用的人、得到理想工作的人等。另外，人们会同时筛选多个工作，

第十三章 工作搜寻序列模型

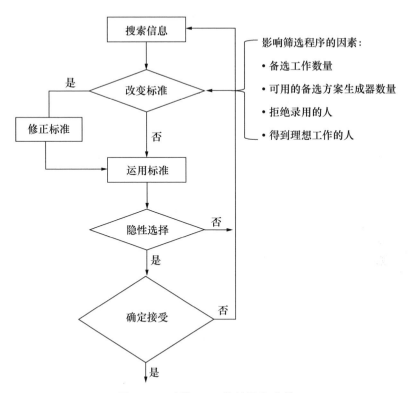

图 13.3 阶段三：工作搜寻和决策

通过不可比、没有明显权重的目标维度进行评价，并且通常会在搜寻阶段识别出不止一个可接受的工作机会。最后，在整个搜寻阶段的不同时间，个体会根据搜寻结果及资源的可用性，决定激活或停用各种备选方案生成器。

Soelberg(1967a)提出，"在搜寻终止时，人们通常不会对备选方案进行比较和排序，并且会拒绝承认已作出隐性选择。"决策者相信，自己会优先权衡每个备选方案的所有相关因素，然后通过"数值加权"来确定最佳方案。但实际上，他们通常不会这样做，或者在此之前会作出隐性的工作决策，即人们在可接受的备选方案名册中已经确定了最满意的选项。他们通过评估各个方案的主次要目标属性，在心中隐性地选择出一个或多个在主要目标上评价突出且在其他任何主要和次要目标上都达到要求的工作。

当没有作出隐性决策时，人们会继续遵循复杂的工作搜索过程，直至完成最终选择，即作出隐性决策并确信会被公司录用，或者资源耗尽且已确定获得两个及以上可接受的工作机会时，他们才会停止搜寻。

(4)阶段四：决策确认和承诺(见图 13.4)。在搜寻和决策阶段之后，个体会进行决策确认,目的是核实隐性工作选择的相关信息,协商录用条件的边际改善,在事后提供接受这份工作的合理原因,留出时间以确认不会再有更好的工作机会,并且在存在违约可能时给予足够的决策时间。

在决策确认阶段,个体有时会花很长的时间(两三个月)确认可接受的备选方案名册,逐项比较各种备选方案。若可接受的备选方案名册中有两个以上备选方案,则将选择迅速减少至两个——被择选项(choice candidate)和待确认选项(confirmation candidate)。如果当时只有一个备选方案(即被择选项)可行,那么决策者将尝试尽快获得另一个可接受的备选方案(即待确认选项),以便与之进行比较。

以上确认过程有两个主要目标:① 解决与被择选项相关的问题;② 得出一个明确表明被择选项优于待确认选项的决策规则。在比较备选选项时,人们强调所偏爱工作的优点,从而产生有利于被择选项的知觉扭曲和解释失真。当一个令人满意的帕累托优势决策规则被构造出来时,或者当决策者在确认过程中面临一个时间期限时,就可以作出决策。

如果求职者准备对已确认的决策选择作出承诺,就会迫不及待地向大家公布并说明理由,因为他们此时想要获得有关这个决策的社会支持。

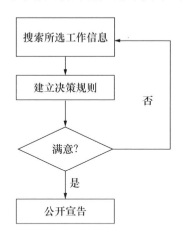

图 13.4 阶段四:决策确认和承诺

2. 六个关键假设

索尔伯格以麻省理工学院斯隆管理学院 1965 届 32 名硕博应届毕业生为对象进行纵向问卷调查,通过分析获得的 256 份问卷调查结果,对与最后两阶段(即工作搜寻和决策、决策确认和承诺)相关的六个假设进行检验,发现六个假设都得到数据支持。需要说明的是,在索尔伯格所研究的样本中,每名决策者在作出工作决策期间,都要回答 8 份每两周一次的问卷(对于少数决策者而言,由于他们的决策过程路径无法为每个假设的不同子集提供充足数据,因此结果中的报告总数可能略少于 32 份)。我们对六个假设及所得检验结果概述如下:

(1)假设一:在终止搜寻新的工作机会到决策者愿意承认自己作出决定之前,会有相当长的一段时间。

索尔伯格通过调查发现,31 名决策者中有 27 人(87%)在报告作出决策之前的 10 天或更长时间已终止搜寻新的工作机会,31 名决策者中有 15 人在作出选择之前的 3 周或更长时间终止搜寻新的工作机会。

(2)假设二:在结束搜寻新的工作机会前的考察期内,决策者通常已经有了一个甚至更多的可接受备选方案。

通过使用一种高度保守的方法来衡量一种工作机会的可接受性,24 名决策者中有 17 人(74%)报告说,他们在终止工作搜寻之前的两周甚至更长时间之前就已经有了一个或多个的可接受备选方案。

(3)假设三:当决策者结束搜寻新的工作机会时,他们对于自己最终的选择会表现出极大的不确定性。

在终止工作搜寻时,28 名决策者报告了各备选方案成为最终所选方案的可能性,其中索尔伯格定义的被择选项、个体第二满意的备选方案及所有其他备选方案的平均个体选择概率分别为 0.29、0.24、0.47。换言之,当工作搜寻终止时,决策者对于自己最终选择的工作机会表现出极大的不确定性。

(4)假设四:如果在终止工作搜寻时,决策者未能获得可接受的多个工作机会中任一机会的确切录用,那么当他准备宣布决定时,他将非常努力并且通常会争取到至少一个其他可接受的工作邀请(Soelberg,1967a)。

索尔伯格的研究结果显示,在工作搜寻终止时,16 名决策者中有 13 人(81%)未获得可接受的多个工作机会中任一机会的确切录用或录用通知,在作出决策之前,他们手中至少有一个其他的工作机会。

(5)假设五:当决策者停止搜寻新的工作机会时,可以通过询问一系列非常简单的问题来确定自己最喜欢的工作机会(即被择选项)。当决策者对各个工作机会的后续确认处理过程结束时(即在宣布选择时),他将决定选择他最喜欢的工作机会(Soelberg,1967a)。

29 名决策者中有 25.5 人(87%,0.5 人是因为一名决策者可以被合理地归为两类中的任意一类)最终选择的工作机会是在搜寻终止之前的 1—12 周(中位数为 3 周)由索尔伯格通过调查识别为决策者最喜欢的机会,即被择选项。

(6)假设六:在宣布决策之后,通常不会观察到有效或可感知的失调减少,这一效应通常表现为决策者对已接受与已拒绝备选方案的偏好"分散"(Soelberg,1967a)。

在索尔伯格的研究中,决策者在作出决策后的观察期内,没有人表现出已接受与已拒绝备选方案之间偏好失调的持续降低,即偏好"分散"效应。然而,有2名决策者表现出我们可以称之为潜在失调降低的现象,即在决策者作出决策两周或更长时间后生效的现象。26名决策者中有9人(35%)在一开始表现出对备选方案相对偏好"分散"效应,然而在随后的观察期内,这一偏好差异再次缩小。26名决策者中有10人(38%)报告他们在决策后的观察期内,偏好差异没有变化;其余5名决策者报告决策后失调加剧,即在他们作出决定后,对不同工作机会的偏好差异缩小。

综上所述,上述关于工作搜寻和决策的六个假设得到了索尔伯格纵向实证数据的有力支持。

(二) 测量方法

索尔伯格对正处于决策过程的求职者进行定期、开放式的详细面谈,将访谈资料转化成具有可比性的格式,并设计出预测有效的问卷调查工具。索尔伯格用作假设检验的问题如表13.1所示。

表13.1 索尔伯格用作假设检验的问题(Soelberg,1967b)

问题A	目前,我(有、没有)积极寻求新的公司面试机会
问题B	目前,只要有新的工作机会出现,我(非常、较为、仅在一定程度上、不怎么)倾向于不辞辛劳地跟进,即参与面试等
问题F	我认为我(离作出最终工作决策还有很远的路要走、正在逐步接近最终工作决策阶段、正开始准备作出最终工作决策、正处于最终工作决策期内、实际上已经作出最终的工作决策),最终工作决策阶段是指对其中一个或多个工作机会进行复盘
问题3B	鉴于当前了解到的每份工作的就业前景,你选择它们作为最终决定的可能性有多大(从-10到10进行打分)
问题4A	用下列数值(取值范围从-10到10)表示你对目前这份工作的前景的看好程度
问题4B	请将所有工作的前景归入(听起来是一个非常理想的工作机会;良好、可靠的工作,但是不够突出;于我而言,这是一个勉勉强强的选择;对我来说不理想)这四个级别
问题5A	我认为这个工作前景看起来(0—100%)和我设想的理想工作一样好
问题5B	目前来看(几乎可以肯定、非常可能、相当有可能、略有可能、完全不确定),我将(会或不会)选择这份工作

(续表)

问题7B	根据最终接受该工作机会的可能性,将你目前的个体选择概率估计值(0—100%)分配给每个潜在的工作机会
问题9A	你目前愿意给每个潜在工作机会多大的可能性,以判断你最终会选择它的概率

针对前述六个假设,具体的测量方式如下:

(1) 针对假设一,在测量时需要厘清三个概念及其对应的测量方式。首先,研究者如何识别"终止搜寻新的工作机会"？索尔伯格将其描述为,决策者第一次说明他们不再积极寻求新的公司面试机会(问题 A);并且,如果出现新的工作机会,那么他们仅会在一定程度上而非特别倾向于参加面试以跟进(问题 B)。

其次,关于如何明确"相当长的一段时间",索尔伯格设置的标准为 10 天及以上。但由于他采用每两周一次的双周问卷来收集数据,这意味着人们有时会在同一份问卷上承认结束搜寻并作出决策。在这些少数情况下,假设有可能被证实也有可能无法得以验证;因为使用定期的问卷记录动态而持续的过程的方法存在一定问题,使得所讨论的这一概念变得模棱两可。

最后,关于如何判定决策者"愿意承认已经作出决定",索尔伯格只是简单地通过双周问卷来询问决策者是否已经做了决策(问题 F)。具体来说,当人们回答"我认为我实际上已经作出最终的工作决策",索尔伯格就把该周纳入其计算。

(2) 对假设二的验证,最主要的问题在于需要澄清"可接受的"工作机会的定义。索尔伯格将其描述为"满足任一主要目标和绝大部分次要目标,并且在现有备选方案名册中其他可接受的工作机会并不占优势"(1967b)。当决策者收到或者被承诺录用于任何一个职位,他对这些职位的评价为理想或良好(问题 4B),并且可以得到 80% 或以上的分数(问题 5A)(Soelberg, 1967b)。

为了理解这个复杂过程,需要明白索尔伯格如何定义主次目标和优势。虽然他并没有十分清晰的表述,但可以将主要目标视为对个体而言十分重要的工作成果,次要目标则是重要性较低的工作成果。对于次要目标,个体会觉得"我至少需要部分实现它,否则这个工作对我而言就不再是理想选择"(Soelberg, 1967b)。索尔伯格认为,如果与其他工作相比,一份特定工作在主要目标、次要目标上都没有优于其他工作,并且在至少一个目标上处于劣势,那么这份工作较其他工作而言就不占优势。

(3) 在假设三中,需要明确如何对"不确定性"进行测量。索尔伯格利用四个问题实施测量:问题 3B、5B、7B 和 9A 都是询问决策者选择某个工作机会的可能性(Soelberg, 1967b)。但实际上,他仅仅使用问题 5B 和 7B 来验证假设。

这两个问题(尤其是7B)的表述,可能引导人们报告条件概率而非简单概率的估计。条件概率的解释之一为"假设你不能同时为其他公司工作,那么你为X公司工作的可能性是多少?"条件概率不能帮助研究者验证假设。

索尔伯格比较了个体选择自己最喜欢的工作机会(即被择选项,在假设五中有解释)的概率、选择第二喜欢的工作机会的概率,以及选择其他工作机会的概率总和。索尔伯格提出,当上述三类概率值处于相似水平时,就可以说决策者表现出极大的不确定性。根据决策理论(Aldag & Brief,1981),这种关于不确定性的定义可能与拉普拉斯等似然准则(La-Place's criterion of equal likelihood)相关。该准则指出,若具有不确定性,则有理由为所有备选方案分配相同的可能性。这是测量不确定性的唯一方法,但可能并不适用于本假设的检验。

(4)针对假设四,索尔伯格在确定个体的待确认选项或次优选项时,使用了与确定被择选项相同的问题和程序(假设五解释了这一程序)。

(5)假设五说明,在求职者宣布工作决策的几周甚至几个月前就可以对结果进行预测。因此,理解这一假设对管理者而言尤为重要且有吸引力。

这一假设中最重要的问题是明确何为"一系列非常简单的问题"。索尔伯格指出问题5A,通常是评估个体相对偏好最灵敏的指标,"我认为这个工作前景看起来(0—100%)和我设想的理想工作一样好"。当这个问题的回答区分度较低时,问题4A"用下列数值(取值范围从-10到10)表示目前你对这份工作的前景的看好程度"可以进一步阐明个体的偏好。若此题的结果仍然未产生较好的区分度,则检验其他两个问题,包括问题3B与问题7B。因此,被择选项被定义为决策者最喜欢的,若不是唯一的,也是最有可能的选项(Soelberg,1967b)。

对于如何衡量决策确认的开始,索尔伯格让决策者"报告是否停止搜寻新的工作机会,是否有潜在的最喜欢的工作机会并已取得录用"(Soelberg,1967b)。工作搜寻停止之日,就是决策确认开始之时。

了解索尔伯格如何定义最喜欢的工作机会也十分重要。他认为"决策者将其描述为理想的方案,即在某个主要目标属性上表现得十分突出,而在所有或大部分其他目标属性上也并无不足"(Soelberg,1967b)。与此同时,索尔伯格还指出,需要确定两个关键事件以预测最受喜欢的选项,即潜在的最受欢迎的选项出现和潜在最喜欢工作机会的确切录用情况。

(6)假设六颇受争议,因为这似乎与认知失调理论相违背(Festinger,1964)。认知失调是指个体在两种及以上的态度之间或者行为与态度之间感知的不一致。Festinger(1964)认为,失调会引发不舒适感,并且在个体之后的决策过程中会观察到其试图减少失调的行为。相反,索尔伯格假设失调减少并不会发生在后续的决策中。因此,确认索尔伯格如何评估失调减少是十分重要的,其测量方法的有效性在很大程度决定了研究发现的重要性及其对失调理论的挑战。

索尔伯格通过问题 5B 来确认决策者宣布决策的时间,他定期发放追踪问卷来评估对已完成判断的工作机会的偏好程度,计算两个偏好评价的差异,以确定对接受与拒绝的工作机会的偏好是否发生了"分散"。问题 5A 用于测量偏好,索尔伯格的解释为如果确实存在失调减少效应,那么它将在决策者对最终所选工作与待确认选项之间相对偏好的比较中得到最显著的体现。他认为这是对假设最不严格的检验(Soelberg,1967b)。

对索尔伯格检验失调减少效应的过程进行评价较为困难,索尔伯格关于只使用次优选项进行对比评估是最不严格的理论检验的断言难以令人信服,而且这种方法限制了对失调减少效应的检验思路。

(三) 相关实证研究

综合相关文献后,我们发现虽然工作搜寻序列模型在许多文献中被广泛引用,但对模型进行效度检验的研究并不是很多。Glueck(1974)、Hill(1974)、Cecil & Lundgren(1975)以及 Sheridan et al.(1975)公开发表的代表性研究验证了工作搜寻序列模型的有效性。以下是对四项研究的概要回顾:

研究一:Glueck(1974)的研究对象是 51 名商科和工科的男性学生,考察他们的工作搜寻和决策行为,并发现其中 30 人在项目结束时确定了工作。在追踪研究的四个月里,每周都要进行采访和问卷调查,询问关于面试情况、对面试公司的兴趣、公司满足各种报酬标准的能力感知等在工作搜寻过程面临的问题。问卷主要是用来收集个性特征、工作偏好和职业特征以及应聘者如何作出工作决策等数据。而后,Glueck 在观察受访者的决策模式基础上,将受访者分成"易满足者"(接受第一份合格录用通知)、"验证者"(通过一份合格/偏好的录用通知后,收到第二份录用通知,但还是选择了第一份录用)、"最大化者"(明显希望考虑更优的录用通知)三类群体。本项研究主要是想为索尔伯格的论点提供支持,然而实际确定工作的 30 人中只有 9 人适用这一分类方式。所以在决策模式类别中,工作搜寻和决策行为存在显著差异。然而,Glueck 的研究至少有两个缺陷。第一,分类方式不够可靠。索尔伯格认为,个体在考虑最终的工作机会决策时将涉及不止一个选项,因此 Glueck 研究中的"最大化者"也可能是"验证者"。第二,搜寻和决策行为在不同群体间会存在不同的决策模式,因为分类基础本就是基于这些有差异的行为。

研究二:Hill(1974)以 90 名硕士研究生为样本,并基于多维标度法和两阶段评价法的线性效用模型构建了"理想工作模型"。研究发现,在预测标准工作录用通知的实际偏好时,理想工作模型的效果明显优于效用模型。这一结果被认为验证了索尔伯格观点,即工作决策包括在备选方案和个体理想工作之间做相似性比较判断。然而,仍有疑问的是,研究中的模型预测效果在很大程度上可能是由于采用不同方法的结果,而不是由于个体本身对理想工作的考虑。

研究三:Cecil & Lundgren(1975)通过让本科生观赏50幅名画的图片对索尔伯格的假设进行检验。实验前学生被告知他们可以选择一幅画保留下来,赏画过程中他们可以在任意时间停止浏览。在实验过程中,他们观看图片时需要回答这幅画是否为他们"想要留下来的",68%的研究对象在停止搜寻之前会确定一些可接受的选项。然而在没有观看其他图片之前,所有人都不会选择第一张他们认为可接受的图画。这个研究同样存在一些明显的问题:第一,实验对象说他们喜欢某个作品与作品有可能成为可接受的选项,这两个概念之间存在差异。第二,这个任务虽然在几分钟内就可完成,但是时间要求比较宽松,几乎没有可以提前结束搜寻的理由。第三,研究只检验了索尔伯格研究中的一个假设,但这个假设可能与期望理论或其他模型的预测一致,因而并不能确切地起到证明作用。

研究四:Sheridan et al.(1975)调查了49名护理专业毕业生在五个月的时间里关于医院工作的搜寻选择过程。研究者试图比较预测模型和序列模型的预测效果,结果发现:第一,约半数被试在内心作出关于工作机会的决策时不能确定选择带来的主要结果;第二,没有任何证据表明,正式决策和被比较选项的动机差异只来自主要目标结果;第三,60%的被试其实在收到待确认选项的工作机会之前,已经作出隐性决定;第四,在决策确认阶段,结果效价并没有显著变化。本研究的一些结论与索尔伯格的假设并不一致,而且这个研究方法至少在两个方面存在疑问:第一,当护士表示她们可以确认可接受的工作机会时,就认定确认阶段已经开始。索尔伯格的观点则相反,他认为在宣布决策之前确认阶段就已经开始了。第二,Sheridan等人要求护士确认她们首要、次要和一些额外目标结果。虽然结果表明个体对这些目标结果的性质缺乏自我认知,但这不等同于她们忽视这些目标结果。

综上所述,目前对索尔伯格模型的检验较少,存在验证不充分、有效性存疑的问题。在很大程度上,研究者对索尔伯格模型、假设和论点的解释差异可能是因为索尔伯格自身对于这些概念的表述存在一定的模糊性。

三、理论延伸

索尔伯格的工作搜寻序列模型关注个体工作搜寻过程的动态变化,启发研究者用动态、发展的视角研究个体的工作搜寻行为。在动态研究视角的基础上，Barber(1994)提出了工作搜寻学习模型(learning model of job search)，旨在从个体学习的视角解释工作搜寻行为随时间的推移而发生的变化，从而丰富了工作搜寻领域的理论研究。

（一）工作搜寻学习模型提出背景

Barber(1994)认为，个体识别、调查和决定可选择工作机会的过程对个体的就业搜寻和最终雇用个体的组织都至关重要(Smith & Gerhart, 1991)。工作搜寻即收集潜在工作信息的过程(Steffy et al., 1989)，既包括广泛的搜寻——识别存在什么工作机会，也包括深入的搜寻——获取关于这些工作机会的详细信息(Rees, 1966)。因此，工作搜寻决定了个体可以选择的工作机会集，以及被用来在工作机会中作出适当选择的信息量和类型。

鉴于工作搜寻对雇员和雇主的重要性，越来越多的研究开始关注这个主题。然而，现有的关于工作搜寻和工作选择的研究一直因忽视搜寻和选择过程的动态性而受到批评。例如，Schwab et al.(1987)指出许多关于工作搜寻的研究使用的是横截面数据，这样的研究设计忽视了求职者的态度、偏好和行为在长期的工作搜寻过程中可能发生的变化。而更好地理解在工作搜寻过程中，个体的行为何时以及为什么会发生变化，将有助于更完整地将工作搜寻过程概念化，还有助于更准确地评估有效的工作搜寻行为，从而更有效地进行工作搜寻干预。

（二）工作搜寻学习模型内容介绍

1. 核心内容

在前文 Soelberg(1967a, 1967b)提出的工作搜寻序列模型的基础上，Barber(1994)提出学习视角也可能预测工作搜寻行为随着时间而发生的改变。求职者可能会随着时间的推移了解到，有些搜寻活动比其他搜寻活动更有用，因此可能会根据已知活动内容改变他们从事的活动类型。

学习模型认为，求职者的工作搜寻行为会随时间发生变化的一个原因是，随着求职的推进，求职者会学习到更高效、更有用的求职技巧。这种基于学习的观点表明，随着搜寻的继续，求职者会转向更有效、更高效的方法。已有研究证据表明，非正式的信息来源和更深入的工作搜寻可以得到更好的搜寻结果(Schwab et al., 1987; Stumpf et al., 1983)。在工作搜寻的过程中，求职者可以通过个人经验、观察他人的成功、受欢迎的求职文章获得与求职相关的知识(Bolles, 1994; Jackson, 1991)，而且，学习还将影响工作搜寻过程所搜寻的信息类型。

获得不同特性的工作信息的难易程度不同,求职者一开始可能对自己获取信息的能力抱有不切实际的期望,后来才知道有些工作特性的信息很容易观察到,但有些工作特性信息却很难获取,而决策者通常喜欢可靠且容易获取的信息(O'Reilly,1982)。因此,学习模型的主要内容为:① 随着搜寻过程的推进,求职者会增加搜寻的强度;② 随着搜寻过程的推进,求职者将更多地依赖非正式信息来源,而较少地依赖正式信息来源;③ 随着搜寻过程的推进,求职者会较少搜寻难以评估的工作特性信息,而更多地搜寻易于评估的特性信息。

2. 实证检验

Barber(1994)追踪186名大学和职业技术学院的毕业生在求职初期、毕业时和毕业三个月后的求职行为发现,从求职初期到求职后期工作搜寻的强度显著下降,正式信息来源的使用率、获得有关工作机会的信息显著减少;而对于在毕业时仍未找到工作的求职者,毕业三个月后他们对于正式信息来源的使用和搜寻强度都显著增加。结论显示,实证研究结果与前文的工作搜寻序列模型一致,学习模型意味着在搜寻过程中非正式信息来源使用率和搜寻强度增加;然而,数据中并没有观察到这些影响。此外,几乎没有证据表明求职者将重点转移到在搜寻过程中更容易获取的信息上。总的来说,学习模型中仅更少使用正式信息来源这一内容得到支持,其余内容在此次检验中均未得到证实。对于这一发现,Barber(1994)认为工作搜寻序列模型和学习模型并不是竞争关系,求职者可能同时受到这两个模型的影响,难以确定某个模型比其他模型更为合理或重要,未来仍需要继续检验学习模型,以阐明其相对重要性。

Saks & Ashforth(2000)对Barber的研究进行了拓展,对在毕业前仍处于求职状态的大学毕业生进行了四个月的追踪调查,数据显示,求职者的积极求职行为、正式信息来源使用率和搜寻努力都有所增加,求职焦虑则呈现降低态势。这在一定程度上和学习模型的内容一致,而且与Barber(1994)研究中毕业后仍未找到工作的求职者显著提高正式信息来源使用率和搜寻强度这一发现一致。总的来说,求职是一个动态的过程,由各种各样的求职活动和行为组成,而这些活动和行为在个人求职过程中会发生一定的改变。

3. 理论发展与评述

学习模型关注个体工作搜寻行为的动态发展,主要从个体学习的视角解释工作搜寻行为随时间推移而发生的变化。但Barber(1994)的学习模型并未详细阐述个体在工作搜寻过程中使用的学习策略与途径,也没有考虑到个体特质和环境因素对工作搜寻行为的影响。学者们有关工作搜寻学习(job search learning)的研究充实了学习模型。例如,相关研究表明,个体会通过替代性学习

(Jackson,1991)、训练干预(Rutter & Jones,2007)、阅读工作搜寻相关文献(Bolles,1999)等途径进行工作搜寻的学习。Wang et al.(2007)提出,个体通过自我评估、搜索信息、寻求社会支持等方式学习如何制定目标,通过回顾、排练和心理环境构建等方式学习实现目标的方法。Wang et al.(2007)也提出,个体在学习工作搜寻的过程中,文化和社会环境因素也会影响个体的职业决策以及与职业相关的自我效能。

尽管Barber(1994)的实证结果并未完全支持其有关工作搜寻学习模型的假设,但由于该研究的样本数量和研究对象都有一定的局限性,未来还需对学习模型进行更多的拓展研究和验证。Barber(1994)也表示工作搜寻的学习模型与工作搜寻序列模型等并不是相互竞争的关系,而是从不同视角出发为个体工作搜寻行为的改变提供解释。学习视角下的工作搜寻研究还需进一步探讨不同学习方式对个体求职期望和求职决策的影响,以及个体学习与环境因素的交互作用如何对工作搜寻各维度产生影响,从而拓展研究视角的深度与广度。同时,还有学者提出应特别关注某些群体的工作搜寻学习过程。例如,失业对老年员工和少数族裔员工的影响更大,有必要检验这些特定群体的工作搜寻学习对工资预期和搜寻强度的影响(Manroop & Richardson,2016)。

四、理论的应用价值

索尔伯格的工作搜寻序列模型质疑了许多个人决策理论的观点和假设,在文献中被广泛引用和检验,在理论和实践方面均具有重要价值。工作搜寻序列模型的理论意义包括:① 在决策情境是非程序化或结构不良的情景下,效用函数和概率测量可能无法准确描述人类决策行为,这为期望理论的局限性和边界条件提供了进一步证明;② 关于个体的一些传统假设受到挑战,比如政策捕捉回归分析的关键基础假设、分析备选方案的过程独立进行,以及选择行为的主观期望效用最大化原则等均不成立,应当持怀疑态度加以看待;③ 在工作搜寻和决策过程中提出个人偏见与经验法则,将序列模型推广到其他结构不良的决策情景。

工作搜寻序列模型也可以为管理实践带来一些启示,根据Soelberg(1967)的发现,我们将实践价值总结为:① 成功雇佣要求管理者能够专注于决策的主要目标,如此管理者才有希望改变他们的决策行为;② 工作搜寻序列模型使管理者可以识别求职者何时作出隐性决策,根据判定结果调整招聘策略,比如当管理者了解到自己的组织不是某些求职者的隐性被择选项时,便可以把时间和资源更有效地投资于其他人身上;③ 在求职者宣布决策承诺之前,组织有必要在其先前的决策过程中努力成为被择选项,当有证据表明自己是求职者最喜欢的选择时,就可以及时发送录用通知并设置紧迫的确认截止时间,以高效、稳妥地结束个体决策。

五、经典文献推荐

Barber, A. E., Daly, C. L., Giannantonio, C. M., & Phillips, J. M. (1994). Job search activities: an examination of changes over time. Personnel Psychology, 47(4), 739–766.

Manroop, L., & Richardson, J. (2016). Job search: a multidisciplinary review and research agenda. International Journal of Management Reviews, 18(2), 206–227.

Power, D. J., & Aldag, R. J. (1985). Soelberg's job search and choice model: a clarification, review, and critique. Academy of Management Review, 10(1), 48.

Saks, A. M., & Ashforth, B. E. (2000). Change in job search behaviors and employment outcomes. Journal of Vocational Behavior, 56(2), 277–287.

Soelberg, P. O. (1967a). Unprogrammed decision making. Industrial Management Review, 8, 19–29.

Soelberg, P. O. (1967b). A study of decision-making: job choice. Doctoral dissertation, Alfred P. Sloan School of Management, MIT.

第十三章参考文献

第十四章

职业决策的社会学习理论

高雪原*

一、代表人物与时代背景

(一) 代表人物

社会学习理论是职业生涯领域关于职业决策的社会学习理论(social learning theory of career decision making),由美国斯坦福大学教育与心理学教授约翰·D. 克郎伯兹(John D. Krumboltz, 1928—2019)提出。克郎伯兹早期的职业经历并不顺利,为了求得一份心理咨询师的工作,他曾给艾奥瓦州40个学区发送了求职信,其中35封石沉大海,4封得到了"我们不需要咨询师"的回复,只有其中1封信收到了面试回复"如果你在附近可以顺便过来试试看"。就这样,克郎伯兹成功应聘为艾奥瓦州滑铁卢韦斯特高中的一名辅导员。后来克郎伯兹回忆,为了找到这份工作,他前后跑了大约一千多英里,想办法取得推荐信并与工作人员面谈,同意最低工资要求。

约翰·D. 克郎伯兹

克郎伯兹自工作以来一直是职业生涯领域的主要研究人员。他在关于职业选择的行为咨询和社会学习理论方面的开创性工作影响深远。他在职业生涯领域著作颇丰,独立或合作撰写了两百多篇文章,出版了《幸运绝非偶然》(*Luck Is No Accident*)等著作。他获得心理学咨询领域的利昂娜·泰勒奖(1990年)以及由美国心理学会颁发的杰出专业知识贡献奖(2002年),这是美国心理咨询领域最重要的奖项。2019年5月4日,克郎伯兹在大学校园内的家中去世,享年91岁。

---

* 高雪原,博士,中国劳动关系学院劳动关系与人力资源学院讲师,主要研究领域为职业行为与组织管理,电子邮箱:gxy112129@163.com。

(二) 时代背景

影响个体生涯选择的因素纷繁复杂,早期的研究者对这些影响因素的探究主要分为心理学和社会学两派。心理学家重视个体内在的发展,认为个体的兴趣、价值观念、人格特性等个人因素是影响职业选择的关键因素;社会学家则持不同的观点,认为社会经济环境、种族文化观、社会性别观、教育机会等环境因素是影响个体作出职业决策的关键因素。

克郎伯兹的社会学习理论源于美国心理学家班杜拉于1971年提出的社会学习理论(social learning theory),班杜拉的社会学习理论强调社会变量对个体行为影响的重要性,其核心在于重视人的认知、行为与环境的交互作用。作为职业生涯领域的研究者,克郎伯兹结合职业生涯研究的时代背景(20世纪70年代末期),将班杜拉的社会学习理论引入生涯辅导,融合当时心理学和社会学两个学派的观点,提出职业决策的社会学习理论(Krumboltz et al., 1976; Krumboltz, 1994, 1996),强调个体内在发展,同时也将环境因素的影响考虑在内。

二、理论的核心内容与发展

(一) 核心内容

职业决策的社会学习理论提出了影响个体职业决策的四类因素:基因遗传与特殊能力(genetic endowment and special abilities)、环境条件与事件(environmental conditions and events)、学习经验(learning experiences),以及任务技能(task approach skills)。这一观点是该理论的核心内容(Krumboltz et al., 1976; Krumboltz, 1996)。

基因遗传与特殊能力是指个体与生俱来的、非个人能控制的部分,如性别、种族,以及包括智力、操作能力等在内的特征。这些因素在一定程度上限制了个体选择职业的自由,比如一个身材矮小的学生不会把打篮球作为自己的职业,因为先天的身高特性明显不具备从事这份职业的条件。

环境条件与事件具体指个人所处的外在环境及其中发生的事件,这一因素是个体难以控制且无法改变的,例如自然环境中的天灾人祸、资源多寡,社会环境中的政策条件、家庭条件、社会经济发展水平等。职业决策的社会学习理论认为,环境条件与事件制约着个体的职业选择和发展,比如个体接受的教育培育的目标,求职时获得的工作机会数量,或者就业后获得的职业报酬、职业培训质量等都会受到这一因素的影响。

学习经验在个体职业决策过程中发挥着重要作用。克郎伯兹将学习经验划分为工具式学习经验(instrumental learning experiences)和联结式学习经验(associative learning experiences)两种,并分别解释了不同类型的学习经验对职业决策的影响作用,具体如下:

第一,工具式学习经验,即个体在经历事件之后积累总结的学习经验。个体将事件的前因、个体的行为及事件的结果作为一种学习工具(见图14.1)。其中,事件的前因可看作事件发生的基础和前提,包括前面提到的基因遗传与特殊能力、环境条件与事件。在前因的刺激作用下,个体会表现出内隐或外显的行为,具体包括内在的认知与情感变化以及外在的直接行为。个体的行为会带来事件的后果以及个体对行为后果的认知与情绪体验。整个过程实际上就是从经历的事件中获得反思和成长,从而积累经验。例如,个体入职所需的技能就是通过这个连续作用的学习过程获得的。

事件的前因	个体的行为	事件的结果
遗传因素 特殊能力与技能		自己或他人的口头反馈 直接的、可观察的行为结果
任务或问题	内隐或外显的行为	对行为结果的反应
社会、文化等环境 条件与事件		对他人的影响

图14.1 工具式学习经验模式

第二,联结式学习经验,即当个体接受某一中性刺激时,同时出现积极或消极的刺激,这时会使原本中性的刺激发生联结式反应,变得也具有积极或消极的作用(见图14.2)。联结式学习经验突出强调环境中的某些刺激会引起个体情绪上积极或消极的反应。职业的刻板印象就是通过学习的联结作用而形成的。例如,当人们了解了自己某一位从事教师职业的朋友生活清贫之后,就会产生"教师是清贫的"这一刻板印象,这种刻板印象是个体根据某一实例而引发的主观判断。联结式学习经验具有很强的主观色彩,在很大程度上影响着个体对职业的判断、选择和归属。

与职业相关的任务技能是克郎伯兹提出的第四类影响个体职业决策的因素。在前述基因遗传与特殊能力、环境条件与事件、学习经验的交互作用下,个体最终锻炼出相关的任务技能,前三类因素交互作用的结果直接体现在任务技能的性质和质量上。这些技能本身也会相互促进、互相影响。

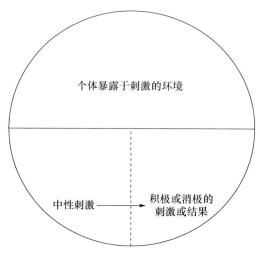

图 14.2　联结式学习经验模式

以上四类影响个体职业决策的因素会发生交互作用,从而产生三种结果。社会学习理论第二层核心内容即围绕这三种交互作用的结果及其对生涯选择的影响展开的,这三种结果分别为自我观察的推论(self-observation generalizations)、任务技能(task approach skills)和行动(actions)。自我观察的推论,即个体对自身处事方式及风格的评价,参照点为个体过去习得的经验,可能是自身的成绩,也可能是别人的表现。自我评价的结果决定了个体的"喜好",是个体职业决策的标杆。任务技能是个体对环境的认知和表现能力的综合体现,用于解释这些能力与自我评价之间的关系,并对未来作出预测。任务技能在个体职业决策的过程中发挥着重要作用。行动是个体基于先天的各种特质与特殊能力,综合自我评价及后天学习经验后采取的引导个体走向未来职业发展的实际行为。

图 14.3 描绘了基于社会学习理论所描述的个体整个职业决策过程模式。如图 14.3 所示,在个体职业决策的过程中,影响职业选择的四个因素不断施加作用,使得职业发展的结果反复交互出现(Krumboltz et al., 1976)。图 14.3 所阐释的自我观察的推论、任务技能和行动三种交互作用的结果没有先后之分,由此可见生涯选择是一个十分艰难且复杂的过程。

(二) 理论的发展

与其他职业生涯理论不同的是,职业决策社会学习理论特别强调社会影响

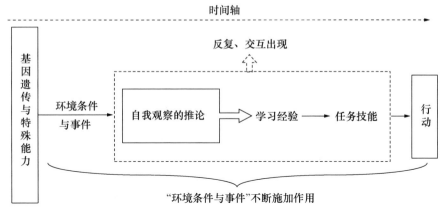

图14.3 职业决策过程模式

因素与学习经验对个体职业选择的作用。随着对理论研究的深入，克郎伯兹关注人们应对快速变化的劳动力市场的需求，并认识到个体适应环境变化的重要性。多变的环境充满了偶然与不确定性，偶然事件（即非计划事件，例如一次偶然的会面、一次失约、一次临时决定的假期旅行、一份临时替补空缺的工作、一个新出现的个人爱好等）都可能对个体的职业选择与生命发展方向产生重要影响（Krumboltz & Levin, 2004）。为了突出外在因素影响的同时强化对偶然事件的接受性，克郎伯兹在已有研究的基础上提出了偶然学习理论（happenstance learning theory），又称善用机缘理论（planned happenstance theory），扩展前述的职业决策社会学习理论（Mitchell et al., 1999; Krumboltz, 1999, 2009）。偶然学习理论的核心要素包括对个体生活有重要影响且不可预测的社会因素、机会事件及环境因素（Mitchell et al., 1999）。

偶然事件对个体职业与生命发展具有重要意义，能够提供有助于个体获得自我成长的学习机会，个体应该正视这些机会，主动采取计划性行动，以发现甚至创造新的机会。需要指出的是，偶然事件的发生并不仅仅是运气因素使然，某些个体相关因素也会引发偶然事件（Krumboltz & Levin, 2004），比如个体的社会资本、教育背景等。基于此，克郎伯兹认为在个体具体的生涯选择过程中，优柔寡断的行为是可取且明智的，因为它允许个体有机会从计划外事件中受益。生涯教育与职业培训应培养并提升个体抓住机会的技巧，使个体对未来保持开放、自信、好奇的态度。

三、理论的应用价值

克郎伯兹的社会学习理论强调个体行为与环境因素的交互作用,主要应用于个体生涯规划、生涯辅导的实践,对个体生涯的选择与发展(孟四清和佟德强,2019)、学校开展生涯教育相关工作都有很强的指导意义(陈彦宏,2016)。基于该理论的学术研究数量有限,主要应用于生涯辅导实践。目前,一些研究者关注新时代背景下的职业教育及研究生群体的就业问题(张琳琳,2020),并以社会学习理论为基础开展中职学校的生涯教育、解决研究生群体就业问题、针对就业质量的提升提出对策建议。

(一) 社会学习理论在职业教育领域的应用

职业决策社会学习理论的核心内容突出强调了经验在个体职业决策过程发挥的重要作用。丰富的学习经验有利于个体了解自身的兴趣、性格、能力、价值观,并且个体能够不断从所经历的事件中验证对自身的认知。研究发现,中职学生群体普遍存在学习经验不足、对自身认知有限等现象,在调查中被问及自身兴趣的时候,大多数学生会回答"对什么都不感兴趣"。根据社会学习理论,这在很大程度上是由于学生接触的范围狭窄,在这种情况下很容易产生对自身兴趣、性格、能力、价值观等方面的判断出现过于狭隘或存在偏差的问题。因此,学习经验的积累是提升中职学生的职业探索能力与职业素养必不可少的环节。

在社会学习理论的指导下,中职学校的教师应指导学生有意识地拓宽自身接触的领域,重视能力和兴趣的拓展,在不断丰富的实践经验中验证对自身的认知,寻找自身的兴趣点。例如,学校应组织拓展与专业相关的职业生涯教育课程,让学生对职业本身的特点与未来发展有一个整体的认知;再如,组织学生开展实践活动,鼓励他们在实践中积累职业相关经验、挖掘自身的职业兴趣等。此外,Krumboltz在社会学习理论的拓展研究中特别强调偶然事件对职业发展的影响,这对职业教育也有很大的启示意义。职业本身、个体自身都是不断变化发展的,应当用发展的眼光看待职业、看待自己,因此教师在生涯引导与辅导的过程中应鼓励学生积极探索变化、灵活变通,不能将学生当下的选择固化下来。

(二) 社会学习理论在解决研究生群体就业问题中的应用

已有研究发现,目前研究生群体就业主要存在以下问题:第一,就业压力大,心理承受能力不足。研究生群体属于高层次人才,但毕业时年龄相对较大,在选择职业的过程中除了职业本身的因素,往往还需要考虑自身家庭、生活方面的现实问题,在很大程度上给自身增加了就业压力。第二,部分高校对研究生就业指导的工作不够到位。学校设立的就业指导机构多数情况下侧重于服务本科生群体,为研究生群体提供的有针对性的就业指导较少,且多停留于信息发布层面。第三,导师参与研究生就业指导的力度不够。研究生扩招使得每位导师指导的学生数量大幅增加,很多导师将更多的精力用于指导研究生的科研工作,对就业工作的关注变得极其有限。第四,研究生作为高学历群体,对自身定位往往较高,有较高的职业期望,但缺乏清晰的自我认知与社会经验,对职业本身的现状与未来发展状况及劳动力市场都缺乏一定的了解。

社会学习理论为解决研究生群体的就业问题提供了思路。研究结果表明,社会因素和学习经验是影响个体职业决策的关键因素,因此应基于社会学习理论从这两个方面入手。政府、高校作为外部条件应充分发挥对研究生的积极影响;研究生应自身积极探索、主动规划,充分发挥内在因素的促进作用;通过内外结合,着力解决研究生就业问题,促进就业质量的进一步提升。

第一,国家政策支持与学校干预是不可忽视的社会因素。一方面,政府及相关职能部门应以高层次群体人尽其才为目标,制定政策支持并优化研究生群体的就业环境;另一方面,学校作为培养和管理研究生群体的主体,应在响应国家政策的前提下,积极开展研究生就业指导工作,及时解决现有工作中存在的问题,及时疏导研究生凸显的心理健康问题,例如定期组织研究生就业创业活动、组织就业技能大赛、实施导师指导研究生就业的激励措施等。

第二,研究生自身作为学习经验积累的主体应发挥促进就业的主体性作用。首先,研究生自身需要不断深入认识自我,了解自身的优势与劣势,在认清就业形势的前提下找准自身职业定位;其次,要有意识地拓展个人兴趣,丰富自己的学习经验从而有助于发展新的技能,改变错误的认知观念;最后,面对就业的压力,研究生还应有意识地增强自身的心理承受能力,积极参与学校组织的生涯辅导活动,进行自我职业生涯规划,提高管理自身职业生涯的能力。

总结以上研究,克郎伯兹的社会学习理论对生涯规划、生涯辅导工作有以下几点启示:

第一,积极探索个人特质。个体与生俱来的、非个人能控制的基因遗传与特殊能力是社会学习理论提出的影响个体职业决策的第一类因素,职业生涯规划应首先建立在职业与个人特质相匹配的基础上。因此,在进行职业规划时应首先探索、了解个人的特质。例如,可通过"一般能力倾向测试"探索个体的认知能力水平,通过"价值观量表"或"工作价值观问卷"探究个体的职业价值观。

第二,时刻关注外在环境的变化。环境条件与事件是个体难以控制且无法改变的因素,却在很大程度上制约着个体的职业选择与发展。虽然个体与生俱来的因素无法改变,但关注外在环境的变化、重视后天能力的培养与兴趣的扩展有助于应对新的职业机会及环境要求的变化。此外,职业本身也不是一成不变的,应聘时了解的职业内容和性质与正式入职后的实际岗位需求是有区别的。这就要求个体时刻关注变化、培养职业应变的能力。

第三,主动获取并积累学习经验,提高业务技能水平。社会学习理论强调生涯辅导不仅仅是将个人特质与工作相匹配,重点在于个人应参与各种不同性质的活动,从中获得多种多样的学习经验,学到的这些技能都有可能在未来的工作中派上用场,并能拓展个人的兴趣,培养适当的自我信念和世界观。因此,生涯教育应当融于普通教育之中,重视学习经验的日常积累与技能的提升。

第四,重视偶然学习的作用。社会学习理论强调环境的重要影响,克郎伯兹在已有研究的基础上进一步延伸,提出偶然事件在个体职业生涯发展过程中的重要意义。偶然因素或非计划事件在现实世界普遍存在,这类事件除了增大职业发展的不确定性,也为个体提供了潜在的职业发展机遇。克郎伯兹认为,对个体职业生涯产生重大影响的偶然事件其实并非偶然,它是环境变化带来的必然结果。因此,个体应充分认识和利用偶然事件,并主动采取行动,通过事件积累经验、提升自身技能。

四、经典文献推荐

Krumboltz, J. D., Mitchell, A. M., & Jones, G. B. (1976). A social learning theory of career selection. The Counseling Psychologist, 6(1), 71-81.

Krumboltz, J. D. (1994). Improving career development from a social learning perspective. In M. L. Savickas & R. W. Lent(Eds.), Convergence in career development theories: implications for science and practice, 9-31. Palo Alto, CA: Consulting Psychologists Press.

Krumboltz, J. D. (1996). A learning theory of career counseling. In M. L. Savickas & W. B. Walsh(Eds.), Handbook of career counseling theory and practice, 55-80. Palo Alto, CA: Davies-Black.

Mitchell, K. E., Al Levin, S., & Krumboltz, J. D. (1999). Planned happenstance: constructing unexpected career opportunities. Journal of Counseling & Development, 77(2), 115-124.

Krumboltz, J. D. (1999). Career beliefs inventory: applications and technical guide. Consulting Psychologists Press.

Krumboltz, J. D., & Levin, A. S. (2004). Luck is no accident: making the most of happenstance in your life and career. Atascadero, CA: Impact.

Krumboltz, J. D. (2009). The happenstance learning theory. Journal of Career Assessment, 17(2), 135–154.

第十四章参考文献

第十五章

职业未决理论

沈雪萍*

一、代表人物与时代背景

(一) 代表人物

伊塔马尔·加蒂(Itamar Gati,1948—),以色列职业心理学家。1948 年,加蒂出生于以色列,1969 年就读于耶路撒冷希伯来大学,1978 年完成博士学业,同年赴美国斯坦福大学从事博士后研究。1979 年回到希伯来大学任教,1986—1987 年在美国俄亥俄州立大学从事访问学者工作,1987 年至退休,他一直在希伯来大学任教。

伊塔马尔·加蒂

加蒂曾获得美国国家职业发展协会国际奖(2005年)、美国心理学会国际终身成就奖(2010 年)、咨询心理学元老杰出贡献表彰奖(2015 年)、美国职业心理学学会杰出成就奖(2018 年)。先后担任《职业行为》(Journal of Vocational Behavior)、《职业评估》(Journal of Career Assessment)、《咨询心理学》(Journal of Counseling Psychology)、《咨询心理学家》(The Counseling Psychologist)、《职业发展季刊》(Career Development Quarterly)等多家期刊编委会成员。

为广泛开展研究与社会服务,加蒂等人组织开发了若干在线职业指导系统,如 MEITAM(计算机职业信息系统)、MESHIV/MIVDAK(计算机辅助职业生涯决策系统)、MEYDAAT(面向高等教育的信息与指导系统)、MBCD(作出更好的职业决策,MESHIV 的美国版)、"我适合吗"(Do I Fit,互联网职业决策支持系统)、

---

* 沈雪萍,南京航空航天大学生涯发展教育研究中心副教授,主要研究领域为职业心理学、生涯教育,电子邮箱:shenxueping@ nuaa. edu. cn。

Future Direction(www.kivuni.com,职业指导网站),促进了职业指导的应用与发展。

(二) 时代背景

职业未决(career indecision)理论是职业决策个体差异研究的一个分支,也是研究者开展指导研究、进行职业咨询诊断和干预评估的前提,它的发展满足了从理论研究走向应用研究的需要。职业未决又称职业决策困难,是指个体在做职业决策时可能遇到各种难题(Gati et al.,1996)。在 Gati et al.(1996)的研究之前,职业未决问题在职业发展与选择领域已经得到重视(Campbell & Cellini, 1981; Tinsley,1992),而之前的研究遵循以下两条思路(龙立荣和彭永新,2000;井世洁,2007;王沛等,2012;谢宝国和夏勉,2013):

一是自下而上从经验出发的思路。早期的职业未决研究是从经验出发的,通过对职业未决者与已决定者差异的比较研究,获得职业未决的核心因素,编制测评工具。如 Osipow et al.(1976)从对职业或专业是否作出明确决策入手,考察区分二者的方法,编制了职业决策量表(Career Decision Scale, CDS)。其他基于经验开发的工具还包括 Jones & Chenery(1980)编制的职业决策量表(Vocational Decision Scale, VDS)、Bansberg & Sklare(1986)编制的职业决策诊断量表(Career Decision Diagnostic Assessment, CDDA)等。因为这些实证研究基于研究者的经验,缺乏相应的理论支撑,受到了 Tinsley(1992)的批评。

二是自上而下从理论出发的思路。研究者从各自的理论角度对职业未决进行探讨。例如,心理动力学取向(Bordin & Kopplin,1973)根据个体的内部来源而不是观察到的症状来对决策进行分类。发展取向(Super,1953; Osipow & Fitzgerald, 1996)认为职业未决问题与职业发展的正常阶段相对应,尤其强调职业成熟的概念。Holland et al.(1980)认为职业未决有三个主要来源,即职业认同(vocational identity)、职业信息(career information)和职业障碍(career barriers),认为兴趣不明确是阻碍个人作出决定的主要因素之一。问题解决取向认为个体对问题情境的控制能力、对解决问题能力的自信程度和解决问题的主动性三个因素影响了职业决策能力。社会学习和认知行为取向(Taylor & Betz, 1983)认为个体自我效能感的差异可以解释为什么有的人在职业决策时比其他人感到更困难。理论探索主要集中在职业决策困难的特征、维度和来源上,研究者都是从各自的角度进行阐述,缺乏综合性与包容性(Rounds & Tinsley,1984)。而基于这些理论开发的经验性测评,也仅仅部分支持其观点,如 Holland et al.

(1980)编制的我的职业情境量表(My Vocational Situation Scale,MVS)、Taylor & Betz(1983)编制的职业决策自我效能量表(Career Decision Making Self Efficacy Scale,CDMSE)。

将两种思路结合,取长补短,解决经验研究与理论研究脱节的问题。这是职业未决领域的重要任务,Tinsley(1992)认为,"努力将职业未决研究与决策过程联系起来,并为职业未决的构建建立一个理论框架,将会使我们在这些构建上的研究取得重要进展。"

随后,Gati et al.(1996)提出了一个新的基于决策理论的职业决策困难模型。为了检验所提出的分类模型,他们又开发了新的测评工具职业决策困难问卷(Career Decision-making Difficulty Question,CDDQ),试图在理论分析与实证检验之间寻求结合。

二、理论的核心内容

(一) 加蒂职业未决理论的起源性思想

1. 职业问题分类法

Campbell & Cellini(1981)认为,诊断和区别对待来访者问题的前提是确定人一生的职业发展问题,并将其分类,Gati et al.(1996)的理论也受到了这一分类理论的影响。

分类法总结了与职业发展相关的四大问题:① 职业决策问题;② 实施职业规划问题;③ 组织/机构绩效问题;④ 组织/机构适应问题。每一大类问题被进一步划分为多个子问题,即更具体的问题类型。

以职业决策问题为例,Campbell & Cellini(1981)认为,职业决策问题包括妨碍或妨碍令人满意地开始和完成职业决策过程的问题。他们按照决策过程的四个阶段进行了梳理。开始阶段涉及回避或缺乏对决策过程的认识,子类别包括:① 没有意识到作决策的必要性;② 缺乏对决策过程的认识;③ 意识到需要作决定,但不愿承担作决策的责任。收集信息阶段涉及缺乏对决策制定至关重要的信息,包括关于个人及工作世界的信息,子类别包括:① 资料不足或相互矛盾;② 信息超载;③ 缺乏关于如何收集资料的知识;④ 因为与自我概念不一致而不愿意接受资料。生成、评估和选择替代方案阶段涉及产生、评价和选择职业选项过程受到阻碍或作出令人不满意、不适当的决定,子类别包括:① 因职业选项多样而难以作出决定;② 个人受健康水平、资源、能力和教育水平等限制,能获得的职业选择较少;③ 因焦虑而无法作出决定,或害怕对某一行动方针作出承诺;④ 不切实际的选择;⑤ 妨碍选择的个人限制;⑥ 因缺乏评价标准而无法评价其他选择。制订实施计划阶段涉及制订执行职业决定计划的问题,子类别包括:① 缺乏制订计划的必要步骤的知识;② 无法在规划中体现未来时间观;③ 不愿或无法取得制订计划所需的资料。Campbell & Cellini(1981)对于职业决策问题的分类及其描述直接影响了加蒂职业未决理论的提出。

2. 决策理论

Gati et al. (1996)的研究同时基于决策理论。根据决策理论,最优决策是最有助于决策者实现目标的决策。受到个人对所考虑的备选方案属性偏好的影响,一个理性的职业决策者应该选择效用最高的选项。

职业决策具有普通决策常见的特点:① 有一个必须作出选择的主体;② 有可供选择的方案;③ 有对各种方案进行比较和评估时需要考虑的属性或特征。

除此之外,职业决策还具有独有的特点:① 潜在选项的数量通常相当大;② 每种选项都有大量的信息;③ 需要对职业特征进行详细的、有意义的描述,以展现职业特点和个人偏好;④ 个人特征(如现在和未来的偏好)和未来职业的性质都存在不确定性。而职业决策的这些特点也为之后 Gati et al. (1996)对职业决策困难进行分类提供了依据。

(二) 理论的核心观点

1. 理想职业决策者建构

依据决策理论中的标准效用理论,Gati et al. (1996)首先建立了一个"理想职业决策者"(ideal career decision maker)模型,他们假定任何达不到理想决策状态的人都是有职业决策困难的。Gati et al. (1996)认为"理想的职业决策者"应该是:① 意识到有必要进行职业决策;② 想要作出职业决策;③ 有能力作出"适当"的决策("适当"的标准有两条:一是使用了系统的步骤和合适的过程,二是决策结果与个人目标一致)。任何对于"理想职业决策者"的偏离,都被视作存在潜在的职业决策困难。这些困难以两种方式影响着职业决策:一是阻碍决策过程的推进;二是导致决策者作出非最优决策。

2. 分类假设

接下来,参照 Campbell & Cellini(1981)的做法,Gati et al. (1996)把职业决策过程分为几个独立的组成部分,每一组成部分可能包括不同的困难。

(1) 分类依据。根据下列标准将职业决策困难分为若干类别:① 按困难出现的时间;② 按困难的来源;③ 按困难对决策的影响,即妨碍决策过程或导致非最优决策;④ 按克服困难所需的干预类型。

(2) 职业决策困难层次化分类。基于分类依据,Gati et al. (1996)将职业决策困难分类划分为三个层次:第一个层次,按照困难出现的时间,区分为决策过程开始之前的困难和决策过程中的困难;第二个层次,按照困难的来源及其对决策的影响,将第一层次的困难进一步划分,将决策过程开始之前的困难定为因"缺乏准备"而导致的困难,将决策过程中的困难区分为因"缺乏信息"或"不一致的信息"而导致的困难,因而第二层次共有"三大类困难";第三个层次,按照困难的来源、困难对决策的影响及克服困难所需的干预类型,结合 Campbell & Cellini(1981)的分类标准,将"三大类困难"进一步细分为"十小种困难"。如图15.1 所示,三个层次的职业决策困难共有"三大类、十小种",各困难类型的说明如表 15.1 所示。

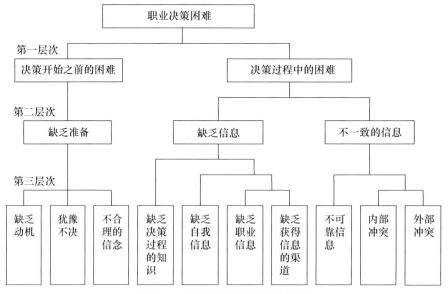

图 15.1 职业决策困难层级模型

表15.1 职业决策困难各类型说明

一、决策过程开始之前的困难

（一）缺乏准备：包括三种特定的困难
1. 缺乏动机——得分高说明在决策之前缺乏决策的意愿
2. 犹豫不决——得分高说明决策时存在困难
3. 不合理的信念——得分高说明对于职业决策过程有歪曲的认识、非理性的期望和不合理的信念

二、决策过程中的困难

（二）缺乏信息：包括四种特定的困难
4. 缺乏决策过程的知识——得分高说明缺乏关于如何作出明智决定的知识，特别是关于职业决策过程中特定步骤的知识
5. 缺乏自我信息——得分高说明决策者对自己的了解不够充分，比如关于职业偏好、能力等
6. 缺乏职业信息——得分高说明缺乏关于现有职业的大量信息，比如存在哪些职业或每一种职业的特点有哪些
7. 缺乏获得信息的渠道——得分高说明不了解如何获得更多信息，不知道怎样获得帮助以使决策过程更顺利

（三）不一致的信息：包括三种特定的困难
8. 不可靠信息——得分高说明个人所了解的自己或正在考虑的职业有相互矛盾的地方
9. 内部冲突——得分高说明内部状态混乱，这种内部冲突可能来自个人认为重要的因素之间存在矛盾
10. 外部冲突——得分高说明在决策者的个人偏好与他人的偏好之间存在差距

注：在最初的理论假设中，Gati et al.（1996）将"4. 缺乏决策过程的知识"列在"缺乏准备"大类，认为其属于决策过程开始之前的困难；但在实证检验中，这一类被列在"缺乏信息"大类，属于决策过程中的困难。

（3）十小种的关系。Gati et al.（1996）又进一步假设了十小种决策困难之间的关系，如假设"缺乏信息"大类中，"缺乏职业信息"与"缺乏获得信息的渠道"关系更近，继而与"缺乏自我信息"聚合，最后与"缺乏决策过程的知识"聚合。"不一致的信息"大类中，"内部冲突"与"外部冲突"之间的关系比它们与"不可靠信息"之间的关系更强。与来自不同类别的困难相比，每个类别中的困难同时出现的频率更高。

（4）十小种中的具体困难。基于决策理论中几个维度的区分，Gati et al.（1996）将"十小种"职业决策困难进一步细分为44个具体困难，每个具体困难代表一种不同的问题。区分的依据是：① 职业方案与职业特征的区分；② 信息内容与信息获取方式的区分；③ 个人偏好与个人能力的区分；④ 当前信息缺乏与将来信息缺乏的区分（考虑到决策中的不确定性）。

以"不一致的信息"为例,在"不可靠信息"类别中,根据不可靠信息的种类,将不可靠信息分为三类:与个人的偏好、感知到的能力或相关的职业选项有关的不可靠信息。

在"内部冲突"类别中,区分了由不相容的偏好引起的冲突和由偏好与能力之间的差距引起的冲突。第一子类别又进一步分为偏好的职业特征的冲突、偏好的职业之间的冲突、偏好的职业与偏好的职业特征之间的冲突(例如,想成为幼儿园教师与想要高收入之间的冲突)。第二子类别又进一步分为能力不足的冲突和能力高于所需的冲突。

在"外部冲突"类别中,区分了外部来源之间的冲突(例如,两个重要他人之间的冲突)和个人与外部来源之间的冲突。这些冲突的子类别又进一步分为职业特征的冲突(即在作出决定时应考虑什么准则或因素)和职业选项本身的冲突(即个人应该选择什么职业)。

3. 职业决策困难分类特点

(1) 职业决策困难分类是通过理论建构和实证检验之间的相互作用发展起来的。为了确保模型的全面性,以及它与现实生活的关联性,Gati et al. (1996)从200名职业顾问和10名职业咨询专家心理学家那里取得了关于职业决策困难的描述,并将这些列表与理论模型进行了比较,以确保它包含了所有重要的相关困难。

(2) 职业决策困难分类是层次化的,各种各样的困难被分成不同的类别,然后再根据更细微的差别分成不同的子类别。因此,在诊断过程中,每个人的困难都可以分为主要类别,进而再分为更精细的子类别和具体困难(Campbell & Heffernan, 1983)。

(三) 加蒂职业未决理论的最新发展——情绪—人格因素相关的职业决策困难模型

Gati et al. (1996)提出的职业决策困难模型主要基于职业决策困难的认知,虽然包含了一些基于情感的困难(如缺乏动机、犹豫不决和内部冲突),但非常少。

早在1982年,Salomone(1982)就提出要将仅仅在发展中未下决定的(undecided)人与长期优柔寡断的(indecisive)人区分开,认为前者是青少年发展中的自然状态,后者是一种人格特征,往往伴随着普遍性犹豫不决。之后,Osipow(1999)详细区分了职业未决(indecision)和优柔寡断(indecisiveness),认为前者是个人发展过程中的一种常见状态,是职业发展中的正常发展阶段,随着决策的制定、实施，个人需要作出新的决策(产生一种暂时的未决)，因此这类困难是暂时性的、发展性的；后者是一种人格特质，如果一个人在做职业或其他决定时反复遇到困难，以至于无法及时作出恰当的决定，这个人就是优柔寡断的，因此这类困难往往是跨情境的、长期的、特质性的。对两者的干预要采取不同的方法，对职业未决的职业咨询通常是一种基于认知的方法，在收集、筛选和评估相关的职业和个人信息时重视逻辑过程；而优柔寡断的咨询可能需要心理治疗方法，即关注人格问题。

Saka et al. (2008)基于前人的研究与咨询实践，使用一个整合的概念框架来呈现职业决策困难中的情绪与人格因素，并对因素之间的相互关系进行了结构分析，提出了"情绪—人格因素相关的职业决策困难模型"(EPCD)。EPCD 也是理论驱动型的分层模型，将造成职业决策困难的情绪和人格因素分为"3 大类、11 小类"。

3 大类包括悲观看法、焦虑、自我概念与认同。各大类中又包括3—4 个小类，共 11 个小类，模型结构如图 15.2 所示，其中各类型困难的说明如表 15.2 所示。

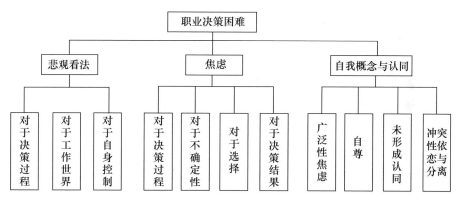

图 15.2　情绪—人格因素相关的职业决策困难模型(EPCD)

表 15.2　情绪—人格因素相关的职业决策困难模型(EPCD)各类型困难的说明

(一)悲观看法：对自己和工作世界的消极思维与情绪，也包括对自我效能感和自我控制的消极期待，包括三种特定困难：
1. 对于决策过程的悲观看法——得分高说明个体感觉自己没有能力作出合理、有效的决策；
2. 对于工作世界的悲观看法——得分高说明个体对工作世界本身有消极看法；
3. 对于自身控制的悲观看法——得分高说明个体认为职业决策过程、选择和结果都是由外部力量控制的。

(续表)

(二)焦虑:个体在生涯决策过程中存在的一种消极情绪状态,包括四种特定困难:
4. 对于决策过程的焦虑——得分高说明个体在决策前,因对决策过程有着完美主义要求而产生焦虑感,对现实的决策过程感到无助和紧张;
5. 对于不确定性的焦虑——得分高说明个体因对未来的不确定性、对身处未决定状态产生焦虑,以及对不确定性的低容忍产生焦虑;
6. 对于选择的焦虑——得分高说明个体对选择持完美主义态度,害怕漏选可能适合的工作,害怕选择不适合的工作,以及害怕为错误选择负责;
7. 对于决策结果的焦虑——得分高说明个体害怕不能实现自我期望或害怕不够完美而不去选择,因而产生焦虑。

(三)自我概念与认同:个体在生涯决策过程中对"我是谁、我要去哪里"这样一些与自我相关状态的评估,包括四种特定的困难:
8. 广泛性焦虑——得分高说明个体具有一般性焦虑,具有普遍性与稳定性的特质,而非来自决策过程导致的焦虑情绪;
9. 自尊——得分高说明个体在生活中和工作中的自我价值感较低;
10. 未形成认同——得分高说明个体暂未形成稳定的自我概念,具体表现为无法准确表达人生信念、价值观、偏好、生活目标,或无法清楚地表达职业偏好、兴趣和生涯目标;
11. 冲突性依恋与分离——与重要他人有关的职业决策困难,一方面来自决策缺少重要他人的支持或者招致过度批评,另一方面来自对重要他人的过度依赖或过度需要他人认可。

Gati et al. (1996)的职业决策困难模型和 Saka et al. (2008)的情绪—人格因素相关的职业决策困难模型均具有代表性。前者更关注职业决策困难的认知过程,后者更关注职业决策困难的情感和人格因素,分别对应职业未决(indecision)和优柔寡断(indecisiveness)的区别,从而更好地为职业决策困难的评估诊断、采取有针对性的干预手段提供了理论基础。

三、 相关评估技术与测量工具

(一) 职业决策困难问卷

1. 问卷基本情况

Gati et al. (1996)根据职业决策困难的分类编制了测评工具——职业决策困难问卷(CDDQ)。目前在国内使用较多的是沈雪萍等(2005)修订的中文版CDDQ(见表 15.3 和表 15.4),正式问卷有 35 个条目,其中有 3 个信度条目。每个条目表征了一个职业决策困难,按李克特 9 级评分(1 = 完全不符合, 9 = 完全符合),得分越高说明职业决策困难水平越高。问卷中除了涉及专业、年龄、性别、年级等人口学变量,还有3道题目用来检验问卷的效度:①"是否已经考虑过将继续学习什么专业或选择什么职业?是/否";②"如果考虑过的话,对自己选择的确信程度有多大?(1—9计分)";③"综合评价自己在职业决策上已经或可能有的困难程度(1—9计分)"。问卷的结构与 Gati et al.(1996)提出的职业决策困难分类模型完全一致。

表15.3 职业决策困难问卷(CDDQ)(沈雪萍,2005)

1. 在填写这份问卷之前,是否已经考虑过将继续学习什么专业或选择什么职业?
　　　　　　　□是　　　　□否
2. 如果考虑过的话,对自己选择的确信程度有多大?(请在相应等级上划"O")
　　　　1　2　3　4　5　6　7　8　9
　　　　根本不确定——————————非常确定
3. 综合评价自己在职业决策上已经有或可能有的困难程度。(请在相应等级上划"O")
　　　　1　2　3　4　5　6　7　8　9
　　　　容易————————————困难

接下来,将呈现一系列有关职业决策过程的陈述,请根据自身情况列出您在每个条目上的等级;如果这条陈述完全不符合您的实际情况,请在1上划"O";如果这条陈述完全符合您的实际情况,请在9上划"O"。

完全不符合	1　2　3　4　5　6　7　8　9	完全符合
1. 我知道我必须选择一个职业,但现在我还没有做决定的意愿		
2. 工作并不是人生中最重要的事情,所以选择职业这种问题并不太让我担心		
3. 我认为不必现在就选择一个职业,因为随着时间的推移,我自然会作出正确的职业选择		
4. 对我而言,做决定通常是困难的		
5. 我通常觉得自己的决定需要专业人士或自己信赖的人的认可和支持		
6. 我通常害怕失败		
7. 我喜欢以自己的方式行事		
8. 我希望通过从事我所选择的职业解决其他个人问题(如人际关系、家庭、感情问题等)		
9. 我认为只有一种职业适合我		
10. 我希望通过从事我所选择的职业实现所有的人生愿望		
11. 我认为职业选择是一次性的决定和终身的承诺(一旦选择一份职业就不能再考虑其他选择,也不能更换)		
12. 我总是按照别人的吩咐去做事,即使这样做并不符合自己的意愿		
13. 我觉得职业选择是一件困难的事,因为我不知道应该采取什么样的步骤		
14. 我觉得职业选择是一件困难的事,因为我不知道应该考虑哪些因素		

(续表)

完全不符合	1	2	3	4	5	6	7	8	9	完全符合

15. 我觉得职业选择是一件困难的事,因为我不知道如何将自身的情况(如自己适合做什么)和各种不同职业的信息(如不同职业对人的要求)结合起来考虑

16. 我觉得职业选择是一件困难的事,因为我还不知道哪些职业是我感兴趣的

17. 我觉得职业选择是一件困难的事,因为我还不能确定自己的职业偏好(如我希望与他人建立什么样的人际关系、我喜好怎样的工作环境等)

18. 我觉得职业选择是一件困难的事,因为我还不太了解自己的能力(如数学能力、语言表达能力)和性格特征(如毅力、主动性、耐心等)

19. 我觉得职业选择是一件困难的事,因为我不知道将来我的能力和性格特征是什么样的

20. 我觉得职业选择是一件困难的事,因为我对现有职业和培训项目的种类不太了解

21. 我觉得职业选择是一件困难的事,因为我对自己感兴趣的职业和培训项目的特点(如市场需求、一般收入、晋升的可能性、培训项目补贴等)不太了解

22. 我觉得职业选择是一件困难的事,因为我不知道将来的职业会是什么样的,如职业的发展前景、将来的市场需求如何

23. 我觉得职业选择是一件困难的事,因为我不知道怎样才能更加清楚地了解自己(如怎样了解我的能力和性格特征)

24. 我觉得职业选择是一件困难的事,因为我不知道如何获得关于现有职业、培训项目、用人单位的准确和最新信息

25. 我觉得职业选择是一件困难的事,因为我不知道我对哪些职业感兴趣

26. 我觉得职业选择是一件困难的事,因为我经常变换自己的职业偏好(如有时我想自己当老板,而有时我只想受雇于人)

27. 我觉得职业选择是一件困难的事,因为我获得的关于自己能力和性格特征的信息有互相矛盾的地方(如我认为自己是个有耐心的人,而其他人并不这么认为)

28. 我觉得职业选择是一件困难的事,因为我所获得的某种职业、培训项目、用人单位的信息有互相矛盾的地方

29. 我觉得职业选择是一件困难的事,因为若干个职业同样吸引着我,从它们中间做选择有困难

30. 我觉得职业选择是一件困难的事,因为能接纳我的职业、培训项目或用人单位不是我所喜欢的(如人家看中了我,但我看不中人家)

32. 我觉得职业选择是一件困难的事,因为我感兴趣的职业包含一些我不喜欢的职业性质(如我对医学感兴趣,但我不愿意学习那么多年)

33. 我觉得职业选择是一件困难的事,因为我不具备我感兴趣的职业所要求的能力

完全不符合	1	2	3	4	5	6	7	8	9	完全符合
34. 我觉得职业选择是一件困难的事,因为对我而言比较重要的人(如父母、朋友)并不认同我正在考虑的职业或我所期望的职业特点										
35. 我觉得职业选择是一件困难的事,因为对我而言比较重要的人对于什么职业适合我或选择职业时应该考虑哪些职业特点等问题上存在不同看法										

CDDQ 的层级结构得到了跨文化的普遍验证,聚类分析和验证性因素分析结果均符合理论构想。总体而言,CDDQ 的层级结构具有跨文化的一致性(Osipow & Gati, 1998；Gati et al., 2001；Mau & 2001；Tien, 2005；沈雪萍, 2005；Kulcsar et al., 2020)。

大量的研究支持了 CDDQ 在国际背景下的效标效度,如 CDDQ 与 CDS 显著正相关、与 CDMSE 显著负相关(Osipow & Gati, 1998；Gati et al., 2001；Xu & Bhang, 2019)。Gati et al. (2000)发现来访者 CDDQ 结果所表明的困难领域与职业咨询师的判断一致。

此外,具有不同决策状态(未决定与已决定)的个体,在 CDDQ 的所有分量表及总量表上均呈现显著差异,未决定者显著高于已决定者(Osipow & Gati, 1998；沈雪萍等, 2005),且"对未来选择的确信程度"与 CDDQ 总分负相关,"困难程度总评价"与 CDDQ 总分正相关,说明问卷的辨别效度较好。

表 15.4 职业决策困难类型对应条目

一、决策过程开始之前的困难
(一)缺乏准备(10): 1,2,3,4,5,6,8,9,10,11
1. 缺乏动机:1,2,3
2. 犹豫不决 :4,5,6
3. 不合理的信念:8,9,10,11
二、决策过程中的困难
(二)缺乏信息(12):13,14,15,16,17,18,19,20,21,22,23,24
4. 缺乏决策过程的知识:13,14,15
5. 缺乏自我信息:16,17,18,19
6. 缺乏职业信息:20,21,22
7. 缺乏获得信息的渠道:23,24

(续表)

(三) 不一致的信息(10): 26,27,28,29,30,31,32,33,34,35

8. 不可靠信息:26,27,28

9. 内部冲突:29,30,31,32,33

10. 外部冲突:34,35

甄别条目:7,12,25

2. 问卷解释模型

为了对 CDDQ 分数有一个规范的解读,Amir et al. (2008)提出了"职业决策困难解释模型"。他们假设,一个"理想的作答模式"应该符合三个标准,即可信的、有区分度的、信息丰富的。在此基础上,他们提出了四阶段解释模型:① 确定个人作答的可信度,识别不可靠的作答问卷;② 评估作答的区分度,即个人在不同困难类别上的作答是否有明显的差异,以便向个人提供其突出困难类型的反馈;③ 评估职业决策困难的相对重要性,确定突出的、中等的和可忽略的难度类别;④ 确定给参与者提供何种形式的反馈,包括标准模式反馈、附加保留意见的反馈、不提供反馈,当作答的信度、区分度、信息量不够的情况下提供附加保留意见的反馈。

第一阶段,确定个人作答的可信度,主要根据 CDDQ 中两个有效性条目("我喜欢以自己的方式行事""我总是按照别人的吩咐去做事,即使这样做并不符合我自己的意愿")来识别随意作答的问卷,对有效性的评估分为三级,即可信的、可疑的、不可信的。根据中位数判断,第一个效度项为 5 分及以上的反应为可信反应,第一个效度项为 2 分及以下的反应为不可信反应;第二个效度条目的判断表明,5 分及以下的回答是可信的,而 8 分及以上的回答是不可信的。不可信情况下停止解释。可疑情况允许解释过程继续,但会在反馈中附加保留意见。

第二阶段,评估作答的区分度。这一阶段是评估个体在 10 小种决策困难上的差异程度,区分度越高,越容易定位个人职业决策困难的重点。评估的标准分为三级:若 10 小种困难的分数标准差大于 1,则为有区分度;若标准差低于 0.75,则为无区分度;标准差介于 0.75 和 1 之间,则为有部分区分度。无区分度则不对结果进行解释,有部分区分度可以进行解释,但是会在反馈中附加保留意见。

第三阶段,评估职业决策困难的相对重要性。只有在前两阶段达到可信的或可疑的、有区分度或有部分区分度的,才进行第三阶段。困难相对重要性也分为三级:突出性困难、中等程度困难、可忽略的困难。三级的区分标准是:① 类别平均分如果大于等于5,为突出性困难;② 平均分为3—4,为中等程度困难;③ 平均分若为1—2,为可忽略的困难;④ 平均分若为4—5,首先以突出性困难类中的最低量表分数为参照,以4—5的最高量表分数为比较分数,若二者之差小于等于0.6,则为突出性困难;若二者之差高于0.6,则为中等程度困难;⑤ 平均分若介于2—3,与上述过程一样,只不过临界点为0.3,若小于等于0.3,则为中等程度困难;若大于0.3,则为可忽略的困难。

第四阶段,确定给参与者提供何种形式的反馈。有三种反馈方式,即标准模式反馈、附加保留意见的反馈、不提供反馈,当作答的可信度、区分度、信息量都不够的情况下须附加保留意见。第一阶段和第二阶段评估了可信度和区分度,信息量的评估方法为:比较量表间和量表内的标准偏差,偏差越大,信息量越大。量表间标准差("信号")直接根据10个量表得分计算,量表内标准差("噪声")定义为10个标准差的均值。若信号大于噪声,则认为回答的信息量大;若信号小于噪声,则认为回答的信息量小。综合前三个阶段,如有1—2个原因需要附加保留意见,则将保留意见添加到反馈中;如有3个原因要附加保留意见,则不提供反馈。

(二) 情绪—人格因素相关的职业决策困难模型(EPCD)

Saka et al. (2008)为了完善和实证检验情绪与人格职业决策困难分类法,开发了EPCD。池田真理等(2016)翻译、修订了中文版问卷,删除了原始EPCD中载荷低的3个条目,形成了50个条目的中文版EPCD,包括1个热身题、2个信度题、表征11类困难的47个条目,按李克特9级评分(1 = 完全不符合,9 = 完全符合),得分越高表示职业决策困难程度越高。

EPCD的结构效度已经通过跨文化检验,聚类分析和验证性因子分析均表明EPCD具有良好的结构效度,11个分量表的经验聚类结构与所提出的理论模型高度吻合(Saka et al., 2008; Hou et al., 2015; Jin et al., 2015; Oztemel, 2013)。

有一致的证据支持EPCD的效度。例如,有研究发现EPCD与情绪和人格相关变量(如大五人格、特质焦虑)、职业决策自我效能感相关(Hou et al., 2015; Jin et al., 2015; Saka & Gati, 2007; Oztemel, 2013)。

还有研究发现,EPCD对不同求助意愿、决心和自我报告困难的学生表现出不同的分数(Gati et al., 2012; Oztemel, 2013; Saka & Gati, 2007)。综上,EPCD被发现可以成功预测后来学生的决策和选择信心(Saka & Gati, 2007; Gati et al., 2012),因此EPCD不仅具有令人满意的同时效度,还具有很好的预测效度。

四、理论的应用价值

Gati et al.（1996）及其后续研究将理论建构与实证分析相结合，从而为职业未决研究提供了具有普遍性、稳定性的理论框架与较高的实证效度，为该领域作出了重要的贡献。

（一）理论价值

1. 分类法为职业未决研究提供了新视角

对于职业未决研究，一个合理的起点是确定和分类人们在职业决策过程中可能出现的问题。采用分类法的目的是提供一个系统对来访者的问题进行有意义的分类，先将来访者问题分为问题类，再分为问题子类。一旦后者被指定，就可以帮助咨询师进行诊断，继而制定和实施干预策略。

加蒂等人试图为这个概念提出了一个分类法。背后的假设是：职业决策困难不是一个有着不同症状的单一类型问题，而是通常会导致相同结果（即无法作出职业决策或无法作出满意的决策）的一组问题。在提出的分类法中，困难的分类可以与每个困难可能导致的不同结果（也包括干预措施）联系起来，如缺乏准备的困难可能会妨碍个人开始决策过程，缺乏信息的困难可能会在决策过程开始后就停止，而不一致的信息可能会停止决策过程或导致一个不太理想的决策，从而逐渐分离出三大类、十小类困难，这些类别有一个定义良好的结构，与理论模型一致。所以，加蒂等人的创新在于他们并没有拘泥于职业决策困难的维度问题，而是更多地关注一个全面的、理论上合理、有实际意义的分类法的发展。

2. 层级结构为职业未决诊断提供了灵活性

职业决策困难分类使得咨询师可以对个人所面临困难的焦点和原因作出更精确的诊断，有助于根据个人的独特困难制订干预方案（Gati et al.,1996）。

职业决策困难的结构是分层的，这一特征被称为"二阶构念"，指的是一阶构念能组合成高阶构念。CDDQ（和 EPCD）中的条目被组合成 10 个（和 11 个）困难子类，代表一阶构念；这 10 个（和 11 个）构念组合成三个主要的困难簇，它们是二阶构念，为决策困难分别提供 13 个（和 14 个）分数；最后，这些分数被合并到总分中，是三级结构，从而允许在不同层次上定位来访者需求和评估干预措施的有效性。

（二）实践应用

CDDQ 和 EPCD 的优势在于对于特定困难的更加精细的评估——允许详细评

估三大类和十小类困难等级。这种更加精细的评估可以用于多种用途,作为个人职业咨询领域的诊断工具,用于初步筛查,帮助咨询师规划和指导咨询过程;作为需求评估工具,用于收集特定群体的各类困难信息;用于在线职业指导系统。

第一,CDDQ 和 EPCD 允许在两个方面(认知、情绪与人格)、三个不同的水平(大类、小类、具体困难)上评估个人的困难,用于对来访者进行鉴别和诊断,根据结果选择合适的干预措施,有助于实现职业咨询的"定制化"。所有三个层次都可以被评估,或者只关注最相关的一两个层次,可以在不同的层次水平上(细到具体的条目)单独检查以确定问题来源,选择最有针对性的干预措施。例如,缺乏教育或职业信息的人可以去职业图书馆查找资料;缺乏能力、兴趣信息的人,可以进行职业测评;在内部冲突、外部冲突方面有困难的人,可以进行职业咨询;而有深层次情绪问题的人,可以去寻求深度的职业咨询或心理咨询。

第二,CDDQ 和 EPCD 可以作为"需求评估"工具,用来收集关于职业决策中经常发生在特定群体(如中学生、大学生、成人)的困难信息,这有助于设计最适合每个群体需要的干预措施。以 Super(1990)的寿命和生命空间视角为指导,不同发展阶段的个体可能表现出职业决策困难的结构或平均水平差异(Vandenberg & Lance, 2000)。因此,需要更多的关于职业决策困难在整个生命周期的结构和平均水平的变化。

第三,职业未决的评估大量用于计算机辅助就业指导系统,提升了在线职业指导的效果。加蒂等人一直致力于在线职业指导系统的发展,他们将所研发的所有职业困难评估工具都开发成相应的系统,被试者可以完成在线测评并获得反馈。职业决策困难的诊断对于计算机辅助就业指导系统的使用非常重要,当人们开始与计算机对话时就能发现自己的决策困难,而诊断将会提供更快捷地提供有效的方法、推荐更适合的咨询师。

五、 经典文献推荐

Amir, T., Gati, I. & Kleiman, T. (2008). Understanding and interpreting career decision-making difficulties. Journal of Career Assessment, 16(3), 281–309.

Gati, I., Gadassi R., Saka, N., Hadadi, Y., Ansenberg, N., Friedmann, R. & Asulin-Peretz, L. (2011). Emotional and personality-related aspects of career decision-making difficulties: facets of career indecisiveness. Journal of Career Assessment, 19(1), 3–20.

Gati, I., Krausz, M., & Osipow, S. H. (1996). A taxonomy of difficulties in career decision making. Journal of Counseling Psychology, 43(4), 510–526.

Gati, I., Saka, N. (2001). High school students' career-related decision-making difficulties. Journal of Counseling & Development, 79(3), 331–340.

Gati, I., Saka, N. (2001). Internet-based versus paper-and-pencil assessment: measuring career decision-making difficulties. Journal of Career Assessment, 9(4), 397–416.

Gati, I., Saka, N. & Krausz, M. (2001). Should I use a computer-assisted career guidance system? It depends on where your career decision-making difficulties lie. British Journal of Guidance & Counselling, 29(3), 301–321.

Hou, Z. J., Li, X., Liu Y. L. & Gati, I. (2016). The emotional and personality-related career decision-making difficulties questionnaire—validation of the Chinese version. Journal of Career Assessment, 24(2), 366–379.

Saka, N., Gati, I., & Kelly, K. R. (2008). Emotional and personality-related aspects of career-decision-making difficulties. Journal of Career Assessment, 16(4), 403–424.

第十五章参考文献

第十六章

职业生涯决策的 PIC 模型

谢宝国　康椰紫*

一、代表人物与时代背景

(一) 代表人物

伊塔马尔·加蒂(Itamar Gati,1948—),以色列职业心理学家。1948年,加蒂出生于以色列,1969年就读于耶路撒冷希伯来大学,1978年完成博士学业,同年赴美国斯坦福大学从事博士后研究。1979年回到希伯来大学任教,1986—1987年在美国俄亥俄州立大学从事访问学者工作,1987年至退休,他一直在希伯来大学任教。

加蒂曾获得美国国家职业发展协会国际奖(2005年)、美国心理学会国际终身成就奖(2010年)、咨询心理学元老杰出贡献表彰奖(2015年)、美国职业心理学学会杰出成就奖(2018年)。先后担任《职业行为》(*Journal of Vocational Behavior*)、《职业评估》(*Journal of Career Assessment*)、《咨询心理学》(*Journal of Counseling Psychology*)、《咨询心理学家》(*The Counseling Psychologist*)、《职业发展季刊》(*Career Development Quarterly*)等多家期刊编委会成员。

伊塔马尔·加蒂

为广泛开展研究与社会服务,加蒂等人组织开发了若干在线职业指导系统,如 MEITAM(计算机职业信息系统)、MESHIV/MIVDAK(计算机辅助职业生涯决策系统)、MEYDAAT(面向高等教育的信息与指导系统)、MBCD(作出更好的职业决策,MESHIV 的美国版)、"我适合吗"(Do I Fit,互联网职业决策支持系统)、

---

* 谢宝国,武汉理工大学管理学院副教授、博士生导师,主要研究领域为职业行为与组织管理,电子邮箱:xiebaoguo@foxmail.com;康椰紫,中国人民大学劳动人事学院硕士研究生,主要研究领域为职业生涯管理。

Future Direction（www.kivuni.com，职业指导网站），促进了职业指导的应用与发展。

（二）时代背景

职业生涯决策 PIC 模型——预筛选、深度探索和选择（PIC model for career decision making: prescreening, in-depth exploration, and choice）的提出源于加蒂认识到个人—环境匹配取向以及规范性职业生涯决策理论存在问题。加蒂等人认为个人—环境匹配取向除了如 Osipow（1987）所总结的三大挑战（"我们如何评估个人""我们如何衡量环境""我们如何比较个人和环境的匹配程度和匹配质量"），最大的问题之一是过分强调"匹配度"这一概念，往往导致个人的特质（比如兴趣、需求、价值观等）与其所处环境之间出现僵化匹配，而不是鼓励个人在职业生涯决策过程中发挥积极作用。事实上，人们的职业选择常常是一个动态、交互的过程。规范性职业生涯决策理论[①]虽然解决了上述问题，为个体提供了一个系统性、分析性的职业生涯决策过程指导框架，但是人们的认知局限以及时间和金钱限制常常使得规范性职业生涯决策模型在现实生活中显得不切实际。首先，当潜在选项很多时，如果没有计算机系统和数据库，这些模型就不适用；其次，规范性职业生涯决策模型可能会被认为过于理性和抽象，不太适合喜欢反复思量的人；最后，规范性职业生涯决策理论涉及太多强制计算而缺乏直觉上的吸引力。因此，对于大多数人来说，规范性职业生涯决策理论显得太过武断和复杂。事实上，出于简化复杂决策问题的需要，人们经常违反规范性决策模型的基本假设，即采用启发式而不是对所有潜在选项进行评估。为解决个人—环境匹配取向以及规范性职业生涯决策取向存在的问题，加蒂等人于 20 世纪 80 年代中期提出了职业生涯决策的 PIC 模型。后来经过加蒂等人的一系列修正，最终形成完善的 PIC 模型。

二、理论的核心内容及实证检验

（一）核心内容

受到阿莫斯·特沃斯基的影响，加蒂认为人类的认知是有限的，因此职业生

[①] 根据 Bell et al.（1988）的观点，决策模型可以分为规范性（normative）、描述性（descriptive）和指导性（prescriptive）三种类型。规范性决策模型规定了人们应该如何作出理性的选择；描述性模型描述并解释了人们在现实生活中如何在众多现实选项中进行选择；指导性模型描绘了作出更好决策所涉及的建议性步骤，并认为根据规范性模型所作出的决策未必一定是最好的。

涯决策模型应该致力于优化个人职业选择过程,而不是最优化或最大化期望效用。同时,加蒂还认为咨询师在帮助来访者进行职业生涯决策时应该放弃最大化效用这一不可能达成的目标,帮助来访者作出足够好的或满意的职业选择。因此,从模型类型来说,PIC 模型是一个指导性的决策模型。从匹配角度来说,PIC 模型的目标是帮助个人实现与职业之间的匹配。与其他个人—环境匹配理论不同之处在于:PIC 模型不仅聚焦于匹配这一结果而且更加重视达成匹配的过程。PIC 模型理论体系包括七个基本概念(见表 16.1)、职业生涯决策准备性评估和职业生涯决策三个阶段。

1. 七个基本概念

表 16.1　PIC 模型的七个基本概念

基本概念	描述对象	
	个人	环境
职业相关方面	决策者偏好	职业选项特征
职业选项的核心方面	—	职业选项特征
方面①对个体的相对重要性	决策者偏好	—
方面内水平	—	职业选项特征
方面内偏好	决策者偏好	—
结构化和非结构化信息	—	职业选项特征
敏感性分析	自我反思	—

(1)职业相关方面。职业相关方面是指所有能够被用来描述个人偏好和职业选项特征的相关变量。比如,个人偏好包括职业兴趣、工作价值观、人格特征等;职业选项特征包括收入、培训时间、对社会的贡献、在室内或室外工作、手指灵活度等。相较于个人—环境匹配理论常常只依据单一变量(比如兴趣、价值观)对职业选项进行预筛选,PIC 模型建议采用职业相关方面对职业选项进行预筛选。因为职业相关方面可以将现有个人—环境匹配理论没有描述的职业变量纳入进来,所以 PIC 模型认为相较于仅使用单一职业变量类别,采用职业相关方面描述个人和环境可以帮助决策者获得更好的个人—环境匹配。

(2)职业选项的核心方面。PIC 模型认为,并不是所有方面对描述特定职业选项都同等重要;相反,它们在相关性和重要性上有所不同。核心方面是指对那些能够被用来描述一个职业的本质特征的至关重要方面。例如,"非常规工作时间"和"密集使用语言能力"是新闻记者的显著特征,因此"工作时间"和"使

---

① 方面(aspects)是指个人在职业选择过程中需考虑的重要因素,下同。

用语言能力"是新闻记者这一职业的核心方面(而"手指灵活度"不是)。然而,这两个方面对于数学家这一职业特征的描述可能就不太重要,甚至不相关。PIC模型指出,定义职业选项的核心方面很重要。因为在职业选择过程中,相对于考虑所有方面,只考虑职业选项的核心方面并进行个人与职业之间的匹配可以帮助个体获得更高的职业选择满意度。

(3)方面对个体的相对重要性。认知的局限以及资源的有限(比如时间、金钱)不允许决策者在预筛选或比较备选方案时考虑所有方面,因此有必要确定在特定情况下对个人来说最重要的方面。PIC模型特别指出,为了避免作出不切实际的选择,决策者在确定方面的相对重要性时必须考虑到个体身体或外部的限制(如残疾、配偶工作的地点)。

(4)方面内水平。方面内水平是指职业相关方面的每个方面在质量或数量上的变化水平。例如,"声望"可以分为非常高的声望、高于平均水平、平均水平、低于平均水平和较低声望五个水平。

(5)方面内偏好。方面内偏好是指个体对职业相关方面的每个方面的偏好程度。PIC模型将个体对特定方面的偏好程度依次分为最佳的、可接受的和不可接受的三种水平。方面内偏好反映了个体在职业生涯决策过程中对特定方面的妥协意愿。例如,一个人可能认为"只在室内工作"是最佳的,但愿意考虑"主要在室内工作"这一可接受的替代方案。方面内偏好与方面对个体的相对重要性虽然存在一定关联,但是 Gati et al.(1993)发现方面内偏好与方面对个体的相对重要性只存在中等程度的相关性。PIC模型认为将方面对个体的相对重要性与方面内偏好区分开是非常重要的,因为对个体相对重要的方面并不一定意味着个体会显示出非常高的偏好水平。

(6)结构化和非结构化信息。PIC模型认为,有关职业选项的信息可以分为结构化和非结构化两种形式。结构化信息是指按领域组织起来的分类或数量化信息。结构化信息使个人能够在数据库搜索并找到具体职业说明(比如,高中以上的培训时间为一年或一年以下,不需要使用计算机)。非结构化信息是指"软"数据,这些数据没有明确的方面内水平。非结构化信息可能是有偏差的,因为它们高度依赖信息提供者的主观感知以及数据库编辑和开发人员的判断。尽管如此,与结构化信息一样,在职业生涯决策过程中也需要考虑非结构化信息。当备选方案数量很大时,结构化信息有助于快速预筛选备选方案,而非结构化信息对于了解备选方案的"真实"本质并对其进行精确比较非常重要。

(7)敏感性分析。敏感性分析是指检查决策过程中输入信息的变化对决策结果的影响。比如,个人偏好的合理变化或者职业选项信息的变化是否会影响特定职业选项被认为是适合的。敏感性分析还意味着检查关键信息的有效性,不敏感则增加了个人对决策结果的信心。一般而言,个体在决策过程中每个阶段末期都需要进行敏感性分析。

2. 职业生涯决策准备性评估

职业生涯决策是一个复杂的任务,需要个体仔细考量。PIC 模型指出,在正式进入职业生涯决策三个阶段之前,必须要问自己如下几个问题:

- 知道系统地作出职业生涯决策需要哪些步骤吗?
- 是否愿意花费必要的资源(如时间、精力、金钱)作出职业生涯决策?
- 是否愿意对自己诚实,找出自己的长处和短处?
- 准备好应付可能的冲突了吗?
- 做决定时需要帮助吗?如果需要的话,知道从哪里可以得到帮助吗?
- 是否准备好对即将作出的决定负责?

职业生涯决策的评估准备还包括处理功能失调的职业生涯信念、思维与非理性期待。比如"有一个完美的职业在等着我""咨询师会给我找到正确的职业"等都表明决策者对职业生涯决策的准备不足,会阻碍职业生涯决策过程的进行。

3. 职业生涯决策三个阶段

PIC 模型将职业生涯决策分为预筛选潜在选项(prescreening the potential alternatives)、深度探索(in-depth exploration)、选择最适合选项(choice of the most suitable alternatives)三个阶段(见表 16.2)。

(1) 预筛选潜在选项阶段。在许多职业生涯决策情境中,潜在选项(比如专业、大学、职业)的数量是非常庞大的。由于认知资源有限,决策者不可能像规范性决策理论所要求的那样将所有潜在选项都纳入考虑范围。PIC 模型认为,理想的做法是对潜在选项进行预筛选,减少选择数量(比如 7 个或更少),进而产生一组可管理且有可能适合个体的选项。通过预筛选,这些有可能适合的选项在决策的后续阶段就会被关注到,而不被视为"有可能适合"的选项将被忽略掉。因此 PIC 模型指出,个体在预筛选阶段必须谨慎,以尽量降低将有可能适合自己的选项排除在外的可能性。

为获得一个有可能适合的职业选项列表,PIC 模型指出个体对潜在选项进行预筛选需要经历如图 16.1 所示的五个步骤。第一步,选择相关方面。搜索有可能适合的选项是建立在个人偏好(如工作环境、培训时间、工作时间、与人的关系类型等)基础之上的。由于认知和其他资源受限,考虑所有可能方面是不切实际的。因此,个人必须从众多与职业相关方面中选出自己关注的方面。第

表 16.2 PIC模型中职业决策三个阶段的对比

决策阶段	目标	过程	策略	结果	信息检索方向	注意点	决策过程的比较		
							偏好和能力	处理妥协	应对不确定性
阶段一：预筛选潜在选项	减少选项数量，产生一组可以操作的有可能适合的职业选项	五个步骤	序列消除	得到有可能适合的职业选项列表	跨选项方面内	目标是拒绝不可接受的选项，因此注意力放在方面内不可接受水平上	为提高决策动机，只考虑个人偏好(我想干什么)	扩大最重要方面可接受水平的范围	将方面内的最佳水平和可接受水平都考虑进来，以应对个人与未来偏好的不确定
阶段二：深度探索	确定真正适合的职业选项	个人与选项之间的适合度检验	个人—环境匹配	得到确实适合的职业选项列表	跨方面选项内	目标是检验每个可能适合选项的适合度，因此注意力放在方面内的水平上	同时考虑个人的偏好(我想干什么)和能力(我能干什么)	方面内没有超过个人总体可接受的妥协程度；个人愿意付出更多的额外资源以增加实现选项的可能性	收集更多信息，以应对个人与选项之间匹配的不确定
阶段三：选择最适合选项	选择最适合的职业选项	选项之间利弊权衡	决策平衡和优势结构搜索	得到最适合的职业选项	二者兼有	目标是选择最适合的选项，因此注意力放在方面内最佳水平上	同时考虑个人的偏好(我想干什么)和能力(我能干什么)	愿意降低特定方面的相对权重；将几个适合的选项看作可接受的	选择次适合选项或者同时执行几个适合的选项，以应对不确定性

第十六章 职业生涯决策的 PIC 模型

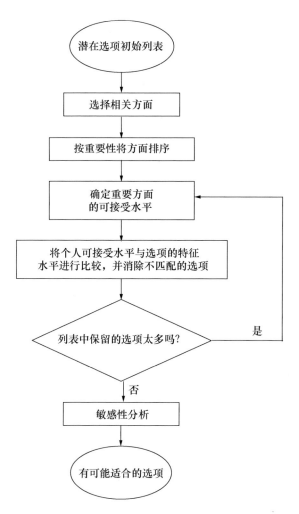

图 16.1 预筛选阶段的五个步骤

二步,按重要性将方面排序。在许多情况下,并非所有被确定为相关的方面都应该被考虑。决策者应该按重要性将相关方面进行排序,然后从最重要的方面开始搜索,接着搜索第二重要的方面,依次类推。第三步,确定重要方面的可接受水平。第四步,将个人可接受水平与选项的特征水平进行比较,并消除不匹配的选项。经过比较后,个体会将那些超出自己可接受范围的选项排除掉。第五步,敏感性分析。确定了一组有可能适合的职业选项之后,个体需要重新回到上述步骤,并对如下问题进行检查:① 个人偏好是否会发生改变;② 为什么某些直觉上有吸引力的选项,经过系统搜索之后被排除;③ 仅仅因为选项与个人某一偏好存在微小差异就被排除是否合理。

为使得上述五个步骤能够顺利进行,基于Tversky(1972)的理论,PIC模型演化出了序列消除策略(sequential elimination)(见图16.2)。序列消除策略开始于筛选所有潜在选项,终止于将个人可接受水平与选项的特征水平进行比较。序列消除策略的基本思想是排除那些与决策者偏好不相容的选项以确定一组有可能适合的选项。序列消除策略使得决策者即使在潜在选项非常多的情况下也能够非常容易地、系统地进行搜索和比较。

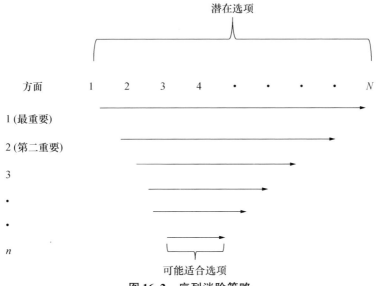

图16.2 序列消除策略

(2)深度探索阶段。该阶段的目标是确定一些真正适合个体的职业选项。为达成这一目标,决策者在此阶段需要进行适合度检验(suitability test),如图16.3所示。

由图16.3可以看出,PIC模型认为决策者需要从两个方面对个人偏好与职业选项之间的匹配度进行检验。第一,选项适合我吗?具体包括两个方面的行动:①验证选项与个人偏好中最重要的方面的匹配性;②检验选项与个人偏好中不太重要的方面之间的匹配性。不太重要的方面在预先筛选阶段可能没有被考虑到。然而,在深度探索阶段个人偏好有可能发生调整。第二,我与选项匹配吗?具体也包括两个方面的行动:①验证个人与选项核心方面的匹配性,即个人是否确实满足职业选项核心方面所提出的要求(比如,个人是否愿意轮班工作就是护理人员的核心方面)。②检验个人实现选项的可能性,即个人先前经历能否达到该职业选项的必备要求。如果现在达不到的话,是否有其他方式(如参加培训)可以增加个人实现选项的可能性。关于适合度检验的顺序,PIC

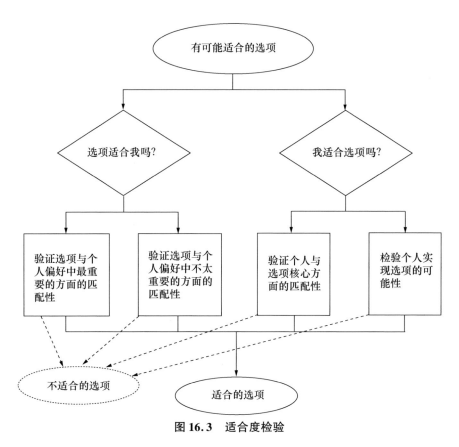

图 16.3 适合度检验

模型认为检验顺序是由个人收集到信息的顺序及其重要性决定的,而不是方面对个人的重要性。另外,在深度探索阶段,PIC 模型还特别强调非结构化信息的作用,因为这类信息可以帮助决策者更好地理解每个职业选项的本质特征。

(3)选择最适合选项阶段。该阶段的目标是根据个人偏好和能力,选择最适合的职业选项,并在必要时选择次优选项。如图 16.4 所示,经过深度探索之后,会出现两种可能:决策者获得一个最适合的选项;决策者获得两个或两个以上适合的选项。对于第一种情况,决策者不再需要进一步选择,直接执行选项即可。如果有两个或两个以上适合选项,那么要求决策者采用决策平衡单(Janis & Mann, 1977;金树人,2007;谢宝国等,2016)、SWOT 分析(杨英和龙立荣,2005;谢宝国等,2016)、优势结构搜索(Montgomery,1989)等决策技术对这些选项进行利弊权衡,选择最适合的选项。然而,职业生涯决策经常是在不确定情况下作出的,即经常不能实现最偏好的选项。因此,决策者这时就需要选择第二、第三甚至第四适合的选项。最后,无论是选择了最适合的还是次适合的职业选项,决策者都需要对自己的选择进行主观评估。如果不满意或没有信心,那么就要重新思考整个决策过程,直到确信作出正确选择为止。

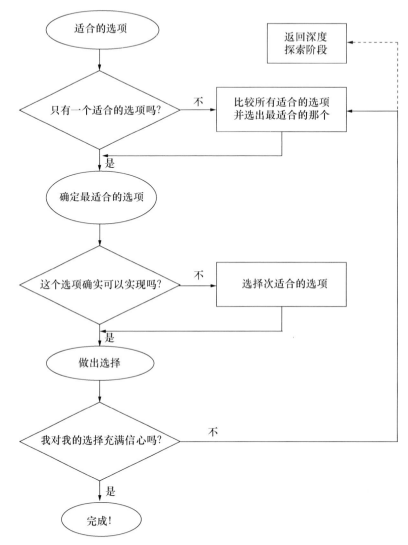

图 16.4　选择阶段的过程

(二) 实证检验

1. 序列消除策略的生态效度

PIC 模型指出,为了使得即使在潜在选项非常多的情况下也能非常容易地、系统地进行信息搜索和比较,个体在职业生涯决策中经常会采取序列消除策略。Gati & Kibari(2000)使用信息板范式结合口语报告法分析了个体的职业信息搜索模式(信息板由 40 个职业选择×34 个职业相关方面组成)。在使用信息板之前和之后,要求被试对 34 个职业相关方面的重要性进行评分。研究结果显示,被试的职业信息搜索模式与 PIC 模型的预期相符。Gati & Tikotzki(1989)还使用计算机辅助职业指导系统对 384 名来访者进行了职业生涯咨询。通过对监控对话的分析发现,96% 的来访者在全部或一部分对话中采用了序列消除策略。Mau & Jepsen(1992)训练学生在职业生涯决策中使用序列消除策略和期望效用策略,结果表明以完全理性决策风格训练学生任何一种策略都会影响他们的职业生涯决策过程,选择使用序列消除策略的学生比选择使用期望效用策略的学生表现出更少的焦虑和不满意。Paquette & Kida(1988)的研究还显示,随着决策选项数量的增加,消除策略或混合策略(消除之后再补偿)比复杂的补偿策略所需的时间要短得多,而且这两种策略都不会降低准确性(即客观上是否选择了"最佳"选项)。

2. PIC 模型的实际干预效果

"作出更好的职业生涯决策"(Making Better Career Decision,MBCD)是加蒂等人基于 PIC 模型设计的一个计算机辅助职业指导系统。实证研究显示,该系统可以帮助个体显著降低与信息相关的职业生涯决策困难。比如,Gati et al.(2001)对比使用 MBCD 前后个体报告职业生涯决策困难水平的变化,考察 MBCD 系统的实际干预效果。结果表明,MBCD 系统除了不能降低个体在"缺乏动机""功能失调的信念""外部冲突"这三类职业生涯决策困难(这表明决策前进行职业生涯决策准备性评估的重要性),其他七类职业生涯决策困难的水平都显著降低。Gati et al.(2003)显示,MBCD 增加了被试的职业确定性,并且被试愿意向朋友推荐使用 MBCD。Gati et al.(2006)使用 MBCD 对 70 名来访者进行了为期六年的追踪研究,研究结果显示 MBCD 系统具有非常好的预测效度。具体而言,来访者被分为两组:一组在 MBCD 推荐的职业列表中选择职业,另一组则没有。六年后的跟踪研究显示,第一组中 84% 的来访者对各自的职业选择表现出非常高的满意度,16% 的来访者报告了中等程度的满意度;在第二组中仅有 38% 的来访者对各自的职业选择表现出非常高的满意度,44% 的来访者报告了中等程度的满意度,18% 的来访者对各自的职业选择表示不满意。

三、相关评估技术与测量工具

MBCD 帮助用户根据自己更重要方面的偏好找到值得深入探索的职业选项,从而提高预筛选的效率。图 16.5 展示的是用户与 MBCD 的对话示意图。

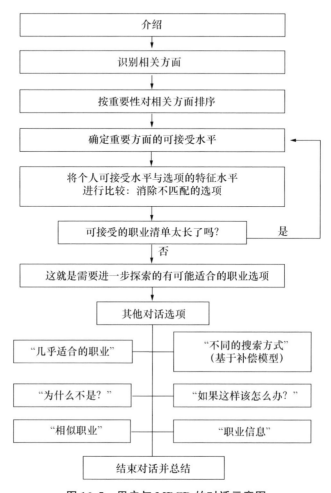

图 16.5　用户与 MBCD 的对话示意图

（1）职业相关方面。MBCD 最初只包括 17 个职业相关方面,新修订的 MBCD 包括以下 31 个职业相关方面:指导与教学、团队合作、旅行次数、地位、身体保健、语言能力、多样性、提供心理健康服务、社区服务、工具与仪器、经济安全、分析能力、艺术能力、工作时长、谈判技能、接触动植物、灵活的工作时间、专业发展、管理、技术能力、独立性、咨询、组织能力、个人责任、数字能力、权威性、使用计算机、培训时长、收入、与公众合作、工作环境。个人偏好和职业特征都用这 31 个方面进行描述。

（2）方面内偏好。MBCD 采用五级量表要求用户对其识别出的重要方面（一般要求选择 10—15 个重要的方面）进行评价。比如,工作环境被分成:1 = 只在室外、2 = 主要在室外、3 = 室外和室内大致相同、4 = 主要在室内、5 = 只在室内。对于每个方面,系统会自动播放一个简短的视频解释"方面"的含义,并提供与此方面相关的职业示例。在所选的 10—15 个方面中,用户需要报告各自在每个方面的最佳水平和可接受水平。MBCD 系统会根据方面内偏好水平与职业数据库(305 个职业)中每个职业的特征水平进行比较,消除与个体偏好不匹配的职业选项。匹配完成后,用户会得到最符合他们偏好、少量且可管理的职业清单,这些职业被推荐进入深度探索阶段。

四、理论的应用价值

作为一个动态、灵活的指导性职业生涯决策模型,PIC 模型认为个体在职业生涯决策的所有阶段都发挥着重要作用,并允许个体根据自身实际情况进入职业生涯决策的不同阶段。比如,如果个人事先已经有了一个数量较少的、有可能适合的职业选项清单并且希望跳过系统的预筛选阶段,那么个人可以立即从深度探索阶段开始。此外,PIC 模型还允许个体在决策过程中前后移动。例如,如果个体在深度探索阶段发现某一特定方面对他们来说比先前判断的更重要,那么其可以返回至预筛选阶段,并根据调整后的个人偏好再次执行序列消除过程。此外,虽然 PIC 模型被描述为一个在特定时间内执行的三阶段决策过程模型,但是同样适用个人一生的职业生涯决策。因为,PIC 模型承认个体的经验可能会从两个方面改变个人的职业偏好:调整职业相关方面的重要性;改变个体认为最佳和可接受的特定水平。需要特别提出的是,PIC 模型虽然是一个基于认知观发展起来的决策模型,但是它同样承认人类直觉、情感等非认知因素在职业生涯决策中的作用(Gati & Asher, 2001a, 2001b)。生涯咨询师可以运用 PIC 模型框架促进来访者积极参与职业生涯决策过程,而不是让来访者期望咨询师帮助其找到一个最匹配的职业。当然,作为一个系统性、分析化的职业生涯决策模型,PIC 模型在建立智能专家系统方面也具有非常广阔的前景。

五、经典文献推荐

Gati, I., & Asher, I. (2001). The PIC model for career decision making: prescreening, in-depth exploration, and choice. In F. T. Leong & A. Barak (Eds.) Contemporary models in vocational psychology, 7–54. Mahwah, NJ: Erlbaum.

Gati, I., & Asher, I. (2001). Prescreening, in-depth exploration, and choice:

from decision theory to career counseling practice. The Career Development Quarterly, 50(2), 140–157.

Gati, I., & Perez, M.(2001). Gender differences in career preferences from 1990 to 2010: gaps reduced but not eliminated. Journal of Counseling Psychology, 61(1), 63–80.

Gati, I., Fassa, N., & Mayer, Y.(1998). An aspect-based approach to person—environment fit: a comparison between the aspect structure derived from characteristics of occupations and that derived from counselees' preferences. Journal of Vocational Behavior, 53(1), 28–43.

Gati, I., Gadassi, R., & Shemesh, N.(2006). The predictive validity of a computer-assisted career decision-making system: a six-year follow-up. Journal of Vocational Behavior, 68(2), 205–219.

Gati, I., Saka, N., & Krausz, M.(2001). Should I use a computer-assisted career guidance system? It depends on where your career decision-making difficulties lie. British Journal of Guidance & Counselling, 29(3), 301–321.

Gati, I., Shenhav, M., & Givon, M.(1993). Processes involved in career preferences and compromises. Journal of Counseling Psychology, 40(1), 53–64.

Gati, I., Kleiman, T., Saka, N., & Zakai, A.(2003). Perceived benefits of using an internet-based interactive career planning system. Journal of Vocational Behavior, 62(2), 272–286.

第十六章参考文献

第十七章

求职质量的自我调节理论

付 华[*]

一、代表人物与时代背景

(一) 代表人物

范·霍夫特(Van Hooft,1975—)自2009年起在阿姆斯特丹大学社会科学与行为学院的职业和组织心理学系任教,2018年起任心理学研究生院院长,2020年晋升为教授,兼任明尼苏达大学和根特大学的客座教授。他在荷兰蒂尔堡大学先后获得了信息管理科学(1993—1998年)与人力资源科学(1995—1999年)两个专业的硕士学位,随后进入阿姆斯特丹大学职业与组织心理学系攻读博士学位。他的研究兴趣包括:① 动机和自我调节:拖延、目标导向、意图—行为一致性、无聊;求职行为、失业、再就业;② 招聘:吸引应聘者求职;③ 评估:伪造、360度反馈、个性等。此外,他还关注父母行为与青少年体育成就的关系,研究了父母行为在青少年成就目标的形成中扮演的重要角色等。他获得包括荷兰国家科研基金委、美国国家科学基金会、欧盟地平线2020计划等多项资助。

范·霍夫特

霍夫特在《管理学会学报》(Academy of Management Journal)、《应用心理学》(Journal of Applied Psychology)、《职业行为》(Journal of Vocational Behavior)、《人事心理学》(Personnel Psychology)等学术期刊上发表了许多关于求职行为、动机和自我调节过程的文章,目前相关研究成果有六十多篇。2018年,他编辑出版了《牛津失业和求职手册》(Oxford Handbook on Job Loss and Job Search)。

---

[*] 付华,武汉纺织大学管理学院教师,主要研究领域为职业心理与行为、组织与人力资源管理,电子邮箱:foohua@126.com。

他还代表劳动与薪酬委员会为重返社会人员编写了《自我指导》(Self-regulatory)手册,评审了荷兰社会保障局的"成功工作"(Career Success)培训计划,开发了"建立关系和改善机会"(Establish Relationships and Enhance Opportunities)在线培训系统。

(二)时代背景

当今的劳动力市场上,经济环境和工作要求不断变化,人们不得不面对失业、工作不安全和更加灵活的就业协议。人们需要更高的适应性、就业能力和主动性以应对劳动力市场的挑战。大多数人在一生的工作期间都会经历若干次搜寻新工作,例如失业后、离职跳槽时、大学毕业后。求职是贯穿人们职业生涯的一项重要活动,主要包括阅读招聘广告、搜索职位信息、求职准备工作、对潜在雇主进行了解以及参加面试等活动。

霍夫特认为大多数关于求职、失业、职业转换和离职的多阶段过程的实证研究和理论集中关注人们求职行为本身,即研究人们在寻找工作上花费的时间和精力(即求职的努力程度)对就业成功的影响。Schwab et al.(1987)指出,择业和就业质量取决于求职者获取有关职位空缺的信息来源和求职意愿。Griffeth(2000)、Kanfer et al.(2001)的研究证实了求职数量对预测新工作的重要性,但求职数量(即求职活动的频率和努力)通常只能解释不到10%的就业结果差异。原因可能是,除了求职数量,还有许多其他非个体因素对就业结果有影响,如劳动力市场需求、雇主的偏好、求职者的人力资本和社会资本等。霍夫特(2012)将求职比喻为在黑洞中导航,要考虑求职者不同的求职背景和多层次的适应性反应。Kanfer(2001)指出,除了求职数量,求职活动的类型和质量也是影响求职结果的一个重要维度。例如,当自我定位不准确时,即使求职者花大量时间寻找职位空缺也不太有效;或者,求职简历写得不好,也不太可能得到积极的回应。如何培训人们更有效地寻找工作?霍夫特提出了人们的求职质量对于求职及就业过程的重要影响,认为更好地了解求职质量对于改善求职过程、促进就业成功和提升就业质量至关重要。

霍夫特在职业心理与求职领域的成果较集中,最具代表性的一篇整合性文章发表于2012年,这篇文章奠定了基于自我调节理论的求职质量的概念化理论框架,他之后的文章大多围绕此框架展开实证研究。他的成果主要包括:第一,界定和描述了求职质量的组成维度,并且将这些维度之间的关系及相关研究综合到求职质量的概念框架中;第二,构建了关于求职质量影响因素的理论;第三,将之前仅仅关注求职数量的求职研究领域拓展至求职质量评估。

二、理论的核心内容

(一) 求职质量概念的起源

1. 求职数量与求职质量

在霍夫特之前,求职质量没有真正的概念化。虽然与求职质量有关的概念已在学术界出现过,但直接研究很少,大多是间接的,且分散在不同领域的文献中,缺乏对整体意义上关于求职质量的连贯讨论,以及关于求职的前因变量和结果变量及其相互关系的理论研究。霍夫特借鉴市场营销和全面质量管理领域的研究,主张区分求职行为质量和求职过程质量,并对求职过程进行概念化,使其成为一种可以通过高度自律来调节的求职概念。

2. 求职质量的定义

霍夫特认为,求职质量由行为质量和过程质量组成,高质量的求职行为可能引发高质量的求职过程。霍夫特对已有的求职理论和模型进行扩展,利用自我调节理论提出了四阶段循环自我调节模型,开发了多阶段工作搜索质量过程框架,具体说明了求职过程质量的构成要素,包括改进、扩展和指定高质量的职位搜索过程所需的内容;建立了关于质量组成各要素之间的相互关系的理论,并分析了求职质量的前因变量和结果变量,以及二者的相互关系。

霍夫特提出了外部的、面向组织的质量定义和内部的、基于求职者的质量定义。他认为,外部化的求职质量是指个体从事的求职活动,高质量的求职是指求职行为符合/超过劳动力市场需求的期望。这个定义在某种程度上是从雇主、招聘人员、评估人员、招聘经理、就业顾问的主观视角出发,评价求职者的产品(如求职简历、申请函)或行为(如人际关系、面试行为)符合/超过他们的期望。这个定义的特点在于,明确了高质量的求职最终取决于劳动力市场需求方的评估。可能在每一个行业中,对于什么是高质量的招聘或面试这一问题都有不同的观点。对于要求很高的一些组织(如大学),求职质量的定义在很大程度上是固定的。

内部化的求职质量则侧重从求职者个体的视角来看,高质量的求职是指个体符合某些既定标准和规范的求职。为了制定具体的质量标准和规范,求职应按其构成要素和质量标准进行分类,为每个要素开发质量标准。然后,这些质量标准可以为求职者和他们的顾问提供参考,指导求职者如何进行高质量的求职工作。

3. 求职质量的多阶段性

由于求职过程具有多阶段性质,求职过程质量不能概念化为单一的结构,其本质上是多维的,囊括求职过程的所有阶段。求职是一个复杂而困难的过程,涉及多种能够使用的方法和渠道,以及求职者的多种行为。求职者通常不清楚哪些方法、渠道和行为是有效的。高质量的求职过程的特征是求职者会按周期计划,分析所执行的工作搜索活动,通过分析和反馈,有计划地调整和改进工作搜索行为。高质量的求职行为在高质量的求职过程中更有可能出现。

(二) 求职质量的影响因素

1. 求职质量的前因变量

(1) 个体差异。在霍夫特的一系列实证研究中,关于个体求职行为的研究成果是最多的。Hooft et al. (2015) 认为个体的求职知识和技能、动机强度和类型、自我调节能力和求职认知(如自我效能感和个人控制能力)最能预测求职质量的个体差异。求职知识和技能是指具备进行高质量求职的知识和技能,是求职过程质量的必要前提。求职者获得新工作的动机越强,他们就越有可能分配需要的资源进行自我调节和高质量的搜索。行动导向高的失业个体的求职意愿更强(Hooft et al., 2005, 2015),并将求职意图转化为实际的求职行为。求职自我效能感是指人们对自己进行各种求职活动的能力的信心。人们的求职自我效能感越高,他们设定的目标越高,对目标的承诺越强,在失败和挫折之后放弃的可能性就越小。求职自我效能感与求职过程质量成正比,与求职成功率成正比(Kanferet et al., 2001)。Hooft et al. (2009) 发现,学习的目标导向增加了再就业的成功,因为求职者不但会增加工作搜索数量,而且会分析和改变求职策略。

(2) 情境因素。诸如个体的财务需求和社会背景之类的情境因素会影响求职过程的质量。

财务需求与求职强度成正比,而与求职成功率成反比(Kanferet et al., 2001)。例如,财务需求可能促使人们在没有太多前瞻性和反思的情况下进行求职,从而导致目标清晰度降低,规划较少,搜索杂乱无章(搜索过程的所有指标质量都较低)。财务需求还可能对求职者造成强烈的心理压力,对幸福感产生负面影响(McKee-Ryan et al., 2005)。

另一个重要情境因素是社会背景。建立有用的社交人脉关系可能会对求职过程质量产生积极影响。工具性和情感性的社会支持能提升求职质量。在求职过程中,社交联系人可以为求职者提供鼓励等情感社会支持,有助于求职者的情绪控制。此外,社交联系人可以提供工具性社会支持,例如为求职活动提供建议、信息、帮助和反馈,帮助求职者设定清晰的目标、制订合适的计划并获得有关目标实现的诊断信息。

Hooft et al.(2019)还通过实证研究揭示了在线干预措施可以提高人际网络的强度、人际网络的自我效能感和人际网络获益,进而产生更高质量的再就业。较内向的个体在得到干预后,其人际网络自我效能感和再就业质量方面表现出积极的改善。这项研究揭示了在线干预提高再就业成功率的机制。霍夫特的团队还研究了荷兰少数民族失业妇女的特定求职自我效能信念和行为,发现网络自我效能感是少数民族女性求职行为的主要预测因素(Hoye et al.,2019)。

Hooft et al.(2020)对求职者对失业保险慷慨度的感知做了实证研究,发现失业险通过减少时间压力和财务压力而带来更高的安全感及心理健康,提升再就业质量等,为失业保险政策制定提供了参考依据。Hooft et al.(2014)还探索了就业指导师对求职者认知与态度评估的价值,证实就业指导师对失业求职者的求职强度评估具有重要意义。

2. 求职质量的调节变量

霍夫特认为,作为调节变量,劳动力市场需求与求职质量负相关、与求职质量与求职成功的关系负相关(即劳动力市场需求低时,求职质量与求职成功的关系更强)。当工作稀缺时,求职者更有可能与许多其他人竞争同样数量的工作。在保持求职者特征(如教育水平、工作经验、认知能力等)不变的情况下,求职质量更高的求职者将更有可能符合/超过招聘组织的期望,因为他们的承诺更高,准备更好,且能更好地控制情绪和自我监控。因此,当劳动力市场需求低时,求职质量对于求职成功更加重要。来自劳动力市场的关于未能找到合适的工作机会或(重复)拒绝的反馈可能引发高质量的工作寻找过程。例如,在有许多职位空缺的劳动力市场中,求职者可能更容易以计划外、无序的方式进行漫长的寻找和思考,因为工作机会很多。但是,在劳动力市场不景气的情况下,求职者失败和被拒绝的可能性很高,并且可能会导致求职者反省自己的目标、策略和行为,从而通过明确目标来提高求职过程质量并增加对选择策略和适当策略的关注。

Hooft et al.(2005)还研究了性别与家庭因素的调节作用。他们在荷兰全国范围内的大规模抽样调查中,根据性别和家庭状况,探索了求职行为的前因和后果的差异,发现在求职的前因中没有性别差异;然而,家庭状况确实影响了人际关系与个人态度,社会压力对有家庭的个体的求职预测力强于单身者。

3. 求职质量的结果变量

衡量求职成功的指标有多种类型,常用指标是量化的就业结果,如就业状况、离职率、聘用速度或找到新工作所需的时间。此外,结果变量还包括与新工作质量相关的远端结果,如未充分就业程度、工作适合程度、工作满意度、薪资改善情况、留任意愿、职业发展前景等。也有近端结果,即求职过程出现的结果,可能涉及积极求职行为的结果(包括工作面试的次数、工作邀请的次数),以及旨在获得潜在工作机会的行为结果。

霍夫特认为,求职过程质量对求职成功的近端和远端指标都有积极的影响,而其中的影响关系是由求职产品质量来调节的。首先,由于找工作的过程漫长、困难、复杂,挫折和障碍很多,为了实现就业目标,需要进行自我调节。因为高质量的求职过程意味着高自我调节,所以当求职者的求职过程是高质量的时,他们更有可能实现自己的目标。其次,在高质量的求职过程中,求职者可以找到更合适的工作机会,增加了解雇主需求的机会。因此,进行高质量求职的求职者更有可能找到更多合适的工作机会,起草的简历和求职信更有可能符合/超过招聘机构的期望,更有可能获得高质量的面试经历。

(三) 基于全面质量管理的求职质量

霍夫特将自我调节阶段模型与全面质量管理(total quality management,TQM)现有的工作搜索理论结合起来,提出了高质量的求职过程是从自我认知的先见之明开始的,包括目标的建立和规划。找工作是一项困难的任务,大多数求职者缺乏经验,没有成熟的思考、计划和准备,高质量的求职不可能发生。一般较低层次的自我调节或者由习惯指导的任务,其自我调节过程是自动或无意识地发生的。由于求职通常是一项非常规的复杂任务,几乎没有自动脚本结构,因此需要持续、有意识的处理和自我调节。事实上,依靠自动的自我调节可能会损害求职质量,因为在高质量的求职中,往往需要采取违反直觉的非习惯性行为。例如,在高质量的求职搜寻中,一个人应该与那些并不熟悉的人建立人脉关系网,尽管有时会感到尴尬。克服这种最初的不适需要自觉性行动,如规划和准备并采取相应行动。

霍夫特认为高质量的工作搜寻流程需要反思和修正。也就是说,在不彻底分析和评估某人的工作搜寻行为的情况下,一定的环境反馈可以与求职结果形成良性互动(Dean & Bowen,1994)。对于一个高质量的求职过程,这种反思的结果是优化个人的目标、计划和行为,并对期望和成本进行调整。

对于大多数人来说,找工作的特点是低内在动机和高外在动机的结合。也就是说,工作搜索活动很少被认为是有趣、愉快和娱乐的。相反,人们在求职过程中大多会经历困难和消极情绪。因此,通常人们从事求职活动并不是因为这些活动本身是愉快的(即内在动机低),而是因为实现找到(新的)工作的重要目标(即高外在动机),这就必须具备能力。虽然拥有一份工作的最终目标可能会为求职者提供内在的动力,但这是一个遥远的目标。实现求职目标的道路需要在相当长的一段时间内坚持不懈地行动。因此,霍夫特认为一个高质量的求职过程可以概念化为一个高度自律的求职过程。

(四) 求职的四阶段模型

霍夫特提出了基于自我调节理论的高质量求职过程的四阶段模型,将反思阶段引入求职过程,并明确强调求职过程的周期性(Hooft et al., 2012)。如图17.1 所示,高质量求职过程分为四个周期性阶段。高质量求职过程包括目标建立、目标规划、目标奋斗和反思四个自我调节阶段的有序循环行动。每个阶段都符合一定的标准和规范。

(1) 目标建立。在目标建立阶段,高质量求职是指求职者:① 设立一个目标;② 形成强有力的目标承诺;③ 拆解目标,使其清晰化;④ 组合不同的目标层次。

(2) 目标规划。在目标规划阶段,高质量求职是指求职者:① 采用探索性或集中而非随意的求职策略;② 具有强烈的动机,使用广泛的求职策略,特别关注非正式信息的来源;③ 确定优先级,并对何时、在哪里以及如何按照目标行动制订切实的求职计划;④ 对计划的求职活动进行全面的准备。

(3) 目标奋斗。在目标奋斗阶段,高质量求职是指求职者:① 控制自我的思想、情感、动机和行为以启动和维持一个求职目标;② 屏蔽诱惑对目标的干扰;③ 能够自我监控和积极寻求反馈以获得个人行为、目标进展信息并发现差异,解释与任务相关而不是与自我相关的诊断信息。

(4) 反思。在反思阶段,高质量求职是指求职者:① 根据既定的求职目标,注重对个人表现的评估;② 将失败归因于内部;③ 试图从失败中学习;④ 自我激励管理形式取决于一个人的表现。

(五) 求职质量的周期阶段模型

如图17.2 所示,霍夫特定义了求职过程质量的调节变量和边界条件、前因变量和结果变量。这个模型是基于 TQM 原则、自我调节理论、求职阶段模型以及四阶段模型。霍夫特认为,在求职过程的每个阶段,每个阶段的质量取决于前一个阶段的质量。

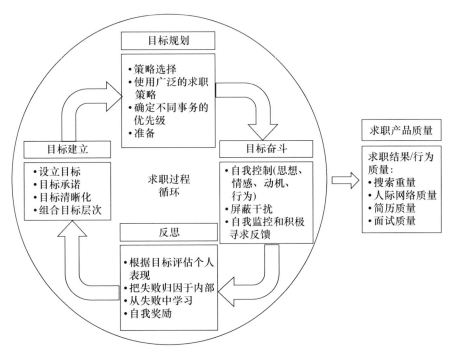

图 17.1　求职过程质量的自我调节循环

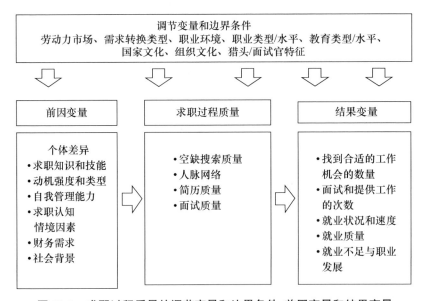

图 17.2　求职过程质量的调节变量和边界条件、前因变量和结果变量

（1）求职质量的前因变量：包括求职知识和技能、动机强度和类型、自我调

节能力、求职认知财务需求和社会背景。

（2）求职质量的结果变量：包括找到合适的工作机会的数量、面试和提供工作的次数、就业状况和速度、就业质量、就业不足与职业发展。

（3）调节变量和边界条件：劳动力市场需求是调节变量，对求职质量产生负面影响，对求职质量与求职成功的关系产生负面影响（即劳动力需求越低，求职质量与求职成功的关系越强）。边界条件包括需求转换类型、职业环境、职业类型/水平、教育类型/水平、国家文化、组织文化、猎头/面试官特征。

（4）求职过程质量：求职产品质量包括空缺搜索质量、人脉网络、简历质量、面试质量等。求职过程的循环就像一个螺旋，通过分析求职者的求职行为（经历）中的自我监控、获取外部反馈、评估、归因、从失败中学习，求职者可以从中了解就业市场的预期要求，在此基础上调整目标、规划和行为，从而向招聘机构的期望靠拢。

三、相关概念的评估与测量

霍夫特对如何评估求职质量提出了思路和框架。如表 17.1 所示，他在许多研究中主要采用针对某些求职过程质量的要素已开发的自我报告量表。

表 17.1 主要概念使用的测量工具

主要概念	使用的测量工具
职业转换	职业转换问卷（Carson et al.，1995）
职业自我效能感	职业自我效能感问卷（Wanberg et al.，2010）
职业探索	职业探索问卷（Stumpsf et al.，1983）
职业规划	职业规划问卷（Gould，1979）
求职行为	求职行为问卷（Blau，1994；Kanfer et al.，2001；Hooft，2004）
求职优先权	求职优先权问卷（Hooft et al.，2013）
心理健康	一般心理健康问卷（Goldberg et al.，1997）
自我调节	自我调节能力问卷（Mitchell et al.，2008；Hooft et al.，2013）
自我控制	自我控制水平问卷（Tangney et al.，2004；De Boer et al.，2011）
就业质量	就业质量问卷（Hooft et al.，2014）
求职元认知	求职元认知问卷（Turban et al.，2009）
财务压力	个人财务压力问卷（Vinokur & Caplan，1987；Vinokur & Schul，1997）
求职时间压力	求职时间压力问卷（Durham et al.，2000）

霍夫特认为，对求职产品质量的评估，需要区分求职产品质量的等级以及求

职过程各阶段的行为。这些等级的评定应由知识丰富的专家来进行。工作搜索质量(如互联网搜索质量、社交网络搜索质量)可以由诸如工作搜索技能培训师、就业指导师、职业咨询师或工作场所顾问之类的专家评价优劣。主动求职行为的求职过程质量(如简历质量、面试质量)也可以由那些使用应用程序的相关专家(如招聘人员、招聘经理或心理测评师)进行评估。重要的是,此类评级应反映求职过程的质量,而不是求职者/应聘者的质量(如人力资本、教育背景、工作经历等)。

除了测试模型列出的一些变量,霍夫特认为,对求职质量及其组成部分的测量还需要分析各个工作搜索质量要素的相对重要性或权重,并关注四个阶段中的过程质量是否共同或交互地影响求职质量和求职成功。在每个阶段,个体差异或情境因素在多大程度上对质量发展具有不同的重要性。例如,自我调节能力在目标奋斗阶段可能比在其他阶段对求职质量的影响更大;求职质量不仅会影响求职成功,还会影响求职者的心理健康和幸福感;进行高质量的工作搜索可能会增强一个人的求职自我效能感,并增加一个人的求职知识和技能。

四、理论的应用价值

(一)个体层面的应用价值

了解那些能对个体求职产生积极影响的因素(如个体的动机强度、自主性、自我调节能力、自我效能感、目标导向、行动导向、韧性等)对求职者具有非常广泛的指导意义。可以考虑利用来自不同阶段及各个时期的心理测评及学习能力测评方面的信息,尤其是在线培训,引导个体不断提升求职知识和技能,帮助求职者解决困难。盲目的求职者通常没有目标导向,不系统、无计划、随机且毫无章法。而基于自我及个人背景差异的认知,激发内在潜能的求职者更可能认真地作准备,在求职过程中提供更优质的求职产品,采取满足工作所需的求职行动,从而可能得到更多合适的工作机会,经历更高质量的求职过程。

职业规划程度与再就业质量正相关,一个善于规划的求职者应该从选择一个目标开始,并在目的性、目标清晰度、目标重要性或承诺等方面拓展维度。为了帮助个体提高求职质量,不但要帮助人们提高工作搜索的质量,也要帮助求职者为职业生涯设定目标、制订计划。

(二)组织层面的应用价值

在数字化人力资源管理趋势之下,个体进入某个特定职位需要多长时间?

个体与岗位、个体与同事、个体与组织文化、个体与工作情境等如何才能获得较高的匹配效率？不同国家、不同组织的文化不同,招聘人员和面试官的特征不同,聘用速度不同,工作搜索所需时间、工作面试的次数、接到工作邀请的次数、合适的工作机会数量也不同。入职之后,新工作的适合程度、工作满意度、敬业度、绩效管理模式、薪资改善程度、留下来的意愿、技能学习、职业发展等也存在个体差异。这个过程是个体与组织彼此调节匹配的交互过程。

组织可以利用人力资源平台或者人力资源管理机构的外包服务,提供精准的职位描述及每项工作所需的关键技能描述清单,通过绩效评估工具、员工能力与技能水平及各项技能的使用频率数据库,清晰地定位技能需求。这个定性与定量结合的评估过程可以通过书面问卷或支持性访谈来完成,人员数量较多时也可以使用信息管理软件来完成。

工具性和情感性的社会支持会对个体的求职质量产生积极影响。组织与个体在社交圈中建立联系,组织在个体求职过程中为个体提供情感性的社会支持有助于求职者的情绪控制。此外,还可以关注职业顾问的价值,工具性的社会支持(例如由人力资源经理、招聘经理或心理测评师为求职活动提供建议、信息、帮助和反馈)可以帮助求职者设定清晰的目标,制订合适的计划并获得有关求职目标实现的诊断信息。

(三) 宏观层面的应用价值

宏观政策层面,政府如何开展就业促进活动以满足提升求职者求职过程质量的需求？宏观经济环境中的劳动力市场供需状况是一个重要的约束条件。在全系统、多学科、多层次的数字化时代,个体和组织如何跨越从宏观大数据到微观职业选择的鸿沟？需要评估和提升既有求职者的劳动技能,以及个体求职过程和行为的质量。不同行业、不同职业阶段、不同用工模式、不同教育程度、不同技能水平的求职者,在求职过程的各个阶段是否有能力充分利用各种政策与数据获益？基于技术进步带来的普惠价值,大量的人力资源科技的发展或许可以消除信息传递的低效和歪曲,缓解就业不充分带来的社会隐患。

同时,各领域的人力资源专业人士可以为求职者带来有效的信息解读与咨询辅导。工作机会搜索质量、简历质量、面试质量的提升以及学习培训资源的利用等可以由就业指导师、职业规划师、职业技能培训师或企业教练顾问等相关专家提供服务。

总之,在数字化时代,人们应当借助技术力量,充分激发个体自主动机,形成积极的正向循环,促进个体与组织交互式的协同创新,了解每次职业角色转换的可能性,分析筛选职业转换的路径,顺应宏观趋势的调节。或许可以期待在不久的将来,人们能够更积极而有效地进行工作搜寻。

五、经典文献推荐

Hooft, V., Connie R. Wanberg, & Greet van Hoye. (2012). Moving beyond job search quantity: towards a conceptualization and self-regulatory framework of job search quality. Organizational Psychology Review, 3(1), 3-40.

Kreemers, L. M., Hooft, V., & Van Vianen, A. E. (2018). Dealing with negative job search experiences: the beneficial role of self-compassion for job seekers' affective responses. Journal of Vocational Behavior, 106, 165-179.

Hooft, V. (2014). Motivating and hindering factors during the reemployment process: the added value of employment counselors' assessment. Journal of Occupational Health Psychology, 19(1), 1-17.

Hooft, V., & Noordzij, G. (2009). The effects of goal orientation on job search and reemployment: a field Experiment among unemployed job seekers. Journal of Applied Psychology, 94(6), 1581-1590.

Hooft, V., Born, M. P., Taris, T. W., & van der Flier, H. (2005). Predictors and outcomes of job search behavior: the moderating effects of gender and family situation. Journal of Vocational Behavior, 67(2), 133-152.

Hooft, V., Born, M. P., Taris, T. W., van der Flier, H., & Blonk, R. W. B. (2004). Predictors of job search behavior among employed and unemployed people. Personnel Psychology, 57(1), 25-59.

Hooft, V., Born, M. P., Taris, T. W., van der Flier, H., & Blonk, R. W. B. (2005). Bridging the gap between intentions and behavior: implementation intentions, action control, and procrastination. Journal of Vocational Behavior, 66(2), 238-256.

Hooft, V., Wanberg, C. R., Kanfer, R., Kammeyer-Mueller, J., & Basbug, G. (2015). Job search and employment success predictors: a meta-analytic test of motivation and self-regulation. Paper presented at the 2015 Annual Meeting of the Academy of Management, Vancouver, Canada.

Hooft, V., Born, M. P., Taris, T. W., & van der Flier, H. (2004). Job search and the theory of planned behavior: minority-majority group differences in The Netherlands. Journal of Vocational Behavior, 65(3), 366-390.

Wanberg, C. R., Hooft, V., Dossinger, K., van Vianen, A. E. M., & Klehe,

U. C. (2020). How strong is my safety net? Perceived unemployment insurance generosity and implications for job search, mental health, and reemployment. Journal of Applied Psychology, 105(3), 209-229.

第十七章参考文献

第四篇
生涯学习与认知加工理论

第十八章

新员工组织社会化理论

潘静洲　纪合琦　李　妍　赵而杰[*]

一、代表人物与时代背景

(一) 代表人物

埃德加·H. 施恩(Edgar H. Schein, 1928—),世界上最具影响力的百位管理大师之一,企业文化与组织心理学领域的开创者和奠基人,同时也是享有国际声誉的咨询专家。他的代表作有《组织心理学》(Organizational Psychology)、《组织文化与领导》(Organizational Culture and Leadership)等。

埃德加·H. 施恩

施恩于 1928 年 5 月 5 日在苏黎世出生,后随父母移居美国,1947 年在芝加哥大学获得学士学位,1949 年获得斯坦福大学社会心理学硕士学位,1952 年获得哈佛大学社会心理学博士学位。毕业后,他被分配到沃尔特·里德陆军研究所(Walter Reed Army Institute of Research)服役,他的工作内容涉及方方面面,这进一步开阔了他的视野。1956 年完成了美国军方的研究工作后,施恩在麻省理工学院斯隆管理学院开始了长达五十多年(1956—2008 年)的学术生涯。其间,他参与并见证了组织心理学领域中五个概念的形成与演化:强制说服(coercive persuasion)、职业锚理论(career anchor theory)、过程咨询(process consultation)、组织文化(organizational culture)和谦逊探询(humble inquiry)。1965 年,施恩出版了他的第一部学术著作《组织心理学》,并提出四种人性假设,这四种假设后

---

[*] 潘静洲,天津大学管理与经济学部组织与战略管理系副教授,主要研究领域为领导力与团队发展、大数据与人才分析、创新与创造力、职业生涯管理,电子邮箱:painepjz@sina.com。纪合琦、李妍、赵而杰为天津大学企业管理专业硕士研究生。

来成为了管理学和组织行为学人性假设分类的典范。

施恩对组织文化领域的研究也作出了非常重要的贡献,1992 年他出版了《组织文化与领导》(*Organizational Culture and Leadership*),率先提出了关于文化本质的概念,提出了组织文化的三个层次、五个维度,并对文化的形成提出了独创的见解。

与此同时,施恩曾受聘于许多美国大公司、大企业,担任法律顾问,他主要负责人力资源调配、文化合作、管理开发、组织发展、高级管理梯队建设、人际关系、组织关系和职业发展等方面的咨询和顾问工作,这使他有机会接触到大公司的管理实践,掌握了丰富的管理心理学方面的材料和经验,并在实践中检验和发展了自己的理论。

施恩的成就为他带来了许多的荣誉。2000 年,他获得美国培训经理协会(the American Society of Training and Development)颁发的职场学习与绩效终身成就奖、美国管理学会职业生涯管理分会埃弗里特·切林顿·休斯职业学术奖(Everett Cherington Hughes Award for Career Scholarship);2002 年,他获得波士顿大学管理学院玛丽恩·吉斯拉森高级管理人员领导力开发奖(Marion Gislason Award for Leadership in Executive Development),同年,从麻省理工学院荣誉退休。

施恩对组织心理学和文化领域的研究作出了极大的贡献,被誉为企业文化与组织心理学领域的开创者和奠基人。

约翰·范·马南

约翰·范·马南(John Van Maanen, 1943—)是美国组织学理论家,以其对管理定性研究和组织中民族志研究方法的贡献而闻名。他拥有加州州立大学长滩分校政治学和社会学学士学位,加州大学欧文分校社会管理硕士和博士学位。自 1972 年以来,范·马南在麻省理工学院斯隆管理学院任教,是麻省理工学院荣誉教授、斯隆研究员计划主席,并担任斯隆管理学院组织研究小组负责人,曾任耶鲁大学、萨里大学和欧洲工商管理学院访问教授。

范·马南主要研究领域为行为与政策科学,重点探究组织中民族志(Ethnography)方法的运用,他的著作《故事领域:论写作民族志》(*Tales of the Field: On Writing Ethnography*)成为世界各地攻读管理学博士学位的经典读物,在谷歌学术中被引用达 10 023 次。范·马南研究的组织类型从警察组织到教育机构,以及各种商业公司(如 IBM、宝马、西门子、迪士尼等)。在对各类商业公司的研究中,他发现有效的组织社会化十分重要。对此,他从社会角色的角度对组织社会化概念作出了新的阐释,并与施恩提出了六种组织社会化策略,为组织社会化理论奠定了基础。

(二) 时代背景

组织社会化理论由 Schein(1968)提出,其文章《组织社会化与管理专业化》(*Organizational Socialization and the Profession of Management*)奠定了组织社会化研究的基础。Schein & Van Maanen(1979)合著的论文《走向组织社会化理论》(*Toward a Theory of Organized Socialization*)构筑了组织社会化的研究框架。组织社会化理论一方面源于心理学社会化研究的发展成果,另一方面源于他们对美国商业公司和组织的观察。

社会化通常被定义为一种学习过程。通过这一学习过程,个体发展成为社会性个体,成为社会或群体中的一员(Brim, 1966)。社会化这个术语首次出现在社会学学科中,之后逐渐拓展到心理学和人类学学科(Clausen,1968)。20 世纪是心理学相关学科快速发展的时期,包含发展心理学和社会心理学。在发展心理学学科中,Baldwin(1911)认为个体通过接受群体的指示与规则习得社会习俗、信念、实践,从而获得祖先的文化传统和知识;在社会心理学学科中,Allport(1924)认为社会化是在社会环境中帮助个体适应文明社会的指导过程。这些学科的发展为组织社会化的研究奠定了理论基础。

在组织行为学中,社会化起初被称为职业社会化(occupational socialization)(Huntington, 1957),直到施恩定义了组织社会化的概念,组织社会化的研究才逐渐兴盛起来。Schein(1968)将组织社会化定义为:新成员学习其进入的社会、组织或团体的价值体系、规范和行为模式的过程。同时,施恩在麻省理工学院为 MBA 学生授课的过程中发现,组织希望新成员能更有效、更快速地接受组织的规范制度,而商学院则希望 MBA 学生通过学习而表现得更专业,这与快速、全盘接受组织的规范制度相矛盾。为了解决这一问题,施恩提出组织社会化应该是让新员工接受那些最重要的价值观和规范,而不需要接受其他不重要的价值观和规范。范·马南在参与标准普尔公司、西门子公司等组织的社会化工作中,发现有效的组织社会化十分重要,并基于实证观察和社会科学文献提出组织社会化的策略(Van Maanen, 1978)。

二、理论核心内容

(一) 基本观点

学者们从不同的角度对新员工社会化进行研究,主要观点体现在四个方面:

1. 新员工社会化阶段

20世纪70年代,相关研究人员将新员工的社会化过程分为三个阶段:期望调整与学习阶段、建立关系阶段与组织接受阶段(Feldman, 1976a; Buchanan, 1974; Porter et al., 1975; Schein, 1978; Wanous, 1980)。① 期望调整与学习阶段:由于新员工在进入组织之前对组织环境有自己的期望,进入组织之后对组织环境的认知与先前的期望会有差异,新员工会对自己的期望进行确认和调整,并且通过基础培训学习相应的组织知识和价值观,明确自己在组织中的角色。② 建立关系阶段:新员工进入组织后与同事建立新的人际关系,构建社交网络,通过了解组织对新员工的绩效评估等制度规则与组织建立一致的契约关系。③ 组织接受阶段:这是组织与新员工相互接受的过程,新员工接收到被接受的信号会积极投入工作,对工作满意度较高,并作出相应的组织承诺。20世纪后期,学者增加了在组织中自我定位的社会化阶段,强调新员工的学习行为也要与组织期望一致。

2. 新员工社会化内容

新员工社会化内容是指个人为了成为组织中稳定的成员而应该学习的内容(Chao et al., 1994),主要体现在六个方面:① 精通任务技能:新员工进入组织后首先要学习的是未来工作所需的知识和技能。② 工作关系:进入组织后,新员工应当与其他组织成员建立关系以获取组织及工作方面的信息,这与新员工是否被组织和其他员工接纳有很大关系。③ 组织结构体系:新员工了解组织中的正式结构、非正式结构及内部权力结构等相关政治信息,以便于提高学习和适应新行为模式的效率。④ 组织语言:通过了解组织内部的专业术语以及特有字母缩写组合意义,可以促进新员工与其他员工的有效沟通。⑤ 组织目标和价值观:包括组织的战略目标、完整的制度规章,以及非正式组织中不成文的目标和价值观;⑥ 组织历史文化:让新员工学习组织的传统、特定礼仪等。在这个基础上,Morrison(1995)将社会化内容定义为组织为新员工提供的信息,主要有技术信息、参考信息、社交信息、识别反馈的信息、组织的规范信息、组织内部结构信息和政治信息七个方面。

3. 新员工社会化策略

Van Maanen & Schien(1979)提出的组织社会化策略是指组织中其他人为新员工创造的从一个角色过渡到另一角色的个人体验方式,并将其分为六个维度:① 集体(collective)与个体(individual)策略:集体策略是指使所有新员工共同经历培训等相互学习的社会化过程;个体策略是指通过独特的经验模式分别对待新员工的方式。② 正式(formal)与非正式(informal)策略:正式策略为新员工清楚地规定所从事的活动,明确区分新员工的个人角色;非正式策略则采用放任自由的方式,让新员工可以通过在组织环境中的工作确定自身角色。③ 有序(sequential)与随机(random)策略:有序策略是组织让新员工按指定的步骤去完成目标角色的方式;随机策略具有很大的不确定性,新员工有许多步骤或阶段去承担组织中的角色。④ 固定(fixed)与可变(variable)策略:企业采取固定的社会化过程,为所有新员工提供规定时间内需要学习的知识;由于每个员工的流动速度和流动方式不同,采取因人而异的社会化过程被称为可变的社会化策略。⑤ 连续(serial)与分离(disjunetive)策略:连续策略是指通过老员工的培训指导新员工完成社会化;而分离策略是指组织不给新员工提供任何指导,新员工需要自己面对进入组织后遇到的问题,独立完成社会化的过程。⑥ 授予(investiture)与剥夺(divestiture)策略:授予策略是指组织认可新员工已经具备的技能和态度,赞同新员工带给组织的可行性和实用性行为;剥夺策略是指组织要求新员工放弃自己之前的某些技能和态度,接受新组织规章制度的约束。Jones(1986)将上述六种策略进行了整合,若组织采用集体、正式、有序、固定、连续和授予策略使组织维持稳定,则称为制度化策略;若组织采用个体、非正式、随机、可变、分离和剥夺策略强调员工应主动明确自身的角色,则称为个体化策略。

4. 新员工主动行为

新员工主动行为是指新员工进入组织后,为了减少不确定性、增加控制感,执行搜寻信息等加快适应组织环境的行为,Ashford & Black(1996)提出了七种新员工主动行为,即信息搜寻、寻求反馈、日常社交、人际网络构建、工作谈判、战略构想以及与领导建立融洽的关系,受到了学者的广泛认可。Wanberg & Kammeyer-Mulle(2000)对这七种行为进一步分类:① 意义构建:新员工通过在组织中主动搜寻信息和寻求反馈明确自己在组织中的角色;② 关系建立:新员工直接在工作中开发人际网络(Reichers,1987),包括日常社交、人际网络构建和与领导融洽关系三个角度;③ 积极构想:新员工积极构想自己的情境,进行合理的自我适应和自我管理;④ 工作变动谈判:新员工在进入组织后具有推动工作变动的动力,以创造出更适合自己能力的工作,他们可能会参与有关工作结构的决策,实现一定程度的行为控制。

(二) 相关实证研究

1. 前因变量

综合已有文献中影响新员工组织社会化的变量,本部分将社会化的前因变量归纳为三个层面:组织层面、团队/群体层面和个体层面。

(1) 组织层面。组织层面最重要、最显著的影响因素是组织社会化策略(organizational socialization strategy),其中最具影响力的是 Van Maanen & Schein (1979)的组织社会化策略类型的六维分类和 Jones(1986)的内容策略、情境策略和社会策略的三维分类。有关研究证实了这些类型的组织社会化策略会对工作满意度、离职率等结果变量产生影响(Bauer et al.,2007;Saks et al.,2007)。

组织层面的其他因素,例如组织战略、组织结构、组织文化、组织人力资源管理实践(尤其是社会化培训)、组织内部通信网络的有效性和易用性等都会对新员工社会化过程产生影响(Ashforth et al.,2007;Batistič,2018;Chu & Chu,2011)。

(2) 团队层面。新员工进入组织后与组织内其他人员(同事、领导)的互动是社会化过程不可或缺的一部分。从团队视角来看,团队层面的变量可以归纳为团队成员的社会交换和团队接受新员工的过程。基于团队成员的社会交换视角,研究者多从团队任务结构、团队氛围、团队对新员工绩效的预期、团队知识利用、团队反思和团队对新员工的接受度等角度进行论述。基于团队接受新员工的过程视角,新员工在社会化过程中的求助行为、新员工与团队成员的相似性等都会对社会化结果产生影响(Kammeyer-Mueller et al.,2011;Burke et al.,2010)。

团队层面还有两个不可忽视的因素,即领导因素和社交网络因素。从领导角度来看,领导—成员交换(Leader-member exchange,LMX)、领导成员相似性、新员工感知的主观支持变化等都是社会化领域的研究热点(Bauer & Green,1996;Chan & Schmitt,2000;Liden et al.,1993)。新员工社交网络研究重点关注新员工人际关系对社会化过程的影响。新员工社交网络的结构(规模、密度和强度)和资源(范围和地位)在很大程度上会对新员工适应产生影响(Morrison, 2002; Fang et al., 2011)。

(3) 个体层面。个体层面的影响因素主要体现为个体差异和主动行为。自我效能感是最显著的个体差异变量,与工作角色转换理论密切相关的动机取向(反馈欲与控制欲)也是重点研究因素之一。还有研究表明,以往的工作经验对社会化可能产生或促进或阻碍的作用,人口统计学变量(性别、种族、民族、年龄、婚姻状况、教育经历和生活经历)和一些深层的价值观和态度、目标取向、人格特质等也是社会化研究中的高频关注点(Saks & Ashforth, 1997; Ashford, 1996; Louis, 1980)。

最经典的研究是 Ashford & Black(1996)提出的新员工的七种主动行为。后续的一系列研究也证实新员工的主动行为能够促进新员工适应新组织(Wanberg & Kammeyer-Mueller, 2000; Ashforth et al., 2007; Saks et al., 2011; Zhang et al., 2014)。毛凯贤和李超平(2015)在角色定位、关系构建和自我提升三个方面进一步归纳新员工主动行为,认为它们对新员工社会化有明显的促进作用。

2. 后果变量

(1) 近端结果变量。近端结果通常作为新员工社会化适应过程的指标,也常常在社会化前因变量(如社会化策略、学习等)与社会化远端结果之间起中介作用(Bauer et al., 2007; Saks & Ashforth, 1997; Ashforth et al., 2007)。最常用的近端结果变量是角色清晰度(role clarity)、任务掌握度(work mastry)和社会融入度(social integration),诸如角色模糊、角色冲突、社会接受度、感知匹配度(perceived pit)、政治知识(political knowledge)和自我效能感等变量也常用于衡量新员工能否很好地适应社会化过程的指标(Settoon & Adkins, 1997; Ellis et al., 2015; Griffin et al., 2000; Kammeyer-Mueller & Wanberg, 2003)。

(2) 远端结果变量。远端结果是衡量新员工组织社会化是否有效的决定性因素(Griffin et al., 2000)。传统文献的研究主要集中在态度或基于绩效的测量方面,如工作满意度、工作绩效、学习、组织承诺、压力、离职/留职意愿和实际离职情况(Ashforth & Saks, 1996; Wanous, 1980; Ostroff & Kozlowski, 1992)。最近,一些学者开始关注社会化对角色创新、新员工的主观幸福感、组织认同感、组织公民行为及职业成功等因素的影响(Ashforth et al., 2007; Mcclaren et al., 2010; Ellis et al., 2015)。

三、相关评估技术与测量工具

1. 社会化策略评估量表

1979年,范·马南和施恩将社会化策略按情境、内容、社会化划分为三大类别;1986年,琼斯以李克特量表的形式提出六个五项量表(共30个题项),用来测量不同社会化策略的相关关系以及六种社会化策略对个人和角色结果的影响,参与者按七分制(范围从"非常不同意"到"强烈同意")回答每个问题,高分代表制度化的社会化,低分代表个体化的社会化(Jones,1986)。

2. 社会化内容评估量表

研究者基于不同角度对社会化内容进行划分,使用较多的有两个量表。Chao et al.(1994)整理出社会化内容的六个维度,即任务技能、历史文化、组织语言、组织结构、工作关系建立、组织的目标和价值观,采用李克特5级评分方式对39个条目进行测量;在这个基础上,Morrison(1995)进一步将社会化内容视为新员工需要获取的信息,分为技术、参考、社交、评价、规范、组织和政治信息七类,一共40个题项,让参与者根据每条具体信息对自身的有用程度进行打分,进而评估社会化内容的有效性(见表18.1)。

表18.1 关键测量工具

量表名称	来源	说明
社会化策略量表	Jones(1986)	六个维度,30个题项
社会化内容量表	Chao et al.(1994)	六个维度,39个题项
寻求反馈量表	Ashford(1986)	两个维度,7个题项
主动行为策略量表	Ashford & Black(1996)	七个维度,24个题项
信息搜寻量表	Morrison(1995)	七个维度,40个题项

四、理论的应用价值

新员工在适应新组织的过程中,因缺乏对新环境的了解而产生一系列问题,如低工作绩效、低工作热情、高离职意愿。新员工的社会化可以帮助他们快速学习、适应新的工作环境和工作角色(Van Maanen & Schein,1978),从而提高工作绩效、工作满意度、组织承诺,降低离职率。因此,社会化理论在实践中对组织管理者具有一定意义。

第一,新员工社会化理论能够指导组织设计职前培训项目,帮助新员工克服焦虑并初步认识、了解组织。职前培训的主要内容包括员工的健康、安全、福利、雇佣的条款协议,组织的历史与机构、组织的人力资源管理和政策,之后的培训计划(Saks & Gruman, 2012),以及为新员工提供工作规则、员工服务等信息以消除入职的焦虑感(Gomersall & Myers, 1966)。在具体开展入职培训时,根据组织的目的选择是基于计算机(computer-based)的网络培训还是基于社交(social-based)的传统实地培训。传统实地培训会更多地影响入职后与社交相关的社会化内容(人际关系、组织的目标和价值观),伴随着更高的工作满意度与组织承诺;而网络培训会更多地影响与信息相关的社会化内容(工作熟练度、组织的历史文化)(Wesson & Gogus, 2005)。

第二,新员工社会化理论表明组织需要开展正式的培训,Feldman(1989)的研究表明,大多数新员工在进入一个新的组织时会参加某种形式的正式培训。新员工接受的培训会对其行为规范、了解可接受行为的界限及其对工作和组织的态度产生重大影响(Feldman, 1989; Louis et al., 1983; Tannenbaum et al., 1991);并且,在入职的前6个月内,新员工接受的培训数量越多,对他们的帮助越大(Saks, 1996)。经过培训,新员工会形成对组织的期待和看法、遵循组织所认可的社会行为规范、交流并传递公司的价值观、确定个人的职业发展路径(Feldman, 1989)。在培训的过程中,组织不一定要求新员工绝对地服从所有规范,只要求其遵循核心规范(Schein, 1968);同时,鼓励新员工真实地表达自我,维持自己特有的优势,允许新员工的"积极性偏离"(positive deviance),激励创新(Cable et al., 2015)。

第三,从领导的角度看,新员工社会化理论为新员工提供了更快融入新组织的方法。领导可以为新员工提供信息资源(Major et al., 1995; Jokisaari & Nurmi, 2009)和社会支持(Bauer & Green, 1998),从而有利于新员工社会化,而且领导的行为会影响新员工的组织承诺、工作满意度、离职意向(Bauer & Green, 1998; Sluss & Thompson, 2012)。因此,组织可以考虑如何安排领导的工作以帮助新员工更好地社会化。

第四,新员工可以发挥主观能动性,主动采取行动来适应新组织,从而获取新知识、增加自身的工作经验与工作经历、提升个人的幸福感(Ashford & Black, 1996; Cooper-Thomas & Wilson, 2011)。为快速掌握与工作相关的知识,新员工可以直接询问同事,寻求帮助;而在向领导寻求反馈信息时,可以采用观察(monitoring)的方式(Morrison, 1993),以防被领导认为自己能力不够。领导拥有丰富的资源与经验,新员工应当积极参与社交活动,与领导构建关系(relationship building),融入领导的社交网络,成为"圈内人"。尤其在中国的文化背景中,员工可以参与本职工作之外的活动,与领导发展互惠关系(guanxi developing)(Wang & Kim, 2013)。

第五,新员工的组织社会化是一个持续的过程,组织要保证新员工的社会化过程保持顺利、连续。尤其是在入职期,组织可以将招聘、入职培训、管理纳入总的入职计划(total onboarding program),由招聘经理负责这一部分工作(Bradt, 2012)。组织应当营造一种良好的组织环境、组织文化,激发、促进新员工主动学习,促进新员工完成组织社会化过程。

五、 经典文献推荐

Ashford, S. J., & Black, J. S. (1996). Proactivity during organizational entry: the role of desire for control. Journal of Applied Psychology, 81, 199–214.

Bauer, T. N., et al. (2007). Newcomer adjustment during organizational socialization: a meta-analytic review of antecedents, outcomes, and methods. Journal of Applied Psychology, 92(3): 707–721.

Louis, M. R. (1980). Surprise and sense making: what newcomers experience in entering unfamiliar organizational settings. Administrative Science Quarterly, 25(2): 226–251.

Morrison, E. W. (2002). Newcomers' relationships: the role of social networks during socialization. Academy of Management Journal, 45, 1149–1160.

Reichers, A. E. (1987). An interactionist perspective on newcomer socialization rates. The Academy of Management Review, 12, 278–287.

Saks, A. M., & Ashforth, B. E. (1997). Organizational socialization: making sense of the past and present as a prologue for the future. Journal of Vocational Behavior, 51, 234–279.

Van Maanen, J., & Schein, E. H. (1979). Toward a theory of organizational socialization. In B. M. Shaw(Ed.), Research in organizational behavior(Vol. 1, pp. 209–264). Greenwich, CT: JAI Press.

Wanberg, C. R., & Kammeyer-Mueller, J. D. (2000). Predictors and outcomes of proactivity in the socialization process. Journal of Applied Psychology, 85, 373-385.

第十八章参考文献

第十九章

职业自我效能感理论[①]

王志梅[*]

一、代表人物与时代背景

(一) 代表人物

南希·E.贝茨(Nancy E. Betz)是俄亥俄州立大学心理学系的荣誉退休教授。她1976年在明尼苏达大学获得心理学博士学位,之后到俄亥俄州立大学心理学系工作,在那里度过了整个职业生涯。贝茨是职业心理学、女性职业发展和测量、职业评估领域备受尊敬的先驱。除了在俄亥俄州立大学担任心理学教授,她还担任斯坦福大学和加州大学圣巴巴拉分校客座教授。截至2013年,她发表了一百多篇文章,出版了两部著作,主题涉及心理测量、自我效能感理论在职业评估中的应用和女性职业发展等。

南希·E.贝茨

贝茨出生在密苏里州的堪萨斯城,父母在她一岁前离婚,之后父亲搬到达拉斯担任索偿律师,母亲搬到密尔沃基在美国女童军队工作。她在上学期间跟随母亲生活,暑假和父亲一起生活。父母友好相处,在她成长过程中一家人能够彼此相爱,并使她感到非常有安全感。

贝茨自小对科学和数学感兴趣,把大量的空闲时间用来做科学实验,收集岩石和昆虫,学习有关星座的知识。在贝茨八年级时,她的母亲开始在明尼苏达大学攻读心理学研究生,专攻咨询心理学,并在1968年获得心理学博士学位,随后

[①] 本课题得到国家自然科学基金青年项目(71802023)和中央高校基本科研业务费专项资金资助项目(2018NTSS58)的资助。

[*] 王志梅,中央财经大学金融学院讲师、博士,主要研究领域为人力资源管理、职业生涯规划与就业指导,电子邮箱:wangzhimei@cufe.edu.cn。

在艾奥瓦州立大学心理学系和咨询中心工作。贝茨在大三时转学到明尼苏达大学,这为她的职业生涯奠定了坚实的基础(Subich,2012)。

贝茨和盖尔·哈克特(Gail Hackett)于1981年将女性职业发展纳入班杜拉的自我效能感理论(Betz & Hackett, 1981,1983; Hackett & Betz, 1981),并将自我效能理论应用于女性职业发展领域(Lent et al., 1994,2000),在测量和职业评估方面也作出了很多贡献。贝茨工作的一个主要目标是提出可以促进女性职业发展的想法,她关注女性如何克服社会的"零环境"困境(Betz, 1989),并围绕这一目标开展关于女性职业发展的研究(Betz, 2005,2006; Betz & Fitzgerald, 1987),以及班杜拉的自我效能感理论在女性职业发展中的应用(Betz & Hackett, 1981,1983,2006; Hackett & Betz, 1981)。除了致力于拓宽女性职业选择,贝茨喜欢测量和统计并擅长开发新量表,她与合作者开发了自我效能感测量方法包括职业决策自我效能量表(Betz et al., 2005)、数学自我效能感量表(Betz & Hackett, 1983)、技能信心量表(Betz et al., 1996)、社会自我效能感量表(Lin & Betz, 2009; Smith & Betz, 2000)、儿童和青少年精神病信心量表(Betz & Borgen, 2010a; Borgen & Betz, 2008)。在健康人格方面,贝茨和合作者开发了无条件自我关注量表(Betz et al.,1995)、心理耐受力量表(Younkin & Betz, 1996)和健康人格量表(Betz & Borgen, 2010b; Borgen & Betz, 2008)。

由于贝茨出色的研究能力,她获得了许多奖项,如美国职业心理学协会颁发的职业心理学终身学术贡献奖(2009年)、美国心理学会颁发的利昂娜·泰勒心理咨询学杰出学术贡献奖(2000年)和约翰·霍兰德职业与人格心理学研究奖(1988年)等。除了学术工作,她还是美国心理学会创始会员,曾在国防部军事测试咨询委员会和心理测量出版社的研究咨询委员会和职业心理学的编委会任职,并在1984—1990年担任《职业行为》(*Journal of Vocational Behavior*)的编委。

(二) 时代背景

职业自我效能感理论的提出源于贝茨和哈克特于1981年将Bandura(1977)的自我效能感理论应用于女性职业发展。他们发现,女性在职业发展中未能充分发挥个人才能,她们在许多职业(如律师、医生、数学家、工程师)中的代表性较低,这可能是由于她们对从事这些职业的自我效能感较低。因此,他们认为自我效能感低可能是限制女性职业选择的一个主要因素。之前大多数研究集中在现有职业发展理论对女性的适用性方面,虽然班杜拉及其同事的研究验证了自我效能感在临床上(如治疗恐惧症)上能发挥作用,但自我效能感对职业行为和职业咨询的潜在适用性尚未得到实证检验。于是,贝茨基于社会学习理论,强调认知这一中介因素在职业选择中的作用,研究自我效能感对促进女性职业发展的作用。

二、理论的核心内容

(一) 职业自我效能感的含义

根据社会认知理论,自我效能感是指个体对成功完成特定行为以获得特定结果的信念。研究表明,作为自我概念的重要组成部分,自我效能感影响着个体的行为选择、坚持和努力程度,进而影响行为结果,因此也被视为重要的个人资源。职业自我效能感是自我效能感在职业领域的具体体现。起初,人们常从微观层面基于"任务特定性"对职业自我效能感进行定义。例如,Hackett et al. (1981)就将其定义为"个体对从事特定职业的信念"。后来,人们逐渐认识到基于特定任务的测量受到特定工作或职业情境的限制,并不适合充满变化的无边界职业生涯情境。因此,Abele & Spurk(2009)将职业自我效能感定义为"职业领域中个体对自己能够胜任职业任务和要求的信念"。该定义相较"任务特定性"自我效能感而言适用面更广,可以应用于不同工作要求及在不同职位上个体的测量,并被视为个体整个职业生涯中所有与具体内容相关的自我效能感。所以,即使个体在整个职业生涯中不断转换工作或职业,其职业自我效能感也是一个相对稳定、可以比较的概念,并对相应的职业生涯关键变量产生影响。职业自我效能感的作用包括影响个体的行为选择、面对困难时的坚持和努力程度以及个体的情绪状态。职业自我效能感高的个体对自己所从事的职业有较好的认知,对从事职业过程中遇到的困难与挑战能采取相应策略加以解决,也能成功地按自己的喜好适应工作情境、消除焦虑。

(二) 职业自我效能感概念的提出与发展

Hackett & Betz(1981)认识到社会认知视角对职业发展理论和研究的重要性,并提出自我效能感理论丰富职业发展理论的一些途径。具体来说,他们认为能力的自我感知比通常使用的客观能力测量更能预测职业选择行为。哈克特和贝茨对女性职业发展的解释尤为感兴趣。在职业追求中,女性的才能没有得到充分展现,女性在地位更高、收入更高的男性化职业中的代表性也没有得到充分体现。这一问题一直受到职业理论家和研究人员的关注(Betz & Fitzgerald, 1987)。Hackett & Betz(1981)假设,传统上女性化的童年经历往往限制了女性接触到在许多职业领域激发强大效能感所必需的信息来源。与职业相关的感知效能感降低,进而可能会限制他们选择职业类型,并影响对所选择职业的绩效的稳定性。因此,哈克特和贝茨认为,自我效能感理论可以部分解释女性性别角色社会化经验的认知,以及由此导致的在劳动力市场上观察到的职业选择模式的性别差异。

职业自我效能感的研究始于自我效能感理论在女性职业发展中的应用,但很快转向对所有人群的普遍应用(Betz & Hackett, 1986; Lent & Hackett, 1987)。早期研究(Betz & Hackett, 1981; Hackett & Betz, 1981)关注特定职业的效能感判断,并将其称之为职业自我效能感或职业相关自我效能感。然而,自20世纪80年代以来,由于研究范围大大扩展,后续的研究人员经常使用职业自我效能感这一概念来描述与职业发展、任务、决策、行为和与调整过程相关的自我效能感(Betz & Hackett, 1986; Lent & Hackett, 1987)。从历史上看,职业发展一直是咨询心理学领域的核心。然而,有关职业选择的文献通常被分为研究职业选择的内容(即个人的选择是什么)和研究职业决策的过程(即个人是如何作出选择的)。现有的关于职业自我效能感的研究大多涉及理论,但也有一些调查和探讨,如自我效能感与兴趣的关系、学业成绩与学业计划持久性的关系、职业决策的影响因素等。

(三) 职业自我效能感的四种来源

Hackett & Betz(1981)基于班杜拉的自我效能感理论,提出了女性职业发展的概念化与促进途径。他们提出的模型假设为:女性在许多与职业相关的行为中缺乏对个人效能感的强烈期望,因此未能充分展现她们在职业追求中的才能。他们回顾和讨论了四种信息来源在获得性方面的性别差异,而这些性别差异与女性的职业决策和成就有关。他们讨论了所提出的模型在整合现有的女性职业发展知识、开拓有效的调查途径和指导干预方面的效用,所提供的概念框架对男性和女性的职业发展都有影响。

1. 绩效成就

绩效成就是影响效能感的第一个信息来源,一项任务或行为的成功执行提供的信息往往会增加对该任务或行为相关效能感的期望。绩效成就本身需要与环境相关的工具性行为来达成。有关性别角色社会化的研究表明,典型的男性角色特征可以概括为主要的工具性品质,如自信心、积极性、竞争力和支配力。这样的品质不仅能提升行为发生的频率,而且能增大行为成功的可能性。另外,典型的女性角色反映了情感表达特征的组合,例如敏感、被动、顺从的特征。虽然与情感表达有关的特征本质上确实是积极的,但女性角色的特质并不能直接使其完成任务或提升能力。

此外,与女性相比,男性更可能在户外各种活动中获得经验,例如木工、机械技能和运动,女性的经验更侧重于家庭劳动。研究表明,男性更多地参与有助于获得空间技能的游戏活动,这可能在一定程度上解释了这些技能的性别差异,玩过积木游戏的女性比不玩积木游戏的女性拥有更强的空间技能。虽然完成这些任务可以提高能力,但也可以提高执行任务的自我效能感。

研究表明,自尊结构中的自我评价可能对解释绩效成就中的性别差异很重要。这虽然没有直接探讨自我效能感的概念,但验证了这样的观点:对绩效和能力的自我评估存在性别差异,而且自我评估与职业发展有关。

最后,关于成功和失败在归因上的性别差异可能对效能感的发展很重要。研究表明,女性比男性更容易用运气来解释成功和失败。在传统的男性行为表现(如学业成绩)中,女性对自己的成功承担的责任较少,她们更多地将其归因于外部因素。因此,在获得和解释成功方面的性别差异可能导致女性对自我效能感的期望越来越低。

2. 替代学习

与提高效能感相关的第二个主要信息来源是观察他人成功的替代经验。各种因素作用于榜样对他人学习的影响,但一般来说,男性接触到的替代性学习经历与职业相关的效能感预期更为相关。在儿童文学、教科书和媒体中存在的性别角色和职业刻板印象中,女性通常承担着家庭主妇和母亲的角色。

除了在媒体、教育和职业材料中对女性的描述有限,实际从事非传统活动的女性较少,因此成功的榜样也较少。研究表明,母亲在外工作的女性比母亲是全职家庭主妇的女性有更高的职业抱负,这指出了女性榜样的重要性。然而,在非传统职业领域,如管理和技术性行业,能胜任的女性榜样仍然太少。当然,女性可以将男性作为成功绩效的典范。因此,虽然有些女性可能会克服缺乏同性榜样的影响,但作为自我效能感信息来源的替代学习经验对她们来说似乎普遍不太有用。

3. 情绪唤醒

影响效能感的第三个信息来源是人们从生理唤醒状态判断焦虑和易受压力影响的程度,即情绪唤醒状态。高水平的焦虑通常会削弱绩效和效能感预期。研究表明,女性在焦虑方面的得分高于男性,更可能经历情绪性的生理波动,从而降低自我效能感,同时也表明传统女性社会化降低自我效能感的可能性。

在考虑焦虑的性别差异时,需要注意的是,班杜拉认为焦虑反应是一种相互作用,而不是导致低自我效能感预期的原因。换言之,当个体对特定行为或情境缺乏效能感预期时,通常会诱发焦虑。然而,随之而来的焦虑会进一步降低自我效能感和采取必要行为的可能性。因此,女性出现焦虑反应的可能性越大,其越难提升效能感。

4. 言语劝说

效能感的最后一个信息来源是他人的言语劝说。鼓励和劝说对某一特定行为的作用是增加效能感,而缺乏鼓励或感到气馁会降低效能感。源于传统社会对男女适当角色的看法,男性在职业追求和成就方面比女性受到更多的鼓励。例如,美国国家科学基金会的一份研究报告指出同样是对科学感兴趣的孩子,却由于性别不同,受到父母、老师和朋友的区别对待——男孩通常会得到赞赏和鼓励,而女孩会得到批评和质疑。

有研究总结了女性从咨询师那里得到的缺乏鼓励或沮丧的表述。因此,在获得与发展强大自我效能感相关的信息方面,咨询师(其职业赋予他们相当大的影响力和说服力)可能是导致性别差异的因素之一。

图19.1 的模型总结了传统女性社会化对职业自我效能感的影响,包括效能感信息的四个来源,女性社会化如何影响各类信息获取的示例以及这些因素对女性自我效能感发展的影响。尽管这一模型并不是为了描述所有女性的社会化经历,但至少其中一些因素很可能是大多数女性社会化经历的特征。此外,该模

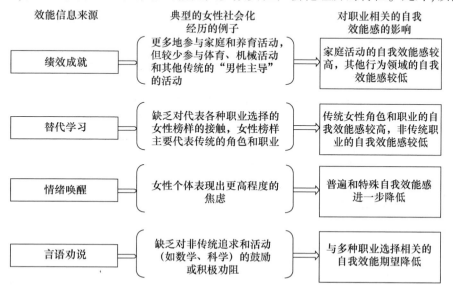

图19.1 传统女性社会化对职业自我效能感的效应模型

型与现有研究结果的一致性表明,它在整合现有知识和促进女性职业发展的调查方面具有潜在效用(Hackett & Betz, 1981)。

三、 相关评估技术与测量工具

职业自我效能感的测量工具有职业决策自我效能感量表(Betz et al., 2005; Betz et al., 1996; TayLor & Betz, 1983)、数学自我效能感量表(Betz & Hackett, 1983)、技能信心量表(Betz et al., 1996)、社会自我效能感量表(Lin & Betz, 2009; Smith & Betz, 2000)及儿童和青少年精神病信心量表(Betz & Borgen 2010a; Borgen & Betz, 2008)。其中,职业决策自我效能感最初由 Taylor & Betz (1983)定义为个人相信自己能成功完成职业决策所必需的任务的信念,职业决策自我效能感的测量采用准确的自我评价、收集职业信息、目标选择、制订未来计划和解决问题这五个任务领域。由于其对成功教育和职业结果的重要作用,职业决策自我效能感及其干预措施的设计和评估得到研究人员的广泛关注(Betz & Luzzo, 1996)。

职业决策自我效能感量表衡量个人对自己能够成功地完成职业决策相关任务的信心程度。职业决策自我效能感评估的第一步涉及行为兴趣域的定义和规范(Bandura, 1977)。与职业决策过程相关的行为领域采用 Crites(1961, 1965)的职业成熟度模型假设的五个胜任力(评价自我、收集职业信息、选择目标、制订未来计划、解决问题),从而形成了问卷构建的原始基础。在五个胜任力领域中,每一个都包括 10 个条目,以准确、全面地反映胜任力。表 19.1 列出了每个分量表所对应的条目。

表 19.1 职业决策自我效能感量表的维度及条目

维度	序号	条目
评价自我	1	准确评估你的能力
	2	弄清楚你是否有能力完成数学相关学业
	3	弄清楚自己是什么样的人
	4	弄清楚你理想的工作是什么
	5	列出你感兴趣的几个专业
	6	明确你选择职业时最看重的东西
	7	确定你最擅长的学科
	8	列出你感兴趣的几种职业
	9	定义你想要的生活方式
	10	确定你是更愿意与人打交道还是与信息打交道

(续表)

维度	序号	条目
收集职业信息	1	查找有关雇用大学英语专业人员的公司的信息
	2	查找有关工程教育项目的信息
	3	描述你想从事的职业的工作职责
	4	在图书馆里找到你感兴趣的职业信息
	5	了解20世纪80年代某个职业的就业趋势
	6	查找有关研究生院或专业学校的信息
	7	了解某个职业的员工的平均年收入
	8	向教员询问你所在专业的研究生院和工作机会
	9	和你想攻读专业的系里的一位教员谈谈
	10	找一个已经在你感兴趣的领域工作的人谈谈
选择目标	1	做一个职业选择决定,不要担心对错
	2	选择一个你父母不赞成的专业或职业
	3	选择你想要攻读的专业,即使在这个领域就业市场的机会正在减少
	4	选择一个大多数工作人员都是异性的职业
	5	从你正在考虑的潜在职业列表中选择一个职业
	6	从你正在考虑的潜在专业列表中选择一个专业
	7	选择一个和你喜欢的生活方式匹配的职业
	8	选择一个与你自身能力匹配的专业或职业
	9	选择一个与你自身兴趣匹配的专业或职业
	10	选择最适合你的专业,即便获得学位需要更长的时间
制订未来计划	1	制订一个未来五年的目标计划
	2	准备一份好的简历
	3	收到教授的推荐信
	4	使用学校提供的就业服务
	5	成功经历面试过程
	6	上一些专业之外的课程
	7	确定与你的职业发展相关的雇主、公司、机构
	8	确定完成学业所需的步骤
	9	决定你是否需要去研究生院或专业学校以实现职业目标
	10	参与到与你未来目标相关的工作中
解决问题	1	想出一个应对大学科目成绩不及格的策略
	2	离开学校5—10年后回学校读研究生
	3	如果你对所选择的职业不满意,就换个职业
	4	如果你在所选专业的某个方面遇到学术问题,想想该怎么做
	5	如果你不能得到你的第一选择,确定一些备择选项
	6	如果你不喜欢你的第一选择,就换专业
	7	在第一次被拒绝后再次申请研究生
	8	搬到另一个城市去得到你真正想要的工作
	9	即使感到沮丧,也要坚持不懈地完成你的专业或职业目标
	10	拒绝父母或朋友试图把你推上你认为超出自己能力范围的专业或职业

要求被调查者评估他/她对自己成功完成每项任务的能力的信心,评估他/她对职业决策任务的自我效能感。在从完全信任(9分)到不信任(0分)的10分范围内进行评价。除了每项任务的自信心得分,五个分量表的自信心得分是对应条目的打分之和,最高得分为90分。将50个条目的得分相加,计算出反映50个职业决策任务的自我效能感总分,由此职业决策自我效能感量表的最高得分为450分。

应注意的是,由于自我效能感的评估属于一般行为评估(尤其是认知行为评估)的范畴,评估并不侧重于传统心理学测量意义上的"量表"的发展,而是对特定领域相关行为的描述,个人对自我效能感的期望是根据这些行为来评估的。

由于职业决策自我效能感量表由分布在五个分量表中的50个条目组成,因此它比用于研究目的(特别是用于个人评估和职业咨询干预以及项目评估目的)的量表更长。

随着对职业自我效能感的研究越来越多,尤其是对职业决策自我效能感的研究越来越多,职业决策自我效能感的评估方法也发生了变化。在有关职业决策自我效能感前10—15年的研究中,10点量表仍然是典型的方法,但是20世纪90年代末和21世纪初发表的许多论文使用5点量表。例如,Bandura et al. (1999)使用5点量表测量儿童的学习成绩和社会自我效能感;Betz et al. (1996)使用5点量表测量不同人群的技能信心。

短版的职业决策自我效能感量表(Betz et al.,1996)是包括对有效的职业发展起关键作用的技能领域的25个条目的量表,保留了原始工具所依据的五个维度,从五个职业决策自我效能感量表中的每个分量表中的10个条目中删除5个,形成了25个条目的简短量表。这个量表是从完全不符合(1分)到完全符合(5分)的5点量表,总分是通过加总25个条目的得分计算出来的。分数越高,表明职业决策自我效能感水平越高。大量研究证实了短版的职业决策自我效能感量表的有效性(Betz & Luzzo, 1996; Betz et al., 2005; Paulsen & Betz, 2004; Wolfe & Betz, 2004)。

四、理论的应用价值

自Hackett & Betz(1981)的研究后,成百上千的研究将班杜拉(Bandura, 1977,1997)的自我效能感理论应用到职业发展和咨询领域,包括数学自我效能感、特定职业或职务的自我效能感、职业决策自我效能感、职业搜索自我效能感、霍兰德主题自我效能感和职业咨询自我效能感等。自我效能感的概念不仅适用于女性职业发展,而且适用于普通群体和特殊群体的职业发展,如有色人种、少数民族、女性罪犯以及任何背景中缺乏自我效能信息来源的人。

(一) 在职业发展中的应用

研究发现,自我效能感显著影响职业选择、绩效和持久性(Betz,2004)。该理论最初的应用基于以下假设:由于传统的女性社会化,女性对男性主导职业的自我效能感降低,尤其是在数学和科学领域。Betz & Hackett(1981)的一项研究要求一部分大学生报告他们是否觉得自己有能力完成各种专业学习。尽管男性和女性在测试能力上没有差异,但他们在自我感知能力上有显著差异。这些差异在涉及数学的职业上尤为显著,即59%的大学男生和41%的大学女生认为自己能够完成数学相关专业的学业,74%的男生和59%的女生认为自己可以成为会计师。最引人注目的是,与70%的大学男生相比,只有30%的女生认为自己能够完成工程专业的学业。

同样重要的是,Betz & Hackett(1981)发现这种较低的自我效能感与考虑非传统(男性主导)职业的可能性较低有关。他们还发现,与数学相关的自我效能感本身会影响对科学职业的选择(Betz & Hackett,1983;Hackett,1985)。其他研究表明,自我效能感与绩效和持续性有关。例如,Lent et al.(1984,1986)表明,科学技术职业相关的自我效能感与工程专业学生的表现和持续性有关。

根据Crites(1978)职业成熟度理论的内容进行区分,研究对象可以分为过程领域和内容领域。研究表明,低的自我效能感会导致对这些领域的专业和职业的回避。例如,Betz & Hackett(1981)表明,职业选择的范围与这些选择的效能感显著相关。

过程领域是指对决策制定过程的信心。过程领域的第一个度量方法是Taylor & Betz,1983)的职业决策自我效能感量表,其后是职业搜寻效能感量表(Solberg et al.,1995)。在作出职业决策的过程中,自我效能感低下与职业选择犹豫不决有关(Betz & Luzzo,1996)。Paulsen & Betz(2004)的研究还表明,关于内容领域的自我效能感与职业决策的自我效能感有关。

(二) 在职业咨询中的应用

二十多年的研究清晰地表明了自我效能感对于职业决策、绩效和持续性的重要性,因此咨询师应将其纳入对客户的概念化和与客户的讨论中。在许多情况下,自我效能感也将成为治疗干预的重点。

1. 初步讨论和评估

咨询师的首要任务是在与来访者的初步讨论中纳入自我效能感的概念。以下是此类问题的示例:"您的理想职业是什么?""是什么使您无法实现理想?""如果您认为自己可以做任何事情,您将从事什么职业?"这些问题的目的是确定来访者对可以做什么进行自我限制。如果个人实际上不具有既定领域的能力,那么这可能对个人造成限制,但是自我效能感的真正贡献是帮助那些低估自己能力的人。

当来访者在咨询过程中说自己无法掌握特定领域的技能时,咨询师应从来访者的过往经历和背景中找到原因。例如,当一个来访者说她想放弃数学,因为她认为"数学是给男孩学的",那么她目前对数学缺乏信心,并且没有足够的能力学好数学就不足为奇了。假如来访者对自己的人际交往能力没有把握,那可能是因为他被告知男孩必须是"坚强而沉默的"。因为自我效能感会导致回避,所以自我效能感可以成为自我实现的预言:作为人类,我们避开了所担心的领域,因此我们不会在这一领域钻研,从而验证了我们对自己无能为力的观点。有人需要打破这种恶性循环——咨询师也许可以帮助来访者做到这一点。咨询师应该拒绝接受来访者"我不能"的答案,除非来访者认真地尝试去学习并掌握它。

咨询师应帮助考虑职业改变或晋升的成年人探索他们认为缺乏技能而阻止他们追求理想选择的行为领域。在许多领域,技术专长是必要的,但不足以影响人们在这些领域担任管理或监督职务。如果来访者希望采取这种行动,那么关于管理/监督技巧的自我效能感信念可能与来访者的感知选择高度相关。

除了对大学生和成年人使用自我效能感干预,更多的关注可以放在更年轻的个体(如初中生和高中生)身上。Fouad(1995)开发了一套干预措施,以提高高中生对数学和科学学科的自我效能感。Betz & Wolfe(2005)开发并评估了高中版本的扩展技能信心量表,旨在与 Harmon et al. (1994)开发的"强烈兴趣清单"或 Morris et al. (2002)开发的"强烈兴趣搜索"一起使用。他们对来自某一高中的少数民族学生进行抽样以检验量表的有效性,并将其应用于确定信心干预措施以增加学生的职业选择领域。

尽管非正式讨论和评估可能对来访者很有用,但在如今与职业相关的许多行为领域也有许多出色的自我效能感评估方法。咨询师可以利用这些量表进行更有针对性的结构化评估。例如,职业决策自我效能感量表用于评估一个人对自己的职业决策能力的信念,包括准确的评价自我、收集职业信息、选择目标、制订未来计划和解决问题。由于职业决策自我效能感量表的分数与职业犹豫不决高度负相关,因此使用此量表可能是诊断患有职业犹豫不决问题的来访者的第一个步骤。职业搜索自我效能感量表(Solberg et al., 1995)旨在评估有意寻找工作或重新进入就业市场的人们的职业搜索自我效能感。O'Brien(2003)对职业自我效能感的多种测量方法进行了回顾和梳理。

现在有许多有关职业内容的自我效能感测量,其中许多测量伴随职业兴趣的测量而生,以便可以对兴趣和自我效能感进行联合解释(Betz & Borgen,2000)。例如,"技能信心清单"(Betz et al.,1996)是针对六个主题来测量自我效能感的,并将其与霍兰德职业类型理论中的兴趣一起使用。Betz et al.(2003)开发了扩展版的技能信心量表,以衡量关于职业活动的17个基本领域的自我效能感。选择这些领域旨在与其他基本兴趣量表相匹配,并反映跨职业的重要的行为领域(如领导力、公开演讲、写作、数学、帮助和创造力等)。因此,扩展版的技能信心量表包括使用技术、文化敏感性和团队合作的信心量表。在 Paulsen & Betz(2004)的研究中,扩展技能信心量表的六个维度(数学、科学、写作、使用技术、领导力和文化敏感性)预测了49%的大学生职业决策自我效能感的差异。其他量表对于组织咨询和干预尤其重要。例如,Betz et al.(2003)发现在扩展版的技能信心量表的因素分析中,领导力自我效能感与公开演讲、教学/培训、团队合作和组织管理的自我效能感相结合,构成了一个高阶因素。

在使用自我效能感测量方法扩展来访者的职业选择时,可以考虑兴趣和信心因素(Betz,1999)。如果可以通过有针对性的干预来提高自我效能感,最简单的范例是对行为和给定行为领域的兴趣与信心进行分类。

2. 咨询干预

在咨询者和来访者决定了自我效能感的提高可能会有益于来访者的未来职业发展后,应制订干预计划。干预计划基于班杜拉的四个效能感信息来源,并且在理想情况下应包括绩效成就、替代学习、情绪唤醒和言语劝说。绩效成就是最有力的干预手段,但言语劝说是大多数咨询师常采用的措施。因此,关注这两个方面是制订干预计划的第一步。

在规划新的绩效成就时,应首先从实质上确保在正确的领域寻找机会。只有获得了一些成功的经验,来访者才可以面对更加艰巨的挑战。提供入门级课程、成人教育计划和程序化的学习材料的社区或技术学院可能是此类学习的良好场所。在组织内部或整个组织中,可以通过将行为分解为更小、更容易学习或掌握的部分,以帮助来访者建立信心。

在规划替代学习时,咨询师必须找到在来访者缺乏效能感的领域中的成功人士,最好是这些成功人士与来访者具有相同的种族和性别。例如,一位向其他女性讲授汽车维修或木工的女性将就有不错的榜样效果,因为这些行为在传统上被视为男性领域。榜样可以来自现实生活,也可以出现在电影、电视、书籍或其他媒体中。例如,一本关于女航天员或女科学家生活的书可能是考虑这个职业的年轻女孩的榜样。

3. 成功干预实例

Betz et al. (1996)详细描述了一个与一位名叫理查德(Richard)的大学生(该学生没有擅长的专业)的相关案例。理查德只有一个高度感兴趣的领域——"进取精神",咨询师建议理查德从事企业管理或销售方面的职业。但是,理查德在这方面的自我效能感很低——他的社交技巧和自信心都不强。

在获得评估结果之后,咨询师想知道是否有可能提高理查德在社交技巧方面的自我效能感。第一步是培训交流技巧和公开演讲技巧。咨询中心为大学生提供了一个社交技能课程,社区成人教育计划为其提供了一个名为"实用无痛公开演讲"的课程。理查德的咨询师说服他同时参加这两门课程,并在他完成这些课程时为他提供持续的支持和鼓励。课程教他如何进行渐进式的肌肉放松,以及每当感受到威胁或恐惧时如何应对。理查德遇见了其他与自己一样感到恐惧的学生和成年人,由此得知自己并不孤单,但也会有能力不足的感觉。这种干预的长期效果是,理查德能够独立完成专业学习,并对自己十分有信心。干预还极大地提高了理查德在同伴小组中的社交能力。

团体干预的一个例子是 Betz & Schifano(2000)设计的一种干预措施,旨在提高女大学生的自我效能感。在不同的工程和技术领域,"现实"主题与"调查"主题同等重要,因为"现实"主题中性别差异最为持久。研究者对是否可以通过设计小组干预措施提高女性的现实自我效能感感兴趣。他们选择了现实自我效能感水平较低但现实兴趣水平中等的女大学生,对这些女生的集体干预包括班杜拉的四项效能感信息来源,并集中于识别和使用手动工具、建造和修理有用的物品(如书架、灯和洗碗池)、建筑设计和工程领域。在教学过程中,小组成员定期休息,进行结构化的放松练习、积极的自我交谈。为了满足榜样的要求,大学的首席建筑师(女性)带领这些女生戴着安全帽参观了校园内的主要建筑工地,并向她们讲授了设计和建造大型建筑物的过程。在干预测试中,每个女生都要修理损坏的灯。当每个人完成任务时,都会得到一个全新的灯泡,以象征她的成功(或失败)。干预与控制条件不同会导致小组成员的现实自我效能感出现差异。作为反映治疗效果的一个例子,测试前没有一个参与者具有很高的现实自我效能感,但是测试后这一比例达到62%,因此"现实"主题领域现在可以包括在她们的职业选择中。

五、经典文献推荐

Betz, N. E., & Hackett, G. (1981). The relationship of career-related self-efficacy expectations to perceived career options in college women and men. Journal of Counseling Psychology, 28, 399-410.

Betz, N. E., & Hackett, G. (1983). The relationship of mathematics self-efficacy expectations to the selection of science-based college majors. Journal of Vocational Behavior, 23, 329-345.

Betz, N. E., & Hackett, G. (1986). Applications of self-efficacy theory to career development. Journal of Social and Clinical Psychology, 4, 279-289.

Betz, N. E. (2006). Women's career development: theories and concepts. In W. B. Walsh & M. Heppner(Eds.), Career counseling for women, 45-74. Mahwah, NJ: Lawrence Erlbaum.

Betz, N. E., Klein, K., & Taylor, K. (1996). Evaluation of a short form of the career decision making self-efficacy scale. Journal of Career Assessment, 4, 47-57.

Betz, N. E, & Borgen, F. (2000). The future of career assessment: integrating vocational interests with self efficacy and personal styles. Journal of Career Assessment, 8, 329-338.

Hackett, G., & Betz, N. E. (1981). A self-efficacy approach to the career development of women. Journal of Vocational Behavior, 18, 326-339.

Subich,L. M. (2012). Nancy E. Betz: a consistent vocational profile. Counseling Psychologist, 41, 342-358.

Taylor, K. M., &Betz, N. E. (1983). Applications of self-efficacy theory to the understanding and treatment of career indecision. Journal of Vocational Behavior, 22, 63-81.

第十九章参考文献

第二十章

认知信息加工理论

谢 员 桂先锋*

一、代表人物与时代背景

(一) 代表人物

盖瑞·彼得森(Gary Peterson,1956—2014),教育与咨询心理学博士,美国佛罗里达州立大学教育心理学院名誉教授,咨询和职业发展技术研究中心、就业中心高级研究员。他曾任杜克大学高级咨询师、佛罗里达州立大学教育咨询和心理服务学术项目培训主任。他的研究领域包括国际视角下的认知信息加工理论、大学生生涯辅导与干预、生涯评估、生涯决策、正念与生涯决策、生涯课程研究等。

盖瑞·彼得森

彼得森于1965—1970年在杜克大学攻读博士学位,在校期间积极参与美国心理学会、美国教育研究协会、美国职业发展协会的活动,并于1970年获教育与咨询心理学博士。毕业后,他留任杜克大学,在学校担任了两年的高级咨询师。在1972年他加入佛罗里达州立大学,成为一名教师兼研究员,之后一直在该校工作。同时,他也是佛罗里达州一名注册心理学家。

彼得森最突出的贡献是基于认知信息加工(cognitive information processing, CIP)理论的金字塔模型和的CASVE(communication-analysis-synthesis-valuing-execution)循环。他在1986年召集合作者开会,开始筹备有关CIP理论的相关工作,并拟订了一份关于研究CIP理系的方案。随后他们开始撰写理论书籍,彼得森撰写第一部分,吉姆·桑普森(Jim Sampson)撰写第二部分,罗伯特·里尔登

---

* 谢员,华中师范大学心理学院教师,博士,主要研究领域为生涯辅导与人力资源管理;桂先锋,华中师范大学心理学院硕士研究生。

(Robert Reardon)撰写第三部分,在三人共同努力下,著作《生涯发展与服务:一种认知的方法》(Career Development and Services: A Cognitive Approach)于1991年正式问世。在佛罗里达州立大学任教的职业生涯中,彼得森共发表了70余篇研究成果,与桑普森和里尔登共同撰写了多部著作,除了上述的著作,还有2004年出版的《职业咨询与服务:一种认知信息处理方法》(Career Counseling and Services: A Cognitive Information Processing Approach)。目前彼得森仍然是一个高产的学者,他一直在职业发展、职业决策、个性和职业评估等领域开展研究。同时,彼得森也是一个"疯狂的"发明家和梦想家,除了学术研究,他也热爱生活,业余爱好包括打网球、打高尔夫球、钓鱼。

(二) 时代背景

对个体职业决策的研究一直以来都是职业心理学领域的重点研究内容(Gati & Asher, 2001),职业心理学家提出了很多决策理论。传统的职业决策理论可以分为标准化职业决策理论(如Gelatt模型、Katz模型)和描述性职业决策理论(如Tideman模型)两种类型。标准化职业决策理论过于强调量化和理性,忽视个体的认知局限和时间、金钱的限制;描述性职业决策理论未能给出系统化的职业决策框架,不够深入和具体(于泳红,2004)。标准化职业决策理论和描述性职业决策理论的缺点使其很难被广泛地应用到职业决策研究中。Gati & Asher(2001)认为,认识个体决策过程本身是解释生涯困境的前提,因此需要能够提供职业决策框架的新理论,这一理论要能克服以往模型的不足,由此诞生了规范性职业决策理论(冯嘉慧,2019)。

规范性职业决策理论关注个体职业决策的过程,结合当时兴起的认知心理学,彼得森、桑普森和里尔登等提出了CIP理论。CIP理论起源于认知心理学,重视职业决策过程,认为人类的认知信息加工过程与电脑信息加工过程有相似之处,生涯问题的解决取决于如何收集、存取、调整并解释内外部信息,以及如何在已有的知识中融入新信息,评估并运用这些知识从事生涯决策活动(Peterson et al., 1996)。

CIP理论综合了认知心理学和决策理论的思路,是在传统的职业决策理论基础上发展起来的新型理论,它克服了传统职业决策理论忽视个体认知局限和情绪等影响因素的不足,给出了一个系统化的职业决策框架(于泳红,2004)。CIP理论以人类的"有限理性"为基础,是一种有代表性的职业决策理论,专注于职业生涯问题和职业生涯决策的思维与记忆过程,强调职业生涯问题的解决是一个认知运作的过程,而不是生涯选择结果的权衡(Reardon et al., 2011)。

CIP理论认为,职业决策的本质是一个始于个体对生涯发展差距的觉察,并初步确定可能的职业选项,搜索职业信息,比较不同的选项,最终选择一条适合自己的职业道路的决策过程。刘长江和尤扬(2005)提出,CIP理论系统而全面地综合了生涯辅导中的关键要素来描述个体的职业生涯发展,吸收了认知行为干预、决策制定策略及其他观点,强调成本和收益,重视决策过程,并且尊重个体差异。

二、理论的核心内容

(一) 基本假设

CIP理论认为,生涯选择的本质是通过如表20.1所示的具体假设来表征的(Peterson et al.,1996)。金字塔模型和CASVE循环体现了CIP理论的核心内容。具体而言,CIP理论的基本内容包括了三个层次、四个部分和五个步骤。其中的三个层次分别是信息知识领域、决策技能领域、执行加工领域,相对应的辅导重点体现在完善信息知识领域、改进生涯决策技能和改善元认知的执行加工技能等三个方面。认知信息金字塔模型包含了四个部分,分别为自我认识、职业知识、决策、元认知。五个步骤是指CASVE循环所体现的生涯决策部分。

表20.1 CIP理论的假设

假设	解释
1. 生涯选择源于认知过程和情感过程的交互作用。	CIP理论强调生涯决策制定的认知领域,但它也承认信息有情感属性。从根本上说,投身于实现生涯目标的奋斗会涉及情感过程和认知过程的交互作用。
2. 生涯选择是一个问题解决过程。	个人能学会解决生涯问题(如选择一份职业),正如他能学习解决数学、物理和化学问题。生涯问题的特殊之处在于刺激的复杂性和矛盾性,以及在正确解决问题方面更大的不确定性。
3. 生涯问题解决者的能力取决于知识和实践的有效性。	作为生涯问题解决者,一个人的能力取决于他的知识和实践的有效性,且实践的有效性建立在知识的基础之上。
4. 生涯问题解决是一项需要记忆高负荷的任务。	自我认识的领域是很复杂的,职业知识这一领域同样如此。了解这两个领域的关系需要同时关注这两个领域。这样就会增加工作记忆的存储负荷。
5. 动机的引发。	成为一个更好的生涯问题解决者的动机,源于个体渴望通过更好地理解自我和职业领域从而作出令人满意的生涯选择。

(续表)

假设	解释
6. 生涯发展包括知识结构方面的持续发展和变化。	自我认识和职业知识由一些在个体生命中不断发展的、有组织的记忆结构(又叫"图式")组成。职业领域和个体都在不断变化,因此发展和整合这些领域需要一直持续下去。
7. 生涯认同取决于自我认识。	借用 CIP 理论的术语,生涯认同被定义为自我认识的记忆结构的发展水平,生涯认同是自我认识领域图式的复杂性、整合性和稳定性相互作用的结果。
8. 生涯成熟取决于一个人解决生涯问题的能力。	依据 CIP 理论的观点,生涯成熟被定义为独立且负责任地制定生涯决策的能力。这种能力以对自我和职业领域可供选择的最佳信息的深入整合为基础。
9. 生涯咨询的最后目标是通过促进信息加工技能的发展而达到的。	依据 CIP 理论的观点,生涯咨询的目的是提供促进记忆结构和认知技能发展的学习条件以改善来访者加工信息的能力。
10. 生涯咨询的最终目的是提高来访者作为生涯问题解决者和决策制定者的能力。	依据 CIP 理论的观点,生涯咨询的目的是通过发展信息加工的技能来增加来访者生涯决策制定的能力。

(二) 信息加工金字塔模型

CIP 理论利用计算机来模拟人类的生涯决策,并参考信息加工理论,用一个在三个水平上被分为四个部分的金字塔模型形象地说明了大脑在解决生涯问题和决策的过程中如何输入、编码、存储及使用信息,金字塔的构成部分反映了作出一个生涯选择过程中的各个成分(peterson et al.,1991),见图 20.1。

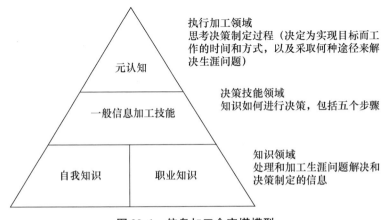

图 20.1 信息加工金字塔模型

金字塔的最顶层为执行加工领域(元认知)，相当于电脑的 CPU，行使电脑的工作控制功能，告诉电脑何时、如何运行程序，操纵电脑按指令执行程序，对其下的两个领域进行监控和调节。中间的决策技能领域相当于电脑的应用软件，对所存储的信息进行加工处理。知识领域相当于电脑的数据文件。一部电脑的正常运行，依赖 CPU、程序、数据三方面，任何一个部分出问题都会影响生涯决策的质量。

1. 知识领域

金字塔最底部的知识领域包括了解自我(如价值观、兴趣、技能等自我认识)和了解自己的各种选择(如理解特定的职业、专业及其组织方式等职业知识)，这一领域就像电脑中储存的数据和文件。CIP 理论认为，信息是决策行为中不可缺少的一环，只有对自我的兴趣、能力、价值观以及对职业信息有充分的了解和认知，才能实现自我与职业的匹配，作出令人满意的选择。

2. 决策技能领域

个体即便有了完善的信息系统，但如果缺少决策技巧，也很难作出好的决策。因此，金字塔的第二层涉及理解和掌控决策过程，包含五个步骤(见 CASVE 循环)，类似于电脑的程序，负责处理信息和逻辑跳转。

3. 执行加工领域

元认知位于金字塔的最顶层，元认知技能是人们思考生涯问题解决和制定决策的技能，对认知历程的控制就是"对思考的思考"。它起的是一种综合性的监督作用，控制着收集和运用信息以及生涯决策过程的运行，具体内容有自我对话(self-talk)、自我觉察(self-awareness)、控制和监督(control and monitoring)。

(1) 自我对话。这是一种内在对话，反映了个体对自己解决生涯问题的信心。生涯问题解决者的信念应当是："我能够解决自己的问题"或"我是个优秀的决策者"。积极的自我对话能使人们产生对于解决问题的积极期待，强化积极的问题解决行为；消极的自我对话会干扰信息加工的效率，会使良好的生涯决策产生问题，或使人失去解决问题的动力。

(2) 自我觉察。自我觉察是指个体在问题解决过程中，对自己行为的觉察和对情绪的体验。生涯问题解决者的自我觉察内容应当为"意识到自己就是任务执行者"或"解决生涯问题是自己的职责"。在觉察自己情绪时，有效的生涯问题解决者会对自己决策时产生的情绪体验保持敏感，并意识到他人的需要，从而作出于人于己都有利的选择。

(3) 控制和监督。控制和监督可以帮助当事人监控决策的整个过程，即在哪一个步骤需要提供何种信息，在哪一个步骤需要前进或暂停以便收集更多信息,在哪一个阶段会产生心理冲突,是否必须回到先前的阶段重新进行决策,等等。

(三) CASVE 循环

CIP 理论把"问题"视为当前状态与理想状态之间的差距,消除差距的愿望是解决生涯问题和进行决策的动机来源。问题解决(problem solving)是对信息进行思考和加工以消除差距的一系列行为。问题解决的思考过程包括:① 意识到差距;② 分析原因;③ 想出消除差距的各种办法;④ 从中选择一种办法来消除差距。决策制定(decision making)包括了以上四个步骤,并增加了第五点:⑤ 制定将所选择的方案付诸实施的计划和策略,并作出行动承诺。这就是 CASVE 循环(见图 20.2),它描述了生涯问题解决的流程,属于认知信息金字塔的决策技能领域。生涯决策问题的解决是五阶段的 CASVE 循环,能否圆满解决问题取决于每个阶段的成功,任一阶段的问题都会减缓或影响整个问题的解决(Peterson et al.,1991)。

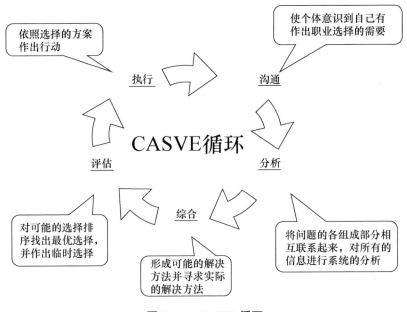

图 20.2 CASVE 循环

CASVE 循环包括沟通(communication)、分析(analysis)、综合(synthesis)、评估(valuing)、执行(execution)五个单词的首字母,是 CIP 理论的重要组成部分,也是对生涯问题作出分析和决策的主要过程。元认知对 CASVE 过程进行控制,包括何时开始或停止,以及如何获取信息、过程如何展开等。

(1) 沟通。"沟通"是"了解我需要作出一个选择"的阶段,即发现必须解决的问题。这个阶段涉及的信息可能通过内部或外部的信息交流途径来传达,内部途径包括消极情绪、规避行为和生理提示等,外部途径包括积极或消极的事件和重要的他人提示等。

(2) 分析。"分析"是"了解我自己和我的选择"的阶段,以确定生涯问题的原因及生涯各部分间的关系,是对问题进行更充分的反思。好的问题解决者会利用时间去思考、观察和研究,从而更充分地理解差距。

(3) 综合。"综合"是"扩大及缩小我的选择清单"阶段的。有两个子阶段:综合细化(synthesis elaboration),即采用发散性思维,尽可能地扩大备选项;综合结果化(synthesis crystallization),即采用聚合性思维,对选择清单进行分析,排除无效选项,减少备选项至3—5个。

(4) 评估。"评估"是一个"在上一步的备选项中选择一个特定职业或专业"的阶段。"评估"阶段的第一步是评估各个方案的利弊得失,即评估每一种选择对本人、他人和社会的影响;第二步是对综合阶段得出的各种选项进行判断和排序,将其中最能够消除现实和理想之间差距的选择排在第一位,其他依次类推。

(5) 执行。"执行"是"实践我的选择"的阶段,在这一阶段个体制订行动计划,把思考转化为实践验证与强化修正的过程。与执行阶段相关的特定活动主要包括计划、尝试和申请三种。其中,计划是指制订有关接受教育与培训的书面计划,包括时间和地点等;尝试是指通过志愿工作、兼职、实习、听课等来获得相关工作或专业的经验;申请是指填写表格、报名、缴费,以及其他实施计划的行动。

三、相关评估技术与测量工具

根据CIP理论,个体的元认知即生涯信念(个人对职业生涯的想法、看法或态度),能够以积极或者消极的方式影响来访者的各种生涯期望,进而对个体的职业决策产生影响。这些信念由个人的经验积累、外界的影响和自我的主观意识综合而成。这种想法既可能是消极的,也可能是积极的。其中,消极的生涯信念影响来访者的决策自我效能感,以及对自我和工作世界的知觉,增加来访者做生涯决策时的消极情绪水平,影响来访者在生涯辅导任何阶段中的行动。积极的生涯信念则通过生涯决策过程、创造积极期望以及促进解决问题的有效行为对来访者施加影响。拥有积极生涯信念的来访者能够将自己从职业探索中获得的知识运用到现实的生涯和生活方式的目标中,并最终影响自己参与生涯的相关行为。由此可见,生涯信念对个体的生涯既有增强和促进作用,也有减弱与阻碍作用。

基于 CIP 理论的认知信息金字塔和 CASVE 循环中的各个部分,Sampson et al. (1996)编制了生涯思维问卷(career thoughts inventory,CTI)(见表 20.2),测量了个体对与生涯问题解决及决策制定有关的假设、态度、行为、信念、情感、规划、策略的心理活动。CTI 的内容反映了 CIP 理论的整体框架,涉及人们在职业决策过程中可能出现的错误观念,因此被广泛应用于职业决策的实证研究、个体咨询与团体干预(Sampson et al.,1998;Railey & Peterson,2000;鲍卉,2006;藏刚顺,2006;周伟珍,2009;陈绮玲,2013)。

CTI 在干预性研究中使用较多。例如,有学者评估了以 CIP 理论为基础的大学生职业发展课程的有效性。他们以 CTI 为测评工具,发现学生的消极职业观念显著减弱;同时,他们还发现不同性别和种族的学生的 CTI 分数无显著差异,种族和性别之间也没有显著的交互作用,这说明咨询师没有必要仅依据性别和种族来设计特定的干预(Reed et al.,2001)。

CTI 包括 48 个项目,4 点计分,依次为非常不同意、不同意、同意、非常同意。每个项目代表与职业生涯决策有关的一种生涯信念失调。48 个项目包括自我认知(knowing about myself)、了解自己的选择(knowing about my options)、认识到自己需要作出抉择(realizing I need to make a choice)、理解自我和自我抉择(understanding myself and my options)、扩大或缩小专业或职业选择范围(expanding and narrowing my list of options or fields of study)、选择专业领域或职业(choosing an occupation or field of study)、将决策付诸实施(implementing my choice)、思考自己的决策(thinking about my decision making)这八个领域,每个领域包括六个项目,分别反映了信息加工金字塔以及 CASVE 循环中的各个部分。

"思考自己的决策"中的六个项目反映了信息加工金字塔元认知中的自我言语和自我觉察部分。"自我认知"和"了解自己的选择"反映了信息加工金字塔中的底层知识领域,包括自我知识和职业知识。

"认识到自己需要作出抉择""理解自我和自我抉择""扩大或缩小专业或职业选择范围""选择专业领域或职业""将决策付诸实施"则分别对应 CASVE 循环中的五个步骤。

表 20.2　生涯思维问卷

1. 没有一个专业/职业能够引起我的兴趣
2. 几乎所有的职业信息都把职业描述得很好
3. 我对选择了一个我不喜欢的专业/职业感到沮丧
4. 我不够了解自己的能力和爱好,所以难以作出职业选择
5. 我想不出任何适合我的专业/职业
6. 当别人给我建议时,会让选择专业/职业更加困难
7. 我知道自己想要什么,但无法制订一个完美的计划
8. 当我必须作出一个决策时,我常常感到很焦虑,难以认真思考
9. 无论我选择哪个职业,我生活中的重要人物都不会同意
10. 大部分工作是没有意义的
11. 选择专业/职业领域的过程很痛苦,我现在想忘掉它
12. 我不清楚为什么找不到自己感兴趣的专业/职业
13. 我从未找到一个自己真正喜欢的专业/职业
14. 我总是从生活中的重要人物那里得到有关职业选择的相关信息
15. 即使我满足了所选择的专业/职业要求,我对自己能够胜任这份工作也没有信心
16. 我之前已经多次尝试去找一个好的职业,但至今仍未找到
17. 我的兴趣一直在改变
18. 因为工作会经常变化,所以了解太多工作内容没什么意义
19. 如果换专业/职业,我会觉得自己很失败
20. 选择一个合适的职业是一件很复杂的事,我还没有着手
21. 我害怕自己忽略了某个职业
22. 有一些专业/职业很适合我,但我不能确定哪一个最适合
23. 我知道我想要什么工作,但有些人总阻碍我去选择
24. 咨询师或老师更能帮助我解决职业问题
25. 即使我做了职业测试,我仍不明确自己喜欢什么专业/职业
26. 我经常改变对某个职业的看法
27. 我对自己未能选择到一个合适的学习/职业感到遗憾
28. 我越是了解自己将要从事的职业,越会感到气馁
29. 有这么多的职业需要去了解,我无法缩小职业清单
30. 我可以缩小我的职业选择范围,但我不可能只选择一个职业
31. 决策很难,但决策后采取行动更难
32. 除非我能找到一份完美的职业,否则我不会满足
33. 当别人问起我想做什么来维持生活时,我觉得很烦
34. 我不清楚如何在我的专业领域中寻找关于工作的信息
35. 我对能否选择一个合适的专业/职业感到很担心
36. 我从未对职业有足够的了解,所以难以作出职业选择
37. 我的年龄限制了我的职业选择
38. 选定一个专业/职业是最难的事情

(续表)

39.	能在我的领域找到一份好工作全凭运气
40.	作出职业选择是很复杂的一件事,我不清楚自己应该怎么做
41.	我必须比我父母或兄弟姐妹做得更好
42.	我对工作世界了解得太少
43.	我很不好意思让别人知道我还未选择专业/职业
44.	选择一个职业很难,我无法作出最好的选择
45.	我有很多喜欢的职业,我无法通过排序找出自己最喜欢的职业
46.	我选择专业/职业是为了让我生活中重要的人开心
47.	我担心从事自己选择的职业无法成功
48.	我对自己做职业选择没有信心

注释:① 自我认知:1、9、17、25、33、41;② 了解自己的选择:2、10、18、26、34、42;③ 认识到自己需要作出抉择:3、11、19、27、35、43;④ 理解自我和自我抉择:4、12、20、28、36、44;⑤ 扩大或缩小专业或职业选择范围:5、13、21、29、37、45;⑥ 选择专业领域或职业:6、14、22、30、38、46;⑦ 将决策付诸实施:7、15、23、31、39、47;⑧ 思考自己的决策:8、16、24、32、40、48。

四、理论的应用价值

基于 CIP 理论的职业辅导综合了存在主义哲学观点、认知行为干预、决策制定策略以及其他职业发展理论,是一种极具辅导效力的理论。CIP 理论从信息加工的角度解释生涯决策,认为生涯决策过程是问题解决过程,在此过程中存在认知与情绪的交互作用,提升生涯问题解决的能力取决于认知操作能力的提升程度(Reardon & Wright, 1999)。帮助当事人解决某个具体的生涯问题并非根本目标,我们应当"授人以渔",帮助个体发展独立解决生涯问题的能力,尤其重视元认知提升在个体生涯问题解决过程中的重要作用,进而鼓励个体成为独立且负责的生涯决策者(金树人,2007)。

CIP 理论的金字塔模型为职业发展提供了理论框架,也为辅导实践提供了工作思路,CASVE 循环模型更是能够帮助个体培养问题解决的能力(Sampson et al., 1992)。

(一) 使用 CTI 改善元认知

CTI 是 CIP 理论的一种重要辅导工具,问卷中的 48 个项目分别对应 48 种有关于生涯问题解决和决策制定的消极观念,并对之进行了重新表述,以帮助当事人进行观念重构,使之成为积极观念。使用方法如下:

（1）发现消极观念。使用 CTI 对当事人进行测评。

（2）列出旧观念。对当事人的测评结果进行分析，列出当事人选择"同意"和"非常同意"的项目，并根据当事人的现实情况对项目进行改写。例如，将"当别人给我建议时，会让我选择专业/职业更加困难"改写为"父母的观点让我选择专业/职业更加困难"。

（3）挑战旧观念。可以追问当事人：① 这个观念的证据是什么？请完全客观地回顾你的人生经历，有什么证据表明这个观念是真的？② 这个观念对你是否一直适用？这个观念是否帮你作出了正确的选择？③ 这个观念全面吗？是否考虑到了积极和消极两个方面？④ 这个观念是否有利于你的身心健康？⑤ 是你自己选择的这个观念，还是你的家庭经历导致你产生了这个观念？⑥ 这个观念现在看起来是否仍然合理可信？⑦ 如果你现在认为旧观念无法帮助你有效解决生涯问题或无法作出正确决策，那么请把旧观念改写成更加积极的表述。

（4）形成新观念。

（5）重复以上（2）到（4）的步骤，直到所有的旧观念均被新观念代替。

（6）行动提醒。在完成以上过程后，提醒当事人采取行动，并告诉当事人：行动会让你有掌控感，你需要为你的选择承担更多的责任；除非你真正的现实经验告诉你新观念优于旧观念；否则，你的想法是不会真正改变的。

某当事人的改善生涯观念练习单如表 20.3 所示。

表 20.3　某当事人的改善生涯观念练习单

旧的生涯观念	新的生涯观念
题目 6：父母的观点让我选择职业更加困难	父母希望我能成功，我会与他们讨论这个问题，但我还是需要仔细考虑并作出一个好的决策
题目 19：如果换职业，我会觉得自己很失败	如果换职业的决定是基于充分信息和充分考虑而作出的，那么我完全可以改变自己是失败者这种想法。也许我会作出一些失败的决定，但我绝不是一个糟糕的人
题目 31：选择一个职业很难，但决策后采取行动更难	有时候职业决策很难，这个过程的某些部分（如采取行动）可能比做决策更困难。我可以制订一个行动计划，决定以何种方式、在何时何地实施我的职业决策
题目 48：我对自己做职业选择没有信心	决策总是伴随着某种程度的不确定性，生涯决策同样如此。充分了解自己和职业选项能够降低不确定性。如果做到了这一点，我就可以自信地认为，不管怎样，此时此地此境下，我已经作出了最好的选择

(二) 个人行动计划

个人行动计划(individual action plan, IAP)将当事人的决策分解成多个具体行动步骤,帮助当事人控制生涯决策的过程。IAP清单内容包括有助于达成目标的行动、可用资源(人或信息)、行动次序、完成日期、完成情况,示例如表20.4所示。

表 20.4　IAP 模板示例

姓名　×××　　　　　　　　　　　　　　　日期　2019 年 6 月 1 日

目标　转专业选择(毕业后能找到好工作)

行动	可用资源	行动次序	完成日期	完成情况
向学校咨询老师求教	何婉琳老师	1	6月10日	√
完成CTI测评	CTI和改善生涯观念练习单	2	6月12日	√
学习决策方法	欧阳婷婷	3	6月14日	√
确定专业选项	高考志愿填报指南	4	6月16日	√
了解选项中的专业	网络	5	6月16日	√
了解职业	网络	6	6月18日	√
在线职业访谈	导师	7	6月24日	√
确定专业	生涯辅导中心	8	6月25日	√
递交转专业申请	院办公室	9	8月30日	√

五、经典文献推荐

Peterson, G. W., Sampson, J. P., & Reardon, R. C. (1991). Career development and services: a Cognition Approach. . Pacific Grove, CA: Brooks/Cole.

Sampson, J. P., Peterson, G. W., Lenz, J. G., & Reardon, R. C. (1992). A cognitive approach to career services: translating concepts into practice. Career Development Quarterly, 41(1), 67–74.

Peterson, G. W., Sampson, J. P., Reardon, R. C., & Lenz., J. G. (1996). Becoming career problem solvers and decision makers: a cognitive information processing approach. San Francisco, CA: Jossey-Bass.

Sampson, J. P., Peterson, G. W., Lenz, J. G., & Reardon, R. C. (1996). Improving your career thoughts: a workbook for the Career Thoughts Inventory. Odessa, FL: Psychological Assessment Resources, Inc.

Sampson, J. P., Peterson, G. W., Lenz, J. G., Reardon, R. C., & Saunders, D. E. (1998). The design and use of a measure of dysfunctional career thoughts among adults, college students, and high school students: the career thoughts inventory. Journal of Career Assessment, 6(2), 115–134.

Reardon, R. C., & Wright, L. K. (1999). The case of Mandy: applying Holland's theory and cognitive information processing theory. Career Development Quarterly, 47, 195–203.

Railey, M. G., & Peterson, G. W. (2000). The assessment of dysfunctional career thoughts and interest structure among female inmates and probationers. Journal of Career Assessment, 8(2), 119–129.

Reardon, R. C., Lenz, J. G., Sampson, J. P., & Peterson, G. W. (2011). Big questions facing vocational psychology: a cognitive information processing perspective. Journal of Career Assessment, 19(3), 240–250.

第二十章参考文献

第二十一章

社会认知职业理论

于 坤 赵泽珺*

一、代表人物与时代背景

(一) 代表人物

社会认知职业理论(social cognitive career theory, SCCT)由罗伯特·兰特(Robert Lent,1953—)、盖尔·哈克特(Gail Hackett)以及史蒂文·布朗(Steven Brown,1947—)等学者在1994年提出。兰特目前为美国马里兰大学教授,任教于咨询、高等教育及特殊教育系的咨询心理专业。兰特于1979年在俄亥俄州立大学获得心理咨询专业的博士学位。1979—1985年,他在明尼苏达大学学生咨询办公室担任心理咨询师一职。1985年他转至密歇根州立大学的咨询心理学系工作,后于1995年转至马里兰大学任教至今。兰特教授著述丰富,主要研究领域包括职业选择和决策、职业自我管理与转换、学业与工作满意度,以及技术和工作的

罗伯特·兰特

未来前景等。他的其他研究兴趣还包括咨询师培训与开发、情绪与心理健康等。兰特教授与生涯建构理论(career construction theory)的提出者萨维科斯(Savickas)教授合著了《职业生涯发展理论的趋同:对科学和实践的启示》(Convergence in Career Development Theories: Implications for Science and Practice)一书。他还是《咨询心理学手册》(Handbook of Counseling Psychology)(第1版至第4版),以及《职业发展与咨询:将理论和研究付诸实践》(Career Development and Counseling: Putting Theory and Research to Work)(第1版与第2版)等书的主编之一。此外,

---

* 于坤,中国人民大学劳动人事学院副教授、硕士生导师,主要研究领域为组织公民行为与反生产行为、感恩与心理特权、工作家庭关系、职业发展,电子邮箱:yuk@ruc.edu.cn;赵泽珺,中国人民大学劳动人事学院硕士研究生。

兰特教授还担任《咨询心理学》(Journal of Counseling Psychology)和《职业行为》(Journal of Vocational Behavior)等学术期刊的编委。兰特教授目前是美国心理学会咨询心理学分会的会员,并因在职业研究领域取得的杰出成就而获得美国心理学会授予的利昂娜·泰勒奖,以及美国国家职业发展协会授予的杰出职业奖(Eminent Career Award)。

理论的共同提出者盖尔·哈克特(Gail Hackett)目前为美国弗吉尼亚联邦大学(Virginia Commonwealth University)的心理学教授,任职于该校人文与科学学院,同时还兼任副校长及教务长。哈克特教授1978年在宾州州立大学获得咨询心理学博士学位。在2015年到弗吉尼亚联邦大学任职前,她曾经在俄亥俄州立大学、加州大学圣塔芭芭拉分校、亚利桑那州立大学、密苏里大学堪萨斯城分校等高校任教职或行政职务。哈克特教授是咨询心理学领域论文被引次数最多的学者之一,并担任《咨询心理学》(Journal of Counseling Psychology)副主编,以及《咨询心理学家》(The Counseling Psychologist)、《咨询与发展》(Journal of Counseling & Development)、《职业行为》(Journal of Vocational Behavior)和《辅导员教育与监督》(Counselor Education and Supervision)等学术期刊的编委。因为在咨询心理学领域的杰出贡献,哈克特教授于1990年获得美国心理学分会咨询心理学分会颁发的约翰·霍兰德职业和人格心理学研究杰出贡献奖(John Holland Award for Outstanding Contributions to Vocational and Personality Psychology Research)。

盖尔·哈克特

理论的另一位共同提出者史蒂文·布朗(Steven Brown)目前为美国芝加哥洛约拉大学(Loyola University Chicago)教授,任职于该校教育学院。布朗教授于1984年在加州大学圣塔芭芭拉分校获得博士学位,并于当年进入芝加哥洛约拉大学任教。布朗教授的主要研究领域为职业心理学和应用心理测量。布朗教授在其职业生涯中获得了诸多荣誉,包括1995年获得美国心理学会咨询心理学分会颁发的约翰·霍兰德职业和人格心理学研究杰出贡献奖,2008年因对咨询心理学的贡献而获得美国心理学会咨询心理学分会颁发的最佳科学奖(Best Science Award),以及在2010年因对职业心理学研究的贡献而

史蒂文·布朗

获得杰出贡献奖（Distinguished Contributions Award）。

（二）时代背景

社会认知职业理论的基本思想和基础框架来自美国心理学家班杜拉的社会认知理论（social cognitive theory）（Bandura，1986，1997，1999）。在总体框架上，社会认知理论是一个在自我认知、行为及环境三个元素相互作用下的人类心理与行为理论。首先，社会认知理论强调了个体的自我能动性。个体的自我系统被看作主动的、自我组织的、自我反省的、自我调节的系统，而不只是被动地由外界环境塑造。个体因具备自我组织和自我调节的能力，可以影响自己的行为，从而得到期望的结果（Bandura，1999）。其次，社会认知理论扩展了环境的概念。在社会认知理论中，环境包括强加的环境、选择的环境与建构的环境三类。除了个体被动强加的客观环境以及个体主动选择的客观环境，个体还会通过自身努力来主动建构周围的环境（Bandura，1997）。

最后，除了新的个体观与环境观，社会认知理论还强调了一系列的社会认知概念，如自我效能（self-efficacy）、结果预期（outcome expectation）以及自我调节（self-regulation）等在个体与环境互动中的重要作用。自我效能感是指"人们对自身组织和实施某行为以完成指定结果的能力的判断"（Bandura，1986）。自我效能感是个体对自己行为过程的效能高低的预期。而结果预期则是指个体对自己特定行为将会带来好结果的预期。换句话说，结果预期是个体对自己行为结果效价高低的预期。此外，自我调节是指个体主动地根据自己的认知而非环境的影响来调整自己的行为。自我调节的一个重要手段就是有效的目标设定（goal-setting）。目标是个体参与某项具体活动或者产生某个具体结果的意图，对个体行为决策有重要影响（Bandura，1986）。例如，有价值的目标可以提升个体的行为动机。同时，目标设定也受到个体自我效能感的影响。例如，低自我效能感的个体倾向于选择较低的目标。

二、理论的核心内容

（一）基本框架

如前所述，社会认知职业理论来源于社会认知理论。简单来说，可以把社会认知职业理论看作社会认知理论在职业领域的衍生与拓展。具体地，首先，社会认知职业理论从社会认知理论中借鉴了自我认知、行为与环境的三元交互因果模型（triadic reciprocal model of causality），并形成了个体职业发展中的自我认知、行为与环境的三元交互模型(Lent et al.,1994)。其次,社会认知职业理论继承了社会认知理论中自我效能预期、结果预期与职业目标这三个核心概念,并赋予其职业领域的特色。再次,社会认知职业理论还融入了职业兴趣、职业选择、职业绩效等职业领域的特有概念,并构建了职业兴趣模型、职业选择模型与职业绩效模型三个环环相扣的理论模块。最后,社会认知职业理论还尝试将一些个体因素(如性别、种族、能力、学习经历)及环境因素(如社会地位)引入模型,作为社会认知因素的前因变量。总之,社会认知职业理论在继承社会认知理论的三元交互因果框架以及自我效能预期、结果预期和职业目标三个核心概念的基础上,引入了相关的个体与环境因素,形成了个体职业发展的系统化模型,重点关注职业兴趣的形成、职业选择的完成及职业绩效的达成(Brown & Lent,2019)。该模型自兰特等人1994年提出后大体内容至今未变,但细节有所更新。本章呈现的是布朗与兰特于2006年发表的最新模型(见图21.1)。

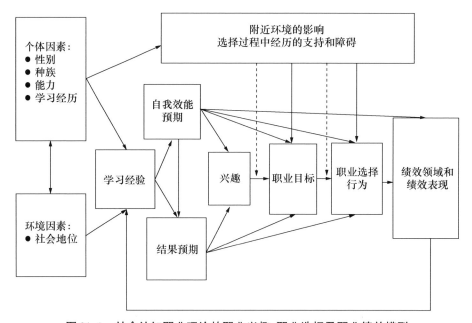

图21.1 社会认知职业理论的职业兴趣、职业选择及职业绩效模型

(二)三个核心概念

1. 自我效能预期

社会认知职业理论的第一个核心概念是自我效能预期(self-efficacy expectation),指的是个体对自身职业相关行为的效能预期,是对自己是否有能力完成职

业相关行为的个人信念(Lent et al., 1994)。在社会认知职业理论中,自我效能预期强调的是个体对自己能够胜任职业的相关行为的预期。自我效能预期并不是孤立的、被动的或静态的状态,而是一个动态的自我信念,并与具体的绩效活动(如不同的学习或工作任务等)相关(Lent, 2005)。例如,个体可能对自己的数学考试表现有较高的自我效能预期,但是对英文考试表现的自我效能预期较低。自我效能预期的主要形式包括任务、应对、过程以及自我调节的效能预期(Brown & Lent, 2006)。任务效能预期指的是个体对自己有能力在特定任务中获得成功的预期;应对效能预期指的是个体对自己有能力解决特定领域内困难的预期;过程效能预期指的是个体对自己有能力处理不同职业路径中与职业准备、职业适应或职业变化相关的一般任务的预期;自我调节效能预期指的是个体对自己即使在不利条件下也有能力通过自我引导与激励来完成学习等自我提升行为的预期。个体可以根据四个主要的信息源形成自我效能预期,包括个人绩效完成、替代性学习(vicarious learning)、社会性说服(social persuasion)、自身的心理状态和反应(Bandura, 1997)。其中,个人绩效完成对自我效能预期的影响最大(Brown & Lent, 2006)。

2. 结果预期

第二个核心概念是结果预期(outcome expectation),指的是个体对自身职业相关行为带来结果的预期,即"如果我做了这些,会带来什么结果?"(Lent, 2005)。相比自我效能预期强调自己对行为过程的胜任程度,结果预期更强调的是对行为结果的期待。结果预期的主要形式包括个体对自身职业相关行为带来的社会结果(如对家庭的影响)、物质结果(如经济收入)及自我评价结果(如自我认可)的预期(Bandura, 1986)。此外,结果预期在评价方向与强度上也有所不同。个体对自身特定行为的结果预期可以是正向的、负向的或中性的。同时,结果预期可以是特别强的,也可以是相对弱的。一般来说,在职业领域,研究相对较多的是个体的积极结果预期。个体的结果预期来源是各种直接或间接的学习经验,例如个人对自己过去努力所得到结果的感知,或是从其他地方得到的替代经验或知识(Lent & Brown, 1996)。此外,结果预期与自我效能预期存在密切关系。人们会在自己觉得能够胜任的活动中,预期自己能够实现期望的结果。换句话说,自我效能预期至少可以部分决定结果预期(Bandura, 1986; Lent et al., 1994)。

3. 职业目标

第三个核心概念是职业目标,指的是个体想要从事某种学业或职业相关活动或者想要产生某种学业或职业相关结果的倾向性。在社会认知职业理论中,职业目标包括两类,分别是选择目标(choice goals)和绩效目标(performance goals)。所谓选择目标,指的是个体想要从事的职业活动领域;而绩效目标,则指的是个体在特定领域内期望达到的绩效水平(Brown & Lent, 2006)。兰特等人认为,目标对个体的行为具有重要的导向作用。例如,通过制定选择目标和绩效目标,即使没有外界的强制作用,个体依然能够组织、引导以及维持自身的行为。个体的职业目标与他们的自我效能预期和结果预期密切相关。人们倾向于设定自己认为能够完成且结果很有价值的目标。而能否完成职业目标,也成为检验自我效能预期和结果预期是否有效的重要标准。例如,个体对自己艺术能力积极且强烈的信念以及对艺术相关行为结果的想象预期,可激发个体设定与艺术相关的职业目标(Lent et al., 1994)。

(三) 三个基础模型

社会认知职业理论是一个多模块的理论体系,从前端到后端分别由职业兴趣模型(career interest model)、职业选择模型(career choice model)与职业绩效模型(career performance model)三个环环相扣的理论模块构成。

1. 职业兴趣模型

最前端的是职业兴趣模型,其基本假设是个体背景因素和环境背景因素塑造了个体的学习经验,个体的学习经验又影响了个体的自我效能预期和结果预期,从而对其职业兴趣产生作用。其后,职业兴趣又与职业目标中的个人职业目标相联系。从某种意义上说,社会认知职业理论是在社会认知理论的两个预期(自我效能预期与结果预期)与个人目标之间加入了职业兴趣。兰特等人认为,训练、实践和反馈等与学习经验有关的因素会增强个人在相关领域的实际能力,继而提升其自我效能预期和结果预期。通过个人不断的行动与反馈,其实际能力、自我效能预期与结果预期都在不断地被重塑。此后,自我效能预期和结果预期又会交互影响职业兴趣。当人们认为自己有能力做好某项活动,或者预期该项活动将产生有价值的结果时,他们往往会对该项活动产生持久的兴趣。值得注意的是,自我效能预期和结果预期还会与职业兴趣一起共同影响职业目标。例如,当人们被某项活动吸引,认为自己能够胜任且会带来积极的结果时,他们更可能形成目标来维持或增加在这项活动中的投入(Lent et al., 1994)。

2. 职业选择模型

职业兴趣模型之后的理论模块是职业选择模型,预期的是职业兴趣对职业目标设定的影响,以及进而产生的职业选择行为。正如职业兴趣模型所呈现的那样,自我效能预期和结果预期会交互作用来影响与个体职业相关的兴趣,职业兴趣又推动了相应的职业选择目标(如走某条特定的职业道路)。职业选择目标接着激发为实现目标而设计的行动(如参加某项训练课程)。紧跟这些行动的就是职业绩效模型中的职业绩效。此外,职业兴趣不是影响职业选择的唯一因素,自我效能预期和结果预期也会直接影响职业选择行为。自我效能预期和结果预期对职业选择的影响路径有助于解释人们在必须放弃个人兴趣后所做的职业选择。因为这意味着,即使在缺乏职业兴趣的条件下,人们也可能会选择并完成一些他们认为自己能够胜任并会带来期望结果的职业目标。例如,人们可能会根据自己是否有能力从事这份工作(自我效能预期)以及工作报酬或工作条件(结果预期)等兴趣以外的条件,作出职业选择(Lent et al., 1994)。

3. 职业绩效模型

最后一个理论模块是职业绩效模型,预期的是职业选择模型中的职业选择行为对职业绩效的影响。社会认知职业理论考虑了职业绩效的两个层面:一个是个人工作任务的完成度;另一个是个人在面对职业发展道路上的障碍时表现出的毅力(Lent et al., 1994)。个体的实际能力、自我效能预期、结果预期和职业目标都可能影响职业绩效。首先,个体的实际能力可以直接影响其职业成就或面对职业阻力时的毅力。例如,能力很强的个体在一个项目中取得的成就比能力弱的人要更高。此外,能力还可以间接地通过自我效能预期和结果预期来影响职业绩效及应对阻力的毅力。社会认知职业理论尤为强调自我效能预期、结果预期及职业目标对职业成就和毅力的影响。在不考虑实际能力的条件下,自我效能预期越高、结果预期越高、职业目标定得越高的人,其职业成就水平越高、面对职业阻力的毅力越强(Lent et al., 1994)。

(四) 基础模型的丰富化

除了学习经验、职业兴趣、职业选择、职业绩效,与社会认知理论(1986)类似,社会认知职业理论也假设了一条从最终端的职业绩效反过来对学习经验等前端因素产生影响的反馈路径。换句话说,个体实现职业目标的结果会作为反馈来帮助个体增加学习经验、修正自我效能预期和结果预期,从而进一步影响职业兴趣和职业目标选择及目标实现行为。如此,就形成了从个体学习经验到职业结果的动态循环过程。值得注意的是,在这个动态的循环中,自我效能预期、结果预期等社会认知变量并不是影响个体职业兴趣、职业选择与职业绩效的唯一或者最前端因素。实际上,这些社会认知变量还受到其他重要的个体因素及其所处环境因素的影响,并与之协同作用于职业兴趣、职业选择和职业绩效,典型的个体因素包括性别和种族等。在大多数情况下,性别和种族等个体因素对职业兴趣、职业选择和职业绩效的影响是通过自我效能预期和结果预期来实现的。更准确地说,这些个体因素是通过学习经验这一中介变量对上述结果产生影响的(Lent & Brown, 1996)。

此外,人们的职业选择还受到各种环境因素的影响(Lent et al., 2000)。这些环境因素既可能是支持性的,也可能是阻碍性的(Astin, 1984)。在环境支持的条件下,人们的职业兴趣对职业选择的预测性更强。而当环境阻力特别强时,环境因素可能成为个体作出职业选择的主要影响因素。例如,尽管个体对某个职业感兴趣,但该职业兴趣与家庭社会或文化价值观的要求相冲突,该个体可能无法根据自己的兴趣进行职业选择,而只能服从于环境态势。例如,部分获得高分的高考生本身对考古学、昆虫学等"冷门"专业较为感兴趣,但因为家长反对,学生只能转而选择经管等"热门"专业。只有当环境较为支持(如家庭较为尊重个人选择)时,个体的职业目标才主要由职业兴趣驱动而决定。

(五) 衍生模型

1. 社会认知满意度模型

基于社会认知职业理论的基本模型,兰特与布朗进一步提出了社会认知满意度模型(social cognitive model of work satisfaction)(Lent & Brown, 2006, 2008)(见图21.2)。兰特等人尤其关注学业与工作满意度。他们认为学业与工作满意度能够体现出人们在个人目标上的进步程度。与基础模型主要关注职业目标和职业绩效不同,满意度与幸福感模型关注的是自我效能预期和结果预期对工

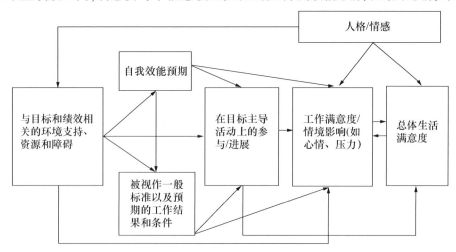

图 21.2　社会认知满意度模型

作、家庭和生活满意度及幸福感的影响(Lent et al.,1994,2000)。该模型认为,个体的工作或学业满意度部分受到自我效能预期、结果预期及职业目标的影响。除了与满意度的直接联系,自我效能预期和结果预期还通过参与有价值的学校/工作活动来间接影响满意度。此外,社会认知满意度模型认为其他个体和环境变量对满意度也会产生影响。例如,如果环境因素可以为学生或员工的目标追求和自我效能预期提供支持及资源,那么这些环境因素不仅可以直接影响他们的满意度,还可以通过自我效能预期和结果预期的中介作用来间接影响满意度。

2. 职业生涯自我管理模型

Lent & Brown(2013)基于社会认知职业理论的基础模型,提出了社会认知职业生涯自我管理模型(social cognitive model of career self-management)(见图21.3)。该模型与早先的职业兴趣、职业选择及职业绩效模型的主要区别在于,职业生涯自我管理模型更关注职业发展的过程而非结果。例如,职业兴趣、职业选择及职业绩效模型被用来预测人们的职业兴趣类型以及他们计划从事的工作;而职业生涯自我管理模型则在不考虑人们所从事职业的情况下,预测人们如何作出与学业或工作相关的选择以及如何管理其他重要的职业发展任务、挑战及危机。

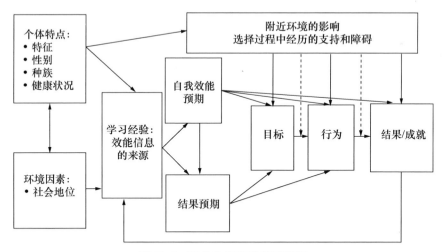

图21.3 职业生涯自我管理模型

社会认知职业生涯自我管理模型假定个体的职业相关行为(如工作搜索、职业探索和计划退休等)受到三个核心的社会认知变量(自我效能预期、结果预期和职业目标)的影响(Lent & Brown, 2013)。该模型的路径假设与职业选择模型类似,即自我效能预期和结果预期会直接影响个体职业相关行为,或者通过职业选择目标的中介作用来间接影响个体职业相关行为。此外,该模型也同样假定个体因素(如性别、种族等)和环境因素(如社会地位)与自我效能预期、结果预期、职业目标以及职业相关行为直接或间接相关。例如,环境中的支持因素可以影响个体自我效能预期和结果预期的发展,促进职业目标设定,并推动从职业目标到职业生涯自我管理相关行动的转变(Brown & Lent,2019)。

三、核心概念的测量

社会认知职业理论包括诸多核心与衍生模型,涉及很多概念与变量。然而,所有理论模型基本上还是围绕五个核心概念——自我效能预期、结果预期、职业兴趣、职业目标和职业绩效展开。因此,这里主要介绍这五个核心概念的测量。

1. 自我效能预期的测量

由于社会认知职业理论模型众多且研究对象范围较广,不同实证研究使用的自我效能预期测量方式不尽相同。例如,在一个基于社会认知职业理论研究女学生对工程学科的学术兴趣和目标的实证研究中,研究者使用的是包括11个条目的自我效能量表(Lent et al.,2005b)。量表条目改编自4个条目的学业里程碑自我效能量表(Lent et al.,1986)以及7个条目的阻碍应对效能量表(Lent et al.,2001;Lent et al.,2003);在一个基于社会认知职业理论满意度模型的实证研究中,研究者除了使用前述的条目,还新增了对社会自我效能的测量(Lent et al.,2005b)。以上2个量表都采用10点计分,被试在0(没有信心)到9(非常有信心)中作出选择。

2. 结果预期的测量

由于不同实证研究的主题和对象不同,结果预期的测量方式也同样有多个选择。例如,在调查女性学生对工程专业的学业兴趣和目标时,研究者列出了10个获得工程学士学位可带来的积极结果(如"挣得有吸引力的报酬""从事我觉得满意的工作"),考察被试在多大程度上认同这种说法(Lent et al.,2005a);在两个基于职业生涯自我管理模型的实证研究中(Lent et al.,2017;Lent et al.,2019),所使用的量表均来自Betz & Voyten(1997)开发的结果预期和意向量表,研究者对量表进行了修订,在结果预期部分原先4个条目的基础上又新增了4个条目(如"如果掌握了更多关于职业与自我个性匹配的信息,我将会作出更好的职业选择)。以上2个量表都是采用10点计分的形式,被试在0(非常不同意)到9(非常同意)中作出选择。

3. 职业兴趣的测量

由于社会认知职业理论满意度模型和职业生涯自我管理模型并不涉及职业兴趣，因此关于职业兴趣的实证研究主要围绕社会认知职业理论的基础模型展开。例如，在调查女性学生对于工程专业的学业兴趣和目标时，研究者列出了 7 个与工程相关的活动（如"解决复杂的科技问题""阅读与工程问题有关的文章或书籍"），要求被试回答对于这些活动感兴趣的程度。此量表采用 5 点计分的形式，被试在 0（兴趣极低）到 5（兴趣极高）中作出选择（Lent et al., 2005a）。

4. 职业目标的测量

职业目标这一变量主要出现在社会认知职业理论基础模型和职业生涯自我管理模型中。例如，在调查女性学生对工程专业的学业兴趣和目标时（Lent et al., 2005a），研究者列出了 4 个有关学业意向的陈述（如"我计划在下个学期继续就读工程专业"），要求被试回答对这些陈述的同意程度；在另一个基于职业生涯自我管理模型的研究中（Lent et al., 2019），所使用的量表是在 Betz & Voyten（1997）开发的原始量表基础上扩充而成，一共有 10 个条目（如"我计划投入比之前更多的时间来了解我的职业生涯"）。以上 2 个量表均采用 5 点计分的形式，被试在 1（非常不同意）到 5（非常同意）中作出选择。

5. 职业绩效的测量

社会认知职业理论的提出者对职业绩效的定义非常广泛，他们将绩效定义为"成就水平"（如"课程成绩"）或"行为持续指数"（如"学习专业的稳定性"），而职业绩效达成情况往往以职业目标为参照（Lent et al., 1994）。职业绩效的测量方式一般根据实证研究的对象和主题来确定。例如，Barrick et al.（1993）在研究责任心与销售人员绩效之间关系时，使用了一个 11 个条目绩效量表，由销售人员的主管填写，评价特定销售人员的工作知识、工作质量、数量等 11 个方面并计算平均分。该量表采用 5 点计分的形式，被试在 1（有些低于工作要求）到 5（一直超过工作要求）中作出选择。

四、社会认知职业模型的实证研究与应用

在社会认知职业模型提出后的二十多年间，除了一些学者使用该理论在职业领域开展诸如职业兴趣干预等实践（O'Brien & Heppner, 1996），或者依据理论开发如工作搜索、职业决策自我效能量表等新的测量工具（Lent et al., 2016），大多数学者进行的是基于该理论的实证研究。研究者使用包括学生、各行业在职人群以及一些特殊群体在内的多元化样本，不仅对社会认知职业模型的各个

核心假设进行了实证检验,还在一定程度上对模型框架进行了丰富和拓展。

首先,一些研究提供了对社会认知职业理论基础模型及衍生模型相关假设的实证支持。例如。基于社会认知职业理论,有研究发现了自我效能预期与结果预期对学生追求专业兴趣方向的显著效应(Bruening et al.,2005;Diegelman & Subich,2001;高山川和张文贤,2009;赵立和郑全全,2009;郭卉等,2018);有研究发现了自我效能预期与结果预期与个体职业选择之间的显著关系(Cunningham et al.,2005;Lindley,2005);也有研究发现了性别对职业社会认知变量没有显著影响(Rodríguez et al.,2016)。基于社会认知的满意度模型,有研究发现了自我效能预期可以通过结果预期和工作压力来影响工作满意度(Lee & Shin,2017)。基于职业生涯自我管理模型,有研究发现了个人成就、口头说服、替代学习、情感经历等自我效能预期的来源因素对职业探索和职业决策的显著影响(Lent et al.,2017),还有研究发现了学生的自我效能预期和职业目标可以预测其职业计划、职业探索以及两者在一定时期内的变化趋势(Rogers & Creed,2011)。

另一些研究则在社会认知职业理论核心框架的基础上,进一步拓展了理论模型,包括探讨模型中核心概念间的关系机制、发现新的模型预测变量等。例如,有研究发现,个体人格与职业兴趣间的关系受到个体学习经验及社会认知机制这些中介变量的影响(Schaub & Tokar,2005)。此外,研究者发现的新的模型预测变量既包括个人因素,如感知社会地位(Thompson & Dahling,2012)、性取向(Tatum,2018)及主动性人格(周文霞等,2019)等;也包括环境因素,如文化适应压力(Franco et al.,2019)、家庭暴力(Chronister & McWhirter,2003)、家庭教育背景(Olson,2014)、父母支持(Flores & O'Brien,2002)及地区失业率(Dahling et al.,2013)等。

其次,研究者一直用多元化的样本不断检验与拓展社会认知职业理论的使用范围。一方面,包括中国在内的世界各地的学者使用本地样本来论证社会认知职业理论的适用性。在中国,研究者使用企业管理者、高校教师、大学生及农民等样本(高山川,2005;宋子斌,2007;赵立和郑全全,2009;张绿漪等,2017;Chan,2018;程跟锁和陈建海,2018;郭卉等,2018;周文霞和辛璐,2019)对社会认知职业理论进行了实证论证。在国外,研究者使用泰国护理人员(Thungjaroenkul et al.,2016)、韩国教师(Lee & Shin,2017)、土耳其大学生(Işık et al.,2018)、西班牙学生(Inda-Caro et al.,2016)、巴西与葡萄牙大学生(Lent et al.,2018)等不同样本对社会认知职业理论进行了实证检验。针对一些尚缺乏实证研究的国别样本,Glosenberg et al.(2019)基于社会认知职业理论,进行了一项包括74个国家81 445名个体的大规模研究,部分验证了其提出的在个人主义较弱及经济发展水平较低的国家,个体教育经历与个人职业匹配间的正向关系更弱的假设。

除了对一般人群的研究,有些研究者还将目光投向特殊群体,并取得了较为丰富的成果。例如,针对被诊断患有学习障碍的特殊教育学生群体,有研究者发现其职业自我效能预期和结果预期对于职业探索意向有重要的预测作用(Ochs & Roessler, 2004);针对癫痫患者,有研究发现自我效能预期、结果预期和环境支持是他们参加工作的重要预测因素(Sung & Connor, 2017);针对在校残疾大学生,有研究发现职业自我效能预期和结果预期会影响自我障碍接纳程度与职业决策能力之间的关系(Sung & Connor, 2017)。

五、经典文献推荐

Bandura, A. (1986). Social foundations of thought and action: a social cognitive theory. Englewood Cliffs, N. J.: Prentice Hall.

Bandura, A. (1997). Self-efficacy: the exercise of control. New York: Freeman.

Bandura, A. (1999). Social cognitive theory of personality. In L. Pervin & O. John(Eds.), Handbook of personality, 2nd ed., 154–196. New York: Guilford Publications.

Brown, S. D., & Lent, R. W. (2006). On conceptualizing and assessing social cognitive constructs in career research: a measurement guide. Journal of Career Assessment, 14, 12–35.

Brown, S. D., & Lent, R. W. (2019). Social cognitive career theory at 25: progress in studying the domain satisfaction and career self-management models. Journal of Career Assessment, 27, 563–578.

Lent, R. W. (2005). A social cognitive view of career development and counseling. In S. D. Brown & R. W. Lent(Eds.), Career development and counseling: Putting theory and research to work, 101–127. New York: John Wiley.

Lent, R. W., & Brown, S. D. (1996). Social cognitive approach to career development: an overview. Career Development Quarterly, 44, 310–321.

Lent, R. W., & Brown, S. D. (2006). Integrating person and situation perspectives on work satisfaction: a social-cognitive view. Journal of Vocational Behavior, 69, 236–247.

Lent, R. W., & Brown, S. D. (2008). Social cognitive career theory and subjective well-being in the context of work. Journal of Career Assessment, 16, 6–21.

Lent, R. W., & Brown, S. D. (2013). Social cognitive model of career self-management: toward a unifying view of adaptive career behavior across the life-span. Journal of Consulting Psychology, 60, 557–568.

Lent, R. W., Brown, S. D., & Hackett, G. (1994). Toward a unifying social cognitive theory of career and academic interest, choice, and performance. Journal of Vocational Behavior, 45, 79–122.

Lent, R. W., Brown, S. D., & Hackett, G. (2000). Contextual supports and barriers to career choice: a social cognitive analysis. Journal of Consulting Psychology, 47, 36–49.

第二十一章参考文献

第二十二章

偶然学习理论[①]

吕 翠[*]

一、代表人物与时代背景

(一) 代表人物

约翰·D. 克郎伯兹(John D. Krumboltz,1928—2019),斯坦福大学教育与心理学院教授、美国心理学会和美国科学促进会(American Association for the Advancement of Science)成员。

克郎伯兹1928年10月21日出生于艾奥瓦州,他在蔻伊学院(Coe College)完成了本科学业,在那里他参加了大学网球代表队的比赛,他的教练也教授心理学,也促使他有机会了解并学习心理学。克郎伯兹学网球只是因为他曾经在一条陌生的街道上骑自行车时看到孩子们玩一种看起来很有趣的游戏——网球。在谈到计划偶然事件时,他经常引用这种经历,认为随意的事件对人们的生活有重要的影响。

约翰·D. 克郎伯兹

克郎伯兹在哥伦比亚大学师范学院获得咨询硕士学位,在明尼苏达大学获得博士学位。他是得克萨斯州拉克兰空军基地美国空军人事和训练研究中心的高级研究员,之后在密歇根州立大学教授教育心理学。克郎伯兹1961年来到斯坦福大学,通过将社会学习理论应用于人生决策,对行为和职业咨询领域产生了重大影响。在他作为美国最有影响力的心理学家的六十多年里,他还是斯坦福大学教育研究生院咨询心理学项目的联合主任,以及许多学术著作和畅销读物的作者。通过在社会背景下展示咨询的价值,克郎伯兹激发了从多元文化咨询

[①] 本课题获得国家自然科学基金项目(71701074和71832004)的资助。

[*] 吕翠,中华女子学院管理学院讲师,博士,主要研究领域为职业生涯管理,电子邮箱:lucui789@126.com。

到行为健康护理治疗等领域的进步。斯坦福大学教育学教授特蕾莎·拉·弗洛姆博伊斯(Teresa La Fromboise)表示:"克郎伯兹是该领域将结果置于过程之前并使用科学方法确定某些心理干预措施是否有效的首批研究人员之一。"

作为职业咨询领域的领军人物,克郎伯兹曾于1990年获得美国心理学会颁发的咨询心理学方面的利昂娜·泰勒奖,2002年获得美国心理学会颁发的杰出专业知识贡献奖。2004年,他被美国咨询协会认定为五位"在世的咨询界传奇人物"之一。2015年退休后,克郎伯兹仍然活跃在校园里,2019年5月4日在大学校园的家中去世。

(二) 时代背景

从总体而言,职业生涯理论的发展经历了四个阶段:20世纪初是萌芽阶段、20世纪40—50年代是成长阶段、20世纪60—70年代是发展阶段、20世纪90年代至今是成熟阶段。工业革命的发展带来了越来越细化的社会分工,职业种类日益增多,人们需要一定的方法进行职业选择。1898年,帕森斯在波士顿成立了第一个职业指导机构——波士顿职业局,依据人—职匹配理论进行职业指导,开创了生涯辅导的先河。1913年,美国成立职业指导协会,职业指导活动大范围开展。霍兰德在帕森斯的特质因素匹配理论的基础上发展了类型学理论。他认为人格类型可以分为六种,而社会有六种典型职业环境。每种人格类型都有与其协调的职业环境类型。霍兰德的类型学理论至今应用特别广泛,类型学理论和帕森斯理论都是力求达到人—职匹配。

每种理论必然有一定的时代局限性,单纯强调人—职匹配同样也有一定的局限性。由于职业是个人生活的一部分,而前期的理论没有反映职业与其他角色之间的关系。1953年舒伯的职业发展阶段理论解决了这个问题,他把职业发展分为五个阶段,同时提出生涯彩虹理论,指出个体在生命中扮演的重要角色以及各个角色在不同年龄段的关系,解决了职业角色和其他角色的平衡问题。

随着社会发展步伐的加快,近一百年的科技成果比以前一切科技成果的总和还多,近十年的变化速度比过去一百年还快。智能手机和互联网走入人们的日常生活,个人能在极短的时间获得海量信息,以极快的速度到达世界各地,接触到各种新鲜事物,个体认知和思维改变的速度也在加快,未来的不可知因素和不确定因素变多,传统的职业规划理念受到一定挑战。

20世纪60年代后,职业生涯专家发现生涯并不是全部合乎逻辑的职业决策结果(Roe et al., 1967)。比如具有相同职业类型的一群人的职业发展在经历一段时间后出现差异,而这种变化是不能用最初的霍兰德类型描述加以预测的(周满玲,2006)。因此,人—职匹配理论并不能解释所有人的职业发展路径,或者说职业发展并没有一个确切轨道或面貌,个体必须以开放的心态包容发展中的不确定性、保持不断探索自我的态度,并从中学习成长以获得发展机会。在此思潮下,原本被竭力避免的偶然事件引起研究者的关注,期望建立一种没有错误的理性决策模式的想法受到重新检视和探讨(Williams et al.,1998)。如何在传统职业理论强调的规划和匹配理念下,管理、接纳和利用生涯发展中的不确定因素,成为我们关心的问题。在此背景下,研究者一致呼吁应该有更多研究重视职业发展中偶然事件的影响(Cabral & Salomone,1990)。

Krumboltz et al. (1979)把社会学习理论应用于职业选择,认为生活中的事件为人们提供了认识自我和世界的机会。这些事件可以是计划中的,也可以是未计划、未预料的,比如个体可以基于规划选修一门课程或者为实现某目标而参与某个活动,这些计划的事情可以帮助个体探索自我、提升能力等。同样,生活中也存在"有心栽花花不开,无心插柳柳成荫"的事件,这类未计划的事件在我们的生活、工作或学习等领域也发挥着极其重要的作用,影响着个体的生命轨迹(如在职业或伴侣选择方面)。针对生涯发展中的偶然事件进行研究的偶然学习理论应运而生。

二、理论的核心内容

Mitchell et al. (1999)提出了偶然学习理论(planned happenstance theory),意思是"有计划的偶然事件",中国台湾生涯学者金树人先生首次将其翻译为"偶然学习论",意指生涯发展过程不应该排斥偶然事件的作用,要善于发现和利用偶然事件的机会。

偶然学习理论的主要内容包括:首先,无论是在职业发展还是在生活中,都有很多"有心栽花花不开,无心插柳柳成荫"的偶然事件,这些在我们意料之外的事件比事先计划好的目标或者安排好的事项对生活或职业发展的影响好像更大。比如,一次偶然的会面、一次失约、一次临时决定的假期旅行、一个替补空缺的工作、一个新出现的个人爱好,这些经历都可能影响我们生命的方向和职业的选择(Krumboltz & Levin,2004)。其次,偶然事件给予个人获得自我成长的学习机会。再次,个人要对偶然事件保持开放性态度,正视偶然事件,善于发现甚至主动创造偶然事件。最后,个体的五个特征(好奇、坚持、乐观、弹性和冒险)在识别、创造、利用偶然事件的过程中能够发挥作用(Mitchell et al.,1999)。总体而言,如何看待甚至创造偶然事件是偶然学习理论的核心。

克郎伯兹2009年对偶然学习理论进行了补充,他提出四个观点:其一,职业咨询的目标不是帮助个体进行职业决策,而是帮助个体采取行动以获得更令人满意的职业和个人生活。其二,职业评估的目的不应该局限于人—职匹配,还应该重视个体的学习。偶然学习理论认为,人类的行为是无数习得经验的结果,而习得经验在有计划和无计划的情境下均能获得。经验结果包括技能、兴趣、知识、信念、偏好、敏感性、情绪和未来的行为。其三,个体要学会参与探索性活动,从偶然事件中获益。其四,咨询服务的质量取决于客户在咨询之外现实世界中获得的成就。

偶然学习理论对学习经验进行了划分,认为习得经验包括工具式学习经验(instrumental learning experiences)和联想式学习经验(associative learning experiences)。工具式学习经验是通过某种方式获得行为结果的反馈,比如从他人那里获得的口头反馈、物质反馈等,也可以是个体感知到的成就感、无助感、挫败感等。联想式学习经验来自对环境或其他人的行为及其结果的观察,或者通过阅读历史人物或虚构人物的事迹而受到启发。工具式学习和联想式学习都可能产生积极或消极的作用。个体通过学习积累学习经验,构建对自我和职业世界的认知。

对于如何引发偶然事件这一问题,克郎伯兹提出了行动策略和方法,比如访问感兴趣的网站、旁听感兴趣的课程、写信、采访等(Krumboltz & Levin, 2004),或通过加入组织、认识陌生人、阅读、学习课程、培养爱好、实习、参加项目引发偶然事件。

三、实证研究与量表开发

(一) 实证研究

虽然职业发展中的偶然事件日益引起学者的关注,但是对偶然事件的研究文献并不多,根据对文献的回顾,已有的研究主要集中于以下几个方面:

1. 职业发展中是否存在偶然事件

在偶然学习理论提出前,就有一些研究者注意到职业发展并不是理性的线性过程,偶然事件极大地影响着职业路径的发展,后续研究尝试通过调查的方法验证偶然事件的存在及其作用。Hart et al. (1971)以60名男性为样本,检验了专业、技术和半技术三种类型工人进入职场时规划和偶然事件的差异,结果显示专业工人进入职场时更多是规划的结果,而其他两种类型工人很大程度地受偶然事件的影响。Salomone & Slaney (1981)对非技术个人的研究也发现,计划性(比如从事感兴趣的工作或与能力匹配的工作)和一些偶然性解释了职业选择的过程,被试更愿意将职业决策视为有根据的理性选择,但也承认职业决策受到一些偶然事件的影响。

偶然学习理论提出后,对偶然事件的研究聚焦于偶然事件存在与否、分类和影响等方面。Bright et al.(2005a)对偶然事件进行了一系列的研究,以大学生为被试,研究偶然事件及社会因素对职业决策的影响,结果显示偶然事件对大学生的职业决策有很普遍的影响。同年,Bright et al.(2005a)以刚刚毕业的高中生和大学生为被试进行调查,结果表明偶然事件影响了69.1%的被调查者的职业决策,其中74%和16%的被调查者认为偶然事件对职业决策造成较大影响。

Eneli & Yehuda(2019)跟踪调查了389名博士的个人职业发展情况,并进行了69次深入的定性访谈,揭示了偶然事件对职业发展的主要影响。研究发现偶然事件涉及30%的样本,个人可以预测可能的结果并根据预期的职业前景从偶然事件中受益。

2. 对职业发展产生影响的偶然事件的类型

根据对以往文献的分析,我们发现对于偶然事件的分类有三种方法:一是按照偶然事件的性质分类。一是将偶然事件分为正向偶然事件和负向偶然事件(Magrnuson,2003),这里的正向和负向意味着对职业发展带来的影响方向。二是按照偶然事件的内容分类。Bright et al.(2005a)通过对651位大学生的研究获得8个类型的偶然事件。Bright et al.(2005b)通过对772位高中生和大学生样本进行研究获得15个类型的偶然事件。郭琍艳(2010)通过对6名被访者的研究获得13个类型的偶然事件。三是按照偶然事件可预测的程度进行分类。Chen(2005)把偶然事件分为高预见性的偶然事件和低预见性的偶然事件。以往学者对偶然事件的定义属于低预见性类型。虽然个体获得偶然事件信息和控制偶然事件的能力比较有限,但是偶然事件并不是完全不可预测、不可控制的。

3. 偶然事件对职业发展的具体影响作用

对于偶然事件作用的大多数研究采用了质性研究方法。比如 Williams et al.(1998)对13个女性杰出心理咨询师进行深度访谈,研究发现偶然事件的具体作用体现在四个方面:改变了职业路径,增加了心理咨询方向,促进了大学专业的改变,提供了选择、机会或灵活性。杨雅岚(2008)对一位代课13年的流浪教师进行20小时的访谈研究,获得以下结论:偶然事件对其生涯决定的影响体现在对个人的影响和对职业发展的影响两个方面。对个人的影响包括增加前进的动力、提升生命的韧性和自信、聚集人脉资源等;对职业发展的影响包括确定职业方向和立足点、更好地应对未来职业的不确定性、增强自信等。郭琍艳(2010)通过对6位参与者的访谈,探讨在生涯发展历程中参与者经历的偶然事件,发现偶然事件的影响表现在改变工作路径、深化工作经验、改变学习的发展路径、改进未来的生涯安排、增加自我知识、学习自我调适与转化、探究人生终极目标、生涯阻碍八个层面。

关于职业发展中偶然事件质性研究的盛行标志着职业理论研究进入描述性发展阶段,质性研究直接展示了偶然事件的产生、影响个体的过程,为个体更好地应对偶然事件提供了一些启示。此外,还有研究通过偶然学习理论对个体进行干预性研究,比如 Krumboltz et al. (2013)基于偶然学习理论对来访者(一位失业的 48 岁单亲妈妈)进行了干预,取得了良好效果,使其成功摆脱失业困境。在此次干预中,克郎伯兹采用了以下步骤:① 明晰来访者的期望;② 通过沟通了解来访者的现状和心理状态;③ 利用来访者过去的成功经验提升其自我效能感;④ 帮助来访者将偶然事件转化成学习和成长的机会;⑤ 在来访者行动过程中提供支持和引导,帮助其克服行动障碍;⑥ 评估干预的效果。吴海涛(2015)认为,基于偶然学习理论的团体干预效果具有一定的持续性,能够增加被试行动的积极性,使被试更容易调整行为。

4. 个体因素对偶然事件影响的调节作用

Mitchell et al. (1999)在提出偶然学习理论时就指出个体的五个特征能够在识别、创造、利用偶然事件的过程中发挥作用。后续研究也探索出其他的个体因素,比如控制点、自我概念、开放性。受外部控制的个体相信生活中多数事情的结果是各种外部力量合力导致的,他们相信社会的安排,相信命运和机遇等因素决定了自己的职业选择。因此,受外部控制的人倾向于利用外部背景来解释职业决策。当面对未预见的变化尤其是突发的消极事件时,他们不会把消极事件视为学习机会。Bright et al. (2005a)研究证实受外部控制的个体感知到的偶然事件更多。Denga(1984)对 200 名高中男生的研究也发现,受内部控制的学生更倾向于根据兴趣爱好和能力来选择职业,而受外部控制的学生的职业选择更容易受到偶然事件影响。

自我概念是一个人对自身存在的体验,包括一个人通过经验、反省和他人获得的反馈。自我概念决定着个体的期望,引导个体的行为,人们总是从事能够强化自我概念的行为(Niedenthal et al., 1985)。比如,如果个体认为自己不善于人际交往,那么在进行职业选择的时候,他就会规避与人交往较多的工作。Salomone & Slaney(1981)和 Cabral & Salomone(1990)认为自我概念的清晰性会影响个体对偶然事件的感知和利用。

和偶然事件相关的另一个重要概念是开放性。Krumboltz(2009)认为开放性对偶然事件的感知和利用发挥着重要作用。根据这个说法,相比于严格恪守某种行为或目标的人们,持开放性的人能保持更好的弹性和灵活性,更好地感知机会、利用机会、改变行为。

5. 偶然事件技能的影响

有学者研究探讨了计划偶然事件技能的五个组成部分与青少年职业认同状态之间的关系。他们对韩国 370 名高中生进行了典型相关分析,结果显示较高的身份状态(即成就状态和暂停状态)与计划偶然事件技能的五个组成部分显著相关,而较低的身份状态(即丧失抵押品赎回权和扩散状态)与计划偶然事件技能的五个组成部分并不显著相关。

偶然事件技能与职业投入和职业自我效能正相关。偶然事件技能也与职业满意度有关。从这个意义上说,偶然事件技能是绘制一条令人满意的职业道路的不可或缺的工具。考虑到由于第四次工业革命,就业市场正在经历快速、意想不到的变化,偶然事件技能可以帮助个人接受和利用新的机会促进职业发展。

(二) 量表开发

1. 国外相关量表

由于偶然学习理论提出仅仅二十多年,相关研究更多的是质性研究,量表研发需要得到进一步的关注。相关的量表有复杂事物知觉量表(Complexity Perception Index)(Bright & Pryor, 2004),用于理解来访者对偶然事件的反应方式,提高他们识别伴随事件的能力。Bright & Pryor(2007)还开发了运气准备指数(Luck Readiness Index),鼓励来访者不断地重新审视自己,发现并抓住机会。

利用计划偶然事件理论,有学者开发并初步验证了偶然事件技能量表来衡量对意外事件的反应如何影响职业选择。这是一个用韩语编写的 15 个项目的量表,用于衡量能够创造意外事件并将其转化为与职业相关领域的机会的技能。在量表编制的初始阶段,他们进行了探索性和验证性的因子分析来验证量表的五因子结构,并为量表的结构效度、内部一致性和信度提供了支持。该量表衡量好奇心、坚持、灵活性、乐观和冒险五种偶然学习技能。好奇心被定义为对与个人职业生涯相关的新活动的关注,例如"如果我偶然发现一些与我的才能相符的东西,比如参加学校俱乐部后,我可能会改变职业方向";坚持意味着一个人有能力不顾困难继续追求事业发展,例如"即使我错过了一个重要的考试,我也会尽我所能去弥补";灵活性测试了个人对各种职业环境的适应性和态度,例如"我相信我的职业方向可以随时改变";乐观被定义为个人对职业生涯的积极期望,例如"随着时间的推移,我会在职业生涯中创造更多的机会";冒险意味着挑战行为,例如"如果我发现了一种被自己忽略的才能,我愿意不顾风险地改变我的职业方向"。

2. 国内相关量表

朱志伟(2019)在"高校毕业生职业发展偶然事件测量与应用研究"中以湖南师范大学旅游学院历年毕业生为研究对象，对毕业生代表进行有关职业发展偶然事件的半结构化访谈，对访谈收集的资料进行编码和分析，构建了偶然事件影响的概念模型，并根据概念模型编制了职业发展偶然事件量表。该量表通过个人偶然事件、职场偶然事件、家庭偶然事件、学习偶然事件、财务偶然事件五个维度对偶然事件进行测量，共包括22个题项。

四、理论的应用价值

对个体而言，偶然学习理论主要有以下三点价值：

第一，以积极的心态面对甚至期待偶然事件。把偶然事件看作尝试新行为、发展新兴趣、挑战旧有观念及终身学习的机会。个体要能辨认偶然事件，并把偶然事件整合进自己的生涯规划，在偶然事件中学习。并不是每一个个体都能很好地感知、利用偶然事件，偶然事件之所以会引起个体的感知，是因为与个体内在的价值观或某些特质在一定程度上存在吻合，是潜在影响的选择性激发，类似于心理学中的"知觉"。虽然不同个体的感觉是一样的，但是由于个体的需求、动机、经验等不同，获得的知觉是不同的。同时由于个体冒险性、控制点等特征的不同，对偶然事件的应对方法也是有差异的。

第二，善用偶然事件。偶然事件在职业发展过程中不可避免，但这不表明我们对事件的发生无能为力。通过对偶然和必然关系的论述可见，表面的偶然性来自深层必然因素的积累和沉淀。正确认识必然性，善于把握偶然性，人们便可以把握自己的命运。个体特征也会带来不同的偶然事件学习效果，冒险性、灵活性使个体能更好地利用偶然事件。

第三，创造偶然事件。偶然事件不仅是现实存在的，而且是可以计划的。这里的"计划"指的是以开放的心态面对偶然事件，甚至利用自己的内外部资源有意识地创造偶然事件。Diazde(2004)也认为，个体通常难以控制或决定偶然事件能否发生，但是有些事情的发生是可以刻意安排或获得的，也就是说机会可以掌握在自己手中。

除了对个体的启发，偶然学习理论还给职业咨询带来了新的视角，在进行生涯辅导和咨询时，咨询师不应引导个体追求"必然如此"的完美方案，而应该把偶然事件纳入职业发展咨询范畴，帮助当事人正视偶然事件的存在和发生的合理性,把偶然事件看作正常现象,并且鼓励当事人积极探索偶然事件,培养当事人对未知世界的好奇心,克服对偶然事件的抵触心理,体验学习和发展的乐趣。

五、经典文献推荐

Krumboltz, J. D. (1979). A social learning theory of career decision making. In A. M. Mitchell, G. B. Jones, & J. D. Krumboltz(Eds.), Social learning and career decision making, 19-49. Cranston, RI: Carroll Press.

Mitchell, K. E., Al Levin, S., & Krumboltz, J. D. (1999). Planned happenstance: constructing unexpected career opportunities. Journal of Counseling & Development, 77(2), 115-124.

Krumboltz, J. D., & Levin, A. S. (2004). Luck is no accident. Impact Publishers.

Krumboltz, J. D. (2009). The happenstance learning theory. Journal of Career Assessment, 17(2), 135-154.

Krumboltz, J. D., Foley, P. F., & Cotter, E. W. (2013). Applying the happenstance learning theory to involuntary career transitions. The Career Development Quarterly, 61(1), 15-26.

第二十二章参考文献

第五篇

生涯动机理论

第二十三章

职业锚理论

谭建伟　黄雅坤[*]

一、代表人物与时代背景

(一) 代表人物

埃德加·H. 施恩(Edgar H. Schein, 1928—),世界上最具影响力的百位管理大师之一,企业文化与组织心理学领域的开创者和奠基人,同时也是享有国际声誉的咨询专家。他的代表作有《组织心理学》(Organizational Psychology)、《组织文化与领导》(Organizational Culture and Leadership)等。

埃德加·H. 施恩

施恩于1928年5月5日在苏黎世出生,后随父母移居美国,1947年在芝加哥大学获得学士学位,1949年获得斯坦福大学社会心理学硕士学位,1952年获得哈佛大学社会心理学博士学位。毕业后,他被分配到沃尔特·里德陆军研究所(Walter Reed Army Institute of Research)服役,他的工作内容涉及方方面面,这进一步开阔了他的视野。1956年完成了美国军方的研究工作后,施恩在麻省理工学院斯隆管理学院开始了长达五十多年(1956—2008年)的学术生涯。其间,他参与并见证了组织心理学领域中五个概念的形成与演化:强制说服(coercive persuasion)、职业锚理论(career anchor theory)、过程咨询(process consultation)、组织文化(organizational culture)和谦逊探询(humble inquiry)。1965年,施恩出版了他的第一部学术著作《组织心理学》,并提出四种人性假设,这四种假设后来成为了管理学和组织行为学人性假设分类的典范。

---

[*] 谭建伟,重庆理工大学管理学院教授、硕士生导师,主要研究领域为人力资源管理、职业生涯管理,电子邮箱:tjwxxf@ sina. com;黄雅坤,重庆理工大学管理学院硕士研究生,主要研究领域为职业生涯管理。

施恩对组织文化领域的研究也作出了非常重要的贡献,1992 年他出版了《组织文化与领导》(*Organizational Culture and Leadership*),率先提出了关于文化本质的概念,提出了组织文化的三个层次、五个维度,并对文化的形成提出了独创的见解。

与此同时,施恩曾受聘于许多美国大公司、大企业,担任法律顾问,他主要负责人力资源调配、文化合作、管理开发、组织发展、高级管理梯队建设、人际关系、组织关系和职业发展等方面的咨询和顾问工作,这使他有机会接触到大公司的管理实践,掌握了丰富的管理心理学方面的材料和经验,并在实践中检验和发展了自己的理论。

施恩的成就为他带来了许多的荣誉。2000 年,他获得美国培训经理协会(the American Society of Training and Development)颁发的职场学习与绩效终身成就奖、美国管理学会职业生涯管理分会埃弗里特·切林顿·休斯职业学术奖(Everett Cherington Hughes Award for Career Scholarship);2002 年,他获得波士顿大学管理学院玛丽恩·吉斯拉森高级管理人员领导力开发奖(Marion Gislason Award for Leadership in Executive Development),同年,从麻省理工学院荣誉退休。

施恩对组织心理学和文化领域的研究作出了极大的贡献,被誉为企业文化与组织心理学领域的开创者和奠基人。

(二) 时代背景

学术界有关职业生涯的理论研究发起于 20 世纪 60 年代(李建设和沈阅,2006),在半个多世纪的发展历程中,大致经历了三个阶段,如图 23.1 所示。

图 23.1 职业生涯理论研究的发展

其中,"职业锚"概念源于一项始于 20 世纪 60 年代的专题研究。当时正值美国社会的"多事之秋",越南战争等重大事件加剧了美国国内矛盾,黑人运动、反战运动和女权运动此起彼落,美国的经济受到重大冲击。在这一背景下,调整内部关系以应对社会挑战成为企业的当务之急。众多经济学、社会学和心理学等领域的学者也被卷入社会危机的旋涡,接触敏感的经济"热点",提出种种挽救濒临危境企业的应急措施。施恩表示,只有个人和组织都以提高整体效益为目标,双方才能同时受益,企业才得以生存和发展。他将研究立足于个人,把研究重心转向组织的社会化问题(Schein,1992)。1961 年,施恩及其团队成员展开了旨在深入了解人们如何管理职业发展、如何了解所在组织的价值观和工作程序的课题研究。他们对 44 名 MBA 毕业生进行了长达 12 年的跟踪调查,探讨这些毕业生进入社会时组织对其选择职业的态度和价值观的影响等问题。该研究得到美国海军研究室和麻省理工学院斯隆管理学院的支持和指导(Schein,2004)。1978 年,施恩在其著作《职业动力论》中展示了研究结果,提出了"职业锚"的概念,并归纳了五种职业锚类型,后经过施恩等人的进一步补充修正,形成了完善的职业锚理论。

二、理论的核心内容

(一) 核心内容

职业锚又称职业系留点(career anchor),是指一个人无论如何都不会放弃的职业中重要的动机或价值观(Schein,2007)。换句话说,个人根据早期进入工作情境后习得的工作经验,找到的与其自身的动机、价值观、能力相符并达到满足和补偿的一种稳定的职业定位,即职业锚。它强调个人自省的能力(基于在真实世界多样化的工作环境中获得的成功)、自省的动机和需要(基于多样化的工作任务经历)、自省的价值观(基于在不同组织中感悟到的准则及价值观)三个方面的相互作用与整合(周文斌等,2011),是个人与工作环境互动的产物,体现了"真实的自我"(谭建伟,2016)。

施恩提出,有关职业锚的概念还必须说明以下几点:① 它的定义比工作价值观、工作动机的概念更广泛;② 它强调实际工作经验,无法单凭测试进行职业选择预测;③ 它强调能力、动机和价值观间的相互作用,这种作用表现为个人越来越需要和重视他们擅长的东西,并且能够在其需要和重视的方面逐步提高能力;④ 它只有在后期的职业生涯中才能被发现;⑤ 职业锚是个人稳定的职业贡献区和成长区,也是允许个人在其他方面成长和变化的稳定源(Schein,2002)。

施恩归纳总结出五种职业锚类型,即自主/独立型、创造/创业型、管理型、技术/职能型、安全/稳定型(Schein, 2007)。此后,职业锚概念成为职业研究的重要组成部分(Derr & Briscoe,2007),它不仅为职业研究奠定了理论基础(Schein,1975,1980),并且为从事职业研究的学者作出了重要贡献(Feldman & Bolino,

1996)。

20世纪80年代,施恩又增加了三种职业锚类型,即挑战型、生活型、服务/奉献型(姚丽霞,2014)。八种职业锚类型的总结如图23.2所示。

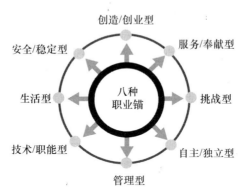

图23.2 八种职业锚类型

(1) 技术/职能型(technical/functional competence):他们渴求在技术/职能领域不断成长,希望有机会运用其技术/职能,不喜欢从事管理工作,担心管理工作过于政治化,更不想因从事此类工作而放弃在技术/职能领域获得的成就。在工作薪酬方面,这类锚型的人认为薪酬应参照教育背景及工作经验定级发放。一般情况下,比起股权等激励,他们更看重绝对收入;比起职位晋升,他们更看重专业或技术等级的提高。这类员工对自我的认可来自专业水平,并非常愿意接受来自专业领域的挑战。

(2) 管理型(general managerial competence):他们追求职务晋升,热衷独当一面甚至全面管理。这类锚型的人认为在信息不完全的条件下分析并解决问题是一件让人兴奋的事。为了实现共同目标,他们能够整合不同部门员工的力量,认为自己应对公司的成功负责。与技术/职能锚型不同,管理锚型的人以收入水平衡量自己,期望获得较高收入,股权、奖金等会对他们起到很好的激励作用。他们看重能力,同时拥有感情、分析能力、社交能力(郭楠,2008)。在工作晋升方面,他们坚信晋升应依据个人对组织的贡献。对他们最大的认可是将其提升到承担更多责任的管理职位。

(3) 自主/独立型(autonomy/independence competence):他们喜欢目标明确的工作,喜欢自由安排个人的生活方式、工作方式等,希望拥有既能充分施展个人才华又能最大限度地不受组织约束的工作环境。在他们的心中,自由、独立占据重要位置。如果得到组织提拔,那么他们希望新岗位能给予其更大的自主权。同时,这类锚型的人非常喜欢直接的表扬和认可,比起金钱、勋章、奖状等更具吸引力。

（4）安全/稳定型（security/stability competence）：他们追求工作中的安全感和稳定感，乐意去服从并接受组织的价值准则。他们追求对未来的把控感，对可预测的将来的成功感到格外心安与放松。在工作薪酬方面，他们希望薪酬能根据工龄等因素稳步上涨。这类锚型的人十分关心财务安全，比起完成具有挑战性的工作，他们更乐意接受加薪等激励方式。若因稳定的工作绩效和对组织的忠诚而被大家认可，他们会感到骄傲与自豪。

（5）创造/创业型（entrepreneurial/creativity competence）：他们热衷于承担风险，直面挑战。他们希望能靠自己的双手创立企业，为大众提供自己设计的产品或服务，以便向全世界证明自己的实力。尽管这类员工目前可能就职于其他企业为他人工作，但他们正不断学习、积累经验、评估并等待着未来的机会，一旦时机成熟，他们就会自立门户、大展宏图。在他们眼中，工资、红利等远不如所有权重要。他们希望自己在一定范围内能扮演满足创业需要的任意角色，对他们而言最大的认可是创建一定规模的企业并从中获得财富。

（6）服务/奉献型（service/dedication competence）：他们希望用自己的绵薄之力让世界变得更好。他们以帮助别人、改善环境等为自身追求。无论在哪个公司，无论是升职还是岗位轮换，他们都希望工作能允许自己践行这种价值观。在这类锚型的人心中，符合价值观的工作比符合技能的工作更令人满意。至于薪酬补贴，他们认为用劳动换来的报酬已经足够，金钱作为身外之物并不是最重要的，认可他们的贡献比给予金钱更重要。他们也渴望获得上级、同事等的支持，乐意并期待与人分享自己的价值观。

（7）挑战型（pure challenge competence）：他们不畏困难，喜欢应对各种挑战，如解决工作中遇到的难题等。这类锚型的人思想单一，认为赢就是一切，将猎奇、创造和挑战视作终极目标。他们十分重视工作能否经常给予其挑战的机会。假若工作能使他们直面挑战，他们会很兴奋并欣然前往；假若工作没什么难度，他们会感到极其厌烦。挑战型职业锚不同于技术/职能型职业锚，后者仅关注某一专业职能领域的挑战。

（8）生活型（lifestyle competence）：他们追求各方面的均衡，不愿顾此失彼。这类锚型的人希望拥有能平衡个人需要、家庭需要、职业需要的工作环境，甚至愿意牺牲职业的发展来换取这种环境。相较于组织的态度，他们更在意组织的文化是否顾及个人和家庭的需要，个人能否与组织建立真正的心灵契约。他们注重享受生活，认为工作只是生活的一个方面，工作是为了让自己活得更好。在生活锚型的人眼中，"成功"是比单纯的"职业成功"更广泛的概念（Steele，2009）。

(二) 发展演进

职业锚理论提出后,施恩的探索并未止步。

1978年,施恩本人诚恳地指出了这一理论的不足。他承认初始研究单纯以美国男性管理者为样本,导致存在一定的抽样偏差,并且没有明确的证据能解释前五个职业锚如何从纵向研究中得出。尽管如此,施恩坚信职业锚对其他非管理类职业仍具有广泛的适用性(Steele,2009)。

同年,施恩团队以50名经理为样本再次验证职业锚理论,提出未来可能出现的职业锚类型有认同型、服务型、权力/影响力和控制力型、多样型。经过后续的补充研究,职业锚类型才变成现在的技术/职能型、管理型、自主/独立型、安全/稳定型、创造/创业型、服务/奉献型、挑战型、生活型。

1990年,施恩针对个人寻找职业锚所用时间及职业锚的稳定性做了进一步的阐述(Schein, 1990)。他认为人们在开始工作之前及职业生涯初期通常并不了解自己的职业锚,一个人要花5—10年的时间才能获得足够的经验去理解推动他们作出职业决策背后的因素(如需求、才能和价值观)。尽管基于纵向数据不足以下定论,但他预测职业锚会变得更稳定,不太可能随时间变化。施恩还坚信随着时间的推移及个人工作经验的丰富,会出现一个单一的约束指导个人职业道路的职业锚(Chapman, 2015;Costigan et al., 2018)。

2004年,施恩在其新版的《职业锚:发现你的真正价值》(*Career Anchors: Discovering Your Real Values*)一书中就"是否存在其他职业锚类型""个人所拥有的职业锚数目是否唯一""职业锚是否会发生变化"等问题做了论述。这一阶段施恩的思考已从职业锚理论框架上升到更高层次的问题——开始关注个人与组织需求如何实现匹配。

2006年,施恩撰写了第三版《职业锚:参与者工作手册》(*Career Anchors: Participant Workbook*)。这是一本帮助人们分析过往职业生涯、探寻职业锚的工具书。在这一时期,施恩将职业锚自我评估与工作/角色分析整合到一起,指引人们创建角色地图,将职业锚与现在的职位、未来的工作联系起来。

2013年,施恩与范·马南合作出版了第四版的《职业锚:参与者工作手册》,从方法论角度强调了职业锚访谈的重要性。他们认为人们应将职业锚与工作、家庭及自我需求协调起来,引入了工作职业与家庭/生活优先级网格这一工具,进一步展望了未来发展给特定职业锚带来的机遇与挑战。

除了施恩不断地进行后续研究,还有很多学者也对职业锚理论感兴趣。如Feldman & Bolino (1996)提出职业锚可分为基于才能的职业锚、基于需要的职业锚和基于价值的职业锚三种,并阐明了多重职业锚假设和职业锚类型的八边形模型。Danziger & Valency(2006)研究了异质人群的职业锚类型与职业锚、工作环境、工作满意度之间的关系。Wils et al. (2010)证明了职业锚之间的关系并提出了理解它们的基本结构。Abessolo et al. (2017)利用结构价值模型,研究了基本价值观、职业倾向和职业锚之间的关系。此外,一些研究侧重于现有或新开发的职业锚量表的验证等(Danziger et al., 2008; Wils et al., 2010)。

三、相关评估技术与测量工具

2004年,施恩在《职业锚:发现你的真正价值》中提出了两种测评职业锚的工具——职业定位问卷与职业锚访谈。

(一) 职业定位问卷

职业定位问卷作为探究个人职业锚的经典辅助工具,目前已被广泛应用于个人和企业组织制定职业决策。问卷具体内容如下:

1. 测评目的

帮助个人找到目前期望的、适合的职业定位。注意:该测评要求被测者具备一定的工作经验,至少在工作1—3年之后,本测试才有指导意义。

2. 测评说明

表23.1是40个与职业相关的陈述,请根据个人实际情况从"1—6"中选一个数字,为每道题目赋分,将分值写在对应题目前的赋分栏里。选"1"代表"你完全不会这么想";选"2"代表"你偶尔这么想";选"3"代表"你有时这么想";选"4"代表"你经常这么想";选"5"代表"你频繁地这么想";选"6"代表"陈述完全符合你的日常想法"。请尽量真实、迅速地作答,除非十分明确,否则不建议给出"1"或"6"的分值。

3. 职业定位问卷

表23.1 职业定位问卷

赋分	题号	题目内容
( )	01	我希望做我擅长的工作,这样我的专业建议可以不断被采纳
( )	02	当我整合并管理其他人的工作时,我非常有成就感
( )	03	我希望我的工作能用自己的方式、按自己的计划去开展
( )	04	对我而言,安定与稳定比自由和自主更重要
( )	05	我一直在寻找可以让我创立自己事业(公司)的创意(点子)

(续表)

赋分	题号	题目内容
( )	06	我认为只有对社会作出真正贡献的职业才是成功的职业
( )	07	在工作中,我希望去解决那些有挑战性的问题,并且获得成功
( )	08	我宁愿离开公司,也不愿从事需要个人和家庭作出一定牺牲的工作
( )	09	将我的技术和专业水平发展到一个更具竞争力的层次是成功职业的必要条件
( )	10	我希望能够管理一个大的公司(组织),且我的决策将影响许多人
( )	11	如果职业允许自由地决定自己的工作内容、计划、过程,那么我会非常满意
( )	12	如果工作的结果使我丧失了自己在组织中的安全感、稳定感,我宁愿离开这个工作岗位
( )	13	对我而言,创办自己的公司比在其他的公司中争取一个高的管理位置更有意义
( )	14	我的职业满足来自我可以用自己的才能为他人提供服务
( )	15	我认为职业的成就感来自克服自己面临的非常有挑战性的困难
( )	16	我希望我的职业能够兼顾个人、家庭和工作的需要
( )	17	对我而言,在我喜欢的专业领域做资深专家比做总经理更有吸引力
( )	18	只有在成为公司的总经理后,我认为自己职业人生才是成功的
( )	19	成功的职业应该允许我有完全的自主与自由
( )	20	我愿意在能给我安全感、稳定感的公司中工作
( )	21	当通过自己的努力或想法完成工作时,我的工作成就感最强
( )	22	对我而言,利用自己的才能使这个世界变得更适合生活或居住,比争取一个高的管理职位更重要
( )	23	当我解决了看上去不可能解决的问题,或者在看似必输无疑的竞赛中胜出时,我会非常有成就感
( )	24	我认为只有很好地平衡个人、家庭、职业三者的关系,生活才算是成功的
( )	25	我宁愿离开公司,也不愿频繁接受那些不属于我专业领域的工作
( )	26	对我而言,做一个全面管理者比在我喜欢的专业领域做资深专家更有吸引力
( )	27	对我而言,用我自己的方式不受约束地完成工作,比安全、稳定更加重要
( )	28	只有当我的收入和工作有保障时,我才会对工作感到满意
( )	29	在我的职业生涯中,如果我能成功地创造(或实现)完全属于自己的产品(或创意),我就会感到非常成功

(续表)

赋分	题号	题目内容
( )	30	我希望从事对人类和社会真正有贡献的工作
( )	31	我希望工作中有很多的机会,可以不断提升我解决问题的能力(或竞争力)
( )	32	能很好地平衡个人生活与工作,比获得一个高的管理职位更重要
( )	33	如果在工作中能经常用到我特有的技巧和才能,我就会感到特别满足
( )	34	我宁愿离开公司,也不愿意离开纯管理型的工作岗位
( )	35	我宁愿离开公司,也不愿意接受限制我自由和自主控制权的工作
( )	36	我希望有一份让我有安全感和稳定感的工作
( )	37	我梦想着创建属于自己的事业
( )	38	如果工作无法让我我为他人提供帮助或服务,那么我宁愿离开公司
( )	39	解决那些几乎无法解决的难题,比获得一个高的管理职位更有意义
( )	40	我一直在寻找一份能最小化个人和家庭之间冲突的工作

4. 计算方法

(1)附加分:从给分较高的题项里挑出最符合你日常想法的三道题目,额外给这些题目各加4分(如某题原分值为5,现分值为9)。

(2)求总分:把每题分数对应记录于表23.2中,计算各列总分。

(3)求平均分:各列总分除以5得到平均分。平均分反映了自我评价的结果,最高平均分所在列代表最符合"真实自我"的职业锚。

表23.2 计分表

职业锚类型	TF 技术/ 职能型 题号 (分值)	GM 管理型 题号 (分值)	AU 自主/ 独立型 题号 (分值)	SE 安全/ 稳定型 题号 (分值)	EC 创造/ 创业型 题号 (分值)	SV 服务/ 奉献型 题号 (分值)	CH 挑战型 题号 (分值)	LS 生活型 题号 (分值)
	01( )	02( )	03( )	04( )	05( )	06( )	07( )	08( )
	09( )	10( )	11( )	12( )	13( )	14( )	15( )	16( )
	17( )	18( )	19( )	20( )	21( )	22( )	23( )	24( )
	25( )	26( )	27( )	28( )	29( )	30( )	31( )	32( )
	33( )	34( )	35( )	36( )	37( )	38( )	39( )	40( )
列总分								
平均分								

(二) 职业锚访谈

访谈目的是帮助受访者重新思考过去的职业选择,探寻这些选择的内在原因,找出指导、制约职业选择的因素。

此部分由受访者、访谈者按表 23.3 中的提纲共同完成,应逐一记录回答。

表 23.3　访谈提纲

问题描述:

1. 教育(重点探讨大学和研究生阶段)
我们从教育经历开始谈起,在学校时你最关注的是什么?
你为什么选择这些学习领域?
对于已经选择的这些领域,你现在感觉如何?

2. 第一份工作
毕业后,你第一份真正意义上的工作是什么?如果你没有开始工作,在毕业后的生活中,对你最重要的一件事情是什么?
你想在第一份工作或重要的事件中寻找什么?你为什么作出这样的选择?

3. 目标
在开始自己的职业生涯时,你的抱负或长期目标是什么?
第一份工作对你实现职业目标的意义是什么?

4. 下一份工作或重要生活事件
在工作中,你第一次较大的变动是什么?
这次变动是如何出现的?谁发起了这次变动?变动的导因是什么?
你如何看待这次变动?它与你的职业目标有什么关系?
继续思考并分析工作、组织、职业或生活的其他重大变动,把这些变动列出来,分析这些变动的原因及导致的后果

5. 回顾迄今为止的职业和生活,有没有发现重要的转折点?当时的变化有什么不同寻常的地方?请描述每一个这样的转折时期
这个转折点是什么?这个转折点是如何出现的?
你如何看待这次转折?它与你的职业目标有什么关系?

6. 回顾迄今为止的职业和生活,你能否描绘一些你感到非常快乐的时期?
在这些时期,什么让你感到非常快乐?

7. 有没有让你感到特别不开心的时期?
在这些时期,什么让你感觉不开心?

8. 你曾经拒绝过一份工作或一次晋升吗?如果是,请描述一下
你为什么拒绝?
当你展望职业发展时,你有什么特别想回避的事情吗?是否有令你担心的事情?
这些事情为什么让你想回避或担心?

(续表)

9. 自开始工作后,你改变过长期目标吗?何时改变的?为什么?
现在你如何描述你的长期目标?
10. 当展望职业发展时,有什么事情是让你非常期待的?
为什么你会期待这些事情?
你认为下一份工作会做什么?
你的再下一份工作将是什么?
继续询问接下来的工作,直到找到受访者最终喜欢的工作。
11. 在接下来的十年,你认为在你职业发展的过程中会发生什么事情?
你为什么会这样想?
12. 你如何向别人介绍你的职业?
你真正擅长什么?
除了职业,你最想要的是什么?
在工作中,你最想体现自身哪方面的价值?
关于你自己,你还有其他想描述的吗?
13. 当你重新考虑以上这些答案时,你是否在其中发现一些相似的脉络?
在你明确的这些脉络中,有哪些不一致、矛盾或冲突的地方?
哪一些假设的场景能解决这些矛盾或冲突?

访谈结束后,结合职业锚类型的描述,访谈者帮助受访者确定职业锚类型。

(三) 确定职业锚

施恩认为以上两种方案各有优缺点,结合使用能较完善地确定个人的职业锚型。步骤如下:

(1) 完成访谈后,对职业锚进行排序。"等级1"代表最符合你的职业锚型,"等级8"代表最不符合。与访谈者讨论达成一致,完成表23.4。

(2) 填完问卷后,根据得分将八种职业锚型排序,完成表23.4。

(3) 查看两次排序的相似度,若有两个以上等级不一致,则:
- 回顾问卷里的选择,所选答案是否准确反映了你的情况?
- 回顾访谈中的回答是否准确?
- 与访谈者讨论,确定最终职业锚排序,填入表23.4。

表 23.4　职业锚等级顺序

职业锚等级顺序（以访谈为基础）		职业锚等级顺序（以问卷为基础）		最终职业锚等级顺序	
级别	职业锚类型	级别	职业锚类型	级别	职业锚类型
等级 1		等级 1		等级 1	
等级 2		等级 2		等级 2	
等级 3		等级 3		等级 3	
等级 4		等级 4		等级 4	
等级 5		等级 5		等级 5	
等级 6		等级 6		等级 6	
等级 7		等级 7		等级 7	
等级 8		等级 8		等级 8	

四、理论的应用价值

(一) 理论层面

自职业锚理论问世后,相当多的书籍等都曾提及这一主题,在理论层面创造了巨大的研究价值。这些研究可分为三类:研究特定人群的职业锚、研究职业锚与工作成果的关系、职业锚理论的发展。

1. 研究特定人群的职业锚

这类研究试图深入了解群体成员的动机,探究职业锚理论能在多大程度上描述群体成员。如 Albertini(1982)发现管理者通常将管理能力作为职业锚,为他人服务也是部分管理者的职业锚类型;DeLong(1984)研究了职业教育者的职业锚等。从 20 世纪 90 年代开始,了解新兴信息系统领域的职业锚概况成为研究重点(Chang et al., 2012)。21 世纪以来,研究重点转为探究职业锚与人口统计学特征(如国籍、性别等)之间的关系,被研究的群体包括亚洲的会展行业人士(Weber & Ladkin,2011)、南非的女性学者(Riordan & Louw-Potgieter,2011)和伊朗的软件工程师(Alavi et al., 2012)等。

2. 研究职业锚与工作成果的关系

这类研究主要围绕施恩提出的"职业锚会影响工作成果"的观点展开,大多是考察职业锚与具体工作成果及其他职业相关概念间关系的实证研究。如 Kim & Cha(2000)、Danziger & Valency(2006)、Sukal & Lopez(2007)探究了职业锚与工作满意度的关系;Igbaria & Baroudi(1993)、Igbaria et al. (1999)、Weber & Ladkin(2011)探究了职业锚与职业认同的关系;Herrbach & Mignonac(2012)探究了职业锚与性别歧视、女性主观职业成功的关系。

3. 职业锚理论的发展

这类研究试图发展和完善职业锚理论,而非用该理论解释一个群体的行为或另一个理论框架。例如,Feldman & Bolino(1996)对职业锚理论的后续发展作出了贡献。他们重新定义了职业锚的性质,详细阐述了其修正的职业锚理论的 15 个命题。后续学界对这两位学者理论命题的研究成为了一个新的研究重点。

(二)实践层面

除了应用于学术研究,职业锚理论也被广泛应用于企业内部,成为很多企业帮助员工进行职业决策、规划职业生涯的必选工具。图 23.3 是发生在中国民营企业巨头华为的一个真实案例。

转发心声社区帖子:《寻找加西亚》

加西亚,你回来吧!孔令贤,我们期待你!2014年孔令贤被破格提拔3级后,你有了令人窒息的压力,带着诚意离开了华为,周公恐惧流言日,更何况我们不是周公。是公司错了,不是你的问题。回来吧,我们的英雄。

我们要形成一个英雄辈出的机制,英雄辈出的动力,英雄辈出的文化。要紧紧揪住英雄的贡献,盯住他的优点,而不是纠结英雄的缺点。回来吧,加西亚,是公司对不起你。

报送:董事会成员、监事会成员
主送:全体员工,全公开

二〇一七年九月六日

图 23.3　转发心声社区的帖子①

孔令贤,知识青年、技术控、华为进入 OpenStack 社区第一人、OpenStack 核心成员。他在个人技术博客上发表专题博文一百余篇,成功带领一支思想开放、融入开源社区并将开源和商业成果相结合的精兵团队,支撑华为成为 OpenStack 金牌会员,所带团队中 8 名成员被评为 OpenStack 社区核心成员。因贡献卓越,2014 年他被公司从技术 14 级破格提拔到技术 17 级。这样的人才本应在华为大展宏图,但他却于 2015 年年底选择离开。

心声社区文章发出后,孔令贤在微博上做了回应:"加西亚已收到,没有谁对不住谁,华为是民族企业的骄傲,提起华为我依然自豪,希望以后还能有合作的机会。"

2017 年 9 月 6 日,华为公司带头人任正非承认公司错误,诚邀孔令贤回归,

---

① 注:《把信送给加西亚》是一本外国小说,大意是 19 世纪美西战争中,美方有一封具有战略意义的书信,急需送到古巴盟军将领加西亚手中,可加西亚正在丛林作战,没人知道他在什么地方,此时年轻中尉罗文挺身而出,不讲任何条件,历尽艰险,最终成功把信送达。

发表电子邮件(见图23.4):

总 裁 办 电 子 邮 件

电邮其他【2017】090号　　　　签发人:任正非

我们要紧紧揪住优秀人物的贡献,紧紧盯住他的优点,学习他的榜样。这要成为一种文化,这就是哲学

按语:为什么优秀人物在华为成长那么困难,破格三级的人为什么还要离开。我们要依靠什么人来创造价值,为什么会有人容不得英雄。华为还是昨天的华为吗?胜则举杯相庆,败则拼死相救,现在还有吗?有些西方公司也曾有过灿烂的过去。华为的文化难道不应回到初心吗?三级团队正在学习"不要借冲刺搞低质量"、"满广志、向坤山都是我们时代的英雄",不是导向保守主义,而是让一些真正的英雄的血性偾张,脚踏实地,英勇奋斗,理论联系实际,让这些人英勇地走上领导岗位。为什么不能破格让他们走上主官,为什么不能破格让他们担任高级专家与职员?为什么不能按他们的实际贡献定职、定级?遍地英雄下夕烟,应在100多个代表处形成一种正气,形不成正气的主官要考虑他的去留。

图23.4　总裁办电子邮件①

　　任正非此举表明了他求贤若渴的态度,也用实际行动证明华为是尊重人才和唯才是举的平台。深究这一事件,原本干得好好的业务骨干,一经提拔却跳槽了——这是个人职业定位与实际工作不匹配的真实案例。孔令贤通过经历的叠加和经验的积累日益明晰了自己的想做与不想做、擅长与不擅长、在乎与不在乎。他内在的真正职业诉求是技术能力的提升、工作与生活的平衡,而不是升官发财。如果他的直接上级能了解到这一点,并针对他的职业锚类型合理地规划并引导其职业发展道路,而不只是简单地提拔三级,或许孔令贤也不会成为"出走的加西亚"。

　　所以,对于员工的职业发展,管理者除了提升晋升机会、给予物质奖励等,更多功夫应花在了解及满足员工内在职业诉求上,既要学会提供资源,辅助员工探求其职业锚以加深自我了解,也要借助职业锚帮助员工进行职业决策、规划未来发展路径,有针对性地对其塑造培养。只有建立畅通有效的沟通渠道,对不同锚型的员工采取相应的培养方式,才能避免更多的"加西亚"出走!

---

① 参考资料:http://www.sohu.com/a/190451340_165191。

五、经典文献推荐

Maanen, J. V. , Schein, E. H. (2013). Career anchors: the changing nature of work and careers, participant workbook (4th ed.). San Francisco, CA: Pfeiffer.

Schein, E. H. (1978). Career dynamics: matching individual and organizational needs. Reading, MA: Addison-Wesley Publishing.

Schein, E. H. (1990). Career anchors: discovering your real values. San Francisco, CA: Jossey-Bass/Pfeiffer.

Schein, E. H. (2006). Career anchors: participant workbook (3rd ed.). San Francisco, CA: Pfeiffer.

Schein, E. H. (2007). Career anchors revisited: implications for career development in the 21st century. NHRD Network Journal, 1(4), 27–33.

第二十三章参考文献

第二十四章

职业动机理论[1]

关晓宇　周莎莎*

一、代表人物与时代背景

(一) 代表人物

曼努埃尔·伦敦(Manuel London,1949—)是美国纽约州立大学石溪分校商学院院长和人力资源管理中心主任。他在1974—1977年任教于美国伊利诺伊大学香槟分校,1989年至今任教于美国纽约州立大学石溪分校。伦敦的主要授课领域包括员工学习和职业开发、组织变革与发展以及人力资源管理基础等。他最具影响力的六个学术研究领域包括:① 职业动机,变化组织中职业弹性、洞察力和认同感的开发与职业生涯发展;② 反馈过程,360度反馈问卷的开发、操作实施,绩效管理与反馈;③ 领导力开发,识别和发展领导才能;④ 团队学习,适应力、生成性和变革性学习;⑤ 网络环境下的培训;⑥ 社会创业,

曼努埃尔·伦敦

企业社会责任,服务学习和社会企业。伦敦的职业动机理论是现有的极少数有关职业动机的理论之一(李霞等,2008)。

此外,伦敦还是美国电话电报公司(American Telephone & Telegraph, AT&T)人力资源管理部门的高级研究人员和地区经理。他是目前流行的360度反馈绩效实践的先驱。作为一名人力资源管理从业者和顾问,他致力于有关绩效管理、绩效反馈、边际绩效管理等领域的研究项目和著作出版。他的著作《变革推动者:人力资源专业人员的新角色和创新战略》(*Change agents: New Roles*

---

[1] 本课题得到国家自然科学基金青年项目(71802023)的资助。

* 关晓宇,北京师范大学政府管理学院助理教授,博士,主要研究领域为组织行为学与人力资源管理,电子邮箱:guanxy@bnu.edu.cn;周莎莎,北京师范大学政府管理学院2017级人力资源管理专业本科生,电子邮箱:zhshsha@163.com。

and Innovation Strategies for Human Resource Professionals)曾获得人力资源管理学会(Society of Human Resources Management)颁发的图书奖。

(二) 时代背景

职业动机的概念最初由伦敦 1983 年在《美国管理评论》中提出。在此之前,有关职业动机的研究主要包括工作动机和管理动机两大类。其中,工作动机是指从事当前工作的动力,管理动机是指从事并满足管理角色要求的愿望。然而,伦敦认为这些概念在范围上是有限的,它们不能反映许多与职业有关的个体特征、决策和行为。职业动机一词包含工作动机和管理动机,并进一步囊括了与广泛的职业决策和行为相关的动机,包括寻找和接受一份工作、决定留在组织内、改变职业规划、寻求培训和新的工作体验,以及设置和试图完成职业目标等。职业动机被定义为反映职业认同、对影响职业的因素的洞察以及面对不利职业环境时的弹性的一系列个体特征以及相关职业决策和行为。职业动机反映了个体特征、职业决策和行为以及情境条件之间的关系。许多学者提出需要建立理论模型,将这些变量随着时间的推移而联系起来(Brousseau,1983；Dubin,1976；Raynor,1978)。为响应这些研究需要,伦敦提出了一个综合、整体性的职业动机理论框架,用于理解与心理和组织职业生涯相关的变量和过程。

二、理论的核心内容

(一) 核心内容

伦敦的职业动机模型最初是在回答一个研究问题的过程中开发出来的,即是什么激励了管理者(what motivates managers)？20 世纪 80 年代的研究表明,年轻管理者没有上一代人那么有动力担任领导职位(Howard & Bray, 1981)。职业动机模型解释了构成职业动机的个体差异是如何与行为相关并受到情境条件的影响。伦敦的职业动机模型中的主要变量和关系如图 24.1 所示。

在职业动机理论模型中,职业动机被概念化为个体内部的一个多维结构,受情境的影响,并反映在个体的决策和行为中。该模型由三个部分构成:个体特征、情境特征、职业决策和行为。其中,个体特征是指与个体职业潜在相关的需要、兴趣和人格变量,体现在职业弹性、职业洞察力和职业认同三个方面。具体而言,职业弹性是适应环境变化的能力。它是由自我信念、成就需要和冒险意愿等变量组成。职业洞察力是对自我和自身的职业持现实态度并将这些知觉用于

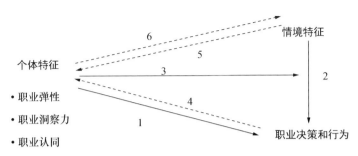

图 24.1　职业动机理论的主要变量和关系

确立目标的能力,包括建立清晰的职业目标、了解自己的优缺点。职业认同是个体通过工作来定义自己的程度,包括工作、组织和专业介入,以及对晋升、认可和领导角色的需求。在职业动机的三个方面中,职业认同是动机的方向,职业洞察力与激发或唤醒动机相关,职业弹性与维持或坚持动机相关(Noe et al.,1990)。此外,个体工作环境的情景特征可能对职业动机很重要,包括人事政策和程序、领导风格、工作设计、群体凝聚力、职业开发项目和薪酬系统等。职业决策和行为包括产生备选行动方案、搜寻关于职业决策和行为的信息、评价信息、设定职业目标、作出决策,以及执行决策。设定职业目标和作出职业决策的过程是认知性的,但表现为可观察的行动。

职业动机模型包含两个主要的过程:前瞻理性过程和反省理性过程,它们为解释与职业动机相关的个体、情境和行为变量之间的关系提供了基础。其中,前瞻理性过程是指个体的职业决策和行为受到自认为将来会发生的事情的影响的过程。前瞻理性假设是指组织、工作和个体的客观差异导致职业决策和行为发生变化,情境的性质、与职业动机相关的个体特征会影响职业决策和行为。反省理性假设则认为社会学习和信息加工会影响个体特征。人们花在行为和决策后果上的时间要比花在思考未来的行为和信念上的时间多得多(Salancik & Pfeffer,1978)。不同个体特征的重要性会随着情境中相应要素的显著性以及个体的决策和行为而改变。图 24.1 中连线 1、2 和 3 描述了前瞻理性过程(用实线表示),连线 4、5 和 6 描述了反省理性过程(用虚线表示)。

职业动机模型 1 存在六种假设关系:

假设 1:与职业动机相关的个体特征越稳定、越能融入个体自我概念,那么个体特征对职业决策和行为的直接影响就越大。当决策和行为符合个体典型的决策和行为模式时,这种关系则更加显著。

假设 2:情境特征对决策和行为可能选择的限制或控制越大、对社会接受程度的定义越严、合理性的评价标准越依赖他人,那么情境特征对个体的职业决策和行为的影响越大。

假设3：个体特征和情境特征之间越匹配，那么职业决策和行为越有效。

假设4：职业决策和行为产生的结果越积极或越消极、结果持续的时间越长，那么过去的决策和行为对与职业动机有关的个体特征影响越大。

假设5：情境特征越积极或越消极、越是最近出现的、越能控制职业决策和行为，那么其对与职业动机有关的个体特征产生的影响越大。

假设6：情境起初越模糊、越不确定、和认知越不一致，那么与职业动机有关的个体特征越会影响个体对情境的知觉。

在这些假设中，假设1代表了个体特征对决策和行为的直接影响，即个体以某种几乎与情境无关的方式行为。例如，具有冒险倾向的个体会导致其选择价值更高、发生概率更低的职业备选方案。假设2代表了情境对职业决策和行为的直接影响，在此情况下，情境限制或以其他方式决定个体行动。例如，组织可能要求一名新的经理参加一系列的培训项目。假设3代表了交互作用可能发生在个体特征和情境特征之间，共同影响职业决策和行为。个体与情境之间的一致性或匹配性可能会影响职业决策和行为的发生及其对个体和组织的潜在价值。假设4代表了过去的决策和行为如何影响个体特征。一个人的行为和自我概念之间保持一致性是这种影响的前提。例如，只要职业规划有可能被实施，那么制订职业规划就有可能增强职业认同。假设5代表了当前情境如何影响个体特征。例如，接受积极的绩效反馈会导致更高的自尊和更强的内控性，特别是当任务是个体能够控制结果的时候。假设6代表了解释情境的过程。例如，当上级没有提供另一个理由时，自尊心强的人可能会把低于预期的加薪归因于外部因素，比如经济环境；自尊心弱的人可能会把低于预期的加薪归因于自己的表现。然而，如果上级给出了加薪的原因，那么归因可能不会受到个体自尊的影响。

综上所述，职业动机理论为研究和理解职业动机提供了一个综合性框架，也为生成关于模型各组成部分的更具体的假设提供了理论依据。随着时间的推移，可以观察到变量的变化及其影响。值得注意的是，上述提出的假设之间的关系并不是彼此孤立的，也不是按固定的顺序出现的。

（二）理论进展

伦敦在提出职业动机理论后，通过不断的研究与验证对理论进行补充与拓展。基于伦敦的职业动机理论，London & Mone(1987)定义了四种不同的职业发展模式，包括：① 在职业早期拥有强大职业适应力的人能够利用自身信息和环境特征建立有意义的、长期的职业认同；② 遇到障碍的人会重新进行自我定位；

③经历失败和困境的人有能力采取行动来重建信心;④陷入自我怀疑的人最终会取得小的成功,并建立新的、现实的目标。职业弹性是随着个体的成长,由环境中的突发事件发展而来的。员工的职业弹性应该在成年的早期得到很好的发展,尽管它可能会在很长一段时间内存在波动。职业洞察力和职业认同通过信息加工而不断发展,因此而更容易受到职业发展过程的影响。随着时间的推移,职业弹性有助于发展准确的职业洞察力,而职业洞察力反过来也有助于发展对个体来说既现实、又有意义的职业认同。个体的职业弹性、职业洞察力和职业认同共同形成了描述个体职业动机的模式。

London & Neo(1997)进一步提出影响职业动机的具体情境因素。影响职业弹性的情境因素包括正强化和建设性的绩效反馈、鼓励自主性、组织变革、个体控制和判断的机会、展示成就的机会、对创新的支持、对质量的要求以及对学习和发展技能的要求;影响职业洞察力的情境因素包括目标设定结构、路径目标结构、组织灵活性、改变的机会和组织过程的可见性(例如,评价和人事决策的方法是明确的、可观察的和真实的);影响职业认同的情境因素包括对职业精神的鼓励、推动组织承诺、晋升机会、获得认可的潜力、领导机会和获得金钱收益的潜力。

此外,其他学者也对伦敦的职业动机理论的发展作出了贡献,以便更全面地理解职业动机模型中职业弹性、职业洞察力和职业认同是如何演变、相互影响、受情境条件影响以及影响职业结果的。例如,一项关于管理职业的纵向研究发现,与职业动机相关的个性特征随着年龄的增长而改变,部分原因是职业经历的改变(Howard & Bray,1988),特别是管理者的工作投入、对未来的乐观程度、工作满意度和对管理模式的认同程度等变量随着时间的推移而下降。在职业生涯中后期,组织层次较高的管理者比组织层次较低的管理者更少地以家庭和社区为导向,而更多地投入工作、关心自我发展。

三、测量工具与实证研究

(一)测量工具

对于职业动机中职业弹性、职业洞察力和职业认同的评估与测量,主要有评价中心和纸笔测试工具两种方式。

1. 职业动机评价中心

London & Bray(1984)建立了评价中心来研究职业动机。考察方式包括个人背景访谈(时长2小时)、智力测量(定量测试和口头能力测试)和心理学测验

(投射、人格指数和兴趣量表)、角色扮演等。其中一项持续 30 分钟的情境实验给了参与者三种假设的工作选择：银行分行经理助理、银行开发部员工或消费品公司的产品经理助理。参与者有机会向顾问咨询备选方案。另一项测验给了参与者六个描述生活和职业决策的案例。对于每种情况，参与者都会被问到他/她会给案例中的角色什么建议。一项关于职业和生活期望的测量要求参与者描述自己的未来，概述理想的工作日常，并指出在生活中想要什么。一项职业投射测试向参与者展示了六张与职业相关主题的图片。所有测试分数和回答问题的书面报告都由一组评估人员（几名临床心理学家、工业组织心理学家和管理者）在一次整合会议上进行审查。在听取了特定参与者的报告和测试结果后，每位评估人员使用 5 分制对参与者的职业动机维度进行评分。评估人员会对有分歧的维度进行讨论，并努力达成共识，所有评估人员的评分将在最终达成一致。

2. 纸笔测试工具

职业动机评价中心提供了大量关于参与者的信息，一些公司和培训机构为管理发展建立了"洞察力"评价中心。然而，评价中心所需的费用和时间限制了研究和实践的可行性。为了避免这些问题，研究者开发了不同版本的有关职业动机的纸笔测试工具。

伦敦在 1993 年编制了 17 个题项的职业动机量表，侧重于测量个体对职业的感受和态度。其中，测量职业弹性的题项包括适应环境变化的能力、冒险意愿、适应工作和组织变化的能力、处理任何工作问题的能力以及与不同的人一起工作的意愿；测量职业洞察力的题项包括有清晰的职业目标、有现实的职业目标、了解自己的优点、了解自己的缺点、认识到什么是自己能做好的以及什么是自己不能做好的；测量职业认同的题项包括对工作的卷入感、为组织工作的自豪感、相信自己的成功取决于雇主的成功、对雇主忠诚以及将自己视为专业人士或技术专家。每个题项以 5 分制评分，从 1 分（低）到 5 分（高）不等。来自 183 名员工及其主管的评分表现出较高的项目间信度，α 值为 0.80—0.88(London, 1993)。

Noe et al. (1990) 开发了有关职业弹性、职业洞察力和职业认同的 27 项量表，主要针对职业行为。测量职业弹性的题项包括：你是否向他人提出过建议，即使他们可能不认同你的建议；你是否与不同部门的人建立并保持友谊；你是否设计了更好的工作方法；你是否设计了不用等老板就能完成工作的方法；你有没有花时间尽可能完成工作任务。测量职业洞察力的题项包括：你是否有清晰明确的职业目标；你是否有实现职业目标的具体计划。测量职业认同的题项包括：

你是否参与过与你的职业目标相关的专业组织;你是否学习过与工作相关的课程;你是否把业余时间花在与工作相关的活动上;你是否问过你的同事对你工作的评价。

此外,其他学者也开发了职业动机量表。Blau(1985,1989)的7项职业承诺量表包含与测量职业认同类似的项目,1分表示"完全不同意",5分表示"完全同意",比如"我明确想要在——职业中找到一份工作"和"如果我能从头再来,我不会选择在——职业中工作"(反向记分)。Carson & Bedeian(1994)进一步延伸了这一观点,将职业承诺概念化为多维职业动机的另一个术语。为此,他们开发了一个包含12个题项的职业承诺工具,用来测量职业弹性、职业认同和职业规划(与伦敦的职业洞察力概念相对应)。其中职业认同通过以下项目测量:我的工作/职业是我生活的重要组成部分;这个工作/职业对我个人有很大的意义;我对这个工作/职业领域没有情感依恋;我非常认同我所选择的工作/职业。职业规划通过以下项目测量:我没有实现我在这个工作/职业领域的目标的策略;我已经为我在这个工作/职业领域的发展拟订了一个计划;我没有确定我在这个工作/职业发展的具体目标;我不经常考虑我在这个工作/职业领域的个体发展。职业弹性通过以下项目测量:与我的工作/职业相关的成本有时似乎太高;鉴于我在这个工作/职业领域所遇到的问题,有时我想知道我是否从中得到了足够的帮助;考虑到工作/职业的问题,我有时不知道个人付出是否值得。为了确定三组职业动机测量之间的关系,伦敦使用三种不同的工具对336名成年人进行了随机抽样,结果表明所有量表的信度都足够高,α值为0.69—0.87。

总结这一部分的测量,职业动机最初由一个研究评价中心进行评估。这提供了丰富的数据来源,但其费用和时间消耗表明:需要更容易且可靠和有效的测量职业动机域的方法。三种纸笔测试工具以不同的方式捕捉职业动机域。伦敦的测量侧重于态度,而其他测量则侧重于行为。Carson和Bedeian的职业弹性量表侧重于努力工作的感知价值,而职业认同和职业规划(洞察力)量表则测重于态度和行为。因此,这些工具是不可互换的,后续的研究应该根据具体情况加以运用。

(二) 实证研究

1. 国外相关研究

国外相关研究在London(1983)提出职业动机理论的三个维度后迅速发展,主要针对职业动机或职业动机模型中的部分领域。

（1）职业动机的前因变量。Neo et al.（1990）在对116名从事医疗保健、金融服务和计算机相关行业的员工以及157名夜校学生的职业动机相关性的研究中发现，对工作和职业的重视、动机性工作特征的存在感知与职业动机的三个方面都显著相关；同时，工作角色显著性和工作特征与职业动机的关系最强。Shin et al.（2018）以韩国和印度尼西亚两国的中学生群体为研究对象，考察中学生群体选择STEM（science, technology, engineering, mathematics）领域作为职业的动机，发现职业动机受到教育经验（在校期间对STEM课程的接受程度）、环境因素（父母支持）、个体特征（专业与职业自我效能感、个体兴趣、职业价值观等）的影响。Győrffy et al.（2016）以医学生为研究对象，探究医学生的职业动机，其中最显著的职业选择动机是利他动机（帮助他人），其次是外在动机（取得学位、找到工作），且女性医学生的利他动机更强。Malik et al.（2018）探究了马来西亚大学学生的职业选择动机，将影响因素分为外在特征（工作报酬等）、内在特征（个体职业满意度、效能感、兴趣）和人际特征（父母支持），结果显示外在特征和人际特征对学生的职业选择动机有显著影响。Sinniah et al.（2018）认为，工作环境也对职业动机有重要影响，具体包括薪酬、组织支持性文化、工作环境设施等，这一点对应了职业动机理论中的情境变量。其研究还发现在伦敦职业动机理论的个性特征方面，职业动机不受年龄的影响，年长员工表现出与年轻员工相同的职业动机（London, 1993b）；然而，Howard & Bray（1988）的纵向追踪发现与职业动机相关的个性特征随年龄增长而变化，原因可能是职业经历的改变。

（2）职业动机的结果变量。在London（1983）的职业动机理论中，个体特征被分为三个领域，即职业认同、职业洞察力和职业弹性或适应力。针对职业适应力，Farmer et al.（1995）对女性的研究发现，在学校早期获得有关科学领域的信息与女性10年期间在技术职业领域的坚持呈正相关。对于职业洞察力而言，Bedeian et al.（1991）的研究指出，职业承诺和知道职业成长机会是可获得的对预测离职意向很重要，对于职业承诺高的人来说，期望成长机会越多，离职意愿越低，对于职业承诺低的人则反之；Maurer & Tarulli（1994）发现，职业洞察力与过去参与的发展活动和当前对发展活动的兴趣有关。对于员工职业发展的其他方面，一项对113名被评估者的10年纵向跟踪研究（Jones & Whitmore, 1995）发现，与工作技能和知识相比，由评估者评分测量的职业动机与参与发展活动和职业晋升的关系更为密切。

2. 国内相关研究

国内对伦敦职业动机理论的研究起步较晚，以李霞等（2008）对该理论的研究综述为标志，对伦敦职业动机理论的研究在国内逐渐成为热点，针对不同的群体,主要集中于对职业动机理论前因变量的研究。张伟等(2012)以残疾人为研究对象,探究自我效能感与职业动机的关系,发现自我效能感与职业动机存在显著的正相关关系,高自我效能感可以提高残疾人的职业自信心,帮助残疾人更好地进行职业选择。丁雪红(1999)编制了大学生的职业动机的因素结构量表,认为影响大学生职业动机的内在因素包括能力、自主性、兴趣爱好和职业投入度,外在因素包括报酬、竞争、评价和从众倾向。杨广柱和孙广荣(2009)在对高校学生职业选择的研究中指出,高校的学科教育水平及学生自身的学习情况会影响学生对与学科相关职业的看法,从而影响学生未来的职业选择。于康平(2013)以师范生为研究对象,认为影响师范生职业动机的因素包括现实利益(稳定、社会地位、工资待遇等)、性别、他人(如家长)的影响与建议、个人兴趣。许丹等(2013)研究了心理咨询师培训班学员的职业动机,针对不同的学历水平群体,发现大专及以下学历学员的职业动机受社会地位与收入的影响,本科以上学历学员的职业动机则受职业利他、自我与人际因素的影响。龚健虎(2014)也指出,在知识型员工群体中,职业自我效能感是影响职业动机的重要因素。李云和李锡元(2015)在对中层管理者职业成长的研究中,总结了职业动机的影响因素,包括社会(经济形势、社会职业导向)、家庭(家庭经济状况、父母所在地)和个体(职业价值观、技能和能力、个性特征)。

同时,伦敦的职业动机理论被广泛地应用到实践中,以考察职业动机对工作和职业结果的影响。已有研究发现,职业动机对缓解职业生涯中期的倦怠具有重要的作用(秦小妹,2008)。从职业认同的角度,苑敏(2014)在对248名多企业、多职业类型的员工的研究中发现,职业抱负与员工对无边界职业生涯的态度正相关,拥有职业抱负的员工普遍具有无边界职业生涯态度,而且取决于他们的自我效能感;陈文春等(2018)在对基层公务员的研究中发现,职业认同对基层公务员的工作投入存在显著正向影响。

四、理论的应用价值

自伦敦的职业动机理论提出以来,国内外学者对理论的应用价值进行了挖掘,以更好地指导组织与管理开发实践。

在职业动机与组织战略方面,London(1988)在研究中提出,组织在不同的环境中采取不同的人力资源管理战略时要注重调节员工的职业动机。企业在成长、起步、转向、兼并和收购、衰退等不同阶段会制定不同的人力资源管理战略,从而进一步地对员工的职业动机产生影响。例如,在衰退阶段,裁员和中断业务通常会削弱职业动机。然而,可以通过公开交流、讨论可供选择的职业机会、咨询、员工参与组织的重新设计和寻找新方向来帮助员工调整职业动机。高职业动机的员工在高支持的环境中能迅速适应组织发展的需要,重新定位自己的角色,掌握组织对未来员工能力素质的要求;在低支持的环境中能充分调动自己的职业洞察力,对组织的发展现状进行考量,决定留下还是离开(李霞等,2008)。

职业动机理论被广泛地应用在管理开发中,已有研究表明,职业动机对员工职业潜力的开发具有重要的作用。例如,职业动机理论提出,职业弹性和职业洞察力会影响职业承诺和绩效,得到与自我观点一致的积极反馈的人可能会被激发去保持或提高绩效,以确保他人对自己保持积极的感知(Roney & Sorrentino,1995)。职业动机与职业生涯发展息息相关,因此管理者应该建立和实施职业发展计划,在雇用员工时帮助员工设立职业目标,促进员工激发职业动机(Bolton,2010)。在实践中,自我评价工具、评价中心、绩效考核反馈、360度反馈调查等都是有效提高员工职业动机的方法。

五、经典文献推荐

London, M. (1983). Toward a theory of career motivation. Academy of Management Review, 8(4), 620–630.

London, M. (1993). Relationships between career motivation, empowerment and support for career development. Journal of Occupational and Organizational Psychology, 66(1), 55–69.

London, M., & Noe, R. A. (1997). London's career motivation theory: an update on measurement and research. Journal of Career Assessment, 5(1), 61–80.

Noe, R. A., Noe, A. W. & Bachhuber, J. A. (1990). Correlates of career motivation. Journal of Vocational Behavior, 37, 340–356.

Carson, K. D., & Bedeian, A. G. (1994). Career commitment: construction of a measure and examination of its psychometric properties. Journal of Vocational Behavior, 44, 237–362.

Grzeda, M. M., & Prince, J. B. (1997). Career motivation measures: a test of convergent and discriminant validity. International Journal of Human Resource Management, 8(2), 172–196.

Day, R., & Allen, T. D. (2004). The relationship between career motivation and self-efficacy with protégé career success. Journal of Vocational Behavior, 64(1), 72–91.

Hartmann, S., Weiss, M., Newman, A., & Hoegl, M. (2019). Resilience in the workplace: a multilevel review and synthesis. Applied Psychology, 1–47.

第二十四章参考文献

第二十五章

男性和女性的职业与成就动机模型①

徐 嘉*

一、代表人物与时代背景

(一) 代表人物

海伦·法梅尔(Helen Farmer, 1930—)是一位美国心理学家,伊利诺伊大学香槟分校教育心理学教授。她的著作包括《多元化与女性职业发展:从青春期到成年》(Diversity and Women's Career Development: From Adolescence to Adulthood)、《女性的新职业选择:咨询师的资料读物》(New Career Options for Women: A Counselor's Sourcebook)等。她还是伊利诺伊州性别平等人事和指导联合委员会(Illinois Personnel and Guidance Association Commission on Equity for Women and Men)的联合主席,负责拟定关于教育公平的参考书目和工作坊计划。

海伦·法梅尔

法梅尔1930年出生于加拿大渥太华,她有一个姐姐,父亲是一名园艺人,未读高中但擅长数学,母亲读了高中并获得教育本科学位。在高中时期,法梅尔决心要成为一名牧师。1952年,法梅尔在加拿大皇后大学获得了心理学学士学位。1955年,法梅尔在纽约市的联合神学院(Union Theological Seminary)获得了神学学位,其间她开始对职业女性和精神健康感兴趣,并受到西蒙娜·德·波伏娃(Simone de Beauvoir)和卡伦·霍妮(Karen Horney)的影响,前者认为女性应该经济独立,后者批判女性的心理健康取决于顺从的观点。毕业后,法梅尔和丈夫在多地的教堂做牧师。

---

① 本课题得到国家自然科学基金项目(71872023 和 71372213)的资助。
* 徐嘉,武汉大学政治与公共管理学院讲师,博士,主要研究领域为职业发展与职业健康,电子邮箱:jiaxu@whu.edu.cn。

当时有一些牧师主持了不负责任的治疗活动,有损治疗师的名声,联合神学院建议法梅尔去读心理学。36岁时,她申请哥伦比亚大学的临床心理学但被拒绝,因为临床心理学只接受30岁以下的申请者。她最终进入了心理咨询项目,项目主席舒伯认为职业咨询应专注于目标和积极的方面,和临床治疗同等重要,同样能提高生活质量。这让法梅尔相信了职业发展是个人生活的主要组成部分,这一思想影响了她的后续研究。1969年,法梅尔在哥伦比亚大学获得了咨询心理学硕士学位。1972年,她在加州大学洛杉矶分校获得了咨询心理学博士学位。1974年,法梅尔来到伊利诺伊大学香槟分校工作,直到1998年退休。退休后,法梅尔继续研究科学/非科学职业领域中男女差异的影响因素,参与撰写了《女性职业咨询手册》(*Handbook of Career Counseling for Women*)。

在法梅尔成长和职业发展的过程中,她本人的品质(坚韧和执着)、周边的人(家人、老师、同事)起到了很大的作用。父亲经常告诉她和姐姐:"你们和我雇到的男工干得一样好。"高中的英语、数学和科学老师都鼓励她只要努力,就能获得自己想要的。法梅尔的丈夫欣赏聪明的女性,一直很支持并鼓励她的学习和研究。但在很多方面,法梅尔也面临和她那个时代大多数女性一样的处境,包括性别歧视和年龄歧视,以及家庭和职业之间的冲突。法梅尔从未认为建立家庭和发展职业之间有什么冲突,但当她在联合神学院临近毕业时,她发现自己只能在村镇的教会或教会学校找到工作,大型讲经台基本不接纳女性,这是她第一次感觉"这是不对的"。法梅尔分别于1956年、1957年和1958年生育了三个孩子,待在家里的最初几年里,法梅尔变得非常沮丧。直到孩子们十多岁后,她才作为一名学生全职在加州大学洛杉矶分校学习。法梅尔发现自己与丈夫拥有同样的学位,却过着完全不同的生活。她花了一段时间才弄明白,职业规划对女性来说很重要,女性缺乏规划会导致职业道路很曲折。

法梅尔的研究以女性职业生涯发展为主。自1966年起,法梅尔认为应该从小学起就教给学生作决策和解决问题的技巧,并开始采用基于信息加工模型的认知行为方法来开展职业咨询。在1969年进行的一项研究中,法梅尔发现,如果女性相信——男性喜欢聪明的女性、女性可以获得与男性同等的薪水、女性可以很好地兼顾家庭和工作,那么她们的职业成就动机就会增强。1977年,法梅尔研究"是什么抑制了女性的职业与成就动机?为什么女性的成就(如高等教育学位、薪酬、社会地位)落后于男性?"1979年,由美国国家教育研究所资助,法梅尔针对中西部地区15所学校的9年级和12年级的中学生开展了一项纵向研究。1991年,法梅尔的后续研究得到了美国国家科学基金会的资助。在20世纪60年代,许多学者认为女性倾向于选择刻板的女性化职业,对职业成就的渴望较低是"自然的",并认为内在心理因素和生物学因素导致了女性在这些领域贡献较小。法梅尔开创性地考察了外在影响因素（即男性和女性的社会化经历）与心理因素和生物学因素的共同作用。她发现女性的职业抱负可以得到加强，有助于澄清女性职业成就低是"自然的"这一观点，其最大的贡献在于发现了"支持女性工作"（support for women working）的措施、家庭早期经历和毅力（persistence）对女性的职业动机和职业成就的重要影响。法梅尔作为女性职业咨询的先驱，致力于帮助女性厘清多重角色、激发职业潜力，使她们的生活变得真实、有意义。鉴于在这些领域的贡献，她被评为教育学院杰出高级学者（1995年）、美国心理学会咨询心理学杰出贡献者（1995年）、美国心理学会第十七分会（咨询心理学）年度女性（1999年）。

（二）时代背景

20世纪60年代，美国社会的动荡激发了女性的职业抱负，她们决心减少社会、教育和就业中的性别偏见。1972年，美国通过了对《1964年民权法案》（the 1964 Civil Rights Act）和《高等教育法案》（the Higher Education Act）的修正案，致力于解决女童和妇女在教育和就业中的不公平问题。同时，美国与苏联的冷战间接促进了女性在科学职业生涯的发展。随着《1964年民权法案》和《高等教育法》修正案的通过，学校有更多资金来帮助女童和妇女参与科学教育和科学职业。20世纪80年代后期，美国国家科学基金会（National Science Foundation）设立了支持女性研究的专项基金和教育项目，以激励更多女性加入科学技术的教育和职业领域。尽管当时女性占专业劳动力的40%以上，但上升到职业高层的女性比例很小。1974年只有20%的经理是女性，到1995年，43%的高层管理职位由女性担任，但在物理科学和工程领域，女性所占比例分别为25%和11%。当时，劳动力市场上45%的女性是单身（含离异、丧夫）户主，她们不得不通过工作来养家。在同等的教育水平和工作经验的条件下，女性收入只有男性收入的1/3。她们大多从事中下层的工作，还要照顾学龄前儿童，这部分女性的比例从1965年的20%上升至1981年的40%。这是一个值得关注和探讨的问题。

20世纪50年代，与女性职业发展有关的理论发展缓慢，但在20世纪70年代发展迅速，并在过去几十年一直持续不断地发展。Super(1957)的生涯发展理论描述了七种生涯模式，即稳定的持家、传统、稳定的工作、双重（家庭照料与职业发展相结合）、中断（有了孩子）、不稳定、多次试用。其中三种是女性特有的生涯模式，即稳定的持家、双重、中断。Super(1957)认为这三种生涯模式基于这样一个前提：家庭照料和子女养育是影响女性职业选择与职业路径的核心因素。尽管这些模式确实描述了女性当时的处境，但生涯发展理论并没有指导女性应该如何处理角色之间的冲突,从而激发职业潜力。Ginsberg et al. (1951, 1966)指出,女性处于职业选择更加困难的时代,因为她们还必须考虑是否结婚、是否生育。许多女性只有在结婚后,才能现实地规划职业。因为继续接受教育或发展职业需要经济支持和潜在自由,而这些在很大程度上取决于丈夫对女性接受教育或发展职业的态度。到 20 世纪 60 年代末,与女性职业选择有关的理论形成了统一,承认婚姻和家庭在女性职业选择中的核心作用,并认为女性的职业选择比男性的更加复杂、涉及更多的变数(Harmon, 1970)。在这一时期,研究者开始意识到和男性相比,背景和环境对女性职业选择的影响更大,包括社会化过程带来的角色期望以及原生家庭、学校和工作场所中的性别偏见。一些研究者以Bandura(1969, 1977, 1989, 1997)的社会学习理论为基础,发展了女性职业发展理论,以解释女性的职业发展和选择过程,从而识别与女性职业发展相关的障碍因素和促进因素。

二、理论的核心内容

(一) 理论的核心内容

男性和女性的职业与成就动机模型起源于 20 世纪 70 年代,在 20 世纪 80 年代得到扩展。该模型以社会学习理论为基础,强调性别角色社会化如何影响男性和女性的职业与成就动机。不同于以往研究用单向因果模型来解释环境或内在因素对个人动机的决定作用,法梅尔认为职业与成就动机是个人、背景和环境持续交互作用的结果,她并没有忽略先天的生物学差异,而是将其影响降到最低,并将过去和现在的社会化经历作为成就动机和行为的重要决定因素。该模型为考察性别角色社会化对职业发展和选择的负面或正面影响提供了可行的路径。

法梅尔把职业与成就动机分为三个维度:① 教育和职业选择的水平(抱负);② 接受挑战性任务、追求卓越的短期动机(掌握);③ 对职业发展前景的承诺(职业),体现为个人在职业中表达自我和寻找快乐的长期动机。她认为个人的职业与成就动机受到三组因素的交互影响即背景、自我概念和环境。

如图 25.1 所示,男性和女性的职业与成就动机模型有四个基本观点:

(1) 成就动机和相关成就行为的性别差异不仅源于先天的差异,更受到教育和发展过程中背景、自我概念和环境的动态影响。

(2) 背景、自我概念和环境在个人职业发展的过程中相互依赖,它们对男性

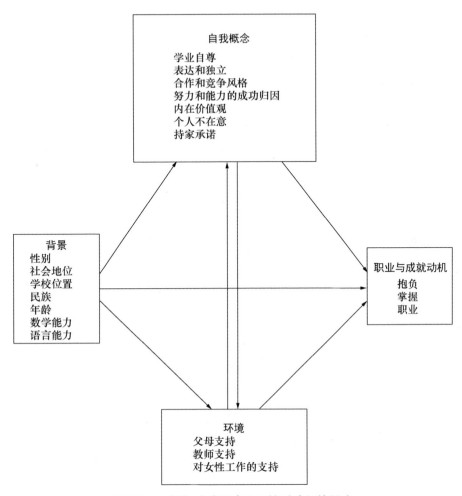

图 25.1　背景、自我概念和环境对动机的影响

和女性职业与成就动机的三个维度的影响模式不同,影响程度也不同。

(3) 由于背景因素是给定的,因此是很难改变的。它们对职业与成就动机的影响相对较弱,并且大多是通过自我概念与环境的互动间接影响职业与成就动机。

(4) 自我概念和环境之间是动态的、相互影响的关系,它们的交互作用对职业与成就动机产生关键影响,可以通过改变自我概念和环境来增强职业与成就动机。

以下简要描述模型中的各个变量。

1. 职业与成就动机

法梅尔将职业与成就动机分为三个维度：

（1）抱负。抱负动机是指一个人渴望达到的教育和职业发展水平。Gottfredson(1981)发现，背景和环境的相关变量会影响教育与职业抱负水平，职业抱负动机在4—8年级会发展得相当成熟。

（2）掌握。掌握动机是指个人更愿意选择高难度、有挑战性的任务。掌握动机来自期望/效价理论，与社会学习理论的观点一致。Atkinson(1958,1978)认为掌握动机在童年早期就会发展成熟。Maeher(1974)认为掌握动机受到文化等背景因素和环境中各情景因素的影响。

（3）职业。职业动机是指一个人参与职业生涯的程度。Super et al. (1963)还提出类似的概念，即职业承诺。职业承诺包括对未来导向和长期规划的关注。职业承诺水平高的人们会随着兴趣和机会的改变职业选择，在很长一段时间内有动力追求自己在一个职业或一领域中的发展（如晋升、地位、金钱、贡献等）。

2. 背景

基于以往的研究成果，法梅尔将影响职业与成就动机的背景分为七类变量：性别、社会地位、学校位置、民族、年龄、数学能力和语言能力。

（1）性别(sex)。Gottfredson(1981)在一篇综述研究中认为职业性别刻板印象会影响个人的抱负水平，职业性别刻板印象在6—8岁就已经设定好，这种刻板印象会持续很长时间。Spence & Helmreich(1978)发现男性在掌握动机上的得分高于女性。Farmer(1983)发现长期职业动机存在显著的性别差异，女性的长期职业动机高于男性。

（2）社会地位(social status)。根据地位获得理论(status attainment theory)，Gottfredson(1981)发现社会地位可以在一定程度上预测个人的抱负水平。相比于中产阶级和上层阶级，底层阶级的人们在职业抱负上存在更多的限制因素。社会地位的差异还会影响短期的掌握动机(Rosen, 1959; Spence & Helmreich, 1978)。

（3）学校位置(school location)。Sewell & Hauser(1975)发现，相比于城市地区的青少年，农村地区的青少年的教育水平和职业抱负更低。Farmer(1980)发现学校位置和职业动机没有显著的关系。

（4）民族(race)。Gottfredson(1981)发现，相比于底层阶级的白人群体，底层阶级的少数民族在社会空间上会有更多的限制因素。Gump & Rivers(1975)得出结论，民族对掌握动机的影响和社会地位对掌握动机的影响一样显著。

（5）年龄（age）。Farmer（1983）发现,9 年级的学生和 12 年级的学生具有相似的职业抱负水平。Gottfredson（1981）通过数据证明,人们在高中之前已经形成了一定的职业抱负。Atkinson（1978）发现,学生进入高中之前就形成了掌握动机。Crandall & Battle（1970）认为,改变经历可以正向或负向地影响掌握动机,这种类型的动机并不是在生命早期就完全确定的。Farmer（1980）的早期研究表明,职业动机没有年龄差异。

（6）数学能力和语言能力（math ability and verbal ability）。Sewell & Hauser（1975）发现,智商分数对职业抱负的预测力和社会地位对职业抱负的预测力一样强。他们还发现,在学校的成绩具有更强的预测力。Atkinson（1978）认为能力对短期掌握动机有积极作用。Farmer（1980）发现数学能力和语言能力对职业动机有较小的影响。

3. 自我概念

研究发现与性别角色社会化有关的自我概念变量会影响职业与成就动机。早期的模型包含了更多的个人变量,如冒险、职业选择的传统性、家庭和社会自尊、其他与成就相关的价值观。后来法梅尔发现它们与动机的任何一个维度都没有显著关系,因此这些变量没有被纳入模型。

（1）学业自尊（academic self-esteem）。如果人们对自己掌握学业任务的能力有更高的估计,就会有更高的抱负。以往研究发现,学业自尊与掌握动机相关（Atkinson & Raynor, 1978）。Farmer（1980）则发现,学业自尊与长期职业动机显著正相关。

（2）表达和独立（expressive and independent）。虽然有很多文献研究了男性和女性的不同之处,但一些学者也发现了男女之间的相似之处。Spence & Helmreich（1978）强调了心理双生性（心理上的雌雄共体）,这是一种自我概念,结合了表达和独立的自我感知。Bernard（1981）认为,女性在工作中可能使用了自身特有的表达特征。Gilligan（1982）注意到表达和独立在自我概念发展上的性别差异,认为男性会首先发展独立感,然后发展表达感（如关心他人）,而女性正好相反。相关文献一致表明,独立相关的自我概念与掌握力、职业动机正相关,表达相关的自我概念与这些类型的动机之间的关系不明晰。

（3）合作和竞争风格（cooperative and competitive achievement styles）。Atkinson（1978）发现,竞争环境会增强男性的掌握动机,但会减弱女性的掌握动机。Farmer（1980）发现竞争风格与长期职业动机显著相关,而合作成就风格与长期职业动机不显著正相关。Johnson et al.（1981）对 20 世纪 20 年代以来的

122 篇论文进行了对比分析,发现合作与竞争风格与成就行为相关。

(4) 努力和能力的成功归因(success attributions to effort and ability)。因果归因是指人们给出成功与失败的原因。基于 Rotter(1966)的控制点理论,Weiner(1974)认为内部成功归因会增强自尊,即将成功归功于自身的能力或者努力,而不是外在的资源(如运气或者他人)。由于内部归因有助于增强自尊,它们对成就动机可能也有积极影响(Weiner, 1974)。

(5) 内在价值观(intrinsic values)。Maehr & Nicholls(1981)主张,为了理解成就对男性和女性意味着什么,就必须了解成就动机背后的价值观。他们识别了三种价值观:内在价值、能力价值和社会认可价值。内在价值指做某事是为了自己,而能力价值指做某事有功利性目的(如为了掌握一项技能)。社会认同价值指做事情是为了获得外部的认可。Farmer et al.(1981)发现,只有内在价值观的测量条目与动机显著相关:它们与掌握动机和职业动机显著相关,与抱负动机不显著相关。

(6) 个人不在意(personal unconcern)。个人不在意是指不关注个人成就对人际关系的潜在影响。害怕成功(fear of success)作为个人不在意的反义词,是指个人担心在学业或职业上的努力与成功会导致丧失友谊,尤其是异性之间的友谊。Homer(1978)发现,女性对成功的恐惧明显高于男性。Horner(1978)发现对成功的高度恐惧对掌握动机有负面影响。个人不在意的人们更愿意宣扬自己的成功经历,不怕别人嫉妒。Spence & Helmreich(1978)发现个人不在意与掌握动机显著正相关。

(7) 持家承诺(homemaking commitment)。持家承诺是指对拥有家庭的兴趣,包括对家庭事务活动的满意度(Super & Culha, 1976)。持家承诺不会强烈地影响短期掌握动机。一些研究者提出了职业和家庭角色的交互作用。Atkinson & Raynor(1978)提到了来自家庭和家庭利益的竞争性事务对长期职业承诺的负面影响。

4. 环境

环境变量包括家庭、学校和社区中的社会化经历。以往研究发现环境中的重要他人(尤其是父母和教师)对职业与成就动机的影响。个人对环境中机会的感知也会影响他们的职业与成就动机。

(1) 父母支持(parent support)。Sewell & Hauser(1975)在对高中生的纵向研究中发现,父母的鼓励比朋友的鼓励、老师的鼓励和社会地位更能预测学生的抱负水平,父母的鼓励对子女的掌握动机具有积极影响(Rubovits, 1975)。Farmer(1980)发现职业动机和父母对成就的支持之间存在显著的关系。

（2）教师支持(teacher support)。Sewell & Hauser(1975)发现教师支持是影响高中男生抱负的重要因素。Guttentag & Bray(1976)发现教师的支持性课堂行为对掌握动机有积极的影响。Dweck et al.(1978)观察到教师在课堂上的行为对掌握动机的影响。Farmer(1980)发现教师支持与职业动机显著相关。

（3）对女性工作的支持(support for women working)。Birk & Tanney(1973)发现青少年感知到的对女性工作的支持与女高中生考虑的职业范围相关。Farmer(1980)在研究女高中生职业和成就抱负的12种预测指标中发现，对女性工作的支持是预测抱负的最佳指标，该指标也可以显著预测青少年的职业动机和抱负。Rooney(1982)发现对女性工作的支持与掌握动机显著相关。

（二）理论的实证检验

男性和女性的职业与成就动机模型为探索背景、自我概念和环境对职业发展的影响、识别女性职业发展的显著影响因素提供了一个很好的框架。目前，该模型的绝大多数观点已经比较成熟，并且在不同领域得到了较好的检验。1985年，法梅尔以伊利诺伊州六所高中的1 863名9年级和12年级的学生为被试，对男性和女性的职业与成就动机模型进行了验证。Rooney(1983)以212名成年人（112名女性、100名男性）为被试，也验证了法梅尔的模型。

在《女性的掌握、职业和抱负动机：一个性别角色社会化影响的多元模型》(*Women's motivation related to mastery, career salience, and career aspiration: a multivariate model focusing on the effects of sex role socialization*)一文中，Farmer(1997)通过纵向和访谈调查，研究了女性对艺术、科学和人文领域的贡献更少的原因，进一步拓展并修订了男性和女性的职业与成就动机模型。如图25.2所示，她将行为变量纳入模型，强调行为是自我概念与环境之间的互动过程。行为变量包括高中和大学所修数学和科学课程的成绩、大学专业、取得的学位和目前的职业。她还评估了婚姻状况、孩子的数量、分配在工作和家庭之间的时间比例，发现在1980年和1990年，对女性工作的支持都与女性的三个动机维度有关，但与男性无关。因此，当女性认为工作环境是开放和公平时，会产生更强的动机。另外，无论是男性还是女性，1980年的行为都影响了1990年的抱负水平。抱负、掌握和职业三类动机的前因变量存在相当大的差异。

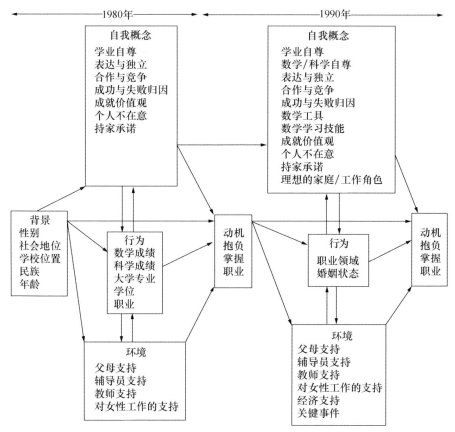

图 25.2　背景、自我概念、环境和行为对动机三维度的影响

三、相关测量工具

1. 抱负

抱负测量量表是法梅尔为收集 1979 年的数据而制定的。职业抱负动机的衡量标准是现实中所追求职业的声望水平和理想的教育水平的组合,共有 4 个条目,其中 3 个条目评估职业抱负,1 个条目评估教育抱负。教育抱负的测量给出六种教育水平,让参与的学生回答他们希望达到的教育水平。在职业抱负的测量中,要求参与者给出他们理想的职业。条目的计分依照了邓肯(Duncan)的社会经济指数(socio-economic index, SEI)(Hauser & Featherman, 1977),得分范围是 0.04—0.96,得分范围根据 1980 年美国人口普查的每个职业的平均学历和工资/薪酬数据计算而得。伊利诺伊州立大学的调查研究实验室(Survey Research Laboratory)每十年更新一次 SEI。法梅尔让咨询心理学专业的四名博士生对数据进行了编码。首先,她对编码员进行了培训,包括 Duncan 编码系统的概述、两人一组的编码练习以及问题讨论。然后,她让编码员进行单独的练习,直到独立编码时两两之间的一致率达到 96%,再进行下一步的练习。每个编码员对 25% 的样本进行了编码,并从另外三名编码员的样本中随机抽取 10% 的样本进行编码。

2. 掌握

掌握测量量表改编自 Helmreich & Spence(1978)的《工作与家庭取向》(*work and family orientation*)中的掌握维度。由于法梅尔的研究对象为高中生,而《工作与家庭取向》问卷是基于大学生和成年人制定的,所以她对问卷条目进行了因子分析。通过因子分析后,法梅尔删除了两个因子载荷量低于 0.3 的条目,分别为"当我所在的一个小组计划一项活动时,我宁愿自己组织,而不是仅仅帮助别人,让别人组织这项活动"和"我喜欢总是很忙"。

原条目分别为:我宁愿做一些让自己感到自信和放松的事情,也不愿做一些充满挑战和困难的事情;当我所在的一个小组计划一项活动时,我宁愿自己组织,而不是仅仅帮助别人,让别人组织这项活动;我宁愿玩简单、有趣的游戏,也不愿玩困难的游戏;如果不擅长某些事情,那么我宁愿继续努力去掌握它,也不愿继续从事某些我可能擅长的事情;一旦开始一项任务,我就会坚持下去;我更喜欢在需要高水平技能的情境下工作;我经常尝试不确定的任务而不是自己有把握的任务;我喜欢总是很忙。每个问卷调查项目均按李克特 5 级评分量表进行评分(1 = 完全不同意,5 = 完全同意)。

3. 职业

长期职业动机的量表选自 Super & Culha(1976)重要性量表(the salience inventory)中的工作重要性量表(work salience inventory)。法梅尔选取了 17 个测量条目中的 13 个条目,删除了 4 个因子载荷量低于 0.3 的条目。重要性量表是一个评估五种活动的测量工具,五种活动分别为学习、工作、社区服务、持家、休闲活动。重要性量表包含 15 个分量表,共计 170 个测量条目,分别从参与(participation)、承诺(commitment)和价值期望(value expectation)三个方面评估每个角色的重要性。参与分量表的内容是行为性的,询问受访者"你最近在做什么工作"。承诺和价值期望分量表在本质上更具情感性,承诺分量表中的例题为"你怎么看待你的工作角色"。价值期望主要评估一个人期望在每个角色中找到的满意度或价值,价值期望分量表的例题为"你在人生的五个主要角色中分别追求哪种价值观"。

四、理论的应用价值

职业规划必须在生活规划框架内进行,而且这种规划必须考虑到其他生活角色的规划,例如配偶、父母以及个人角色。女性和男性都重视家庭和职业角色。然而,对于女性来说,她们越重视家庭角色,就越不重视职业角色,这种现象在男性中并不存在。家庭和工作的双重角色对女性的职业决策提出了更大的挑战。这种选择上的需要一旦得到学校系统的认可,教育工作者就有机会帮助年轻女性提升决策技能。职业咨询师、家长和教育工作者应帮助女孩尽早发展职业兴趣,并帮助她们开展职业和生活的双重长期规划。

职业领域的选择应符合女性或男性的能力、倾向、价值观和兴趣,并与社会机会和限制不冲突。通常情况下,性别角色社会化给女性灌输的价值观限制了她们的选择。女孩子得到的信息是:做你想做的事,并快乐生活。男孩子得到的信息是:取得好成绩,这样你就能进入最好的学校,在事业上取得成功。女性需要仔细思考什么角色对自己来说才是真正重要的。教育行业官员、学校行政人员和教师等群体可以通过树立榜样、提供技能培训、提供决策练习,鼓励或要求女生学习数学和科学课程,以减少职业性别角色刻板印象对女性成就的抑制作用。

随着时间的推移,行为可能会随着新的经历、想法、自我认知和计划而改变。先前的性别角色社会化可能会增强或限制女性对机会的看法,但新的可能性贯穿着人的一生。事实上,人们可以发挥自身的能动性,明确自己的信念、态度和感受,培养预测和规划的能力,从观察他人中学习,自我反省,为自己的行为和选择制定内在标准。女性应该认识到自己是学习、选择和行为的代理人,从而挖掘自身的潜力。在许多现实条件的约束下,女性仍然能决定自己的命运。

五、经典文献推荐

Farmer, H., & Bohn, M. (1970). Home-career conflict reduction and the level of career interest in women. Journal of Counseling Psychology, 17, 228–232.

Farmer, H. (1976). What inhibits career and achievement motivation in women? The Counseling Psychologist, 6(2), 12–14.

Farmer, H. (1980). Environmental, background, and psychological variables related to optimizing achievement and career motivation for high school girls. Journal of Vocational Behavior, 17, 58–70.

Farmer, H., Tohidi, N., & Weiss, E. (1982). Study of the factors influencing sex differences in the career motivation of Iranian high school students. International Journal of Intercultural Relations, 6(1), 1-21.

Farmer, H. (1983). Career and homemaking plans for high school youth. Journal of Counseling Psychology, 30, 40-45.

Farmer, H. (1984). Development of a measure of home-career conflict related to career motivation in college women. Sex Roles: A Journal of Research, 10, 663-676.

Farmer, H. (1985). Model of career and achievement motivation for women and men. Journal of Counseling Psychology, 32, 363-390.

Farmer, H., & Vispoel, W. (1990). Attributions of female and male adolescents for real-life failure experiences. Journal of Experimental Education, 58, 127-140.

Farmer, H., Wardrop, J., Anderson, M., & Risinger, R. (1995). Women's career choices: focus on science, math, and technology careers. Journal of Counseling Psychology, 42, 155-170.

Farmer, H. S. (1997). Women's motivation related to mastery, career salience, and career aspiration: a multivariate model focusing on the effects of sex role socialization. Journal of Career Assessment, 5(4), 355-381.

第二十五章参考文献

第二十六章

职业生涯呼唤理论

田喜洲　彭息强[*]

一、代表人物与时代背景

(一) 代表人物

罗伯特·贝拉(Robert Bellah,1927—2013),美国加州大学伯克利分校埃利奥特社会学荣休教授,社会学家,研究领域为宗教社会学。

1950年,贝拉以优异的成绩从哈佛大学毕业,获得社会人类学学士学位,他的本科毕业论文获得Phi Betta Kappa学者奖并由哈佛大学出版社出版。之后贝拉在哈佛大学继续深造,并于1955年获得社会学和远东语言学博士学位。1955—1957年,他在麦吉尔大学伊斯兰教研究所从事博士后研究,1957年发表博士论文《德川宗教》(*Tokugawa Religion*),之后开始在哈佛大学任教;1967年起,贝拉任加州大学伯克利分校

罗伯特·贝拉

社会学与比较研究福特讲座教授。2000年12月20日,贝拉教授被授予"美国国家人文科学奖章",由当时的克林顿总统亲笔签名的颁奖评语这样写道:"美利坚合众国总统授予罗伯特·贝拉国家人文科学奖章,以表彰他为阐释美国社会团体的重要性作出的努力。作为一名卓越的社会学家和教育家,他唤醒了我们对美国民主制度核心价值的认识,以及对脱离社会责任的利己主义的警示。"

他发表过很多文章,包括《人类进化中的宗教:从旧石器时代到轴心时代》(*Religion in Human Evolution: From the Paleolithic to the Axial Age*)、《破碎的契约:审判期间的美国公民宗教》(*The Broken Covenant: American Civil Religion in*

---

[*] 田喜洲,重庆工商大学管理学院教授,主要从事组织行为与人力资源开发研究,电子邮箱:tianxizhou@fudan.edu.cn;彭息强,重庆工商大学管理学院研究生,主要从事人力资源研究。

Time of Trial)。他主持编写的《心灵的习惯：美国生活中的个人主义和承诺》（*Habits of the Heart: Individualism and Commitment in American Life*）曾引起巨大反响。

（二）时代背景

人与工作密不可分，解读工作的意义以及研究工作意义对个人的影响是十分重要的学术问题（Wrzesniewski et al., 1997）。众所周知，个人对工作的感受不仅取决于工作本身（如简单与复杂），还取决于个人对工作的看法。同样的工作对人口统计因素相近的人而言，其工作意义可能完全不同。那么，如何选择工作才能使其对自己和社会更有意义呢？人与工作的关系又是如何塑造个人情感、行为与职业价值观的呢？几个世纪以来，神学、宗教、社会学领域的学者对这些问题进行了长久探索，出现了大量的研究成果（Super & Sverko, 1995）。其中，呼唤（calling）就是近年来心理学与组织行为学领域研究与工作意义相关的重要概念（Wrzesniewski & Dutton, 2001）。

二、理论的核心内容

（一）理论来源

"呼唤"一词源于犹太基督教的理念，原指个人受上帝的圣召去从事的特定职业是为了响应上帝的请求（Davidson & Caddell, 1994）。圣经中就有呼唤的故事。例如，在旧约全书中，上帝召唤诺亚建造一叶方舟；在新约中，使徒保罗受上帝的呼唤把福音送给外邦人（Colozzi & Colozzi, 2000）。在16世纪以前，呼唤这一术语仅限于神学与宗教领域。之后，以Luther（1883）为首的宗教改革使人们的宗教信仰、文化价值观发生了根本性的变化，人的个性也获得了解放，创新精神和生活热情得到释放，人们慢慢开始追求生活与工作的意义。同时，Luther（1883）拓展了呼唤的内涵，使其不仅包括与宗教相关的圣职（vocation），也包括普通的工作，即上帝的召唤不仅面向宗教人士（如神父、牧师、传教士和修女），普通人也能体验到上帝的召唤（Serow, 1994）。这些观点使得呼唤的宗教色彩有所减弱，并开始走向大众化。

（二）理论发展

从20世纪八九十年代起，呼唤开始进入社会学、心理学与组织行为学研究领域。从此，呼唤一词大量出现在与职业（工作）相关的研究中，其内涵也逐渐大众化。同时,心理学领域开始研究呼唤产生的个人与社会心理背景,组织行为学领域开始研究呼唤对组织变量及个人工作变量的影响。Bellah et al.(1986)发现,社会中广泛存在着为他人或社会利益而工作,同时感受到强烈的工作意义与使命感的普通劳动者。因此,他们首次将普通工作者的工作价值观分为谋生(job)、职业(career)与呼唤(calling)三种导向。之后,一大批专业学者(Bellah et al.,1986;Wrzesniewski et al.,1997;Hall & Chandler,2005;Hardy,1990;Treadgold,1999)和普通学者(Brennfleck & Brennfleck,2005;Guinness,1998;Levoy,1997;Novak,1996)的参与也推动了呼唤的大众化演变历程。心理学强调呼唤与个体的内心体验及真实自我有关,它不一定具有宗教色彩。Keeran(2006)将呼唤看作内心寻找真实自我的愿望,同时也是自我发现、自我实现的过程。Colozzi & Colozzi(2000)认为呼唤与"我是谁"及"我被呼唤去做什么"有关。而Homan & Kenneth(1986)也提出,呼唤与"我是谁"有关,与"做什么"无关。就研究成果而言,组织行为学领域对呼唤的关注最多。在组织实践中,呼唤指个体针对某一领域发自内心的、强烈的激情与力量(Dobrow & Tosti-Kharas,2011)。与职业自我概念(professional self-concept)不同,呼唤强调对目标的内心认同与强烈渴望,既可以用于工作领域,也可以用于非工作领域,而职业自我概念与职业倾向性(vocational aptitude)、职业适应性(vocational adaptability)相近,更强调职业能力及人—职匹配。那些将工作看作呼唤的个体想通过工作实现生活意义感(Phillips,2009),并使世界变得更加美好(Elangova et al.,2010)。Hall & Chandle(2005)也认为,呼唤就是指有意义的工作,它可以帮助个人实现自我,是个人存在于世界的目的,也是主观职业成功的最高标准;它虽然无法给个人带来多少物质利益,但能使整个社会变得更加美好。此外,对于那些将呼唤与自我工作价值取向联系起来的人来说,工作不只是为了获得经济收入或个人职业生涯的发展,更是为了追求超越个人利益和个人发展的内在享受(Bellah et al.,1985;Wrzesniewski et al.,1997)。在工作领域中,尽管组织行为学家、职业心理学家、社会学家乃至管理学家对呼唤的定义多种多样,但大部分研究都将呼唤界定为一种工作。我们也应该认识到,随着呼唤理论研究的不断发展,职业生涯中的呼唤不仅与神学视角的呼唤不同,而且与社会学、心理学、组织行为学领域中的其他概念(如工作投入等)也有差异。

虽然研究者赋予了呼唤不同的内涵,但对呼唤的理解都趋于大众化(secular),即普通大众也能通过工作找寻到生命意义,感受到内心的召唤。呼唤也随之从宗教的狭小范围走进了大众(见表26.1)。在现代组织行为中,呼唤主要是指个人内心感受到的、真正喜欢的职业或具体工作。正如Weber(1956)所言,选择自己真正喜欢的工作(职业)就好像是倾听了自己内心的声音。因此,他认为呼唤是个人内心感受的、有意义的且符合自己价值观的职业(工作)。

表 26.1 宗教与大众视角的呼唤

	宗教视角	大众视角
呼唤来源	上帝	自我
呼唤服务对象	大众	自我或大众
发现呼唤的方式	意会(如祈祷、聆听)	内省、思考与尝试
追随呼唤的意义	实现上帝的宏伟计划	成就自我、实现个人追求

资料来源:Hall & Chandler(2005)。

总之,在现有文献中,呼唤一词植根于西方文化价值观,在从宗教视角到大众视角的演进历程中,其内涵也发生着显著的变化:从遵从上帝的使命(Davidson & Caddell,1994)从事某项工作(Dalton, 2001),到影响他人与社会的工作价值取向(Bellah et al., 1986;Wrzesniewski et al., 1997);从上帝植于个人内心的天赋与激情(Sellers et al., 2005;Weiss et al., 2003),到个人感受的、有生命意义的工作(Hall & Chandler,2005)。当然,有时人们无法完全根据呼唤来选择自己喜欢的职业(工作),Blustein(2006)称之为有限的工作意志(limited work volition),特别是当个人面临谋生压力、教育受限与偏见时,这种情况更加常见。此时的个人如何回应内心的呼唤恰恰又成了呼唤研究的另一个新领域(Berg et al., 2010)。

(三) 呼唤构念的内涵

虽然到目前为止,关于呼唤还没有统一的含义,但在呼唤构念的演进过程中,其本质内涵逐渐显现出来。

1. 呼唤是职业或工作本身

"呼唤是职业或工作本身"一观点在呼唤研究的古典学派与新古典学派的观点中都有所体现,尽管两者关于呼唤有不同的看法。古典学派对呼唤的解释带有宗教色彩。Wrzesniewski et al. (1997)的新古典学派认为,呼唤是能带来更多公共利益的职业,该职业与宗教没有必然的联系。Hall & Chandler(2005)支持这种观点,并指出,追随呼唤是主观职业成功的最高标准,是个人一生追求的目标。无论是古典学派还是新古典学派,他们都认为呼唤是个人在职业生涯中感受到的利用自己的天分、特质努力去追求的职业(工作),这种职业(工作)具有亲社会性(pro-social)。

2. 呼唤是一种工作价值导向

20世纪80年代，Bellah et al.(1986)首先提出，个人的工作价值观有三种导向：谋生、职业与呼唤。不同价值导向说明了个人从工作中获取的意义不同。那些将工作视为谋生工具的人，其工作意义在于获得报酬；持职业导向的人将工作视为职业发展的需要，目的是获得权力与声望，同时接受工作的挑战；持呼唤导向的人认为工作是人生必不可少的一部分，是其内部激励和职业成功的源泉，工作不完全是为了经济收入，更多是为了实现个人的价值。这一内涵在职业生涯领域得到了广泛应用，Wrzesniewski(2003)、Duffy & Sedlacek(2007)在此基础上，对呼唤与工作变量的关系展开了深入研究。

3. 呼唤是一种激励力量

呼唤来自外部召唤或内心感悟，常常表现为一种激励力量。Dik & Duffy(2007)就把呼唤理解为个人选择某种职业并超越自我的力量。这种力量来自别人的需要与社会利益，也是追求个人生活意义与目标的动力。Dobrow & Tosti-Kharas(2011)也认为，呼唤是个人针对某一领域发自内心的、强烈的激情与力量。Bigham & Smith(2008)与Hunter et al.(2010)别出心裁地让受访者自己去定义呼唤，结果发现受访者将呼唤定义为"个人生活、工作的驱动力量，能产生激励作用与利他结果"。正是由于呼唤具有激励作用，这一理论才受到学界与社会组织的广泛重视。

当然，关于呼唤的其他含义也在文献中有所体现。例如，Bunderson & Thompson(2009)就把呼唤定义为个人用智慧、才能去填补的在社会分工中的位置。如果找到了这个位置，个人就更容易获得工作卷入与全面沉浸感，人的一生就是在不停地寻找这个属于自己的位置。Elangovan et al.(2010)则将呼唤理解为亲社会意愿的实现过程。总之，目前呼唤的内涵还不统一，但主流观点认为呼唤是职业本身，或是一种工作价值观，或是指向某种职业路径的激励力量。

三、相关评估技术与测量工具

关于呼唤的测量多种多样。Davidson & Caddell(1994)利用一个问题"我感受到了强烈的内心呼唤"来测量呼唤的强度。Duffy & Sedlacek(2007)利用两个简单的问题"对于工作，我有呼唤导向"和"我能很好地理解工作中的呼唤导向"来测量呼唤导向。Dreher et al.(2007)利用9个题项来测量呼唤的单一维度。Bunderson & Thompson(2009)设计6个项目测量动物饲养员的呼唤。也许是所选取的工作范围太狭窄的原因，该量表只体现了工作激情维度，而没有体现工作意义维度,测量项目也多使用 Wrzesniewski et al. (1997)呼唤导向量表的内容。Wrzesniewski et al. (1997)让参与者回答 18 个问题来测量个人的工作价值导向(谋生、职业和呼唤导向)。除了因素分析,研究者没有对呼唤导向维度进行任何心理测量验证,因此不能算是严格意义上的呼唤结构量表。但是,该方法因为简便易行而得到了较为广泛的应用。

到目前为止,使用最为广泛的呼唤测量量表是 Dik et al. (2012)开发的职业呼唤问卷(calling and vocation questionnaire, CVQ)(见表 26.2)和 Dobrow & Tosti-Kharas(2011)开发的 12 条目职业呼唤量表(12-calling scale, 12-CS)(见表 26.3)。CVQ 通过了重测信度检验、校标关联效度检验、预测效度检验,包括超然召唤、目的性工作、亲社会取向三个维度。CVQ 量表所有题项采用 4 分制(1 = 与我完全不相符,4 = 与我完全相符)。12-CS 是 Dobrow & Tosti-Kharas(2011)通过对 1275 位参与者 7 年的纵向跟踪开发而成的单维度量表,所有题项采用 7 分制(1 = 完全不同意,7 = 完全同意)。

表 26.2 职业呼唤问卷

超然召唤	1. 我认为目前的工作就是我的呼唤; 2. 我不相信会有一种超越自我的力量来指引我选择职业道路; 3. 我被一些超越自我的东西推动去追求我现在的工作; 4. 我正在追求我目前的工作,因为我相信这是我的呼唤;
目的性工作	1. 我的工作帮助我实现我的人生目标; 2. 我把我的工作看作实现人生目标的必经之路; 3. 我的工作是我人生的重要组成部分; 4. 当我工作的时候,我努力实现我的人生目标;
亲社会取向	1. 我工作中最重要的方面是帮助满足他人的需求; 2. 为他人作出改变是我工作的主要动力; 3. 我的工作对共同利益有贡献; 4. 我总是试图评估我的工作对别人有多大的益处;

资料来源:Dik et al. (2012)。

表 26.3 12 条目职业呼唤量表

1. 我热爱乐器/热爱唱歌/热爱商业/热爱管理;
2. 我最喜欢的是演奏音乐/唱歌/经商/当经理;
3. 演奏音乐/唱歌/经商/当经理给了我极大的个人满足感;
4. 为了成为音乐家/艺术家/商人/经理,我愿意牺牲一切;
5. 当我向别人描述自己时,我首先想到的是,我是个音乐家/艺术家/商人/经理;
6. 即使遇到巨大的障碍,我也会继续做一个音乐家/艺术家/商人/经理;

(续表)

7. 我知道作为一个音乐家/艺术家/商人/经理,无论是专业的还是业余的,这份职业都将永远是我生活的一部分;
8. 我有一种成为音乐家/艺术家/商人/经理的宿命感;
9. 在某种程度上,音乐家/艺术家/商人/经理一直存在于我的脑海里;
10. 即使当我不演奏音乐/不唱歌/不经商/不从事管理工作时,我也会经常想到成为一名音乐家/艺术家/商人/经理;
11. 如果我没有从事音乐/艺术/商业/管理工作,我的存在就没有意义了;
12. 演奏音乐/唱歌/经商/当经理对我来说是一种非常动人和令人满足的体验

资料来源:Dobrow & Tosti-Kharas(2011)。

四、理论的应用价值

随着国外对呼唤研究的不断深入以及国内对呼唤理论的探讨,呼唤的价值逐渐显现,众多研究都表明呼唤具有重大的意义,实现呼唤(living a calling)能使个人体验到更多的工作意义、个人使命与真实自我。并且,如今有关呼唤的影响的研究较多,从影响内容来看,包括工作变量与生活变量;从影响方向来看,包括呼唤的前因变量与结果变量;从研究对象来看,包括学生与在职者。以下从研究对象和影响方向两方面阐述该理论的应用价值。

(一) 针对学生的呼唤理论研究

呼唤往往指向某种职业,因此即将进入职业领域的大学生就成了验证呼唤影响效应的重要对象;不过,研究范式多为横截面数据收集法。

Duffy & Sedlacek(2007)研究了大学生的呼唤存在(presence of a calling)与呼唤搜寻(search for a calling)对职业变量(如职业决策、职业自信和职业清晰度)的影响。结论是,呼唤存在与职业决策、职业清晰度高度正相关,而呼唤搜寻与职业清晰度负相关。Duffy & Sedlacek(2010)利用简易呼唤量表(brief calling scale),调查了大一学生的职业呼唤及其影响。结果发现,44%的学生认为自己十分肯定有呼唤,只有9%的学生表示没有呼唤。那些想继续攻读学位的学生更能感受到呼唤的存在,而打算从事法律、医学职业或攻读博士学位的学生的呼唤搜寻最少;呼唤存在与生活满意度、宗教信仰弱相关,与生活意义中度相关;而且,呼唤搜寻与呼唤存在中度负相关。这些结果与Steger & Dik(2010)的研究一致。此外,Dik et al.(2008)的研究也发现,呼唤与学生的工作期望中度相关,与职业效能、工作激励弱相关。Steger & Dik(2009)研究了呼唤对学生职业决策的重要性,发现多数学生有呼唤感且呼唤指向某种工作;同时,拥有呼唤的学生的生活意义、选择效能、总体幸福感也比没有呼唤的学生要高。French & Domene(2010)对女大学生的研究还发现,呼唤随时间的变化而变化;拥有呼唤的人更有工作激情与责任感,也更乐于帮助别人发现呼唤,但是追求呼唤往往需要一定的牺牲。

综上所述,追随呼唤对学生生活变量与工作变量的研究取得了一致的结论;但值得注意的是,呼唤形成与感知是一个变化的过程,对于未步入职场的学生而言尤其如此。因此,针对学生的任何初步性结论都需要进一步的检验。

（二）针对在职者的呼唤理论研究

有关呼唤对在职者的影响的研究较多,这也是呼唤进入组织视野后关注最多的一个领域,且研究结论比较一致。

对于在职者而言,其职业(工作)可能是呼唤,也可能不是。Davidson & Caddell(1994)通过三组具有不同工作价值导向(谋生、职业或呼唤导向)的员工的研究发现,把自己职业当作呼唤的人比其他两组有更高的社会公平信念、工作安全感与满意度。与之相似,Wrzesniewski et al.(1997)、Freed(2002)的研究也发现,呼唤导向的人有更高的工作满意度和生活满意度。McGree(2003)还指出,把工作当作呼唤的人对工作有一种激情,能从内心深处感受到真实的自我,工作也是其生活的一部分。Peterson et al.(2009)应用 Wrzesniewski et al.(1997)的呼唤测量方法,发现37%的员工把工作当作呼唤,呼唤导向与工作热情、生活满意度中度正相关,与工作满意度高度正相关,且专业性员工更可能把工作当作呼唤。Hall & Chandler(2005)也认为,那些将工作当作呼唤的人,更有可能去设定并努力实现个人目标(可看作呼唤实现),从而在心理上感受到成功。Bunderson & Thompson(2009)在对动物管理员的访谈中还发现,呼唤实现与工作意义显著相关。被访者通常这样说"这就是我的呼唤""这份工作关系到我是谁,它像是植入我身体内的血液""我生来就是为了成为一名动物管理员"。Dobrow(2002)在梳理有关呼唤导向的文献后指出,有呼唤的员工的共同工作特征是:工作热情与认同、工作自觉性、意义感与自尊感都较高。Dobrow(2007)还发现,把工作当作呼唤的员工拥有更高的幸福感、工作满意度及职业承诺。这些结果与 Hall & Chandler(2005)的研究结果一致。Boyd(2010)的研究发现,呼唤的两个维度(使命感与亲社会性)都对职业倦怠产生直接的效应。Oates(2007)还对女性角色内的冲突与呼唤进行了定量研究。那些把职业和母亲角色当作呼唤的女性要比存在双重角色冲突(即只有一种角色呼唤)的女性拥有更高的主观幸福感;对职业具有高呼唤感的人,其整体角色冲突也较低。

通过对大学生及在职者的分析可以发现(见表26.4),追随呼唤影响的结果变量主要包括工作变量(如工作满意度、工作热情、职业认同、职业重要性、组织责任、职业与组织承诺职业效能、工作激励、职业倦怠)和生活变量(如生活满意度、生活意义、自尊感、身份认同),研究结论较一致且影响结果多是积极的,即强烈的呼唤感能产生有利的工作与生活结果。具体而言,对工作的呼唤感越强烈,其工作和生活满意度越高,生活也更有意义,更容易作出职业决断,同时对职业和组织的承诺感也越高。比较而言,呼唤对工作变量的影响研究多于对生活变量的影响研究。

表26.4 呼唤的前因、中介与结果变量

前因变量	中介变量	结果变量
宗教(Davidson et al., 1994);社会交往(Dobrow, 2007);职业决策效能、活动与学习投入、希望品质(Phillips, 2009);工作意志、工作意义、职业承诺(Duffy et al., 2018)	组织文化、职业承诺、组织工具(Cardador et al., 2011; Duffy et al., 2011);职业决策效能、工作希望(Duffy et al., 2010);主观职业成功(Park, 2010);职业认同、道德责任(Bunderson et al., 2009);人与工作环境的融合(Duffy et al., 2018)	**工作变量**:工作满意度(Dobrow, 2002, 2007; Wrzesniewski et al., 1997; Freed, 2002; Elangovan et al., 2010);工作热情(McGree, 2003; Peterson et al., 2009);职业认同、职业重要性(Bunderson et al., 2009);组织责任(French et al., 2010);职业与组织承诺(Dobrow, 2007);职业效能、工作激励(Dik et al., 2008);职业倦怠(Boyd, 2010) **生活变量**:生活满意度(Steger et al., 2010; Wrzesniewski et al., 1997; Peterson et al., 2009);生活意义、自尊感(Dobrow, 2002)、身份认同(Steger et al., 2010; Dobrow, 2002)

追随呼唤作为主观职业成功的新标准之一,加之其具有亲社会性,受到了组织行为学、心理学研究者的重视。随着呼唤研究从个体层面向组织层面渗透,呼唤理论也得到了进一步的拓展,为职业选择和工作意义提供了更广阔的解释空间。

五、经典文献推荐

Arthur, M. B. , Khapova, S. N. , & Wilderom, C. P. (2005). Career success in a boundaryless career world. Journal of Organizational Behavior, 26 (2), 177–202.

Bellah, R. N. , Madsen, R. , Sullivan, W. M, Swidler, A. , & Tipton, S. M. (1985). Habits of the heart. New York: Harper & Row.

Dik, B. J. , & Steger, M. F. (2008). Randomized trial of a calling-infused career workshop incorporating counselor self-disclosure. Journal of Vocational Behavior, 73(2), 203-211.

Dobrow, S. R., & Tosti-Kharas, J. (2011). Calling: the development of a scale measure. Personnel Psychology, 64(4), 1001-1049.

Duffy, R. D., Douglass, R. P., Gensmer, N. P., England, J. W., & Kim, H. J. (2019). An initial examination of the work as calling theory. Journal of Counseling Psychology, 66(3), 328-340.

Duffy, R. D., & Dik, B. J. (2013). Research on calling: what have we learned and where are we going? Journal of Vocational Behavior, 83(3), 428-436.

Grant, A. M., & Wade-Benzoni, K. A. (2009). The hot and cool of death awareness at work: mortality cues, aging, and self-protective and prosocial motivations. Academy of Management Review, 34(4), 600-622.

Hall, D. T., & Chandler, D. E. (2005). Psychological success: when the career is a calling. Journal of Organizational Behavior, 26(2), 155-176.

Serow, R. C. (1994). Called to teach: a study of highly motivated preservice teachers. Journal of Research & Development in Education, 27(2), 65-72.

Wrzesniewski, A., Mccauley, C., Rozin, P., & Schwartz, B. (1997). Jobs, careers, and callings: people's relations to their work. Journal of Research in Personality, 31(1), 21-33.

第二十六章参考文献

第二十七章

目标追寻与调整:双过程框架

胡 湜*

一、代表人物与时代背景

(一) 代表人物

约臣·布兰特施塔特(Jochen Brandtstädter, 1943—),德国特里尔大学发展心理学系荣誉退休教授,欧洲科学院院士,利奥波迪纳科学院院士。布兰特施塔特曾任埃尔朗根—纽伦堡大学心理学主席(1977—1980年),特里尔大学教授(1980—2011年)。布兰特施塔特最突出的贡献在于对发展心理学"毕生"(life-span)概念的研究。在老年心理学领域,他关注老年阶段的目标追寻与调适问题,并成功整合了行动理论和毕生发展理论,提出"老年自我的适应性资源"(adaptive resources of the aging-self)理论框架。围绕这些研究主题,他出版了一系列学术书籍和论文,包括2007年出版的《灵活的自我》(*Das Flexible Selbst*),以及2011年出版的《积极的发展》(*Positive Entwicklung*)。

约臣·布兰特施塔特

(二) 时代背景

基于行动理论和毕生发展理论,布兰特施塔特认为,每个追求幸福的成年人不是被动地适应外界环境,而是主动地控制并实现个体的最优发展。在个体发展过程中,目标(goals)扮演着极其重要的角色。无论是短期目标(如完成日常的工作任务)还是远期目标(如获得职业成功或个体幸福),目标都为个体赋予

---

* 胡湜,南京师范大学教育科学学院副教授,主要研究领域为大学生职业生涯发展,电子邮箱:hushi@njnu.edu.cn。感谢武汉理工大学创业学院研究生曾曼对相关量表的整理与翻译。

了生活意义感,为未来行动了指明方向。但是,当目标无法实现或超出个体和环境的资源范畴时,它也会为个体带来无尽的失望、挫折和自我怀疑。因此,人们不仅需要动态判断哪些目标是有价值、可能达成的以及如何去达成,在必要时,还需要灵活地从那些无法达成的目标中抽离出来。在人生的任意时点,特别在中老年时期,幸福感不仅取决于个体对未来是否充满信心,还取决于他们能否豁达地接纳过去的失败,并放下曾经的执念。

布兰特施塔特发现,发展心理学和老年研究一直高度重视以问题为导向去直面和应对个体发展中的挫折和障碍,而忽视"及时止损""换个活法"在成年之后特别是老年阶段的重要适应性价值,甚至将其视为一种较差的应对方式,认为它意味着失败和退缩,并会导致无助和抑郁。那么,放弃或者调整原有的目标对于个体发展真的毫无积极作用吗?人们如何判断什么时候应该继续追寻目标,什么时候应该调整目标?这些过程中有哪些重要的认知、情绪、环境因素发挥着作用?为回答这些问题,20世纪80年代末,Brandtstädter(1989)提出了个体发展的自我调节模型,并和同事克洛斯·罗瑟蒙德(Klaus Rothermund)在2002年对这一模型进行了完善和拓展,形成了最终的目标追寻与调整的双过程框架(dual-process framework)(Brandtstädter & Rothermund, 2002)。

二、 理论的核心内容与实证检验

(一) 理论雏形

Brandtstädter(1989)提出了双过程框架最初的理论模型——个体发展的自我调节模型,系统阐释了发展过程中个体认知信念、情绪、行为以及环境因素之间的相互作用(见图27.1)。该模型的核心观点在于,当个体发展目标和当前的实际状况存在差距时,人们可能启用两种不同的模式以减小差距、优化发展:一是同化模式(assimilative mode),即主动改善现有状况,继续追寻既定目标;二是顺应模式(accommodative mode),即调整原有目标以适应当下的实际状况。

1. 同化模式

当人们感知到发展目标与现状之间存在差距时,他们就会感到失望和烦躁,并开始评估自己当下所拥有的各种行动资源(如个人能力)和环境限制(如遇到的障碍)。这一步评估会直接影响人们对未来目标达成的控制感,即相信自己能够对目标过程和结果施加影响。如果控制感充足,他们就会对未来感到信心十足,接着采取一系列行动改善现状,以消除目标与现状之间的差距。

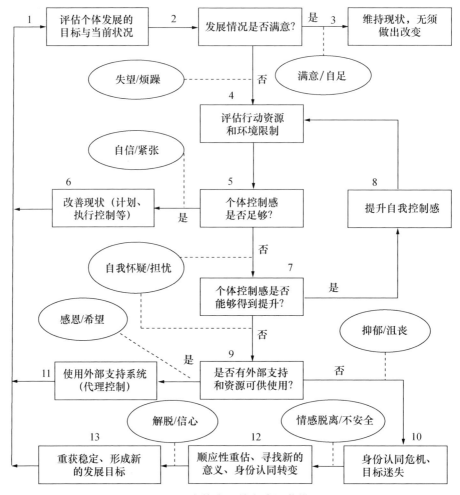

图 27.1 个体发展的自我调节模型

如果评估发现行动资源不足或遇到的限制和障碍过多,个体就会难以保持足够的控制感。此时,人们会感到强烈的自我怀疑和担忧,并尝试通过各种方式提升控制感,如增强个人能力或寻求外部支持和资源等。如果这些策略起效,人们感到目标达成仍有希望,控制感得到增强,则行动也会得到强化。

2. 顺应模式

然而,同化模式并非百试百灵。当个体反复经历同化模式的失败时,顺应模式会占据主导:人们发现自己无法从内部和外部环境中获得足够的控制感,对当前状况感到抑郁和沮丧,并产生身份认同危机和目标迷失感。这一过程会迫使他们对原有的目标产生强烈的情感脱离和不安全感,继而触发一系列行为反应:根据现有资源降低目标难度;出现一些身份认同的转变;从当前看似糟糕的状况中寻找积极的、新的人生目标,并重新评估当下的情绪。

3. 从同化到顺应

布兰特施塔特强调,与同化模式不同,顺应模式更多是被动启用。人们不会主动放弃一个既定的目标,只有在同化模式不再起效、个体对达成目标的控制感下降时,顺应模式才会成为主导。因此,即便某个目标真的难以实现,如果个体仍维持高水平的控制感,就不太可能从同化模式转为顺应模式,而会不断经历"尝试—失败"的过程,这可能是导致个体抑郁的一个重要原因。此外,即便个体从原有的目标中脱离出来,若无法进行有效的行为应对(如对当前状态进行重估、重新寻找人生发展的方向),他们也很可能会滞留在无助、抑郁的情绪状态中。

(二) 理论发展

个体发展的自我调节模型提出之后,得到了大量实证研究的检验和拓展。Brandtstädter & Rothermund(2002)将实证研究的关键启示整合进原模型,在此基础上正式提出目标追寻与调整的双过程框架。完整的双过程框架延续了原有的同化和顺应的核心假设,在此基础上极大丰富了对两种模式背后的个体动机与认知系统的阐释,对两种模式可能产生的副作用提出了假设,剖析了同化模式与顺应模式的相互关系,并进一步解释了哪些关键因素可能会影响同化与顺应模式的平衡(见图 27.2)。

1. 同化与顺应:动力与认知系统

同化模式背后有两大相互区别又有所重合的动力系统:自我提升(self-cultivation)和自我效能(self-efficacy)。自我提升是指人们以理想的目标或者个体发展的愿景为指导,进行当前认知、行为的自我调节以达成目标;而自我效能是指人们主动进行各种活动来获取更多的行动资源,提升对目标的控制感。当人们进入同化模式时,他们的认知系统会作出相应调整:那些有助于个体达成目标的信息会得到更多的关注和重视,而无意义、无帮助的信息会被屏蔽和过滤。此外,人们对目标达成的结果会有积极乐观的期待。比如,他们相信达成目标能够带来人生意义感,而这些积极的想法会进一步增强他们追寻目标的动力。

只有当目标和现实状况之间的差距无法通过同化模式削减,人们不再乐观地相信这些差距可以由同化努力进行弥补时,顺应模式才会被启用。在顺应过程中,人们的认知系统会出现重置:那些支持他们放弃或者调整原目标的信息会得到更多关注,人们的注意力会被进一步吸引到新目标上;而支持继续追寻原目

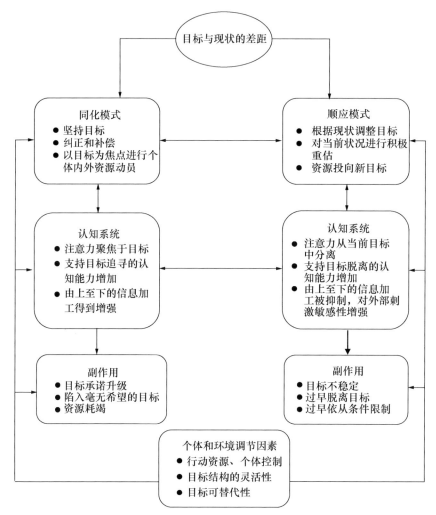

图 27.2 同化与顺应过程:机制与条件

标的信息会被忽略和屏蔽。

2. 同化与顺应的副作用

虽然同化和顺应都有助于个体追求最优发展与幸福感,但是两种模式在特定条件下也可能产生副作用。比如,若人们的目标不现实、无法达成,同化模式会将个体资源锁定在这些不切实际的目标之上,人们会在反复尝试和反复失败中耗尽所有资源,并滋生抑郁情绪。

同样,虽然顺应有助于及时止损、重燃希望,帮助人们在行动资源减少、环境限制增强时维持稳定的控制感和效能感,但是若顺应是基于对目标难度的高估或对个人资源的低估,人们的发展就可能受限,无法真正获得最优发展。

3. 同化与顺应的关系

同化与顺应模式相互拮抗,却又互相协作,共同助力个体发展。大多情况下,同化和顺应是相互抑制的。例如,当个体全力以赴追寻某个职业领域的成功时,他们放弃这一目标的倾向将会达到低点;当他们决定把当前重心转向别的领域(如家庭关系)时,他们对职业目标的投入和关注也会随之降低。不过,同化和顺应模式在一些特殊情况下仍会被同时激活。例如,当同化模式进入瓶颈、同化努力收益逐渐减少时,人们可能产生自我怀疑并陷入两种模式的矛盾中,表现为行为上的左右摇摆,即一会儿坚持、一会儿放弃。

4. 同化与顺应的平衡:个体与环境因素的调节作用

同化和顺应模式的平衡状态会随一些因素发生变化(见表27.1)。其中最重要的两大因素即目标的重要程度(goal importance)和个体对目标达成的信念(attainability belief)。目标越重要,达成信念越强,人们越可能长期坚守同化模式,顺应模式则被抑制;当目标的重要性很高时,即便只有少许达成信念,也足以让人们启用同化模式。更有意思的是,在同化模式下,遇到越多的阻碍,目标越难以达成,人们对目标重要性的评估会进一步升高,继而一直维持同化模式;直到达成信念被削弱殆尽,顺应模式才会被激活,与此同时,目标重要性随之降低。

表 27.1 同化与顺应模式中的个体与环境因素

目标系统因素	信念—认知因素	结果
• 目标重要性↑ • 目标可替代性↓	• 目标达成信念↑ • 个体控制感↑ • 目标—意义积极认知↑	• 同化模式启用 • 顺应模式抑制
• 目标重要性↓ • 目标可替代性↑	• 目标达成信念↓ • 个体控制感↓ • 逆境积极认知↑	• 顺应模式启用 • 同化模式抑制

除此之外,还有一些因素会影响人们启用顺应模式。① 个体控制感。个体对目标的达成信念不仅取决于环境条件,还取决于个体本身所拥有的控制感。那些拥有强控制感和效能感的个体更倾向于坚持既有目标,维持同化模式;同时,也正是这种强控制感导致他们难以在必要时转入顺应模式,由此可能经历更多的失败和资源损失,造成严重的抑郁。② 目标可替代性和自我概念的复杂性。对个体来说,如果某个目标和自我概念有很强的关联,很难被其他目标替代,那么放弃这样的目标对他们来说非常困难。此时,如果个体拥有一个相对比较复杂的自我概念结构,他们的目标系统灵活性就会更强,顺应模式的过渡也会

容易一些。例如,一个人的自我概念过于简单——与自我概念相关的人生领域和社会角色较少,领域之间的自我概念相关性较强(Linville,1985),他在职业领域的成功与失败很容易影响他在其他人生领域的自我认知和情感,进而严重影响整体的自我概念;相反,如果他的自我概念结构比较复杂,人生的多个领域能够相互独立地被纳入自我概念,那么即便职业目标的达成很重要,他仍有其他同样重要、有价值的目标可以追求和代偿,从而其自我概念也比较容易维持。③ 积极认知的可获取性。人们对目标吸引力和重要性的评估往往取决于他们将这一目标与积极结果相关联的程度(如达成这个目标可以带来幸福感等)。当顺应模式被启用,目标与积极结果相关联的认知会被抑制,而另外一种积极认知得到增强,即人们能够从当前现状中看到新的、积极的意义与价值。这种在逆境中寻求意义的积极认知可以促进目标的调整和重置,不过这种认知能力存在个体差异,如既往的生活经验、性格特征及社会信念(如宗教信仰、公正世界信念)等都是影响认知能力的因素。

(三) 实证检验

1. 同化、顺应与年龄

Brandtstädter & Rothermund(2002)提出,个体的同化和顺应倾向会受到年龄的影响。在成年早期,人们拥有更多的行动资源(如体力、健康、社会支持、时间等),更相信自己的目标终归是可以实现的,所以同化倾向会强于顺应倾向;到了成年晚期,人们可以使用的资源开始下降(如体能降低、社会支持减少、健康出问题、独立性降低、生命时间缩短等),目标达成信念随之减弱,顺应倾向开始增强,同化倾向逐步衰减。这一年龄机制也有助于解释为什么老年人的幸福感和抑郁水平与青年人相当,未随行动资源的下降而发生显著变化;顺应模式的增强能够帮助他们应对老年阶段不可避免的功能下降和丧失,并维持积极的情绪和认知调节(Brandtstädter & Greve,1994;Brandtstädter & Rothermund,1994;Brandtstädter et al.,1999)。与理论预期一致,既往研究发现,大学生的同化倾向显著高于顺应倾向(Haratsis et al.,2015);而对于中年人和老年人,年龄与顺应倾向正相关,即随着年龄的增长,顺应倾向逐渐增强(Brandtstädter,2009;Rothermund & Brandtstädter,2003)。

2. 同化和顺应对个体发展的影响

(1) 同化、顺应与个体认知及行为。与双过程框架的理论预期一致,研究发现,同化倾向越强,个体对于达成目标的信念就越强、对未来发展越乐观,而顺应倾向与达成信念负相关(Gaudreau & Blondin,2004;Haratsis et al.,2015;Nurmi

et al., 2002)。同化倾向越强的个体对当前目标越投入(Frazier et al., 2007; Haase et al., 2008; Haratsis et al., 2015);而顺应倾向越强的个体越可能放弃当前目标(Brandtstädter & Rothermund, 2002),并将释放出的资源投入新的目标(Haratsis et al., 2015)。

(2) 同化、顺应与幸福感。对于中年人和老年人,研究者发现,两种倾向都有助于促进生活满意度和幸福感(例如,Bailly et al., 2012; Heyl et al., 2007; Kelly et al., 2013; Wrosch et al., 2007; Zhang, 2020)。对于面临负面生活事件或生理心理机能障碍的群体(如面临婚姻或育儿困难、视力或听力丧失),顺应倾向强的个体能够更好地应对困难和障碍、抵御负面情绪(Brandtstädter & Felser, 2003; Seltzer et al., 2004)。

近年来,在大学生和已工作的青年群体中,研究者也发现了同化和顺应倾向对个体发展的积极作用:两种倾向都与生涯适应力及职业满意度正相关,也与生活自主性、对环境的控制感、个人成长、社交质量、人生意义感以及自我接纳等正相关(Frazier et al., 2007; Haase et al., 2008; Haratsis et al., 2015; Tolentino et al., 2013)。

三、相关评估技术与测量工具

(一) 同化和顺应倾向测量工具

虽然双过程框架得到了大量实证研究的关注,但相关测量工具非常有限。目前使用最多的还是 Brandtstädter & Renner(1990)开发的两个量表,包括坚定目标追寻量表(Tenacious Goal Pursuit Scale, TGPS)和灵活目标调适量表(Flexible Goal Adjustment Scale, FGAS),最早用德语开发,后被译为英文(见表 27.2)。同化和顺应模式既体现出状态特征,即会受到情境因素的影响而发生变化,也反映个体特征,即人们在使用同化或顺应模式时具有一定的个体倾向性和能力(Brandtstädter & Renner, 1990)。虽然应用广泛,但这两个量表的效度还是受到一些质疑。比如,量表的因子结构不清晰(Henselmans et al., 2011; Mueller & Kim, 2004),内容效度和建构效度也未得到足够的实证支持(Henselmans et al., 2011)。近些年,Baily et al.(2012)重新对 TGPS 和 FGAS 进行了修订,每个量表各删除了 5 个项目,得到两个 10 个题项的短版量表。

表 27.2　TGPS 与 FGAS

TGPS	FGAS
1. 目标越难实现,对我的吸引力就越大。	1. 即使在严重的不幸事故中,我也很容易看到积极的方面。
2. 我会非常固执地追求我的目标。	2. 当有些事做错了时,我通常也能在这种状况中看到光明的一面。
3. 遇到障碍时,我通常会加倍努力。	3. 一般来说,我不会因为错过一个机会而难过很久。
4. 即使事情看起来毫无希望,我仍会努力实现自己的目标。	4. 我很容易适应计划或环境的变化。
5. 即使情况看起来毫无希望,我仍会尽最大努力。	5. 即使放弃珍贵的东西,我通常也会发现积极的意义。
6. 即使遇到很大的困难,我也会坚持自己的目标和事业。	6. 我通常很容易就能认识到自己的局限性。
7. 为了避免失望,我不会把目标定得太高。(反向题)	7. 当出现严重的障碍后,我很快就会转向新任务。
8. 我通常对自己不懂的事情不感兴趣。(反向题)	8. 如果没有得到想要的东西,我会耐心接受。
9. 如果一个目标看起来很难实现,我会轻易放弃它。(反向题)	9. 面对失望,我觉得生活中的其他事情也同样重要。
10. 面对不可逾越的障碍,我更愿意寻找一个新的目标。(反向题)	10. 我发现即使是生活中的烦恼也有其光明的一面。
11. 当我对生活的期望不高时,生活会更愉快。(反向题)	11. 当我陷入严重的麻烦时,我会思考如何解决这一麻烦。
12. 当有一个我努力了也无法解决的问题时,我会把这个问题丢到一边。(反向题)	12. 当我陷入困境时,我很难找到新的方法。(反向题)
13. 我避免为无法解决的问题苦恼。(反向题)	13. 因为要求高,我给自己制造了很多麻烦。(反向题)
14. 当无法达成目标时,我会改变目标而不是继续奋斗。(反向题)	14. 我很难接受挫折或失败。(反向题)
15. 面对一个严重的问题,我有时根本不去理会它。(反向题)	15. 除非事情完全符合我的意愿,否则我永远不会真正满足。(反向题)

当前,双过程框架主要用于老龄化研究,但是按照 Brandtstädter(1989)的思路,同化和顺应模式在成年各个阶段均会被使用,会对个体的毕生发展起到积极作用。近几年,Haratsis et al. (2015)开发了新的同化和顺应量表,专门测量大学生的两种应对倾向(见表 27.3)。两个量表具有较高的信度(同化:$\alpha = 0.91$;顺应:$\alpha = 0.93$),项目因子负荷均在 0.58 以上。此外,和理论预期一致,同化倾向较高的大学生在当前职业目标上的投入更多,对生活的满意度更高;顺应倾

向较高的大学生更倾向于放弃当前的职业目标,对生活的满意度也更高。

表 27.3 新的同化和顺应量表

同化资源量表	顺应资源量表
指导语:当我必须做一些对我来说非常重要且困难的事情时	指导语:当我发现我做不到一些对我来说很重要的事情时
1. 我更坚定地使用我的技能和经验。	1. 我不再为它浪费时间和精力。
2. 我继续朝着目标努力。	2. 我转移到其他事情上。
3. 我通过思考它对我有多重要来激发动力。	3. 我接受就意味着我无法实现它。
4. 我对坚持下去感到乐观。	4. 我思考可能会实现的其他目标。
5. 我尝试不同的方法或策略。	5. 我对自己的努力感到满意;毕竟,我面临着巨大的阻碍。
6. 我投入更多的时间和精力。	6. 我做点别的事情。
7. 我思考我可以用来预防潜在问题的策略。	7. 我把注意力转移到更有可能实现的事情上。
8. 我尝试不同的方法以保持积极心态,直到找到可行的方法。	8. 我不会太担心,我会找到别的可以做的事情。
9. 我试着去处理阻止我前进的障碍。	9. 我去做其他项目。
10. 我加倍努力。	10. 我想想其他可以专注的事情。

四、理论的应用价值

(一) 老年阶段的功能衰退问题

目前,双过程框架主要用于老年阶段的目标追寻与调适问题。例如,面对人生中不可逆转的丧失(如残疾、感知功能丧失、慢性疼痛、亲友去世等),增强个体的顺应能力能够有效维持积极的自我信念(Bailly et al., 2011; Mackay et al., 2011)、抵御刻板印象(Rothermund & Brandtstädter, 2003; Wentura & Brandtstädter, 2003)、提升生活质量(Darlington et al., 2007)、应对压力和心理健康问题(Bailly et al., 2011; Brandtstädter et al., 1991; Rothermund & Brandtstädter, 2003)。

(二) 成年早期的职业生涯发展问题

近些年,双过程框架也被用于青年群体(18—29 岁)的职业生涯发展问题研究。例如,Haratsis et al. (2015a,2015b,2016)系统考察了同化和顺应倾向对大学生职业发展的影响,研究发现具有同化倾向的大学生的就业状况更好:他们在追求职业目标时,即便遇到挫折,仍有较强的达成信念,对职业未来表现得更加乐观,并通过增加对当前目标的投入来应对问题和障碍,最终对自己的目标进展及整体生活满意度更高。

相反,那些具有顺应倾向的大学生需要得到职业咨询师及相关实践工作者的识别、关注和帮助(Haratsis et al., 2016);他们在遇到职业目标挫折时,往往觉得当前目标的可替代性较强、重要性不高,进而减少对目标的投入。虽然这种策略有助于摆脱目标无法实现所带来的痛苦和挫败感,但同时也会导致个体一段时间内的职业目标进展不足。这说明对大学生而言,顺应或许有利于及时止损,但并不会迅速为他们带来一个有意义的新职业目标;即便有了新目标,也不意味着大学生会将资源和精力及时、顺利地投入新目标。在从顺应过渡到建立新目标、追寻新目标的过程中,大学生需要得到一些帮助:帮助他们理解自身所拥有的顺应性倾向和能力;协助他们分析当前状况是不是真的无法改善,培养他们应对职业挫折的技能;辅助他们反思是否真的准备好放弃当前的目标,以及这种决策在当下是不是最优解;更重要的是,如果放弃目标在所难免,在他们探索并寻找其他职业目标时提供支持和帮助,并帮助他们积累新目标所需的行动资源和社会支持,进而开启和维持同化模式,避免再度进入顺应模式。

五、 经典文献推荐

Brandtstädter, J. (1989). Personal self-regulation of development: cross-sequential analyses of development-related control beliefs and emotions. Developmental Psychology, 25, 96-108.

Brandtstädter, J. (2009). Goal pursuit and goal adjustment: self-regulation and intentional self-development in changing developmental contexts. Advances in Life Course Research, 14, 52-62.

Brandtstädter, J., & Greve, W. (1994). The aging self: stabilizing and protective processes. Developmental Review, 14, 52-80.

Brandtstädter, J., & Renner, G. (1990). Tenacious goal pursuit and flexible goal adjustment: explication and age-related analysis of assimilative and accommodative strategies of coping. Psychology and Aging, 5, 58-67.

Brandtstädter, J., & Rothermund, K. (1994). Self-percepts of control in middle and later adulthood: buffering losses by rescaling goals. Psychology and Aging, 9, 265-273.

Brandtstädter, J., & Rothermund, K. (2002). The life-course dynamics of goal pursuit and goal adjustment: a two-process framework. Developmental Review, 22, 117–150.

Brandtstädter, J., Wentura, D., & Rothermund, K. (1999). Intentional self-development through adulthood and later life: tenacious pursuit and flexible adjustment of goals. Sage Publications, Inc.

第二十七章参考文献

第二十八章

主动性动机模型

张春雨*

一、代 表 人 物

莎朗·K. 帕克(Sharon K. Parker,1967—)目前是澳大利亚科廷大学的教授,澳大利亚研究委员会荣誉会员,并担任科廷大学变革性工作设计中心的主任。同时,她还是英国谢菲尔德大学荣誉教授、澳大利亚社会科学院院士、美国工业与组织心理学会成员。帕克教授曾任《应用心理学》(Journal of Applied Psychology)副主编,现为《管理学会年刊》(Academy of Management Annals)副主编。她曾获得澳大利亚研究委员会授予的凯瑟琳·菲茨帕特里克奖(Kathleen Fitzpatrick Award),该奖项用于表彰对人文、艺术和社会科学领域作出突出贡献的杰出女性研究者,彰显了学术界对帕克教授研究工作和研究贡献的认可。2019 年,帕克教授荣获 Web of Science 集团评选的世界高引学者(highly cited researcher, HCR)称号,HCR 用于表彰

莎朗·K. 帕克

学术成果被引次数排名世界前 1% 的杰出学者。

帕克教授 1994 年在谢菲尔德大学获得博士学位,研究领域为职业心理学。她曾任教的大学包括新南威尔士大学、谢菲尔德大学、西澳大学和如今的科廷大学。

帕克教授的研究主要集中在主动性行为、工作设计、变革、幸福感、发展和工作绩效等领域,发表学术论文 140 余篇,其中部分论文发表在《管理学》(Journal of Management)、《应用心理学》(Journal of Applied Psychology)、《管理学会学报》(Academy of Management Journal)等顶级期刊。

---

* 张春雨,陕西师范大学心理学院副教授、硕士生导师,主要研究领域为职业心理学、生涯发展,电子邮箱:chunyu. zhang@ snnu. edu. cn。

二、理论的核心内容与实证检验

(一) 核心内容

职业生涯理论的发展基于初期的静态视角(如个人—环境匹配理论)、中期的动态视角(如生命广度与生命空间理论)、后期的个体能动性视角(如生涯建构理论)。职业生涯理论的历史沿革,让我们能清晰地看到生涯研究者对职业生涯发展的理解不断深入,以及每个时代所看重的核心特征。总体来看,这是一种从"静"到"动"再到"能动"的脉络。在现代的组织和生涯背景下,个人在生涯发展上的能动性越来越受到重视,即便有时个人的这种能动性可能有限,比如在生涯发展上依然会受到所处家庭、组织和社会的限制,但个人还是在不断地发挥自己的能动性而获得改变和发展。20世纪90年代,研究者提出易变性职业生涯的概念来呼应工作时代的变化,强调个人的自我主导性和价值驱动性在职业生涯中的重要作用。越来越多的人意识到个人在生涯发展中的主导地位,与此呼应的职业生涯自我管理也越来越受到重视。虽然生涯建构等理论充分意识到了个人在生涯发展中的能动性,但是这些理论忽视了一个非常重要的变量,即个人的主动性。在组织与职业心理学领域,与主动性相关的概念越来越受重视,比如主动性人格、主动性职业行为等。因此,与主动性相关的理论或模型为职业心理学引入了新鲜的视角,提供了有益的启示。

帕克教授2010年在《管理学》期刊上提出了主动性动机模型(model of proactive motivation),聚焦点放在主动性的目标达成上,而职业生涯发展本身就是一个职业目标不断达成的过程。其内核并非只关注职业生涯,在传统关注的决策和选择之外,它还关注目标的实现。因此,主动性动机模型给职业生涯的研究者和实践者提供了十分有益的启示。人是具有能动性的动物,这意味着很多人不是被动地接受目标和结果,而是能动地主动设立目标并为之奋斗。帕克教授提出的主动性动机模型以主动性为内核,解释了个人如何在主动改变中获得不一样的未来(见图28.1)。

主动性是该模型的核心,意味着个人主动地掌控事情的发生和发展,而不仅仅是一个旁观者。主动性有自我发起、关注改变和聚焦未来三个核心特征。也就是说,主动性通常是个人自己设定和发起的聚焦于改变现状的目标行为。在主动性动机模型中,帕克教授阐述了主动性是一个涉及两个成分的目标驱动过程,包括设定主动性目标(主动性目标生成)和为主动性目标而奋斗(主动性目标奋斗)。在此基础上,她进而提出"有能力做"(can do)、"有理由做"(reason to do)和"有能量做"(energized to do)三种动机成分,这三种动机可以促进主动性目标的生成,并使个人为之而奋斗。

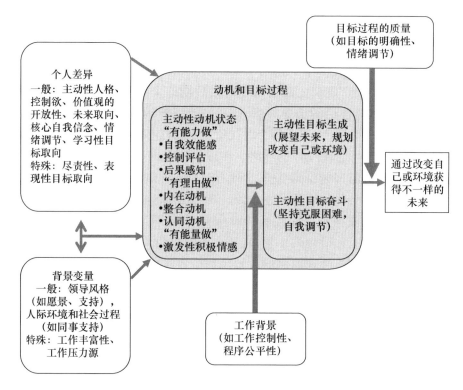

图 28.1　主动性动机模型
资料来源:Parker et al. (2010)。

1. 主动性是一个目标驱动过程

主动性动机模型的首要观点是,主动性行动是被激发的、有意识的、指向目标的行动。一个人的目标通常会走向两个系统:其一,个人会预期一个渴望达到的未来状态或结果,并制定策略去达成这些目标,即目标生成;其二,个人会调动和监控自己的行为以达到自己的目标,即目标奋斗。因此,目标驱动过程涉及以上两个成分:主动性目标生成和主动性目标奋斗。通过这两个成分,个人创造着未来的可能性,这种未来的可能性指向职业生涯等众多领域。这个过程会受到目标本身的特征和奋斗过程的质量的影响。例如,有研究发现,目标越具体或越有挑战性,越能激起个人的奋斗,越有利于达成目标。另外,目标越是学习性导向的,而不是单一结果导向的,越能激起个人的奋斗。

(1) 主动性目标生成。主动性目标生成是指个人根据自己的意愿,对目标进行展望和规划,通过改变自己或改变环境来获得一个新的未来。因此,这个目标生成过程是自我发起的,而不是接受别人所给的目标或方向。

其一,展望(envisioning)是指个人要察觉到当前或未来的问题或机会,期望自己可以通过主动地应对问题或把握机会来获得不一样的未来。展望需要预见未来可能的结果。这种展望未来的状态包括很多方面,比如主动的个人与环境匹配行为,即个人设定的主动性目标是让自己的个人特征更契合职业和工作环境。个人的目标可以是实现职业兴趣与环境的适配,想象未来在自己感兴趣的职业中工作的情景。因此,这种展望总是指向未来,大学生可以展望未来的工作场景,已经工作的人可以展望下一个生涯阶段努力的目标。这种展望的重要性在生涯建构理论中也有所体现,生涯适应力中最重要的成分就是生涯关注,其核心是对未来职业可能性的关注和预期。

其二,规划(planning)是指个人决定采取怎样的行动获得所展望的未来。这里涉及两种方法:一种是改变自己,比如个人发展新的能力、建立新的人际关系网或者收集更全面的信息。例如,为了更好地实现需求与能力的匹配,个人可以去收集关于自己能力表现的信息,或者主动地寻求他人对自己能力的反馈(Ashford & Black,1996);或者为了实现职业兴趣与环境的适配,个人可以去搜集一些具体职业的信息、规划一些可能的实习等。另一种是改变环境,比如在组织环境中,为了达到个人与环境的匹配,可以在入职前进行谈判以获得有利于自己的条件,或者考虑如何与领导重新商议工作需求、在允许的范围内调整工作职责;在家庭环境中,提前计划如何说服父母接受自己感兴趣但并不被父母认可的职业选择。

(2)主动性目标奋斗。主动性目标奋斗是指个人有目的地达成主动性目标所采取的行为或心理机制。没有付诸实际的主动性目标不能算作主动性目标,因为它并未对个人或环境产生任何影响。这个奋斗过程,主要涉及两个关键成分:实施和反思。

其一,实施(enacting)是指个人采取明确的行为达成主动性目标。在实施过程中,个人要充分认识主动性目标达成的困难,且努力坚持、克服困难,或者专注于达成目标的核心任务等。

其二,反思(reflecting)是指个人努力去理解主动性行为所带来的后果,如成功或失败。这些理解起到一个信息反馈的作用,帮助个人决定应该继续维持还是改变主动性目标。如果个人对达成目标的过程感到满意,他们就会维持自己的行为;如果对这个过程产生怀疑,就可能会改变或修正这个目标。比如,在为了达到个人职业兴趣和环境适配的过程中,个人采取了说服父母的方式,但如果父母反过来提供了很多更好的理由质疑个人的主动性目标,那么个人也可能会产生动摇,进而修改甚至放弃已定的主动性目标。

2. 主动性动机状态

一个人为什么设立主动性目标并为此而奋斗?关键在于这个人的动机状态,动机状态驱使个人设定目标并为此而奋斗。主动性动机模型区分了三类动机状态:"有能力做""有理由做""有能量做"。

(1)"有能力做"动机。该类动机主要包括自我效能感(我能做这个吗)、对控制状态的评估和归因(能行得通吗)、对行动后果的感知(有风险吗)。主动性往往伴随着潜在的风险,此时个人需要对自己设定的主动性目标和随之而来的后果有信心。自我效能感是指个人对自己进行某项活动的能力的信念,它可以增强个人的韧性,并提升克服困难的意愿。研究发现,求职自我效能感——个人对自己完成求职这一任务感到有信心——会促进主动的求职行为(Kanfer et al., 2001)。如果个人对自己的能力没有信心,就更可能放弃设定目标和奋斗。自我效能感是职业生涯领域备受重视的因素,特别是在社会认知职业理论中,自我效能感被视为影响职业选择、求职结果、工作绩效和职业生涯幸福感的关键变量(Lent & Brown, 2013)。与之相似的是,在生涯建构理论中,生涯适应力的另一重要成分是职业自信,其意义接近于自我效能感。此外,个人对自己是否具有控制性的评估也很重要,这是因为个人需要判断行为是否会导致期望的结果。如果一个人察觉到较低的可控水平,就可能评估自己达成目标有困难,进而感知到目标是不能达到的。特别是在涉及改变环境的时候,这种对可控性的评估显得尤为重要,因为改变环境比改变自己更困难。比如,个人在职业兴趣与环境匹配过程中,可能评估到自己无法说服父母让自己选择一个感兴趣但父母不认可的职业,说服的结果多半是失败,那么个人可能会放弃这个主动性目标。在"有能力做"动机中,对行为后果的感知也是一个重要成分,个人会评估行为的代价,比如害怕后果是失败,害怕追求主动性目标而失去别的机会。如果个人感知到为达成目标而付出的代价太大,就可能放弃对主动性目标的追求。总之,"有能力做"动机的核心要点是个人评估自己是否有能力设定主动性目标并为之而奋斗。

(2)"有理由做"动机。有时候,仅仅有能力做是不够的,还需要有理由做。比如,一个人可以相信自己会做好一份职业,但缺少理由去做,那也是不成立的。"有理由做"动机意在回答人们为什么建立主动性目标并为之而奋斗这一问题。

在自我决定理论(Deci & Ryan, 2000)框架下,几类自主性动机均能很好地解释这个问题。鉴于主动性通常是自我发起的,即它是自主的而非外力推动的,自主性动机越强,越可能激发主动性目标。如果个人的目标本身是内在享受的和有趣的,即个人具备设定一个目标的内在动机,那么个人更有可能建立主动性目标并为此而奋斗。比如,一个人想从事幼儿教师职业是因为他觉得这份职业很有乐趣,能让自己享受其中。有研究针对追求音乐事业的人,发现对音乐事业越热爱的人,越感知到自己在音乐方面是有能力的,越会坚持追求这份事业(Dobrow & Heller, 2015)。有时,如果目标并不够有乐趣,但它对个人来说是重要的,比如目标可以表达自己看重的价值或人生追求(即持有认同动机),那么个人也可能为之而奋斗。越是与个人的价值观或兴趣相契合的目标,越会激发个人的斗志。比如,个人想从事医生这份职业,并不是说做医生很有趣,而是他想通过医生这份职业来实现救死扶伤的人生目标,想通过这份职业来体现自己的人生价值。这时,个人也有理由设定和追求主动性职业目标。总之,要做到主动性地设定目标并追求这个目标,个人需要有理由去这么做。

(3)"有能量做"动机。以上两类动机没有涉及情感的成分,被称为"冷"动机状态,而"有能量做"动机则涉及"热"的情感成分,即个人是否具备激发性的情绪或情感状态去设定主动性目标并为之而奋斗。在主动性动机模型中,积极情感被认为会促进个人设定主动性目标并为之奋斗。特别是激发性的积极情感(如感到有活力)比非激发性的积极情感(如感到惬意、满足)更能促进主动性行为。积极情感可以提高个人的能量感,促进个人更努力地付诸行动以达成目标。

3. 调节因素的影响

在以上的论述中,主动性动机模型很好地解释了动机与主动性目标之间的关系,即个人首先需要具备主动性动机,然后才去设定和追求主动性目标。然而,在社会或工作背景中,可能有很多因素会阻碍具备动机的人去实现主动性目标。其中一个很重要的因素就是工作控制性,如果环境给予个人较少的控制感,个人会缺少机会去施展自己的主动性。比如,一个人可以通过工作重塑在组织中持续改变任务边界、工作关系和工作认知来使工作更契合自己(Wrzesniewski & Dutton, 2001),但这种工作重塑在一定程度上取决于组织环境给个人多大的自主控制性。相似地,在家庭环境中,父母给子女多大的控制性让其决定自己的职业选择,同样也会影响子女建立和追求主动性职业目标。另外,在组织环境下,组织的程序公平也是一个潜在因素。程序公平保证了在工作环境中的个人能更有安全感地施展主动性;反之,个人可能会评估到施展主动性会有风险,从而放弃主动性尝试。总之,动机和主动性目标的设立与追求可能受到一些背景或环境因素的影响,使得具备动机的人放弃生成和追求主动性目标。

4. 影响主动性目标过程的前因变量

主动性动机模型在阐述了动机和目标过程之外,还提出了通过动机状态来影响主动性行动的前因变量。这些变量主要涉及两大类:源自个人的差异和源自所处背景的变量。

(1) 源自个人的差异。很多来自个人方面的差异可能会影响主动性目标的设立和追求。首先,这种个人的差异性体现在人格和价值观方面。在人格方面,最重要的特质就是主动性人格,即个人不受环境限制而对环境作出改变的一种倾向。这种特质被认为可以预测多种主动性目标,比如人际关系网的建立、主动的职业探索行为、职业生涯的适应力等。研究发现,主动性人格促进了大学毕业生求职自我效能感的提升,进而激发其努力求职,以获得良好的求职结果(Brown et al., 2006)。众多研究发现,主动性人格会促进职业生涯的成功(Fuller & Marler, 2009)。另外,大五人格中的尽责性同样是预测主动性目标的一个重要特质。比如,进行职业规划、收集职业信息等,从而使个人获得更好的职业生涯发展。研究发现,青少年时期的尽责性能预测成年后更低的个人失业率(Egan et al., 2017)。此外,个人在人格和价值观方面的差异还体现在控制欲、学习取向、表现性结果取向、未来取向、核心自我信念、情绪调节等方面。比如,高控制欲的人可能会更好地建立人际关系网络、收集信息、制定主动的社会化策略。高学习取向的人(即个人具有想了解和学习新东西的倾向)会更积极地寻求主动性的反馈信息。

其次,个人差异还体现在知识、技能和能力方面。其中,个人的资质和受教育程度均可以预测更积极主动的求职行为。比如,一般认知能力高的人可能对自己的能力有更强的认知,即激发了"有能力做"动机,进而设定更高的主动性职业目标,并认为自己可以达成这样的目标。

(2) 源自所处背景的变量。除个人差异外,一些源自个人所处背景的因素也可能影响主动性的目标驱动过程。主动性动机模型提及了几个典型的变量。比如工作丰富性,意为工作本身具有更多的自主性和复杂性,这种工作丰富性可能加强个人对能否在所处环境中有所掌控的感知,进而促进自我效能感的提升,即影响"有能力做"动机。这种工作丰富性也促进了"有理由做"动机,比如丰富的工作内容为个人创造了体会乐趣的条件,使个人更可能受到内在激励去表现主动性。另外,工作压力源也可能会影响主动性的目标驱动过程,比如时间压力、环境限制等。在这些压力源下,个人会更主动地寻求来自外部的反馈信息。除此之外,领导风格和人际环境也可能有影响。比如,变革型领导会促进下属的创新工作行为,也会促进团队员工的主动性;支持型领导会促进下属进行主动性的尝试;人际环境中的朋辈支持也有助于主动性行为的产生。

(二) 实证检验

虽然主动性动机模型提出的时间并不久,但已经在组织、工作和职业生涯等领域被实证研究广泛验证。目前该模型的谷歌学术引用数量已达 1 000 次以上。例如,Hirschi et al. (2013)研究发现,"有能力做""有理由做"和"有能量做"三类动机可以显著预测个人的主动性职业行为,如职业生涯管理活动、职业生涯规划、建立人际关系网等,同时"有能力做"动机也对大学生的生涯决策起到积极的作用。Lee et al. (2016)针对高中生的研究也发现,"有能力做"和"有能量做"这两类动机显著地预测了其在职业生涯上的探索行为。另外,Bindl et al. (2012)的研究发现,激发性的积极情绪(即"有能量做"动机的典型成分)能显著预测主动性职业目标的展望、规划、实施和反思这四个主动性目标生成与奋斗的关键成分。

在主动性动机模型的个人差异和背景变量方面,诸多研究验证了与动机状态、主动性目标生成、主动性目标奋斗等相关的前因变量。比如,Valls et al. (2020)的研究发现,大学毕业生的主动性人格可以帮助他们更好地就业。Ren & Chadee(2017)的研究则发现,工作压力促进个人积极地在自己的职业生涯方面建立关系网络,进而促进主动性个人技能的发展。在组织情境下,Hong et al. (2016)的研究也发现,组织中建立提倡主动性的人力资源管理体系,有助于在部门中营造主动性氛围,进而提升个人的自我效能感,激发个人去实施主动性行为。Wu & Parker(2016)针对中美两国人群的研究发现,领导支持可以提高自我效能感("有能力做"动机)和自主性动机("有理由做"动机),进而促进主动性的工作行为。

三、理论的应用价值

主动性动机模型以主动性为内核,解释主动性目标的设定和实现,在职业生涯领域有着非常重要的应用价值。

第一,生涯教育者、生涯咨询师和寻求生涯发展的个人需要意识到主动性在职业生涯发展中的重要价值。主动性动机模型提供了一个有益的职业生涯视角,即职业生涯应该是自我发起的、聚焦未来和关注改变的。倡导职业生涯自我管理是现代生涯背景下的重要特征,个人要有主动的生涯发展意识,要对职业的未来有所想象,要去主动地寻求改变。具备这样的主动性,个人会更好地实现职业生涯发展上的目标。从这个角度看,职业生涯不仅仅局限于决策或选择,它还包括职业目标的设定及持续奋斗并实现目标的动态过程。所以,要把职业生涯发展视为一个目标驱动的动态过程,而主动性的目标驱动是其中的关键。帕克教授提出"睿智的主动性"这一概念,所谓"睿智的主动性"即主动性要平衡个人、他人和背景,既要考虑更大层面的系统,又要考虑系统里的他人和自己。在此基础上,帕克教授提供了一些指导问题来思考如何进行主动性职业目标的设定(见图28.2)。首先,个人的目标很难脱离个人所处背景而存在,因此,职业目标的设定也需要考虑背景,所设定的职业目标不是图一时的改变,而是要对所处背景做长远的有意义的改变。其次,目标还要考虑他人,睿智的人在追求主动性职业目标的过程中能考虑到他人,甚至是帮助到他人。例如在建立社会关系网时,睿智的人不只是关注如何从别人那获得什么,更会考虑他如何能帮助到别人,获得共同的进步。最后,睿智的目标是对个人有意义的,而不是设定很多言不由衷的目标而让自己筋疲力尽,或为了取悦别人而设定目标。个人应该相信这个目标是重要的,是与自己相契合的。因此,在设定主动性职业目标时,要平衡好背景、他人和自我这三个方面。

第二,生涯教育者和生涯咨询师要注意激发个人的主动性动机状态,个人要在职业生涯上设立主动性目标并为之而奋斗,需要个人感知到有能力、有理由和有能量去这么做。因此,在职业生涯的主动性发展上,生涯教育者和生涯咨询师可以考虑设计一些干预方案去提升有能力(如自我效能感)、有理由(如自主性动机)和有能量(如激发积极情感)来促进个人主动地设定职业目标并积极努力去实现职业目标。

第二十八章 主动性动机模型

考虑背景	考虑他人	考虑自己
背景合理是指当设定和追求主动性目标时，考虑到目标对所处环境具有怎样的意义，以及如何有效地管理改变，以促进个人做出有意义的长期改变	关怀他人是指当设定和追求主动性目标时，考虑到在这个过程中如何能帮助到别人，以及在实施改变时如何考虑到别人	个人合理是指当设定和追求主动性目标时，考虑到目标要与自己的价值观和资源（如时间、能力、兴趣）一致，以及如何使主动性对自己更有意义和更具可持续性

设立背景合理的职业目标
- 这个主动性目标对我的处境或更大的系统有意义吗
- 这个主动性目标可以处理并改善引起问题的根源吗
- 这个主动性目标能产生长远的影响吗

追求职业目标（通过有效的管理策略）
- 我如何有效地影响周围的他人来帮助我达到目标
- 如果遇到对改变的反对，我如何解决
- 当实施改变时，我如何有效地使用所处环境中的外部资源、支持和机会

设立关怀他人的职业目标
- 这个主动性目标会有助于别人或帮助到别人吗
- 我如何把别人的利益也考虑到这个主动性目标中
- 我是否只考虑了某些人的利益，而忽略了另一些人的利益
- 是否有一种方式可以让我的主动性目标兼顾到很多人的利益

追求职业目标（关怀别人）
- 我如何去追求我的目标，同时也考虑到别人的偏好和目标
- 是否有别的方式可以让我完成目标但又不至于伤害别人
- 我如何去与别人沟通，以关注到他们的偏好或目标
- 我如何在完成目标中也兼顾团队或组织的目标

设立个人合理的职业目标
- 这个主动性目标与我的价值观、特长、兴趣和爱好相一致吗
- 这个主动性目标所需的时间和努力与我看中的其他东西相冲突吗
- 这个主动性目标是否提供给我个人成长和学习的机会
- 我能使这个目标对我更有意义吗

追求职业目标（通过管理个人资源）
- 我如何实施改变且不至于耗费太多时间和精力
- 当遇到阻碍时，我怎么做才能坚持目标
- 当遇到阻碍或事情发展不如预期时，我如何保持积极乐观、如何复原
- 我该怎么做才能不让自己有挫败感

图 28.2　评估睿智的主动性目标的指导问题
资料来源：Parker & Liao(2016)。

第三,生涯教育者和生涯咨询师还需要充分认识到个人的差异和所处环境的因素对这一主动性过程的影响。也就是说,个人的主动性不能完全脱离个人本身的特性和所处的外在环境而存在。因此,必须综合全面地看待人格、价值观、能力等个人因素以及目标特性、家庭环境和组织环境等因素对主动性职业目标的生成和奋斗的影响。在具体的教育、干预或管理实践中,可以考虑在个人差异的基础上,尽可能获得环境所提供的支持,这其中不管是父母、领导还是朋辈都可能发挥作用。

曾经有一个案例,学生 A 本是计算机专业的学生,当时正在考虑是否转入心理学专业。首先,A 已经主动性地设定了一个职业发展目标——转专业,意味着这是他自己开启的指向未来的改变。其次,驱动他是否设定这个目标的动机状态中,已经具备"有理由做"动机,他解释从小学开始就爱好心理学,志在通过科学研究揭示心理现象和大脑之间的关系以探索人脑的奥秘。他认为学别的专业不能给自己带来这样的满足感和意义感。但是,他有两个方面的疑问:一方面在"有能力做"动机中,A 发现自己仍不清楚心理学专业未来的职业状况,所以作出这一选择的风险未知。另一方面在家庭环境中,来自父母的反对意见使 A 评估到自己不能掌控。父母一是认为学心理学专业的未来收入会低于计算机,个人未来的经济状况受到影响;二是存在不合理的刻板印象,觉得学心理学要整天与消极的人相处,担心负面的东西会影响 A,从而使他变得消极。综合以上的介绍,可以看出 A 的职业发展困扰主要在"有能力做"动机和环境控制性方面。因此,咨询策略的方向聚焦于帮助 A 更准确地评估"有能力做"动机和获得更大的环境控制性,包括收集心理学专业的职业信息,以此评估转专业目标的可能代价;再针对 A 父母关注的问题,建议 A 收集关于收入和专业刻板印象的信息,并与父母沟通以获得更多的家庭支持,提高环境控制性。另外,评估目标与个人的契合度,建议 A 深入挖掘自我,全面了解自我,再评估目标的可行性。通过这个简要的案例,可以看出主动性动机模型提供了一个有益的应用框架来帮助生涯咨询师或生涯教育者解释职业目标的设定和追求,并指导职业生涯咨询和干预的实践工作。

四、经典文献推荐

Parker, S. K., Bindl, U. K., & Strauss, K. (2010). Making things happen: a model of proactive motivation. Journal of Management, 36, 827-856.

Parker, S. K., & Liao, J. (2016). Wise proactivity: how to be proactive and wise in building your career. Organizational Dynamics, 45, 217-227.

第二十八章参考文献

第六篇

生涯系统理论

第二十九章

工作—家庭边界理论

王海江　宋学静*

一、代表人物与时代背景

(一) 代表人物

苏·坎贝尔·克拉克(Sue Campbell Clark)出生于美国密歇根州,她在辗转多地的求学生涯中结识了自己的丈夫保罗(Paul),二人一起在伊利诺伊大学(University of Illinois)完成了博士阶段学习并拥有了3个孩子。克拉克曾在爱达荷大学(University of Idaho)的商业与经济学院担任组织行为学授课教师。爱达荷大学是一所历史悠久的公立大学,创建于1889年,是爱达荷州排名第1的大学,在美国综合性大学中排名前11%,拥有良好的学术氛围和优美的校园环境。克拉克教授在爱达荷大学开展了自己大部分的学术研究,她主要关注工作家庭互动与平衡、跨边界沟通和教育实践等领域,并在《人际关系》(Human Relations)、《职业行为》(Journal of Vocational Behavior)等期刊上发表多篇论文。

苏·坎贝尔·克拉克

Clark(2000)提出了工作—家庭边界理论(work-home border theory),解释了冲突和平衡是如何发生的,以及频繁在工作和家庭之间转移的边界跨越者和边界维持者的相互影响,为个人和组织提供了促进工作—家庭平衡的分析框架与指导建议。克拉克随后的研究集中于工作—家庭平衡和沟通领域方面。比如,克拉克2001年在《职业行为》上独自发表的文章《工作文化和工作/家庭平衡》

---

* 王海江,华中科技大学管理学院副教授,博士,研究方向为工作设计与工作重塑,电子邮箱:wang-haijiang@hust.edu.cn;宋学静,华中科技大学工商管理专业硕士研究生,研究方向为虚拟沟通与人际互动。

(*Work Cultures and Work-Family Balance*)考察了工作文化的三个方面(工作时间灵活性、工作本身灵活性与支持性监督)与工作—家庭平衡的关系。长期以来,克拉克教授关注工作与家庭的平衡,激进的性格与追求自由的理想使得克拉克与任职学校难以继续合作,她最终选择了离开。

(二) 时代背景

在工业文明到来之前,工作与家庭是紧密结合在一起的,人们以农业劳作、家庭作坊的形式进行生产、维持生活。在这种形式下,人们的生产和消费都以家庭为单位进行。工业革命使得家庭作坊逐渐消失,取而代之的是工厂雇佣的形式。越来越多的人走出家庭,进入使用大规模机器生产的工厂里工作,工作和家庭由此分离,与两者相关的活动需要在不同的时间、不同的地点进行。于是,人们自然而然地将分隔两地、时间交错的工作和家庭看作两个截然不同的领域。早期研究者也将工作和家庭看作两个完全分隔、各自运转的系统。

然而,到了20世纪70年代,研究者开始用开放系统的方法进行研究,假设工作和家庭生活行为互相影响,两个系统之间存在互动关系。其中一个著名的理论就是"溢出理论",认为工作与家庭之间虽然存在物理和时间的边界,但是某一方的情绪或行为还是可能会影响另一方。例如,当员工在工作中遇到难以解决的问题而感到烦恼焦虑时,这种不良的情绪会被他带到家庭生活中。作为对"溢出理论"的补充,"补偿理论"则认为工作与家庭的关系是互补的。"补偿理论"认为人们会在一方投入更多以弥补在另一方丧失的东西。例如,个体对家庭不满往往会激励自己努力工作,以便从工作中获取满足;反之亦然。

这些研究支持了一个重要观点,即工作和家庭是相互影响的。在这些研究的基础上,克拉克教授提出了工作—家庭边界理论。克拉克教授将工作和家庭比作使用不同语言、拥有文化差异、行为模式不同的两个国家。对于某些个体来说,工作和家庭之间的转换就好像是在毗邻的、使用相同语言、拥有相似文化的两个国家之间穿梭,因此这种转换是比较简单、轻微的改变。而对另一些个体来说,工作和家庭在语言、文化与行为模式上差异巨大,转换时的变化更大。

二、 工作—家庭边界理论的核心内容

工作—家庭边界理论认为个体每天在工作和家庭两个领域之间穿梭、停留。两个领域各自拥有独特的规则和社会角色期望,因此存在边界。个体可以塑造这两个领域以及两者之间的边界,并影响边界跨越者与边界维持者之间的关系。

(一）核心概念

1. 领域

人们通常根据地理区域、人员构成、观点态度等的不同将现实生活划分成不同的区域,每个区域称为领域。工业革命之后,"工作"和"家庭"变成了两个不同的领域,并发展形成了对比鲜明的文化。工作与家庭之间的差异可以分为目标的不同和关键要素的不同两类。

工作和家庭在目标上的差异表现在:工作的目的在于获得物质回报和认会认可,工作通过提供收入和成就感而使个体感到满足;而家庭的目的是满足"归属""爱"与"安全"的需要,在这里快乐源于亲密关系和情感上的满足。工作和家庭在关键要素上的差异表现在:个体在工作中,主要是为了获得成就感、胜任感,为了达到工作中的理想结果,关键要素是"负责任"和"工作能力";个体在家庭中,主要是为了获得归属、爱与安全的满足,为了达到家庭中的理想结果,关键要素是"爱""给予"和"诚实"。

2. 边界

边界是划分领域的界限,表明与领域相关的行为在哪里开始和结束。人们在领域的周边创造、保持和维护边界,主要是为了使周边环境变得简约、有序。边界一般分为物理边界、时间边界和心理边界三种主要形式。物理边界界定了与该领域相关的行为的发生地点,如工作场所的墙壁或家庭的围墙。时间边界界定什么时候应该干什么样的活动,即什么时候应该完成工作职责相关内容、什么时候应该承担家庭职责等。心理边界大部分是由个体创建的规则,而物理边界和时间边界可能会给个体提供塑造心理边界的依据,规定在不同领域的思维方式、行为方式和情感等。边界有以下特征:

(1) 渗透性。渗透性是指一个领域的元素可以进入其他领域的程度。例如,个体在家中设有办公室,物理意义上的门和围墙创造了他的工作边界,然而家庭成员频繁地进入并与其交谈,这就使边界具有了渗透性。在通常情况下,物理和时间上的渗透被视为打扰。渗透同样可以发生在心理层面,例如工作中的消极情绪被带入家庭生活中的溢出现象就是典型的渗透。而心理渗透并不都是负面的,当一种思想和观念被用于另一种情境时,可能会产生创造性的结果。克拉克教授在对一位护士访谈时发现,她能够把工作中学到的团队协作技能应用到家庭经营中,以提高家庭的和睦程度和家庭成员的满意度。

(2) 灵活性。灵活性指边界可以收缩或扩展的程度,这取决于一个领域或另一个领域的需求。例如,如果个体可以选择任何时间自由工作,工作和家庭的时间边界就会非常灵活;如果个体可以选择任何地点工作,物理边界就会非常灵活;同样,当心理边界非常灵活时,人们可以在工作中想着家庭,或者在家中也考虑着工作上的问题。当心理边界较灵活时,领域之间的思想、观念和情感等更加容易在不同领域之间流动。

(3) 可融合性。当边界有着高渗透性、高灵活性的特点时,边界融合就会发生。预设的边界周围区域将不再属于任何一个领域,而是工作和家庭的融合区域。举个例子,某人在家办公售卖保险,每天早晨当他和客户通电话开始工作时,还要照顾家里年幼的孩子,此时典型的边界融合就发生了。边界融合还常常发生在家族经营的商业活动中,因为家庭互动通常也是工作互动。当一个人在工作中利用自己的家庭经验或将工作经验用来丰富家庭生活时,心理融合就随之发生了。

(4) 强度差异性。渗透性、灵活性和边界融合共同决定了边界强度。不可渗透、不灵活且不允许融合的边界是强边界;相反,高渗透、灵活且易于融合的边界是弱边界。边界强度和边界的单向渗透性和单向灵活性有关。例如,个体的工作环境可能会要求他们家庭生活更具灵活性以便能够加班,但是不允许工作在他们家庭繁忙时提供同样的灵活性;反之亦然。通常来说,边界在力量强劲的领域方向上会表现更"强",力量薄弱领域的边界强度也就更"弱"。

3. 边界跨越者

边界跨越者是指频繁在工作和家庭之间转换角色的个体,他们是有能力调整边界和范围以适应需要的人。边界跨越者可以分为中心参与者和周边参与者。中心参与者和周边参与者的差异可以概括为两个核心的要素:影响力和身份识别力。中心参与者因自身胜任力、与领域核心成员保持联系、内化领域文化和价值等而产生影响力。身份识别力影响着个体能否从各自的责任中找到意义和自我概念。中心参与者的身份感比周边参与者的身份感更强烈。

4. 边界维持者和领域其他成员

边界维持者是指能对工作或家庭的跨越者产生一定影响的个人。具体而言,工作边界维持者除了直接领导,还有同事、下属、客户等;家庭边界维持者除了配偶,还有孩子、亲属、朋友等。边界跨越者对内外部信息的掌控能力会受到边界维持者的影响,若边界跨越者与边界维持者针对领域管理和边界范围没有达成共识,则容易造成工作家庭间的冲突。例如,克拉克在访谈中发现,某位员工的上司不允许她牺牲工作时间去照顾孩子——即使当时她的家庭琐事一团乱麻,却能够对其他人宠物的去世感同身受,因为这位上司没有孩子但有一只猫。

因此，当人们生活在差异较大的领域时，个体很难向其他人解释自己所在的领域，在这种情形下沟通不足也会使冲突发生，从而影响平衡。

以上核心概念如图29.1所示。

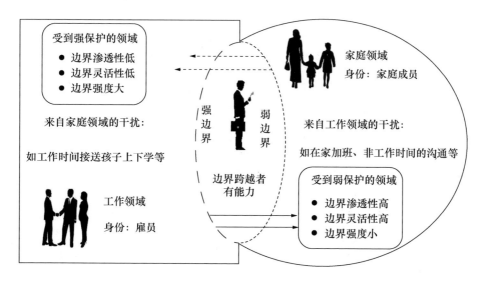

图 29.1　工作—家庭边界核心概念示意

（二）核心命题

克拉克提出的工作—家庭边界理论的核心命题如表29.1所示。

表 29.1　工作—家庭边界理论核心命题

命题	
命题1	• 当两个领域相似时，弱边界将促进工作—家庭平衡 • 当两个领域不同时，强边界将促进工作—家庭平衡
命题2	边界对一个领域保护力强，对另一个领域保护力弱： • 当个体主要认同受到强保护的领域时，工作—家庭平衡更好 • 当个体主要认同受到弱保护的领域时，工作—家庭平衡更差
命题3	一个领域的主要参与者（具有身份识别力和影响力）作为边界跨越者，比那些外围参与者拥有对领域边界更大的控制权
命题4	在两个领域都是主要参与者（具有身份识别力和影响力）的边界跨越者，比不是主要参与者的人有更好的工作—家庭平衡
命题5	边界跨越者所在领域的成员对另一领域有高度了解，相较于对另一领域知之甚少的情况下，具有更高的工作—家庭平衡

（续表）

命题6	边界跨越者所在领域的成员对其有义务的情况下(如支持在其他领域的责任)，具有更高的工作—家庭平衡
命题7	工作和家庭领域差异非常大时，比起跨领域交流，边界跨越者更乐于进行同领域内的交流
命题8	边界跨越者和维持者之间关于另一领域活动的频繁支持性沟通，有利于缓解工作—家庭关系失衡可能带来的不利影响

（三）最新进展

工作—家庭边界理论正式提出后，很多学者开始关注员工边界管理方面的研究。这一理论将工作和家庭两个领域类比为两个相邻国家或地区即"border"。该理论不仅解释了边界跨越者在两个领域之间来回穿梭的过程，同时关注了边界融合情况与不同领域成员之间的互相影响和支持作用。该理论提出之后，领域和边界的相关定义变得清晰，更多的人开始使用"boundary"这个词来表示领域之间的划分界限，尽管"border"和"boundary"在中文上通常都理解为边界。

工作—家庭边界理论提出后不久，Ashforth & Fugate(2001)基于领域与边界的相关理论提出角色边界与微角色转换的概念，关注角色身份。他们认为，员工角色可以视作从"分割"到"整合"的一个连续体。高度分割是指角色身份形成鲜明对比，边界不灵活且渗透性低的情形。这种情况可以降低角色模糊度，但提高了角色转换的难度。高度整合是指角色身份对比不鲜明，角色边界灵活且渗透性高的情形。这种情况会降低角色转换的难度，但提高了角色的模糊度。个体对工作—家庭边界的管理偏好并不完全相同。持有边界分割偏好的个体倾向于在工作和家庭领域之间设置清晰、明确的边界，不希望领域间相互渗透；边界整合偏好的个体则恰恰相反。同时，在多次重复进行角色转换后，这个过程会变得更加容易，甚至在某些不恰当的情形下自动形成心理上的角色转换。当个体适应一个角色之后，角色边界冲突所带来的情感影响将会降低。

部分学者在工作—家庭边界理论和角色转换模型的基础上尝试进一步的理论探索。马丽(2015)采用个人与环境匹配的观点，在中国文化背景下，提出了三维度的工作—家庭匹配对工作—家庭平衡的影响模型，关注个体、组织、工作和家庭变量的相互作用结果对工作—家庭平衡的影响，而不是各个变量的单独作用。研究表明，三个维度的匹配有利于降低工作和家庭的冲突，加强工作和家庭的平衡。

一些学者关注边界属性本身，有人认为边界渗透可以从行为和心理两个方面进行解释，关注心理渗透作为中介来解释工作弹性程度对员工绩效的影响。有研究表明，工作弹性程度能够帮助员工减少心理渗透，尤其有利于从事创造性工作的员工提升工作绩效(林彦梅等，2019)。随着边界理论的发展，个体变量、个体与环境的交互变量逐渐被引入工作家庭边界理论中，从而诞生了个体边界特征偏好理论等。个体边界特征偏好是指个体在主观上想分离工作与家庭两个领域的程度。不同的个体对边界的"分割—整合"有不同的偏好和选择，从而形成了个体的边界管理风格(贾西子和苏勇，2019)。

三、相关评估技术与测量工具

随着工作—家庭边界理论的发展，一些学者对于边界属性(如边界强度、边界灵活性、边界渗透性等)的测量工具与方法进行了研究。如 Hecht & Allen (2009)的工作—非工作边界强度量表，用于测量工作边界强度和家庭边界强度。工作—家庭边界渗透的内涵和结构在很长一段时间内并没有统一的界定，国内学者(王永丽和张思琪，2016)通过访谈法和问卷调查法归纳出工作—家庭边界渗透的维度并编制量表(见表29.2)。其中，边界渗透包含工作—家庭边界渗透和家庭—工作边界渗透两个方向，两个方向的边界渗透均包括事件渗透、家庭关系渗透和心理渗透三个维度。工作—家庭渗透方向三个维度量表的题项如"我会把我一部分家庭时间用于工作""我的同事或上司会来到我的家中拜访""我会向家人发泄工作上的不良情绪"等。采用李克特5级评分量表进行评价，1分为"从未"，5分为"总是"。

Matthews & Barnes-Farrell(2010)开发了边界灵活性量表(见表29.3)，包含工作灵活性能力、工作灵活性意愿、家庭灵活性能力和家庭灵活性意愿四个维度。有关工作灵活性能力的条目如"为了能够满足我的家庭和生活需要，我可以在需要的时候上下班""如果有需要，我可以早点下班去处理与家庭有关的问题"等；有关工作灵活性意愿的条目如"我愿意延长午餐时间，以便处理与家庭和个人生活有关的问题""我愿意抽出工作时间来处理我的家庭和个人生活问题"等。

表 29.2 工作—家庭边界渗透量表

工作—家庭边界渗透分量表	工作—家庭事件渗透	1. 我会把我一部分家庭时间用于工作 2. 我会在家加班 3. 我会在家里利用网络做与工作相关的事情
	工作—家庭关系渗透	1. 我的同事或上司会提议到我家中聚会 2. 我的同事或上司会来到我的家中拜访 3. 在家人的重要节日,我会邀请同事或上级参与
	工作—家庭心理渗透	1. 我会向家人发泄工作上的不良情绪 2. 我会把工作上的情绪带回家 3. 我在家里还会一直想着工作上的不愉快
家庭—工作边界渗透分量表	家庭—工作事件渗透	1. 我会在上班时间处理一些家庭事务,如交水电费、物业费 2. 我会在工作时间思考有关孩子或父母的事情 3. 我会把家里的事情带到公司来完成
	家庭—工作关系渗透	1. 我的家人会来我的工作地点找我 2. 我的家人会有意识地进入我的工作圈,与我的同事、上下级接触 3. 我和我的家人会与我同事、上下级的家人来往
	家庭—工作心理渗透	1. 我会把家庭中获得的技能运用到工作中 2. 家庭会给我带来一些想法以处理工作问题 3. 我会把在家里形成的一些习惯带到工作中

资料来源:王永丽和张思琪(2016)。

表 29.3 边界灵活性量表

工作灵活性能力	1. 为了能够满足我的家庭和生活需要,我可以在需要的时候上下班 2. 如果有需要,我可以提早下班去处理与家庭有关的问题 3. 如果我的个人生活发生了一些事情,那么工作迟到是可以容忍的 4. 我可以停下手上的工作去履行与家庭和个人生活有关的责任
工作灵活性意愿	1. 我愿意延长午餐时间,以便处理与家庭和个人生活有关的问题 2. 假设领导不会怪罪,我不介意工作迟到去处理家庭和个人生活问题 3. 为了履行我的家庭和个人生活责任,我愿意改变日常习惯的工作时间 4. 我愿意抽出工作时间来处理我的家庭和个人生活问题
家庭灵活性能力	1. 我的家庭和个人生活不会因为工作时间的改变而受到影响 2. 如果有需要,我可以在不影响家庭和个人生活的情况下工作到很晚 3. 我的家庭和个人生活不会阻碍我早起上班 4. 为了履行工作职责,我的家庭和个人生活不会阻碍我加班 5. 从家庭和个人生活来看,我有能力安排自己的工作时间表以满足工作需求

(续表)

家庭灵活性意愿	1. 我愿意和朋友或家人商议更改计划以完成工作任务 2. 我愿意改变已经和朋友或家人约定的假期计划以履行工作职责 3. 当我在家时,不介意停下正在做的事情去完成工作任务 4. 我愿意取消和朋友或家人约定的计划以履行工作职责 5. 我愿意错过与家人或朋友的活动(如聚餐等)以完成工作任务 6. 我愿意在和朋友或家人度假期间处理与工作相关的任务

资料来源:Matthews & Barnes-Farrell(2010)。

四、 理论的应用价值

工作—家庭边界理论为工作—家庭平衡研究提供了一个理论框架。它解释了个体如何处理和协商工作和家庭两个领域的问题,以使其达到平衡。工作—家庭边界理论既描述了冲突存在的原因,又为组织和个人提出了更好地维持工作和家庭平衡的方法论。工作—家庭边界理论建议组织可以调整领域和边界以平衡员工的工作和家庭生活,帮助员工减少工作家庭冲突,同时有助于个人对工作—家庭边界进行自我管理以构建和谐关系。

(一) 组织的平衡措施

工作—家庭边界理论有助于为企业制定和实施家庭友好政策提供指导,以减轻个人面临的工作—家庭冲突,从而帮助员工实现工作—家庭平衡。具体的建议措施有:① 将组织部分福利扩展到员工家庭范围,以减轻或分担员工家庭压力;② 把员工的家庭情况列入晋升或调职的考虑因素,进行合理的职业安排;③ 提供家庭成员参观公司或联谊的机会,促进家庭成员和同事相互理解,明确个人在另一领域所承担的责任;④ 根据员工的实际情况,设计适应家庭需要的弹性工作制以供选择。同时,由于现代科技的发展,通信设备的发展使家庭办公成为现实,提供家庭办公的培训和指导也是组织的一项重要平衡措施。

组织实施家庭友好计划不仅是为了提升员工维系工作和家庭平衡的能力,而且是为了提高员工的忠诚度和生产率、降低离职率,并最终增强企业的竞争优势。企业在设计和实施家庭友好计划时应充分考虑领域和边界的特点,充分考虑员工之间的个体差异,因人制宜,不能盲目地让员工统一分割或整合工作和家庭边界。有条件的企业还应该提供"自助餐式"的福利体系,给予员工选择的自由。

(二) 工作和家庭的其他成员

根据工作—家庭边界理论,边界跨越者和维持者之间的沟通可以有效促进工作与家庭的平衡。边界跨越者可以和领域内成员交流他们其他时间做什么,以提高领域内成员对另一领域的了解。例如,与家人共同承担任务,告诉同事和上级家里的事情,通过频繁的沟通来获取边界维持者的理解与支持。

作为员工的直接上级或领导,在与个体沟通和相互理解时需要考虑不同个体之间的差异和家庭文化(Clark,2001)、积极促进跨领域交流,及时跟踪了解下属的家庭困难与家庭责任。例如,定期与员工进行一对一沟通,给予员工较大的工作灵活度,允许员工注意力短暂偏移等。对于家人来说,理解个体的工作内容与职责往往是最关键的。当工作领域有着较高需求时,有效的沟通与换位思考能够让家人更加体谅员工,从而承担更多的家庭职责。家人在日常生活中也应该主动了解彼此的工作情况,相互支持。

(三) 个人的工作—家庭平衡计划

随着移动办公设备、远程办公软件的普及,远程办公与居家工作逐渐成为新型工作模式。这为个体的工作和生活带来了灵活性,有助于节约时间、协调时间安排;但是,这种方式使得工作领域难以和家庭生活区分开来,容易导致工作和家庭在角色上的竞争与混乱。对个人而言,维持工作和家庭平衡的主要方法有:

1. 合理使用平衡策略

个体可以通过积极交流、提高在工作和家庭里的中心参与度来达到更好的平衡。有效的交流能够提高领域内成员对另一领域的了解,以便获取支持。提高中心参与度也就是发展与他人的关系,使他们明确在工作和家庭中承担的责任。

2. 善于运用平衡措施

随着工作要求的不断提高、维持家庭生活难度与日俱增,做好个人的工作—家庭平衡计划也就越来越重要。个人可参考以下措施:① 根据工作—家庭边界理论,居家工作者创建一些时间、空间和心理的边界以划分领域,有助于减少角色之间的冲突。比如,在家庭中留有专门的工作空间,在工作时间限制他人的进入,重新为工作与家务活动安排时间,增加工作与家庭角色转换的仪式感。② 弄清家庭与工作各自的重点,确定优先次序。如果"鱼与熊掌不可兼得",就要确定工作与家庭的优先次序。最好方法就是以长远的眼光,看看未来五年或十年里最要紧的事情是什么。③ 感到工作干涉家庭的个人,应主动尝试建立"家庭支持系统",提高家人对自己的理解从而承担更多的家庭责任;感到家庭干涉工作的个人,应与上级沟通,诉说自己遇到的困难,争取部分弹性工作的许可与工作内容的调整等。

五、 经典文献推荐

Ashforth, B. E., & Fugate, K. M. (2000). All in a day's work: boundaries and micro role transitions. Academy of Management Review, 25(3), 472–491.

Carlson, D. S., Kacmar, K. M., Wayne, J. H., & Grzywacz, J. G. (2006). Measuring the positive side of the work-family interface: development and validation of a work-family enrichment scale. Journal of Vocational Behavior, 68(1), 131–164.

Clark, S. C. (2000). Work-family border theory: a new theory of work/family balance. Human Relations, 53(6): 747–770.

Clark, S. C. (2001). Work cultures and work-family balance. Journal of Vocational Behavior, 58(3):348–365.

Clark, S. C. (2002). Employees' sense of community, sense of control, and work-family conflict in native American organizations. Journal of Vocational Behavior, 61(1), 92–108.

Matthews, R. A., & Barnes-Farrell, J. L. (2010). Development and initial evaluation of an enhanced measure of boundary flexibility for the work and family domains. Journal of Occupational Health Psychology, 15(3), 330–346.

第二十九章参考文献

第三十章

工作嵌入理论

杨春江[*]

一、代表人物与时代背景

(一) 代表人物

特伦斯·R.米切尔(Terence R. Mitchell)于1964年获得杜克大学学士学位,1969年获得伊利诺伊大学组织心理学硕士和博士学位。自1969年以来,在华盛顿大学工作,是华盛顿大学卡尔森管理学教授和心理学教授,曾多次获得华盛顿大学商学院的最佳研究员奖。米切尔的主要研究方向与兴趣是组织行为学和人力资源管理,特别是决策、领导和激励。近些年的研究主要集中在组织依恋的发展和验证。就研究成果而言,米切尔发表了一百多篇文章,在重要的专业会议上发表了一百多篇论文,撰写了5本著作。2010年,米切尔获得美国管理学会组织行为分会颁发的终身成就奖。

特伦斯·R.米切尔

(二) 时代背景

詹姆斯·G.马奇(James G. March)和赫伯特·A.西蒙(Herbert A. Simon)在其经典之作《组织》(*Organizations*)中,提出了离职解释框架——组织平衡模型,强调了"员工贡献"与"组织诱因"的平衡对离职决策的重要作用,并以此奠定了传统离职研究的基础。然而,这一基础正在受到挑战,Griffeth et al. (2000)的研究显示,态度和工作机会对离职的影响十分微弱。究其原因,可能是其他重要因素未被考虑在内。鉴于此,许多学者开始探索不同的研究方向:① 研究非

---

[*] 杨春江,西北大学经济管理学院教授、博士生导师,主要研究领域为员工离职管理、工作嵌入、接待业员工管理等,电子邮箱:chunjiang.yang@ nwu.edu.cn。

工作因素对离职的影响,比如 Price & Mueller(1981)、Mobley(1982);② 研究其他组织因素的作用,比如"团队的成员身份""喜爱的项目""组织内的关系网络"等;③ 发展新的离职理论,如离职"展开"模型等。

基于上述研究动态和成果,考虑到要理解员工离职(留职)行为是如何产生的,必须将行为主体放置到一个相互作用的社会网络中去观察。在"映像理论"和离职"展开"模型的理论基础上,Mitchell et al.(2001)摒弃了"负面态度引发离职"的传统观点,认为个体的离职(留职)决策会受到来自组织和社区两方面因素的牵制,进而提出"工作嵌入"(job embeddedness,JE)概念。

二、理论的核心内容

(一) 工作嵌入的内涵

"嵌入"一词源于"场理论"(field theory)和心理学的"嵌入图形"(embedded figures)概念。"场理论"认为人们有一个感知的生活空间,生活的各个方面都可以通过感知的生活空间表现出来。"嵌入图形"被应用在心理测试中,要求被试在复杂图像中找出隐藏在其中的某个简单图形以判断被试的场独立性和依存性。Mitchell et al.(2001)将嵌入描述为"将个体束缚在网络中",联系越多的个体越容易被束缚在其中,因此越不易离职。工作嵌入涵盖了个体的多重依附关系,如 Mitchell et al.(2001)认为"嵌入指出了员工及其家庭在社会、心理和经济网络中千丝万缕的联系,包括了员工及家庭的朋友、关联群体、社区以及他们生活的物质环境"。简言之,员工的离职决定并不是在封闭的条件下作出的,而是由其嵌入的环境形成的。

受 Mitchell et al.(2001)工作嵌入理论的启发,在考虑职业属性和职业生涯等因素后,Ng & Feldman(2007)从职业视角发展出职业嵌入的概念,将其定义为"使个体留在现有职业内的所有依附关系的总和",认为员工受职业壁垒、兴趣和收益等因素的影响,除了会与组织建立依附关系,还会在职业内外建立各种关系。

(二) 工作嵌入的维度

在原有研究成果的基础上,Lee et al.(2004)对工作嵌入理论进行了拓展,将工作嵌入进一步划分为工作内嵌入(on the job)和工作外嵌入(off the job),并通过实证研究发现职业外嵌入对员工主动离职和缺勤有显著影响,职业内嵌入对员工行为和绩效有显著影响。

基于 Ng & Feldman(2007)的职业视角,Adams et al. (2010)将职业嵌入分为职业内嵌入与职业外嵌入(前者指由职业相关因素导致的职业嵌入,后者指由家庭、社区等非职业相关因素导致的职业嵌入)。由此,职业嵌入被细分为六个维度——职业内联系、职业内匹配、职业内牺牲、职业外联系、职业外匹配、职业外牺牲。

总体来看,工作嵌入被定义为一个六维构念,即组织联系、组织匹配、组织牺牲、社区联系、社区匹配和社区牺牲,如图 30.1 所示。

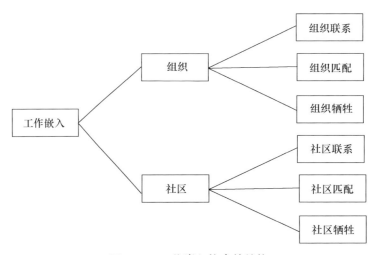

图 30.1　工作嵌入构念的结构

联系反映了个体在组织和社区中与他人或机构联系的紧密程度,包括各种正式和非正式的关系。员工与上级的关系、员工与团队的关系、员工与住在同一个社区的朋友和亲戚的关系,这些都构成了员工与组织和社区的联系。员工与组织和社区的联系越多,他们就越被束缚在工作中。

匹配指员工感受到的对组织和周围环境的相容度和舒适度,反映了员工感知到的个人兴趣和价值与组织和社区的匹配程度,以及个体与组织和社区内外设施的相容性。个人与组织匹配的前提是二者规范和价值观的一致,即员工的个人价值、职业目标和未来愿景都要与组织环境和工作要求相匹配(Cable & Judge, 1996; Chatman, 1989)。员工的工作选择和社会化过程都与其感知到的匹配程度有关,进而影响其离职意愿。同样,员工也会考虑与社区及周围环境的匹配程度,这些评价是独立于组织和工作之外的,员工居住社区的气候、便利设施、文化氛围、户外活动、政治宗教氛围、娱乐活动等都会影响员工与社区的匹配。与组织匹配程度越高的员工越不容易离职,与社区和周围环境匹配程度越高的员工越不容易离职。

牺牲是员工对离职所造成的所有物质损失和心理损失的认知。一旦离职,员工就不得不放弃现在感兴趣的工作、长期相处的同事、晋升机会、工作稳定感等非经济利益,还会失去股票期权、退休金补偿计划等经济利益。员工离职需要放弃的东西越多,他们离开组织和社区就会变得越困难。

(三) 工作嵌入与传统态度变量的区别

工作嵌入与传统的态度变量有两个根本性区别。第一,工作满意和组织承诺关注与工作相关的因素,而工作嵌入除此之外还包括与社区相关的因素。因此,工作嵌入变量中至少有一半没有被传统态度包含在内。第二,基于 Maertz & Campion(2004)的离职模型,人们对于留职和离职有着不同的动机。工作满意及各种形式的承诺代表了某些动机,而工作嵌入只评价员工的依附程度,并不关注动机问题。工作嵌入与传统态度变量的相关特征与区别如表 30.1 所示。

表 30.1 工作嵌入与态度变量的区别

传统态度变量	定义	工作嵌入与态度变量的区别
工作满意	员工对于工作的满意程度	• 工作嵌入包含一些工作以外的因素 • 工作嵌入不仅是情感方面的
情感承诺	个体对组织的认同、嵌入和情感依附,包括认同组织目标、为组织奉献和留职愿望	• 工作嵌入包含一些工作以外的因素 • 工作嵌入不仅是情感方面的 • 工作嵌入着眼于过去、现在和将来 • 工作嵌入包括由组织认同和接受组织目标而产生的对组织的心理依附 • 工作嵌入未提及员工为组织作贡献的意愿
连续承诺	基于员工对离职成本的认知,包括对工作投入、工作机会的认知	• 工作嵌入包含一些工作以外的因素 • 工作嵌入包括情感的和认知的评价 • 工作嵌入着眼于过去、现在和将来 • 工作嵌入不限于缺少工作机会和降低依附程度
规范承诺	基于员工的责任感,认为留在组织中是正确的和道德的,来自员工早期生活的社会化体验,包括家庭的和文化的体验	• 工作嵌入包含一些工作以外的因素 • 工作嵌入是对实际状况的描述,不涉及这种依附性的对错问题
离职意愿	员工对近期可能离职的估计,包括对离职目标、离职背景和离职时间的思考	• 工作嵌入基于过去和现在,而离职意愿代表对未来行为的预测 • 离职意愿是关于离职的决定过程,包括思考过程和实际行动

资料来源:Crossley et al. (2007)。

三、 实证研究与量表开发

(一) 实证研究

自提出以来,工作嵌入理论逐渐受到关注,尤其是近几年实质性研究成果逐渐增多,也从侧面反映了该理论的学术价值。从文献分布看,大体可分为四个部分:① 工作嵌入结果变量研究;② 工作嵌入前因变量研究;③ 工作嵌入作用机制研究;④ 工作嵌入理论的拓展。

1. 国外相关研究

(1) 关于工作嵌入结果变量的研究。其中,检验工作嵌入对离职预测效果的研究占很大比例。Mitchell et al.(2001)研究中连锁商店和社区医院两个样本数据均显示,工作嵌入与离职意愿和行为显著负相关。Fink et al.(2003)以垒球教练为样本,验证了工作嵌入对离职的影响。Cheng(2014)的研究显示,工作嵌入与销售人员的离职意愿显著负相关。此外,Lee et al.(2004)、Allen(2006)、Holtom & Inderrieden(2006)等研究也表明了工作嵌入对离职意愿和行为具有负向影响。

此外,其他结果变量研究主要集中在员工态度与行为方面,尤以行为居多。例如,Wijayanto & Kismono(2004)发现工作嵌入能预测员工的组织公民行为。Halbesleben & Wheeler(2008)发现工作嵌入对员工角色内绩效有正向影响。Sun et al.(2012)通过对护士的调查,发现工作嵌入对护士的绩效有正向影响。

(2) 关于工作嵌入前因变量的研究。Ryan & Harden(2012)对IT员工的研究发现,性别对工作嵌入的三个方面都有影响。Allen(2006)发现企业社会化策略中的集体化策略、系列化策略和支持策略正向影响工作嵌入。Mallol et al.(2007)从企业的主导文化入手,发现拉美文化与非拉美文化主导的企业在工作嵌入水平方面无显著差异。Zhao et al.(2012)表明工作满意度和生活满意度对工作嵌入具有正向影响。Karatepe(2013)发现酒店业员工高绩效工作系统和社会支持感能够提升员工的工作嵌入水平。

(3) 关于工作嵌入作用机制的研究。随着研究的深入,研究者将更多的关注点转向工作嵌入在离职决策中的作用机制问题。Lee et al.(2004)、Sekiguchi et al.(2008)、Swider et al.(2011)、Allen et al.(2016)、Collins & Mossholder(2017)检验了工作嵌入的调节作用;Collins et al.(2014)、Porter et al.(2016)、Akgunduz & Sanli(2017)、Ng et al.(2019)检验了工作嵌入的中介作用。

(4) 关于工作嵌入理论的拓展。Ramesh & Gelfand(2010)比较了美国(个人主义)和印度(集体主义)工作嵌入对离职的影响。更有趣的是，Gong(2011)讨论了中国情境下方言对工作嵌入和离职的影响。

2. 国内相关研究

(1) 关于工作嵌入结果变量的研究。除了检验工作嵌入对离职或离职意愿的预测作用，相关研究还检验了工作嵌入对组织信任和组织承诺(王莉和石金涛，2007)、流动倾向(徐茜和张体勤，2017)的预测作用。

(2) 关于工作嵌入前因变量的研究。研究发现，劳资关系的和谐性、开放性和敌对性，不同性质压力源，身份感知，关怀型领导和感知差异等对工作嵌入有影响(李召敏和赵曙明，2017)。

(3) 关于工作嵌入作用机制的研究。梁小威等(2005)、马丽等(2016)、杨春江等(2014)检验了工作嵌入的中介作用；李锡元等(2019)、李锡元和蔡瑶(2019)、佘启发和叶龙(2018)、杨春江等(2015)检验了工作嵌入的调节作用。

(4) 关于工作嵌入理论的拓展。考虑到中国现阶段员工构成的特殊性，秦伟平和赵曙明(2014)、王林和邓沙(2017)、谭磊和罗昕颖(2019)等针对农民工这一特殊群体的工作嵌入进行了研究。

(二) 量表开发

1. 国外相关量表

目前，工作嵌入的测量工具主要涉及两类量表：Mitchell et al. (2001)开发的组合量表从指标层面对工作嵌入进行测量；Crossley et al. (2007)开发的整体量表则是从构念层面对工作嵌入进行直接测量。

(1) 组合量表。

① 组合量表的构成。Mitchell et al. (2011)开发了包含40个题项的组合量表，由六个维度构成，每个维度又由若干题项组成。除了"联系"的两个维度，其余四个维度均用李克特5点计分。操作中，通常把每一维度中各题项的平均得分作为各维度的测量值，再以各维度测量值的均值作为工作嵌入的测量值。

② 组合测量的效度。针对内容效度，组合量表的题项主要包括四个方面：第一，人口统计变量和一些描述性的问题，用来评价被试的婚姻状况、子女个数、是否购买房产、工作年限等；第二，借鉴一些传统态度量表中的题项，并进

行适当的修改,例如工作—匹配维度中的"现工作能很好地发挥我的技能"和工作—牺牲维度中的"现工作的待遇很好";第三,经历多次讨论以澄清概念和编制项目;第四,通过与33位志愿者访谈,进一步编制和修改量表。

针对同期效度与预测效度,Mitchell et al.(2001)指出,对于零售商样本和医院样本,同期测量的工作嵌入与离职意愿的相关系数分别为 -0.41 和 -0.47。之后的研究也验证了工作嵌入与离职意愿的显著负相关关系。另外,一些研究也报告了工作嵌入对员工的主动离职、组织公民行为、缺勤和绩效有着较高的预测效力。

针对建构效度,基于工作嵌入的内涵,组织—匹配维度应该与相近的工作态度构念显著正相关,工作嵌入与工作寻找行为和工作机会感知显著负相关。这些理论层面的关系也得到了实证数据的支持。一些实证研究还验证了工作嵌入的非情感维度与情感、态度构念呈弱相关关系。此外,组织维度与社区维度较低的相关性也得到了验证。

③ 组合测量的信度。Mitchell et al.(2001)计算全部40个题项的内部一致性系数分别是0.85和0.87。Wijayanto & Kismono(2004)的内部一致性系数为0.81。Lee et al.(2004)发现,职业内嵌入22个题项的内部一致性系数为0.84,职业外嵌入12个题项的内部一致性系数为0.82。这些说明该量表具有较好的信度。

(2)整体量表。

Crossley et al.(2007)认为,整体测量较组合测量更具优势:第一,整体量表中各题项都是概括性的、非侵害性的问题,被试愿意回答;第二,少数几个反映性指标不但能够完整地反映构念,而且便于量表的实际操作,提高其准确性和回收率;第三,各题项统一的作答方式,能够克服组合测量中存在的统计局限。

① 整体量表的构成。Crossley et al.(2007)开发的整体量表包含7个题项,如"我感觉我对工作有依附感""我很难作出离开组织的决定"等。这些反映性指标从工作嵌入的整体层面进行概括性的评价和测量,采用李克特5点计分。

② 整体测量的效度。针对内容效度,Crossley et al.(2007)首先对工作嵌入研究中公开发表的论文和正在进行的研究资料进行了全面的收集和整理,继而对工作嵌入的现有资料进行全面思考,在明确其综合性、深入理解结构和概念的基础上,用综合题项代替原来各维度组合式题项。

针对同期效度与预测效度,Crossley et al.(2007)使用整体量表,结果显示同期测量的工作嵌入与情感承诺、工作满意显著正相关,与离职意愿、工作寻找意愿和工作机会显著负相关。另有研究显示,工作嵌入对员工的主动离职有着较好的预测效力。

针对建构效度,在汇聚效度方面:工作嵌入的整体测量结果与组合测量得到的六个一阶维度基本上呈高度相关性,与组合测量得到的二阶维度(组织、社区)呈较高的正相关性,与组合测量得到的工作嵌入呈较高的正相关性。另外,整体测量的结果与工作满意、情感承诺呈较高的正相关性,与感知到的工作机会、工作寻找意愿、离职意愿呈较高的负相关性。在判别效度方面:Crossley et al.(2007)的研究表明工作嵌入是一个显著独立的构念。

③ 整体测量的信度。Crossley et al.(2007)使用整体量表测得内部一致性系数为0.88。工作嵌入整体量表推动了工作嵌入在测量工具和方法上的发展,克服了组合测量中存在的局限性。首先,整体量表有助于识别个体较为关心的方面。其次,整体量表由于题项较少、易于作答,能提高测量的准确性和回收率。最后,在实证研究中,使用整体量表测得的工作嵌入水平在离职模型对主动离职的预测效力上优于组合量表。尽管如此,工作嵌入的测量仍需完善。其一,目前工作嵌入的测量基于个体的主观评价,易受到个体倾向和认知模式的影响;其二,如何克服工作嵌入各维度之间及其与其他组织行为学变量之间的相关性也值得研究(袁庆宏和陈文春,2008)。

2. 国内相关量表

杨春江等(2019)认为,工作嵌入涵盖的很多内容与社会文化密切关联。那么,在不同的文化间移植工作嵌入概念和推广其研究结果,也必定受到国家间文化差异的影响。基于此,杨春江等(2019)在理解中国情境下工作嵌入内涵和维度内容等特征的基础上,开发了组合量表并检验了构念结构。

在维度方面,中国情境下员工现状的维系关系可分为组织和区域两类,与欧美员工关注社区因素相比,中国员工会更多地考虑地区和家庭因素的影响。因此,在工作嵌入和区域嵌入两个范畴中,中国情境下工作嵌入包括联系、匹配和牺牲三类关系。基于这样的构念结构,杨春江等(2019)采取本土化思路编制成包括23个题项的组合量表(见表30.2)。该量表总分与Crossly et al.(2007)整体量表的相关系数为0.560,属中高相关,表明二者所测量的内容涵盖基本一致。在欧美背景下,Crossly et al.(2007)的整体量表与Mitchell et al.(2001)组合量表的相关系数为0.590,与杨春江等(2019)的研究结果相似。由此可见,中国版工作嵌入量表具有令人满意的信效度。

表 30.2 中国版工作嵌入量表

维度	条目
牺牲	1. 现在的工作能使我有时间、精力照顾家庭
牺牲	2. 我的工资待遇不错
牺牲	3. 我有一份体面(受尊重)的工作
牺牲	4. 辞职会给我的家庭造成不小的经济损失
牺牲	5. 在这里,我有很多晋升机会
联系	6. 工作中,我需要与同事密切协作
联系	7. 我和单位同事相处很愉快
联系	8. 工作之外,我和同事们交往频繁
匹配	9. 工作与我的专业对口
匹配	10. 工作中,我们团队(班组)合作得很好
匹配	11. 我喜欢现在这份工作
匹配	12. 在这里,有助于我专业技术水平的提高
匹配	13. 在这里,有助于实现我的个人理想
匹配	14. 住在这个城市,方便我照顾父母
匹配	15. 我很难离开这个城市
匹配	16. 我不会轻易到外地找工作
牺牲	17. 离开这个城市,我会损失很多
联系	18. 我的亲人大多生活在这个城市
联系	19. 在这个城市,我有很多社会关系
联系	20. 我和家人同住在这个城市
匹配	21. 我喜欢这个城市
匹配	22. 我喜欢这里的生活节奏和风土人情
匹配	23. 我熟悉这个城市,并习惯在这里生活

注:1 = 非常不同意,7 = 非常同意。

四、理论的应用价值

工作嵌入理论克服了传统离职研究中过于关注态度变量的局限,鲜明地指出组织以外因素和非情感因素对员工离职的影响,使得离职研究不但突破了组织的界限,还将一些客观因素融入其中,有利于开阔离职管理的思路。

首先,针对职业外范畴(区域和社区等)的重要性,企业管理者的视野应该跳出企业边界,关注员工的社区、家庭等社会因素对留职的影响。例如,在新员工甄选过程中,将员工的家乡等因素纳入考量条件。在日常工作中,企业相关部门应关注员工的家庭情况,帮助他们解决诸如住房、配偶工作、子女入学等家庭困难。

其次,针对联系的重要性,企业可以帮助员工在企业中建立多重联系。企业应想方设法促进部门/团队成员之间形成良好的同事关系。比如,鼓励员工下班后开展社交活动,开办聚会增进友谊;通过积极组织团建活动,建立成员之间的信任基础,这有助于员工相互间打消陌生感、建立友谊。企业还可以采用"导师制",帮助新员工与资深员工建立联系,在加快新进员工组织社会化的同时,有助于他们建构组织内的社交网络。

再次,针对匹配的重要性,企业、部门和团队中应确保每一位成员的任务角色不但与其知识、技术和能力相符,而且对其有足够的意义感。企业可以通过目标管理,将员工—组织、员工—部门、员工—团队的目标联系起来。这样有助于员工感受到自己工作的意义所在。领导应该经常与下属保持沟通,询问他们的职业和工作目标,与下属一起拟定绩效目标和职业规划,并一起讨论如何实现这些目标和计划。

最后,针对牺牲的重要性,企业必须给员工足够的薪酬和福利作为他们付出劳动的补偿。除了经济补偿,快乐的氛围、适合成长的环境、即时的反馈、内在激励也是员工考虑离职的重要影响因素。

五、经典文献推荐

Adams, G. A., Webster, J. R., & Buyarski, D. M. (2010). Development of an occupational embeddedness measure. Career Development International, 15(5), 420–436.

Feldman, D. C., & Ng, T. W. (2007). Careers: mobility, embeddedness, and success. Journal of Management, 33(3), 350–377.

Griffeth, R. W., Hom, P. W., & Gaertner, S. (2000). A meta-analysis of antecedents and correlates of employee turnover: update, moderator tests, and research implications for the next millennium. Journal of Management, 26(3), 463–488.

Lee, T. W., Mitchell, T. R., Sablynski, C. J., Burton, J. P., & Holtom, B. C. (2004). The effects of job embeddedness on organizational citizenship, job performance, volitional absences, and voluntary turnover. Academy of Management Journal, 47(5), 711–722.

March, J. G., & Simon, H. A. (1958). Organizations, New York: John Wiley, 1958.

Mitchell, T. R., Holtom, B. C., Lee, T. W., Sablynski, C. J., & Erez, M. (2001). Why people stay: using job embeddedness to predict voluntary turnover. Academy of Management Journal, 44(6), 1102–1121.

Ng, T. W., & Feldman, D. C. (2007). Organizational embeddedness and occupational embeddedness across career stages. Journal of Vocational Behavior, 70(2), 336–351.

第三十章参考文献

第三十一章

职业发展的生态学理论

刘 晨[*]

一、代表人物与时代背景

(一) 代表人物

艾伦·P. 库克(Ellen P. Cook,1952—)在托莱多大学获得学士学位,并于1977年在艾奥瓦大学获得咨询心理学博士学位。自1978年起,她任教于美国辛辛那提大学(University of Cincinnati),负责大学生咨询服务项目。库克在辛辛那提大学工作期间,投入大量时间和精力用于生态学视角的大学毕业生培训指导、职业咨询理论、职业伦理道德、实习以及干预行为等领域的研究,取得了丰富成果。尤其是在生涯咨询中对生态学视角的理解方面作出了杰出贡献。库克曾在多个期刊编委会工作,并且担任期刊编辑,在大量专业期刊上发表学术文章,同时出版了多部有影响力的著作。库克的著作由于强调咨询对来访者的激励性和意义感,目前已经被美国咨询协会认可为生涯咨询师培训不可或缺的参考读物。除此之外,库克也是美国俄亥俄州南部教区新教圣公会的委任专业执事。

艾伦·P. 库克

(二) 时代背景

1. 社会生态系统论的产生

20世纪70年代,社会生态研究逐渐兴起,并拓展至哲学、社会学等领域。

---

[*] 刘晨,中华女子学院管理学院讲师,博士,主要研究领域为使命感、职业生涯管理,电子邮箱:lchen1216@ sina. com。

在生态思潮的推动下,人们开始用生态学的眼光审视经济、政治和文化问题。于是,与自然生态学相伴,社会生态学、文化生态学应运而生。生态关联视野的开拓和生态价值观念的重建,使得利用生态世界观重新审视世界的呼声日益高涨。这种生态世界观把人置于广泛的生态关联中,视人为世界的生态性生成物,揭示人类生命存在和人性生成的生态真相。人不再是外在力量创世的产物,也不只是自我一致的生成物,人首先是由生态系统生成的,那才是每个人生命的根基(侯凤友,2005)。

在这种社会、文化、理论背景下,20世纪80年代社会生态系统理论(society ecosystems theory)正式作为一门理论被提出,强调"人在情境中"。把人类生存和成长于其中的社会环境(如家庭、制度、社区等)看作一种社会性的生态系统,强调生态环境对于理解和分析人类行为的重要性,注重人与环境各系统间的相互作用。随着社会生态系统理论的不断发展,也形成了诸多系统模型。其中尤里·布朗芬布伦纳(Urie Bronfenbrenner)提出的生态系统模型和查尔斯·H.扎斯特罗(Charles H. Zastow)提出的生态系统模型具有广泛的代表性。

2. 职业咨询的发展

职业咨询作为一种特殊的咨询,辅助来访者收集自身及外界信息,为求职者与雇佣者建立联系,使来访者作出合理决策。在咨询过程中,咨询师主要工作内容包括帮助来访者分析受教育程度、技能、兴趣和人格,解决个人情绪问题,与来访者一起规划未来职业道路。第二次世界大战之后职业咨询进入蓬勃发展时期,美国是心理咨询与职业咨询的发源地,美国20世纪70年代的《生计教育法案》(Career Education Act)以及20世纪90年代的《学校到工作机会法案》(School to Work Opportunities Act),专门以法案的形式进行职业生涯教育改革,强调职业、劳动和实际经验,重视功利主义的生活观和由此产生的学习动机论,对美国的教育业产生了重大影响。彼时,传统的就业指导概念被生涯咨询替代,职业资格认证体系逐步健全。与一般的个体心理咨询类似,职业咨询也经常需要处理当事人在职业选择过程中面临的情绪、认知或行为问题。在早期,人力服务行业的职业咨询关注个体行为,通常无意识地将问题归因于个体自身。有学者也提到,早期职业咨询模式多采用定量评估的方法,很少注意外部环境对来访者的影响,以及咨询关系和咨询过程方面的问题(张瑜,2019)。

20世纪与21世纪交替之时,关于人类行为的研究理论开始激增,这些理论和研究持有一个共同观点:将个体美好的生活与个体变革置于更广阔的社会文化情境。21世纪前期,一些人力服务行业的专家认为用个体视角去分析个人问题有一定局限性,比起个体因素,人类行为可能更多地受到互动情境的影响,个体变量对个体行为的预测效力没有想象中那么强。正是如此,一部分学者和实践者逐步意识到个体模型在分析个体行为时的局限性,而同时期伴随着社会生态学系统理论的兴盛,一些学者开始将生态学的主要思想观点引入职业领域,尝试从一个新的视角分析个体行为。

二、理论的核心内容

(一)理论的缘起

"什么是人"以及"人们为什么要这样做而不是那样做"这些问题不仅是在哲学层面有挑战性的问题,而且是我们每个人在生活中经常遇到的,例如"为什么青少年做一些令人恼火的事情""我们对自己的人生有多大程度的掌控"等。这些问题与我们如何与他人共事、人力服务专家如何将咨询对象内心渴望的目标概念化、职业咨询师如何实施干预行为息息相关。

在人力服务行业中,以往人们习惯于将个体视为个人问题的唯一责任人,近几十年生涯咨询以及心理治疗思想学派发展迅速,尽管各种理论层出不穷,但大多数理论只是体现在术语使用的不同,没有实质的内容差异。这些理论普遍认同个体特征导致人的创伤,影响人的信念,从而引发个体问题——这些问题可以通过言语解释和情感表达去解决。这种聚焦个体特征引发行为问题的现象一直持续到现在,当然我们需要肯定它在改善人们痛苦方面的价值和作用,但是人力服务行业专家逐渐意识到这种仅聚焦于个体因素的视角时存在局限,个体变量对行为的预测力度不够强,因此将人的各种痛苦、不幸归咎于个体自身的缺陷不仅是不充分的,而且对个体来说是不公平的。

基于上述客观现实,以库克为代表的学者认为职业领域迫切需要将对个体行为的研究扩展到一个关注外部环境以及人与环境互动的更广泛的领域和视角,于是 Cook et al. (2002)将生态学理论引入职业领域,明确提出了职业发展的"生态学视角",以便更为深入地探究不同群体的职业发展问题。

(二)传统职业咨询的隐含假设

传统的生涯咨询主要采用三步骤模型,包括面谈、评估方式的管理、测试结果的解释(Gysbers et al., 1998)。这种传统生涯咨询模式基于一系列关于咨询对象和职业发展过程的隐含假设。工作在每个人生活中扮演着非常重要的角色,个体承担着独立制定决策以完成工作任务的责任。对个体评估的关注表明个体特质与偏好在优化职业决策中是最重要的影响因素,而成人通常认为生涯咨询是指对工作角色的咨询而不是对其他人生角色的开发,这种理性的工作决策意味着有序的、线性的职业发展模式。另外,生涯咨询师往往持有理想化的观念,认为任何个体只要足够努力工作,就能够实现职业梦想。Cook et al.(2005)将传统生涯咨询模型的隐含假设归纳为:第一,工作角色与家庭角色可以完全分割;第二,美国文化中对个人主义和自由的尊崇暗示了只有一种看待工作的方式;第三,工作是人们全部生活的中心;第四,人的职业生涯是线性的、上升的、理性的过程;第五,求职者面临的机会是均等的。很显然,这些论断并不适用于所有群体,尤其是在社会中承担多种角色、不同肤色、不同种族的女性劳动力群体。

(三) 职业发展的生态学视角的主要内容

1. 生态学的比喻

根据 Cook(2012)的观点,生态学视角基于自然世界生态学的比喻,它阐述了地球上的生物之间存在紧密相连的系统,每一种生物的生存需要依赖环境中的其他生物。Cook et al.(2002)指出个体的行为代表的是个体生活周围若干因素之间复杂的互动过程,这一过程构成了生态系统。这里的生态系统是指个体生命中不同程度的交互影响总和,包括生物学决定的个性特征和构成人类互动的社会文化情境。什么使得人成为人?是人们具备的思考自己生活的能力。正是由于这种能够感知和理解个体组成、关系、情境和潜在可能性的能力,使得人的生态系统从本质上不同于其他生物的生态系统,也正是由于人类生态系统的复杂性使得生涯咨询对个体成长的意义就像肥料对植物生长的意义一样。Cook(2012)认为生态学视角是理解人们行为的重要模型,这个观点基于"人们的生活与外部环境有着不可分割的紧密联系"这一前提。生态学视角也体现在 Lewin(1951)关于人的行为公式的描述,即 $B = f(P \times E)$,行为是个体与外部环境互动的功能体现。

2. 基本观点与假设

以往职业领域产生了很多有影响力的理论,但是这些理论都未阐述个体与外部环境互动的复杂性。于是库克与合作者考虑将生态学视角的新思路引入生涯干预过程,认为人的行为具有个体、群体之间以及更广泛的社会文化等不同层次的复杂性。

生态学视角还借鉴了 Bronfenbrenner(1979)提出的"生态系统理论"。该理论认为,社会影响可以归纳为以个体为圆心向外扩散的嵌套式系统。这一系统的核心是个体,包括个体的生理、心理特征;紧邻个体的是那些能够对个体产生最直接影响的社会因素,如家庭、朋友、学校,称为微观系统(microsystem);包裹微观系统的是系统中各因素的交互作用,Bronfenbrenner(1979)称其为中观系统(messosystem);中观系统之外,是那些直接影响微观系统中重要他人的因素,如父母的工作状况等,这些因素构成外观系统(exosystem);外观系统外层的是宏观系统(macrosystem),包括特定文化中的价值观、态度、习俗及法律等;最后,社会变迁及其对其他系统中因素的影响构成时间系统(chronosystem),居于整个模型的最外围。Cook et al. (2002)认为个体职业发展历程也同样面对以上这些不同层次的环境因素。持生态学视角的生涯咨询师的主要目的是有意识地帮助个体认真评估个体所处的生态系统,形成最佳的个人—环境互动,以更好地发展个人职业生涯。生涯咨询师可以借助多样化的方法帮助个体改变个人—环境互动。

Cook(2012)又进一步指出职业领域的生态学视角更像是一种在不同理论中思考人的行为的方式。职业发展的生态学视角尝试在同一概念下帮助咨询师决定何时、何地以及如何使用不同的改变策略,将多样化的咨询理论纳入进来。库克强调人的行为有三个方面,包含个体的自我和情境属性、个体与环境相互影响属性以及意义构建重要性,并提出以下几个重要假设:

(1) 人的行为既是个体的,也是情境的。以往实践中职业咨询师常把咨询对象的问题归咎于个体特性的综合因素,如特质、学习行为、自尊水平等,而生态学视角认为这种关注仅仅解释了部分人的行为。结合社会生态系统理论,库克认为个体的独特生理特征、心理学和社会学特征处于情境的中间圈,这些因素受到日常人际关系的直接影响。紧邻核心圈的另一层是个体归属的群体,可能来自邻里、社区、更大的组织以及更广泛的社会组织。处于最外层的是宏观层次的影响,包含更广泛的影响社会成员生活模式的社会文化因素、行为模式、价值观等。

(2) 人的行为是在自身与情境交互作用下产生的。人们通常不会被动接受环境的影响,而是积极与环境互动。人们会拥有一些基因方面的行为倾向,但是这些倾向是否以及如何在每个人的生活中得以实现,更多取决于个体与外部情境互动的情况。具有相似基因构成或者社会背景的个体可能对特定事件表现出相似的的反应,也可能给出完全不同的反应。文化作为一个多维度构念,代表个人—环境多层次的互动。更重要的是,文化相关的个体行为会受到个人和情境变量的相互影响。作为具备生态学思想的职业咨询师,需要经常提醒自己对于那些具有行为相似性预期的群体中的人,要学会识别群体内的多样性。

(3) 人的行为是有意义的。根据库克的观点,生态学视角关注意义构建过程,即个体依照其感知和理解去回应事件。生态学视角帮助阐述了由于受到不同层次外部情境的影响(例如,家庭价值观影响职业决策,组织任务陈述影响个体职业行为),每个人在意义构建中会出现差异性。种族标记及其他文化差异问题会引发不同的意义构建体系,从而导致社会角色、政治权利、生涯机会的差异。对于生涯咨询师和咨询对象来说,他们能够决定哪些是存在于个体生活中的导致压力的因素,以及哪些是他们想改变的方面。

(4)人的行为是可以改变的。根据生态学观点,职业指导者可以帮助个体或群体通过改变人与情境的互动来改变行为,使得行为在当下和未来更加有效,行为的改变可以通过关注个体、情境、二者互动过程及意义构建方式来实现,同时,也可通过实施教育、咨询、社会公平性等活动以促进宏观环境的改变。在计划和实施个体行为改变的过程中,可以帮助他们建立理想的个人目标。理想的目标需要具备的特点包括:对个体来说是合理可行且有意义的;可以用个体自己的语言阐述;涉及问题发生情境的语言描述;根据难度划分为若干层次;明确个体的优势;可应对未来情景等。为了更有效地进行生态学视角的职业咨询,需要借助咨询师与咨询对象的共同努力,结合每个对象的特定需要和倾向,积极分享相关信息,确定合理目标并实施改变策略。

因此,库克通过构建生态学视角的职业发展模型(见图31.1),旨在帮助个体了解他们如何应对复杂情境,如何与周围环境互动以及如何构建意义,以此来开发更加令人满意的、更高效的、更有意义的人生。

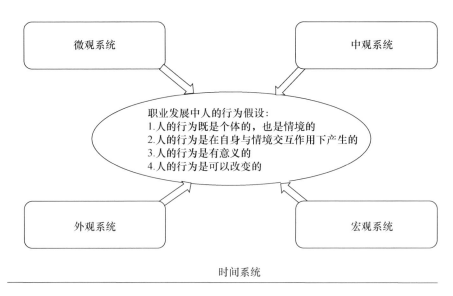

图31.1 职业发展的生态学理论

3. 理论的发展

在生态学视角提出的早期阶段,Cook et al.(2002)强调职业咨询重心是帮助个体最大化"一致性",这里一致性是指在个体与环境的互动过程实现创造挑战与支持和谐并存的平衡状态。但是不协调、不一致在咨询中是常见现象,每个人所经历的不协调、不一致取决于他们自己的意义建构过程。库克后期的相关著作认为应该进一步拓宽生态学视角的职业咨询思路,指出这种一致性的划分不一定适合所有目标和决策,作为职业咨询师,在使用生态学视角分析问题时,需要仔细弄清楚是自我的因素引发了个体的痛苦,还是人与环境之间的互动过程导致了痛苦的产生。过去的人生经历、现在的各种关系冲突以及未来的希望和目标都有可能成为关注焦点,即关注过去、现在和未来。职业咨询师应该充分认识到有很多方式可以帮助个体去改变,可以在特定生态系统(如群体、邻里)探索修复、发展或干预行为。

库克在后续研究中补充道,基于生态学视角的这些假设与推理看似简单但本质上不简单,在这里并没有大量专业术语,没有数学公式与解答,学习生态学视角的职业领域专家不是让他们去掌握复杂的技术,而是让他们发现自己可以持续使用一些经过检验的策略。

三、 相关实证研究

(一) 针对女性群体的实证研究

在理论提出的早期,库克就将生态学视角运用到生涯咨询的具体实践中,提供了很好的实践经验与实证研究加以佐证。她在对女性群体的多项研究中,运用了生态学视角的职业咨询技术,取得了较好的成效。例如针对女性群体,Cook et al.(2002)总结了一系列基于生态学视角的职业咨询干预行为。这些干预行为包括:第一,澄清和肯定女性的人生重要选择(宏观系统涉及对女性的传统角色定位、价值观以及女性刻板印象等,微观系统涉及组织的雇佣差异、组织文化、家庭成员的支持、生涯咨询师的理解与支持等);第二,明确多种角色的时间管理要求(宏观系统涉及改变传统社会规范和价值观、构建女性文化,微观系统涉及提升工作沟通技巧、家庭成员分担职责、制订长期职业计划、实施职场回归帮助计划等);第三,提高子女看护质量(涉及帮助女性获得儿童托管机构信息)、创造健康的工作环境(宏观系统涉及改变职场性别歧视等观念,微观系统涉及掌握应对职场性骚扰、职场性别歧视等问题的处理方法以及疏导负面事件带来的心理压力);第四,树立行为榜样和建立导师制度(微观系统涉及树立行为榜样、匹配合适的导师等行为);第五,提倡女性群体的平等报酬(宏观系统涉及性别平等的观念、立法保护女性权益等,微观系统涉及识别公平的职场环境、提高工资谈判技能等)。在随后的研究中,Cook(2005)又进一步针对不同种族的女性群体,在职业咨询实践中详细介绍了生态学方法的经典应用案例,将女性职业发展过程分为三个阶段,分别阐述了不同阶段女性所面临的不同层次生态系统的影响。例如,在早期发展阶段(孩童时代),宏观系统包括对职业的感知,认为职业选择与特定性别与种族相关,外观系统包括童年受到邻里的影响,也受到角色榜样等微观系统的影响。青春期阶段容易受到性别公平、种族主义等宏观系统影响,来自家长与学校教师之间互动的中间系统的影响,以及同伴影响构成的微观系统的影响。进入成人阶段,女性面临性别、种族歧视引发的职场歧视的宏观系统影响,以及个体对"不一致性"感知、难以寻找合适的角色榜样等微观系统的影响。除此之外,库克等人还对同性恋与双性恋的女性群体所处的生态环境进行了一定分析,这些实践经验在一定程度上帮助女性群体更加关注自身所处的生态系统,努力改善职业行为。

Betz(2002)在早期研究中也肯定了职业发展生态学视角对于女性群体职业发展研究的重要价值与贡献,并提供了运用生态学方法对女性进行职业指导的六个典型案例,以便更清晰地了解生态学视角的含义与重要性。但同时 Betz(2002)也提醒实践者,不是所有女性都是关系型导向的,这就意味着不是所有女性都会因为家庭因素而向事业妥协,也不是所有女性在做职业决策时都会考虑各种关系,一些女性可能确实把职业作为生活重心和首要选择。如果职业咨询师犯了经验主义的错误,在交流中表达出对事业型女性的称赞,对来访者来说可能是帮了倒忙。

(二) 其他群体的实证研究

生态学视角的职业发展理论初衷是为个体职业服务,帮助多样化的个体实现职业生涯的发展或进步。生态学视角在随后的研究和实践中变得更多样化,研究对象逐步扩展到其他特定群体,涉及艾滋病患者、海外华人、青少年、运动员学生、低收入以及儿童等群体,并取得了相应的成果。

Barrio & Shoffner(2005)聚焦艾滋病患者群体,医疗技术的进步延长了艾滋病患者的寿命并提高其生命质量,但研究表明这些艾滋病患者在回到职场的过程中面临很多障碍(如工作场所问题、治疗问题、资源匮乏等)。因此,研究者采用生态学视角的职业干预方法,借鉴 Cook(2002)对女性群体的干预行为的分类思路,从澄清和肯定艾滋病患者群体的人生重要选择等五个方面进行生态学方法的干预,最后通过一个典型案例展示该方法的实施过程与成效。Pekerti

(2008)对居住在印度尼西亚的华人群体的职业生涯前景进行研究,指出华人群体经历的并不是 Arthur & Rousseau(1996)所描述的无边界职业生涯,相反,他们所经历的是以相互依赖的家庭关系为中心的、有边界的职业生涯。Pekerti(2008)利用生态学方法,从不同层面分析背景文化、职场歧视、主观职业生涯、儒家价值观、家族经营模式这些因素对华人职业发展的影响,并强调建立跨文化生涯模型的重要性。Crosby(2015)也将生态学方法引入青少年的发展过程,发现成长中的创伤经历会显著影响学习成就、行为、人际交往技能以及在校的其他各种成就,进而提出学校可以通过"创伤知情"的教育实践方法,借助生态学理论,对个体所处的生态系统中各种层次的影响因素进行分析,从而帮助有创伤经历的学生克服困难。Sum et al. (2017)关注了中国台湾和中国香港的杰出运动员学生,基于生态系统框架,详细提取了该群体所面临的个体、微观、中观、外观、宏观和时间系统的相关因素,指出这些社会生态学因素对他们职业生涯发展路径的影响作用。Pouyaud & Cohen(2016)进一步论证了基于个体与情境互动影响的生态学视角的职业咨询方法很有必要。除此之外,King & Madsen(2007)在调查低收入非裔美国人群体的职业发展时,引用生态系统理论中的"现象学变式理论"(PVEST)(Spencer et al., 1997),从危险因素、压力体验、反应性应对方法、适应性认同和应对产品五个方面分析了该群体面临的情境变量对青年期教育和决策的影响,从而帮助他们识别和发展自身优势与技能。

四、理论的应用价值

随着生态学学科的建立以及社会生态系统理论的兴起,生态系统论的思想受到越来越多的关注,在社会学、心理学、管理学、教育学等学科中应用广泛,并且进一步拓宽了职业领域的研究视角,丰富了职业相关理论。

第一,生态学视角有助于从更加广泛、更加多维的角度深入挖掘个体职业生涯相关问题。社会生态系统理论核心是探究分析人类行为与社会的相互作用,把人的生存成长与其中的生活环境(如家庭、学校、工作单位、社区等)看作一种社会性的生态系统,强调社会环境对于理解和分析人的行为的重要性,揭示了不同子系统对个人社会化和再社会化的重要影响。而职业领域中的大量研究问题往往基于个体层面,聚焦个体的发展过程和职业行为,因此在探究个体特定行为时,生态学的视角可以与之契合,为职业领域提供一定的研究思路和理论依据。

例如,面对职业倦怠现象,可以将生态学视角运用其中,从人与社会环境的互动出发,探究影响行为的微观、中观、宏观层面的原因,以消除环境中阻碍个体发展成长的消极因素,促使环境系统更好地满足其成长发展的需要(见表31.1)。

表 31.1　运用生态学视角进行职业倦怠分析的案例

案例介绍：

　　小张，男，25岁，某社工服务站一线社工人员，主要从事提供社会工作专业咨询的基础性工作，本科为社会工作专业，在深圳工作2年。目前和女朋友合租房子，房租6000元左右。由于小张在工作机构中属于非正式编制，经常受到不公正待遇，并且工作付出与回报不成正比，再加上工作性质，导致小张承受很大的工作压力，并且对所从事的具体工作丧失热情，消极怠工，对组织缺乏归属感，同时对前途缺乏信心，存在明显的职业倦怠情绪。

分析：

　　采用生态学视角，需要对小张所处环境系统进行分析。微观上涉及个体专业能力不足，成就感低，以及经济压力。中观上主要是工作机构因素。机构的行政性较强，受上级机构的多重管理，机构激励机制不到位，晋升空间有限等，导致小张对工作很困惑。宏观上涉及社会因素。例如社会保障政策不明确且落实不到位，民众对社工职业的社会认知普遍偏低等。这些因素导致小张逐渐对工作丧失热情。

　　通过环境因素的分析，我们可以采用生态学视角的干预策略，如个案工作法，对个体进行情绪的疏导；接下来以中观系统为联结，为其提供更好的工作环境，如拓宽社会工作机构的筹资渠道、完善机构评估机制等；最后以宏观系统为长期介入目标，如为其提供体制上的保障。

　　除此之外，针对职业韧性、大学生创新创业能力、可雇佣性能力等其他职业领域个体相关问题，也可以尝试引入生态学视角进行更系统、深入的剖析，个别学者已尝试采用此种视角进行实证探索与分析（王娜，2019；张世娇和王晓莉，2017）。

　　第二，生态系统论为特定研究主题进行元分析的探索提供了梳理与归纳思路。例如，Taveira et al.（2016）在有关儿童生涯发展的研究中，从中挑选出36篇有代表性的文献，运用生态系统理论，将儿童生涯发展的影响因素从微观系统、外观系统、时间系统、中观系统、宏观系统五个层面进行梳理，强调生态学模型对于构建儿童生涯发展框架的重要性（见表31.2）。据此，可以尝试借鉴以上思路，按照社会生态系统理论中不同层次的分类，进行元分析探索，从而更加系统、全面地梳理要点，有助于激发新研究思路。

表 31.2　儿童生涯发展研究的文献梳理（部分）

文献	生态层次	文章类型	研究主题	研究方法
Porfeli et al.(2012)	微观系统	实证研究	家庭和儿童工作结合	量化横截面验证方法
Porfeli et al.(2008)	微观系统	实证研究	家庭工作的影响和儿童工作社会化	量化横截面验证方法
Schmit-Wilson & Welsh(2012)	外观系统	实证研究	农村儿童的职业知识、学术成就和职业抱负	量化横截面预测方法
Schoon et al.(2007)	时间系统	实证研究	人口特性和历史时期的职业发展的差异	时间序列纵向量化验证方法

（续表）

文献	生态层次	文章类型	研究主题	研究方法
Schuette et al. (2012)	微观系统	实证研究	父母的职业和孩子的志向	混合研究设计
Schultheiss et al. (2005)	中观系统	实证研究	儿童生涯发展描述	质性探索性—描述性研究方法
Sobral et al. (2009)	外观系统	实证研究	父母的工作状况与后代的职业发展	量化横截面研究方法
Tenenbaum et al. (2007)	微观系统	实证研究	母子互动与子女的学术参与和职业意向	量化纵向研究方法
Tracey et al. (2006)	微观系统	实证研究	父母教养方式以及子女的职业探索和兴趣	量化纵向研究方法
Watson et al. (2010)	宏观系统	实证研究	南美黑人儿童的职业志向	质性探索性—描述性研究方法

总之，在面对职业相关问题时，职业发展的生态学理论具有一定的应用价值，提供了探究问题的新视角。我们应该看到理论在注重不同层次的社会系统对个体行为的影响方面的显著贡献，但是也不能忽视个体主观能动性在职业发展中的发挥。正如 Betz(2002)所提到，生态学视角是一个表象意义的模型，每个个体的生态系统在质和量上区别于他人。希望未来研究进一步为个体生态系统的评估提供指导，就如何评估尤其是量化评估实施有效性方面提供更多的研究建议。

五、 经典文献推荐

Cook, E. P., Heppner, M. J., & O'Brien, K. M. (2002). Career development of women of color and white women: assumptions, conceptualization, and interventions from an ecological perspective. The Career Development Quarterly, 50, 291–305.

Cook, E. P., Heppner, M., & O'Brien, K. (2004). Career counseling from an ecological perspective. In R, Conyne & E, P, Cook(Eds,), Ecological counseling: an innovative approach to conceptualizing person-environment interaction, 219–241. Alexandria, VA: American Counseling Association.

Cook, E. P., Heppner, M. J., & O'Brien, K. M. (2005). Multicultural and gender influences in women's career development: an ecological perspective. Journal of Multicultural Counseling and Development, 33, 165–179.

Cook, E. P. (2012). Understanding people in context: the ecological perspective in counselling. Alexandria, VA: American Counseling Association.

Betz, N. E. (2002). Explicating an ecological approach to the career development of women. The Career Development Quarterly, 50, 335–338.

Barrio, C. A. & Shoffner, M. F. (2005). Career counseling with persons living with HIV: an ecological approach. The Career Development Quarterly, 53, 325–336.

第三十一章参考文献

第三十二章

职业生涯发展系统理论

曲如杰*

一、代表人物与时代背景

(一)代表人物

玛丽·麦冯汉

玛丽·麦冯汉(Mary McMahon),曾任澳大利亚国家职业发展协会主席,是职业生涯发展系统理论的主要提出者,同时也是"我的职业影响系统"(My System of Career Influences,MSCI)和"综合性结构化访谈"(Intergrative Structured Interview,ISI)两个质性职业测评工具的首席开发者。她在质性职业测评工具的开发、儿童职业发展、叙事性职业咨询,以及辅导教师督导等领域发表了大量学术论文,是澳大利亚职业心理学领域建构主义流派的杰出代表。

温迪·帕顿(Wendy Patton),昆士兰理工大学教育学院名誉教授,目前任职于多家国内外职业发展期刊的编辑顾问委员会。帕顿也是职业发展系统理论框架的开发人员,她致力于职业发展领域的研究,并且发表了许多富有见解的文章。

温迪·帕顿

(二)时代背景

职业生涯发展系统理论是在现实需求与理论发展需求的背景下产生的。20世纪80年代以后,随着人们

---

* 曲如杰,华东师范大学公共管理学院副教授,主要研究领域为领导力、公务员心理与行为、胜任特征模型、薪酬与工作绩效评估,电子邮箱:rjqu@sem.ecnu.edu.cn。

职业观念的迅速变化,职业理论对职业和职业发展的解释能力受到了挑战(McMahon,2002)。人们开始质疑传统的职业理论能否满足新时代的职业发展需求。为了应对挑战和满足新需求,20世纪90年代早期职业发展领域出现了许多理论,甚至在某段时间内出现了理论命题和模型泛滥的现象(Patton & McMahon,1999)。这些理论虽然在一定程度上呈现了职业发展领域对未来方向的探索,但也使职业理论受到了很多批评,例如有研究者指出这些理论不充分、不完整,缺乏全面性和连贯性,于是研究者开始考虑到底是用一个理论还是使用多种理论来阐释职业生涯发展问题。随着研究者对职业发展的复杂性以及职业咨询指导实践中对使用多结构、多方法的需求了解得愈加深入,使用多种理论解释职业发展得到了广泛的认同,人们认为职业发展需要有一个更综合的理论认识。

在1992年的一场国际会议上,学者们针对现有职业理论的趋同和分歧展开了一场辩论。辩论中学者们肯定了现存理论的价值,同时也认识到传统职业理论过于狭隘。受职业心理学研究视角的影响,传统生涯理论主要关注个体因素,忽略了更广泛的社会和环境因素。另外,从职业选择现实来看,每一个单独的理论似乎都不能解释职业选择及发展的全部。由此学者们提出了"应试图启发职业发展研究中跨理论的联系和思考"(Savickas,1994),并明确了环境因素在职业发展中的重要性。同时建构主义世界观也逐渐确立了在职业发展理论领域的影响地位,进而取代了传统的实证主义特征和职业发展的因素方法,在职业实践中产生了个人与环境匹配的方法。通过综合发展语境论、学习理论、工作调整理论、发展系统理论和系统理论等开发一个综合性的框架成为当时职业发展领域的重要工作。在此背景下,职业生涯发展系统理论应运而生。

最初的职业生涯发展系统理论包含两个子理论,即生活系统理论(living systems framework,LSF)和动机系统理论(motivational systems theory,MST)。LSF是关于个人活动过程的理论,注重个人功能和发展的整体性。LSF用控制系统类比人的行为,认为人的认知功能是一种有目的、有约束的反应,控制着系统活动的功能。另外,LSF提醒研究者注意个体所处的环境因素会促进或限制个体职业道路的发展,因此在研究职业发展时应对环境因素加以重视。MST认为动机会影响人们的决策,从而使个体确定是否要维持当前状态以及是否要努力追求新的、更高的目标。不过需要明确的是,动机对职业发展的作用并不是直接的,它可以帮助个体确认职业发展过程中遇到的问题和机遇,但是如何解决这些问题和把握机遇则受到知识、技能、个体特征和环境因素的共同作用(龙利荣和方俐洛,2001)。

在最初的职业生涯发展系统理论的基础上,帕顿和麦冯汉提高了系统理论的实用性,提出了有关职业生涯发展的元理论框架——职业发展系统理论框架

(the systems theory framework of career development)，并将其作为重新定义职业咨询实践的指南，发展出更加完善的职业生涯发展系统理论。Patton & McMahon(1995)发表的《职业生涯发展系统理论的发展：简要概述》(Development of a systems theory of career development: a brief overview)，标志着职业生涯发展系统理论的正式提出。这一理论框架在后来被帕顿和麦冯汉写入了《职业发展与系统理论：一种新的关系》(Career Development and Systems Theory: A New Relationship)一书中。

二、理论的核心内容

职业生涯发展系统理论的核心——职业发展系统理论框架，脱形于McMahon(1992)提出的青少年职业决策情境模型，并且借鉴了Vondracek et al.(1986)提出的发展情境方法。职业发展系统理论框架在本质上根源于通用系统理论(general systems theory)。职业发展系统理论框架将影响个体职业生涯发展的各种内外因素视为组成部分，整合进同一系统理论框架下，强调各部分内部及其之间的动态相互作用。

具体来看(见图32.1)，职业发展系统理论框架由几个关键的相互关联的子系统组成。处于中心位置的是个体系统，包括性别、年龄、自我概念、健康、能力、缺陷、生理特征、信念、人格、兴趣、价值观、能力、技能、工作知识、性取向、天赋种族等个体的内在因素。个体的内在因素嵌套在复杂的外部情境中，个体在内外部因素的共同作用下建构自己的职业生涯意义。外部因素组成的子系统包括人际社会系统，即个人的社会系统或重要他人，如家庭、同伴、学校、社区群体、工作场所等；以及环境—社会系统(environmental-societal system)，即个人和家庭嵌入的环境，如政治环境、经济环境、就业环境和地理环境等。这些子系统都嵌套在时间的背景中，会随时间发生动态变化。各个子系统内部和彼此之间的交互作用，可由时间变化和机会的递归性来解释。递归性是职业发展系统理论框架的核心性质，强调了部分与整体的不可分割性，同时证明了职业发展内容和过程是一个动态的、集成的整体(McMahon & Patton, 2018)。此外，如图32.1所示，互动的过程因素包括三种：循环性，是指各个子系统之间会发生相互作用、相互渗透；变迁性，是指各个子系统在不同时间段的影响是有差异的；机会，是指职业生涯发展中一些无法预期却对生涯发展有重要影响的事件(王乃弋等，2020)。

职业发展系统理论框架的优势除了强调系统思维，还在于重视过程的影响。从系统论的角度来看，职业发展其实是一个动态过程，是一个不同系统的组合，其中每个系统都是一个开放系统，既会受到外界事物的影响，又可能会影响到边

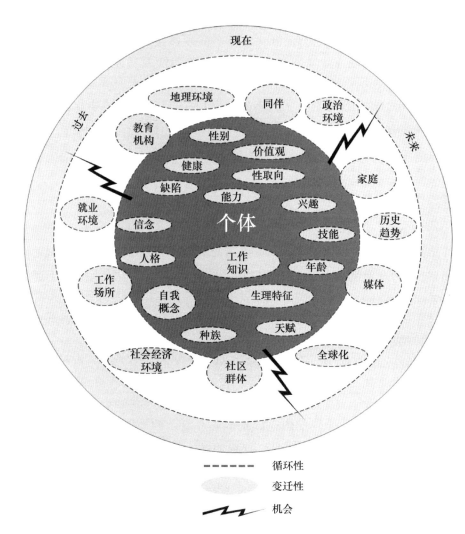

图 32.1　职业生涯发展系统理论框架

资料来源:Patton & McMahon(1999)。

界以外的事物,即具有递归性。所有的影响系统都位于过去、现在和未来的背景之下,所有这些不可分割,联系在一起,过去影响现在,过去和现在又会一起影响未来。

三、相关评估技术与测量工具

职业发展系统理论框架及其结构促进了许多定性职业评估工具的发展,以及定量职业测量的初步发展(McMahon et al., 2015)。以下简要介绍几种应用比较广泛的、以职业发展系统理论框架为主要框架的职业评估工具。

(一) 我的职业影响系统

"我的职业影响系统"(MSCI)是迄今为止开发的各种实际应用和评估中最能反映职业发展系统理论框架概念的工具(Patton & McMahon, 2014)。如表32.1所示,MSCI包含了三个主题,分别是"我现在的职业状态"(my present career situation)、"展现我的职业影响系统"(representing my system of career influences)、"反思我的职业影响系统"(reflecting on my system of career influences)。MSCI通过提供简要信息、顺序说明、例子来引导来访者思考当前的职业状态,旨在探究职业发展系统理论框架中各因素是如何对一个人产生影响的。来访者将在咨询师的指导下阅读小册子并且思考相应的内容。从"我现在的职业状态"开始,来访者在这一部分将思考一系列与职业抱负、工作经验、生活角色、过去的决策以及支持网络等有关的问题。然后咨询师会鼓励来访者继续思考"我是谁""我周围的人""社会和环境"相关的问题,并且对影响因素进行识别和优先等级的划分。接着引导来访者思考"过去的职业及影响""现在的环境""未来预期的生活方式"相关的问题,形成来访者自己的职业影响系统,并以图示的形式呈现出来。每一页内容都会提供有关可能影响因素的图例,从而帮助个人画出自己的影响系统图(侯悍超等, 2014)。

表32.1 我的职业影响系统(MSCI)

前言	MSCI简要介绍+来访者个人信息(姓名、性别、日期、学校或组织等)	
第一部分	我现在的职业状态	思考我是谁
		思考我周围的人
		思考我所处的社会和环境
		思考我的过去、现在和未来
第二部分	展示我的职业影响系统	选择并构建自己的职业影响系统
第三部分	反思我的职业影响系统	通过讲故事逐渐阐释自己的职业影响因素
		形成自己在未来职业决策中将采用的行动计划
再次讨论	一段时间以后反思当前的结果并且再次完成以上步骤的思考,反思自己的职业影响体系所发生的变化	

在运用"我的职业影响系统"这一评估工具时,将采用问卷的形式,收集来访者相关的职业信息,并把这些具体信息纳入职业发展系统理论框架,以得出有

关来访者职业发展的比较系统的信息。咨询师可以进一步分析来访者成为大环境下独特个体的原因,帮助来访者分析或者与来访者共同探讨影响职业选择的重要因素,从而帮助他们作出适当的职业决定。

(二) 综合性结构访谈

"综合性结构访谈"(ISI)是一种结合质性方法和量化职业评价来讲述故事的方法。以霍兰德职业兴趣理论提出的六种职业兴趣类型,即社会型(S)、企业型(E)、传统型(C)、现实型(R)、研究型(I)、艺术型(A)为依据,引导来访者构建不同的故事,从而确定自己的职业发展方案。由于任意三种类型的组合就构成了霍兰德职业代码,咨询师的工作就是帮助来访者理解这些代码在生活、工作、学习等环境背景下的具体含义。咨询师向来访者提问,并根据来访者的回答帮助其建构故事。故事建构过程分为六个部分:建构关于编码字母的故事;建构关于编码顺序的故事;在生活情境中建构关于编码字母的故事;通过自我反思建构编码字母的故事;在工作情境中建构编码字母的故事;使用编码以及过去和现在的经历建构综合性未来故事(见表32.2)。咨询师需要把所有的因素关联起来建构一些意义,来访者就会体悟到自己的兴趣是什么,从而更积极地反思自身的情况。

表 32.2 综合性结构访谈(ISI)

一、建构关于编码字母的故事

1. 你的三位编码字母是多少?
2. 你如何解释每一个字母?
3. 你如何解释三个字母的顺序?

二、建构关于编码顺序的故事

4. 如果你要给你的字母从1到10进行打分,1是最不重要,10是最重要,你会分别给三个字母打多少分?
5. 你如何描述你的字母在量表中的位置?例如,它们是紧挨着、几乎挨着还是相隔较远?

三、在生活情境中建构关于编码字母的故事

6. 在生活中,你的编码的第一个字母在哪些方面是显而易见的?
7. 在生活中,你的编码的第二个字母在哪些方面是显而易见的?
8. 在生活中,你的编码的第三个字母在哪些方面是显而易见的?
9. 你认为你的三个字母与你的生活的方方面面(如工作、学习或者其他生活角色)之间有什么关系?

四、通过自我反思建构编码字母的故事

10. 到目前为止,你在反思中发现了哪些对你很重要的个人品质?

(续表)

五、在工作情景中建构编码字母的故事
11. 如果一般情况下你职业的主导字母是 X. ,你的工作会在多大程度上反映这个字母?你的工作职责有多少与这个字母相符?什么字母可以概括你工作角色中的其他职责?
12. 在你所有的工作职责当中,你认为哪一项最令人满意或回报最高?哪一项最不令人满意或回报最低?你如何将这三个字母联系起来?
六、使用编码以及过去和现在的经历构建综合性未来故事
13. 根据你对前面几个问题的思考,你会在未来的工作机会中做些什么来获得更高的工作满意度?

(三) 职业发展影响量表

职业发展影响量表(Career Development Influences Scale)为更有针对性的职业发展定量测量提供了便利。麦冯汉等人确定了与职业发展系统理论框架个体系统相关的三个因素(技能与能力、生理特征、兴趣和信仰),以及与职业发展系统理论框架个人影响和环境/社会影响系统相关的各因素。基于已识别的职业发展系统理论框架影响因素,通过探索性和验证性因素分析,最终形成一个稳定的五因素结构,由 19 个项目组成(见表 32.3)。Bridgstock(2007)论证了这个短量表的潜在效用,研究表明它与其他职业发展的量化指标结合时可以提供一个语境视角,同时也提醒我们需要进一步探索定性职业评估的应用。

表 32.3 职业发展影响量表

环境/社会影响	历史趋势,政治决定,社会经济地位,全球化,媒体,地理位置
技能与能力	能力,天赋,技能
个人影响	家庭,同伴
生理特征	年龄,身体素质,健康,性别
兴趣和信仰	兴趣,信仰,价值观,个性

(四) 职业系统面试和我的职业生涯

职业系统面试(Career Systems Interview, CSI)是一个以职业发展系统理论框架为理论基础的半结构化面试过程,具体步骤包括:首先,咨询师收集足够信息从而对现状形成初步的把握;接着,咨询师用简单的问题引导来访者开始访谈;最后,咨询师和来访者就职业发展系统理论框架中列出的影响因素进行讨论(McMahon & Watson, 2015)。从确定最初咨询的原因到"轻松交谈",在 CSI 过程中,来访者有机会反思职业发展系统理论框架确定的所有影响,从而为下一步进行"我的职业生涯"(My Career Chapter, MCC)作准备。

MCC 作为 CSI 方法的逻辑后续,源自句子完成过程(McIlveen et al., 2005),目的是帮助来访者撰写"职业自传"(McIlveen & Patton, 2007)。基于职业发展系统理论框架,MCC 为来访者提供了一种以半结构化格式(七个步骤)描述职业影响系统的方法。在职业发展系统理论框架提供的影响因素系统指引下,咨询师通过访谈的形式鼓励来访者对个人的职业生涯影响因素进行思考并逐步完成自己的"职业自传"。之后通过"从年长到年轻,从年轻到年长,再从年长到年轻"的对话过程来确定自己的职业生涯。具体操作如表 32.4 所示。

表 32.4 我的职业生涯(MCC)

一、热身问题 从简单的问题引导来访者开始访谈,每一个问题都将激发来访者对职业影响因素的思考,例如你的朋友在做些什么,他们的选择如何影响你?
二、思考大局 扩展来访者的思维,使其超越个人因素来思考他的职业生涯的影响
三、评估个人和环境社会影响的相容性
四、写手稿: 职业发展系统理论框架的每一个因素都由 5 个句子表示,来访者需要完成每一个句子以形成自己的自传手稿。以家庭为例: ● 有一段时间我的家庭…… ● 我的家人说…… ● 我期望我的家人…… ● 在提到我的家庭的时候,我在大多数情况下是非常积极的/积极的/冷淡的/消极的/非常消极的,因为…… ● 家庭对我的职业生涯有着非常积极的/积极的/一般的/消极的/非常消极的影响,因为……
五、反复校对 切换不同年龄角色朗读自传手稿,想象自己是比现在年轻五岁的人,并大声朗读手稿;接着想象自己是年长的人,回应刚刚朗读手稿的自己
六、总结 来访者根据上一步中以年轻人的角色写下的反馈再写一个总结,从而完成对话过程(即从年长到年轻,从年轻到年长,再从年长到年轻),最后请来访者写下他的优势、障碍以及未来
七、向知己朗读 鼓励来访者向自己最信任的人朗读自传手稿

四、职业发展系统理论的应用价值

职业发展系统理论的出现推动了职业生涯领域的发展。职业发展系统理论框架突破了以往职业发展理论过于分散以及只关注个体影响的缺陷，进一步促进了职业理论的深入发展。

相较于以往的职业发展理论框架，职业发展系统理论框架具有很强的适用性及应用价值。首先，它是复杂和动态的，系统思维的应用增强了职业发展的包容性，扩展了职业发展的思考逻辑，将职业发展这一话题置于一个多主体、多时间逻辑的系统当中。这一特点使得职业发展系统理论框架在当前越来越复杂的动态社会情境下具有很强的适用性。虽然它并不能提供快速和简单的答案，但是能够帮助我们准确地描述职业行为，促使人们为自己的生活承担责任，能够解决影响职业满意度的各种状况，并且启发个人运用多个领域的理论来考虑职业发展，促使个人根据新发现的异常而不断地进行改进。职业发展系统理论框架作为职业发展和人力资源开发工具的价值在于提供了一个支持职业领域能力的框架，以帮助个人和组织应对当今不确定的工作环境。

其次，职业发展系统理论可以应用于职业发展的各个领域。二十多年来，学者们通过职业发展系统理论框架的视角对各色各样人群的职业发展进行了研究，包括澳大利亚土著（Sarra,1997）、农民（Collett, 1997）和低收入群体（Taylor, 1997），以及女性、中国学生、男同性恋、残疾人和天才青少年（Patton, 1997）。研究内容涉及职业发展的各个方面（McMahon & Watson, 2007）。在职业教育方面，职业发展系统理论框架不仅可以应用在具体教育活动实践上，而且可以用于分析职业教育面临的挑战。在职业咨询指导方面，麦冯汉确定了指导实践的职业发展系统理论框架核心实践维度，即反思、联系、意义创造、学习和代理，对职业咨询实践具有十分重要的指导意义。通过讲故事来进行职业咨询指导的实践促进了过去和现在的经验以及未来愿望之间的主题联系，从而将理论与实践更紧密地联系在一起，能够形成更为准确有效的职业生涯发展建议。在职业评估方面，鉴于它的建构主义基础，职业发展系统理论框架鼓励使用定性职业评估。"我的职业影响系统"（MSCI）在国际上受到学者认可并得到广泛应用。职业发展系统理论框架还促进了其他形式的定性职业评估的发展，如叙述性句子完成过程（McIlveen et al., 2005）、半结构化职业评估面试（McIlveen et al., 2003）、叙述性职业咨询工具、对话自传工具（McIlveen et al., 2007）。职业发展系统理论框架作为一个元理论框架，被证明有助于对后现代的职业研究历史和职业研究新困境进行概念化（McMahon & Watson, 2006）。此外，职业发展系统理论框架还被用作数据分析的组织框架（McMahon & Rixon, 2007）。总体来说，以职业发展系统理论框架为核心的职业发展系统理论为人们探索职业发展、研究职业生涯提供了理论视角和工具选择两方面的启发。在职业发展系统理论框架的指引下,人们对职业发展的许多理念有了新的理解,并取得了显著的实践效果,如定性与定量的结合、层次性和递归性的结合,以及讨论性方法与关系性方法的结合。

五、经典文献推荐

Bridgstock, R. (2007). Development of a brief measure of career development influences based on the systems theory framework. Australian Journal of Career Development, 16(3), 19–30.

Patton, W., & McMahon, M. (1995). Development of a systems theory of career development. Australian Journal of Career Development. 4(2), 15–20.

McMahon, M., & Watson, M. (2007). The systems theory framework of career development: expanding its research influence. Australian Journal of Career Development, 16(3), 47–54.

McMahon, M., & Watson, M. (2015). Career assessment: qualitative approaches. Rotterdam, The Netherlands: Sense Publications.

Patton, W., & McMahon, M. (1999). Career development and systems theory: a new relationship. Pacific Grove, CA: Brooks/Cole.

Patton, W., & McMahon, M. (2014). Career development and systems theory: connecting theory and practice. Rotterdam, Sense Publishers.

Patton, W., & McMahon, M. (2006). The systems theory framework of career development and counseling: connecting theory and practice. International Journal for the Advancement of Counselling, 28(2), 153–166.

第三十二章参考文献

第三十三章

工作的关系理论

余 璇 罗 楠[*]

一、代表人物与时代背景

(一) 代表人物

大卫·布鲁斯坦(David Blustein),咨询心理学教授,波士顿学院林奇教育学院咨询、发展和教育心理学博士培训部主任。他也是职业心理学协会的主席,该协会是美国心理学会咨询心理学分会的一个分支。迄今为止,他已发表学术论文140余篇,出版著作3部,其研究成果被世界各地学者广泛引用,在职业心理学领域具有卓越的学术影响力。

他先后在纽约州立大学石溪分校获得学士学位,在皇后学院获得硕士学位,在哥伦比亚大学获得博士学位。虽然他的研究跨越了许多领域(从贫困和压迫到文化和咨询),但布鲁斯坦针对工作在心理功能中作用的研究极大地影响了咨询和职业心理学。他的研究

大卫·布鲁斯坦

专长还包括失业、体面工作、不稳定工作、人际关系和工作、工作的未来、被边缘化的高中生的 STEM(science,technology,engineering,math)职业发展,以及劳动力世界急剧变化的相关议题。他获得了美国心理学会和美国教育研究协会的奖项以及其他一些荣誉,包括约翰·霍兰德性格和职业研究杰出成就奖。

(二) 时代背景

在大多数情况下,传统的职业选择和发展理论是基于"职业"一词的各种概

---

[*] 余璇,重庆工商大学工商管理学院副教授、硕士生导师,电子科技大学神经信息教育部重点实验室博士后,主要研究领域为职业生涯心理学、积极心理学、社会认知神经科学,电子邮箱:yuxuan_0917@aliyun.com;罗楠,重庆工商大学工商管理学院硕士研究生,主要研究领域为职业生涯心理学。

念,即"职业是作为个人作出的选择,在工作角色的社会现实中表达他们的自我概念并达成他们的目标"。这一定义抓住了大多数传统的职业选择和发展理论中明显的自我决策的观点。20世纪中后期,几乎每一个主流理论在阐述到根源时都指向个人可以在工作世界中关于自我的概念(Brown,2002;Brown & Lent,2005;Sharf,2009)。自我实现的概念(Super,1980)在很大程度上以自我决策的选择为前提。Blustein(2011)十分重视职业心理学领域,他认为职业心理学在解释和促进人生中有一定选择的人的职业生活方面做了突出贡献。正如主要的职业选择和发展理论(Brown,2002;Brown & Lent,2005;Savickas & Walsh,2005)所反映的那样,已经构建了大量的帮助人们进行教育和职业选择的研究、评估和干预策略。

可见,现有的理论观点已经阐明了一个人的愿景,他们是相当自主的,并有意地在工作世界中展示他们的目标、兴趣、价值观和能力。从隐喻的角度来看,现有文献主要关注个人在关系空间中与工作的互动以及处理与工作相关的决策。虽然这些情境观点有助于增强职业心理学的包容性,但许多文献的一般假设指出,即使是在较新的情境模型中,个人在工作生活中也有一定程度的选择自由。其中,界定情境的方式往往会减少或忽视他人在发展和适应有意义的工作生活方面的作用。因此,布鲁斯坦认为,对于很多人来说,仅靠自己选择工作是不可能的(Blustein,2011)。综上所述,这些观察表明,现有的理论框架在解释21世纪工作和生活的复杂性、相互关联方面时有一定的局限性。

2001年,在布鲁斯坦的努力下,该领域朝着一种更具包容性和综合性的工作心理学方向发展。Blustein(2011)从工作心理学出发,提出了关系理论,倡导更具包容性的工作理念。与传统的职业选择和职业发展理论不同,关系理论关注那些被忽视的选择有限的人群。因此,工作的关系理论对当前的职业心理学形成了挑战。

二、理论的核心内容

工作的关系理论的核心是Blustein(2011)研究或关注的重点,即关系是所有生活经验(包括工作经验)的基础。工作的关系理论建立在社会建构理论上,假设个人通过自身与他人和环境的关系来了解自己。

为了促进工作的关系视角的进一步发展,Blustein(2011)提出了一套理论设想,综合考虑这些命题,为工作的关系理论创造了概念框架。

1. 关于人际关系和工作的理论命题

与主流的职业发展理论相反,Blustein(2011)构建的工作关系理论与那些无工作意愿却选择市场工作的人有关。Blustein(2011)提出下列假设,作为推进工作关系理论的基础。

命题1:工作和关系在我们的内心世界和生活经验中共享相当大的心理空间,每一种生活情境都会相互影响。

我们的工作生活和关系生活存在复杂的联系,在这种联系中,生活经历的各个方面都会相互影响。这一命题的核心是假设工作生活和关系生活是交织在一起的,但不完全一致。例如,失去工作的个人在人际关系中往往会经历更大的压力(Paul & Moser, 2009)。同时,处于有意义的工作生活的人能够利用生活这一方面来缓冲关系中的失望和损失(Blustein & Spengler, 1995; Richardson, 2012)。这一假设得到了来自理论分析(Blustein, 2006; Richardson, 2000, 2012)以及实证研究(Paul & Moser, 2009)的支持。工作和关系的影响的性质较为复杂,可以是线性的,也可以是非线性的。在下面的子命题中,Blustein(2011)探讨了工作与关系之间可能存在的一些联系:

子命题1a:关系生活有能力以适应和不适应的方式影响工作经验。

正如以前关于关系支持的研究和理论所阐述的那样,家庭成员、顾问和其他有价值的人可以为个人提供支持的来源(Bowlby, 1988),继而对其工作能力产生重大影响(Blustein et al., 1997)。

子命题1b:工作生活有能力以适应和不适应的方式影响关系经验。

来自不同领域的心理学研究,如工作—家庭关系(Greenhaus & Powell, 2006; Whiston & Keller, 2004)以及职业康复(Szymanski & Parker, 2003),记录了工作生活如何影响、塑造和缓冲关系、心理和身体上的挑战。心理治疗方面的文献进一步表明,工作可以成为复原力的来源,在失去关系的时候可以支持人们(Axelrod, 1999; Blustein & Spengler, 1995)。工作提供了某种程度的意义和尊严,可能提供了分散注意力和获得成就的来源,这对于处理强烈的人际关系危机、丧亲之痛和其他生活挑战的人而言可能是治疗性的。

子命题1c:关系生活和工作生活之间存在递归关系,这使得生活经验的每个领域相互重叠和影响。

这个子命题对前两个子命题进行了补充,增加了一个系统的、非线性的成分,突出了关系体验和工作之间的递归联系。与系统理论和发展情境理论相一致(Patton & McMahon, 2006; Vondracek et al., 1986),关系和工作相互影响,一个部门的变化经常影响另一个部门。因此,子命题1a和1b中详细描述的线性关系与关系生活和工作生活的共享空间的系统方面共存。

命题2:个人从先前和现在的关系中区分和整合核心主题、模式与经验的内化过程,对一个人的工作经历和适应工作起着重要作用。

这一命题试图捕捉个人将关系对象(包括一个人过去的家庭成员、爱人和生命中其他重要的人)纳入心理结构的过程。内化的关系对象是历史和当代关系的表现,并对个人与他人互动的方式以及他们体验世界的方式产生普遍的影响(Brickman,2009;Mitchell,2003;Wachtel,2007)。因此,这些内化的结构提供了一个新的视角,能够塑造一个人的感知、认知和情感,包括基于工作的体验。

命题3:工作和关系是在市场环境和照料环境中进行的。

作为生活的核心方面,工作和关系跨越边界和背景。正如 Richardson(2012)和 Schultheiss(2009)所详细介绍的,工作涉及市场领域和关系领域。这一主张的本质是工作跨越了界限,应当被理解为一个过程,而不是一个仅仅为了赚钱而做的活动(Richardson,2012)。基于工作满足的心理学框架,Blustein(2011)认为可以通过照料工作来满足生存、关系和自我决定的需求。

命题4:制定决策、探索工作及培训选择的过程受到关系经验的促进作用或阻碍作用,并受到关系经验的影响。

与以工作为基础的个体自主谈判的典型观点不同,Blustein(2011)认为个人作为生活选择的单一代理人的观点不能反映影响适应工作挑战的每个方面的内外部关系(Flum,2001;Gergen,2009;Jordan,2009)。在工作转变和决策点中,个人除了受到其他人的重要影响,还受到内化的关系对象的影响,这些关系对象可以在一个人构建工作挑战和机会中发挥公开或隐蔽的作用。个体面对工作转折时也可能获得他人情感和工具上的支持。因为当人们在协调当前工作中的重要转变时,支持的来源可以为人们提供重要的资源(Fouad & Bynner,2008)。

命题5:基于工作的决策内容受到关系的促进或抑制作用,关系作为影响的来源,作用基于工作的兴趣和价值观,在个体差异因素和社会化的结合过程中发挥重要作用。

职业兴趣在职业发展理论中代表了一种愿望,即个人能够在一定程度上根据自己的兴趣选择自己的工作(Savickas & Spokane,1999)。工作心理学的观点同样指出,最佳工作为个人在工作生活中表达兴趣提供了一种手段(Blustein,2006)。尽管如此,全球许多人没有机会在工作生活中实现自己的合法利益。作为在基于工作的自我决策中扩大对利益的关注的一种手段,Super(1980)和 Brown(2002)在关于职业选择和发展的理论摘要中阐述了价值观在推动资源决定方面的重要性。这一前提是基于这样一种观念,即如果个人的价值观与给定工作环境的属性和价值观一致,他们就可能在工作生活中找到意义。Blustein(2011)认为在决策中利益和价值观的表达会在一个明确的关系背景下发生。从理论角度看,利益的形成受到父母、同龄人和更广泛的社区的影响(Holland,1997;Savickas & Spokane,1999)。当个人探索自己和环境时,由其他人提供的经验给人们提供了意义和结构(Gergen,2009)。这一意义形成过程具有内在的联系性,从而强调了在利益形成和表达中其他人所起的重要作用。实际上,我们了解自己的个性和兴趣如何与他人进行互动(Gergen,2009)。在来自集体主义文化的个人中,上述影响可能更加明显,他们被期望(或明确要求)追求特定的利益以满足特定社区的需要。因此,在工作环境中兴趣和价值观的发展和表达是嵌套在人际关系以及其他更广泛的因素里,而这些因素是可以通过个人—环境匹配理论(Holland,1997)、生涯建构理论(Savickas,2005)和社会认知职业理论(Lent et al.,2002)加以识别的。

命题6:个人从工作中的关系话语和文化语境获得意义。

如前所述,社会建构主义者对传统心理学话语的批评集中在把关系和文化作为理解个人并使个人生活有意义的一种媒介(Gergen,2009;Stead,2004)。在工作领域,人际关系可以为个人提供一种手段,以获得工作经验和反馈。一些定性研究指出,关系构成了个人从工作生活中获得的意义(Blustein et al.,2001;Hall et al.,1996;Phillips et al.,2001;Young et al.,2002)。根据社会建构主义者关于意义创造的观点来考虑这些文献时,关系就成为我们理解个体与工作世界互动的媒介(Blustein et al.,2004)。

命题7:当个人应对工作挑战时,文化作为一种持有环境(holding environment)发挥作用。

文化在人际关系和工作中的重要性已得到充分证明(Gergen,2009;Leong,1995;Stead,2004)。Blustein(2011)认为文化为个人提供一种安全和连接的形式,在个人面临工作转变时,文化可以作为一种基本的关系资源。文化的内在方面有可能在工作生活的各种变迁中抚慰和培养人们。对于在不同文化和社区之间过渡的人来说,文化作为一种持有环境的作用尤为重要。

三、 相关实证研究

实证研究(包括定性研究和定量研究)强调了工作和关系的交叉关系。已确定的联系包括但不限于工作中的关系,人们在应对工作挑战时,支持的关系以及工作以外的关系都以广泛的方式影响工作。

Bowlby(1988)有关依恋理论的研究表明,对重要其他人的安全依恋与职业探索、职业决策的进展以及对适应更大的工作挑战有关(Blustein,1995)。一个特别重要的发现是大学生与父母的差异与职业决策的进展无关;然而,当添加依恋措施时,所呈现的关系具有重要意义(Blustein et al.,1991)。

关于家庭生活和工作之间联系的文献十分丰富,其中一些学者发现了这些关系的复杂性(Ford et al., 2007; Whiston & Keller, 2004; Schultheiss, 2006)。虽然这些文献大多集中在平衡工作和家庭责任的压力上,但 Greenhaus & Powell (2006)提出家庭和工作可以互为补充。在研究工作—家庭理论时,学者们又发现工作—家庭冲突和工作—家庭丰富共存(Chen et al., 2010),这取决于特定工作和家庭角色的背景和性质。Chen et al.(2010)与当前的关系理论的假设相类似,也围绕着关于工作和关系的递归和多方位的假设进行构架。

在工作领域本身,关于指导的研究已经指出在不确定的工作环境中,那些能给予支持和帮助的同事显得十分重要(Ragins & Kram, 2007)。此外,职业康复咨询学者已经认识到家庭、同龄人和社区成员在促进人们应对工作困难时的重要性(Szymanski & Parker, 2003)。关于咨询和心理治疗的研究记录了关系和工作在治疗中的复杂关系,关系和工作这两个领域在客户的自然话语中相互交织(Blustein & Spengler, 1995)。一些精神分析学者也十分重视工作在人类行为中的作用,尤其是在心理治疗中(Axelrod, 1999; Socarides & Kramer, 1997)。然而,正如 Blustein(2006)所指出的,心理治疗相关文献明显缺乏对工作在治疗中作用的系统理解。在 Blustein(2011)看来,工作的关系理论可以在概念创新方面发挥作用,从而为开展真正的包容性心理学实践构建框架。

尽管相关文献清楚地指出了工作与人际关系之间的联系,并且在人们对生活的描述中也有所体现(Blustein, 2006),但人们对工作的关系本质却知之甚少。此外,由于缺乏一个共同的理论框架,已有的研究结果是不容易整合的。

四、理论的研究轨迹和方向

虽然不少学者对工作与关系之间的相互联系进行了一些实证研究(Blustein et al., 1995; Hall et al., 1996; Phillips et al., 2001; Schultheiss et al., 2002; Blustein, 2006),但还需要更多的文献支撑。Blustein(2011)概述了一些有希望的研究方向。

1. 了解人际关系和工作的经验

这一理论在某种程度上是由社会建构主义框架所指导的。这一事实表明,第一步是开发工具,以了解个人如何体验工作和关系。从社会建构主义思维和相关范式中涌现出的文献研究(Blustein et al., 2004; Richardson, 2012; Savickas et al., 2009; Young et al., 2002)强调了捕捉人们如何使关系和工作经验具有意义的重要性。先前研究对这些问题进行了一些探索(Blustein, 2006; Young et al., 2002),丰富了有关工作的关系背景性质的研究。

需要进一步的研究以理解工作关系情境的具体方面。一个特别引人注目的事项是了解个人如何理解失业或疾病造成的工作损失,以及在这些关键时刻人际关系的运作方式。Richardson(2012)认为关系和照料工作可以在非市场工作期间提供重要的支持和成就来源。另一个重要的研究方向是确定个人内化在工作生活中的各种轨迹中如何发挥作用。

2. 关系在提供工具性支持方面的作用

虽然关于关系观点的现有文献大多侧重于情感支持,但实证研究也证实了工具性支持(如帮助寻找工作、与榜样和其他重要资源联系)的重要性。其中,Kenny & Bledsoe(2005)确定了工具性支持在城市青年由高中向大学过渡这一过程中的作用。此外,关于辅导的文献(Ragins & Kram, 2007)所反映的工具性支持的重要性,进一步证实了其他人在提供明确的建议、培训和与他人建立联系方面的作用。

3. 照料工作和市场工作

虽然职业心理学一直专注于市场工作(为金钱而工作),但大多数人在照顾他人方面也付出了相当大的努力(Richardson, 2012; Schultheiss, 2009)。Richardson(1993, 2012)提出了一个令人信服的观点,即照料工作应该是职业心理学研究的一个组成部分。照料工作包括照顾孩子、年迈的父母和亲人,是一项与市场工作相似的活动。工作关系理论是在确认照料工作在当代生活中的中心地位和促进关于照料工作与市场工作关系的研究和理论发展的基础上构建的。此外,研究工作和关系的递归性质将有助于解释在家庭/关系背景和市场环境中的工作是如何相互影响的。继 Richardson(2012)的论点之后,照料工作和市场工作逐渐有了性别标签,其作用是重新对经济资源分配、社会权力和特权进行量化。比如,在心理领域,需要持续研究平衡照料工作和市场工作对个人福祉的成本。

4. 家庭对适应工作转换的支持

尽管在家庭对适应工作转换的支持方面进行了相当多的研究,但关于家庭成员如何最有效地帮助面对工作转换的个人这一问题仍然存在(Keller & Whiston, 2008),而关于明确的关系视角、家庭系统和职业行为文献的增加使这一问题得以解决。例如,除了关注家庭影响的自我报告,学者还可以探索内化对象作为中介的作用,以了解家庭如何帮助或阻碍孩子的发展。鉴于人们在一个充满挑战的劳动力市场上越来越需要支持的现实,这是一个前沿的研究方向。

5. 加强关系支持改善工作生活

由于关系在工作中的发挥作用,社会如何构建微观和宏观背景以培养关系支持,这对工作和非工作环境中的心理健康至关重要。这个研究问题指明了一系列广泛的特定研究轨迹,包括确定如何在学校、工作场所和社区加强关系支持。例如,深入研究失业工人再培训计划和辍学恢复计划等干预措施,将有助于理解关系支持(和障碍)在工作生活中的作用。这些研究问题也预示着实践、预防和倡导的方向,这些方向可以从基于工作关系理论的文献中获得。

6. 关系功能的个体差异

为了避免忽视职业心理学的核心要素之一,Blustein(2011)主张进行持续的研究,以探讨个体在关系功能上的差异是如何预测工作行为的各个方面的。从关系角度切入的一些早期研究使用依恋风格(Blustein et al., 1991;Ketterson & Blustein, 1997)作为探索关系功能如何与职业发展结构相关联的手段。对关系心理学文献的进一步研究揭示了几个关系指标,它们有可能为工作的关系理论提供参考。例如,Liang et al.(2002)开发的关系健康指数可能是一个衡量诸如意义、重要性、满意度等的可行指标。此外,社会支持类型的变化被证明是理解工作性质的一个重要变量(Cutrona et al., 1994)。

7. 对系统干预和咨询做法的影响

关系理论的潜在含义是个体的关系情景发生了巨大的变化。基于关系理论框架产生的个体不是基于个体差异结构、认知信念系统和其他提供实践和政策支持的内部维度,而是基于社区这一维度。实际上,这一理论产生了一种类似于自我关系概念的观点,即个人更好地理解自己与他人的关系、文化和更广泛的社会世界。

前面提出的建议强调了其他人在准备和适应工作的工具性方面发挥的关键作用。当我们把注意力从个人内部结构中移开时,关系背景产生了一个更广阔的视角,这意味着社区有助于建立有意义的工作生活。

8. 社区搭建

社区搭建的基本假设是,工作本质上有潜力成为一个以社会和社区为中心的"企业"(Blustein, 2006;Hall et al., 1996;Putnam, 2000;Schultheiss, 2003)。一般来说,我们倾向于与他人合作,这将工作置于一个明确的社会环境中;此外,人们在整个生命周期和整个生命空间赋予工作生命意义与背景(Blustein et al., 2004;Super, 1980)。提供工作、获得培训和接受教育的机会是在社区作出重要决定的背景下进行的,可以促进或抑制一个人工作生活的意义、报酬和尊严。其中,社区是指正式和非正式机构(学校、一站式职业中心、学院和培训计划)、结构化和非正式支持网络(礼拜场所、社交网络和文化机构)以及工作环境(Gergen, 2009)。从更广泛的角度看,社区的概念将包括政府和公共政策,这些政策最好有助于组织和利用以社区为基础的资源,同时试图减少有意义的培训和工作的障碍。

为了说明社区、关系和工作之间的关系,Wilson(1996)针对芝加哥市失业情况研究了工作、个人经历和社区福利的复杂关系。在 Wilson(1996)的定性和定量研究中,因为成年工人越来越感到不满足并脱离工作,工厂迁往郊区或其他国家,导致家庭生活更加支离破碎。大量人失业也影响社区稳定,导致更多的贫困、犯罪、吸毒、心理健康和家庭暴力问题。

Wilson(1996)的研究指出了关系在个人工作生活中的重要性,包括近端关系和远端关系。此外,这项研究提供了令人信服的证据,证明工作对社区生活产生了重大影响。当从更广泛的角度审视关系影响时,社区支持和阻碍的作用变得明显,为未来学术研究指明了重要方向。

9. 关系理论和系统干预

关系理论具有创造新知识并为系统干预和预防工作生活中的风险和挑战提供信息的作用。正如关于失业的研究中所详述的那样,失业与心理健康水平下降(Paul & Moser, 2009)、社区凝聚力的丧失(Wilson, 1996)存在因果关系。因此,基于围绕工作关系理论而产生的研究有可能包含人际交往、社区福利和工作的复杂关系,从而进一步证明工作在支持身心健康和社区福利方面所起的重要作用。

另一个来自关系理论的方向是确定关于社区支持的特定观念,这些想法在促进适应性工作生活方面是有效的。一些分析和研究结论在实践中有借鉴意义。例如,对工作福利项目的分析表明照料工作和市场工作在理解和协商方面具有较大差距。此外,面向关系的研究可以为教育专业人员与近端关系支持和与远端社区方案相关的职业发展教育方案提供指导(Kenny et al., 2007;Lapan,2004)。此外,再培训方案的结构最好以早先详述的主张为基础进行设计,且借助关系支持来加强个人学习和促进工作过渡。

从更广泛的角度来看,工作的关系理论能够通过预防性举措为促进适应性工作生活的社区提供信息(Kenny et al., 2008)。关系理论可以为公共政策提供信息的最重要的方法之一是充分记录工作、关系健康和社区福利的信息,从而帮助个人获得合适的工作机会。

10. 关系理论与咨询实践

鉴于关系理论的大部分动力来自心理治疗实践(Jordan, 2009;Mitchell,1988;Wachtel, 2007),工作关系理论的一个自然含义是为真正包容性的心理实践构建知识框架(Blustein, 2006)。发展整合性和包容性心理实践的一个挑战是缺乏一个共同的理论框架来推动理论发展工作,而关系理论为进一步的理论研究提供了框架,且为包容性心理实践提供参考。例如,综合实践中的挑战之一是描述关系和工作如何相互影响,以及如何利用这些领域来缓冲来自另一个领域的压力。简而言之,一个包容性的心理实践范式需要一个理论框架,为关系和工作提供一种明确的联系。

五、经典文献推荐

Blustein, D. L., Walbridge, M. M., Friedlander, M. L., & Palladino, D. E. (1991). Contributions of psychological separation and parental attachment to the career development process. Journal of Counseling Psychology, 38(1), 39–50.

Blustein, D. L., Prezioso, M. S., & Schultheiss, D. P. (1995). Attachment theory and career development: current status and future directions. Counseling Psychologist, 23(3), 416–432.

Blustein, D. L., Schultheiss, D. E. P., & Flum, H. (2004). Toward a relational perspective of the psychology of careers and working: a social constructionist analysis. Journal of Vocational Behavior, 64(3), 423–440.

Blustein, D. L. (2011). A relational theory of working. Journal of vocational behavior, 79(1), 1–17.

第三十三章参考文献

第三十四章

工作—家庭资源模型

赵富强　刘云云[*]

一、代表人物与时代背景

(一) 代表人物

列克·泰恩·布鲁麦荷(Lieke Ten Brummelhuis)是加拿大西门菲沙大学比迪商学院副教授,2009年获得荷兰乌得勒支大学组织社会学博士学位,2009—2011年在鹿特丹大学工业与组织心理系从事博士后工作,2011—2013年在宾夕法尼亚大学沃顿商学院与德雷塞尔大学从事博士后工作,2013年7月加入比迪商学院。

布鲁麦荷的研究兴趣包括工作—家庭过程、工作—家庭平衡、员工恢复、工作动机、压力、团队合作以及新工作设计,这些研究可以使我们了解什么因素可以激励员工、哪种工作方式在维持工作与生活平衡的同时有助于提升员工的工作成效。布鲁麦荷的研究成果发表于《美国心理学家》(American Psychologist)、《人事心理学》(Personnel Psychology)、《组织行为和人类决策过程》(Organizational Behavior and Human Decision Processes)、《管理学》(Journal of Management)等期刊。布鲁麦荷在感兴趣的研究问题上总有独到见解,她在研究工作狂时指出,如果一个人强迫自己工作时间太长,那就意味着工作会把全部时间填满,因为总想着工作,即便早睡也难以入眠。此外,对于全心投入的工作狂来说,其伴侣会给予他更大支持,他在工作中更愿意寻求帮助,更善于应对工作

列克·泰恩·布鲁麦荷

---

[*] 赵富强,武汉理工大学管理学院教授、博士生导师,主要研究领域为战略人力资源管理与组织行为,电子邮箱:zhaofq@whut.edu.cn;刘云云,武汉理工大学管理学院硕士研究生,主要研究领域为整合共享型人力资源实践;硕士生周倩、张心培、徐丹与罗欢参与了相关资料的收集与整理工作。

压力,因而有更丰富的个体资源。布鲁麦荷基于工作需求—资源模型,结合工作—家庭平衡内容,整合工作—家庭过程中的冲突和增益,提出了较为系统、完整的工作—家庭资源模型,为工作家庭领域的理论发展作出了巨大贡献。

(二) 时代背景

工作和家庭是个体生活的两大重心,个体在两个领域的责任密不可分,因而人们越来越关注工作—家庭问题对家庭、组织和社会的影响(Barnett & Hyde, 2001; Spector et al., 2004)。对于寻求工作与生活平衡的家庭和组织来说,了解工作与家庭间的相互影响至关重要。一方面,由于资源的有限性,在工作与家庭中履行责任带来的资源消耗会产生工作—家庭冲突,从而产生时间压力、角色冲突、倦怠以及健康受损(Eby et al., 2005);另一方面,工作与家庭资源的积极溢出和角色体验还会使两者受益,因而人们越来越关注工作—家庭增益(Wayne et al., 2007)。研究发现,双重角色扮演可以帮助个体有效提升知识、技能和经验,从而促使两个角色共同进步(Graves et al., 2007; Ruderman et al., 2002)。因此,工作—家庭研究的关注点已从工作—家庭冲突(Greenhaus & Beutell, 1985)转向工作—家庭促进(Greenhaus & Powell, 2006)。尽管工作—家庭冲突与工作—家庭促进加深了人们对工作和家庭的认识,但到目前为止,尚缺乏能够完整解释工作与家庭间冲突和促进的概念框架(Greenhaus, 2008; Weer et al., 2010),尤其是以下问题(Greenhaus, 2008; Ilies et al., 2007; Weer et al., 2010)缺乏令人信服的解释。

首先,工作与家庭间相关变量的因果关系有待阐明。既有相关研究大多涉及工作—家庭的冲突(Greenhaus & Beutell, 1985)、溢出(Grzywacz & Marks, 2000)、干扰(Graves et al., 2007)、促进(Wayne et al., 2007)、增强(Graves et al., 2007)及增益(Carlson et al., 2006)等相关概念,这些概念仅能表明工作与家庭之间会互相干扰,但并没有回答哪些因素导致什么结果的问题。

其次,尽管既有实证研究发现工作与家庭间既有冲突(Eby et al., 2005),又有增益(Carlson et al., 2006),但哪些情境条件下会产生增益?哪些情境条件下会发生冲突?有的研究认为,个性差异可以解释为什么某些个体的工作—家庭增益现象更明显(Greenhaus & Powell, 2006; Grzywacz & Marks, 2000)。有的研究则强调,文化和经济等宏观因素对工作与家庭均有影响(Lambert, 1999; Spector et al., 2004)。然而到目前为止,考虑到这些情境条件因素的概念性工作—家庭模型尚不多见(Spector et al., 2004)。

最后,既有工作—家庭研究忽略了时间的影响(Demerouti et al., 2004)。因为大多数既有研究均基于横截面数据,难以明确随着时间推移,增益和冲突过程究竟如何发展。例如,情绪外溢可能仅仅反映了工作与家庭间的日常干扰(Edwards & Rothbard,2000;Ilies et al.,2007),而将在家庭中获得的沟通技巧应用于工作则反映了长期增益(Brummelhuis et al.,2008)。尽管相关文献经常呼吁开展工作—家庭纵向维度的研究,但是实践中很少有学者这么做(Ilies et al.,2007;Greenhaus,2008)。

综上所述,工作—家庭研究需要回答以下问题:① 工作—家庭冲突和增益背后的因果过程是什么?② 在哪些情境条件下以及在具备哪些个性特征的员工中,工作—家庭冲突或增益更有可能发生?③ 随着时间流逝,工作—家庭关系将如何发展?

为了阐明工作—家庭关系的变化,研究者构建了多种有影响力的理论模型。通过对既有相关文献的梳理发现,根据不同视角和侧重,可以将文献归纳为三类模型:一类是强调个体在工作与家庭角色间相互竞争或促进的角色资源模型;二类是倾向积极的工作与家庭视角的资源增益模型;三类是整合考虑生存环境和时间影响个体资源变化的动态模型。

首先,工作—家庭研究多年来一直以角色资源模型为主导(Pleck,1977)。这些模型的基本思想是员工拥有有限资源(如时间、精力等),他们通过这些资源消耗来履行职责,一个领域的资源需求或压力会导致另一个领域的资源匮乏,从而造成工作—家庭冲突(Frone et al.,1992;Greenhaus & Beutell,1985)。后续学者质疑工作家庭竞争的冲突观,强调双重角色的职责履行会带来好处的增益观(Barnett & Hyde,2001)。此外,冲突难以阐明工作与家庭间关系的因果过程(Grandey & Cropanzano,1999)。

其次,资源增益模型(Barnett & Hyde,2001;Greenhaus & Powell,2006)补充了工作与家庭间的良性互动。资源获取(如技能、社会支持和自尊等)可以用来解释为什么一个角色体验可改善另一角色体验(Greenhaus & Powell,2006;Wayne et al.,2007)。但这些资源模型仅限于增益概念,不能回答为什么一个领域有时会对另一个领域产生负面影响。此外,冲突观和增益观都忽视了工作和家庭领域以外影响工作—家庭关系的因素(Parasuraman & Greenhaus,2002)。

最后,整合考虑生存环境和时间作用对个体资源变化的生态模型为工作—家庭关系提供了现实思路。Bronfenbrenner & Morris(2007)的生态系统理论旨在通过描绘个体与围绕个体的若干系统的相互作用来解释人类发展。基于生态系统理论,Hill(2005)和Voydanoff(2002)提出生态模型,包括微观系统、中间系统、宏观系统和时间系统。微观系统描述个体人际关系和社会角色;中间系统为联系工作与家庭领域的两微观系统集合体;宏观系统包括文化、气候、经济等;时间系统包括时间、生命阶段、历史发展等。但生态模型对工作与家庭两系统间联系的描述不明确,因而无法回答两个微观系统如何相互影响。

综上所述,以上每个工作—家庭理论模型都各有优势,但没有一个能对工作—家庭关系进行系统、完整的描述。同时,Hobfoll(1989,2002)提出并完善了资源保存理论(conservation of resource theory),描述了人们如何应对环境压力,以及这些压力如何影响幸福感并反映两个主要资源过程:一是损失螺旋,在该螺旋中,压力会增加,资源会进一步枯竭;二是增益螺旋,在该螺旋中,资源会逐渐生成并积累(Hobfoll,1989,2002)。资源保存理论可以解释冲突与增益的工作与家庭过程,为构建工作—家庭资源模型提供了坚实的理论基础。

基于此,布鲁麦荷提出集成冲突和增益的工作—家庭资源模型,在考虑条件因素和长期发展的同时,能够更好地阐明工作与家庭间角色冲突或增益发生的原因、机制与结果。

二、理论的核心内容

(一)理论核心内容

根据资源保存理论,Brummelhuis(2012)提出工作—家庭资源(work-home resource,W-HR)模型,从整体上解释了正面和负面的工作—家庭过程。

布鲁麦荷等人将资源保存理论作为 W-HR 模型的理论基础,他们认为资源保存理论描述的一般的损失和增益过程可用于具体的工作—家庭领域。压力源有助于解释工作—家庭冲突是如何开始的。当与特定的社会情境(如工作或家庭)相关时,压力源可定义为社会情境中身体、情感、社会或组织等方面的资源消耗(Demerouti et al.,2001;Peeters et al.,2005)。因而,工作—家庭冲突反映了一个领域需求会耗尽个体资源,从而导致另一个领域资源投入减少。相反,情境资源是工作—家庭增益的起点。与增益螺旋思想一致,工作—家庭增益可理解为来自家庭和工作领域的情境资源导致个体资源开发的过程,每个领域开发的个体资源有助于其在另一个领域的绩效表现,比如来自配偶的情感支持(情境资源)可导致个体积极情绪和自尊的增强。这些个体资源反过来在工作中使其充满活力和韧性,从而改善工作绩效(Greenhaus & Powell,2006;Rothbard,2001;Ruderman et al.,2002)。尽管资源和情境分别是冲突和增益的原因,但个体资源却是工作与家庭领域间的联系,由此提出以下命题:

命题 1:情境工作需求通过减少个体资源恶化了家庭成果(工作对家庭的冲突)。

命题 2:情境工作资源通过增加个体资源改善了家庭成果(工作对家庭的增

益)。

命题3:情境家庭需求通过减少个体资源恶化了工作成果(家庭对工作的冲突)。

命题4:情境家庭资源通过增加个体资源改善了工作成果(家庭对工作的增益)。

布鲁麦荷基于资源保存理论提出工作—家庭资源模型(见图34.1)。如表34.1所示,来自工作或家庭领域的情境需求分为定量需求、身体需求、情感需求和认知需求(Bakker & Demerouti, 2007;Peeters et al., 2005)。定量需求指出当人们同时执行诸多任务时,就会发生超负荷;情感需求是消耗个体情感资源的任务;身体需求是指需要体力劳动的任务;认知需求是指需要高度专注的任务(Demerouti et al., 2001)。

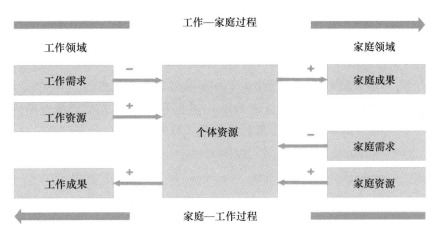

图34.1 工作—家庭资源模型

表34.1 工作—家庭资源模型的组成部分及具体示例

构念	子类型	具体示例
情境需求	定量	加班,大量家务,急救任务
	身体	举重,照顾老人,照顾小孩
	情感	应付愤怒的客户,家庭冲突,失望
	认知	写报告,协调家务和照顾任务,多重任务处理
情境资源	社会支持	同事建议,朋友理解,爱和尊重
	工作自主	控制工作设计,规划休闲时间,分配家庭任务
	发展机会	新工作任务,参加课程,参加运动,爱好
	反馈	主管考核,在家开放交流,与朋友交谈

(续表)

构念	子类型	具体示例
个体资源	身体	健康,体力,精力,睡眠
	心理	乐观,自我效能,专注,心理韧性
	智力	技能,观点,知识,经验
	情感	情绪,满足感,同理心,感恩
	资本	时间,金钱
成果	生产	按时完成,服务质量,完成任务,护理质量
	行为	旷工,离职,在家办公,提供家庭安全氛围
	态度	满意度,承诺,幸福,关系质量

来自工作或家庭领域的情境资源包括社会支持和工作自主等。其中,社会支持是指来自重要他人(如同事或家庭成员)的实际帮助或情感帮助;工作自主意味着个体可以决定如何以及何时执行任务(Bakker & Demerouti, 2007; Demerouti et al., 2001)。

个体资源包括身体、心理、智力、情感和资本资源。其中,身体资源包括健康和体力等;心理资源是指可以帮助人们积极有效地处理任务的工具,如专注力;智力资源是指有助于员工完成任务的知识、技能和经验等;情感资源包括情绪和满足感等;资本资源是指有助于角色执行的工具性资源,如金钱和时间(Carlson et al., 2006; Edwards & Rothbard, 2000; Graves et al., 2007; Greenhaus & Beutell, 1985; Greenhaus & Powell, 2006; Grzywacz & Marks, 2000; Rothbard, 2001; Ruderman et al., 2002)。

工作或家庭成果可分为生产、行为和态度方面的成果(Cohen & Bailey, 1997)。在工作领域,生产成果是指高效生产产品和服务;行为成果包括旷工率、离职率和安全性;态度成果是指员工和雇主的信念和感觉,如工作满意度、组织承诺水平、管理信任水平以及工作幸福感。在家庭领域,生产成果包括高效完成家务,为家庭成员提供高质量护理以及实现休闲目标等;行为成果包括家庭成员的可利用性、责任心和家庭环境的安全性;态度成果包括家庭满意度、良好的亲朋关系、家庭承诺与家庭幸福。

Brummelhuis et al. (2011)区分了作为个体特征(关键资源)和所生活的环境(宏观资源)的条件因素,认为拥有更多关键资源(如乐观、自我效能感、社会力量)的个体更擅长解决问题和应对压力。比如,内在动力型员工在面对工作压力时会更积极地应对,因而可以获取更多的工作资源以应对压力。同样,拥有较高社会权力的个体可以防止情境需求的有害影响,如高级顾问有权推迟重要期限。此外,拥有关键资源的个体更有可能最佳地利用情境资源。比如一个尽职尽责的人通常目标明确且努力工作(McCrae & Costa,1986),因而可利用工作自主权来有效地规划活动,从而节省其用于非工作活动的时间。

宏观资源描绘了与工作—家庭界面有关的因素,如财富状况、公共政策、工会、文化价值和社会平等(如无种族主义)。在富裕国家,夫妻双方工作的就业需求较低,且有大量工人担任高级职位,员工可从工作中获得更多资源(如成就感),同时有足够资源应对工作压力(Lambert, 1999)。文化价值可以调节工作过程(Spector et al., 2004),如在无种族主义和平等对待社会群体的社会,所有个体都能使用多种情境资源(如参与工作决策)。基于此,为回答第二个问题(在哪些情境条件下以及在具备哪些个性特征的员工中,工作—家庭冲突或增益更有可能发生?),布鲁麦荷等人提出以下命题(见图 34.2):

命题 5:在拥有关键资源和宏观资源的个体中,工作—家庭冲突不太可能发生,因为关键和宏观资源削弱了情境需求与个体资源之间的消极关系。

命题 6:在拥有关键资源和宏观资源的个体中,发生工作—家庭增益的可能性更大,因为关键和宏观资源加强了情境资源和个体资源之间的积极关系。

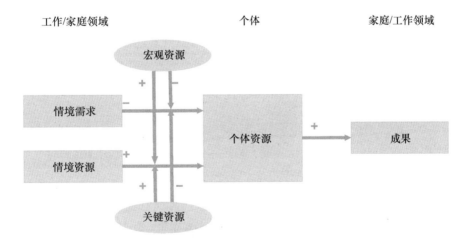

图 34.2 工作—家庭资源模型中关键和宏观资源的调节作用

Hobfoll(2002)指出,压力源和由此产生的压力可能是暂时的,也可能是长期存在的。如果压力源是长期的,那么最终可能导致损失螺旋下降。损失螺旋反映了一个过程,情境需求导致的个体资源的第一次损失会导致进一步的损失,因为可用于有效处理长期需求或获取情境资源的个体资源较少。同样,稳定的情境资源可能导致资源积累的增益螺旋。结构性情境资源使人们避免或解决情需求,并获取新资源。

Brummelhuis et al.(2013)认为,长期过程也可以体现在工作—家庭界面中(见图34.3)。一个领域长期的结构性需求要求对个体资源持续投资,这种长期过程最终会消耗更多的结构性个体资源(如健康),并使其他领域的长期结果恶化。例如,持续的家庭超负荷会增加身体压力,从而使健康抱恙,并最终导致缺勤现象增加。同样,一个领域结构性情境资源会通过稳定的个体资源帮助个体实现另一个领域的长期目标。比如拥有广泛社交网络的员工更有可能找到好工作,因为其对劳动力市场有更多了解(Bernasco et al.,1998)。与长期过程相反,Ilies et al.(2007)的短期工作—家庭过程研究表明,日常工作的增加会使员工的家庭冲突增多,并减少员工与家人参与社交活动的频率。布鲁麦荷等人认为,一领域短暂需求和不稳定资源会消耗个体资源,对其他领域的作用也会更加直接。比如,员工因无法预见的过度劳累而没有时间或精力参与家庭生活,从而与配偶发生冲突。基于此,布鲁麦荷等人提出命题7和命题8。

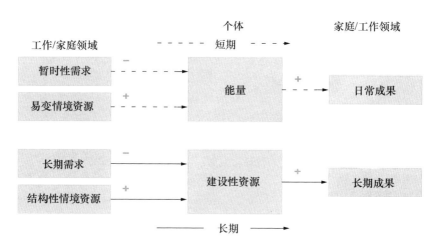

图34.3 工作—家庭界面存在的短期和长期过程

命题7:短期工作—家庭冲突和增益反映工作和家庭领域之间的日常过程,由此一个领域的暂时性需求和易变情境资源通过不稳定个体资源变化影响另一个领域的日常结果。

命题8:长期工作—家庭冲突和增益反映工作和家庭领域之间的持久过程,由此一个领域的长期需求和结构性情境资源通过结构性个体资源变化影响另一个领域的长期结果。

（二）理论的发展演进

布鲁麦荷的工作—家庭资源模型是在大量研究的基础上提出的。例如，Brummelhuis（2008）对1 046名员工的抽样调查发现，家庭参与（养育孩子和做家务）与员工的倦怠感正相关，员工所经历的工作—家庭干扰与同事的工作结果相关（Brummelhuis et al. 2010）。在工作—生活平衡方面，Brummelhuis et al.，（2010）根据不同员工对不同资源的需求，发现社会支持、灵活工作安排等工作—生活平衡支持措施可改善员工的帮扶行为和绩效。为探讨工作—家庭过程随时间流逝如何发展，布鲁麦荷将职业倦怠作为随时间发展的过程进行研究，结果发现当前倦怠可预测未来倦怠，其结果是工作需求的增加（如工作超负荷）和工作资源（如社会支持、信息）的减少。

W-HR模型提出后，布鲁麦荷进行了大量实证研究，如通过对1 014名员工的纵向实证研究发现，家庭领域需求与工作领域缺勤相关，而这一关系是通过个体压力和动机联系起来的。此外，关于个体家庭—工作冲突和增益，布鲁麦荷通过对199名领导者和456名追随者的匹配抽样研究发现，领导者的家庭生活不仅影响自身幸福感，而且影响其激励和支持下属的形式。在工作与家庭角色研究中，布鲁麦荷发现工作和家庭角色参与的幸福感结果取决于工作和家庭角色的显著性。

除了布鲁麦荷的探索，还有许多学者对W-HR模型表现出较大兴趣，并在此基础上进行了一系列研究。例如，Bai et al.（2016）从W-HR模型出发，发现家庭不文明行为通过自尊状态与反生产行为正相关。与W-HR模型契合，家庭不文明行为作为家庭领域的情境需求，自尊状态是一种典型的个体资源，可作为家庭领域和工作领域结果的中介变量。此外，Selvarajan et al.（2016）考察了W-HR模型中情境资源和个体资源的交互作用，可为个体在处理工作—家庭冲突时提供帮助。Braun & Nieberle（2017）基于W-HR模型，开发了用于理解下属工作—家庭冲突和工作—家庭增益的多层次认知框架，研究表明真实型领导与下属工作—家庭冲突负相关、与下属工作—家庭增益正相关。Pluut et al.（2018）关注了W-HR模型所揭示的工作—家庭溢出背后的资源耗尽过程，检查了两类社会支持（即工作和家庭）在各自领域的不同调节效果，研究工作负荷日常变化对工作—家庭冲突的溢出效应，再次证实了W-HR模型中工作需求通过耗尽个体资源削弱家庭功能的观点。

三、实证研究与量表开发

(一) 实证研究

1. 国外相关研究

由于个体在工作与家庭两领域内频繁跨界，导致个体资源流动以及两个领域的相互作用。以往研究常使用角色理论、溢出补偿的关系理论、边界理论及资源保存理论等解释其相互作用，这就是工作—家庭资源模型的雏形。Brummelhuis et al. (2012)在综合以往工作家庭界面理论的前提下，以资源保存理论为基础，首次提出工作—家庭资源模型。国外研究者对工作—家庭资源模型的研究主要包括以下两个方面：

一方面，基于工作—家庭资源模型研究职业生涯。Greenhaus et al. (2014)以工作—家庭资源模型为基础的职业观阐述了影响当代职业的经济、组织和劳动力变化，明确认识到个体工作和家庭领域之间的相互依赖关系，从而使个体更好地扮演家庭与工作中的角色；同时，建议员工在工作—家庭视角下进行自我职业生涯管理，将职业价值与家庭价值更好地结合在一起。同样职业目标设定概念包括不同生活角色间平衡或边界管理策略，职业战略描述可包括实现工作和非工作目标以及与价值观相关的行动计划。

另一方面，对工作—家庭资源模型的进一步发展。既有研究主要调查外部产生的家庭需求如何影响工作参与(如如何履行家庭责任)，以减少工作相关活动所花费的时间。但是 Du et al. (2017, 2018)从家庭—工作干扰(如乡愁)出发，通过对制造企业工人与入伍一个月的新兵的调查，分析了家庭领域的个体内部因素对工作领域的干扰过程，从而丰富了工作—家庭界面研究，同时从另一方面证实了关键个体资源在家庭领域与工作领域间的协调作用。此外，Du et al. (2017, 2018)还对108个中国家庭中有关工作干扰的366份日常调查进行了多层次分析，进一步佐证了时间在工作家庭过程中的作用，并阐释了干扰过程如何随时间的变化而变化。

2. 国内相关研究

我国对工作—家庭资源模型的研究及其应用相对滞后。工作—家庭资源模型进入国内不久后，有学者以资源保存理论为基础，对工作—家庭资源进行了分析，并在此基础上评述了工作家庭研究中的三种重要模型。相关实证研究运用工作—家庭资源模型对中国情境下的医生、研发人员、企业领导者及企业员工等群体进行了实证研究。

国内实证研究主要集中于企业人力资源实践。姜海等(2016)通过实证研究发现,组织领域对家庭的支持感可影响员工家庭的生活满意度。王永丽和卢海陵(2018)从员工与其配偶的视角出发,发现组织对员工的家庭支持感是工作—家庭平衡的重要因素。此外,Bai et al. (2016)研究发现,家庭中的情境需求会耗尽个体资源,从而引发消极的工作成果。与前面的学者不同,康勇军和彭坚(2019)将资源产生与损耗机制同时纳入工作—家庭资源模型框架,全面地阐释了服务型领导者的资源变化过程,首次将工作—家庭资源模型与服务型领导理论相结合,揭示了工作—家庭关系的动态形成机制。综上所述,国内相关研究极大地丰富了工作—家庭资源模型的理论框架。

(二) 量表开发

1. 国外相关量表

多年来,工作—家庭研究一直以角色理论模型为主导(Pleck, 1977),其核心思想是员工利用有限资源(如时间和精力)来履行职责(Frone et al., 1992),但并未揭示哪些工作(或家庭)因素使家庭(或工作)运作更加困难。增益模型(Barnett & Hyde,2001)的提出补充了工作与家庭领域间有益联系的思想。但是,这些资源模型仅限于增益概念,没有回答为什么一个领域会对另一个领域存在负面影响。此外,冲突观和增益观均忽视了工作和家庭领域以外的系统影响,如生态、文化和个性。Hill(2005)的生态系统论考虑了宏观因素和时间发展,为工作—家庭界面提供了现实思路。Bummelhuis(2012)的工作—家庭资源模型区分了资源的维度、来源及类型等。

测量工作—家庭资源模型核心变量的工具开发情况如下:

(1) 工作/家庭资源的测量。Demerouti et al. (2000)的工作资源包括绩效反馈、奖励、工作控制、参与决策、工作保障、主管支持六个维度,共11个题项。Demerouti(2001)进一步提出,社会支持是指来自重要他人(如同事、家庭成员)的实际帮助或情感帮助。Hobfoll(2002)区分了情境资源和个体资源。Broeck et al. (2010)认为,工作资源是激发人们工作动机的主要因素,包括自主性、社会支持(包括同事支持和领导支持)、绩效反馈、决策参与、工资福利、物理条件(如工作环境)、发展机会(学习和晋升)七个维度。

(2) 工作/家庭要求的测量。Demerouti et al. (2000)采用21个题项自评量表对护士的工作状况进行评定,其中10个题项是指工作要求,包括体力工作、认知工作、时间压力、要求与患者接触、不利的环境条件,以及一个不利于身体健康、家庭生活和社会生活的轮班工作时间表六个维度。Bakker(2007)将工作或家庭领域的情境要求分为定量要求、情感要求、身体要求和认知要求四个维度。Choi & Chen(2006)从时间、精力和角色压力三个维度测量家庭要求的主观感受。

(3) 工作—家庭冲突的测量。早期研究将工作—家庭冲突视为单维结构，而 Frone et al.(1992)提出工作—家庭冲突存在双向影响，不仅工作会干扰家庭，而且家庭也会影响工作。基于工作—家庭冲突的形式和方向，Gutek et al.(1991)将其归纳为工作—家庭冲突和家庭—工作冲突两维度共八个题项；Netemeyer & Boles(1996)编制的工作家庭冲突量表包含工作—家庭冲突和家庭—工作冲突两个维度；Calson(2000)基于 Gutek et al.(1991)的工作—家庭冲突四个题项和 Frone et al.(1992)的一个题项组合形成工作—家庭冲突五个题项量表；Wayne et al.(2004)开发了工作—家庭冲突四个题项量表。

(4) 工作—家庭增益的测量。Werbel & Walter(2002)认为，工作—家庭增益包括参与度、获得及增强作用三个维度；Frone(2003)从路径分析角度强调了工作—家庭增益的双向性，包括工作对家庭增益和家庭对工作增益两维度；Musisca & Fleeson(2004)开发的工作—家庭增益量表包含两个维度四个题项；Calson(2006)在前人研究基础上，开发了包括从工作到家庭的发展、影响和资本三个维度的 18 个题项量表。

2. 国内相关量表

(1) 工作/家庭资源的测量。李洁(2014)编制了包括社会支持、决策参与、工作控制、奖励和技能多样性五个维度的 15 个题项量表；蒯义峰(2017)编制了中国情境下班主任工作资源量表，分为学校支持、年级领导支持、同事帮助、家长理解、物质和社会回报五个维度 22 个题项。

(2) 工作/家庭要求的测量。李洁(2014)编制了包括工作量、心理要求、情感要求、环境要求、倒班要求和时间要求六个维度的 18 个题项量表；蒯义峰(2017)编制了中国情境下班主任工作要求量表，分为工作超负荷、成绩压力、学生安全压力、角色冲突、加班要求五个维度 16 个题项。

(3) 工作—家庭冲突的测量。陆佳芳(2002)改编了 Kopelman(1983)的工作—家庭冲突量表，其中五个题项测量工作—家庭冲突，五个题项测量家庭—工作冲突；吴谅谅等(2003)将工作—家庭冲突分为工作干扰家庭、家庭干扰工作、工作家庭互相干扰三个维度；Carlosn(2000)将工作—家庭冲突分为时间冲突、紧张冲突、行为冲突三个维度。

(4) 工作—家庭增益的测量。唐汉瑛等(2009)的工作—家庭增益量表包括工作—家庭增益和家庭—工作增益两方面四个维度，即工作—家庭工具性增益、工作—家庭心理性增益、家庭—工作工具性增益、家庭—工作心理性增益,共14个题项;Calson(2006)将工作家庭增益分为能力发展增益、情感增益和心理资本增益三个维度,每个维度三个题项。

四、 理论的应用价值

工作—家庭资源模型运用资源保存理论,系统阐释了工作—家庭影响关系背后的因果过程、情境条件、个性特征及过程动态演化,为改善工作—家庭关系的社会支持、管理实践、领导风格及生活平衡等政策措施提供了理论依据与决策参考,为这些政策措施所带来影响的黑箱机制与情境条件提供了系统框架和理论基础。工作—家庭资源模型的应用价值主要体现在以下几方面:

首先,为国家政策措施的出台提供理论依据。例如最低工资、社会住房、福利休假、社会保障等政策措施的制定需要充分考虑工作—家庭因素,从而为员工提供有力的基础保障,进而对社会稳定发展起到巨大支撑作用。工资收入是一个家庭抚养、教育、医疗等能力实现的基础,福利休假可以为父母照顾孩子和老人提供缓冲机会,从而减少工作—家庭冲突。

其次,为企业管理实践的设计提供决策参考。根据工作—家庭资源模型,组织可以为员工提供更灵活的工作安排,以应对来自家庭领域的干扰。比如远程办公和弹性工作可以帮助员工处理家庭问题,从而减少家庭责任履行对工作的影响。此外,制定家庭亲善政策(如入学入托、家庭援助、老人照顾等)可以提高工作家庭增益和减少工作家庭冲突。企业通过培训开发,一方面可以提高工作—家庭冲突处理技能,从而获得更多的配偶或家庭支持;另一方面可以帮助员工转变思想,培育和开发其心理资本,强化员工的组织支持感知体验。

再次,为企业领导风格的转变提供理论指导。家庭支持型领导者是工作场所重要的组织支持资源,不仅能缓解工作需求带来的压力,而且能平衡工作与家庭两个领域间的需求。家庭支持型领导者对于建立工作—家庭支持型组织文化、提升员工的工作态度和行为有重要作用,通过增强员工对工作的控制感(如时间、地点及过程等)来减少工作—家庭冲突,同时正向影响员工的角色内工作和家庭绩效。相反,如果缺乏领导者的支持,那么即使企业出台完善的政策,也很难帮助员工降低工作—家庭冲突。

最后,为个体工作—家庭的平衡提供解决思路。例如,在职业发展中考量家庭因素,职业探索可拓展到家庭需求信息的搜索以及职业价值与家庭价值的结合。同样,职业目标设定可包括不同生活角色间的平衡以及相应的边界管理策略,职业战略可包括与实现工作和非工作目标相关的行动计划。因此,个体职业生涯管理需考虑地点、时间、职业、岗位、组织等因素,从而达到工作—家庭平衡。

五、经典文献推荐

Bakker, A. B., & Demerouti, E. (2007). The job demands-resources model: state of the art. Journal of Managerial Psychology, 22(3), 309–328.

Braun, S., & Nieberle, K. W. A. M. (2017). Authentic leadership extends beyond work: a multilevel model of work-family confict and enrichment. Leadership Quarterly, 28(6), 780–797.

Broeck, A, Cuyper, N, Witte, H, & Vansteenkiste, M. (2010). Not all job demands are equal: differentiating job hindrances and job challenges in the job demands-resources model. European Journal of Work and Organizational Psychology, 19(6), 735–759.

Du, D., Derks, D., & Bakker, A. B. (2017). Daily spillover from family to work: a test of the work-home resources model. Journal of Occupational Health Psychology, 23(2), 237–247.

Du, D., Derks, D., Bakker, A. B., & Lu, C. Q. (2018). Does homesickness undermine the potential of job resources? A perspective from the work-home resources model. Journal of Organizational Behavior, 39(1), 96–112.

Edwards, J. R., & Rothbard, N. P. (2000). Mechanisms linking work and family: clarifying the relationship between work and family constructs. Academy of Management Review, 25(1), 178–199.

Grzywacz, J. G., & Marks, N. F. (2000). Reconceptualizing the work-family interface: an ecological perspective on the correlates of positive and negative spillover between work and family. Journal of Occupational Health Psychology, 5(1), 111–126.

Hobfoll, S. E. (2002). Social and psychological resources and adaptation. Review of General Psychology, 6(4), 307–324.

Ten Brummelhuis, L. L., & Bakker, A. B. (2012). A resource perspective on the work-home interface: the work-home resources model. American Psychologist, 67(7), 545–556.

Ten Demerouti, E., Bakker, A. B., Nachreiner, F., & Schaufeli, W. B. (2001). The job demands-resources model of burnout. Journal of Applied Psychology, 86(3), 499–512.

Wayne, J. H., Grzywacz, J. G., Carlson, D. S., & Kacmar, K. M. (2007). Work-family facilitation: a theoretical explanation and model of primary antecedents and consequences. Human Resource Management Review, 17 (1), 63-76.

第三十四章参考文献

第七篇

无边界与生涯建构理论

第三十五章

无边界与易变性职业生涯理论

王忠军　张　琦[*]

一、代表人物与时代背景

(一) 代表人物

道格拉斯·T. 霍尔(Douglas T. Hall, 1940—)是波士顿大学管理学院组织行为学教授兼行政发展圆桌会议(the Executive Development Roundtable)创始主任。他1962年在耶鲁大学工程学院取得理学学士学位,并分别于1964年和1966年在美国麻省理工学院斯隆商学院获得组织行为学硕士和博士学位。霍尔先后在耶鲁大学(1966—1971年)、约克大学(1971—1974年)、密歇根州立大学(1973—1975年)和西北大学(1976—1980年)任教,1990年进入波士顿大学管理学院,其间还做过创新领导中心(Center for Creative Leadership, CCL)理事会成员。此外,他还是美国心理学会和美国管理学会的研究员及理事会成员,曾在八家学术期刊的编委会任职,其学术研究和咨询活动涉及职业生涯发展、女性的职业生涯、职业高原(career plateau)、工作—家庭平衡、职业倦怠和高管继任等领域。

道格拉斯·T. 霍尔

霍尔迄今参与编撰书籍16本,发表学术论文一百多篇,其研究成果被世界各国的学者广泛引用,在职业生涯发展领域具有卓越的学术影响力。他的著作包括《组织中的职业》(*Careers in Organizations*)(1976年)、《组织内外的职业》(*Careers In and Out of Organizations*)(2002年)等。霍尔还获得了众多的专业奖项和荣誉,包括美国心理学会吉赛利研究设计奖(Ghisell Award for Research Design, 1974年)、美国培训与发

---

[*] 王忠军,博士,华中师范大学心理学院副教授,主要研究领域为职业生涯管理、工作压力与职业健康、老龄化与退休、上下级关系,电子邮箱:wangzj@ccnu.edu.cn;张琦,华中师范大学心理学院硕士研究生,主要研究领域为职业心理学与职业健康心理学。

展学会沃尔特·斯托雷专业实践奖(Walter Storey Professional Practice Award, 1989年)、美国管理学会埃弗雷特·休斯终身成就奖(Everett Hughes Award for Lifetime Achievement, 2001年)、SMG 社区布罗德里克贡献奖(Broderick Award for Contributions to the SMG Community, 2013年)等。

迈克尔·B. 亚瑟(Michael B. Arthur)是波士顿萨福克大学(Suffolk University)索耶管理学院(Sawyer School of Management)名誉教授和英国克兰菲尔德管理学院(Cranfield School of Management)客座教授。他在英国克兰菲尔德大学(Cranfield University)取得管理学博士学位,曾先后在沃里克大学(Warwick University)、奥克兰大学(Auckland University)和伦敦商学院(London Business School)担任客座教授。此外,亚瑟也是一位曾获多种荣誉的职业生涯管理学者,曾担任美国管理学会职业生涯分会的主席和智能职业集团有限公司(Intelligent Careers Group LLC)的常务董事,还是 ICCS 职业探索系统(ICCS Career Exploration System)的主要开发人员,并经常在国际上发表关于职业生涯的演讲。亚瑟的主要研究方向为职业咨询,其著作包括《职业生涯理论手册》(Handbook of Career Theory)(1989年)、《无边界职业生涯》(The Boundaryless Career)(1996年)、《工作中的知识》(Knowledge at Work)(2006年)和《智能职业生涯:掌控你的工作和生活》(An Intelligent Career: Taking Ownership of Your Work and Your Life)(2017年)等。

迈克尔·B. 亚瑟

(二) 时代背景

无边界和易变性职业生涯理论的产生具有深刻的时代背景,是基于对个体职业生涯发展与环境关系的反思而提出的理论模型。曾有学者指出,职业生涯研究应兼顾个人和环境两个方面,职业发展、人生意义和社会评价都离不开环境因素。学术界一般将产生于知识经济时代的无边界和易变性职业生涯理论称为"新型职业生涯模型",而将产生于工业经济时代的职业生涯发展模式称为"传统职业生涯模型"。

产生于工业经济时代的传统职业生涯模型,因组织内严密的层级制度和总体稳定的市场环境而呈现出稳定性、可预测性和线性的特征。20世纪90年代以来,随着全球商业竞争不断加剧、信息技术不断革新和知识经济的迅猛发展,职业生涯发展所依托的环境发生了重大变化。具体而言,组织赖以生存的市场环境变得越来越难以预测,出现大规模的企业重组、倒闭、解雇现象,即使日本企业长期坚持的终身雇佣模式也产生动摇甚至崩溃。在这种背景下,组织由传统的科层制结构向更具柔性、更扁平、更网络化的结构形式发展,呈现出虚拟化、小型化、信息化、分散化等特点,无边界组织结构逐渐显现出来。从员工角度而言,组织内部环境越来越不稳定,员工的工作安全感明显降低,传统的沿着组织职业阶梯的晋升路径正逐渐消失,长期稳定的雇佣关系逐渐变得短期化,员工认识到必须提高技能和适应力以提高自身的可雇佣性(employability)和职业竞争力。此外,知识型员工逐渐成为知识经济时代的劳动力大军,他们更希望通过自主的职业规划和频繁的职业流动实现人生追求(Kinnie & Swart, 2012)。

基于对变化着的环境因素的重视,霍尔率先在《组织中的职业》一书中提出"易变性职业生涯"理念,描述人们在职业发展中呈现出来的易变属性。亚瑟在《组织行为学》(*Journal of Organizational Behavior*)上首次指出,组织内职业路径的逐渐消解也许并不意味着工作机会的减少,职业路径应该包含跨越单一组织边界的一系列工作机会,这种职业发展路径被称为"无边界职业生涯"(Arthur & DeFillippi, 1994)。

二、理论的核心内容

(一) 无边界职业生涯

亚瑟首次提出的无边界职业生涯(boundaryless career, BC)概念,是指超越某一单一雇佣范围的一系列工作机会的职业发展路径(Arthur & DeFillippi, 1994)。无边界职业生涯的本质是突出职业的不稳定性和动荡性,这里所说的无边界并不是真的没有边界,而是指个体可以跨越组织、岗位、专业、职能、角色,甚至国别、文化等多种边界,职业边界依然存在。一个趋向无边界职业的人在所经历雇主的数量、知识积累的程度和个人认同的程度三个方面区别于其他人。随后,亚瑟进一步修正和丰富了无边界职业生涯的内涵,提出无边界职业生涯有六个含义:① 最典型的是像"硅谷职业生涯"那样跨越不同雇主的边界;② 像学者或木匠等职业那样从现有雇主之外获得从业资格和市场竞争力,即雇员具有在其他组织中工作的能力;③ 像房地产商那样得到外部网络和信息的持续支持,个体会通过建立广泛的人际关系网络来促进自身职业生涯的发展;④ 打破以层级和职业晋升为主要特征的传统职业生涯边界,认为雇员追求的不只是层级晋升等客观指标的成功,而是心理上的职业成功;⑤ 出于非职业本身或组织内部原因即个人或家庭原因而放弃现有的职业机会,如个体可能会为了陪伴家人而放弃外地的更好的发展机会;⑥ 个体对职业生涯的选择依赖于自己的理解,认为自己选择的职业是无边界的、不受结构限制的。上述六点有一个共同特征,即个体在建构职业生涯时是独立于而非依赖于组织的。

概言之,与传统职业生涯相比,无边界职业生涯具有七个特点:① 雇佣关系上,短期雇佣关系取代长期雇佣关系,员工与组织间形成一种交换关系,员工通过提高绩效来换取可雇佣性的提升;② 员工可以隶属于多个组织或从事多种职业;③ 员工拥有可迁移的工作知识、技能和能力,而不局限于特定组织;④ 培训方式以在职培训、即时培训为主,员工可以随时自觉地进行学习;⑤ 员工的职业发展阶段或转折点与自身的学习能力有关;⑥ 职业生涯发展模式呈现螺旋型、短暂型、跨边界型的特点;⑦ 个人对自己的职业生涯管理负责。

在无边界职业生涯中,个体的工作单位、职业性质、雇佣关系等可能经常发生变化,根据引起职业发生变化的原因,可将无边界职业生涯分为两类,即自愿无边界职业生涯和非自愿无边界职业生涯。自愿无边界职业生涯是指出于个人主观原因,如追求更多的回报和发展机会、价值观发生变化、知识积累和持续学习等,主动选择离开现有组织而进入另一个组织,跨越不同工作边界等职业变化;非自愿无边界是指由于外界因素,如家庭搬迁、生病、公司裁员、重构或工作性质本身要求等,人们被迫去寻找新的工作机会。遵循无边界职业生涯发展模式的个体,被认为持有无边界职业生涯态度(boundaryless career attitude,BCA)或无边界职业生涯导向(boundaryless career orientation,BCO)。具有无边界职业生涯定向的个体可能会通过职业流动来适应不断变化的环境,并对创造和保持跨组织边界的工作充满热情(王忠军等,2017;Arthur & Rousseau,1996;Briscoe et al.,2006)。

(二) 易变性职业生涯

Hall(1976)最先提出易变性职业生涯的概念。"易变性"(protean)一词源自早期希腊神话中的海神 Proteus,传说海神 Proteus 具有一种神力,可以随意改变自己的形态。易变性职业生涯是指由个人而非组织负责、由个人的核心价值观驱动的职业生涯决策,职业成功的主要标准是个人主观的心理认同,如职业满意度(而非薪酬、职位等外部的客观标准)。易变性职业生涯有两个特征:一是个人而不是组织管理着职业发展,个人通过持续学习和培训,主动对自身的角色、态度和行为进行调节,达到人—职匹配的最佳状态;二是寻求心理意义上的成就感,追求内在的自我实现(即心理成功)。Hall(2004)从个体的角度研究动态环境下的职业生涯,他强调在易变性职业生涯中,个体遵从的是内心强烈的召唤(calling),追求的是人生价值。之后,Briscoe & Hall(2006)提出了易变职业生涯导向(protean career orientation, PCO)的概念,从主体的视角探讨个体在易变性较高的职业生涯中所表现的自主职业选择的倾向。易变性职业生涯定向或易变性职业生涯态度(protean career attitude, PCA)描述的是个体通过自主地管理职业生涯来实现主观职业成功的一种倾向,主要强调追求易变职业生涯的个体希望通过多样化的职业选择来实现自我满足、获取主观职业成功的个人倾向(Briscoe & Hall, 2006; Direnzo et al., 2015)。

作为相同时代背景下产生的两个相近的理论模型,Briscoe & Hall(2006)认为无边界职业生涯和易变性职业生涯既相互重叠又有所不同。从概念本质而言,这两种职业生涯定向具有一定的相似性,两者均强调职业选择权应属于个体自身,并且判断职业成功的主要标准也都强调心理意义上的成功,即主观成功感(高中华等,2018;Hall,2004)。但两个理论还存在区别:①无边界职业生涯强调心理或物理上发生的职业生涯变动(王忠军等,2015;Enache et al., 2011);易变性职业生涯强调个体主动管理职业生涯,通过自我引导来获得心理上的成功(Briscoe et al., 2006;Enache et al., 2011)。②具有易变性职业生涯定向的个体不一定偏好跨越组织边界的工作;具有无边界职业生涯定向的个体也可能依赖组织发展自己的职业生涯(王忠军等,2015;Briscoe & Hall, 2006)。③拥有易变性职业生涯定向的个体倾向于通过持续学习、自我引导等方式来提高自身的工作技能;相比之下,拥有无边界职业生涯定向的个体倾向于通过在职培训来实现工作技能的提升(高中华等,2018;Briscoe & Hall, 2006)。表35.1将传统职业生涯、无边界职业生涯和易变性职业生涯模式进行了比较。

表 35.1 传统职业生涯、无边界职业生涯和易变性职业生涯的比较

维度	传统职业生涯	无边界职业生涯	易变性职业生涯
雇佣关系	以忠诚换取工作安全	以可雇佣性换取绩效和灵活性	遵从内心意愿选择职业
心理契约	关系型	交易型	交易型
职业生涯边界	一个或两个组织	多个组织	一个或多个组织
工作技能	服务于特定组织	可迁移的	可迁移的、不断更新的
培训	正式培训	在职培训	在职培训、持续学习、自我引导
职业发展阶段	与年龄相关	与学习相关	自主选择
职业成功标准	薪水、晋升、地位	心理意义上的成功感	心理意义上的成功感
职业生涯模式	直线型、专家型	螺旋型、短暂型、跨边界型	多样型、跨边界型
生涯管理责任	组织承担	个人承担	个人承担

三、测量工具与实证研究

(一) 测量工具

Sullivan & Arthur(2006)指出,职业生涯的无边界性包含物理流动(physical mobility)和心理流动(psychological mobility)两个方面。物理流动是指改变工作岗位、职业、组织、行业、地区甚至国家的"真实的"工作流动;心理流动是指个体在头脑和观念中所感知到的跨越职业边界的工作能力与意愿(王忠军等,2017;Sullivan et al., 2006)。简言之,物理流动代表实际存在的、可观察到的跨越边界的行为,而心理流动是指人们对自己跨越边界能力与意愿的感知(喻剑利和曲波, 2009a)。在以往的研究中,对于物理流动的测量,通常直接询问研究对象在过去一段时间内改变或跨越不同类型工作边界(如行业、组织、层级、水平)的行为及频次(Chudzikowski, 2012; Guan et al., 2019)。

无边界职业生涯态度(心理流动)由无边界心态(boundaryless mindset)和组织流动性偏好(organizational mobility preference)组成。无边界心态是指个体具有跨越当前岗位、职业和组织边界的倾向,偏好与部门或组织之外的人共同工作。组织流动性偏好是指个体对实际的、物理的、在不同组织之间工作流动的心理倾向(王忠军等,2017)。易变性职业生涯态度由自我指导(self-directed)和价值驱动(values-driven)组成。自我指导是指个体自主地探索职业选择并作出职业决策,从而对职业发展进行自我管理,而不是等待他人或组织提供信息、反馈、目标和计划。价值驱动是指个体主动地追求对自己有意义的目标,而不是被动地接受组织和社会强加于个人的价值和目标(高中华等 2018;Briscoe & Hall, 2006; Cabrera, 2009)。

Briscoe & Hall(2006)开发并验证了针对心理流动的无边界职业生涯态度(BCA)两维度量表(共13个测量条目,如表35.2所示)和易变性职业生涯态度(PCA)两维度量表(共14个测量条目,如表35.3所示),均采用李克特5级评分,1表示"非常不符合",5表示"非常符合"(Briscoe et al., 2006)。其中,无边界心态和组织流动性偏好两个子量表的内部一致性信度系数分别为0.89和0.75,自我指导和价值驱动两个子量表的内部一致性信度系数分别为0.81和0.69,后续有关无边界职业生涯态度(Colakoglu, 2011; Verbruggen, 2012)和易变性职业生涯态度(李敏等,2017; De Vos & Soens, 2008; Okurame & Fabunmi, 2014; Supeli & Creed, 2016; Volmer & Spurk, 2011)的众多实证研究都基于此测量工具而展开。

表 35.2 无边界职业生涯态度(BCA)的测量指标

维度	测量条目
无边界心态	1. 我喜欢与组织外部的人一起工作 2. 我喜欢需要与不同组织的人相互交流的工作 3. 我喜欢需要在组织外部工作的任务 4. 我喜欢需要超出部门范围的任务 * 5. 我喜欢在由不同组织人员组成的项目组工作 * 6. 过去我寻找过允许我在组织外部工作的机会 * 7. 新的经验和环境能激励我 8. 我寻找能让我学习新东西的工作任务
流动性偏好	1. 如果我所在的组织提供终身雇佣的机会,我绝不会去其他组织寻找工作机会 2. 我的职业生涯理想是一直在同一个组织中工作 3. 如果不能为当前的组织工作,我会觉得很失落 * 4. 我喜欢持续在同一组织中工作 * 5. 我宁愿待在一个熟悉的组织而不去别处另谋高就 *

注:流动性偏好维度的测量条目均为反向计分题;* 为简版无边界职业生涯态度测量条目(BCA-SF)。

表 35.3 易变性职业生涯态度(PCA)的测量指标

维度	测量条目
自我指导	1. 我对自己的职业生涯负责 2. 最终我依靠自己来推进职业生涯 3. 我只负责我的职业生涯的成功或失败 * 4. 只要与我的职业生涯相关,我就是"属于我自己的人" * 5. 总体上,我有一个非常独立的、自我驱动的职业生涯 * 6. 过去在必要时,我依靠自己而非他人寻找新工作 7. 自由地寻找职业生涯路径是我最重要的价值观之一 * 8. 如果公司不能提供发展机会,我就会在外面寻找发展机会
价值驱动	1. 如果公司要求我做与我的价值观相悖的事情,我会坚持自己的原则 2. 过去当公司要求我做自己不赞成的事情时,我坚持自己的价值观 3. 有关我的职业生涯,我认为正确比公司认为正确更重要 4. 对我自己做的有关职业生涯方面的选择,别人的评价无关紧要 * 5. 我以自己的关注点而非雇主的关注点来指导自己的职业生涯 * 6. 对我来说最重要的是我自己如何感知职业生涯的成功,而非他人的感知 *

注:* 为简版易变性职业生涯态度测量条目(PCA-SF)。

Briscoe et al. (2006)开发的无边界职业生涯态度量表和易变性职业生涯态度量表促进了学界对新型职业生涯的研究,但该量表相对较长且其中一些的测量条目的内容存在重复。为了解决量表有效性和长度问题,Porter et al.

(2016)对上述量表进行了修订和验证,得到简版量表。简版量表同样采用李克特5级评分方式,其中BCA-SF的无边界心态和流动性偏好子量表各有3个测量条目,其信度系数分别为0.91和0.81;PCA-SF的自我指导子量表有4个测量条目、价值导向子量表有3个测量条目,其信度系数分别为0.83和0.77。Porter et al. (2016)还在不同文化群体(美国人和韩国人)中证明了上述简版量表的有效性。

为了进一步清晰地区分PCA中的价值驱动和自我指导两个维度,Baruch(2014)对PCA量表进行了修订,形成了7个测量条目的单维度PCA量表(见表35.4),并通过美国、欧洲、亚洲以及大洋洲的九个样本开展调查,检验了量表的有效性。量表采用李克特7级评分,1表示"非常不同意",7表示"非常同意",单维度PCA量表在上述调查中的信度系数均在0.70以上。但是,由于单维度PCA量表开发较晚,其信度和效度还有待进一步检验。

表35.4 单维度PCA测量条目

序号	测量条目
1	对我来说,职业成功就是如何根据自己的目标和价值来行动
2	我主要根据自己的计划来引导我的职业生涯
3	我能轻松地找到一份新工作
4	我对自己的职业生涯负责
5	我对自己的职业发展负责
6	自由和自主是我的职业生涯驱动力
7	对我来说,职业成功意味着工作具有灵活性

现有的无边界职业生涯态度量表和易变性职业生涯态度量表都是基于西方文化开发的,会受到西方员工心理层面假设的影响,例如个人主义和追求自由等(Baruch, 2014)。在不同的文化中,BCA和PCA在行为上的表征也应有所差异。例如,在以儒家文化为主的中国,人们的集体主义感较强,更加看重他人和组织的感受(Kagitçibasi, 1997),因此未来立足于中国开展无边界和易变性职业生涯研究时,有必要开发适用于以中国文化为背景的量表。

(二) 实证研究

1. 无边界职业生涯的相关研究

二十多年来,研究者试图了解无边界职业生涯的概念、前因和影响,以分析其与个人职业发展、组织管理和社会进步的关系。但以往无边界职业生涯研究更侧重于个体层面,例如探讨无边界职业生涯态度对职业成功和工作流动的影响,较少关注其对组织的影响。

(1) 无边界职业生涯与职业成功。职业成功包括以社会价值为评价标准的客观职业成功和以员工心理感受为评价标准的主观职业成功两大类。客观职业成功与个体的地位、收入和专业能力有关,主观职业成功则来自个体对职业发展的感知或主观评价,如成就、工作—生活平衡、健康和主观幸福感(Arthur et al., 2005)。无边界职业生涯与职业成功的关系较为复杂,以往研究表明,无边界职业生涯态度对个体职业成功产生的积极和消极影响可能并存(Guan et al., 2019)。一方面,无边界职业生涯态度总体而言能正向预测员工的收入(Guan et al., 2019)、地位(Cheramie et al., 2007)、主观满意度(Eby, 2001; Valcour & Tolbert, 2003; Colakoglu, 2011; Stumpf, 2014)、就业能力(Dragoni et al., 2011;王婷和杨付,2018);另一方面,无边界职业生涯态度与个体的健康状况负相关,如可能带来更多的抽烟、酗酒等危害健康的行为(Metcalfe et al., 2003),正向预测心脏病、焦虑、抑郁等疾病的发生率,也预示着时间压力的增加并造成工作—生活平衡程度降低(Hougaard et al., 2017; Valcour & Tolbert, 2003)。

同时,无边界职业生涯对职业成功的影响会受到一系列个人和结构性调节变量的影响,如工作流动的原因(如自愿或非自愿)、流动的类型(如组织间或组织内)、人口学因素(如性别、种族、职业生涯阶段)、人力资本(如教育水平、技能水平)、社会因素(如家庭角色、社会关系)、劳动力市场特征(如行业、薪酬水平、就业机会、劳动力市场依附程度)等。例如,与非自愿工作流动相比,自愿的工作流动通常会带来更有利的结果,如薪酬增加(Fuller, 2008; Keith & McWilliams, 1995, 1997; Perez & Sanz, 2005; Schmelzer, 2012; Davia, 2010; Wu, 2010)和工作满意度提高(Vandervelde & Feij, 1995; Kalleberg & Mastekaasa, 2001);在职业生涯的早期阶段(Josep et al., 2012)和高技能员工中(Kim, 2013),无边界职业生涯的积极影响似乎更强。此外,各种结构和体制因素也可能影响职业过渡中的学习和应对过程,从而调节无边界职业生涯与职业成功之间的关系。例如,导师制和组织的职业生涯管理方案(Greenhaus et al., 2008)、职业咨询和培训机构(Zeitz et al., 2009)及社会福利制度(Feldman & Ng, 2007)等支持性环境因素有助于降低职业过渡的成本,并促进无边界职业生涯对职业成功的积极影响。为了更好地理解无边界职业生涯与职业成功的复杂关系,未来研究有必要进行多角度整合,以形成一种更客观的观点来看待与无边界职业生涯相关的积极和消极效应。

(2) 无边界职业生涯与工作转换和工作流动。虽然无边界职业生涯发展模式有时会促进职业成功,但同时也可能造成员工的工作转换和工作流动。在无边界职业生涯的背景下,工作转换是一种个人决策,服从于员工提升可雇佣性的目的,是员工在职业生涯过程中必然要经历的阶段性选择(Direnzo & Greenhaus, 2011)。有研究表明,工作转换的频率对员工的报酬、福利待遇、职业满意度和工作满意度有积极的作用(Fields et al., 2005; Rigotti et al., 2014)。但在英国IT行业,求职者过去的工作转换频率过高对担任长期职位可能有负面影响(King et al., 2005)。工作转换往往会带来各种角色、身份和工作环境的变化,这就要求个体需要具有相关的职业技能、适应力和职业资源。无边界职业生涯可以帮助个体积累知识和职业资源、发展职业技能、建立新的社会网络,这些知识、技能等既有助于个体应对不确定的工作环境,又能迁移到其他就业背景(Briscoe et al., 2012; Colakoglu, 2011),同时进一步增大工作转换的可能性。例如,针对外派人员的研究表明,随着对无边界职业观认同度的不断增加,无论外派人员是否决定将来回到母公司工作,他们都把外派任务看作职业发展的良好机会,如果公司对回任人员的工作安排没有满足他们的预期或者回任后难以适应母公司,他们就可能主动离开去寻求更高满意度的工作(Bonache et al., 2001; Wittig-Berman & Beutell, 2009)。无边界职业生涯还可能使一些弱势群体被迫进行工作转换,他们会经历更多的工作不稳定和频繁失业(Vansteenkiste et al., 2013)。

2. 易变性职业生涯的相关研究

现有的易变性职业生涯的实证研究也多聚焦于个体层面,较少从组织层面探讨易变性职业生涯所产生的影响。在易变性职业生涯中,易变性职业生涯态度会影响个体的工作态度和行为,相关研究主要集中在以下两个方面:

(1)易变性职业生涯与职业成功。以往研究主要探讨了易变性职业生涯与主观职业成功之间的关系,而有关易变性职业生涯与客观职业成功的研究还相对较少,其中职业满意度和心理幸福感是研究者比较关注的两个衡量主观职业成功的指标。关于易变性职业生涯与职业满意度之间的关系,研究结果不一致。有研究表明,易变性职业生涯对职业满意度有积极影响,较高的易变性职业生涯定向会促使个体根据自己的价值观来选择职业,符合自己价值观导向的职业更有可能让他们感受到职业成功(De Vos & Soens, 2008; Herrmann et al., 2015)。但也有研究表明,易变性职业生涯与职业满意度之间存在负向关系,很多处于职业生涯早期的年轻人群受到职场经验、经济压力等多重因素的限制,在初入职场时无法选择到符合自己价值观的工作,他们的职业满意度会比较低(Supeli & Creed, 2016; Volmer & Spurk, 2011)。以往关于易变性职业生涯与心理幸福感的研究结果表明,易变性职业生涯能增加人们在工作中的心理幸福感,这主要是因为他们在工作选择中能坚持自己的价值观和主观意愿(Volmer & Spurk, 2011),而且具有较高易变性职业生涯定向的个体能更好地应对环境的变化(DiRenzo, 2010)。

(2) 易变性职业生涯与工作态度。相关研究主要关注离职倾向和组织承诺两方面。在易变性职业生涯背景下,人们倾向于主动寻找更适合自己的工作环境,表现出更多的职业探索行为,离职倾向也比较高(Shen & Hall, 2009; Supeli & Creed, 2016)。但是,关于易变性职业生涯与组织承诺之间的关系,相关研究得出的研究结论不一致。有研究表明,易变性职业生涯态度与组织承诺之间存在负向关系,主要原因是在易变性职业生涯背景下,个体与组织之间更多的是一种短期的交易型契约关系(高中华等, 2018; Supeli & Creed, 2016)。但也有研究表明,具有较高易变性职业定向的个体在感受到组织对自己职业生涯的支持后,会表现出较高的情感承诺(李敏等, 2017)。

总之,无论是无边界职业生涯,还是易变性职业生涯,其前因和后果还存在较大的研究空间,还有许多不一致的研究结果,未来需要进行更多的研究。

四、应 用 价 值

无边界职业生涯与易变性职业生涯理论模型是时代的产物,符合知识经济和网络社会的要求,它们将职业发展与环境变化相结合,强调职业发展的无限可能性,以及如何识别和利用这些机会来取得成功。面对当前充满变化和挑战的不确定性世界,对无边界职业生涯与易变性职业生涯理论模型进行深入研究,有助于响应新时代的人力资源开发与管理,并为个体的职业生涯管理和组织的职业生涯管理提供科学依据。

从个体角度来看,在新型职业生涯背景下,人们不再局限于一个组织中,而是通过抓住那些能够给他们带来更多价值回报的机会进行自我职业生涯管理(Khapova, 2006)。员工如何获取种类繁多、快速更新的知识并培养技能,对于个体成长、自身价值的提升具有不可忽视的影响。员工个人应明确以提高自身就业竞争能力为目的,避免短视行为,自我承担更多的责任,有效挖掘自己的职业锚,指导自己的职业生涯发展,充分运用人际关系网络,积极争取职业生涯发展的主动权(郭文臣和段艳楠, 2013; 郭志文, 2006)。个人只有迅速作出反应,调整以前依赖组织进行职业生涯规划和开发的观念与行为,加强自我职业生涯管理的建设,才能适应未来的社会发展和市场需求。

从组织的角度来看,新型职业生涯的出现对组织传统的职业生涯通道设计、职业生涯管理制度和管理活动提出了新的挑战。无边界职业生涯与易变性职业生涯的出现,并不意味着组织从此可以放弃对员工进行职业生涯管理;相反,组织更应主动了解员工心理契约的变化以及各种新的需求,有针对性地为员工的职业发展创造条件,帮助员工对职业生涯进行科学、合理的规划与设计,发掘员工的潜能,培养和提高员工的就业能力。具体措施包括开发多重职业发展通道(荣丽卿和刘建,2008)、建立学习型组织(喻剑利和曲波,2009b)、为员工提供职业发展咨询、通过职业生涯管理使员工达到工作—生活平衡(白艳莉,2007),等等。还有研究者提倡组织职业规划管理和员工职业规划设计二者应统一,使个人和组织职业生涯管理有效契合(郭文臣和段艳楠,2013)。唯有如此,组织才能有效防止人才流失,提高核心人才竞争力,以达到组织和个人共同发展与进步的双赢效果。

五、经典文献推荐

Arthur, M. B., & Rousseau, D. M. (1996). The boundaryless career: a new employment principle for a new organizational era. New York, Oxford University Press.

Arthur, M. B., Khapova, S. N., & Wilderom, C. P. (2005). Career success in a boundaryless career world. Journal of Organizational Behavior, 26(2), 177–202.

Briscoe, J. P., & Hall, D. T. (2006). The interplay of boundaryless and protean careers: combinations and implications. Journal of Vocational Behavior, 69(1), 4–18.

Briscoe, J. P., Hall, D. T., & DeMuth, R. L. F. (2006). Protean and boundaryless careers: an empirical exploration. Journal of Vocational Behavior, 69(1), 30–47.

Briscoe, J. P., Henagan, S. C., Burton, J. P., & Murphy, W. M. (2012). Coping with an insecure employment environment: the differing roles of protean and boundaryless career orientations. Journal of Vocational Behavior, 80(2), 308–316.

De Vos, A., & Soens, N. (2008). Protean attitude and career success: the mediating role of self-management. Journal of Vocational Behavior, 73(3), 449–456.

Hall, D. T. (2004). The protean career: a quarter-century journey. Journal of Vocational Behavior, 65(1), 1–13.

Herrmann, A. , Hirschi, A. , & Baruch, Y. (2015). The protean career orientation as predictor of career outcomes: evaluation of incremental validity and mediation effects. Journal of Vocational Behavior, 88, 205–214.

Sullivan, S. E. , & Arthur, M. B. (2006). The evolution of the boundaryless career concept: examining physical and psychological mobility. Journal of Vocational Behavior, 69(1), 19–29.

第三十五章参考文献

第三十六章

智能职业生涯理论①

辛 迅*

一、代表人物与时代背景

(一) 代表人物

迈克尔·B.亚瑟(Michael B. Arthur)是波士顿萨福克大学(Suffolk University)索耶管理学院(Sawyer School of Management)名誉教授和英国克兰菲尔德管理学院(Cranfield School of Management)客座教授。他在英国克兰菲尔德大学(Cranfield University)取得管理学博士学位,曾先后在沃里克大学(Warwick University)、奥克兰大学(Auckland University)和伦敦商学院(London Business School)担任客座教授。此外,亚瑟也是一位曾获多种荣誉的职业生涯管理学者,曾担任美国管理学会职业生涯分会的主席和智能职业集团有限公司(Intelligent Careers Group LLC)的常务董事,还是ICCS职业探索系统(ICCS Career Exploration System)的主要开发人员,并经常在国际上发表关于职业生涯的演讲。亚瑟的主要研究方向为职业咨询,其著作包括《职业生涯理论手册》(Handbook of Career Theory)(1989年)、《无边界职业生涯》(The Boundaryless Career)(1996年)、《工作中的知识》(Knowledge at Work)(2006年)和《智能职业生涯:掌控你的工作和生活》(An Intelligent Career: Taking Ownership of Your Work and Your Life)(2017年)等。

迈克尔·B.亚瑟

在亚瑟的职业研究生涯中,他与国际合作者的研究成果大都集中在"职业

---

① 本课题获得国家自然科学基金青年项目(71902166)的资助。
* 辛迅,西南政法大学商学院副教授,博士,主要研究领域为职业行为与组织管理,电子邮箱:xinxun0629@163.com。

变化的本质"这一主题上。他最突出的贡献之一就是与罗伯特·J. 德菲利普 (Robert J. DeFillippi)一起提出"智能职业"的概念,成为智能职业生涯理论的鼻祖。在此基础上,亚瑟提出了项目型企业的想法,并认为可以此作为连接个人、公司和行业学习的桥梁。他主导开发了智能职业卡片分类的职业探索系统(intelligent career card sort, ICCS),并把该系统应用到职业咨询实践中。

(二) 时代背景

20 世纪中后期,企业面临的竞争环境变化剧烈,企业势必要从传统的长期雇佣形式向更具弹性的雇佣形式转变,即使日本企业长期坚持的终身雇佣模式也产生了动摇甚至崩溃。特别是 20 世纪 90 年代以来,随着信息技术和知识经济的迅猛发展,企业组织结构发生了根本性的变革,从传统科层体制向更具柔性、更扁平的组织形式发展,出现了分散化、虚拟化、小型化等多元发展趋势,无边界组织结构逐步显现出来。在这一时代背景下,企业采取了更具弹性的雇佣形式,如雇佣短期化、劳务派遣等。实质上,企业是将外界环境剧烈变动的风险通过组织结构与雇佣形式的调整传递给了员工。

对个人来说,新的职业生涯特征越来越明显,环境的剧烈变化引起的组织变革促使他们不断变换工作和职业,应用并发展多种能力,逐步形成无边界职业生涯的发展轨迹。无边界职业生涯强调提升可雇佣能力,保证员工能跨越不同组织实现持续就业。与此同时,人们对职业生涯的看法也开始发生很大转变。人们逐渐意识到家庭的重要性,更加注重生活品质,更愿意选择自己喜欢的工作和职业,出现易变性职业生涯的趋势,即强调职业生涯的主体是个人而不是组织,个人遵循内心的价值观选择职业,职业成功的标志不是客观标准(如年薪、职位),而是主观标准(如家庭幸福等)。

二、理论的核心内容和实证研究

(一) 理论的核心内容

智能职业生涯框架(intelligent career framework)最早由德菲利普和亚瑟在 1994 年提出,智能职业生涯框架理论其实是将奎因(Quinn)提出的智能企业(intelligent enterprise)观点应用到个体职业生涯层面。Quinn(1992)的智能企业观点认为,在知识驱动的竞争环境中,智能企业的成功源于三种不同的核心胜任力:公司文化、"知道怎样做"(knowing-how)和公司社交网络。基于此观点,De-

Fillippi & Arthur(1994)指出,每一种公司胜任力都要求员工展现出相应的职业胜任力以应对变化的环境和雇佣关系。于是亚瑟等提出了与公司胜任力相匹配、在无边界职业生涯时代下个人需要的三种的胜任力,即"知道为什么"(knowing-why)、"知道怎样做"(knowing-how)和"知道谁"(knowing-whom)(Arthur et al.,1995)。智能职业生涯理论认为,无论个人受雇于哪个组织,个人都要参与并提升(或偶尔降低)组织的核心竞争力,并将三种胜任力与职业生涯管理的内容结合在一起,强调个人通过积累能力来管理自己的职业生涯,从而获得职业成功(DeFillippi & Arthur,1994)。

1. 三种"知道"胜任力及其相互关系

"知道为什么"反映了个体对"为什么从事该工作"的回答,它与个体对雇佣组织的文化认同相关(Arthur et al.,1995)。但在无边界职业生涯背景下,"知道为什么"更多地体现了那些影响个体职业承诺和雇佣适应性的因素(DeFillippi & Arthur,1994),例如职业动机、个人意义和目标意识。这些因素融入了个体对家庭和其他非工作因素的考虑,它可能涉及对职业而不是对工作的认同、对职业目标而不是对工作目标的实现。Parker et al.(2009)认为"知道为什么"反映了个人的动机和身份,以及相关个性、自我概念、性格、兴趣和价值,其中一个核心概念是自我概念,即成为一个社会经验世界中独特的人。

"知道怎样做"反映了个体对"怎样进行工作"的回答,即个体所具备的与职业、工作相关的技能和知识,强调员工如何为公司的整体胜任力作贡献(Arthur et al.,1995)。"知道怎样做"这一胜任力可能是组织专属的,也可能在不同的组织边界中转换(Inkson & Arthur,2001)。

"知道谁"是指个体在追求职业生涯的发展中,在公司内部和外部建立起来的社会关系,反映了个体对"和谁建立工作联系"的回答。这些社会关系不仅能促进组织的社会网络的发展(Arthur et al.,1995),还能促进职业信息的交换和个人信誉的建立,有助于个体的工作流动和职业机会的获取,体现了"个体在关系结构中的位置创造个体竞争优势"(Burt,2005)的核心思想。

Inkson & Arthur(2001)将以上三种胜任力称作"职业资本",认为人们通过广泛积累反映工作原因、方式和对象的三种职业资本来投资自己的职业生涯。职业资本是指个人在职业中积累的"知识资产",它们不属于任何公司(Inkson & Arthur,2001),投资自我职业生涯可以使个人职业资本得到增值。周文霞等(2015)在对职业成功资本论的研究中将三种胜任力分别与心理资本、人力资本和社会资本联系起来,并探讨三种职业资本之间的内在关系。从职业胜任力到职业资本的发展,体现了研究者从智能职业生涯框架的视角对个体职业生涯管理理解的不断深入。总体来说,"知道为什么""知道怎样做"和"知道谁"是三种互补的胜任力形式,它们相互依赖地发挥作用(DeFillippi & Arthur, 1994;Inkson & Arthur, 2001;Amundson, et al., 2002)(见图36.1)。个体职业生涯中的每一次工作转变都会涉及至少在一种职业能力上的投资,而其他两种职业能力也会很快发生变化。三种职业能力发展不平衡不利于个体的职业发展。

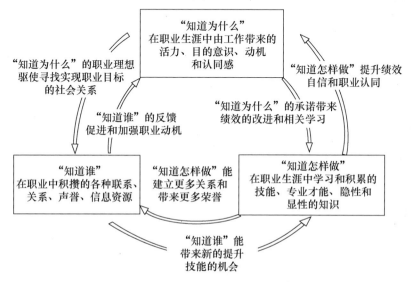

图36.1 三种形式的胜任力与职业资本的积累

2. 智能职业框架的新发展:三种新的胜任力形式

"知道为什么""知道怎样做"和"知道谁"是知识资产的形式(Winter,1987),它们具有共同的特征,即价值不是内在的,而是取决于个人在认识到其潜在贡献并在提供相应机会的环境中所使用的知识(Arthur et al., 1995)。这意味着员工不仅需要对自身进行投资,还应对环境保持敏锐的嗅觉,在选择职业和工作转换时有清晰的判断,在不断变化的环境中寻找适合自身发展的职业生涯。

Jones & DeFillippi(1996)扩展了由德菲利普和亚瑟开发的基于自我认识的职业能力,提出了六项职业能力,并将其划分为自我认识和行业知识两个维度。自我认识是以个人的职业投资为核心的智能职业框架所包含的"知道为什么""知道怎样做"和"知道谁";行业知识即三种新的胜任力,主要与了解进入某一行业有关,包括"知道是什么"(knowing-what)、"知道在哪里"(knowing-where)和"知道何时"(knowing-when)。

"知道是什么"与运作中的职业系统类型有关,即了解职业成功的机会、威胁和要求,以及组织的特定实践、工作、角色和文化。这就需要个人采取策略来获得有关职业成功标准的知识,以便了解哪些项目和角色最能树立声誉并创造未来的就业机会。

"知道在哪里"涉及个人在地理空间和文化上获得入职、培训和晋升机会,包含职业生涯发展的许多可行的路径。"知道在哪里"取决于"知道谁",因为获得这些机会的途径大多是通过专业人际网络取得的。

"知道何时"关注个体在时间上的选择以及何时选择一份职业或工作。要知道何时开展或选择职业活动,就需要知道如何评估一个人当前的技能,以便进一步扩展或利用它们。

这六项职业能力(见图36.2)共同构成了在职业和组织背景下个人管理职业生涯的重要考虑因素。六项职业能力既包括个人观点(动机、技能和网络),也包括发展职业生涯更广泛的背景因素。六项职业能力涵盖了客观和主观的职业考虑,并且为影响个人及其职业决策提供了全面而动态的观点(Hunter, 2016)。

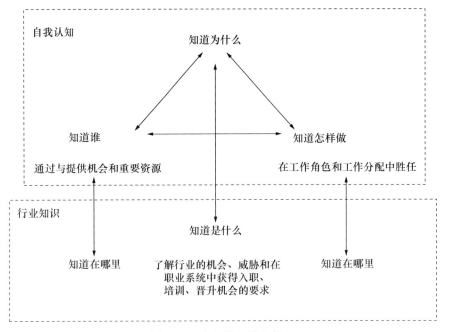

图36.2　六项职业能力框架

智能职业生涯框架通过"知道为什么""知道怎样做"和"知道谁"三种胜任力形式的知识应用,应对不断变化的环境、就业和个人变量以及新出现的机会。同样,职业改变是对环境和机遇的另一种回应形式(Claire Hunter, 2016)。自我认识与行业知识两个维度的划分体现出个人职业生涯发展不能脱离职业环境的特征,但由于这两个维度之间的相互作用尚不清楚(Jones & DeFillippi,1996),三种新的胜任力形式并没有得到充分的研究和发展。

(二) 实证研究

随着职业胜任力测量工具的开发,已有大量探讨职业胜任力的前因及结果的实证研究。职业胜任力的前因变量主要分为个体因素以及和工作、组织相关因素,结果变量主要分为个体职业结果和工作相关结果(见图 36.3)。

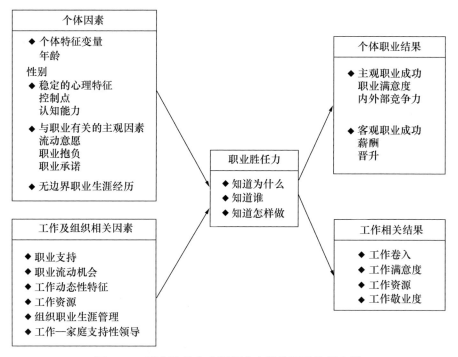

图 36.3 职业胜任力实证研究中的前因及结果变量

1. 前因变量

(1) 个体因素。目前,研究者发现对职业胜任力有影响的个体因素主要有:个体特征变量,包括性别、年龄;稳定的心理特征,包括控制点和认知能力;个体与职业有关的主观因素,包括流动意愿、职业抱负、职业承诺;个体的无边界职业生涯经历。

在个体特征变量中,研究显示性别和年龄对职业胜任力的某些维度具有预测作用。比如,Kuijpers & Scheerens(2006)发现,女性在职业胜任力的能力自省和动机自省两个维度上显著高于男性,且年龄对职业胜任力的动机自省和工作探索具有正向影响。Kuijpers & Gundy(2011)以新西兰职业教育学校的 3 499 名学生为样本,使用相同的职业胜任力量表所做的研究发现:性别与职业社交网络行为有关;年龄对职业塑造有正向影响;在稳定的个性特征方面,内控型人格对职业胜任力的职业自省、职业塑造和社交网络均有正向影响。Patton et al.(2004)的研究也表明,内控型人格能促进个体更好地规划职业生涯、认识自我和工作环境、作出更好的职业选择。此外,Kuijpers & Gundy(2011)的研究还显示,认知能力也能在一定程度上预测个体的职业塑造。与职业有关的主观因素是职业胜任力的主要预测变量。Kuijpers & Scheerens(2006)的研究显示,发展方面的职业抱负能正向预测能力自省、动机自省、职业控制和社交网络,而高薪方面的职业抱负能正向预测职业控制,内外部流动意愿强的个体对所有职业胜任力维度(职业实现能力除外)都有正向预测作用。另外,职业承诺也是影响个体职业胜任力的重要主观因素。Crant(2000)和 Higgins & Kram(2001)认为,职业承诺是个体对职业投资的一种承诺,反映个体在所选择职业领域的工作动机和对待专业的一种态度,具有职业承诺的个体倾向于设置高的职业目标和主动采取实现目标的行动,为获得职业支持而愿意在组织内外部建立社会关系,并且愿意为获取职业知识和技能进行投资。Kong et al. (2012a)以 907 名中国酒店员工为样本进行的实证研究表明,职业承诺正向影响员工的三种职业胜任力。

关于无边界职业生涯经历与职业胜任力的关系,Colakoglu(2011)认为跨越多种边界和形式而流动的职业生涯经历能够促进三种职业胜任力的发展和积累。广泛的职业流动不仅为职业生涯实践者发展职业胜任力提供了动机,还为其提供了相应的职业机会。Colakoglu(2011)的研究结果也表明,无边界职业生涯经历与"知道为什么"胜任力和"知道怎样做"胜任力有正向影响,但是无边界职业生涯对"知道谁"胜任力的影响不显著。这可能是由于个体获得外部社会网络需要超过某种程度的无边界性,而那些拥有广泛的无边界职业生涯经历的人能够在未来获得更多的社会关系。

(2) 工作及组织相关因素。对职业胜任力有影响的工作及组织相关因素主要有职业支持、职业流动机会、工作动态性特征、工作资源、组织职业生涯管理和工作—家庭支持性领导。

Kuijpers & Scheerens(2006)研究发现,员工在工作中和工作以外所获得的职业支持对职业实现能力、工作探索、职业控制和社会网络都有正向影响,职业流动机会对职业实现能力、职业控制和社交网络有正向影响,当前工作的动态性特征对能力自省有正向影响。

Kong et al. (2012a, 2012b)研究显示,组织职业生涯管理活动(如指导、培训、评估中心、社交机会等)能帮助员工开发各自的"知道为什么""知道怎样做"和"知道谁"职业胜任力。Kong(2013)还研究了领导的支持性活动对职业胜任力的影响。研究显示,工作—家庭支持性领导行为显著正向影响员工的职业胜任力。这表明由于得到工作—家庭支持性领导的帮助,员工能够平衡工作和家庭,专注于自我职业生涯的管理,最终获得高水平的职业胜任力。

Akkermans et al. (2013)探索了职业胜任力在工作要求—资源模型中的作用。他们指出,社会支持、自主权、发展机会的工作资源能有效激发员工的职业胜任力。比如,当员工获得发展机会的工作资源,他可能会积极寻找进一步获得培训教育的途径、制订实现目标的行动计划、学习新的知识和技能。Akkermans et al. (2013)采用他们在2012年开发的六维度职业胜任力问卷,以荷兰一家大型教育机构的305名职员为样本所进行的研究显示,工作资源能显著积极影响员工的职业胜任力,且职业胜任力在工作资源与员工敬业度之间发挥中介作用。

2. 结果变量

(1) 个体职业结果。大量的研究探讨了职业胜任力对员工职业成就的影响(Kuijpers & Scheerens,2006;Francis-Smythe et al., 2012;Akkermans et al., 2012;Eby et al., 2003;Kuijpers et al., 2006;Colakoglu,2011;Huang & Lin,2013)。研究一致发现,职业胜任力对主观职业成功(比如职业满意度、感知到的内外部市场竞争力)和客观职业成功(比如薪酬、晋升)都有显著影响。比如,Eby et al. (2003)在对无边界职业生涯时代职业成功预测因素的研究中发现,"知道为什么""知道怎样做"和"知道谁"这三种职业胜任力对职业满意度和自我感知的内外部竞争力均具有积极作用。优势分析进一步表明,三种职业胜任力对预测不同标准职业成功的相对重要性是不一样的。其中,"知道为什么"职业胜任力对职业满意度和自我感知的内部竞争力的影响最大,而"知道怎样做"胜任力对自我感知的外部竞争力的影响最大。Kuijpers et al. (2006)进一步探讨了职业胜任力的不同维度对员工职业成功的影响,在控制了大量相关变量(如性别、年龄、职位、职业抱负、流动意愿、工作动态性特征等)之后,研究显示职业实现能力、职业控制与社交网络对主观职业成功有显著正向影响,而职业实现能力与社交网络对客观职业成功有显著正向影响。那么,职业胜任力怎样、何时能影响员工职业成功?Colakoglu(2011)和 Huang & Lin(2003)对该问题进行了初步探索。Colakoglu(2011)研究显示,职业胜任力能通过提高员工职业自主性、减少职业不安全感而进一步正向影响员工主观职业成功。Huang & Lin(2003)研究发现,职业胜任力对主观职业成功的影响会受到员工心理资本的调节,即当个体具有坚韧、乐观、自信的积极心理状态时,职业胜任力与主观职业成功的正向关系会更强。

（2）工作相关结果。现有的研究表明，职业胜任力对员工工作卷入、工作满意度、工作资源和工作敬业度均具有正向影响。Suutari & Makela（2007）研究显示，职业胜任力高的员工会设定职业目标，并认同自己感兴趣的工作、建立社交网络以及发展与工作相关的技能，这些特点能带来较高的工作满意度。Kong（2013）也指出，职业胜任力能带来较高的职业满意度，从而使个体更容易认同现在的工作，产生高的工作满意度；不仅如此，职业胜任力高的员工对工作有较强的内部动机，这种内部动机会使个体更加努力工作，从而能提高工作卷入的程度。关于职业胜任力与工作资源、敬业度之间的关系，员工可能会利用个体资源（职业胜任力）积极塑造工作环境，使自己获得更多的工作资源，并进而带来工作敬业度的提升。Akkermans et al. (2013)的实证研究结果显示：作为与个体资源相似的概念，职业胜任力能提升员工感知到的工作资源，工作资源在职业胜任力与工作敬业度之间起中介作用。

三、相关的评估技术与测量工具

智能职业生涯框架更多是从组织视角来阐述公司层面的三种胜任力需要员工具备相应的职业胜任力（即"知道为什么""知道怎样做"和"知道谁"），以及员工应在三个"知道"领域的职业胜任力上进行投资。但是，智能职业生涯框架并未告诉人们员工职业胜任力的具体内容包括什么以及如何测量。从21世纪开始，研究者积极探索职业胜任力的具体内容和测量工具，如表36.1所示。学术界对职业胜任力结构的研究主要分为两类，一类是适合大众的职业胜任力结构与测量；另一类是针对特定群体的职业胜任力结构与测量。

表 36.1 职业胜任力的结构与测量

开发者	测量工具	测量要素	适用人群	是否建立信度和效度指标
Arthur et al. (2002)	ICCS	知道为什么 知道怎样做 知道谁	所有工作人群	否
Kuijpers & Scheerens (2006)	CCQ	职业实现能力 能力自省 动机自省 工作探索 职业控制 社交网络	所有工作人群	是

(续表)

开发者	测量工具	测量要素	适用人群	是否建立信度和效度指标
Francis-Smythe & Haase (2012)	CCI	目标设定与职业规划 自我认知 与工作相关的绩效有效性 与职业相关的技能 政治技能 职业指导与社交网络 寻求反馈与自我展示	所有工作人群	是
Kong et al. (2011)	CCS	酒店内部的社交网络 酒店外部的社交网络 师傅的指导 职业相关技能 职业认同感 职业洞察力 经验开放性 主动性人格	酒店管理者	是
Akkermans et al. (2012)	CCQ	动机自省 自我意识 社交网络 自我展示 工作探索 职业控制	年轻员工	是

(一) 适合大众的职业胜任力结构与测量

Arthur et al. (2002) 开发了智能职业生涯分类卡片 (Intelligent Career Card Sort, ICCS) 来尝试对三种职业胜任力进行具体操作化,以便观测在职业咨询中获得有关个体职业生涯的主观数据。这是最早尝试对三种职业胜任力进行测量的工具。ICCS 包含了 115 张三种颜色的卡片,分别代表了智能职业生涯框架三个维度的能力,每张卡片记录一个题目。这些典型题目包括"我喜欢成为高绩效团队的成员""我试图成为一个更好的领导者"和"我与学习榜样一起共事"。但是由于 ICCS 并没有建立信度、效度指标,因此,ICCS 并未用于实证研究,也不能直接将它作为为个体职业生涯发展提供建议的依据;并且,后来对于职业胜任力结构的研究也表明,三种职业胜任力的因子结构过于宽泛,且未得到实证支持,职业胜任力结构应更加细化。

Kuijpers & Scheerens(2006)认为,无论个体具体从事何种工作,职业生涯发展所需要的职业胜任力是相同的,并将职业胜任力定义为"任何个体发展自己职业生涯所需要的胜任力,体现员工发展职业生涯的动机、行为和能力"。他们在对职业发展相关文献进行回顾和专家访谈的基础上,以 16 家荷兰公司的 3 086 名员工为样本,开发了符合当代职业生涯环境特征(流动性增强、动态性增强、雇主责任变化)的包含六个维度的职业胜任力问卷(Career Competencies Questionnaire,CCQ)。该问卷有 48 个条目,六个维度分别为职业实现能力、能力自省、动机自省、工作探索、职业控制和社交网络。

Francis-Smythe & Haase(2012)以智能职业生涯模型为理论框架,对所有相关文献进行整合,确认出 10 个与三种职业胜任力相关联的构念,比如目标设定、职业规划、自我认知等。他们对来自不同工作环境的 632 名员工样本进行因子分析,最终确定了包含 43 个条目、七个维度的职业胜任力指标(Career Competencies Indicator,CCI)。七个维度分别是目标设定与职业规划、自我认知、与工作相关的绩效有效性、与职业相关的技能、政治技能、职业指导与社交网络、寻求反馈与自我展示。

(二) 针对特定群体的职业胜任力结构与测量

与传统的职业胜任力观点不同,Kong et al. (2011)认为,不同类型员工的职业胜任力是不一样的,职业胜任力在不同个体、群体和文化中可能存在差别。以智能职业生涯框架为基础,并借鉴 Eby et al. (2003)在研究主客观职业成功的预测因子时对三种"知道"胜任力的操作建议,Kong et al. (2011)开发了专门测量中国酒店管理者的职业胜任力问卷(Career Competencies Scale,CCS)。该问卷包括八个职业胜任力因素:酒店内部的社交网络、酒店外部的社交网络、师傅的指导、职业相关技能、职业认同感、职业洞察力、经验开放性、主动性人格。在职业胜任力层面,他们检验了职业胜任力与主观职业成功的关系,结果显示三种职业胜任力与主观职业成功积极相关,"知道为什么"胜任力的贡献最大。该结论与 Eby et al. (2003)的研究结论一致。

Cappellen & Janssens(2008)依据智能职业生涯分析框架对三家跨国经营公司中 45 名全球职业经理人进行深度访谈,同时运用内容分析方法对全球经理人的职业生涯历史进行分析,探索出全球职业经理人的职业胜任力结构。其中,"知道为什么"包括工作—家庭平衡、适应国际化、自主决策、职业进取心和追求挑战;"知道怎样做"包括运营技能和一般的商业理解能力;"知道谁"包括专业化社交网络、获得全球经理人职位的个人社交网络[①]。

[①] 由于 Cappellen & Janssens(2008)仅通过质性访谈确认全球职业经理人的职业胜任力结构,并未开发测量工具,因此未将其纳入表 36.1 中。

Akkermans et al. (2012)等从多变性职业生涯、无边界职业生涯、职业生涯管理和人力资本的观点提取了三种职业胜任力所涉及的关键概念,开发了专门针对年轻员工的由21个条目(包含动机自省、自我意识、社交网络、自我展示、工作探索与职业控制六个维度)的职业胜任力问卷(Career Competencies Questionnaire,CCQ)。值得一提的是,Akkermans et al. (2012)开发的问卷虽然是针对年轻员工群体的,但它与Kuijpers & Scheerens(2006)的职业胜任力结构较为相似。

四、理论应用价值

随着终身雇佣制的消亡和组织变革创新步伐的加速,个人的职业发展早已超越了基于岗位的对自身优势、劣势的评估和对提升工作绩效的培训。智能职业生涯框架侧重于增强个人对自身身份和工作动机的认识,将工作场所视为获取技能和知识的舞台,并指出个人和职业的联系如何能够支持职业决策和促进职业发展(Amundson et al., 2002;Ghosh et al., 2013;Parker, 2008);强调个人职业发展与经验、学习和社交之间的联系。该理论有助于个人在无边界职业生涯中获得职业幸福和职业成功。

智能职业生涯框架理论在西方较为广泛地应用于职业咨询服务,主要体现在两个方面:第一,智能职业生涯分类卡片(ICCS)工具的使用。ICCS是基于智能职业生涯框架专门为激发个人对自己理想职业的看法而开发的,能捕捉每个人的独特性,并反映他们对自己职业状况的主观解释。ICCS通过使用者和测试者的互动与建设性对话的过程来收集信息,让使用者更好地理解他们所选择卡片的含义、过去的经历如何导致他们的选择,以及他们赋予这些卡片的含义将会如何影响现在和将来的职业选择(Parker,2002)。第二,为职业咨询提供系统化框架。过去,咨询师会探索诸如个人价值观、技能和人际关系等各个领域,但这是在单独的基础框架内完成的,得到的总体数据没有通用的语言或框架能加以解释。这可能不利于客户的信息传递,并且会遗漏一些零散信息。智能职业生涯框架能够将各种见解以及它们之间的动态联系整合在一起,三种职业胜任力构成了一个整体的职业框架,提供了一个关注个人问题而不是任何特定职业问题的宏观视角。

智能职业生涯理论是个体引导自我穿越工作之旅的指南,它全面引导我们如何发展自己独特的职业历程。作为职业生涯管理的主体,我们可以运用智能职业生涯理论来探索自己的职业生涯,增强职业胜任力,在无边界职业世界中使自己能获得更多的发展机会,并能在不同岗位、职能、角色和组织之间成功转换。

五、经典文献推荐

Arthur, M. B., Claman P. H., & DeFillippi, R. J. (1995). Intelligent enterprise, intelligent career. Academy of Management Executive, 9(4), 7–20.

Arthur, M. B., Khapova, S. N., & Richardson, J. (2017). An intelligent career: taking ownership of your work and your life. New York, NY: Oxford University Press.

DeFillippi, R. J., & Arthur, M. B. (1994). The boundaryless career: a competency-based perspective. Journal of organizational behavior, 15(4), 307–324.

Eby, L. T., Butts, M., & Lockwood, A. (2003). Predictors of success in the era of the boundaryless career. Journal of Organizational Behavior, 24(6), 689–708.

Inkson, K., & Arthur, M. B. (2001). How to be a successful career capitalist. Organizational Dynamics, 30(1): 48—61.

Jones, C., & DeFillippi, R. J. (1996). Back to the future in film: combining industry and self-knowledge to meet the career challenges of the 21st century, Academy of Management Executive, 10(4), pp. 89–103.

Parker, P., Khapova, S. & Arthur, M. B. (2009). The intelligent career framework as a basis for interdisciplinary inquiry. Journal of Vocational Behavior, 75(3), 291–302.

第三十六章参考文献

第三十七章

工作重塑理论[①]

王 桢[*]

一、代表人物与时代背景

(一) 代表人物

艾米·瑞斯尼斯基(Amy Wrzesniewski)是美国著名的心理与管理学家,耶鲁大学管理学院教授。她迄今主编了1本书籍,发表学术论文九十多篇。她的研究成果被世界各地的学者广泛引用(截至2020年4月,在谷歌学术上的总引用次数为14 135,H指数为36),在工作认同和工作意义领域具有卓越的学术影响力。

艾米·瑞斯尼斯基

1994年,瑞斯尼斯基在宾夕法尼亚大学获得了学士学位,接着分别于1996年和1999年在密歇根大学获得了硕士学位与博士学位。1999年瑞斯尼斯基在母校密歇根大学担任讲师,之后加入纽约大学,在伦纳德·斯特恩商学院担任助理教授。七年后,瑞斯尼斯基加入耶鲁大学,在管理学院任教至今,目前她是耶鲁大学管理学院的迈克尔·乔丹管理学教授。其间,她于2012—2013年回到母校宾夕法尼亚大学担任客座副教授。

瑞斯尼斯基曾是《管理学会学报》(Academy of Management Journal)、《管理学会评论》(Academy of Management Review)的编委会成员。目前她是《组织行为

[①] 本课题得到国家自然科学基金面上项目"团队工作重塑的概念内涵、前因与作用机制:一项跨层次追踪研究"(71971211)资助的。

[*] 王桢,中国人民大学劳动人事学院教授,主要研究领域为团队管理、领导行为、职业发展、人力资源分析,电子邮箱:wangz@ruc.edu.cn。中国人民大学劳动人事学院硕士研究生李慧、熊欣宇、柳媛对本文均有贡献,特此致谢。

学》(Journal of Organizational Behavior)和《组织科学》(Organization Science)的编委会成员,也是《组织科学》(Organization Science)的高级编辑。她获奖无数,如纽约大学卓越教学奖(2003年)、美国管理学会组织行为分会特约代表(2008年)、戴维斯定性研究会议最佳论文奖(2009年)、杰出作者奖(2014年、2015年)、耶鲁大学管理学院校友协会教学奖(2015年)、赫伯特·西蒙奖(2019年)等,这些奖项和荣誉是对瑞斯尼斯基创新而富有成效的工作的认可。

简·达顿(Jane Dutton)是美国著名的心理与管理学家,密歇根大学罗斯商学院的教授。她迄今撰写了2本书籍,主编了9本书籍,发表学术论文260余篇。她的研究成果被世界各地的学者广泛引用(截至2020年4月,在谷歌学术上的总引用次数为55 687,H指数为81),在工作场所人力资本发展与繁荣领域具有卓越的学术影响力,具体的研究领域包括工作中的同理心、高质量的人际关系、积极的身份认同等。

简·达顿

自1983年在西北大学获得博士学位后,达顿在纽约大学工作了六年。1989年,达顿加入密歇根大学工作至今,目前她是密歇根大学罗斯商学院的教授。达顿担任过多家学术期刊的编辑委员职务,如《管理学会学报》(Academy of Management Journal)、《组织行为学》(Journal of Organization Behavior)、《行政科学季刊》(Administrative Science Quarterly)、《组织科学》(Organization Science)和《管理学会年刊》(Academy of Management Annals)。此外,达顿也是积极组织研究中心(Center for Positive Organizations)的三位创立者之一。她获奖无数,如美国管理学会期刊最佳论文奖(1992年)、美国管理学会组织与管理理论分会最佳研讨奖(1997年、2003年)、行政科学季刊学术贡献奖(2000年)、密歇根大学商学院杰出学者奖(2001年)、组织科学期刊杰出审稿人(2005年)、罗伯特·卡恩杰出大学教授(2007年)、美国管理学会组织发展与变革分会杰出学者奖(2009年)、美国管理学会杰出贡献奖(2012年)、美国管理学会组织行为分会终身成就奖(2015年)、美国管理学会组织与管理理论分会杰出教育家奖(2017年)等,这些奖项和荣誉是对达顿创新而富有成效的工作的认可。

(二) 时代背景

随着信息技术和经济全球化的深入发展,组织面临的外部环境更加复杂和多变。为了在竞争愈加激烈、不确定性日趋增加的环境中生存和发展,组织需要充分发挥每一个员工的主动性。另外,随着经济的发展,人们的物质生活水平得到极大提高,价值观念也发生了变化,工作对个人而言不再只是获得物质回报的方式,还是发挥自身优势、实现个人价值的重要载体。因此,研究者和实践者都开始关注员工的主动性与创造力。

在传统的组织管理方面,组织通过自上而下的工作设计为员工规定工作内容,员工按照工作说明书开展工作,实现组织的有效运行。然而,随着环境的不确定性增加,仅仅依靠管理者的智慧和洞察力已经不能够满足组织有效运行与发展的需要。此外,员工自主性不断增强,如何满足他们的需求,激发他们的工作动机也成为管理者关注的重要问题。在这种背景之下,Wrzesniewski & Dutton(2001)提出了工作重塑的概念,将工作重塑定义为员工自主地对工作的任务边界或关系边界作出物理改变或认知改变的行为。自2001年工作重塑概念提出以来,研究者对其概念与内涵、影响因素和影响效果等方面开展了丰富的研究,取得了一系列重要的理论和实证研究成果。

二、理论的核心内容

(一) 基于角色视角的工作重塑

Wrzesniewski & Dutton(2001)首次提出了工作重塑的概念,并且基于角色视角构建了工作重塑模型,详细阐述了工作重塑的三种形式,首次厘清了工作重塑的前因、调节因素和后果。

Wrzesniewski & Dutton(2001)从个体的工作角色视角出发,认为员工可以扩大或缩小自己原有的工作边界,将工作重塑分为任务重塑、关系重塑和认知重塑三种类型。任务重塑指的是员工自主地改变工作的任务边界的行为,包括改变任务的数量、范围和类型等;关系重塑指的是员工自主地改变工作的关系边界的行为,包括改变工作中人际互动的质量和数量等;认知重塑指的是员工自主地改变对工作的认识,包括改变对工作中任务和关系的看法等。

Wrzesniewski & Dutton(2001)认为工作重塑的产生源于个体的三种动机,分别是对控制的需要、对正面的自我形象的需要、对社会交往的需要。工作特征和个人特征会调节个人动机与工作重塑之间的关系。在后果方面,Wrzesniewski & Dutton(2001)认为工作重塑会改变工作的任务设计和工作中的社会环境,进而改变员工个体的工作意义感和工作认同。此外,员工会将改变的工作意义感与工作认同看作工作重塑的反馈结果,并进一步影响个体的三种动机以及后续的工作重塑。

(二) 基于工作要求—资源视角的工作重塑

继 Wrzesniewski & Dutton(2001)之后,Tims & Bakker(2010)发现在"任务—关系—认知"重塑框架下,研究者没有研发出一套统一的测量工具,制约了工作重塑研究的深入发展。此外,他们认为工作重塑的认知方面只是个体对工作的被动适应,不会导致工作内容的改变,并不属于工作重塑。由此,他们选择了另外一种视角,即工作要求—资源视角,将工作重塑和工作要求—资源模型结合起来,重新构造了工作重塑的概念,希望能实现个人与环境的匹配,提高员工的工作投入度与幸福感,并且开发出合适的测量工具。Tims & Bakker(2010)认为工作重塑是员工为了平衡工作要求与资源,根据自身的能力和需求作出的行为改变。

以工作要求—资源模型为基础,Tims & Bakker(2010)将工作重塑划分为三种类型,分别是提高工作资源水平、降低工作要求水平、提高工作要求水平。接下来,Tims et al.(2012)在探索性因素分析研究中进一步将工作重塑分为四大类:一是增加结构性工作资源,如资源多样性、发展机会和工作自主性等;二是增加社会性工作资源,如社会支持、上司指导和反馈等;三是增加挑战性工作要求,如主动承担有挑战的新任务;四是减少妨碍性工作要求,如逃避不想面对的客户等。

(三) 基于调节焦点视角的工作重塑

基于角色视角和基于工作要求—资源视角的工作重塑研究以相对并行的形式发展,成为工作重塑领域的两大主流观点。尽管这两大观点在出发点、目标和分类方面存在差异,但其概念和内容上的重叠使得整合两大视角成为可能。持有这两种主流观点的学者一致认为,员工既可以丰富和扩展自己的工作界限,也可以缩减和限制自己的工作界限(Laurence, 2010; Petrou et al., 2012; Tims & Bakker, 2010; Wrzesniewski & Dutton, 2001)。基于此,研究者从促进性—防御性(promotion-prevention)调节焦点理论和趋近性—回避性(approach-avoidance)动机理论出发,试图整合两大视角关于工作重塑的不同观点。

基于调节焦点理论(Higgins,1997),个体在实现目标的自我调节过程中会表现出特定的方向或倾向,即调节焦点(Higgins,1997;姚琦和乐国安,2009)。人的基本调节焦点分为促进性焦点(promotion focus)与防御性焦点(prevention focus)两类。促进性焦点反映个体的成长、进步与发展需要,寻求工作的积极结果,个体更多地体验到正面情绪;防御性焦点关注个体的安全和保障需要,强调避免错误、损失和负面结果,个体更多地体验到负面情绪。趋近性—回避性动机理论与调节焦点理论视角相近,动机可分为两种基本形式,即趋近性动机(approach motivation)和回避性动机(avoidance motivation)。其中,趋近性动机促进个体的成长,回避性动机保障个体的生存。

近年来,调节焦点理论和趋近性—回避性动机理论为工作重塑的研究提供了全新的思路和视角,越来越多的学者沿着此思路对工作重塑进行深入的阐述与划分。Lichtenthaler & Fischbach(2016)在工作要求—资源视角工作重塑的四个维度基础上,基于调节焦点理论进一步细分工作重塑,指出员工在寻求积极的工作特点与工作结果(如增加工作资源、寻求挑战性工作要求)时处于促进性焦点,员工在躲避消极的工作特点与工作结果(如减少阻碍性工作要求)时处于防御性焦点。此外,研究者还基于趋近性—回避性调节焦点视角对工作重塑进行了新的分类,包括趋近性工作重塑和回避性工作重塑(Bruning & Campion,2018;Zhang & Parker,2019),以及促进性工作重塑和防御性工作重塑(Lichtenthaler & Fischbach,2019;Bindl et al.,2019)。

调节焦点视角为整合两大主流观点提供了一个有益的整合方向。一方面,调节焦点视角的工作重塑研究对工作要求—资源视角的工作重塑研究进行了一定程度的修正,引入了个体的调节焦点因素,对员工的心理倾向和需求加以区分,很好地解决了工作要求—资源视角下工作重塑四个维度间的异质性问题(Lichtenthaler & Fischbach,2016),使得工作重塑理论更加完备;另一方面,基于调节焦点视角的工作重塑研究还整合了基于角色的工作重塑研究成果,将认知因素融入理论。Lichtenthaler & Fischbach(2016)认为工作重塑过程中不可见的认知因素常伴随着可见的行为因素,认知因素起到重要的补充作用,不应被忽略。总体而言,基于调节焦点视角的工作重塑研究整合了两种主流观点的优势,构建了较为全面、完整的工作重塑理论框架,为工作重塑的研究提供了新的推动力量。

(四) 合作性工作重塑

除了关注个体层面的工作重塑,研究者也考察了团队层面的工作重塑,即合作性工作重塑(collaborative job crafting)或团队工作重塑(team job crafting)。团队中的个体经常经历相同的事件,参与相似的工作过程,频繁地交流、互动、共享知识,因此团队成员很有可能共同改变任务边界和工作实践(Leana et al., 2009;王桢,2020)。

在 Wrzesniewski & Dutton(2001)提出的个人工作重塑的基础上,Leana et al.(2009)提出了合作性工作重塑的概念。合作性工作重塑是指团队成员为了达成共同的目标,通过密切协作和沟通共同决定和改变工作的内容或方式的行为(Leana et al., 2009)。Tims et al.(2013)直接采用团队工作重塑的提法,并基于工作要求—资源模型将其定义为团队成员为了平衡工作中的要求和资源而进行的协同努力行为。

Tims et al.(2013)指出,团队工作重塑并不等同于团队中所有个体工作重塑成果的简单加总,其与个体工作重塑有较大差别。有研究者认为团队工作重塑比个体工作重塑更加值得重视(Oldham & Hackman, 2010),但是目前关于团队工作重塑的研究较少,这是一个仍处在起步阶段但前景广阔的研究领域。

(五) 工作重塑的逻辑关系网络

自工作重塑概念提出以来,研究者积极探索工作重塑的前因变量、结果变量、中介变量和调节变量(见图37.1),目前已取得很多研究成果。

根据现有文献,可将工作重塑的前因变量归纳为个体差异性特征、工作特征、外在情境因素三类。在个体差异性特征方面,研究者已经证实了员工人格特质(Bakker et al., 2012)、内在动机(Tims & Akkermans, 2017;Moon et al., 2018)、职业取向(Leana et al., 2009;Jacobs, 2011)和调节焦点(Bipp & Demerouti, 2015;Rudolph et al., 2017)等变量对工作重塑的影响。在工作特征方面,任务互依性(Leana et al., 2009)、任务复杂性(Ghitulescu, 2006)、工作自主权(Kim et al., 2018)、职级高低(Berg et al., 2010)等工作特征因素对工作重塑行为有影响。在外在情境因素方面,研究表明人力资源管理系统(Meijerink et al., 2018)、领导水平(Lichtenthaler & Fischbach, 2019)、工作资源水平、个人—环境匹配性是影响个体工作重塑的重要情境变量。

工作重塑的结果变量主要包括个体层面、团队与组织层面的变量。对于员工个人而言，工作重塑的影响基本可以从以下四方面考察：个人态度，如工作满意度、工作投入、组织承诺（Laurence, 2010; De Beer et al., 2016; Nielsen et al., 2017; Demerouti et al., 2015）；个人行为，如组织公民行为、主动性工作行为、工作绩效、离职与缺勤（ShuSha, 2014; Kooij et al., 2017; van Wingerden et al., 2017; Leana et al., 2009）；个人体验与感知，如工作意义感、工作幸福感、工作认同感（田启涛和关浩光，2017; Tims et al., 2016; Travaglianti et al., 2016; Wrzesniewski & Dutton, 2001），消极情感体验（如工作倦怠、抑郁和工作压力）（Cheng & Yi, 2018; Harju et al., 2016, 2018; Kim & Beehr, 2018; Rudolph et al., 2017）；其他结果变量，如个人—环境匹配（Berg et al., 2008; Tims et al., 2012）、同事工作重塑（Bakker et al., 2016）、工作—家庭增益（Tang et al., 2014）等。在团队与组织层面，实证研究已经证实工作重塑与团队绩效（Tims et al., 2013; Mäkikangas et al., 2016）、团队工作投入（McClelland et al., 2014）、团队满意度和团队承诺（Leana et al., 2009）、组织绩效和组织创造力（Mattarelli & Tagliaventi, 2015）存在正相关关系。

在中介变量研究方面，研究表明工作投入（Lichtenthaler & Fischbach, 2016）、工作资源变化、个人—工作匹配（Chen et al., 2014; Demerouti et al., 2015; Tims et al., 2013, 2016）、目标不变性感知（王弘钰和崔智淞，2018）、工作意义和积极情绪（辛迅和苗仁涛，2018）心理所有权（刘云硕等，2019）等变量在工作重塑与结果变量之间起中介作用。在团队层面的研究中，团队工作投入、团队工作态度、团队基本心理需求、团队成员—工作匹配、团队凝聚力（王桢，2020；王颖等，2019）等变量是团队工作重塑与结果变量间重要的中介变量。

在已有的工作重塑实证研究中，常见的调节变量包括自我效能（Clegg & Spencer, 2007）、调节焦点（Bindl et al., 2019）、风险规避倾向（王弘钰和崔智淞，2018）等个体调节因素，以及工作特征（Rudolph et al., 2017）、组织氛围、组织支持感（Cheng et al., 2016）、服务文化（Luu, 2017）等情境调节因素，它们都会不同程度地对员工工作重塑起到支持或抑制作用。

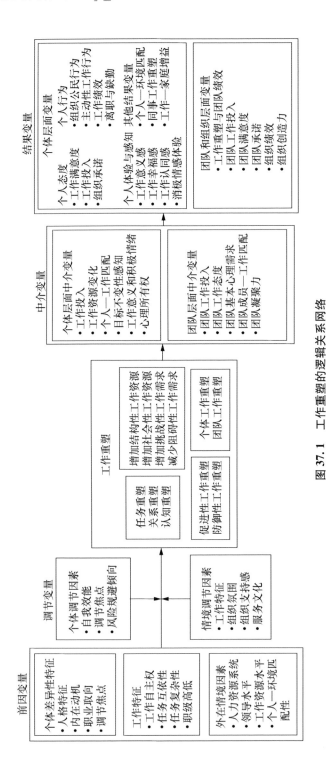

图37.1 工作重塑的逻辑关系网络

三、相关评估技术与测量工具

(一) Tims et al. (2012) 的工作重塑量表

基于工作要求—资源模型,Tims et al. (2012) 开发了工作重塑量表(见表37.1),将工作重塑划分为四个独立的维度,即增加社会性工作资源、增加结构性工作资源、增加挑战性工作需求和减少阻碍性工作需求。该量表包含21个题项,四个维度的信度均为0.75—0.82,信效度良好,具有较强的行业适应性和实践指导价值,得到较为广泛的应用。但该量表缺少认知重塑的内容,具有一定的局限性。

表37.1 工作重塑量表(一)

指导语:请回想您过去的工作情况,并使用数字1—5对您工作中出现下列行为的频率作出评价。

从不	偶尔	一般	经常	总是
1	2	3	4	5

1. 我努力提升我的能力
2. 我努力提升专业性
3. 我努力学习工作中的新事物
4. 我确信充分利用了我的能力
5. 我决定自己做事的方式
6. 我确保工作对我的精神要求不那么高
7. 我尽量确保工作对我的情绪要求不那么高
8. 我调整工作,尽量少接触那些可能会影响我情绪的人
9. 我调整工作,尽量少接触那些有不现实想法的人
10. 我尽量避免在工作中做很多困难的决策
11. 我调整工作,避免工作中一次性地长时间集中注意力
12. 我主动向领导请教
13. 我会问领导对我工作是否满意
14. 我向领导寻求工作灵感
15. 我向他人寻求对我的绩效反馈
16. 我向同事征询建议
17. 当工作中出现了意思的项目时,我会主动要求参加
18. 当工作内容有新的变化时,我会首先去学习并努力掌握
19. 当工作清闲时,我认为这是很好的机会去启动新项目
20. 即使没有额外报酬,我也愿意完成额外的任务
21. 我经常反思我的工作,并努力让工作变得更有挑战性

（二）Slemp & Vella-Brodrick(2013)的工作重塑量表

基于 Wrzesniewski & Dutton(2001)对工作重塑概念的界定,Slemp & Vella-Brodrick(2013)从任务重塑、关系重塑、认知重塑三个维度测量工作重塑,每个维度为个题项,共 15 个题项,三个维度的信度均为 0.83—0.87(见表 37.2)。该量表首次基于 Wrzesniewski & Dutton(2001)提出的工作重塑理论框架开发测量量表,加入了工作重塑的认知因素,内容更加完整。

表 37.2　工作重塑量表(二)

指导语:请回想您过去 6 个月的工作情况,并使用数字 1—6 对您工作中出现下列行为的频率作出评价。

从不	偶尔	有时	一般	经常	总是
1	2	3	4	5	6

1. 引入新方法,提高工作效率
2. 改变工作任务的类型或范围
3. 引入更加适合你技能与兴趣的新工作任务
4. 选择承担额外的工作任务
5. 偏爱适合你技能与兴趣的工作任务
6. 思考如何让工作给予自己生活目标
7. 告诉自己工作对于组织成功的重要意义
8. 提醒自己的工作对外部社区的重要意义
9. 思考工作方式对于生活的积极影响
10. 反思工作对整体幸福感的影响
11. 努力去更好地了解工作中的其他人
12. 组织或参加与工作相关的社交聚会
13. 在工作场所组织特殊活动(如庆祝同事的生日等)
14. 辅导新员工(正式或非正式)
15. 与工作中有相似技能或爱好的人成为朋友

（三）Leana et al.(2009)的工作重塑量表

Leana et al.(2009)首次在量表中添加了测量"合作工作重塑"的内容,从个体工作重塑与合作工作重塑两个维度设计了共 12 个题项的工作重塑量表(见表 37.3),两个维度的内部信度分别为 0.79 和 0.89。但该量表将工作重塑限制在任务重塑范围内,缺乏对关系重塑和认知重塑的测量。此外,该量表的设计是为了衡量幼儿教师之间的协作工作,量表的适用性不高,大多数题项并不适用于其他一般的工作情境。

表 37.3　工作重塑量表(三)

指导语:请回想您过去的工作情况,并使用数字 1—6 对您工作中出现下列行为的频率作出评价。

从不	偶尔	有时	一般	经常	总是
1	2	3	4	5	6

个体工作重塑
____ 1. 独自使用新方法提高课堂工作效率
____ 2. 独自改变工作中不够有效的细微流程(比如午饭时间或转场流程)
____ 3. 独自改变工作方式,使它更适合自己
____ 4. 独自重新安排教室游乐区中的设备或家具
____ 5. 独自组织课堂中的特定活动(比如庆祝某个小朋友的生日等)
____ 6. 独自从家里带额外器材到教室(比如空瓶或蛋盒)

合作工作重塑
____ 7. 和同事一起使用新方法提高课堂工作效率
____ 8. 和同事一起商量以改变工作中不够有效的细微流程(比如午饭时间或转场流程)
____ 9. 和同事一起商量改变自己的工作方式,使它更适合自己
____ 10. 和同事一起商量重新安排教室游乐区中的设备或家具
____ 11. 和同事一起商量组织课堂中的特定活动(比如庆祝某个小朋友的生日等)
____ 12. 和同事一起商量从家里带额外器材到教室(比如空瓶或蛋盒)

(四) 中国情境下的工作重塑量表开发

在国外工作重塑研究的基础上,国内研究者基于中国情境开展了本土化工作重塑量表的开发与研究。齐亚静和伍新春(2016)基于中国情境,采用质性研究和量化研究相结合的方法,系统编制了中小学教师工作重塑问卷。该问卷包含任务重塑、角色重塑、关系重塑、技能重塑和认知重塑五个维度,共 22 个题项,量表的总信度为 0.85。但该量表仅适用于教育行业,不便于在其他行业情境下推广运用。王忠等(2019)采用扎根理论质性研究方法,编制了本土化的知识型员工工作重塑量表,包括任务重塑、认知重塑、能力重塑、与领导及组织关系重塑、与同事及客户关系重塑五个维度,共 30 个题项,五个维度的组合效度均在 0.6 以上。

四、理论的应用价值

工作重塑是指员工自发地对工作进行重新界定与设计,平衡工作要求和工作资源(Wrzesniewski & Dutton, 2001; Tims & Bakker, 2010)。在多数情况下,

工作重塑有利于提高工作意义感、满意度、工作投入水平与工作绩效,然而也可能为组织带来一定的风险,如在不完全理解工作任务或者工作高度标准化的情况下随意进行工作重塑可能会损害组织利益。在实践中,为了促进工作重塑的积极影响并避免其消极影响,组织需依据相关理论与实证研究成果引导员工的工作重塑行为,即工作重塑干预(job crafting intervention)。

(一)工作重塑干预的概念与分类

工作重塑干预是指引导、鼓励员工对工作进行一定程度的再设计,以使员工自身的优势、动机、需求与工作相匹配的手段(Schoberova,2015;田喜洲等,2017;徐长江和陈实,2018)。干预方案根据理论基础流派,大体上分为两种:第一种基于角色视角(Wrzesniewski & Dutton,2001),强调从任务、关系与认知三个维度进行干预,典型代表为 Berg et al.(2008)创建的工作重塑练习(job crafting exercise,JCE),该方案已由密歇根大学罗斯商学院进行了成功的商业化运作;第二种基于工作要求—资源视角(Tims et al.,2012),强调通过引导员工增减工作要求、增减工作资源来达到干预目的,典型代表为 Demerouti & Bakker(2014)总结的工作重塑培训(job crafting training),这一干预手段被广泛运用于干预研究,是基于工作要求—资源模型的整体方案中不可缺少的一步。van den Heuvel et al.(2015)的"培训—重塑工作—反思"框架就包含了培训,但该方案只是用来实证检验干预的效应,尚未应用于商业实践。值得注意的是,随着工作重塑相关研究不再拘泥于流派,基于不同理论基础的干预方案设计也开始融合。van Wingerden et al.(2017)针对教师群体的干预方案即结合工作重塑练习和工作要求—资源模型而设计,能够有效地激发动机,帮助教师深入了解工作重塑并培养重塑行为。

干预的目的是引导员工作出有利于个体与组织的工作重塑行为,可具体拆分为以下两部分:一是促进员工进行工作重塑,其目标对象主要分为三类,即有重塑意愿但不知如何进行、有重塑意愿但存在客观障碍、暂无重塑意愿的员工;二是保证工作重塑对个体与组织的影响为正向。基于干预主体对工作重塑干预分类:与组织无关的引导者立足于员工需求进行干预,旨在提升员工个人体验,通过激发动机、辅导培训等手段有效促进有重塑意愿但不知如何进行、暂无重塑意愿这两部分员工的重塑行为,并在一定程度上保证工作重塑对个体的影响是积极的;在针对有重塑意愿但存在客观障碍的员工以及需要导向明确的组织目标时,则须由管理者参与干预,以引导、帮助、规范员工的重塑行为,从而减小风险。尽管上文所述的工作重塑练习、培训等经典干预方案并没有涉及管理者,但研究者普遍呼吁管理者参与干预是有必要的(Berg et al.,2008;French,2010;

Schoberova，2015）。

（二）工作重塑干预的具体操作流程

1. 工作重塑练习

以 Berg et al.（2008）开发的工作重塑练习为例介绍针对个人的工作重塑干预具体操作流程。该练习鼓励员工将工作视作一组可灵活摆放的积木，而非一系列固定的任务，从而方便工作重塑的开展。练习主要分三步进行。

第一步，快速摸底。为使员工对目前工作中时间、精力和注意力的分配情况有更加直观清晰的了解，研究者引导员工将具体工作任务分为三类：花费最多时间、精力和注意力的任务，花费较多时间、精力和注意力的任务，以及花费最少时间、精力和注意力的任务，并将这三类任务依次填入面积由大至小的若干方块，画出重塑前任务分配草图（before sketch），如图 37.2 所示。

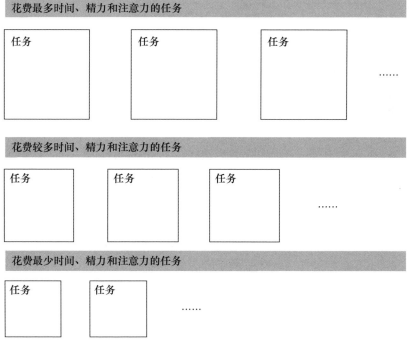

图 37.2　重塑前任务分配草图

第二步，重塑规划。研究者引导员工根据自身的动机、优势与激情，调整重塑前任务分配草图中的方块，重新分配任务所需的时间等资源，绘制一个更加理想化且可行的工作状态的重塑规划图。接着，将重塑规划图中作用相似或导向相同的一组任务框起来,形成角色框架,以帮助员工认识不同任务的意义,从而进行认知重塑(见图37.3)。

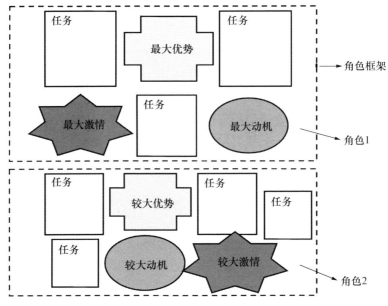

图37.3 重塑规划图

第三步,指定行动计划,即确定更加精确的长短期工作目标和策略,以便于重塑的顺利进行。

目前,工作重塑练习已广泛应用于学术研究与实践领域。在实践中,工作重塑练习的主要应用场景为自我开发、课堂教学、团队研讨会、一对一工作重塑辅导等。

2. 个人发展重塑干预

以Schoberova(2015)开发的个人发展重塑干预(personal development crafting intervention)为例介绍管理者参与的干预方案。Schoberova(2015)提出一种由员工与管理者共同参与的新型工作重塑方式,以促进工作重塑对个人和组织的积极影响同时最小化潜在风险。组织可以通过将工作重塑和员工个人发展计划相结合,开展管理者参与的共同工作重塑。其要求管理者对员工的优势进行正式评价,就评价结果及个人、组织的绩效目标与员工进行讨论沟通,并在员工进行适当的工作重塑时为其提供支持、扫除障碍(French,2010)。

组织施行个人发展重塑干预的具体流程为:第一步,前期准备工作,包括获取管理层与人力资源部门的支持,确定工作重塑、绩效、工作投入等的测量标准与方式,选取评估员工优势的工具,准备沟通与培训的材料等;第二步,由人力资源部门与管理者以研讨会的方式引导员工进行持续两个小时的工作重塑练习,介绍工作重塑这一定义并阐述其与个人发展的关系,帮助员工依据自身的动机、优势等因素,参考同事与人力资源部门的反馈建议,确定工作重塑目标,制订初步的行动计划;第三步,管理者与员工针对个人发展重塑计划进行一对一的讨论,确保重塑计划与个人职业生涯发展、组织目标相一致后,正式确定行动计划;第四步,六个月后测量员工工作重塑、绩效、工作投入等变量,考察个人发展重塑干预是否有效。

(三) 工作重塑理论应用的新方向:工作中成功老龄化

受早期老龄化相关理论的影响(Cumming & Henry,1961),许多组织研究将年老员工作为工作环境的被动接受者。经典职业生涯理论(Super,1953;Schein,1978)也指出,年老员工处于职业生涯维持至衰退期。然而,越来越多的心理学研究结果显示,不少年老员工打破消极的形象,在工作中表现出较强的能动性,如采取行动—调节策略塑造环境以适应自身老龄化带来的改变(王忠军等,2019)。一部分年老员工在职业生涯晚期保持了身体健康、工作动机与工作能力,实现了工作中成功老龄化(successful aging at work)(Kooij et al.,2015)。Kooij et al.(2015)认为,工作重塑是实现工作中成功老龄化的重要方式,主要分为三种形式:① 适应性工作重塑,主要通过减少工作负担、寻求同事—领导—社会支持等行为来维持工作要求—资源的平衡,减缓自身储备资源的流失速度;② 发展性工作重塑,主要通过学习新技能、根据专长调整工作任务等行为来增加自身资源与获取良好的绩效;③ 应用性工作重塑,将自己的知识、技能与精力放在感兴趣与擅长的领域,从而最大化发挥自身现有资源的效用。

随着老龄化社会的到来,年老员工在组织中的比例逐渐加大。针对年老员工这一特定群体的工作重塑研究,有利于我们深入了解职业生涯晚期的工作重塑行为与其影响效应机制,探索促进工作中成功老龄化的措施与方案。

五、 经典文献推荐

Berg, J. M., Dutton, J. E., & Wrzesniewski, A. (2013). Job crafting and meaningful work. In B. J. Dik, Z. S. Byrne, & M. F. Steger(Eds.), Purpose and meaning in the workplace, 81–104. Washington, DC: American Psychological Association.

Bruning, P., & Campion, M. (2018). A role-resource approach-avoidance model of job crafting: a multi-method integration and extension of job crafting theory.

Academy of Management Journal, 61(2), 499–522.

Dierdorff, E. C., & Jensen, J. M.(2018). Crafting in context: exploring when job crafting is dysfunctional for performance effectiveness. Journal of Applied Psychology, 103(5), 463–477.

Leana, C., Appelbaum, E., & Shevchuk, I.(2009). Work process and quality of care in early childhood education: the role of job crafting. Academy of Management Journal, 52(6), 1169–1192.

Lichtenthaler, P. W. & Fischbach, A.(2019). A meta-analysis on promotion—and prevention-focused job crafting. European Journal of Work and Organizational Psychology, 28:1, 30–50.

Tims, M., Bakker, A. B., & Derks, D.(2012). Development and validation of the job crafting scale. Journal of Vocational Behavior, 80(1), 173–186.

Tims, M., Bakker, A. B., Derks, D., & van Rhenen, W.(2013). Job crafting at the team and individual level: implications for work engagement and performance. Group & Organization Management, 38(4), 427–454.

Wrzesniewski, A., & Dutton, J. E.(2001). Crafting a job: revisioning employees as active crafters of their work. Academy of Management Review, 26(2), 179–201.

Zhang, F., & Parker, S. K.(2019). Reorienting job crafting research: a hierarchical structure of job crafting concepts and integrative review. Journal of Organizational Behavior, 40(2), 126–146.

第三十七章参考文献

第三十八章

生涯建构理论

董振华　晏常丽　于海波*

一、代表人物与时代背景

（一）代表人物

马克·L. 萨维科斯（Mark L. Savickas，1947—）是美国职业辅导实践与研究的资深学者，东北俄亥俄医科大学名誉退休教授。他的著作包括《职业生涯建构的理论与实践》(The Theory and Practice of Career Construction)、《生涯咨询》(Career Counseling)和《职业生涯发展理论的趋同：对科学和实践的启示》(Convergence in Career Development Theories: Implications for Science and Practice)等。

1970年，萨维科斯在约翰卡罗尔大学等待参加学校心理学专业实习时，一个偶然的机会让他接触到生涯咨询，从而对生涯咨询产生了兴趣。为了更好地学习生涯咨询，他报名参加了奇·胡佛（Lee Hoover）

马克·L. 萨维科斯

的生涯咨询课程。在课程学习期间，萨维科斯阅读了克赖茨（Crites）的《职业心理学》(Vocational Psychology)一书，接触到霍兰德的职业类型理论和舒伯的生涯发展理论，由此树立了攻读职业心理学博士学位的理想。后进入肯特州立大学师从格伦·萨尔茨曼（Glenn Saltzman）开始博士学习，其间，萨尔茨曼教授提供给萨维科斯很多去其他学校交流的机会。首先，萨维科斯去马里兰大学跟随克赖茨学习，与克赖茨合著《职业决策：教学过程》(Career Decision Making: Teaching the Process)；随后，他又去了哥伦比亚大学师范学院，与舒伯合作进行了一项

---

* 董振华，北京师范大学政府管理学院博士生，主要研究领域为职业管理与组织行为；晏常丽，北京师范大学政府管理学院博士生，主要研究领域为职业管理与组织行为；于海波，北京师范大学政府管理学院教授、博士生导师，主要研究领域为职业管理与组织行为，电子邮箱：yuhb@bnu.edu.cn。

为期20年的职业模式追踪研究。另外,萨尔茨曼教授还安排萨维科斯与舒伯、克赖茨、霍兰德和奥斯保(Osipow)共同授课与研讨的机会,其中舒伯和霍兰德一起帮助萨维科斯设计了博士论文——《兴趣一致性是大学新生职业成熟度的指标》(Consistency of expressed interests as indicators of vocational maturity in college freshmen)(冯嘉慧,2019)。

萨维科斯作为教师和学者在国内和国际上取得了巨大的成就。1977年萨维科斯进入东北俄亥俄医科大学工作,以教师、顾问、导师和发起者的身份服务于东北俄亥俄医科大学及其联盟大学和医院的学生,为医学生和住院医生讲授有关医学行为科学以及生涯咨询方面的课程。同时,他还曾是肯特州立大学咨询教育专业的兼职教授,从1973年起就在那里讲授生涯咨询课程,超过5 000名学生曾上过他的课程。

萨维科斯曾是国际应用心理学会咨询心理学分会的主席,他曾担任《职业发展季刊》(Career Development Quarterly)、《职业行为》(Journal of Vocational Behavior)的主编,还曾是《咨询心理学》(Journal of Counseling Psychology)、《职业评估》(Journal of Career Assessment)、《国际教育及职业辅导》(International Journal for Educational and Vocational Guidance)、《澳洲生涯发展》(Australian Journal of Career Development)、《英国辅导及咨询》(British Journal of Guidance and Counselling)、《教育和职业指导》(L'Orientation Scolaire et Professionnelle)(法国)及《教育研究》(Educational Research Journal)(中国香港)的编委会成员。

因为萨维科斯在生涯咨询领域的杰出贡献,美国心理学会咨询心理学分会授予他约翰·霍兰德奖(1994年)以表彰他在人格和生涯研究方面的突出成就,美国国家职业发展学会授予他杰出生涯奖(1996年),美国职业心理学协会授予他杰出成就奖(2006年),里斯本大学(葡萄牙)和比勒陀利亚大学(南非)授予他名誉博士的头衔(Savickas, 2011)。

(二) 时代背景

萨维科斯2002年正式提出生涯建构理论。基于丰富的生涯咨询实践经验和深厚的生涯理论学术功底,以舒伯的生涯发展理论为基础,萨维科斯提出了生涯建构理论并不断完善,使该理论成为近二十年来西方职业心理学研究中令人瞩目的一项成就(关翩翩和李敏,2015)。

现代社会的不确定性为生涯建构理论的产生提供了现实基础。最初,西方传统职业理论主要强调组织对生涯管理的主导作用(Hall, 1976),而职业配型是组织在生涯管理时代的最佳策略。配型理论的前提假设是职业类别的划分是清晰、确定不变的,因此个体可以根据自我的职业兴趣和个性特征选择适合自己的工作。但随着经济全球化和社会多元化的发展,组织为了应对市场环境的变化需要更加灵活、敏捷、迅速,采取精简层级结构、打破职能单位之间壁垒的策略,这种做法进而导致雇佣关系的脆弱、组织边界的模糊(Obi, 2015;关翩翩和李敏,2015)。个体的生涯发展不再是基于自身职业特征与工作的固定搭配,而是需要根据外部环境的变化不断调整自我生涯行为;与此同时,信息技术的发展也使得个体可以摆脱对组织的依赖(Briscoe & Hall, 2006),于是产生了自主管理生涯发展的需要及可能性。

舒伯的生涯发展理论为生涯建构理论奠定了坚实的理论基础。20 世纪 50 年代至 90 年代,舒伯不断地修正自己的理论,分别提出了生涯发展理论(career development theory)、生涯发展自我概念理论(career developmental self-concept theory)以及生命广度与生命空间理论(life-span, life-space career theory),成为当时个体生涯发展进程的最佳诠释与理论典范(关翩翩,2017)。尽管生涯发展理论对职业研究具有深远的影响,但也存在缺陷。生涯发展理论认为生涯是从一种稳定状态到另一种稳定状态的线性变化,这与当前不可预测、易变、无边界的工作模式是矛盾的。此外,它还着重强调生涯成熟度(即早期的职业选择准备),但此概念无法解释工作中成人面临的持续变化的环境(Savickas, 1997)。20 世纪 90 年代初,舒伯逐渐接纳了"建构论"的思想,认识到"个体是自我经验的组织者",因此对生涯发展理论中的已有观点进行了改造,不再认为自我概念是个体在与环境互动的历程中"被动"发展出来的,而是"主动"建构出来的,通过自我的主动建构形成内在现实(能力、兴趣、需求、价值及人格特质等),并可据此预测个体对外在现实的反应方式(职业与生活方式的选择)(吴芝仪,1999;赵小云和郭成,2010)。这一观点在生涯发展理论中被称为建构取向的生涯发展理论。该理论凸显个体对生涯决策的主动掌控作用,认为生涯是个体对自身特质、职业世界及生涯选择的整合与全面建构的过程(Savickas,1997)。

生涯建构理论吸纳了建构主义、后现代思想等哲学观点。生涯建构基于个体建构(personal constructivism)、社会建构(social constructionism)和后现代(post-modernity)的哲学视角。萨维科斯将社会建构主义作为一种元理论来重新定义职业发展理论的核心概念,基于认识论的建构主义角度,认为个体建构的是现实本身;基于情境主义世界观,将发展界定为对环境的适应而不是内部结构的成熟,生涯不是主动发展而是被个体建构出来的;基于后现代思想,认为自我不是一开始就存在的,构建自我是一项人生设计(life project),把自我看作一个故事,而不是一个由多种特质构成的实体。

生涯建构理论还吸收借鉴了其他生涯及心理学研究的理论框架。在萨维科斯的生涯建构理论形成与发展的过程中,Osipow(1990)为该理论提供了比较重要的分析框架。自舒伯等人提出生涯发展理论以来,Osipow(1990)对已有生涯指导理论进行综合分析,总结概括出四种主要的生涯指导理论,具体包括特质因素论、社会学习理论、发展理论和工作适应理论。萨维科斯基于 Osipow(1990)的分析框架,提出了包括四个层次的生涯综合模型,第一层是 RIASEC(realistic, investigative, artistic, social, enterprising, conventional)人格结构,第二层是自我调节机制,第三层是生涯叙事形式(career narrative),第四层是生涯选择的优化过程。此后,萨维科斯基于此模型逐步形成自己的生涯建构理论(冯嘉慧,2019)。另外,萨维科斯还借鉴了 McAdams(1993)的一般人格结构(general framework of personality)理论,在一般人格结构理论的基础上,整合个人与环境匹配理论和生涯人生主题理论,将生涯建构理论归纳为三个主要方面,即个体的人格特质、发展任务及人生主题(Savickas, 2005)。并且,根据 McAdams & Olson(2010)区分的表演者、主导者和创作者类别,萨维科斯在区分了特质、任务和主题的基础上,也区分了客观、主观和设计(Savickas, 2011)。

此外,生涯建构理论还吸收借鉴了易变和无边界职业生涯理论的相关理念。21 世纪无边界组织的出现和工作模式的改变,需要与之相符合的生涯理论。易变和无边界职业生涯的提出表明职业生涯是个体化而非组织负责的。Hall(1996)认为易变职业生涯是自我导向的内在价值观所形成的。在追求自我导向价值的过程中,个体需要运用认同和适应力这两种元能力(meta competencies)建构跨工作领域的发展路径。这两种元能力可以使个体感受到改变的时机。Arthur(1994)提出的无边界职业生涯也关注个体内在的心理变量,认为无边界职业生涯是由跨越不同组织的一系列工作职位所组成。个体在跨越不同组织时会出现生理和心理的变动,拥有更强适应能力(认同和适应力)的个体可以创造更多的工作机会。

因此,基于帕森斯的差异心理学和舒伯的发展心理学中的实证主义观点,以及建构主义强调的叙事心理学,Savickas(2005)针对工作者面临的自我困境,以及所遭遇的职业重构、劳动场所转换和多元文化规则,提出个体可以通过工作和关系进行自我建构,通过与他人的联结使个体成为自己人生的建构者,即生涯建构理论。

二、理论的核心内容与实证检验

(一) 核心内容

生涯建构理论阐述了个体如何通过自我建构和社会建构形成职业生涯的机

制。该理论从情境视角界定生涯,认为个体的发展是由适应环境所驱动的,而非自我促成的生涯成熟。从建构和情境的角度将生涯看作人际互动和意义解释的过程。生涯不会自动形成,而是个体在工作过程中通过自我概念的表达和目标的实现而不断建构出来的。简言之,生涯建构就是个体对职业行为和生涯体验赋予一定的意义。生涯不是工作经历的简单累积,而是将这些工作经历编织成一个完整且有意义的故事。生涯是个体主观建构的,个体通过编织人生主题对过去的记忆(past memories)、当前的经历(present experiences)和未来的抱负(future aspirations)赋予意义,从而形成个体的工作人生。因此,指导、调节和维持职业行为的主观生涯是在创造意义的建构过程中产生的,而不是在发现既存事实的过程中产生的。

生涯建构理论提出了一个可以解释完整生命周期中职业行为的模型,为研究者和生涯咨询师提供了一套看待个体生涯主题的独特视角(侯悍超等,2014),为生涯咨询工作者帮助来访者作出职业选择、获得生涯成功、提升工作和生活满意度提供了方法与思路(Savickas,2005)。

1. 16个命题

最初,在舒伯命题的基础上,Savickas(2002)总结了16个命题(propositions)。这16个命题分别为:

(1) 外部社会及社会制度通过社会角色来建构个体内在的人生历程。个体的人生构成包括核心角色和周边角色,这些角色由性别等社会因素形成。核心角色之间的平衡会使个体产生稳定感,若不平衡则使个体产生紧张感。

(2) 对大多数人来说,无论是男性还是女性,职业都是其人格结构系统的核心角色;但对一些人来说,职业属于周边角色,甚至可有可无,而其他生活角色(如学生、家长、家庭主妇、"闲暇者"和公民)可能是核心角色。个体对生活角色的偏好源于社会实践,社会实践又使个体形成不同的社会定位。

(3) 个体生涯模式指的是个体所取得的职业水平以及工作的次序、频率和持续时间。该模式取决于父母的社会经济地位和个体的受教育程度、能力、个性特征、自我概念以及生涯适应力。

(4) 不同个体在能力、人格特征、自我概念等职业特征上存在差异。

(5) 虽然每种职业都有不同的职业特征,但在一定程度上可以允许存在差异的个体从事同一种职业。

(6) 不同个体有不同的职业人格特征和工作需求,因而他们可以从事不同类型的职业。

(7) 职业成功与否取决于个体在工作角色中是否找到了能够充分展示其主

要职业特征的渠道。

（8）人们从工作中获得的满足感与其职业自我概念的实现程度成正比。工作满意度取决于个体所从事的职业类型、所处的工作环境以及所形成的生活方式，个体在工作中扮演的角色可以使其拥有成长性和探索性体验。

（9）生涯建构的过程实际上是个体在工作角色中实现职业自我概念的过程。个体基于遗传、身体素质、观察学习和多种角色扮演形成自我概念，但对角色扮演结果达成度的评价却要与同行和主管的评价标准相一致。因此，个体和社会因素都会影响职业自我概念在工作角色中的实现。角色扮演通过幻想、咨询面谈以及课程学习、俱乐部活动、兼职和实习等方式在现实生活中展现，自我概念在角色扮演和反馈学习的基础上获得发展。

（10）从青春期后期开始，职业自我概念变得越来越稳定，职业选择和调整也具有了一定的连续性，但随着人们生活和工作环境的变化，自我概念和职业偏好还会随时间的流逝和经验的累积而改变。

（11）职业变化过程具有阶段性、周期性特征，具体可以划分为成长、探索、建立、管理和衰退五个阶段，每个阶段都有相应的职业发展任务，这些职业发展任务以社会期望的形式呈现。

（12）每当生涯受社会经济和个人事件（如疾病和伤害、工厂关闭和公司裁员、工作重新设计和工作自动化）的影响而变化时，就会由一个生涯阶段向下一个生涯阶段转换，这一转换过程也可分为成长、探索、建立、管理和衰退五个阶段。

（13）职业成熟度是一种心理社会结构，它表示个体从成长到衰退的整个生涯发展过程中职业发展的程度。职业成熟度可以通过比较面临的发展任务与实际年龄所预期的发展任务加以衡量。

（14）生涯适应力是指个体应对当前和预期职业发展任务的资源准备程度。态度、信念和能力的适应程度随关注、控制、观念和信心的发展而提升。

（15）职业发展任务可以促进生涯建构，生涯建构是在完成职业发展任务的过程中实现的。

（16）在任何阶段，都可以通过职业发展任务的解读、加强适应性的练习以及明确职业自我概念促进生涯建构。

2. 三个核心观点

基于以上16个探索性命题，在 MaAdams（1993）一般人格结构理论的指导下，萨维科斯整合了个人—环境匹配理论和生涯人生主题理论，将生涯建构理论的16个命题进一步归纳为个体特质差异性、生涯阶段任务发展性和生涯过程动态性三个方面(Savickas, 2005),这三个方面反映了职业行为的内容(what)、表现方式(how)和产生原因(why),可以分别采用职业人格类型、生涯适应力和人生主题来衡量。其中,职业人格解释了不同的人喜欢做什么,生涯适应力解释了个体如何应对生涯发展不同阶段的任务,人生主题解释了为什么每个人对待工作和生活有不同的态度(侯悍超等,2014)。

(1)职业人格类型。个体选择所从事的工作是职业人格的主题。职业人格是指与生涯相关的能力、需要、价值观和兴趣等。人格特征是个体进入工作世界的准备资源,准备资源在家庭生活中形成,在社区和学校中得到发展。生涯建构理论将兴趣及其他生涯相关特质视为适应策略而非真实的个体差异。兴趣等概念是动词而不是名词,与生涯相关的能力、兴趣和价值观反映的是生涯建构的意义,是展示个体未来可能性的动态过程,而不是预测未来的稳定特质。个体可以根据情境需要使用或放弃这些策略。生涯建构理论认为,职业人格类型和职业兴趣自身没有现实意义或真正价值,可以根据所处的时间、地点和社会文化背景发生变化。工作环境中规则的相似性可以使具有潜在差异的个体形成多种职业人格类型群体。职业人格类型和职业兴趣是反映社会意义的即时关系联结,个体在工作中成为不同类型特征的人,而不是在工作之前就是该类型的人。工作是个体发展的情境,是自我展示的外部形式,也是连接外部世界和自我之间的桥梁。

(2)生涯适应力。生涯适应力是指个体在适应工作过程所使用的态度、能力和行为。生涯适应力与人生主题和职业人格相一致,人生主题引导人格在工作中的表达,而表达本身又受到生涯适应过程的控制。

生涯建构理论认为,生涯建构是个体为了实现自我概念,在社会角色中不断尝试,达到自我与社会整合的社会心理活动。由于个人和环境不断变化,个人与环境的匹配过程也永远不会停止。生涯建构的过程会连续不断、依次递进,朝着个人与环境匹配性更高的方向发展。

适应过程包括从学校到工作、工作间、职业间的过渡和转换,可以分为成长、探索、建立、管理和衰退五个阶段。这五个阶段形成一个适应周期,当出现新的转换时,这个循环会周期性重复。成长指的是对生涯意义进程认知;探索指的是工作信息搜索,作出决策等行为尝试;建立指的是对现有工作形成稳定的承诺;管理指的是在现有工作岗位上进行积极的工作角色管理;衰退指的是从现有工作岗位上退出。例如,一名员工从事一项新工作,在新工作岗位上会有一段成长期,包括探索该工作岗位的任务要求、工作规范和报酬等;然后,他会在工作岗位中确立自己的角色,对这个工作角色进行管理,当他做好了更换工作的准备时,他会主动退出这个工作岗位;或当组织变革使他的职位变得多余时,他也会主动地退出这项工作,从而最终实现与该工作的脱离。在后工业经济时代,人们不会持续几十年一直从事某项工作。新技术、全球化和工作的重新设计要求员工更积极地建构自己的生涯。他们频繁跳槽,每次都要重复定位、探索、建立、管理和衰退的循环过程。解决由发展任务、职业转变和工作创伤引起的陌生、复杂和不明确的问题,从而增强个体适应新环境的能力。

生涯适应力是解决生涯实际问题的应对策略,个体可以利用这些应对策略将职业自我概念与工作角色相结合。Savickas & Porfeli(2012)将生涯适应力界定为:个体解决在生涯发展任务、职业角色转换和工作创伤中遇到的陌生、复杂、不确定性问题的一种自我调节能力,是个体在生涯发展过程中应对外部挑战需要具备的核心能力(Hou et al.,2012)。生涯适应力由三个层次构成(Savickas,2005)。最高、最抽象的层次包含四个维度,即生涯关注(career concern)、生涯控制(career control)、生涯好奇(career curiosity)和生涯自信(career confidence),分别对应生涯发展的四个重要问题,即"我有没有未来""谁会拥有我的未来""未来我想要做什么"和"我能不能做到"(赵小云和郭成,2010),这四个维度是个体在构建生涯过程中应对生涯任务、职业转换和工作创伤的整体资源和策略;中间层次是生涯适应力的主要内容,即态度(attitudes)、信念(beliefs)、能力(competencies);最低、最具体的层次,主要指各种具体的职业行为(vocational behavior),尤其是个体应对外部职业环境变化作出的自我调适策略(self-regulation strategies)(关翩翩,2017)。

(3)人生主题。人生主题即个体生涯故事的主题,反映了职业行为的原因。个体在自我的职业发展任务、职业转换和工作创伤故事描述中揭示其生涯的基本意义及建构的动力。自我和社会互动的生涯故事可以解释为什么每个人会作出不同的选择,以及作出这些选择对个体的意义。从这些关于工作人生的典型故事中,咨询者可以了解到个体生涯建构的人生主题及其工作人生的动机和意义。

人生主题强调生涯的重要性。生涯建构理论认为,主题包括人生故事中最重要的内容,这些内容可以赋予个体工作意义和目的,使个体真正关心、热爱自己的工作,也会使人们认识到自己所从事的工作对社会的贡献和对他人的重要性。识别人生主题可以增强个体的身份认同感和社会价值感,促进个体与社会的联结。

3. 适应性生涯建构模型

生涯建构理论在关注个体发展方向和生涯意义建构的基础上,进一步深入探讨个体在准备、进入和参与工作角色时的社会融合过程。个体生涯发展的实质就是个体的主观自我与外部世界相互适应的动态建构过程,不同个体有不同的建构内容和建构结果,萨维科斯由此提出适应性生涯建构模型(career construction model of adaptation)(Savickas,2012,2013;关翩翩和李敏,2015)。

适应性生涯建构模型将适应建构过程分为适应性准备(adaptive readiness)、适应性资源(adaptability resources)、适应性反应(adapting responses)和适应性结果(adaptation results)四个环节,分别代表适应的动机、能力、反应和结果。适应性准备指的是个体应对生涯变化的灵活性特质或意愿,是稳定、情境化(context-general)、类特质(trait-like)的心理特征,可以采用多种指标测量适应性准备,包括认知灵活性、主动性和大五人格特质等(Savickas & Porfeli,2012)。当面临变化时,个体只具备适应性准备还不足以引发应对变化的行为,个体的适应性准备还需要引发应对变化的自我调节资源,即适应性资源。适应性资源指的是个体应对生涯发展任务、职业转换和工作创伤中陌生、复杂及不确定性问题的自我调节能力,具体体现为生涯适应力。生涯适应能力能够引发应对环境变化的适应性反应。适应性反应指的是个体应对生涯发展任务和工作环境变化的反应方式,包括外在行为和内在信念(Savickas & Porfeli, 2012;Savickas, 2013),可以表现为生涯计划、生涯探索、生涯自我效能信念和生涯阻碍感等。适应性结果指个体在某个时间段内达到的符合角色要求的程度,是适应性行为的结果体现。适应的目的就是使个体需求与环境变化相契合,因此可以借助人与周围环境之间的契合度来表示适应性结果,相关指标可以是发展前景、满意度、承诺和生涯成功度等(Savickas & Porfeli, 2012; Savickas, 2013)。

适应性生涯建构模型对适应过程各个环节之间的关系进行了解释,指出个体的适应性准备会对其适应性资源产生积极影响,适应性资源又会依次影响适应性反应和适应性结果(见图38.1)。具体来说,即个体适应性准备的程度不同(动机),适应性资源就会存在差异(能力),应对环境变化的方式也会有所不同(反应),从而个体与工作角色的匹配度也会有所差异(结果)。根据该模型提出的观点,适应性反应在适应性资源与适应性结果之间具有中介作用。换言之,具备应对生涯发展挑战策略(适应性资源)的个体,会产生应对变化的信念和行为(适应性反应),继而达到适应(适应性结果)。

图38.1 适应性生涯建构模型

由于人与其所处的环境是不断变化的,这四个适应环节(适应性准备、适应性资源、适应性反应及适应性结果)都处在应对变化的激活状态,以达到人与环境的和谐。这个模型为生涯建构理论的检验提供了框架,也触发了一系列新的职业行为探索研究。

(二) 实证检验

1. 国外相关研究

自萨维科斯提出生涯建构理论以来,国外研究者以该理论为基础,开展了大量的实证研究,除了量表开发,还包括以下几个方面:

(1) 检验国际版生涯适应量表的跨文化适用性。自国际版生涯适应力量表(Career Adapt-Abilities Scale,CAAS)产生以来,研究者在土耳其(Akın et al., 2014; Buyukgoze-Kavas, 2014; Öncel, 2014)、意大利(Di Maggio et al., 2015)、德国(Johnston et al., 2013)、菲律宾(Tolentino et al., 2013)等不同文化背景下对该量表的有效性进行检验,还有研究者(McIlveen et al., 2018)检验生涯适应力量表对三类特殊群体(师范生、零售工、打算重返职场的全职母亲)的有效性,结果均证实生涯适应力量表具有较好的跨文化适用性。另外,还有研究对生涯适应力量表进行改编,如将24个题项的生涯适应力量表改编为包含12个题项的简版生涯适应力量表(Career Adapt-Abilities Scale-Short Form)(Maggiori et al., 2017),为了方便对生涯适应力的日常行为进行测量,Zacher(2015)还调整了生涯适应力量表中各题项的措辞表达。有研究基于语言和文化独特性对量表中的题项进行调整,例如,针对冰岛(Vilhjálmsdóttir et al., 2012)、荷兰(Van Vianen et al., 2012)、葡萄牙(Duarte et al., 2012)及中国(Hou et al., 2012)的研究均提到修改(如题项的措辞、数量)会提升对生涯适应力量表在各自国家的应用效果。冰岛的研究人员基于所在国家文化,发现生涯适应力还包括合作(萨维科斯2009年提出的一个维度)和贡献两个维度,比现有的四维度生涯适应力量表多出两个维度(Einarsdóttir et al., 2015)。

在国际版生涯适应力量表开发前后,研究者对学生群体及员工群体生涯适应力的前因变量和后果变量开展实证研究,探讨学生和员工群体的特质及外部环境因素对生涯适应力的影响作用、生涯适应力与适应性反应(如生涯探索、生涯计划、生涯决策、职业自我效能)之间的关系,以及生涯适应力与适应性结果(主观、客观)之间的关系;探讨生涯适应力在个人特质、环境因素与适应性结果之间的中介作用,以及从人格经由行为影响生涯适应力的前因路径(关翩翩,

2017)。另外,还有研究对特殊群体如企业老龄员工(Zacher & Griffin,2015)、轻度智力障碍者(Santilli et al.,2014)、难民(Pajic et al.,2018)、残障员工(Tokar et al.,2019)、失业人员(Maggiori et al.,2013)等的生涯适应力作用进行了分析。

(2)基于生涯建构理论验证适应性生涯建构模型。自国际版生涯适应力量表(Savickas & Porfili,2012)发布以来,已有五十多项研究以生涯适应力作为衡量适应性资源的标准指标,检验适应性生涯建构模型。大多数研究仅检验了该模型的部分环节,如生涯适应力与适应性准备、适应性反应或适应性结果之间的双变量关系,还有研究检验了适应性准备、生涯适应力、适应性结果的顺序关系。Rudolph et al.(2017)采用元分析方法检验了生涯适应力与适应性准备、适应性反应和适应性结果之间的综合关系,得出的结论是适应性准备通过生涯适应力间接影响适应性结果,初步验证了适应性生涯建构模型部分环节的合理性。也有实证研究整体检验了适应性生涯建构模型四个环节的完整序列关系(Guan et al.,2014;Perera & McIlveen,2017;Zhuang et al.,2018;Savickas et al.,2018;Tokar et al.,2019),结果均支持该模型各环节之间存在直接或间接关系,为模型的有效性提供了证据。

(3)基于生涯建构理论进行生涯适应力干预的实证研究。已有研究借助培训或现场实验的方法对生涯适应力进行干预,提升个体生涯适应力,检验结果表明干预方法是可行且有效的(Koen et al.,2012;Janeiro et al.,2014;Obi,2015)。Koen et al.(2012)采用纵向现场准实验的方法对处于从学校过渡到工作转换期的大学生生涯适应力进行干预,成功增强了其控制力和好奇心,并提升了他们半年后的就业质量,使其具有较高的工作满意度、生涯满意度、个人—组织契合度和较低的离职意愿。还有研究发现对个体的生涯适应力进行为期六周的干预比单一的职业信息交流更有效,特别是对于那些缺乏安全感、悲观或简单应对方式的个体(Janeiro et al.,2014)。

2. 国内相关研究

(1)国内研究者对生涯建构及生涯适应力理论研究进行了系统的梳理,对生涯建构理论的内涵、框架与应用(关翩翩和李敏,2015)、生涯建构理论(冯嘉慧,2019)和生涯适应力理论及实证研究(赵小云和郭成,2010;张立新和孙世玲,2016)进行分析与展望。研究者除了对生涯适应力量表的验证、方法进行改进,还对学生、员工等群体的生涯适应力现状及前因变量和结果变量展开实证研究。

(2) 基于生涯建构理论在中国文化情境下验证生涯适应力测量工具,开发新的生涯适应力测量方法。于海波等(2019)基于生涯建构理论,针对三类群体(大学生、公务员和企业员工)验证了简版生涯适应力量表(CAAS-SF)在中国文化情境下的有效性。还有研究者(张利会等,2017)为准确鉴别低生涯适应力的人群,对生涯适应力的测评方法进行改进,结合生活设计范式以及主观生涯和客观生涯的概念,提出并检验一种将文本挖掘和项目反应理论相结合的新的生涯适应力测评方法,结果证明该方法的鉴别力较好。

(3) 在本土文化基础上开展生涯适应力前因后效的研究,研究群体包括高中生、高职生、大学生等在校生群体,也包括初入职员工和企事业单位员工,推动了生涯适应力在中国文化背景下的进一步发展。有研究者采用潜在剖面分析方法对在校生群体的生涯适应力类型进行区分,区分类别包括保守型、盲目型和灵活型(田梅等,2018);还有研究调查学生群体生涯适应力的现状(赵小云和薛桂英,2010;董振华和苏霞,2014)。有研究探讨情境(如学校和家庭)及个体特质(人格特征、情绪、自我概念等)对生涯适应力的影响作用;还有研究分析了大学生生涯适应力对适应性反应与适应性结果的影响,如生涯探索(Li et al.,2015)、生涯决策自我效能(Zhou et al.,2016;Guan et al.,2016a)、工作搜寻自我效能感(Guan et al.,2013)、生涯决策困难(李栩等,2013)、生涯呼唤(Guo et al.,2014)、职业核心技能(Guo et al.,2014)、收入(Guan et al.,2015)、就业地位(Guan et al.,2014)等。对员工群体生涯适应力的研究思路与大学生群体类似,也从个体特征和情境角度对员工生涯适应力的前因进行探讨(于海波和郑晓明,2013;Guan et al.,2016b),也研究了员工适应力对组织及个人的价值,如个人绩效(Yu et al.,2018;于海波和郑晓明,2013)、胜任力水平(Guan et al.,2016b)、离职倾向(Yu et al.,2018;Guan et al.,2014;关晓宇和于海波,2015)、生涯满意度(Yu et al.,2018)及薪酬(Yu et al.,2018;Guan et al.,2015)等。此外,有实证研究采用元分析方法,部分检验了适应性生涯建构模型中生涯决策自我效能感作为一种自我效能状态和应对环境变化的适应性行为在生涯适应力与适应性结果之间的作用(于海波等,2019)。

(4) 基于生涯建构理论进行生涯适应力干预实证研究。陈皓(2013)采用生涯规划课程对医科生生涯适应力进行干预,取得了较好的效果;刘薇薇(2016)采用分散内观疗法对大学生生涯适应力进行干预,建构大学生生涯适应力的内观动态体验模型,提升生涯适应力;还有研究者采用生涯团体辅导方法对新入职护士(罗兰,2017)、师范生(林晖芸,2016)、医学生(常明明,2018)的生涯适应力进行干预培训,均较好地提升了干预群体的生涯适应力。

三、相关评估技术与测量工具

(一)国外相关量表

多项研究基于 Savickas(1997,2002,2005)的生涯建构理论探讨生涯适应力的内在结构,编制生涯适应力测量工具。在萨维科斯正式提出生涯建构理论之前,就已有研究者进行生涯适应力量表的编制。Rottinghaus et al. (2005)根据 Savickas(1997)的观点,开发了隶属于生涯未来量表的生涯适应力分量表(Career Futures Inventory: Career Adaptability),包括一个维度 11 个题项。Creed et al. (2009)根据 Savickas(1997)的观点,编制了大学生生涯适应力量表,包括生涯规划(8 个题项)、生涯探索(6 个题项)、自我探索(5 个题项)、生涯决策(16 个题项)和自我调整(21 个题项)5 个维度。Hirschi(2009)根据生涯建构理论(Savickas,1997)的适应力模型,建构了青少年生涯适应力量表,由生涯决策(12 个题项)、生涯规划(22 个题项)、生涯探索(26 个题项)和生涯自信(8 个题项)4 个维度构成。Savickas & Porfeli(2012)也组织各国研究者开发国际版的生涯适应力量表(CAAS),包含生涯关注、生涯控制、生涯好奇和生涯自信 4 个维度,各维度分别有 6 个题项,共 24 个题项。通过不同文化背景样本数据检验表明,CAAS 具有良好的信度和效度。因为该量表是在跨文化背景下开发的,适用于不同文化背景下的群体,是一种具有代表性的生涯适应力测量工具。CAAS 适合在经济全球化背景下,在国际范围内开展生涯发展研究和咨询干预项目。目前世界范围内的研究者大量采用 CAAS 开展实证研究。其后,Maggiori et al. (2017)又将 24 个题项的生涯适应力量表(CAAS)压缩至 12 个题项(4 个维度),称为简版生涯适应力量表(CAAS-SF)。芬兰研究者在生涯适应力量表的基础上开发了供青少年学生运动员使用的双重生涯适应力量表(career adapt-abilities scale-dual career,CAAS-DC)(Ryba et al., 2017),共 27 个题项,包括关注(4 个题项)、双重生涯关注(5 个题项)、控制(6 个题项)、好奇(6 个题项)和自信(6 个题项)5 个维度。

另外,为满足生涯咨询者和研究人员对适应性生涯建构模型中适应性反应的测量需要,Savickas et al. (2018)以高中生、大学生和研究生为研究对象,开发了学生生涯建构量表(Student Career Construction Inventory,SCCI),共 18 个题项,包括职业自我概念确立、职业信息探索、职业选择决策、职业选择实施 4 个维度。学生生涯建构量表可用于学生个体行为和团体行为适应水平的评估,也可用于评估生涯干预项目的效果。此外,SCCI还可用于团体生涯辅导,将量表的题项内容教授给学生,可以培养学生在生涯建构任务中的确立、探索、决策、准备等适应性行为,提高被辅导者的适应性反应水平。

(二) 国内相关量表

中国台湾学者最早开展对生涯适应力量表的本土化研究。最初,吴淑琬(2008)依据Savickas(2005)的观点,以台湾大学生为研究对象,编制大学生生涯适应力量表,包括生涯关注(4个题项)、生涯控制(4个题项)、生涯好奇(6个题项)和生涯自信(7个题项)4个维度,共21个题项,多项研究表明该量表的信效度良好。后来,大陆学者也进行了生涯适应力量表的开发工作。朱云鹏(2010)针对Savickas(2005)提出的生涯适应力结构模型,编制了大学生生涯适应力量表,包括自我探索、环境探索、生涯规划与生涯信心4个维度,共24个题项。虽然吴淑琬(2008)和朱云鹏(2010)都开发了4个维度的生涯适应力量表,但研究的维度不尽相同。赵小云(2011)也基于Savickas(1997,2002,2005)的理论,以大学生为研究对象,编制大学生生涯适应力量表,包括生涯控制、生涯好奇、生涯关注、生涯自信、生涯调适和生涯人际6个维度,共35个题项。该量表也有较好的信效度,但比萨维科斯的生涯适应力结构模型多2个维度,即生涯调适和生涯人际。我国学者侯志瑾等人参与了国际版生涯适应力量表中国版的修订(Hou et al.,2012),他们修订的量表是目前国内生涯适应力实证研究领域应用最广泛的生涯适应力测量工具。王益富(2014)还基于已有的生涯适应力量表开发了适用于企业员工的职业适应力测量工具,包括组织融合能力、工作沟通能力、学习发展能力、情绪调节能力和职业转化能力5个维度。

总体来看,目前国内外关于生涯适应力的实证研究大都以生涯建构理论作为理论基础,尤其是2012年国际版生涯适应力量表产生以后,生涯适应力的研究更受到了更多国家研究者的关注,对生涯适应力的特征及作用机制有了较为深刻的认识。生涯建构理论后来提出的适应过程模型——适应性生涯建构模型,也逐渐受到研究者的重视,但目前仍处于探索初期,关于该模型的内在机制和实践应用仍存在诸多问题尚待解决。另外,生涯建构理论中的其他命题也有待检验,如个体在生涯转换过程中发生的成长、探索、建立、管理和衰退的循环,生涯适应力在循环过程中如何发挥作用,适应性生涯建构模型与循环有何关系等都有待进一步检验。生涯建构理论本身也在不断发展和完善,基于该理论的实证研究和实践应用也需要不断充实和丰富。

四、理论的应用价值

生涯建构理论深化了已有的职业发展理论,为经典的职业人格理论和毕生生涯发展理论赋予了后工业时代的特征,所建立的生涯适应力模型为生涯干预及其有效性检验提供了一个立体式概念框架,所提出的适应性生涯建构模型可以指导个体基于动态生涯发展视角适应不断变化的环境(Tolentino,2016)。因此,生涯建构理论具有很强的应用价值。

生涯建构理论目前在生涯咨询领域得到广泛的应用。不同的社会阶层和群体面临着各种各样的生涯发展挑战问题,生涯咨询者以生涯建构理论为指导,针对不同群体的生涯建构过程设计生涯咨询及干预方案,可以有效解决不同群体在生涯发展中面临的问题。在生涯咨询中,基于生涯建构理论,咨询者可以帮助来访者通过工作和关系的自我建构,将自我概念与工作联结起来,以此让个体成为自己工作的创造者,主动建构生涯的意义,从而为适应工作模式的新变化做好准备。另外,针对不同群体在生涯发展中面临的问题,咨询者可以采用生涯适应力量表评估其在生涯适应力的哪些方面发展迟缓或不均衡,在此基础上进行有针对性的干预,可以提高其生涯适应能力,并有助于其构建自己的生涯。

生涯适应力量表能够在一定程度上满足企业组织在竞争环境下对人才招聘和员工培养的需求。为了在激烈竞争环境中获得更好的生存发展机会,企业组织更偏好适应能力强的员工,生涯适应水平高的员工具有较强的环境适应力,这些人往往不畏惧变化和不确定性,甚至会随时以准备的姿态主动迎接环境变化,在与环境的互动过程中始终保持积极进取心态以应对各种挑战,迅速找到掌握全局的关键和突破口,通过自我与外部环境的资源整合解决问题(Savickas,2013;关翩翩和李敏,2015)。因此,企业组织在招聘过程中采用生涯适应力工具筛查适应能力强的员工,或者在培训过程中对员工的生涯适应力加以培养,可以在一定程度上提升企业组织的生存发展能力。

五、经典文献推荐

Savickas, M. L. (1997). Career adaptability: an integrative construct for life-span, life-space theory. The Career Development Quarterly, 45, 247–259.

Savickas, M. L. (2002). Career construction: a developmental theory of vocational behavior. In D. Brown(Ed.), Career choice and development; 149–205. San Francisco, CA: Jossey-Bass.

Savickas, M. L. (2005). The theory and practice of career construction. In S. D. Brown & R. W. Lent(Eds.), Career development and counseling: Putting theory and research to work, 42–70. Hoboken, NJ: Wiley.

Savickas, M. L., Nota, L., Rossier, J., Dauwalder, J. P., Duarte, M. E., Guichard, J., Soresi, S., Van Esbroeck, R., & van Vianen, A. E. M. (2009). Life designing: a paradigm for career construction in the 21st century. Journal of Vocational Behavior, 75, 239–250.

Savickas, M. L. (2013). Career construction theory and practice. In Steven D. Brown & Robert W. Lent(Eds.), Career development and counseling: putting theory and research to work, 2nd ed., 147–183. Hoboken, NJ: Wiley.

第三十八章参考文献

第三十九章

生涯混沌理论

刘婷婷*

一、代表人物与时代背景

(一) 代表人物

罗伯特·普莱尔(Robert Pryor)和吉姆·布莱特(Jim Bright)是澳大利亚职业心理学家、澳大利亚天主教大学生涯教育与发展领域的教授。2003年两人共同提出了生涯混沌理论(chaos theory of careers),合作至今在这一领域已累计发表40余篇学术论文,具有卓越的影响力。

罗伯特·普莱尔

普莱尔1973年获得悉尼大学心理学荣誉学士学位,1983年获得新南威尔士大学心理学博士学位,专业方向为职业发展。他于1980—1991年在新南威尔士州政府任资深科学家,从事心理评估、职业咨询、组织发展和劳动力市场政策等领域的研究与咨询工作。1989年至今,他一直是职业心理学家,负责开发职业发展的相关心理测试及辅助材料,为个人和组织提供职业咨询服务。1994年至今,担任"职业潜力中心"(Vocational Capacity Centre)董事。1999—2005年,他在新南威尔士大学访学,聚焦于职业发展问题的教学与研究,并开创了生涯混沌理论。

布莱特是注册心理学家,澳大利亚心理学会会员,澳大利亚职业发展协会会员及国家职业发展协会成员,并曾担任澳大利亚心理学会全国执行委员会组织心理学学院的前任主席。他在职业发展和培训领域有近三十年的国际咨询经验,累计为超过10万人提供职业咨询建议。布莱特迄今已出版著作11本(被翻

---

* 刘婷婷,上海对外经贸大学工商管理学院讲师,博士,主要研究领域为职业生涯管理、职业身份与工作意义,电子邮箱:liutingting@suibe.edu.cn。

吉姆·布莱特

译为多国语言），同行评审期刊论文、报告和会议发言五百多篇。他是布莱特联合公司（Bright and Association）的所有者，也是适宜教育（Become Education）公司的董事。此外，他还积极参加与职业生涯相关的广播节目，是 ABC 广播 702 频道的就业指导专家，曾被澳大利亚商务与职业相关的电视节目聘为嘉宾。自 2006 年以来，他一直是《悉尼先驱晨报》（The Sydney Morning Herald）和《时代报》（The Age）专栏撰稿人。

普莱尔和布莱特不但致力于理论建构和学术研究，还一直尝试将生涯混沌理论应用于生涯咨询和教育实践。2003 年，他们首次对生涯中有序与无序的关系进行阐述，提出了 21 世纪职业生涯模式的一个理论框架（Pryor & Bright, 2003a）。2005 年，他们开始尝试将生涯混沌理论应用于生涯咨询实践，出版了《生涯混沌理论：用户手册》（The Chaos Theory of Careers: A User's Guide），并将传统的人—职匹配生涯咨询与基于生涯混沌理论的生涯指导模式进行了比较。2006 年，他们在此基础上进一步开发了生涯混沌理论的生涯辅导技术，并首次详细介绍了混沌生涯的"蝴蝶模型"（butterfly model），以中学生的生涯探索为背景，将生涯探索中的计划性与随机性整合在一起。2007 年，他们开始聚焦生涯混沌中的吸引子现象，并出版《生涯混沌理论的应用：生涯吸引子》（Applying Chaos Theory to Careers: Attraction and Attractors）。2008 年，作为生涯混沌理论的一种应用，他们尝试将原型叙事方法（archetypal narratives）应用于生涯咨询。

2011 年开始，两人回顾、反思和总结了生涯混沌理论过去近十年的发展，出版了《生涯混沌理论：21 世纪工作新视角》（The Chaos Theory of Careers: A New Perspective on Working in the Twenty-first Century）和《生涯混沌理论：十年成果，仅是开始》（The Chaos Theory of Careers: Ten Years On and Only Just Begun），描绘了生涯混沌理论未来广阔的发展前景。2015 年，他们致力于生涯混沌理论中重要概念的测量和实证研究的拓展工作，尝试将生涯混沌理论应用于生涯创造力的研究，并初步开发出包括质性和量化两种方式的混沌生涯测量工具（Bright & Pryor, 2015, 2015）。近几年，两人又转而投入到生涯中呈现的分形模式的研究工作（Pryor & Bright, 2018）。

（二）时代背景

Pryor & Bright（2003）认为，传统生涯理论无法很好地解释真实而完整的生涯过程以及人们在生涯过程中作出选择的真实原因。传统生涯理论，如霍兰德的类型论(Holland,1959)和舒伯的发展论(Super,1963),建立在还原论的范式基础上,关注职业心理的结构特征和发展过程。这些理论主要基于线性视角,更多地描述生涯的静态属性,并认为个体经过充分的生涯发展,最终会稳定在某个静态的职业结构中,强调确定性和封闭性。随着时代发展,生涯发展呈现越来越多的不确定性和非线性特征,偶然因素开始扮演越来越重要的角色。过去强调客观、理性和控制的生涯模型已经无法解释现代生涯的复杂性和多变性。因此,普莱尔和布莱特试图进一步探究偶然因素对个体生涯发展的重要影响。

随后,社会认知生涯理论(social cognitive career theory, SCCT)和发展系统理论(developmental system theory, DST)被提出(Lent et al., 1994; Ford & Lerner, 1992)。这两个理论兼顾了经济、社会、心理等多方面的影响因素,试图解释生涯选择的动态过程和机制。然而,SCCT和DST仍然强调对职业心理结构和作用过程的细节分析,对生涯选择和发展过程中蕴含的复杂性和环境适应性研究不足,无法进一步揭示这一复杂开放系统的非线性特征及其背后的规律和结构,也无法提出具体的应对策略。

到21世纪初,基于现代生涯发展理论的建构主义传统,生涯混沌理论应运而生(Pryor & Bright, 2003b)。生涯混沌理论的提出是为了回应简化主义(reductionism)日趋偏离事实的弊端,普莱尔和布莱特尝试寻找一种系统的、可以充分吸收变化性和偶然因素的新型生涯理论。他们曾经想将这种新的生涯理论命名为生涯自然理论(natural theory of careers)、生涯生态理论(ecological theory of careers)(Pryor, 2003b)或生涯情境理论(contextual theory of careers)(Bright & Pryor, 2002),但它们都不能体现核心思想。

生涯混沌理论既承认人类的创造性,也看到人类的局限性,有助于兼顾生涯现实主义和建构主义两种视角,并整合21世纪初生涯发展研究所涌现的一批新概念,包括正向不确定性(positive uncertainty)(Gelatt,1991)、偶然事件(happenstance)(Mitchell et al., 1999)、非线性改变(non-linear change)(Leong, 1996)、系统(systems)(Patton & McMahon, 1999)、运气准备度(luck readiness)(Neault, 2002)、生涯机会(career chance)(Chen, 2005)以及自我叙事(Savickas, 1997),从而提供了关于生涯发展的全面理解。从传统理论演变到生涯混沌理论,生涯研究范式也从实证主义向建构主义与后现代主义视角转变。

普莱尔和布莱特开创了生涯混沌理论,为人们的生涯发展和职业探索提供了全新的理论工具和分析视角,将生涯理论与非线性复杂系统研究有机结合,为未来的生涯发展研究开拓了一片全新的理论天地。近年来,生涯混沌理论越发受到学术界的关注,预期在未来的几年内将会得到更为系统深入的研究。

二、理论的核心内容

普莱尔和布莱特试图借鉴物理学、化学等自然科学领域的混沌理论视角来解释个体的生涯发展问题。生涯混沌理论在提出不到20年的时间里,带来了职业心理学范式的转变。目前,该理论仍处于不断发展和完善中。

(一) 生涯是一个自组织的复杂动力系统

生涯混沌理论不是机械地将处于生涯探索和发展中的个体的心理现象分解还原,而是将个体视为一个自组织的复杂动力系统。

首先,生涯系统是复杂的、不可预测的、不断发展变化的。传统生涯理论强调生涯系统的稳定性,更加关注理性、思维和线性匹配,期望在认知层面解决个体生涯探索中的信息不完全性。生涯混沌理论关注以往研究中被忽略的个体无法控制和预测的因素,关注个体在生涯探索中内在即时且真实的认知、情感和体验,充分认识到直觉、使命、价值感知和意义对个体生涯的重要引领作用(Pryor & Bright,2003b)。

其次,生涯发展是自然的、内在的,具有自我组织和再生能力。尽管生涯系统的构成和形态都可能发生变化,但它有能力维系自身。它是自组织的,而不是外在控制的。个体有内在适应环境变化的能力,在各种角色间自由转换,能不断生成、更新和创造自己的生涯模式。

最后,生涯混沌理论将处在生涯发展阶段的个体看作一个自我追求体系,不仅寻求生存和成就,同时也寻求目的和意义。生涯系统处于充满链接的开放网络中,不断与外在的复杂系统(如雇佣组织、劳动力市场、社群、国家和全球经济体等)互动,持续进行着物质、能量、信息和意识的交换。

由此,Bloch(2005)、Bright & Pryor(2005a,2007)概括了生涯发展作为复杂动力系统应具有的11种本质特征:

(1) 自创生。生涯发展是一个复杂适应体(complex adaptive entity),具有生命力,是一个主动建构的历程。

(2) 开放性。生涯发展是一个开放系统,不断与所处环境进行物质、能量、信息和意识交换。

(3) 置身于网络。生涯发展建立在与外在社会关系网络的互动以及与内在网络关系的交互作用基础上。

(4) 分形(fractals)。看似杂乱无章的生涯系统在不同标度下具有相似的性质,即分形结构。它可以理解为生涯发展在不同阶段的模式是相似的,个体在不同阶段所面临的问题可能反复出现,并且这种模式呈现家族、地域、文化甚至神话、心理原型层面的广泛相似性(周满玲等,2006)。

(5) 有序与混沌之间的相变(phase shift)。个体在生涯发展中不断经历从一种适应状态到另一种适应状态,生涯发展轨迹在有序和混沌之间交替,这种相变过程暗含着创造力和新模式生成的契机。

(6) 寻找最适状态(search for fitness peak)。生涯系统总是在运动中不断寻找一个暂时的稳态或平衡态。

(7) 非线性动力(nonlinear dynamics)。生涯系统发展不存在简单而明显的线性因果链,而是受很多难以预测的随机干扰项的影响,其变化遵循非线性模式。

(8) 初值敏感性(sensitive dependence)。这一特征也常被称作"蝴蝶效应"(butterfly effect)。它表明,即使是一个轻微的变化或误差都会导致巨大的后果,暗含着系统的不可预测性和非线性特征。生涯领域存在众多不可预测的因素(如父母、社会关系、经济政治环境、兴趣能力等),影响着个体生涯的选择和发展,并且这种影响方式并非以单一线性方式存在,而是以多因素网络化方式扩散,一个偶然事件就可能引发生涯选择和发展的非线性改变。

(9) 吸引子的制约(attractors that limit growth)。生涯发展过程中存在一些约束性因素,使得个体的生涯轨迹收敛于某种状态。这种动力机制以吸引子的形式存在,类似于生涯发展中的牵引动力,是生涯发展过程中内部动机和外部环境压力的合力。在吸引子的作用下,个体的生涯发展呈现阶段性的稳态。

(10) 奇异吸引子(strange attractor)。吸引子可以简单分为收敛吸引子和奇异吸引子。奇异吸引子使系统偏离收敛吸引子区域,并引导其向不同状态发展。它通过诱发系统的活力,使其变为非预设模式,从而创造不可预测性。个体在生涯决策中会受诸多因素的影响,这些因素以吸引子形式影响个体在生涯转折点的行为。

(11) 精神性或灵性(spirituality)。生涯发展不仅是理性决策,而且是直觉决策,超越逻辑,寻找生涯中的使命和意义联结。

(二) 生涯混沌的本质是辩证统一

混沌是非线性系统表现出的一种非常复杂的、无法根据给定的初始条件确定系统未来状态的随机行为。但混沌并不意味着无序,混沌中蕴含着有序,有序的过程中也可能出现混沌。无序与有序不是片面的孤立关系,而是辩证关系。生涯混沌不同于生涯未决、生涯决策困难、生涯不确定感等概念,它是有序与无序、稳定与变化、可预测与不确定之间的相互作用。

可见,局部随机性与整体稳定性构成了生涯混沌背后的一个悖论,研究混沌现象的关键就是发现隐藏在无序现象里的内部有序结构,学者们应探索远离平衡态的、非线性的、自组织的客观过程,创造处理复杂性、不确定性、演化性问题的新方法,从而有可能进一步探索用现有范式所不能描述、解释或预测的现象。

(三)生涯混沌是一个过程变量,生涯吸引子揭示系统运行的过程模式

生涯混沌理论重在对生涯过程和模式的理解,而不是界定稳定的生涯变量以预测结果。生涯混沌理论中,生涯混沌不是一个状态变量,而是一个过程变量,是无序与有序之间的不断更迭。

生涯吸引子是生涯混沌理论中一个重要的概念,它指的是一种过程模式,是复杂动态系统自组织成为最终的稳态,并且当遭遇来自系统内在运行或外在影响的变化时仍可以保持、维持或重构这种秩序(Pryor & Bright, 2007b)。可见,生涯吸引子不是静态的目标锚定,而是动态的过程模式。借助生涯吸引子,个体总能从生涯混沌的经历中创造出一种秩序模式。识别生涯系统中的各类吸引子是推进生涯混沌理论的关键。普莱尔和布莱特将生涯吸引子的六种特征总结如下:

(1)特征性轨迹(characteristic trajectories)。吸引子显示系统的长期行为,在生涯发展中,它指的是个体总是以某一种方式适应环境,包括习惯、特质、基本假设以及应对挑战和变化的能力。

(2)反馈机制(feedback mechanisms)。吸引子是一种反馈机制,系统可以借此维持稳定、应对干扰。在生涯发展中,生涯吸引子使得个体尝试各种职业选择并且处理各种反馈以增进生涯决策能力。

(3)终极状态(end states)。吸引子是系统移动的终极状态,一种理想目标。

(4)有序的界限(ordered boundedness)。吸引子是系统运行的界限,从而使系统与其他系统相区别。在生涯决策中,它体现在受价值观、动机、偏好和潜能的限制,个体可以接受的职业选择的底线。

(5)现实愿景(reality visions)。在灵性层面,吸引子可以理解为一种现实的愿景,给予个体活下去的意义和目的,反映个体的价值观、身份认同、意义建构和使命感。

(6)均衡与流动(equilibrium and fluctuation)。当吸引子接近封闭系统,它就倾向于均衡,开始循环往复直到新危机的出现;而当吸引子接近开放系统,它就变得不稳定,但适应性更强。

吸引子的识别是混沌理论的核心内容之一,有着重要的理论价值和实践意

义。目前,混沌理论家已从自然科学领域识别出四种普遍的吸引子,Bright & Pryor(2005a)将其引入生涯发展领域,进而将生涯混沌理论的发展向前推进了一步,理论发展的关注点开始从对混沌中无序的揭示转向发现隐含在混沌中的结构和过程模式。这四种吸引子分别为定点吸引子(point attractor)、钟摆吸引子(pendulum attractor)、周期吸引子(torus attractor)和奇异吸引子(strange attractor)。

(1)定点吸引子。它指的是系统结构化移向一个单独的点、位置或结果,最典型的就是目标导向和动机性行为模式。应用到生涯中,定点吸引子表现为专业化人士在其驱动下为职业目标而奋斗。个人—环境匹配的传统生涯决策模型就是典型的定点吸引子,即假设存在一个最优的生涯方向和选项,通过生涯规划找到与个体的职业兴趣和性格特质相匹配的合适职位。然而,定点吸引子线性化的过程模式在实验室更有效,对于解释现实中的生涯发展显得过于机械。

(2)钟摆吸引子。它指的是系统在两点、两个位置或结果之间反复摇摆的过程模式。钟摆吸引子在生涯发展中比较常见,通常是一种风险敏感、角色冲突和缺乏承诺的表现,对理解职业未决现象尤其重要。它的出现往往源于生涯中存在一些严重的障碍,或者来自自我限制与过于狭隘的思维模式,或者来自外在的压力(特别是家庭的压力),导致感兴趣的职业与家庭的要求出现冲突,职业选择始终摇摆。如果无法兼顾,那么妥协的结果将导致最差的生涯选择,如钟摆最低端。

(3)周期吸引子。它指的是系统周期性重复,虽比较复杂但可预测的过程模式,一般指一种例行公事、惯性思维和行为模式。周期吸引子下的个体通常由于缺乏安全感、害怕改变、倾向一致性、层级化、组织化和对生活的掌控感,很容易忽略生涯中其他的机会和可能,多数人最终会感到无聊和没有意义。

(4)奇异吸引子。它是混沌系统的典型吸引子,它复杂并不可预测,自相似但不重复,且总可以自组织生成秩序。奇异吸引子系统中,变化和偶然与秩序和稳定不是相反的,而是编织在一起。在生涯中,它指的是生涯自我叙事中蕴含的秩序与无序的模式,理性、逻辑规划与行动、创造力、想象力的整合。

吸引子有助于诠释个体在生涯规划和决策中采用封闭式系统思维方式还是开放性系统思维方式(Pryor & Bright,2007a)(见表39.1)。以上分类中,前三种吸引子是封闭系统思维,即为了简化现实以获得秩序和控制,如目标设定、例行公事、两分法。接受奇异吸引子意味着"行走在混沌的边缘"(Pryor & Bright, 2011),是一种开放式系统思维方式。它意识到人类经验中稳定与变化共存,偶然事件和小的改变有时对我们的影响更大。我们对自我和生活周遭的认知与控制总是受限的,预测结果的能力也是受限的,改变偶尔可以避免,但最终不可逃脱。

表39.1 封闭式系统思维方式与开放式系统思维方式的比较

封闭式系统思维方式	开放式系统思维方式
意外不应该或不会发生	意外有时候可能会发生
"我战无不胜"	"我有时也会脆弱"
高风险承担,无备选方案	低风险承担,有备选方案
"生活是公平的"	"生活没有保障"
强烈的个人控制感	意识到人类局限性
厌恶意外	应急规划
对规则与过去充满信心	接受阶段性转换事实
线性改变	非线性改变
例外是错误的、被抛弃的	例外可能具有某种重要意义
对变化应对投入有限	创造性应对变化

资料来源:Pryor & Bright (2007a)。

现实中,开放系统的一个生涯决策结果可能是不可避免的失败。对此,Pryor & Bright(2012a)指出,在一个不确定的世界,我们不能认为所有的生涯决策都能符合预期,并最终按照既定的模式发展。因此,失败在生涯决策和发展中应被视为一种常态,一种可以预见到的结果,无须恐惧,也无须内化。Pryor & Bright(2012b)认为对失败应持积极的态度,珍惜学习和成长的机会,主动考虑、观察、评估和应对失败。

综上所述,生涯混沌理论充分认识了生涯发展的不确定性、复杂性、不可预测性等非线性本质,充分考虑了生涯发展多因素的网络化影响方式,并明确了意义、使命、自我价值等理性追寻的重要性。生涯混沌理论中,不确定性和偶然事件是很重要的概念,构成混沌本质的一个面向,即无序特征。强调过程的偶然性和复杂性中生成的行为模式,而不看重可预测的稳定因素;同时,吸引子概念的引入是该理论的重要贡献,借此揭示系统运行的目的性和收敛性,构成混沌本质的另一个面向,即有序结构。生涯混沌理论为解释不确定性下的生涯提供了一个全新的辩证视角。

三、相关实证研究

虽然人们直观上很容易接受生涯混沌理论提出的假设和问题,但是由于缺乏直接的数据来验证相关概念和假设,限制了生涯混沌理论在研究中的运用。对此,生涯混沌理论提出不久,国内外学者便开始对其中的重要概念进行界定、测量和实证分析,将生涯混沌理论推进到实践层面。国内外相关实证研究主要

集中在以下三个方面:

(一) 针对生涯混沌中不确定感、偶然事件、机会等无序特征的研究

1. 生涯不确定感的识别、成因及应对策略

研究表明,生涯不确定感被普遍认为是一种较为消极的认知和情绪体验,并阻碍个体生涯决策和发展。例如,中国台湾学者 Tien(2005)的一项扎根理论研究表明,大学生的生涯不确定感来源于外部环境的不稳定,或个体缺乏行动力、危机意识、自我效能感和专注力。个体面对生涯不确定时,表现出消极的态度和体验,如焦虑、抑郁、缺乏自我认同等。生涯不确定感与职业决策困难(龙立荣,2000)、职业倦怠(赵玉芳,2003)、职业枯竭(王芳和许燕,2004)、职业高原(马远和凌文辁,2003)等现象普遍相关。曾维希(2015)开发了生涯不确定感的评估量表,并从个体心理、社会资本、组织管理和政策制度层面分析成因以及规避消极的生涯不确定感的策略。

2. 情境化因素、机缘巧合和偶然事件对生涯的影响

偶然事件对当今个体的生涯决策、生涯路径、生涯发展都产生了难以预测的深刻影响。Mitchell(1999)很早就提出了"有计划的偶然事件理论",Krumboltz(2009)也探讨了偶然事件对生涯选择的重要影响。然而,生涯混沌理论关注的不只是偶然事件这一个单因素,其影响更为广泛和深远。目前,国内外研究涉及面较广:从证实偶然事件对生涯发展存在影响,到研究其对生涯发展的具体影响机制,再到偶然事件视角下对生涯发展模式的研究(吕翠和周文霞,2013)。

Bright et al.(2005)利用经验数据识别出一系列情境化因素,包括父母、兄弟姐妹、朋友、老师、媒体、电影、政客、球星等对个体生涯选择的影响,并验证了父母职业与孩子实际生涯选择之间的客观关系。Bright(2005)发现具有相同霍兰德职业人格类型的一群人的职业生涯路径出现分叉,这种变化不能通过最初的人格类型所预测。Pryor(2003)对大学生进行大样本调查,发现70%的人报告他们的生涯发展极大地受到预料之外事件的影响。研究表明,大多数人生涯发展中遇到偶然事件的概率为64.7%—82.3%(Hirschi,2010; Bright et al.,2009),并且这些偶然事件会以滚雪球的方式出现。Hirschi(2010)还从不同的文化视角进一步证实了生涯混沌理论的有效性,不论人们是否进行生涯规划,都会遭遇生涯中的偶然事件。

国内外学者采用多方法对不同群体进行了广泛研究。Borg et al.(2006)结合访谈和问卷,探讨了生涯混沌理论对高中毕业生生涯发展轨迹的适用性,分析了参与者对偶然事件的感知程度及其对生涯轨迹的影响,进一步支持了生涯混

沌理论的不可预测性。Peake & McDowall(2012)以七位正在进行生涯中期转换的个体为样本,透过生涯混沌理论视角发现:个体的生涯缺乏规划性;找到合适的职业有时是运气所致;生涯成功是一系列混沌因素的结合,包括偶然事件、机缘巧合、非线性结果等。此外,运用质性研究方法,国内外学者深入个体生涯发展的具体过程案例,发现偶然事件对个体自我探索、价值和意义探寻发挥着重要作用(Williams,1997;郭琍艳,2010)。

3. 生涯转换的同时性现象

生涯转换指的是生涯混沌理论中提到的相变,生涯转换中出现的同时性指的是个体内心的期待和外在事件同时发生,呈现一种巧合的联结(金树人,2007)。研究者多从个体的具体案例出发,发现这种同时性既存在于心理期待与客观事件的联结上,也反映了梦境与相继发生的客观事件的吻合(Guindon & Hanna,2002;刘婷婷等,2019)。

(二) 针对生涯混沌中有序结构的研究

对生涯混沌理论中生涯不可预测性和非线性等无序特征的实证研究较为丰富,相比之下,对生涯混沌的另一面向——有序结构的实证探讨才刚刚起步。Pryor & Bright(2005a)将自然科学领域的吸引子概念引入生涯发展领域。吸引子可以理解为系统的特征轨迹、反馈机制、最终状态、边界、现实愿景以及稳定与波动之间的不断平衡(Pryor & Bright,2014)。Pryor & Bright(2007b)进而识别出四种普遍的吸引子。其中,奇异吸引子是混沌系统的典型吸引子。生涯吸引子与个体的动机、目标、价值观、身份认同、意义建构和使命感密切相关(Gharajedaghi,1999;Pryor & Bright,2012b)。国内学者刘婷婷等(2019)通过理论研究,对31位处于典型混沌状态的生涯中期转换者展开深度访谈研究,识别出六种不同类型的生涯吸引子,并发现他们之间存在动态转换关系。

(三) 针对生涯混沌理论在生涯咨询干预中有效性的研究

研究表明,利用生涯混沌理论对高中生和大学生群体进行生涯咨询效果显著。Borg et al.(2006)向11年级学生及其家长介绍了生涯混沌理论中的"蝴蝶模型",得到了他们的积极反馈。同样,Loader(2011)论述了如何将生涯混沌理论纳入10年级学生的教育。Davey et al.(2005)对刚刚毕业的大学生进行了一系列访谈,谈及生涯混沌理论中重点概念对他们近期生涯的影响,并使用生涯决策自我效能、生涯探索和决策压力等多个变量衡量其影响。结果显示,生涯混沌理论的应用对个体生涯决策自我效能和环境探索产生显著影响,并导致个体决策压力水平的下降。

与传统生涯咨询的效果比较,生涯混沌理论指导下的生涯咨询效果更为持久(McKay et al., 2005)。McKay et al.(2005)进行了一项随机分组控制实验研究,将寻求职业咨询的 60 名大学生随机分配到传统特质因素干预组、混沌干预组和等候名单控制组。传统特质因素干预组的生涯咨询关注学生的优劣势分析,以生涯兴趣和职业匹配度为衡量依据。混沌组的学生被鼓励谈论更多生涯决策中的复杂影响因素和生涯中未曾规划的偶然事件。结果显示,一个月后,比起传统特质因素干预组,混沌干预组的学生具有更高的满意度,他们的生涯自我效能感比其他两组更高,并且咨询效果也更持久。随后,Borg et al.(2006)又对高中生进行了同样的干预实验,并发现了类似的结果。

总之,生涯混沌理论及其实证研究仍处于不断发展中,未来有待研究的领域十分广阔(Pryor & Bright, 2014)。目前,学界开发了两套与生涯混沌理论直接相关的量表,一个是复杂性感知指数(complexity perception index)(Bright & Pryor, 2005b),测量生涯混沌理论中一些重要的概念,如四种吸引子、生成性、非线性、复杂性和灵性;另一个是运气准备度指数(luck readiness index)(Pryor & Bright, 2005b),测量个体识别和利用非预期事件对生涯影响的能力,包括灵活性、自我效能感、风险、乐观主义和韧性。实证研究集中于探讨混沌中的无序特征,对有助于发现混沌中有序结构的其他概念(如分形、吸引子)的研究相对缺乏。最后,生涯混沌理论研究尚缺乏文化多样性视角。

四、理论的应用价值

基于建构主义传统和后现代主义视角的生涯混沌理论更加强调生涯发展中个体与外部世界互动下的复杂性、联结性和不可预测性,在解释、把握、指导新时代下生涯发展的全息样态与真实困境上具有整合和超越传统生涯理论的独特视角,不但改写了生涯发展术语表,而且还提出了一系列新的生涯咨询策略、技术和工具,增加了生涯咨询、指导和教育实践的丰富度和有效性。

生涯混沌理论指导下的生涯咨询实践不仅具有传统咨询的收敛性(convergent)视角,关注生涯发展中稳定的、可测量的信息、技能、人格和兴趣等,还开拓了一种生成性(emergent)视角(Bright & Pryor, 2007),强调直觉、可能和不可预测,更加关注生涯故事、游戏、灵性、意义、目的、适应性、韧性对生涯发展的重要作用(Pryor, 2010)。尤其是它重新审视过去生涯理论中被忽视的生涯失败现象,尝试性地提出应对不确定性、人的有限性等新生涯挑战的发展策略以及理解和利用失败的有价值的方式(Pryor & Bright, 2012a; Pryor, 2013)。

同时,生涯混沌理论还催生了一系列新的生涯咨询技术,如思维导图(mind-maps)(Pryor,2003a,2003b),用于探索生涯分形结构和自我概念(Brooks,2009);现实检查清单(reality checking checklist)(Pryor & Bright,2005a),用于识别开放或封闭的系统思维;原型叙事(archetypal narratives)(Pryor & Bright,2008);卡片排序(card sorts)(Pryor,2007;Pryor & Bright,2005a,2011)和创造性思维策略卡(creative thinking strategies cards)(Pryor & Bright,2009)等生涯探索的非线性方法。

其中,应用于生涯辅导的"蝴蝶模型"最具代表性(Borg et al.,2006),生动展示了混沌生涯中存在的"奇异吸引子"(见图39.1)。"蝴蝶模型"旨在帮助个体应对当今生涯发展的两个挑战——计划性与偶然性。在生涯辅导中,主要聚焦于培养学生的两种能力,即根据预想作出计划的能力,以及应对偶然变化、从中挖掘机会并获得发展的能力。传统生涯教育主要集中于前者,但是忽略了后者的重要性。"蝴蝶模型"已经成功应用在澳洲新南威尔士州的马瑟尔布鲁克(Muswellbrook)高中的生涯辅导课堂上,通过具有操作性的咨询技巧,传递了生涯中稳定性与无序性并存的概念,向学生们具体说明了如何在生涯决策中将规划能力和应变能力有机结合起来。

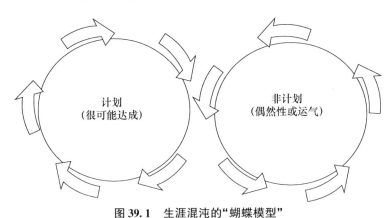

图39.1　生涯混沌的"蝴蝶模型"

五、经典文献推荐

Bloch, D. P. (2005). Complexity, chaos, and nonlinear dynamics: a new perspective on career development theory. The Career Development Quarterly, 53(3), 194–207.

Bright, J. E. H., & Pryor, R. G. L. (2005). The chaos theory of careers: a user's guide. The Career Development Quarterly, 53(4), 291–305.

Bright, J. E. H., Pryor, R. G. L., Chan, E. W. M., & Rijanto, J. (2009). Chance events in career development: influence, control and multiplicity. Journal of Vocational Behavior, 75(1), 14–25.

Pryor, R. G. L., Amundson, N. E., & Bright, J. E. H. (2008). Probabilities and possibilities: the strategic counseling implications of the chaos theory of careers. The Career Development Quarterly, 56(4), 309–318.

Pryor, R. G. L., & Bright, J. E. H. (2003a). Order and chaos: a twenty-first century formulation of careers. Australian Journal of Psychology, 55(2), 121–128.

Pryor, R. G. L., & Bright, J. E. H. (2003b). The chaos theory of careers. Australian Journal of Career Development, 12(3), 12–20.

Pryor, R. G. L., & Bright, J. E. H. (2007). Applying chaos theory to careers: Attraction and attractors. Journal of Vocational Behavior, 71(3), 375–400.

Pryor, R. G. L., & Bright, J. E. H. (2011). The chaos theory of careers: a new perspective on working in the twenty-first century. New York: Routledge.

Pryor, R. G. L., & Bright, J. E. H. (2014). The chaos theory of careers (CTC): ten years on and only just begun. Australian Journal of Career Development, 23(1), 4–12.

Pryor, R. G. L., & Bright, J. E. H. (2015). Chaotic career assessment: integrating quantitative and qualitative assessment. In M. McMahon & M. Watson (Eds.), Career Assessment: Sense Publishers.

第三十九章参考文献

第四十章

生涯万花筒理论

辛 璐*

一、代表人物与时代背景

(一) 代表人物

丽莎·A. 梅尼埃洛(Lisa A. Mainiero)教授1983年毕业于耶鲁大学,获得企业管理专业的博士学位,1983年至今任职于美国费尔菲尔德大学多兰商学院,研究方向是职业规划、性别歧视、办公室恋情、女性职业生涯管理等。梅尼埃洛负责本科生和MBA学生的职业生涯规划课程,她擅长使用创新的教学方法,激发学生的学习热情,并注重理论在实践中的使用。她曾撰写《选择退出革命:为什么有人会选择离开企业去创造万花筒式的职业生涯》(*The Opt-Out Revolt: Why People Are Leaving Companies to Create Kaleidoscope Careers*)、《办公室恋情》(*Office Romance*)等著作,曾担任美国广播公司《早安美国》、美国有线电视新闻网《新闻之夜》等电视节目的嘉宾,以及《纽约时报》《今日美国》和其他报刊的常驻评论员。此外,她还担任过多家企业的顾问,为员工制订职业规划方案,并作为职业指导专家为女性高管提供职业生涯发展的建议。

丽莎·A. 梅尼埃洛

雪莉·E. 沙利文(Sherry E. Sullivan)教授1988年毕业于俄亥俄州立大学,获得企业管理博士学位,1993年至今任职于博林格林州立大学商学院,研究方向是职业生涯管理、国际人力资源管理、国际派遣人才等。

雪莉·E. 沙利文

---

* 辛璐,北京化工大学经济管理学院讲师、博士后,主要研究领域为职业行为与心理、创新管理,电子邮箱:xinlu@ mail. buct. edu. cn。

曾在《应用心理学》(Journal of Applied Psychology)、《国际商务研究》(Journal of International Business Studies)、《管理学》(Journal of Management)等期刊上发表多篇学术论文。

(二) 时代背景

尽管当今女性拥有大量的职业机会,但不平等现象依然存在于整个职业生涯过程(Carter & Silva, 2010)。面对来自婚姻、生育和父母的压力,职业女性往往会主动或被动地放缓事业发展。研究表明,当休过产假和育儿假的职业女性重新回到职场时,她们能够获得同一职位级别的机会非常少(Hewlett, 2007)。此外,与男性不同,位于管理层的职业女性常常受到来自各方面的性别偏见(Eagly et al., 2000)。当女性在职场上没有获得与男性相同的职业机会时,她们会感到失望和沮丧,并选择退出职场。

近十几年来,"选择退出革命"(opt-out revolution)的概念受到社会和学术界的大量关注,选择退出革命是指受过良好训练的女性(主要是在职母亲)在职业生涯中不考虑进入高层管理行列,从而导致大量的人才流失(Belkin, 2003)。对此,大众媒体普遍认为,女性选择离开工作岗位的主要原因是工作需求和家庭需求存在冲突。然而有学者对此提出质疑,认为关于女性离开职场的媒体报道并没有全面指出真实原因,事实上,大部分女性并不是主动选择退出职场,而是被迫淘汰。虽然有一部分女性确实因家庭而退出职场,但大部分女性离开岗位的原因和男性相同,如缺少晋升机会、工作满意度低、组织承诺较低等(Brett & Stroh, 2003)。一项关于离职的调查发现,女性的离职率实际上与男性相近,且随着年龄的增长,女性比男性更有可能留在工作岗位上。另外有研究表明,相较于获得晋升的男性,获得晋升的女性辞职的概率更低。

如今,如何解构当今女性员工的职业模式,了解女性的职业生涯是如何展开的,明晰"事业"对女性意味着什么,探究女性职业生涯发展中的关键,成为学者亟待解决的问题。Mainiero & Sullivan(2005)开展了一系列的研究,试图回答上述问题。首先,她们对一百多名高成就女性进行了线上调查,调查对象需要提供她们的职业转换经历以及背后的原因;其次,两位学者对一千多名教授(837名男性,810名女性)进行了详细的调查,比较男性和女性在职业动机和职业转变方面的差异;最后,她们还对22名男性和5名女性进行了深度访谈,总结分析了男性和女性在职业生涯发展过程中可能遇到的转型和挫折。在整个研究过程中,她们发现,男性和女性的职业之间存在巨大的差异。

具体来说,在定义一种新的职业模式时,女性拒绝职业线性发展的概念,她们更倾向于创造非传统的、自我规划的、适合自我目标的、需要和生活标准相一致的职业生涯。因此,女性的职业生涯是关系型的,她们的职业决策通常是复杂网络的一个部分,而这个复杂网络由相互关联的问题和人员以一种微妙的方式平衡地组合在一起。女性在决定自己的职业选择前,往往会先考虑自己的决定对他人的影响;她们对横向但有挑战性的任务更感兴趣;她们会选择适合自己生活情况的工作机会;她们喜欢创业活动或灵活的工作安排;她们以自己的方式工作,而不是为了晋升而晋升。当然,这并不是说女性对晋升不感兴趣,只是说女性更希望职业能够适合她们的生活,而不是让职业超越她们的生活。据此,梅尼埃洛和沙利文提出了生涯万花筒理论(kaleidoscope career model, KCM)以解释女性选择退出职场这一现象,作为一种新的方式思考性别与职业的关系。该理论重视性别和环境,而不是像以往研究一样忽视这两个因素。

二、理论的核心内容及实证检验

(一) 核心内容

生涯万花筒理论是用万花筒的比喻解释女性职业模式的转变和决策过程。在万花筒里面有三个反射颜色的镜子,当转动万花筒时,这三面镜子反射出无限种不同的颜色和图案的组合。Mainiero & Sullivan(2005, 2006)将这种万花筒比喻为女性的职业模式基础。就像万花筒一样,通过三面移动镜子的组合,可以创造出不同的模式和变化,女性的职业生涯可以根据生活中的事件呈现不同的形状和模式。在女性生活和职业发展的不同时期,她们在进行职业决策时主要考虑三方面的因素,或者说三方面的职业需求会影响她们的职业发展,对应万花筒中的三块镜子,分别是:① 真实性,是指对自己保持真实,作出将自己的需求置于他人需求之上的决策;② 平衡性,是指作出使自身生活的各个方面(包括工作和非工作)形成一个连贯整体的决策;③ 挑战性,是指作出便于在学习和成长的同时追求自主、责任和控制的决策。梅尼埃洛和沙利文将这三点作为女性职业生涯决策和转换的重要参数,并将这个模型命名为 ABC(authenticity, balance, challenge)模型。

生涯万花筒模型的理论基础来自关系理论。Gilligan(1982)首次提出关怀伦理、联系伦理和关系主义,研究的是关系对道德发展的影响,而不是关系对职业的影响。Gallos(1989)将关系主义作为女性职业生涯的一个概念。Powell & Mainiero(1992)在讨论女性职业生涯的复杂性时,引入关系主义进行了更为深入的解释。生涯万花筒模式超越了传统线性职业生涯发展模式,审视了女性必须面对的"三面镜子":真实性、平衡性和挑战性。她们的研究表明,女性不仅考虑了她们的决定对他人的影响,而且考虑了她们的选择是否真实、她们对工作与非工作平衡的看法,以及她们对工作挑战性的需要。

在万花筒式的职业模式中,真实性意味着价值观与个人的外部行为和组织的价值观相一致;平衡性是指工作和非工作需求之间的平衡;挑战性则意味着激励工作和职业发展的需要。这种方法提供了一种与非线性职业研究紧密结合的非传统职业模型,其中非线性职业研究包括易变职业生涯(Hall,1996)、无边界职业生涯(Arthur & Rousseau,1996)和组合式职业生涯(Gold & Fraser,2002)。真实性、平衡性和挑战性中的每一个参数在女性的整个职业生涯中都发挥着路标的作用;但是,在人生的不同阶段不同的参数占据主导地位,成为影响女性职业决策的关键因素。具体来说,在职业生涯早期,女性的主要生活/职业模式是关心职业生涯中的目标成就和挑战。平衡性和真实性的问题仍然很活跃,但在女性追求自己的职业兴趣时就退居幕后了。在职业生涯中期,女性必须处理平衡工作和家庭关系需求的问题。女性也希望挑战性和真实性,但面对平衡性问题,挑战性问题和真实性问题都是次要的。在职业生涯的后期,女性已经从平衡性问题中解放出来,真实性问题变得更加突出,女性也希望挑战,并仍然关心平衡(见图40.1)。

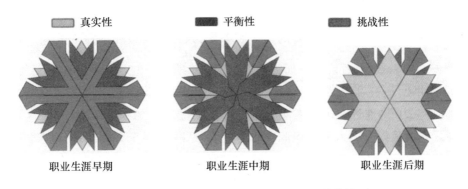

图40.1 不同职业生涯阶段的女性生涯万花筒模型

(二) 实证检验

1. 代际和年龄差异

在美国,"婴儿潮一代"是指出生于20世纪40年代中期至60年代中期的一代人(1946—1964年),而"X一代"是指出生于20世纪60年代中期至70年代末的一代人(1965—1980年)。Sullivan et al.(2009)根据生涯万花筒理论对这两代人的职业需求进行了分析,并检验了两代女性在职业选择中的差异。研究表明,相比于婴儿潮一代的女性,X一代的女性更需要真实性和平衡性。他们认为人力资源计划需要针对不同代际的女性量身定制,以满足她们对真实性的不同程度的需求。

August(2011)探讨了万花筒职业模式与女性后期职业发展的相关性,使用纵向设计,从14名职业女性的职业生涯晚期和就业过渡期收集了定性访谈数据,探讨了生涯万花筒ABC模型中真实性、平衡性和挑战性这三个中心参数与女性职业决策的相关性,以及这些参数对职场女性的特定含义。结果表明,三个参数都与年长女性的职业决策相关。与年轻女性相比,真实性的概念对年长女性有更独特的含义,她们对平衡性的需求小于年轻女性。August(2011)还在研究中描述了如何根据生涯万花筒理论提高员工留职率。Elley-Brown(2011)针对职业生涯后期的女性开展研究,同样发现年长的女性对ABC模型中的三个参数都有需求,相比之下对真实性的需求更强,而对平衡性的需求有所减少。

Cohen(2014)对离开组织并进入自主创业的女性进行访谈,调查结果显示:首先,挑战性在这些女性的职业生涯早期占主导地位,她们对真实性和平衡性也有需求;其次,女性在职业生涯初期和中期对平衡性的需求没有明显变化;最后,职业生涯的各个时期没有显著的变化和差异,只是各参数在不同阶段有不同的融合。

2. 全球化生涯万花筒

Kirk(2015)通过对国际人才的定性研究发现,尽管个人和组织两方面都认为国际派遣是提升个人和组织职业资本的有效途径,但个人和组织在全球流动需求和偏好方面很少能达成一致。这是因为个人的流动需求按照生命周期阶段的不同而变化,组织的流动需求则像波浪一样起伏波动以应对感知到的威胁和机遇。这种现象为平衡全球化万花筒职业生涯中与平衡性相关的需求带来了机遇和挑战。因此,Kirk(2015)使用生涯万花筒理论探索人力资源管理通过指导、构建网络和其他方式来促进国际派遣的过程,使员工能够适应其在不同生命周期阶段不断变化的需求,并称之为全球化生涯万花筒(global kaleidoscope careers),对生涯万花筒理论和国际人力资源管理的实践提供了新思路。Mainiero et al.(2008)使用生涯万花筒 ABC 模型对比了不同性别之间的差异。他们对 2 125 名男性和 3 735 名女性进行调查,结果显示在面对危机时,女性更倾向于认为自己能够与他人建立联系并采取行动。对于进行全球化职业转换的个体来说,如何在工作和非工作生活中实现真实性、平衡性和挑战性的平衡一直是重点问题(Dickmann & Baruch,2011)。

3. 女性管理者

Shaw & Leberman(2015)对新西兰从事体育管理的女性首席执行官的职业生涯发展开展了定性研究,建议对生涯万花筒 ABC 模型进行扩展。他们主张采用一种更为细致入微的方法(nuanced approach)来捕捉运动管理领域中女性高管的职业经历。研究者提出要细化真实性、平衡性和挑战性三个参数,即为其划分维度。具体来说,Shaw & Leberman(2015)认为真实性包括激情(passion)和建立关系(relationship building);平衡性包括自我意识(self-awareness)和对组织的影响力(influencing the organization);挑战性包括把握机遇(taking opportunities)和在按性别分类的体育环境中工作(working in sport's gendered environment)。对三个参数的细分和拓展可以推动生涯万花筒理论的持续发展。

4. 女性教育行业从业者

Carraher et al.(2014)提出了一个将万花筒生涯理论(KCM)和计划行为理论(theory of planned behavior,TPB)相结合的多理论框架模型,用来解释女性教师休假决定的复杂性。通过实证研究,他们探讨了个体差异和背景对休假可行性(如组织、国家社会规范)和可取性(如对真实性、平衡性和挑战性的需要)的影响,以及休假可行性和可取性对休假的决定、目标及结果的影响,并且开发了评估休假决定的方法。他们认为休假决定对个体的职业生涯发展会产生长期影响,还考虑了休假过程对广泛的职业和组织成果的影响。使用 KCM 和 TPB 相结合的多理论框架模型探讨教师休假,有助于拓展生涯万花筒理论,并将其应用在休假决策方面,为女性教师的学术生涯发展提供实践建议。

Elley-Brown et al.(2018)以生涯万花筒为视角看待教育领域职业女性的职业生涯,运用解释现象学、管理学和职业生涯管理中的方法,探讨女性在不同职业生涯阶段的职业经历及其意义。研究结果表明,职业生涯中期的女性并没有

"选择退出"(opt-out),相反,挑战性一直持续到职业生涯中期。万花筒职业模型三个参数在女性的职业生涯中持续运作,彼此重叠,而真实性是贯穿她们职业生涯的一个强有力的主题。然而,职业生涯后期的女性倾向于"向后倾"(lean back),她们对真实性的渴望被平衡性压制。这些发现补充拓展了生涯万花筒职业模式,有助于女性"选择加入"(opt-in)而不是"选择退出"职业生涯。

三、理论的应用价值

面对"选择退出"现象,梅尼埃洛和沙利文提出生涯万花筒理论,试图深入了解女性的职业生涯特征,探索女性在职业生涯过程中决策和转换的内在原因。她们用万花筒比喻职业,旋转万花筒,三块玻璃将组合出不同的颜色,代表着不同的职业决策和模式,并以此开发出生涯万花筒 ABC 模型,包含真实性、平衡性和挑战性三个主要参数。具体来说,在制定职业决策时,女性会思考以下三个方面的问题:

(1)真实性。我能在这一切中保持真实的自我吗?

(2)平衡性。如果我做了这个职业决定,我能很好地平衡生活的各个部分吗?

(3)挑战性。如果我接受这个职业选择,面对的挑战是否足够大?

尽管生涯万花筒理论的提出是为了解释职业女性的"选择退出"现象,但是这一理论并不局限于女性,Mainiero et al.(2008)使用生涯万花筒 ABC 模型对 2 125 名男性展开研究,对比了男女职业生涯的差异。当前研究更多地使用质性研究方法对不同职业生涯阶段、不同年龄、不同代际和不同行业的职业女性开展研究,分析她们的职业生涯模式。学者发现,在职业生涯发展的过程中,个体会在不同时期改变自己职业生涯模式,有时可能更加重视工作的真实性,有时则强调工作的挑战性或平衡性。这三个要素并不冲突,往往会同时交叠存在,人们所做的职业决策是在工作、人际关系和价值观的要求和约束之间实现最佳契合。正如万花筒一样,每个人都可以根据自己的需求,精心制作让自己满意的职业生涯发展模式。

在提出生涯万花筒模型后,Mainiero & Sullivan(2006)继续深入挖掘其内涵,并将其应用于企业对女性人才的激励和保留,积极探讨企业应该采取什么样的措施从真实性、平衡性和挑战性三方面留住女性人才,具体内容如表 40.1 所示。

表 40.1　生涯万花筒理论 ABC 模型对于企业保留人才的建议

真实性	平衡性	挑战性
• 提供3—6个月的带薪假,以便员工开展教育、个人发展或社区活动 • 提供企业健康计划,关注员工身心健康 • 提供灵活培训班,并帮助员工在生活和工作中找到更高的目标 • 提供集中的公司健身房和娱乐中心,员工在工作场所锻炼身体 • 提供辅导服务,协助员工规划职业和生活 • 提供讨论热点问题(如学习如何变得更自信或者谈判得更好)的工作坊 • 为员工的业余爱好提供时间 • 鼓励员工参加兴趣俱乐部,如网球、象棋、手工艺、舞蹈等 • 建立程序,以确认在个人休假、职业中断和非工作活动(包括社区服务)中获得的技能和知识 • 建立企业社会责任项目,如参与慈善活动 • 在公司网站上为员工和客户提供公司社会责任的信息,以及个人如何为这些努力作出贡献 • 将企业社会责任作为企业使命宣言、战略和文化的一部分,由高层管理人员展示道德行为	• 提供一两年的职业中断,及时结束两年到十年的职业中断 • 提供减少工时的职业生涯、工作分享、积极的兼职工作清单,以及有效利用灵活工作时间安排的管理培训 • 建立重返工作岗位和培训的计划,以便重新适应工作环境 • 提供"弹性工作制技术"项目,让员工可以在家工作 • 提供带薪育儿和照顾老人的"时间银行" • 调整退休计划,利用分阶段退休和退休后工作的选择,如兼职、咨询和指导 • 为长期从事兼职工作的员工提供医疗和其他福利 • 为员工的孩子提供现场日托、课后活动和夏令营 • 提供鼓励员工长期留任的福利,比如为员工及其子女提供大学学费报销福利 • 奖励和提拔那些能有效利用弹性工作时间为他人树立榜样的人	• 重新设计工作,让员工能做更多有意义的任务,作出更多的决定 • 将不重要的工作外包或机械化 • 在不成熟的市场中积累经验 • 开发基于技能的指导和网络项目 • 创建在职学习任务,有时间反思所学的知识和技能 • 利用岗位轮换来提高跨部门的技能发展 • 创造一种文化,鼓励员工学习其他技能 • 让高层管理人员对女性的离职率和晋升率负责 • 监测薪酬和福利方面的性别不平等 • 提供职业继任计划,包括不受惩罚地中断职业生涯的时间 • 建立基于结果和实际表现而不是基于时间的奖励系统

四、经典文献推荐

Mainiero, L. A., & Sullivan, S. E. (2005). Kaleidoscope careers: an alternate explanation for the "opt-out" revolution. The Academy of Management Executive, 19(1), 106–123.

Mainiero, L. A., & Sullivan, S. E. (2006). The opt-out revolt: how people are creating kaleidoscope careers outside of companies. New York, NY: Davies Black.

Mainiero, L. A., Sullivan, S. E., & Terjesen, S. (2007). What motivates entrepreneurs? An exploratory study of the kaleidoscope career model and entrepreneurship. The Journal of Applied Management & Entrepreneurship. 12, 4–19.

Mainiero, L. A., Gibson, D. E., & Sullivan, S. E. (2008). Retrospective analysis of gender differences in reaction to media coverage of crisis events: new insights on the justice and care orientations. Sex Roles, 58(7-8), 556–566.

Shaw, S., & Leberman, S. I. (2015). Bringing the pieces of the puzzle together: using the kaleidoscope career model to analyze female CEO's career experiences in sport. Gender in Management: An International Journal, 30(6), 500–515.

Sullivan, S. E., Forret, M. L., Carraher, S. M., & Mainiero, L. A. (2009). Using the kaleidoscope career model to examine generational difference in work attitudes. Career Development International, 14(3), 284–302.

Sullivan, S. E., & Mainiero, L. A. (2007). The changing nature of gender roles, alpha/beta careers and work-life issues: theory driven implications for human resource management. Career Development International, 12(3), 238–263.

第四十章参考文献

第四十一章

工作心理学理论

建璇静　谢义忠[*]

一、代表人物与时代背景

（一）代表人物

大卫·布鲁斯坦(David Blustein),咨询心理学教授,波士顿学院林奇教育学院咨询、发展和教育心理学博士培训部主任。他也是职业心理学协会的主席,该协会是美国心理学会咨询心理学分会的一个分支。迄今为止,他已发表学术论文140余篇,出版著作3部,其研究成果被世界各地学者广泛引用,在职业心理学领域具有卓越的学术影响力。他先后在纽约州立大学石溪分校获得学士学位,在皇后学院获得硕士学位,在哥伦比亚大学获得博士学位。虽然他的研究跨越了许多领域(从贫困和压迫到文化和咨询),但布鲁斯坦针对工作在心理功能中作用的研究极大地影响了咨询和职业心理学。

大卫·布鲁斯坦

他的研究专长还包括失业、体面工作、不稳定工作、人际关系和工作、工作的未来、被边缘化的高中生的 STEM(science, technology, engineering, math)职业发展,以及劳动力世界急剧变化的相关议题。他获得了美国心理学会和美国教育研究协会的奖项以及其他一些荣誉,包括约翰·霍兰德性格和职业研究杰出成就奖。

瑞恩·D.达菲(Ryan D. Duffy)是美国佛罗里达大学心理学系心理咨询项

---

[*] 建璇静,南京理工大学企业管理系硕士研究生,主要研究领域为人力资源管理、职业生涯管理,电子邮箱:xuanjing_jian@outlook.com;谢义忠,南京理工大学企业管理系副教授,中国科学院心理研究所博士、博士后,主要研究领域为人力资源管理、组织行为、领导、工业和组织心理学、职业生涯管理,电子邮箱:xieyizhong@hotmail.com。

瑞恩·D. 达菲

目教授,《咨询心理学》(Journal of Counseling Psychology)和《职业评估》(Journal of Career Assessment)的编委会成员。他研究的课题包括职业使命、工作满意度、幸福感、工作意志、工作价值观以及精神性与工作的结合等。达菲 2004 年在波士顿学院获得人类发展与哲学学士学位,后前往马里兰大学进修咨询心理学,并于 2006 年取得文学硕士学位,2009 年取得哲学博士学位。

(二) 时代背景

尽管职业生涯发展相关研究涵盖了对众多群体的关注(Parsons,1909),但在 20 世纪,关于工作和职业生涯的心理学研究趋势之一是,从探索大多数正在工作和想工作的人转向探索中产阶级等拥有一定意志和特殊选择权的人的工作生活(Blustein,2006,2013;Brown,2002)。Richardson(1993)指出,在关于职业生涯发展的传统认知领域,几乎没有关于贫困人口和低等阶级的文献。

然而,随着时间的流逝,这种趋势引发了各界学者和心理学从业者的批判,其中最著名的是女权主义学者和职业生涯咨询从业者的批判。女权主义学者指出,传统的职业生涯理论是围绕男性的体验而构建的,在发展与人们的生活相关的理论和实践时,将女性降到了次要的位置(Betz & Fitzgerald,1987)。与此同时,职业生涯咨询学者指出,职业生涯选择与发展理论忽视了种族主义和其他形式的压迫(Smith,1983)。

21 世纪的劳动力市场将继续快速变化,这些变化导致全球范围内对职业选择的约束越来越多(Brynjolfsson & McAfee,2014;Stiglitz,2012;Horn,2014)。经济大萧条带来的就业市场紧缩,加之技术的迅速发展及其影响(Frey & Osborne,2017),使许多人(特别是那些没有高水平技能的人)面临更加糟糕的就业局面。这些因素造成整体上上的收入降低和贫富差距的加大。失业、工作不稳定、低工资等问题以及由于种族、族裔、社会阶层和性别等而被边缘化的人群在全球范围内普遍存在。基于此,针对职业生涯发展研究的局限性,Richardson(1993)和 Blustein(2001)认为,职业心理学领域需要扩大关注面,除了正在工作和想工作的人,还包括那些在传统职业中被边缘化的人。

工作心理学理论源于布鲁斯坦在过去二十多年中提出的一个基于传统职业生涯选择和发展理论的框架——工作心理学框架(psychology of working framework,PWF)。工作心理学理论(Blustein,2006)是为了满足职业咨询领域这一明确需求而开发的,即更多地面向传统上因社会阶层、种族主义和其他形式的社会歧视而被忽视或遗忘的人群。

美国心理学家达菲于 2016 年基于职业心理学、多元文化心理学、交叉性①和工作社会学的研究,首次提出工作心理学理论(psychology of working theory, PWT)。PWT 的开发首先是基于 PWF(Blustein, 2008),其次基于实证研究,用于验证理论中的核心思想(Duffy et al., 2019)。

二、理论的核心内容及实证检验

(一) 核心内容

工作心理学理论自 2016 年提出到现在仍在不断完善和发展中。该理论提出,必须将社会文化视为理解所有人职业生涯决策和工作体验的主要因素。PWT 的核心命题来自以下七个假设,旨在构建一个可检验的理论。

(1) 多重认识论。包括逻辑实证主义、后实证主义与社会建构主义,用于理解工作本质的可行策略。从工作心理学的角度出发,研究者不应仅选择某一具体的优势观点,而应基于提出的问题选择各种认识论方法。

(2) 工作是生活的重要方面,并对心理健康至关重要。工作在生活中起着加强或抑制幸福感的作用,从而影响心理健康。

(3) 工作心理学的研究应建立一个足够大且热情的"帐篷"(tent),容纳所有人的工作与生活。

(4) 近距离了解人们的工作是探索工作心理的必要组成部分。为理解工作的复杂性和细微差别,研究者应对每个人基于工作任务的体验开发出合适的方法。

(5) 工作心理学视角试图识别社会、经济和政治力量如何影响资源的分配。通过关注宏观因素,研究者可以了解工作如何成为人生中最重要的"游戏场地"之一。

(6) 工作心理学视角认为工作发生在各种情境中,不局限于以金钱、商品或服务为目的的工作,也包括市场情境和看护(如照料亲人)情境。也就是说,工作应包括在市场内的工作以及在社会和经济上往往不受认可的看护工作。

---

① 交叉性是女性主义的一个分支理论概念。它指的是,个体遭受到的性别压迫往往是和来自其他阶层维度的压迫交叉发生的。性别、性取向、经济社会地位、种族、婚姻状态等维度都会产生压迫,并且这些压迫会共同发生作用。

(7) 工作有可能满足三个基本的人类需要:生存和权力(survival and power)需要、社会联系(social connection)需要、自我决定(self-determination)需要。

工作心理学理论的主要作用是解释确保体面工作(decent work)的重要因素,并描述体面工作如何帮助个人获得需要满足、价值实现和幸福。体面工作作为工作心理学理论的一个重要的核心变量,被认为是幸福和获得机会的重要组成部分。工作心理学对体面工作的定义来自国际劳工组织(International Labour Organization, ILO),这主要是由于国际劳工组织关于工作的观点与工作心理学的假设有很多相似之处。例如,工作是人们幸福的核心;除了提供收入,体面工作还可以为更广泛的社会和经济进步铺平道路等;体面工作反映了人们在工作生活中的愿望。

在 PWT 内,体面工作包括身体和人际安全的工作条件(比如没有身体和精神上的虐待)、充分的休息时间、作为家庭和社会价值补充的组织价值观、合理的报酬、完善的医疗保健。Duffy et al. (2016)指出,PWT 基于一个明确的意图,即以一个系统和理论驱动的方式将情境因素与个体因素结合起来,并认为在概念上将情境因素纳入个人的心理体验指数能为推进相关学术研究提供巨大的帮助。

在预测变量部分,PWT 指出两个关键情境因素,即边缘化(marginalization)和经济约束(economic constraint)。边缘化代表着人们在社会中的地位降到不那么有影响力或者不被接纳的位置;社会阶层、种族主义、性别歧视、残疾等都是边缘化的形式。经济约束在 PWT 中主要是由有限的资源(如家庭收入)来定义的;这些资源从一个人早期的童年教育开始,在其职业生涯发展中发挥着关键作用。并且,这两个情境因素通过工作意志(个人在存在约束的情况下感知的职业选择自由感)和职涯适应性(个人应对当前和预期的职业发展任务的准备和资源)与体面工作间接相关。

此外,PWT 包含主动性人格(proactive personality)、批判意识(critical consciousness)、社会支持(social support)和经济条件(economic conditions)四个调节变量。前三个变量反映个体的社会心理资源,积极健康的人格特质由于在逆境中有更强的抗逆力和更稳定的人际关系而与积极的工作结果相关联。批判意识包括批判性反思(对不平等的社会和结构贡献的批判性分析)、政治效能感(感知到的影响社会和政治变革的可能性)和批判行动(感知到的改变不平等的个人或集体行动),被称为"压迫的解毒剂"。就应对与边缘化和经济约束相关的压力和逆境而言,社会支持在 PWT 中代表了个人感受到的来自家人、朋友、和社区的支持程度。经济条件在这里指宏观层面的经济环境,如失业率。这四个变量被认为可以调节预测变量和体面工作之间的关系。

在结果变量部分,PWT 提出,体面工作可以通过满足三组基本需要而带来工作实现(指个人意义和工作满意度)和幸福(对个人生命的认知和情感评估)

（Duffy et al., 2019）。首先是生存需要（survival needs），是指对食物、住房和医疗保健资源等的需要；其次是社会联系需要（social connection needs），是指建立社会联系并为更大的社群作贡献的需要；最后是自我决定需要（self-determination needs），是指对从事有意义的事和自我调节的需要（Deci & Ryan, 2002）。

基于文献研究，达菲提出了 PWT 的理论框架和假设命题（见图 41.1 和表 41.1）。

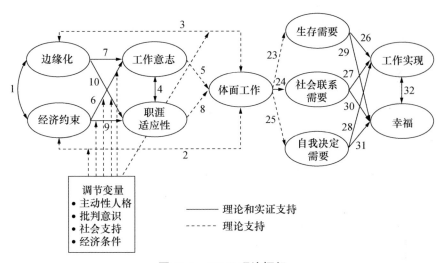

图 41.1　PWT 理论框架

资料来源：Duffy et al.（2016）。

表 41.1　PWT 假设命题

	序号	假设
预测变量	1	边缘化和经济约束以重要的方式相互作用和交叉
	2	高水平的边缘化削弱获得体面工作的能力
	3	经济约束较高的人获得体面工作的可能性较小
中介变量	4	工作意志与职涯适应性相关
	5	工作意志与获得体面工作的重要性正相关
	6	边缘化负向预测工作意志，工作意志是边缘化和获得体面工作的中介变量
	7	经济约束负向预测工作意志，工作意志是经济约束和获得体面工作的中介变量
	8	职涯适应性与获得体面工作的重要性正相关
	9	边缘化负向预测职涯适应性，职涯适应性部分解释边缘化对获得体面工作的影响
	10	经济约束负向预测职涯适应性，职涯适应性部分解释经济约束对获得体面工作的影响

(续表)

	序号	假设
调节变量	11	主动性人格调节边缘化和经济约束经验对工作意志的影响
	12	主动性人格调节边缘化和经济约束经验对职涯适应性的影响
	13	主动性人格调节边缘化和经济约束经验对获得体面工作的影响
	14	批判意识调节边缘化和经济约束经验对工作意志的影响
	15	批判意识调节边缘化和经济约束经验对职涯适应性的影响
	16	批判意识调节边缘化和经济约束经验对获得体面工作的影响
	17	社会支持调节边缘化和经济约束经验对工作意志的影响
	18	社会支持调节边缘化和经济约束经验对职涯适应性的影响
	19	社会支持调节边缘化和经济约束经验对获得体面工作的影响
	20	经济条件调节边缘化和经济约束经验对工作意志的影响
	21	经济条件调节边缘化和经济约束经验对职涯适应性的影响
	22	经济条件调节边缘化和经济约束经验对获得体面工作的影响
结果变量	23	体面工作有助于个人满足生存需要
	24	体面工作有助于个人满足社会联系需要
	25	体面工作有助于个人满足自我决定需要
	26	体面工作通过满足生存需要来预测工作实现
	27	体面工作通过满足社会联系需要来预测工作实现
	28	体面工作通过满足自我决定需要来预测工作实现
	29	在工作中满足生存需要将预测幸福的增加
	30	在工作中满足社会联系需要将预测幸福的增加
	31	在工作中满足自我决定需要将预测幸福的增加
	32	工作实现和幸福正相关

关于工作心理学理论的已有研究,除了设计方法在不同情境(重点是种族主义、性别歧视、性取向歧视、贫穷等)下验证模型中的32个假设,还有对传统职业生涯论述的批判(Blustein,2013)和对包容性心理实践的呼吁。Blustein et al.(2019)介绍了由PWT生成的一种新的实践范式,即引入PWC作为新的咨询范例,并引入工作系统干预心理学(PWSI)作为一个类比框架来提供系统性变化信息。其中,PWC旨在为个人和团体咨询创建一个广泛且包容的框架,为客户提供工具促使他们在生活中创造有意义的变化和适应性发展,可用于解决与职业生涯和工作相关的问题,例如工作中的边缘化、失业和不体面的工作条件等。而基于PWSI的出发点是通过宏观干预增加经济机会并减少边缘化。Blustein et al.(2019)倡导从业者在宏观层面活动中更加活跃,反对不公正的劳工政策等以缓解边缘化和经济约束。

（二）实证检验

PWT 的核心思想是增强和扩展职业心理学研究，呼吁职业心理学采取包容性和多学科的研究思想，为因经济约束和边缘化而缺乏工作意志的人增加获得体面工作的机会。PWT 的提出激发了一个新兴的研究体系，而这也为 PWT 模型提供了初步的证据（见表 41.2）。例如，Tokar & Kaut（2018）以患有慢性下疝畸形（chiari malformation）疾病的人群为样本，Douglass et al.（2017）以 LGB（同性恋和双性恋）人群为样本，Duffy et al.（2018）以 REM（居住在美国的未识别为欧洲裔美国人或白人的人）为样本，研究边缘化和经济约束对获得体面工作的预测效应，以及工作意志和职涯适应性的中介效应。这些研究结果部分支持了 PWT 的假设，同时也反映了 PWT 存在的一些不足。例如，关于职涯适应性对获得体面工作的预测，以及其在情境因素与体面工作之间的中介效应均没有得到验证。Duffy et al.（2019）在新的研究中对职涯适应性的含义进行了再次说明，强调了由于特定身份而感受到的终身的边缘化和经济约束，开发出 PWT 适用的边缘化终身经验量表（Life-Time Experiences of Marginalization Scale，LEMS）和经济约束量表（Economic Constraints Scale，ECS），并在随后的研究中对量表的信效度进行了验证。

表 41.2　PWT 核心命题实证检验相关研究

作者（年份）	样本	支持假设	未支持假设
Douglass et al.（2017）	美国 LGB（同性恋和双性恋）人群	2、3、4、5、6、7	1、8、9、10
Tokar & Kaut（2018）	美国慢性下疝畸形疾病人群	1、2、3、10、8	4、5、6、7、9
Duffy et al.（2018）	REM（居住在美国的未识别为欧洲裔美国人或白人的人）	2、3、5、6、7	1、8、9、10
Duffy et al.（2019）	REM（居住在美国的未识别为欧洲裔美国人或白人的人）	1、2、5、7、8	3、6、9、10
Wang et al.（2019）	中国城市工人	3、5、7	11、13、17、19
Kim et al.（2018）	美国中年工作者	29、30、31	

此外，Wang et al.（2019）使用中国城市工人样本检验了体面工作的预测因素和结果，以及主动性人格和社会支持的调节作用。其研究结果部分支持了 PWT 的预测因子和结果假设，也与其他相关研究结果一致。例如，体面工作与工作满意度之间的正相关关系以及体面工作和离职意向之间的负相关关系在意大利（Di Fabio & Kenny，2019）和美国（Duffy et al.，2017）工人中得到了验证；体面工作对低收入土耳其雇员和瑞士工人（Masdonati et al.，2019）的工作和生活

满意度具有积极的预测作用(Kozan et al.，2019)。Warg et al.(2019)的研究结果与 PWT 的思想不一致,而与资源保存理论的思想相呼应,即"资源越多的人越不易遭受资源损失,越能协调资源的获取;相反,资源越少的人越容易遭受资源损失,获得资源的能力也越弱。"同时,研究还发现工作意志可能受到情境因素以外的先决条件的影响。Duffy et al.(2016)在提出 PWT 时也说明,为保持模型的简约性,可能导致模型忽略重要的预测变量。此外,PWT 根植于西方的个人主义文化框架,其跨文化适用性仍有待检验。

三、相关评估技术与测量工具

自工作心理学理论发表以来,研究者一直在努力开发相关测量工具,希望通过定性和定量研究来检验 PWT 核心命题是否成立(见表 41.3)。Duffy et al.(2019)认为,要充分掌握 PWT 模型的有效性就必须对模型的核心构念进行评估。

表 41.3 PWT 核心构念测量工具

构念	量表	维度	题项数	开发者(年份)
边缘化	边缘化终身经验量表(Lifetime Experiences of Marginalization Scale, LEMS)	单维	3	Duffy et al.(2019)
经济约束	经济约束量表(Economic Constraint Scale, ECS)	单维	5	Duffy et al.(2019)
工作意志	工作意志量表(Work Volition Scale, WVS)	意志、财务约束、结构约束	14	Duffy et al.(2012)
职涯适应性	职涯适应性量表(Career Adapt-Abilities Scale, CAAS)	关注、控制、好奇和自信	24	Savickas & Porfeli (2012)
体面工作	体面工作量表(Decent Work Scale, DWS)	人身和人际安全的工作条件、获得医疗保健、适当的报酬、允许自由和休息的时间、作为家庭和社会价值观补充的组织价值观	15	Duffy et al.(2017)

(一) 边缘化测量

工作心理学理论的初始意图是测量个体在整个生命周期所经历的边缘化。

而从后续的学术实践看,一些研究中使用的种族歧视量表等仅观测个体在最近一段时间(如一年或几周)内的边缘化感知,往往只研究单一社会类别的边缘化现象,缺乏属于多个边缘化社会类别的证据(Bettonville,2018)。

考虑到个体终身都可能遭受边缘化,这种测量工具对于工作心理学的研究是不合适的。Duffy et al.(2019)开发了符合工作心理学理论最初设想的LEMS。他们成立研究小组开发出初始项目,并根据题项的可读性、与概念的符合性和长度进行缩减,最终LEMS包含3个题项,即"在我的一生中,我有很多经历使我感到被边缘化""在我的一生中,我经历了很多人际交往,常常使我感到被边缘化"和"从我记事起,我在各种社群环境中感受到被边缘化"。LEMS量表的内部一致性估计在Duffy et al.(2019)研究中得到了检验。

(二) 经济约束测量

自工作心理学提出后,经济约束主要与有限的经济资源相关,而社会阶层在获取经济资源以及促进职业发展和获得体面工作的社会与文化资本方面发挥着关键作用(Duffy et al.,2016),尽管社会阶层并不等同于经济约束,但它的度量往往与经济约束紧密联系在一起,并有助于阐明经济约束(Bettonville,2018)。起初,部分学者使用针对主观社会阶层的测量工具(如主观社会地位的麦克阿瑟量表)和有关家庭收入的题项来测量经济约束。Duffy et al.(2019)认为当前家庭收入无法完全反映整个生命周期内的经济约束经验,因此重新开发出经济约束量表(ECS)来评估个体一生中的经济约束。ECS同样由达菲的研究小组合作进行题项开发,并经过验证性因子分析等进行缩减,最终包含4个题项,即"在我的一生中,我一直在经济状况中挣扎""从我记事起,我就在维持生计方面遇到困难""在大多数情况下,我都认为自己很穷"和"从我记事起,我的经济或财务资源非常有限"。

(三) 工作意志测量

根据韦氏词典(Merriam-Webster Dictionary),意志(volition)被定义为"选择或决定的力量"。Blustein(2006,2008)将意志这一基本定义扩展到工作领域,并强调在选择或决定一个人的工作选择时缺乏力量和意志约束的负面影响。综合两者,Duffy et al.(2012)将工作意志定义为"个体感知到的尽管受到约束但仍能作出职业选择的能力"。基于工作心理学框架,他们开发出一个三因素(意志、财务约束、结构约束)的、面向所有成年人的测量工作意志的工具,并初步验证了工作意志与适应性人格特质、积极的自我感知、工作控制点、职涯障碍、职涯成熟度的关系。其结果表明,该测量工具既具有良好的内容效度、结构效度、增益效度,也具有良好的内部一致性。尤其是证明了工作意志在预测工作满意度上的实质差异,即使在考虑了人格、工作控制点和核心自我评价等变量之后,仍表现出了良好的内部一致性。

(四) 职涯适应性测量

职涯适应性是指应对职业发展的当前或预期任务的准备度和资源(Savickas,2002)。在职涯建设理论(career construction theory, CCT)中,职涯适应性被定义为个人应对当前和预期职业任务的资源(Savickas & Porfeli, 2012),它作为CCT强调的一个中心变量,代表了个人可以获得的力量,这些力量在理论上影响着人们如何在工作世界中取得进展。职涯适应性可以区分为关注、控制、好奇和自信四个成分(Savickas, 1997)。关注强调的是一个人在多大程度上能为职业未来作准备;控制指的是人们在塑造(形成)未来职涯上所感受到的应负责任的程度;好奇是指人们对未来职业选择的自我探索;自信是指人们认为自己能够在多大程度上克服潜在的职业障碍(Duffy et al., 2015;Porfeli & Savickas, 2012)。

Tokar & Kaut(2018)在检验体面工作的预测因素时使用了12个题项的短版职涯适应性量表(CAAS-SF)(Maggiori et al., 2015),其中各子量表的内部一致性信度 α 介于 0.75 和 0.78 之间,整体量表的 α 不低于 0.92。CAAS-SF 在 Maggiori et al. (2015)研究样本中的信度良好,且显著预测了体面工作。

(五) 体面工作测量

Duffy et al. (2017)基于 ILO 的定义,开发了自我报告的体面工作量表(见表41.4)。他们首先开发了大量项目并进行了探索性因子分析以缩小初始项目的范围,最终量表减少到 15 个题项,每个子量表由 3 个题项组成。所有题项都被证明在相关因素上因子负荷高、在附加因子上交叉负荷低,以及强大的内部一致性信度。其中,5 个子量表与体面工作的 5 个部分相对应。研究者还采用验证性因子分析来检验 DWS 的因子结构,结果表明双因子模型的拟合效果最好。他们认为,研究人员可以根据研究需要,使用不同方法对总体体面工作因子和体面工作子量表因子进行测量。作为一个整体,这些子量表在预测工作满意度、工作意志和离职意向方面方差显著,从而证实了 PWT 的假设。达菲强调,DWS 在未来的一个重要研究方向是检验其在非美国人群中的适用性。

表 41.4　体面工作量表

1. I feel emotionally safe interacting with people at work.	1. 在工作中与人交往,我在情感上感到是安全的。
2. At work, I feel safe from emotional or verbal abuse of any kind.	2. 在工作中,我感到很安全,不会受到任何形式的辱骂。
3. I feel physically safe interacting with people at work.	3. 在工作中与人交往,我能感觉到人身安全。
4. I get good healthcare benefits from my job.	4. 我从工作中获得了良好的医疗福利。
5. I have a good healthcare plan at work.	5. 在工作中,我有良好的医疗保健计划。
6. My employer provides acceptable options for healthcare.	6. 我的雇主提供了可接受的医疗保健选择。
7. I **am not** properly paid for my work. (R)	7. 我没有得到应有的报酬。
8. I **do not** feel I am paid enough based on my qualifications and experience. (R)	8. 根据我的资历和经验,我觉得自己的薪水太低。
9. I am rewarded adequately for my work.	9. 我的工作得到了充分的回报。
10. I **do not** have enough time for non-work activities. (R)	10. 我没有足够的时间从事非工作活动。
11. I have **no time** to rest during the work week. (R)	11. 我在工作中没有时间休息。
12. I have free time during the work week	12. 我在工作中有自由时间。
13. The values of my organization match my family values.	13. 我的组织的价值观与我的家庭价值观相符。
14. My organization's values align with my family values.	14. 我的组织的价值观与我的家庭价值观一致。
15. The values of my organization match the values within my community.	15. 我的组织的价值观与我的社群的价值观相符。

注:量表为李克特 7 级计分(1 = 非常不同意,7 = 非常同意);R 为反向计分。
资料来源:Duffy et al. (2017)。

自此,世界各国的学者开始在不同文化情境下使用 DWS 进行有关工作心理学核心命题的研究。Di Fabio & Kenny(2019)的研究初步证实了意大利版 DWS 在意大利情境下评估体面工作的信度和效度。在土耳其情境中,DWS 也得到了跨文化验证,不仅证实了 DWS 良好的心理测量特性,而且证实了 DWS 在性别、收入和社会阶层之间的不变性(Buyukgoze-Kavas & Autin, 2019; Işık et al., 2018)。此后,在瑞士文化情境中,法国、德国和意大利版 DWS 的心理测量特性也得到了检验,其结果相对稳定并同样表现出跨文化和性别的稳定性。除了定量研究,在不同文化情境中的定性研究结果也与 DWS 中的四个维度相一致

(Masdonati et al.,2019)。Wang et al.(2019)基于中国城市工人样本检验了体面工作的预测因素和结果,这是 DWS 中文版本的首次使用。在此项研究中,DWS 的内部一致性信度为 0.84,其结果也支持了 PWT 的部分假设,而 DWS 在中国情境下的跨文化适用性仍有待进一步检验。

四、理论的应用价值

布鲁斯坦的工作心理学框架(PWF)和达菲的工作心理学理论(PWT)的整合影响了个人获得体面工作的情境因素、心理因素和经济因素,旨在增强个人应对和适应工作变化的能力,减少工作中的边缘化,呼吁更加公正的工作环境,确保体面工作的获得,最终增进个人和社会的福祉。工作心理学理论的提出首先拓宽了传统职业生涯理论的研究领域,结合了在职业心理学研究中通常被忽视的情境经验(Bettonville,2018),因此这一理论对不同群体(包括残疾人士、高危青年、性少数人群、失业者和有色人种等)的适用性是不同的(Autin & Duffy,2019)。

工作心理学理论较多地应用于咨询心理学领域,以遭受边缘化的群体为主要研究对象,对他们的职业生涯选择决策和发展具有指导和干预作用。同时,它将国际劳工组织的体面工作概念引入心理学领域。首先,工作心理学鼓励心理咨询顾问将工作概念化为心理健康的一个重要方面。咨询顾问需要让客户知道与工作相关的问题,并在咨询过程中给予适当的关注(Blustein et al.,2011);同时,仔细评估可能会限制客户的意志和适应能力的情景因素,帮助意志和适应能力受限的客户利用社会支持、批判意识等资源进行干预以获得体面工作(Autin & Duffy,2019;Blustein et al.,2011)。在包容性的心理实践中,Blustein et al.(2011)概述了心理咨询顾问的三个总体目标,即培养赋权、培养批判意识、促进客户的技能建设。

工作心理学理论已引起工业与组织心理学领域的关注。根据工作心理学,确保体面工作可以带来积极的心理结果,当个体所从事的工作是"体面的"时,个体将会倾向于表现出更高的工作主动性,获得更高的职业生涯成就,并且更有可能继续目前的工作。已有实证研究结果表明,确保体面工作会带来较低的离职倾向等积极结果(Wang et al.,2019)。

此外,工作心理学观点的出现为学者、实践者和公共政策制定者提供了一个不断发展的协作框架和机会,使他们能够更好地认识和应对复杂且快速变化的环境,并在实践范围内促进多学科融合。这无疑有利于教育、培训和就业等领域的政策和实践的创新(Blustein et al.,2011)。例如,许多社会阶层较低的学生,需要破解各种明显不利的背景因素对其职业发展的限制。因此,为他们提供基于工作的适应性学习机会,可以帮助他们开发工作中的人际关系和相关技能,从而有助于他们在从学校走向社会时获得更有意义且回报更高的工作机会。

五、经典文献推荐

Blustein, D. L. (2013). The psychology of working: a new perspective for a new era. In D. L. Blustein(Ed.), Oxford handbooks online.

Blustein, D. L., Kenna, A. C., Gill, N., & DeVoy, J. E. (2008). The psychology of working: a new framework for counseling practice and public policy. The Career Development Quarterly, 56(4), 294–308.

Blustein, D. L., Kenny, M. E., Autin, K., & Duffy, R. (2019). The psychology of working in practice: a theory of change for a new era. The Career Development Quarterly, 67(3), 236–254.

Blustein, D. L., Kenny, M. E., Di Fabio, A., & Guichard, J. (2019). Expanding the impact of the psychology of working: engaging psychology in the struggle for decent work and human rights. Journal of Career Assessment, 27(1), 3–28.

Di Fabio, A., & Kenny, M. E. (2019). Decent work in Italy: context, conceptualization, and assessment. Journal of Vocational Behavior, 110, 131–143.

Douglass, R. P., Velez, B. L., Conlin, S. E., Duffy, R. D., & England, J. W. (2017). Examining the psychology of working theory: decent work among sexual minorities. Journal of Counseling Psychology, 64(5), 550–559.

Duffy, R. D., Allan, B. A., England, J. W., Blustein, D. L., Autin, K. L., Douglass, R. P., & Santos, E. J. (2017). The development and initial validation of the decent work scale. Journal of Counseling Psychology, 64(2), 206–221.

Duffy, R. D., Blustein, D. L., Diemer, M. A., & Autin, K. L. (2016). The psychology of working theory. Journal of Counseling Psychology, 63(2), 127–148.

Masdonati, J., Schreiber, M., Marcionetti, J., & Rossier, J. (2019). Decent work in Switzerland: context, conceptualization, and assessment. Journal of Vocational Behavior, 110, 12–27.

Tokar, D. M., & Kaut, K. P. (2018). Predictors of decent work among workers with Chiari malformation: an empirical test of the psychology of working theory. Journal of Vocational Behavior, 106, 126–137.

Wang, D., Jia, Y., Hou, Z. J., Xu, H., Zhang, H., & Guo, X. L. (2019). A test of psychology of working theory among Chinese urban workers: examining predictors and outcomes of decent work. Journal of Vocational Behavior, 115, 103325.

第四十一章参考文献